"十二五"普通高等教育
本科国家级规划教材

高校公共课
精品教材

语文馆 005

顾　问　黄德宽
主　编　朱万曙　吴怀东
副主编　杨小红　邱瑰华　王泽庆　丁　进　张秋婵

大学语文（第三版）

中国人民大学出版社
·北京·

《大学语文》（第三版）编委会

顾　问　黄德宽　（安徽大学文学院教授、教育部高等学校中国语言文学类专业教学指导委员会副主任委员、中国文字学会会长）
主　编　朱万曙　吴怀东
副主编　杨小红　邱瑰华　王泽庆　丁　进　张秋婵

编　委（按姓氏笔画排序）
丁　进　安徽财经大学安徽文化产业研究院院长、教授
王大明　安徽大学文学院教授
王泽庆　安徽大学文学院副院长、副教授
方锡球　安庆师范学院文学院院长、教授
朱万曙　中国人民大学文学院教授
杨　军　安徽大学文学院教授
杨小红　安徽大学文学院大学语文教学部主任
吴怀东　安徽大学文学院院长、教授
邱瑰华　淮北师范大学文学院副院长、教授
张秋婵　安徽广播电视大学文法学院副教授
陈道贵　安徽大学文学院教授
岳方遂　安徽大学文学院教授
金生奎　淮南师范学院教育学院副院长、副教授
徐　强　安徽大学文学院副教授
鲁有周　巢湖学院中文系主任、副教授
鲍　恒　安徽大学文学院教授

编写人员（按所撰章节先后排序）
郝士宏　程　燕　曹小云　樊彩萍　陆学莉　岳方遂　徐福坤
邓　春　鲍　红　张　丽　吴怀东　张洪海　鲍　恒　李　睿
纪　念　王泽庆　魏世民　王　柯　张　琼　王　夔　杨小红
朱万曙　耿传友　汪　杨　方习文　黄　鸣　王　莉　刘　飞
孔现红　毛丽蓉　凌　晨　方孝玲　邱瑰华　余英华　夏大兆
王　敏　张秋婵　郝　敬　聂桂菊　刘　刚　徐　强　王卫兵
丁　进　束　莉

快乐学语文（代序）

朱万曙

1978年，南京大学校长匡亚明和复旦大学校长苏步青倡导在高校开设“大学语文”课程。如今，时间已经过去30多年，各个高校都以不同的方式开设了这门课程。我们安徽大学在学校领导的重视下，从2007年秋季开始，将这门课程作为公共必修课面向全校非中文类专业开设。与此同时，我们也编写出版了试用本教材。此后两年，承担该课程的老师们积累了不少授课经验，修习这门课程的同学也贡献了很多好的建议。试用本教材的不足已经让我们越来越不能容忍了。因此，2009年暑假，我们联合安徽财经大学、合肥师范学院、淮南师范学院、安庆师范学院、巢湖学院等兄弟院校的老师，经过认真的讨论和准备，完成了现在的《大学语文》修订本教材。在此，我们愿意和同学们就“大学语文”这门课程和这本教材交流一下自己的想法。

一、“大学语文”是一门什么样的课程?

“大学语文”的名称很容易引起同学们的误解。大学生从小学到中学，一直到高考，都在学习语文课。在应试教育体制下，语文课是不得不学的而且很重要的课程，要跨进大学的门槛，语文科目或者给自己加分，或者拉低总分。由于有极强的应试目的性，所以小学也罢，中学也罢，语文课并没有给我们带来学习的快乐，一篇很优美或者很有趣味的文章，往往被教材编写者和老师们拆分为若干个知识点，学生们学习这篇文章，注意力不在欣赏其优美，也不在体味其中的趣味，而在记忆和背诵那若干个知识点。于是，本来可以让我们快乐的语文课，成为枯燥的知识记忆过程。我们越来越厌烦语文课，也必然远离语文课。结果是具有滑稽感的，我们从小学到中学一直在学语文，可是，很多大学生的语文水平却令家长、老师，乃至他们自己都很不满意，有的同学写了错别字而浑然不觉，有的同学连写篇简单的文章都力不从心；当然，更谈不上通过语文课提高自己的人文素养了。

我们认为，“大学语文”应该完全不同于中学阶段的语文课程，它的特点在于“大学”。大学是什么地方？是培养有创造力的人才的所在，大学生的学习不仅仅在于掌握知识，还要学会思考，在各种知识、思想交汇的环境中，有灵感的迸发，有创造的欲望。也因此，“大学语文”课的侧重点就不应该再是逼迫学生去背诵和记忆某篇课文的知识点，而在于使学生比较系统地掌握语言和文化的规律，特别是要了解、感受人类丰富的心灵和智慧，受其濡染，得到启发，增强自己的创造力。正因为如此，“大学语文”应该不再枯燥，不再难学而不得不学，而是让我们放松绷紧的神经，感到轻松和快乐，如同听一场美妙的音乐会，或者像一次春天的郊游，在愉悦的心情中获得自己感兴趣的知识和学问。

二、“大学语文”课带给我们什么样的收获？

我们主张轻松快乐地学“大学语文”，但这毕竟是一门课程，在竞争激烈的当代社会，即使是大学的学子，时间也同样宝贵，学习一门课程，应该有尽可能多的收获。这门课程应该带给我们什么样的收获呢？

收获一，是人文素养的提高。“人文素养”听起来很抽象，但是在每个人的身上，又随时随地显现出来：一个人是否优雅，是否有文化底蕴，听他说上一两句话就可以知晓；一个人对于高雅艺术，是欣赏还是无动于衷，也显示出人文素养的差别；我们旅游，既登山也涉水，是否想到过孔子所说的“仁者乐山，智者乐水”的含义？人文素养与创造力的关系更微妙，诺贝尔物理学奖得主杨振宁博士在《父亲与我》一文中曾经特别提及一件事：在他 11 岁入初中的时候，学数学的能力已充分显示出来。可他的父亲没有教他解析几何和微积分，却在初一与初二之间的暑假，请了一位历史系的学生教他《孟子》，还给他讲了许多上古历史知识。幼年时所背的《孟子》，成为杨振宁在成年之后为人处世的基本原则。因此，影响他最深的，并不是他所专长的物理学，而是 2 000多年前孟子的思想。也许，我们的大学生因就业而承受压力，总在为一门课程的成绩而拼搏，但提升自己的人文素养，不仅会让自己的知识更广博，心灵更丰富，还可能获得未来人生的重要原动力。

收获二，是增强应对竞争的能力。社会的发展和就业机制的改变，使当代大学生面临着越来越激烈的竞争和能力挑战。用人单位因为市场竞争，对员工的能力要求也越来越高。就业需要自我展示，需要应对用人单位近乎苛刻的挑选考试。以往单一的专业性人才已经不能适应市场，要在就业市场获得理想的职位，唯有增强自己的综合素养。“大学语文”课对于非中文专业的学生而言，可以提升语言表达水平，通过学习各类文体的范文，也有助于写作能力的提高；人文素养的提高，对面试中的自我表现更起着无形而重要的作用；进一步看，就业后的进取和创造，更有赖于知识的广博和创造潜质。拿眼下热门的动漫产业来说吧，它需要精通计算机的人才，也需要人文科学人才，如果在专业上相互隔膜，不仅难以创造出优秀的动漫作品，其创作过程恐怕也不免困难重重。因此，“大学语文”课程或许在一定程度上能够弥补专业外的能力欠缺。

三、本教材的编写理念

本教材大体上是根据我们在教学中所了解的大学生的需要而设计编写的。我们确立的编写理念有三：

——完全区别于中学阶段的语文课程。首先是避免课文的重复；其次是积极地改变课程的姿态，不再强调知识点的记忆，也不赋予这门课程太多太重的使命，而是倡导轻松快乐地学习这门课程，以轻松愉快的心情，了解和感受古往今来人类的灵感、智慧，从中获得教益和启发。教材的选文就体现了这一理念，如果用心去比较，你会发现它们和很多教材的选文大不相同。它们大多是优美的、有趣的，或者体现智慧之美，或者品味人生苦乐。每篇选文后面的知识链接，既可扩充知识，也注重趣味性。

——注重人文性。如上所阐述，我们认为，通过这门课程提升大学生的人文素养是特别重要的目标，人文素养的提高和能力的增强相辅相成。学“技”固然重要，悟“道”则是更高的追求。“技”、“道”互补，才是真正的能力。也正因此，本教材将内容分为“汉语言文字”、“文学审美”、“中华文化”三编，各编又列出数讲，以使学生通过学习，比较全面地提升自我人文素养。

——注重中国文化传统。任何民族都有自己的文化，也有自己的文化传统。随着改革开放的深入和信息传播速度的加快，当代社会的文化越来越多元化，但作为中国人，对本民族的文化应该有较多的了解，有自觉的继承。因此，本教材着重介绍中国的语言、文学和文化，古代的文学和文化所占的比例更大。

以上是我们编写这部教材的一些想法。在中国古代教育理论中，“教学相长”是一种重要的思想。一个教师通过教学，可以从学生那里得到启示，提高教学水平；一门课程要达到预定的效果，也需要在实践中检验，并且得到完善。基于这样的认识，我们真诚地希望使用本教材的同学能够提出宝贵的建议，使本教材得以不断改进，能够真正辅助大学生们进入“快乐学语文”的境界。

目　录

第一编　汉语言文字

第二编　文学审美

第三编　中华文化

第一编

汉语言文字

第一讲　古代汉语·文字与音韵

概　述

什么是古代汉语？顾名思义，古代汉语就是古代汉族人民使用的语言。它是与现代汉语相对而言的。中国悠久的文明史是从有了记录语言的文字开始的，有系统的文字记载是从甲骨文开始的，至今已经有3 000多年的历史。有了文字以后，我们才得以认识古代汉语的历史面貌。当然，从更广泛的意义上说，古代汉语从汉民族形成的时候就开始了，但是，史前时期的语言，我们已经无从认识，更谈不上学习和研究了，目前古代汉语研究的对象主要是书面语言。

汉语的书面语言大致有两个系统：一个是以先秦口语为基础而形成的上古汉语书面语以及后代用这种书面语写成的作品，即通常所说的文言；另一个是六朝以后在北方话基础上形成的古白话，例如唐宋禅宗语录、唐五代变文、宋元话本等。

关于古代汉语的下限，目前学界的看法仍然存在分歧。一种看法认为，古代汉语的下限是五四以前，在五四以前悠久的历史时期内汉族人民所使用的语言都可以称为古代汉语（见郭锡良《古代汉语·序论》）。另一种看法认为，古代汉语的下限应该是晚唐五代。吕叔湘先生认为，古代汉语应该和近代汉语相衔接，而现代汉语应属近代汉语的一部分。他说："以晚唐五代为界，把汉语的历史分期分为古代汉语和近代汉语两个大的阶段是比较合适的。至于现代汉语，那只是近代汉语内部的一个分期，不能跟古代汉语和近代汉语鼎足三分。"（吕叔湘《近代汉语指代词·序》）

汉语有相当长的发展历史。古代汉语研究的分期问题是我们学习和研究古代汉语过程中所遇到的基本问题之一，也是目前争议较多的问题之一。目前大多数学者能够接受的看法是：以先秦、两汉书面语为代表的是上古汉语，以东汉到隋末含较多口语成分的典籍语言为代表的是中古汉语，以晚唐五代至清代初年古白话为代表的是近代汉语。西汉是上古汉语向中古汉语的过渡时期，初唐、中唐是中古汉语向近代汉语的过渡时期，清代中晚期是近代汉语向现代汉语的过渡时期。研究汉语发展的历史，就是要研究汉语在不同历史时期的语音、词汇、语法的基本面貌，了解汉语在不同历史时期的发展变化，探索这些发展和变化的特点和原因，揭示出汉语发展的内部规律。

古代汉语是主要研究古代汉语的特点及其发展变化规律的一门学科。那么，以前学习和研究古代汉民族所使用的语言的学科是什么呢？汉代把文字学称为小学。到了隋唐，小学又成为文字学、音韵学、训诂学的总称。直到清代，章太炎才确立了"语言文字学"的名称。章太炎在《语言缘起说》中认为："今言小学者……当名语言文字之学为确切。"古代汉语这门学科的名称，是现代学科的名称。它包含的内容非常丰富，不仅包括文字、词汇、语法、修辞、音韵、训诂等内容，还包括古代文体、诗词格律、古代文化常识、工具书的使用等。

下面，我们对古代汉语的文字、音韵做一个简单的介绍。

一、文字

文字是记录语言的符号系统，语言先于文字而产生。文字是什么？东汉许慎《说文解字·叙》说："仓颉之初作书，盖依类象形，故谓之文；其后形声相益，即谓之字。"关于汉字起源的说法，历来有五说：仓颉造字说、结绳说、八卦说、契刻说、图画说。

文字记录语言的方法有两种：一是表音，二是表意。汉字属于表意体系的文字。

汉字的历史十分悠久。现在我们能见到的最早的成系统的汉字，是1899年河南安阳出土的甲骨文，距今已有3 000多年的历史。

汉字的形体经历了甲骨文、金文、大篆、小篆、隶书、楷书五种正式字体以及草书、行书等辅助字体的变化，总的来说，是向着便于书写和形体简化的方向发展。

关于汉字形体的构造，传统有"六书"的说法。"六书"指象形、指事、会意、形声、转注、假借。"六书"是汉代人根据小篆的形体分析、归纳、总结出来的六条造字原则和具体的造字方法。

"六书"名称最早见于《周礼·地官·保氏》："保氏掌谏王恶，而养国子以道，乃教之以六艺……五曰六书，六曰九数。"保氏，指掌管教育的官；国子，指公卿士大夫的子弟。《周礼》只提到"六书"，而没有提到"六书"的具体名称。和班固同时的郑众在注《周礼·地官·保氏》时，注出了"六书"的具体名称为：象形、会意、转注、处事、假借、谐声。

"六书"的具体名称，最早见于班固的《汉书·艺文志》："古者八岁入小学，故周官保氏掌养国子，教之六书，谓象形、象事、象意、象声、转注、假借，造字之本也。"《汉书·艺文志》是班固根据西汉末年刘歆的《七略》写的，我们不妨认为："六书"的具体名称，最晚在西汉就有了。

虽然《汉书·艺文志》和郑众注的提法不尽相同，但实际是同一来源。因为郑众是郑兴的儿子，而郑兴是刘歆的弟子。

班固和郑众只是提及"六书"的名称，东汉的许慎则不仅提及"六书"的名称，而且对"六书"进行了具体解释，并根据"六书"的原理编成字书。他在《说文解字·叙》中说："周礼八岁入小学，保氏教国子，先以六书：一曰指事……二曰象形……三曰形声……四曰会意……五曰转注……六曰假借。"

后世讲"六书"，一般都用许慎的名目而取班固的次序，即象形、指事、会意、形声、转注、假借。

许慎说："象形者，画成其物，随体诘诎，日、月是也。"（诘，读音为jí，屈也。诎，读音为qū，屈也。二者同义连文，皆为屈曲之意。）意思是：用摹形的方法把有形的物体描画下来，随着物体形态的弯弯曲曲，画出所象的事物，"日"、"月"就是这样的字。

许慎说："指事者，视而可识，察而见意，上、下是也。"意思是，看了可以认识，仔细辨察就知道意思，"上"、"下"就是这样的字。

许慎说："会意者，比类合谊，以见指㧑，武、信是也。"比，并列。谊，义也。见，现也。㧑，即"挥"，表指向。比类，指形。合谊，指义。意思是，比合几个事类合成一个意义，由此看出所指向的含义，"武"、"信"就是这样的字。

许慎说："形声者，以事为名，取譬相成，江、河是也。"意思是根据事物的意思取个名称，然后用另一个读音相同或相近的字譬况这个字的读音，这句话前半部分是指形符，后半部分是指声符。如“梅”字由“木”、“每”构成，“木”是形符，表示“梅”属于木类，“每”是声符，表示“梅”的读音与“每”相近。分析形声字的表述法，通常按《说文解字》的术语，称为“从某某声”。

许慎说：“转注者，建类一首，同意相受，考、老是也。”按字面理解，是把同类属的字放在同一部首下，意义相同或相近的可以互相解释。许慎所举的“老”和“考”也正是同属“老”部，而且可以互相解释。可是《说文解字》在分析字形中，始终没有再提到过转注，于是，后人围绕“考”、“老”二字的字形、字音、字义做出了种种解释，至今仍没有比较统一的认识。关于转注的说法很多，主要有形义说、互训说、引申说、同源说等几种。

许慎说：“假借者，本无其字，依声托事，令、长是也。”意思是，本来没有那个字，依据已有的字形、字音寄托一个新的意义。“其”字是“箕”字的初文，被假借为人称代词或语气词；“然”字，原来是“燃”的古字，被假借为代词或连词；“我”的本义是一种兵器，后来被假借为第一人称代词。古汉语中的虚字，几乎全是“本无其字，依声托事”的假借字。

清代以来的学者对于“六书”说有许多新探索：

“四体二用”说，这是清代学者戴震提出来的。他把“六书”划分为“四体二用”（见《戴东原集·答江慎修先生论小学书》）。段玉裁《说文解字注》引述戴震观点：“戴先生曰：‘指事、象形、形声、会意四者，字之体也；转注、假借二者，字之用也。’”“四体二用”说由戴氏首创，段玉裁为之弘扬，许多文字学家也承袭了这一说法，对“六书”说是一宝贵贡献。

“三书”说，这是现代文字学家唐兰提出来的。20 世纪三四十年代，唐兰在《古文字学导论》和《中国文字学》中对“六书”说提出了尖锐的批评。唐兰把汉字归纳为“象形文字”、“象意文字”、“形声文字”三大类，将传统的“六书”说中的指事归在象形字或象意字中，认为“指事”这个名目，只是前人因一部分文字无法解释而立的，其实这种文字，大都是象形或象意。他将转注看成“形声文字”产生的一大途径，假借则完全排除在三书之外。他说：“象形、象意、形声叫做三书，足以范围一切中国文字，不归于形，必归于意；不归于意，必归于声。形、意、声是文字的三方面，我们用三书来分类，就不容许再有混淆不清的地方。”“三书”说提出后产生了广泛影响。1956 年陈梦家在他的《殷墟卜辞综述》一书中提出修正意见，把唐兰的象形、象意合为一类，增加假借一类，即象形、假借、形声。1988 年裘锡圭在他的《文字学概要》中基本赞同陈氏的分类，只是把象形改为表意，因为象形不能概括全部表意字。裘锡圭把汉字归纳为“表意字”、“形声字”、“假借字”三大类。在“三书”说的影响下，进而有人把汉字结构归纳为两大类：一是没有标音成分的表意字，二是有标音成分的形声字。唐兰、陈梦家、裘锡圭等先生提出的“三书”说较以前的理论有所发展。而陈氏与唐氏的分歧反映了分类标准的不同。唐兰讲的是结构方式，陈梦家讲的是汉字的基本类型。

写词说。这是当代学者孙常叙在总结前人研究成果的基础上提出的。写词说的基本观点是：（1）把汉字构造与词的表达统一起来，认为汉字是写汉语的。汉字的音、义是所写词赋予的，它的形体构造受所写词的作用和影响。（2）人们可以从词的内涵方面写词，也可以从词的声音方面写词。从词的内涵方面写词的有象物、象事、象意三类。从声音方面写词的有假借、形声两类。象物字写的是有形可象的指物名词，象事字写的是表示行为动作的动词，象意字写的是形容词、时间词等表现抽象意念的词。（3）假借不是造字法，是写词法，它是借同音字来写难以表现的新词。

上述诸家之说对汉字构造理论都有新的发现、新的拓展，对我们研究汉字理论、分析汉字结构都有积极的指导意义。

文字学是研究汉字产生、发展及其研究的一门科学。根据历史分期，《中国大百科全书·语言文字卷》把文字学的发展划分为五个时期：（1）先秦古文字研究；（2）秦汉篆隶文字研究；（3）魏晋以后的行书、楷书研究；（4）六朝唐宋以来的俗字、简体字研究；（5）近代方言字研究。其实，如果更概括一些，汉语文字学大体可以分为两个大的方面：古文字研究和近代汉字研究。

由于甲骨文、金文等新材料的发现，古文字学已经取得了长足的发展，取得了令人瞩目的成就。由于传统的重正轻俗观念的影响，加上研究资料的缺乏，时至今日，近代汉字研究的赤贫如洗的状况并没有得到改变。今后在加强古文字研究的同时，必须大力加强近代汉字研究，这样才有助于构建完整的汉字学体系。

二、音韵

当我们学习古代汉语达到一定的程度时，我们就需要掌握一些古代的语音知识。研究古代汉语语音的学问，就是“音韵学”。音韵学，又叫“汉语音韵学”，是研究我国古代汉语各个历史时期的语音系统及其演变规律的一门科学。传统音韵学的内容包括音韵学术语、古音学、今音学、等韵学等几个部分。学习音韵学可以帮助我们认识古代的通假字、同源字，提高阅读古书的能力；可以提高我们欣赏古代的诗歌及其他韵文，特别是鉴赏古典诗词的能力等；可以帮助我们了解现代汉语声、韵、调的来历，有利于我们学习推广普通话，做好现代汉语语音的规范化工作。音韵学的知识，对于古籍校勘以及研究中国古代文化的其他学科，也有很大的帮助。

19 世纪以前的传统音韵学都用汉字作为语音的代表符号，20 世纪的现代语音学增加了国际音标作为语音的代表符号。在利用汉语拼音给汉字注音之前，汉语史上曾经出现过直音、譬况、反切、注音字母等多种注音方法。

汉语发展的历史悠久，“现代音”之前的语音系统都是古音。但是，语音的发展不是突变的，而是逐渐发展演变的，不同历史时期各有自己的语音系统。

上古音，是指上古时期（周、秦、汉）的语音系统。这一时期的语音有以下几个重要的特点：没有轻唇音、没有舌上音、阴阳入三声配合整齐、声调分为平入两类等。上古音的代表音系是《诗经》的韵部系统和先秦的声母系统。因为当时没有系统的韵书流传下来，后代的拟音多不一致。

中古音，是指隋唐五代时期的语音系统。这一时期的语音以陆法言的《切韵》音系为代表。中古音研究一直是汉语语音史研究中最热也最深入的领域。关于中古声母拟音及其发展方面的讨论，主要集中在全浊声母的清化、轻唇音产生的年代和条件、知章庄组字的拟音及其发展等方面。

近代音，是指近代（晚唐五代至清初）的语音系统。元代周德清所著的《中原音韵》（1324 年成书）是近代音的代表作。这部书是周德清为了总结元曲押韵的规律，指导元曲创作而编写的一种曲韵韵书。它的音系是在归纳北曲押韵的基础上审辨实际口语而建立起来的，记载了当时新兴的共同语语音系统，即大都话的音系。这个音系是北京话音系的前身，它正处在从中古音向现代音演变的中间站上，很多方面已经接近现代音，也还有一些方面仍近似中古音而不同于现代音。关于近代汉语的声调，从《中原音韵》反映的近代音的实际看，元代北方已经产生了新的四声：阴平、阳平、上声、去声。

近代汉语的语音特点是：声母方面，从双唇音（帮系）里分化出唇齿音（非系），北方话里的全浊声母并入清声母等；韵母方面，北方话韵尾-p、-t、-k 消失了，闭口韵尾-m 并入了-n 等；声调方面，北方话里平声声母分化为阴阳两类，原全浊声母的上声字转化为去声，入声字并入平、上、去三声。

文选

甲骨文选读

【阅读提示】

甲骨文，主要指的是河南安阳小屯殷墟出土的龟甲和兽骨（牛骨）上所刻的文字，它是殷商王室及其族属占卜活动的记录，又称卜辞、殷契、甲骨刻辞、龟板文、龟甲文字、龟甲兽骨文字，等等。

自 1899 年甲骨文被发现以后，经早期甲骨学者的收集、整理和研究，甲骨文的重大价值引起了学术界的高度关注。从 1928 年 10 月至 1937 年抗日战争爆发，当时的中央研究院历史语言研究所先后对殷墟进行了 15 次大规模科学发掘，这个时期的考古工作对深入认识殷墟遗址具有重大意义。这 15 次发掘中有 12 次获得了带字甲骨，新获甲骨总数达 24 900 余片。这些甲骨都有明确的层位和坑位记载，学术研究价值较前期的零散收集和私人发掘所得材料不可同日而语。

1950 年起，殷墟发掘、研究和保护基地逐步有计划地建立，1958 年中国科学院考古研究所在安阳设立工作队，次年设立工作站。1973 年，考古所对小屯南地进行发掘，新发现甲骨 5 300 多片，其中带字甲骨 4 589 片，整理成《小屯南地甲骨》一书发行。① 1991 年，在殷墟花园庄东地又发现了一个甲骨窖藏坑，集中出土甲骨 1 583 片，其中大版和完整的龟甲达 755 版。这批甲骨有刻辞的卜甲 684 片，卜骨 5 片，共计 689 片，有刻辞的完整龟甲约 300 版。在内容与文例等方面，花园庄甲骨都提供了以前难以了解的许多重要信息，是甲骨文的又一次重大发现。2003 年，其整理研究成果《殷墟花园庄东地甲骨》一书出版。② 此外，在殷墟小屯村中村南陆续发现的一些甲骨，最近也已整理出版。③

自 19 世纪末叶到目前为止，总共发现了多少片甲骨尚没能得出确切的统计数据，各家统计数据少的约 10 万片，多的达 15 万片左右。④ 已发现的甲骨，主要收藏于海内公私诸家，也有不少为域外所收藏，如英、法、德、比利时、瑞典、瑞士、美国、加拿大、俄罗斯、日本、韩国等都收藏有甲骨，使用殊为不便。郭沫若主编、胡厚宣任总编辑编纂完成的《甲骨文合集》和彭邦炯等编纂的《甲骨文合集补编》，收集了国内外已公布的资料和各家所藏，总计约著录甲骨 6.5 万余片。⑤

---

① 中国社会科学院考古研究所编：《小屯南地甲骨》，北京，中华书局，1983。

② 中国社会科学院考古研究所编著：《殷墟花园庄东地甲骨》，昆明，云南人民出版社，2003。

③ 中国社会科学院考古研究所编著：《殷墟小屯村中村南甲骨》，昆明，云南人民出版社，2012。

④ 王宇信、杨升南主编：《甲骨学一百年》，52～55 页，北京，社会科学文献出版社，1999。

⑤ 郭沫若主编：《甲骨文合集》，北京，中华书局，1978—1982；彭邦炯等：《甲骨文合集补编》，北京，语文出版社，1999。

大量甲骨文字的发现，表明殷商时期汉字就已经发展到比较成熟的阶段。从构形和运用看，甲骨文具备了象形、会意、指事、形声等基本构形方式，同音通假运用比较普遍，能较为准确地记录语言，已经成为一种便于书写和辨认的成熟的文字符号系统。可见，甲骨文字之前，汉字可能已经经历了较长时期的发展。

甲骨文是占卜的记录。利用龟甲占卜，既是一种古老的习俗，又是一种迷信的行为，我国新石器时代就已经普遍存在。占卜所使用的甲骨，主要是龟甲和牛肩胛骨，还有少数人头骨、鹿头骨、羊骨等。

龟甲兽骨使用前要经过整治，龟甲先要将腹甲、背甲锯开锉磨，占卜主要用腹甲，背甲较少使用。兽骨主要是牛的肩胛骨，骨臼一般要锯去部分，并对骨面和边缘进行削刮打磨，以便利用。

甲骨修治好以后，由占卜的史官保存，需用时取出。占卜时先进行钻凿，使钻凿处变薄，然后用文火在钻凿处施灼，甲骨正面就会呈现预示吉凶的裂纹，这就是“卜兆”。王或史官根据卜兆来判断所占问事情的吉凶。占卜的有关事项以及应验情况记刻在卜兆边上即“卜辞”。卜兆旁边还刻有“一、二、三”等数字，即“兆序”；卜兆旁刻记的“小告”、“一告”、“二告”、“三告”、“不午鼄”等，是“兆记”。

甲骨卜辞有一定的格式，最完整的形式包括四个部分，即前辞（叙辞、述辞）、命辞（贞辞）、占辞、验辞。

（1）前辞：记录占卜的时间和占卜者的名字，有时包括地点（如后期的卜辞）。

（2）命辞：记录占卜贞问的事情，或称为“贞辞”。

（3）占辞：是根据卜兆作出的判断吉凶祸福的词语。

（4）验辞：是将占卜后应验的情况记录下来。

以上四个部分就构成了一条完整的卜辞，如《甲骨文合集》137 正这条卜辞：

癸丑卜，争贞：旬亡[illegible]？王固曰：有祟、有梦。甲寅，允有来艰。左告曰：有往刍自[illegible]，十人又二。

并不是每一条卜辞都有这么完整的形式，最常见的是简省形式，如：“癸亥卜，王，（前辞）吉（占辞）”；“羽（翌）乙亥其雨？（命辞）”；“己亥卜，宾贞，（前辞），御于南庚？（命辞）”；“贞，（前辞），侑于南庚？（命辞）”等等，都是省略形式。

有一部分纪事刻辞与这种格式无关。如：（1）甲桥刻辞，刻在龟腹甲反面的甲桥上；（2）背甲刻辞，刻在龟背甲的反面；（3）甲尾刻辞，刻在龟腹甲尾部右边；（4）骨臼刻辞，刻在牛胛骨首；（5）骨面刻辞，刻在牛胛骨宽面下方的一端。这些部位所刻的纪事刻辞，记录的不是占卜的直接内容，一般是甲骨来源、修治人员以及修治后交付的保管人等记录。此外，还有一类表谱刻辞，如干支表、祀谱、家谱等，也不属于卜辞，也与卜辞格式无关。

殷墟甲骨文内容十分丰富，主要有以下几个方面。

（1）祭祀：对祖先与自然神的祭祀、求告；

（2）天时：占卜风雨阴晴水灾及天变等；

（3）年成：农作物收成与农事等；

（4）征伐：殷商与方国之间的战争；

（5）王事：时王的田猎、游止、疾病、生子等；

（6）旬夕：对今夕来旬吉凶祸福的卜问。

殷墟甲骨文保存了殷商社会文化多方面的丰富史料，因此，有人说甲骨文是殷商王室的档案。此外，还有一些非王卜辞，则记录了一些与王室关系密切的殷商重要家族的占卜活动。

1.《甲骨文合集》6654 正、反①

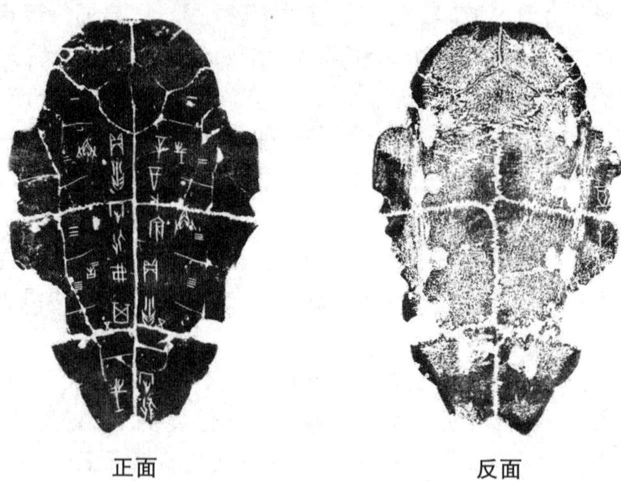

正面　　　　反面

释文：

正面：(1) 辛酉卜，宾贞：弜㱿化𢦏𢀛？一 二 三 四 五

译文：辛酉这一天，贞人宾占卜说："弜㱿化这个将领会重创𢀛部族？"

(2) 贞：弜㱿化弗其𢦏𢀛？一 二 三 二告 四 五

译文：（辛酉这一天，贞人宾）占卜说："弜㱿化这个将领不会重创𢀛部族？"

反面：奠（郑）来十

译文：郑人向商王贡纳十版龟甲。

2.《甲骨文合集》12870 片

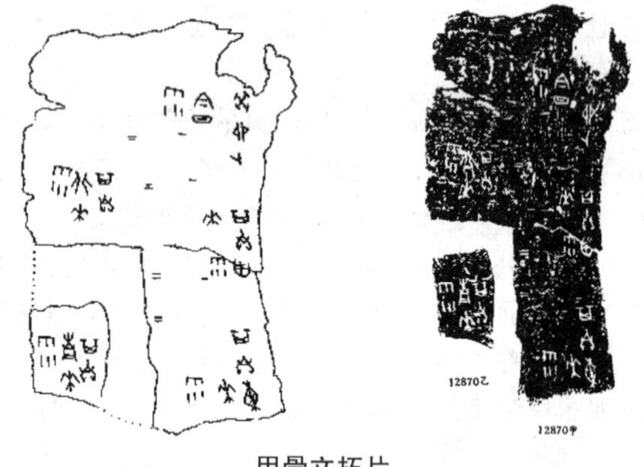

甲骨文拓片

释文：

癸卯卜，今日雨②。

其自西来雨③？其自东来雨？

---

① 该龟甲 1936 年出土于河南省安阳市小屯村北，现藏台湾"中央研究院"历史语言研究所，属宾组一类卜辞。由贞人宾主持占卜，正面两辞对贞反复占卜了五回，卜问弜㱿化这个将领是否会重创"𢀛"部族。委命弜㱿化攻打𢀛的战争一度是商王武丁关注的焦点，相关的占卜频频见于宾组卜辞。本版反面右侧甲桥上有纪事刻辞，大意是郑人向商王贡纳十版龟甲。文字契刻用笔整饬，笔画瘦挺而内敛。

② 雨：动词，下雨。下句"雨"用为名词。

③ 其：表测度。来：动词，此处用来修饰"雨"。

其自北来雨？其自南来雨？

译文：

癸卯日占卜，今天下雨。是从西边下雨呢？是从东边下雨呢？是从北边下雨呢？是从南边下雨呢？

3.《殷墟花园庄东地甲骨》14

正面

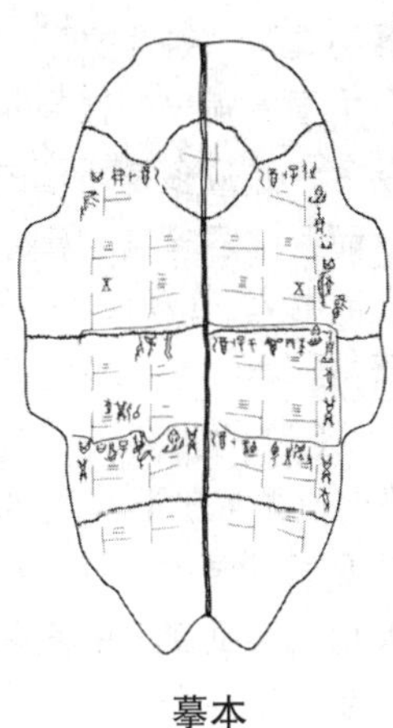
摹本

释文：

（1）乙酉卜：子又之阬南小丘，其豯隻（获）？一 二 三 四 五

（2）乙酉卜：弗其隻？一 二 三 四 五

译文：乙酉这天占卜，子再次到阬南小丘这个地方打猎，能够猎获野猪吗？还是不能猎获？（豯，像双手拿网之类的工具捕获野猪。后面“一二三四五”表示占问了五次）

（3）乙酉卜：子于翌日丙求阬南丘豕，冓（遘）？一 二 三 四

（4）以人冓豕？一 二

译文：乙酉这天占卜，子于第二天丙日到阬南小丘去猎获野猪，能碰到野猪吗？

（5）乙酉卜：既㞢往敝，冓豕？一 二

译文：乙酉这天占卜，已经举行了食祭，然后去打猎，能碰到野猪吗？

（6）弜敝？一 二

译文：不去打猎呢？

（7）冓阬鹿？子固（占）曰：其冓。一 二

译文：能在阬碰到鹿吗？子看了卜兆后判断说：“应该会碰到。”

【知识链接】

1.《淮南子·本经训》：“昔者仓颉作书而天雨粟，鬼夜哭。”《荀子·解蔽篇》：“好书者众矣，而仓颉独传者，一也。”

2. 关于甲骨文的发现，流传较广的说法是：1899 年秋天，清代国子监祭酒（北京国子监是我国元、明、清三代设立的国家管理教育的最高行政机构和最高学府，国子监祭酒就是这个机构的最高主管者）王懿荣犯疟疾用药时，无意间发现“龙骨”这味药上刻有文字。王懿荣对金石学颇有造诣，他初步断定这些刻有文字的龟甲和兽骨是商代的遗物。举世闻名的甲骨文就因这一纯属偶然的机会重见天日，王懿荣也因此被誉为“甲骨文之父”。也有学者认为，发现甲骨文的第一人并非王懿荣，而是王襄（1876—1965）。

金文选读一篇[①]

【阅读提示】

金文又称“青铜器铭文”、“钟鼎文”、“钟鼎款识”，是铸或刻在青铜器上的文字，是一种很重要的古汉字资料。中国青铜器制造有相当悠久的历史，大约从商代中期开始，青铜器上开始出现铭文，字数虽不多，并且多是所谓的族徽文字，但年代都比殷墟甲骨文早。西周以来，长篇的铭文多了起来，而且内容非常丰富，涉及政治、经济、军事、文化、外交等方面，有些铭文的重要性不亚于《尚书》。春秋以降，周室逐步衰微而各诸侯国势力日益强大，此时重要的青铜器多为诸侯国所铸。春秋金文开始呈现出地域性特点，内容也多反映出各诸侯国的政治、经济及其相互间的关系。金文的研究历史较长，从汉代以来都有学者进行整理研究，成果也相当丰硕。因此金文是研究中国古代语言文字、历史文化、典章制度、政治经济的重要资料。

利簋是目前所知的西周最早的一件有铭青铜器，簋内铸有铭文 32 字，记叙了右史利参与武王征商一事而立有大功，得到武王的赏赐从而铸造此簋的经过。因簋铭所记载的武王于甲子日伐纣的史实与传世文献记载相合，所以引起了学术界的极大重视。

利簋铭文[②]

利簋铭文拓片

珷征商[③]，隹甲子朝[④]，

---

① 选编时主要参考文献有：唐兰：《西周时代最早的一件铜器利簋铭文解释》，载《文物》，1977 (8)。于省吾：《利簋铭文考释》，载《文物》，1977 (8)。张政烺：《利簋释文》，载《考古》，1978 (1)。刘翔等：《商周古文字读本》，北京，语文出版社，1989。

② 选自《殷周金文集成》，北京，中华书局，1984—1994。最早见于《陕西临潼发现武王征商簋》，载《文物》，1977 (8)。1976 年 3 月，陕西省临潼县零口公社社员在南罗村附近掘土时，发现了一西周时代的窖穴。其中埋藏有礼器、乐器、车马器、工具等器物 150 余件，利簋为其中一件。铭文所载事件与历史上武王征商有关，因而此簋又名武王征商簋。簋 (guǐ)：古代一种盛饭食的容器。

③ 珷：当为形声字，从王，武声，为武王的专名字。后来又发展为以“珷王”表周武王，见𣄰尊铭文、大盂鼎铭文等。征：征伐。《史记·周本纪》：“十一年十二月戊午，师毕渡盟津，诸侯咸会……二月，甲子昧爽，武王朝至于商郊牧野，乃誓。”铭文所记征商事件，指的应该就是这一次。

④ 隹：句首语气词，典籍多作“惟”、“维”或“唯”。甲子：干支记日法，指甲子日。《尚书·牧誓》：“时甲子昧爽，王朝至于商郊牧野，乃誓。”《逸周书·世俘解》：“越五日甲子，朝至，接于商，则咸刘商王纣。”典籍与铭文正相合。朝：早晨。金文朝字从水，小篆从舟，“舟”当为水形之讹变。朝、舟音亦近，属变形音化现象。

岁鼎[①]克闻夙又商[②]。辛未[③]，
王才𪫫𠂤[④]，易又事利金[⑤]，
用乍旜公宝障彝[⑥]。

【知识链接】

利簋是目前发现的最早的西周青铜器，也是反映周武王时期时代风格的标准器，为青铜器的断代提供了重要依据。利簋铭文是目前我们能够见到的，唯一有关武王伐纣的第一手出土文献史料。它不仅记载了武王征商的史实并与史书记载相印证，同时还记录了确切的干支记日以及天象信息，为夏商周断代工程“武王克商年代”的确定提供了重要的依据。夏商周断代工程是我国“九五”期间的重大科技攻关项目，从1996年启动到2000年通过验收，历时4年多（简单地说，夏商周断代工程是一个以自然科学与人文社会科学相结合的方法，来研究中国历史上夏、商、周这三个历史时期年代学的项目）。有关武王克商之年的说法有44种之多，从公元前1127年到公元前1018年，前后相差100多年。在利簋的铭文中出现了甲子日恰逢岁星当空的记载，为夏商周断代工程提供了极其珍贵的史料。

说文解字注·序[⑦]

王念孙

【阅读提示】

《说文解字》是中国第一部按部首编排的分析字形和考究字源的字典，是传统语言学的经

---

① 岁：岁星，亦即木星。《国语·周语下》：“昔武王伐殷，岁在鹑火。”韦昭注：“岁，岁星也。鹑火，周分野也。”鼎：正也，当也。于省吾《甲骨文字释林·释鼎龙》：“鼎当训为方，义本相同。都是表示时间上‘现在’的副词。”意即岁星正当其位，利于征伐。《淮南子·兵略训》：“武王伐纣，东面而迎岁。”

② 克：能够。或以为当“攻克”解。闻：《说文·耳部》：“闻，知闻也。”甲骨、金文字形象一人跽跪并以手附耳谛听之形。或以为此处是使动用法，“使……闻”，即“报闻”之义。或以为通“昏”。《说文》载“闻”之古文作“䎽”，从耳，昏声。据此知“闻”、“昏”古音相同或相近。夙：早晨。《说文·夕部》：“早敬也。从丮持事，虽夕不休，早敬者也。”或以为由本义早晨引申有迅速义，今写作“夙”。或昏夙连读，意即早晚之间。《管子·宙合》：“日有朝暮，夜有昏晨。”此“昏晨”与“昏夙”相当。又：有。此句句义理解分歧颇多。大意谓岁星正当，能够攻克商，所以很快地占领了商国。

③ 辛未：甲子日后的第七天。

④ 才：读为“在”。《说文·土部》：“在，存也。从土，才声。”二字古音相同。𪫫：地名。于省吾以为：“从柬从间从官之字同属见纽，又系叠韵，所以𪫫可读为管。”《逸周书·文政解》：“惟十有三祀，王在管，管蔡开宗循。”地在今河南郑州西北。𠂤：即“师”字。《诗经·大雅·文王》：“殷之未丧师，克配上帝。”郑玄笺：“师，众也。”指人众聚居之处。

⑤ 易：赐也，赏赐。又事：或读为“右史”。古“事”、“吏”、“史”一字分化。金：铜。根据铭文可知，器主利的职务是主管祭祀、观察天时的官员，可能为武王征商提供了有价值的意见而被武王采纳，因而在征商中起到了比较关键的作用，所以受到武王的赏赐。

⑥ 用：连词，因而。乍：“作”之初文，制作。旜：或读为“檀”。《左传·成公十一年》：“单子曰：昔周克商，使诸侯抚封，苏忿生以温为司寇，与檀伯达封于河。”故以为旜即檀伯达。障彝：祭祀所用礼器之通称。

⑦ 选自段玉裁：《说文解字注》，上海，上海古籍出版社，1988。《说文解字》是中国第一部系统的分析字形并考究字源的专著，影响深远。后世常简称为《说文》。《说文解字注》是研究《说文解字》的一部重要著作，后世常简称为《说文注》或《段注》。

典之作，其作者是东汉经学家许慎。《说文》的研究至清代最盛，出现了“《说文》四大家”，段玉裁便是其中之一。《说文解字注》是段玉裁倾其毕生心智而完成的巨著。段玉裁长于经学，又长于音韵、训诂和校勘，且非常熟悉先秦两汉的古书和前代的字书与韵书。因此，《说文解字注》的特点在于从形、音、义的相互关系来研究训诂。

《说文解字注》写成后，王念孙为之作序。王念孙和段玉裁都曾师从戴震，可谓文章知己。王念孙在序文中肯定了段氏长于音韵，并且总结了段书的优点。

《说文》之为书，以文字而兼声音、训诂者也①。凡许氏②形声③、读若④，皆与古音相准。或为古之正音⑤，或为古之合音⑥。方以类聚，物以群分⑦，循而考之，各有条理。不得其远近分合之故，则或执今音以疑古音；或执古之正音以疑古之合音。而声音之学晦矣。《说文》之训，首列制字之本意，而亦不废假借⑧。凡言一曰及所引经类多有之，盖以广异闻、备多识，而不限于一隅也。不明乎假借之指，则或据《说文》本字以改书传假借之字；或据《说文》引经假借之字以改经之本字。而训诂之学晦矣。吾友段氏若膺，于古音之条理，察之精，剖之密，尝为《六书音均表》⑨，立十七部以综核之。因是为《说文注》，形声、读若，一以十七部之远近分合求之，而声音之道大明。于许氏之说，正义借义，知其典要，观其会通，而引经与今本异者，不以本字废借字，不以借字易本字，揆诸经义⑩，例以本书，若合符节，而训诂之道大明。训诂、声音明而小学明⑪，小学明而经学明，盖千七百年来无此作矣。若夫辨点画之正俗，察篆隶之緐省，沾沾自谓得之。而于转注假借之通例⑫，茫乎未之有闻，是知有文字，而不知有声音训诂也。其视若膺之学，浅深相去为何如邪？余交若膺久，知若膺深，而又皆从事于小学，故敢举其荦荦大者⑬，以告缀学之士云。嘉庆戊辰五月⑭，高邮王念孙序。

【作者简介】

王念孙（1744—1832），字怀祖，生而清羸，故自号石臞。江苏高邮人。王引之之父。自

---

① 训诂：用通行的话解释古代语言文字或方言字义。

② 许氏指的是《说文解字》的作者许慎（约58—约147），东汉经学家、文字学家。字叔重，汝南召陵（今河南郾城）人，曾任太尉南阁祭酒、洨长等职，师从贾逵，攻古文经学。

③ 形声：“六书”之一，即我们今天的“形声字”。许慎在《说文解字·叙》中云：“形声者，以事为名，取譬相成，江、河是也。”

④ 读若：古代注音释义的术语之一，表明被释字与另一字读音相似。

⑤ 正音：标准音。

⑥ 合音：合两字之音急读而成一音。

⑦ 方以类聚，物以群分：皆谓同类事物相聚一处。

⑧ 假借：指的是文字因音同或音近而互相借用的一种现象，“六书”之一。许慎在《说文解字·叙》中云：“假借者，本无其字，依声托事，令、长是也。”

⑨ 《六书音均表》是段玉裁古音学的研究成果。全书由五个表构成：今韵古分十七部表、古十七部谐声表、古十七部合用分类表、诗经韵分十七部表、群经韵分十七部表。

⑩ 揆：度也，即揣测之义。

⑪ 小学：指文字、训诂、音韵之学。

⑫ 转注：“六书”之一。许慎在《说文解字·叙》中云：“转注者，建类一首，同意相受，考、老是也。”

⑬ 荦荦：明显，分明。指明显的重大的方面。

⑭ 嘉庆：清仁宗颙琰年号，颙琰公元1796年至公元1820年在位。戊辰指公元1808年。

幼聪慧，8岁读完十三经，旁涉史鉴。乾隆四十年（公元1775年）进士，历任翰林院庶吉士、工部主事、工部郎中、陕西道御史、吏科给事中、山东运河道、直隶永定河道。王念孙平生笃守经训，个性正直，好古精审，剖析入微，时与钱大昕、卢文弨、邵晋涵、刘台拱有“五君子”之称誉。著有《读书杂志》、《广雅疏证》、《道河议》、《河源纪略》等。

【知识链接】

1.《说文解字注》，原名《说文解字读》，是段玉裁倾注了毕生心血的巨著，体大思精，发明甚钜，一问世就得到了学者们的极力推崇。除了王念孙的高度评价之外，卢文弨也说：“盖自有《说文》以来，未有善于此书者。”（《说文解字读·序》）

2. 乾嘉学派：清代乾隆、嘉庆时期思想学术领域中出现的一个以考据为治学主要内容的学派。因为它采用了汉朝儒生训诂考订的治学方法，与着重于理气心性抽象议论的宋明理学有所不同，所以有“汉学”之称。因为这一学派的文风朴实简洁，重证据罗列而少理论发挥，故又有“朴学”、“考据学”之称。乾嘉学派一般来说可以分成以惠栋为首的“吴派”和以戴震为首的“皖派”。段玉裁和王念孙都是皖派的代表，二人齐名，并称为“段王之学”。

声律启蒙（节选）①

车万育

【阅读提示】

诗词和对联是中国古代重要的文学形式，对声调、音律、格律等方面都有严格的要求。古人从幼童时起就开始注重这方面的训练。一些声律方面的著作也随之产生，清朝康熙年间车万育所作的《声律启蒙》就是其中较有代表性的一种。《声律启蒙》是训练儿童应对、掌握声韵格律的启蒙读物，分为上下卷。按韵分编，包罗天文、地理、花木、鸟兽、人物、器物等的虚实应对。从单字对到双字对、三字对、五字对、七字对，再到十一字对，声韵协调，朗朗上口。这一类读物在启蒙读物中独具一格，经久不衰。明清以来，如《训蒙骈句》、《笠翁对韵》等书，都是采用这种方式编写，并得以广泛流传的。

卷 一

一 东

云对雨，雪对风。晚照对晴空。来鸿对去燕，宿鸟对鸣虫。三尺剑②，六钧弓③。岭

---

① 选自郑宏峰主编：《中华启蒙经典》，北京，线装书局，2008。

② 三尺剑：《史记·高祖本纪》：“高祖击布时，为流矢所中，行道病。病甚，吕后迎良医，医入见，高祖问医，医曰：‘病可治。’于是高祖嫚骂之曰：‘吾以布衣提三尺剑取天下，此非天命乎？命乃在天，虽扁鹊何益！’”

③ 钧：古代重量单位，三十斤为一钧。《左传·定公八年》：“公侵齐，门于阳州。士皆坐列，曰：‘颜高之弓六钧。’”

北对江东。人间清暑殿[①]，天上广寒宫[②]。两岸晓烟杨柳绿，一园春雨杏花红。两鬓风霜，途次早行之客；一蓑烟雨，溪边晚钓之翁。

沿对革，异对同。白叟对黄童[③]。江风对海雾，牧子对渔翁。颜巷陋[④]，阮途穷[⑤]。冀北对辽东[⑥]。池中濯足水[⑦]，门外打头风[⑧]。梁帝讲经同泰寺[⑨]，汉皇置酒未央宫[⑩]。尘虑萦心，懒抚七弦绿绮[⑪]；霜华满鬓，羞看百炼青铜[⑫]。

贫对富，塞对通。野叟对溪童。鬓皤对眉绿[⑬]，齿皓对唇红。天浩浩，日融融。佩剑对弯弓。半溪流水绿，千树落花红。野渡燕穿杨柳雨，芳池鱼戏芰荷风[⑭]。女子眉纤，额下现一弯新月；男儿气壮，胸中吐万丈长虹。

二　冬

春对夏，秋对冬。暮鼓对晨钟。观山对玩水，绿竹对苍松。冯妇虎[⑮]，叶公龙[⑯]。舞蝶对鸣蛩[⑰]。衔泥双紫燕，课蜜几黄蜂。春日园中莺恰恰[⑱]，秋天塞外雁雍雍[⑲]。秦岭云横[⑳]，迢递八千远路[㉑]；巫山雨洗[㉒]，嵯峨十二危峰[㉓]。

---

① 清暑殿：《洛阳宫殿簿》："内有清暑殿。"

② 广寒宫：《明皇杂录》："（唐）明皇与申天师中秋夜游月宫，见榜曰：广寒清虚之府。"本为虚构，后遂以广寒宫为月中仙宫名。

③ 白叟：白发老人。黄童：儿童。

④ 颜巷陋：这句讲的是颜渊。《论语·雍也》："一箪食，一瓢饮，在陋巷，人不堪其忧，回也不改其乐。贤哉，回也！"颜渊是孔子的学生，又名回。

⑤ 阮途穷：这句讲的是阮籍。《晋书·阮籍传》："（阮籍）时率意独驾，不由径路，车迹所穷，辄恸哭而反。"阮籍是三国魏时人，崇奉老庄之学，政治上则采谨慎避祸的态度。与嵇康、刘伶等七人为友，常集于竹林之下肆意酣饮，世称"竹林七贤"。

⑥ 冀北：古幽都地。《广舆记》："契丹东胡旧地，后号盛京，又曰辽东。"

⑦ 濯足：濯即洗之义。《孟子·离娄上》："有孺子歌曰：'沧浪之水清兮，可以濯我缨；沧浪之水浊兮，可以濯我足。'"

⑧ 打头风：《韵府群玉》："石尤风，打头逆风也。"

⑨ 同泰寺：《梁书·武帝纪下》："大通元年三月，舆驾幸同泰寺舍身。"后梁武帝常在同泰寺讲经，相传讲经时有天雨宝花而下。寺在金陵，今不存。

⑩ 未央宫：西汉宫殿名。故址在今陕西省西安市西北长安故城内西南角，唐末毁。

⑪ 绿绮：汉卓文君琴名。

⑫ 青铜：指镜子，古代的镜子是用青铜铸造研磨而成的。

⑬ 皤：白色。

⑭ 芰（jì）：古书上指菱。

⑮ 冯妇：人名。《孟子·尽心下》："晋人有冯妇者，善博虎，卒为善士。"

⑯ 《庄子》："叶公子高好画龙，天龙闻而下窥，叶公惊走。非好龙者，好似龙者也。"

⑰ 蛩（qióng）：蟋蟀。

⑱ 恰恰：自然、和谐。

⑲ 雍雍：和谐貌。

⑳ 秦岭：中国东西向重要山脉，南北地理分界线。

㉑ 迢递：遥远。

㉒ 巫山：山名，在四川、湖北两省边境。北与大巴山相连，形如"巫"字。

㉓ 嵯峨：山高貌。

明对暗，淡对浓。上智对中庸①。镜奁对衣笥②，野杵对村舂③。花灼烁④，草蒙茸⑤。九夏对三冬。台高名戏马⑥，斋小号蟠龙⑦。手擘蟹螯从毕卓⑧，身披鹤氅自王恭⑨。五老峰高⑩，秀插云霄如玉笔；三姑石大⑪，响传风雨若金镛⑫。

仁对义，让对恭。禹舜对羲农⑬。雪花对云叶⑭，芍药对芙蓉。陈后主，汉中宗⑮。绣虎对雕龙⑯。柳塘风淡淡，花圃月浓浓。春日正宜朝看蝶，秋风那更夜闻蛩。战士邀功，必借干戈成勇武；逸民适志，须凭诗酒养疏慵⑰。

三　江

楼对阁，户对窗。巨海对长江。蓉裳对蕙帐⑱，玉斝对银釭⑲。青布幔，碧油幢⑳。宝剑对金缸㉑。忠心安社稷，利口覆家邦。世祖中兴延马武㉒，桀王失道杀龙逄㉓。秋雨潇潇，漫烂黄花都满径；春风袅袅，扶疏绿竹正盈窗。

---

① 上智：智力突出的人。中庸：不偏叫中，不变叫庸。儒家以中庸为最高的道德标准。

② 奁（lián）：女子梳妆用的镜匣。笥（sì）：盛饭或衣物的方形竹器。

③ 杵（chǔ）：舂米或捶衣的木棒。舂：古代称为碓，舂米的器具。

④ 灼烁：光皎貌。

⑤ 蒙茸：草乱貌。

⑥ 戏马：驰马取乐。《南齐书》："宋武帝在彭城，九日游项羽戏马台。"

⑦ 《晋书·刘毅传》："初，桓温起斋，画龙于上，号蟠龙斋，后桓玄篡晋，刘毅起兵讨玄，至是居之，盖毅小字蟠龙。"

⑧ 蟹螯：蟹的第一对脚。《世说新语》："晋毕卓嗜酒，语人曰：'左手擘蟹螯，右手执酒杯，乐足一生矣。'"

⑨ 鹤氅：鸟羽制的大衣。《晋书·王恭传》："王恭尝披鹤氅行雪中，孟昶见曰：'此真神仙中人也。'"

⑩ 五老峰：江西省庐山东南部名峰。五峰形如五老人并肩耸立，故称。

⑪ 三姑石：《地舆志》："南康有三姑石，响声若金镛。"

⑫ 镛：古乐器，奏乐时表现节拍的大钟。

⑬ 禹、舜、羲、农：传说中的中国上古帝王夏禹、虞舜、伏羲、神农。

⑭ 雪花：宋代黄庭坚《咏雪奉呈广平公》："天巧能开顷刻花。"云叶：《史记》："黄帝与蚩尤战于涿鹿之野。常有五色云止于帝上，金枝玉叶，有花之像。"

⑮ 陈后主：南朝陈后主叔宝，字元秀。在位 7 年为隋所灭。汉中宗：汉中宗讳询，武帝曾孙，在位 25 年，崩，谥宣帝。

⑯ 绣虎：《魏志》说曹植七步成章，人号绣虎。雕龙：《梁书》："初，勰撰《文心雕龙》五十篇，论古今文体，引而次之。"

⑰ 逸民：指避世隐居的人。疏慵：懒散。

⑱ 蓉裳：屈原《楚辞·离骚》："制芰荷以为衣兮，集芙蓉以为裳。"蕙：香草，山人葺以为帐。南朝孔稚珪《北山移文》："蕙帐空兮夜鹤怨，山人去兮晓猿惊。"

⑲ 斝（jiǎ）：古代青铜制的酒器，圆口，三足。釭：油灯。

⑳ 幔：布帐。碧油幢：军幕。

㉑ 金缸：一作瓨，长颈瓮。

㉒ 马武：人名。《后汉书·马武传》："马武，字子张。仕后汉，鸣剑抵掌，从光武帝破王寻等，击郡贼，列名云台。"

㉓ 龙逄：即关龙逄，一作龙逢，夏桀在位时任大夫。相传他因直谏为桀所忌恨，后被桀囚禁杀害。

旌对旆[①]，盖对幢。故国对他邦。千山对万水，九泽对三江[②]。山岌岌[③]，水淙淙。鼓振对钟撞。清风生酒舍，白月照书窗。阵上倒戈辛纣战[④]，道旁系剑子婴降[⑤]。夏日池塘，出没浴波鸥对对；春风帘幕，往来营垒燕双双[⑥]。

铢对两[⑦]，只对双。华岳对湘江[⑧]。朝车对禁鼓[⑨]，宿火对寒缸。青琐闼[⑩]，碧纱窗。汉社对周邦。笙箫鸣细细，钟鼓响摐摐。主簿栖鸾名有览[⑪]，治中展骥姓惟庞[⑫]。苏武牧羊，雪屡餐于北海[⑬]；庄周活鲋，水必决于西江[⑭]。

【作者简介】

《声律启蒙》书影

车万育（生卒年不详），字兴三，一字鹤田，湖南邵阳人。康熙进士，官至兵科给事中。据称他“在谏垣二十余年，发积弊，拒清谒，当路严惮之”，是一个有骨气的人。康熙二年（公元1663年），与兄万备同举湖广乡试，明年成进士，选庶吉士。性刚直，直声震天下，至性纯笃，学问赅博。善书法，所藏明代墨迹最富，有《萤照堂明代法书石刻》十卷。

【知识链接】

1.《声律启蒙》与《三字经》、《百家姓》、《增广贤文》、《幼学琼林》、《龙文鞭影》、《千家诗》等，是古代常用的蒙学读本，影响广泛。作者车万育为官清廉，刚正不阿，直声震天下。

---

① 旌：古代用羽毛装饰的旗子。旆（pèi）：古代旗末端状如燕尾的垂旒。

② 《广舆记》：“吴越之间具区，楚云梦，秦杨纡，晋大陆，郑圃田，宋孟诸，齐海隅，燕钜鹿，并昭余祁，为九薮。”九薮即九泽。三江：《尚书·禹贡》：“三江既入，震泽底定。”蔡沈注：“三江在震泽下分流，东北入海为娄江，东南入海为东江，并松江为三江。”《韵府群玉》：“三江乃钱塘、扬子、松江。一云松江、钱塘、浦阳。一云在苏州。”

③ 岌岌：形容十分危险，快要倾覆。

④ 倒戈：将武器掉转方向打自己人。武王伐纣时，纣士卒无心敌武王而倒其戈。

⑤ 系剑：《纲鉴》：“汉刘邦元年冬月，王子婴素车白马系剑于道旁以降。”子婴：秦始皇之孙。

⑥ 垒：燕巢。

⑦ 铢：古代重量单位，二十四铢等于旧制一两（亦有其他说法，标准不一）。

⑧ 华岳：即西岳华山，在今陕西华阴县。湘江：湖南境内第一大江。

⑨ 朝车：古代朝廷所用之车。禁鼓：古代宫禁所用之鼓，用以报时。

⑩ 青琐：《汉书·元后传》：“曲阳侯根骄奢僭上，赤墀青琐。”颜师古注：“青琐者，刻为连环文，而青涂之也。”闼：宫门。

⑪ 栖鸾：《后汉书·仇览传》：“仇览字季智，又名香。……王涣曰：‘枳棘非鸾凤所栖，百里岂大贤之路？’”

⑫ 展骥：《三国志·庞统传》：“庞统字士元，初令耒阳，不治。吴将鲁肃遗先主书曰：‘庞士元非百里才也，使处治中、别驾之任，始当展其骥足耳！’”治中、别驾皆府佐名。骥：千里马。

⑬ 牧羊：据《汉书·苏武传》记载，西汉大臣苏武，武帝时为郎，出使匈奴，被扣留，拒降。匈奴乃徙武北海上无人处，使牧羝。羝乳，乃得归。苏武持节不屈，留居匈奴19年，至昭帝时方获释回朝。

⑭ 活鲋：《庄子·外物》：“庄周忿然作色曰：‘周昨来，有中道而呼者。周顾视，车辙中有鲋鱼焉。周问之曰：‘鲋鱼来！子何为者邪？’对曰：‘我东海之波臣也，君岂有斗升之水而活我哉？’周曰：‘诺，我且南游吴越之王，激西江之水而迎子，可乎？’”

授户部给事中时，常直言面对皇上，专拣当务之急、他人不敢进谏之事上奏，有“朝阳鸣凤”之誉。

2.《声律启蒙》的影响由古至今。诗人流沙河曾在《自传》中回忆：

除了在校攻读文言文而外，每日课余及每年寒暑假，我还得就学于一位贫穷而善良的老秀才黄捷三先生，听他逐字逐句地讲解《诗经》、《论语》、《左传》、《唐诗三百首》、《千家诗》。还自学了一本《声律启蒙》，这真是一本奇书！“云对雨，雪对风。晚照对晴空。来鸿对去燕，宿鸟对鸣虫。三尺剑，六钧弓。岭北对江东。人间清暑殿，天上广寒宫。两岸晓烟杨柳绿，一园春雨杏花红……”低吟缓诵之际，但觉音韵铿锵，词藻华丽，妙不可言，很自然地领会了平仄对仗。

汉字构形方式的动态发展

黄德宽

【阅读提示】

汉字是现在仍在使用的历史最悠久的文字。现在能看到而又能认读的最早的汉字是3 000多年前的甲骨文。这已是相当成熟、相当系统的汉字了。

世界上没有一种文字像汉字那样历尽沧桑，青春永驻。古埃及5 000多年前的圣书字是人类最早的文字之一。但它后来消亡了，有记载的古埃及文化也被深深埋藏起来了。苏美尔人的楔形文字也有5 000多年的历史。但在公元前330年后，它也消亡了。历史上衰亡的著名文字还有玛雅文、波罗米文等。而汉字不但久盛不衰，独矗世界文字之林，还不断地得以发展，影响也越来越大。中华文明5 000年传承延续没有中断，汉字居功至伟。

分析汉字的构造，传统有“六书”说：象形、指事、形声、会意、转注、假借。其中象形、指事、会意、形声主要是“造字法”，转注、假借是“用字法”。

分析汉字的构成，实际上涉及两个有着密切联系又有一定区别的概念：构形方式与结构类型。构形方式是汉字形体符号的生成方式，结构类型则是对用不同构形方式构成的汉字进行共时的、静态的分析归纳的结果。

长期以来，文字学研究偏重汉字个体结构的分析，将不同历史阶段产生的汉字置于同一历史平面作类型性概括，而较少重视对构形方式及其历时发展的探讨，故而在汉字构形理论的研究方面，得出许多似是而非的结论。这些结论不仅关系到文字学理论建设，而且也直接影响对汉字发展的估价、语文政策的制定和汉字的教学。通过对汉字基本结构类型及其消长变化的研究，我们可以揭示出汉字构形方式系统的历时态演进的实际面貌。

一

汉字构形方式是一个随着汉字体系的发展而发展的动态演进的系统。在汉字发展的不同历史层面，构形方式系统也有着相应的发展和调整。这种发展反映在汉字体系中，即是不同结构类型的汉字分布情况的消长变化。

我们采用统计方法考察和揭示汉字结构类型的分布情况。对汉字按结构类型予以统计是一件十分复杂的工作。首先，用作统计分析的材料要有代表性，能反映汉字构形的实际发展；其次，对同一时期所有的汉字进行结构分析，需要作大量细致的工作，而且，由于汉字形体的长期发展，产生了大量的省简、讹混现象，加之有些汉字的构形原理还无法找到有力的证据予以说明，所以对不同时期的汉字作穷尽性结构分析难免有不精确之处；再次，对同一结构的汉字，往往众说纷纭，不同学者对其分析标准未必一样。因此，这种统计分析只能反映构形方式发展的基本趋势，所得数值也并非绝对精确无误。鉴于此，我们以代表汉字形成体系后的殷商时期的甲骨文（下限时间为公元前 1027 年）①、《说文解字》记载的古文字终结时期的小篆（下限时间为公元 100 年）② 和郑樵《六书略》为代表的定型楷书（下限时间为公元 1160 年左右）作为统计对象。这三个时期代表了汉字发展的不同阶段，具有一定的典型性，而且李孝定、朱骏声、郑樵作过的结构分析可资借鉴。③ 不过他们都是按传统“六书”来分类的，在具体字的归类上也存在不少分歧。为了反映不同结构类型汉字的分布的变化，按照我们对汉字基本结构类型的认识，在三位学者分类的基础上，我们对具体字用统一的标准重新调整归类，剔去重出字形，这样统计的结果就大不相同了。④ 统计情况见表一：

表一

字体	分布＼类型	指事	象形	会意	形声	总计
甲骨文	字数/个	47	310	411	319	1 087
	比例/%	4.32	28.52	37.81	29.35	100
小　篆	字数/个	117	347	819	8 070	9 353
	比例/%	1.25	3.71	8.75	86.29	100
楷　书	字数/个	123	481	821	21 841	23 266
	比例/%	0.53	2.07	3.53	93.87	100

从表 1 反映的结果看，在以甲骨文为代表的早期汉字中，指事、象形、会意结构类型的汉字所占比例为 70%多，形声结构汉字所占比例不足 30%；实际上未识字中的大部分属指事、象形、会意结构，形声结构的比例还要打一个较大的折扣。此外，由于对具体材料的处理和统计方法的不同，结果也会很不一样。我们曾将已识形声字与甲骨文单字总数据相比，得出甲骨文的形声字约占 10%，将古文字中全部的形声字进行分期统计，甲骨文时期的形声字约占 18%。⑤ 尽管如此，表一的统计仍足以说明，甲骨文时期形声字结构不是主要的结构方式，指事、象形和会意等结构方式还占有绝对的优势。殷商甲骨文是原始

① 参见陈梦家：《殷虚卜辞综述》，34、80 页，北京，中华书局，1988。

② 参见黄德宽等：《汉语文字学史》，24、25 页，合肥，安徽教育出版社，1990。

③ 参见李孝定：《从六书的观点看甲骨文字》，载《南洋大学学报》，1968（2）；朱骏声：《说文解字六书爻列》，见丁福保编纂：《说文解字诂林》，第一册，北京，中华书局，1988；郑樵：《通志》卷三十一《六书略》，北京，中华书局，1987。

④ 如李氏统计中 129 个假借字已归于四种基本结构，不应重出；70 个“未详”字中有 61 个可以重新归类。实际归类字数应为 1 087 个。这与甲骨文单字数相差甚远。《六书爻列》中转注、假借不应计入总数，会意兼声大部分应并入形声类。这样有单字 9 353 个，与《说文》所载相合。加之部分重出的其他字，删除后实际字为 23 266 个。

⑤ 参见黄德宽：《古汉字形声结构的动态分析》，《淮北煤师院学报（哲学社会科学版）》1987（1）；《古汉字形声结构声符初探》，《安徽大学学报》，1989（3）。收入氏著《开启中华文明的管钥》，北京，北京师范大学出版社，2011，本文亦选自该书，并整合了《古汉字发展论》（黄德宽等著，北京，中华书局，2014）第八章相关内容。

汉字长期积累和发展的结果，这种优势，反映出汉字形成过程中表意类的结构方式所占有的地位。如果对两百余年甲骨文的发展做进一步的考察，可知道“武丁以后到帝乙、帝辛，主要的发展是形声字的逐渐加多起来”①。形声结构在甲骨文时期虽不是最主要的结构方式，但已经呈现出发展趋势。《说文解字》反映的小篆文字系统，是古文字千余年来发展的自然结果。小篆终结于秦，隶书的出现和小篆的终结在时间上存在一个交叉阶段。到许慎撰《说文解字》之时（约公元100—121年），小篆早已退出了日常使用领域，但在某些场合仍有一定的使用价值。因此，就分析汉字结构而已，《说文》所载小篆也基本上反映了当时汉字体系的情况。《说文》中的指事、象形、会意结构类型的汉字不足14%，形声结构的汉字超过86%，这反映不同类型结构方式的构字功能发生了根本性的变化，象形、指事、会意等表意象类的构形方式构字功能衰退，形声构形方式蓬勃发展，占据了绝对优势。到楷书早已定型的宋代，指事、象形、会意结构的汉字比例降至8%左右，而形声结构类型的汉字高达94%左右。这一事实表明，表意类型的构形方式实际上已不再具备构形能力，形声已成为近乎唯一的构形方式。

如果我们进一步统计各种构形方式生成新字的情况及不同类型汉字在汉字体系中所占比例的消长，问题表现的就更加明显（见表二）。

表二

字体	分布＼类型	指事	象形	会意	形声
甲骨文	字数/个	47	310	411	319
	比例/%	4.32	28.52	37.81	29.35
小　篆	字数/个	+70	+37	+408	+7 751
	比例/%	−3.07	−24.81	−29.06	+56.94
楷　书	字数/个	+6	+134	+2	+13 771
	比例/%	−0.72	−1.64	−5.22	+7.58

指事字在小篆和楷书中分别增加到117和123个，而在汉字体系中的比例却从占4.32%降至1.25%，再降至0.53%；象形字分别增长到347和481个，所占比例却由28.52%降到3.71%，再降到2.07%；会意字分别增加到819和821个，所占比例却从37.81%降到8.75%，再降到3.53%。因此在表二中一方面它们的绝对数量有缓缓增加，另一方面在汉字体系中的比例却大幅度降低，一正一负对比鲜明，只有形声一类，绝对数字大幅度增长（分别超过25倍和2.7倍），所占比例也快速上升。表二统计的每一类型的字数显然不是十分准确的，但是，四种结构类型的汉字分布的消长变化，基本是合乎实际的，这种变化的实质，即反映了汉字构形的基本方式发生了重大调整，指事、象形、会意等早期形成的构形方式逐步丧失构字能力，汉字构形方式趋于单一化。

以上主要是从整个汉字发展历程来考察而得出的结论。下面我们再来考察一下古文字阶段构形方式的演变情况。以西周与春秋时期所见新增字（仅以目前出土材料所见）为例，西周时期新增字中以形表意类汉字约占28.1%，形声字已达71.9%多；春秋时期以形表意类汉字仅有4.3%，而形声字则高达95.7%（见表三）。这说明了在古文字阶段汉字构形的基本方式已经发生了重大调整，指事、象形、会意等早期形成的构形方式逐步丧失构字能力，汉字构形方式趋于单一化。

---

① 陈梦家：《殷虚卜辞综述》，34、80页。

表三

时代	类型 分布	象形	指事	会意	形声	总计
西周	数量/个	38	21	90	379	528
	比列/%	7.2	3.9	17.0	71.9	100
春秋	数量/个	3	4	20	599	626
	比例/%	0.5	0.6	3.2	95.7	100

综上所述，汉字构形方式系统自殷商时期已开始发生内部的调整，指事、象形两种基本构形方式殷商以后构字功能逐步丧失，会意构形方式只有微弱的构字能力，自西周以后形声这一构形方式迅速发展成为最重要的构形方式。运用共时的、静态的方法归纳汉字基本结构类型，只是汉字体系经数千年积累下来的汉字结构类型的分布情况，并不能反映汉字构形方式系统的实际面貌。汉字构形方式是一个动态的系统，不同构形方式在一定历史层面的共存和交叉关系只是短暂而表面的现象，在汉字发展的不同时期，不同构形方式之间存在着一种发展演变的更替关系。

二

构形方式系统的发展，与各个构形方式内部的深刻变化紧密相关，上文统计结果反映的各种结构类型汉字量的变化及由此得出的不同构形方式构字功能的变化和构形方式系统的调整，应从不同构形方式的内在发展中寻求到有力的佐证。情况是否如此？通过对四种基本构形方式发展的粗略考察，即可得到明确的回答。

指事构形方式生成文字符号的能力，在汉字构形系统中是比较微弱的。用记号（或抽象符号）的组合构成的所谓指事字，就其来源看，更多的是继承了原始的刻划记事符号。在汉字发展到殷商时期以后，已不再出现利用抽象符号构成的新的指事字，而在象形字的基础上附加标指性符号构成的指事字的能力依然较强，“白”与“百”，“舌”与“言”，“又”与“尤”、“厷”、“肘”，“口”与“日”、“甘”，“矢”与“寅”、“黄”，“夕”与“月”，“弓”与“弘”，“止”与“之”，“矢”与“至”等。在原象形字（前者）基础上附加标指符号生成指事字（后者）的关系历历可见，早已为甲骨学者揭明。殷商以后，汉字符号化程度增加，对指事构形方式发生了两方面的重要影响。一方面象形字的形体逐步失却象形特征，使指事结构失去依托；另一方面汉字体系的高度符号化淹没了指事附加符号，利用符号作为标志构形的独特性不复存在。因此，西周以后，指事构形方式快速趋于萎缩，只是在象形形体变化较小和形体对应区分明确的情况下，才产生极少数分化字，如“木”与“本”、“末”，“衣”与“卒”，“言”与“音”，“不”与“丕”，“止”与“世”等。可以初步判断，两周以后指事构形方式基本不具备构字功能。

象形构形方式是汉字最基础的构形方式。没有象形字，就不会组成独具特色的汉字符号系统。许慎《说文解字序》给象形下的定义是：“画成其物，随体诘诎”，这个定义比较精练准确。作为一种构形方式，象形来源于原始绘画和图画纪事是比较一致的看法。从原始图画记事和原始绘画的图形中不自觉地继承的象形字，与通过描摹词语概括的对象的轮廓构成象形字，代表象形构形方式发展的不同阶段。到殷商时期，象形构形方式显然早已经过长时间的发展而进入到自觉的阶段。虽然某些象形字形象生动逼真，可是大多数象形字构形符号简练，只是模仿其意，有些符号则根本无法看出所描摹对象的任何特征，字形书写普遍线条化，一些像动物之行的形体适应行款要求取纵式，更重要的是，绝大多数象形字可以充当字符或称为假借字，这表明殷商甲骨文中出现的象形字大部分来源较早，象形构形方式在殷商之前早已获得较充分的发展。如果对比一下《说文》所收的象形字，几乎所有的象形字都以独体或字符形式出现在甲骨文中。这意味着，甲骨文时期以后，象形构形方式已基本不再构成新的象形字（像伞、凸、凹之类的象形字极罕见）。作为一种构形方式，殷商时期它就可能已经历过了黄金时代并丧失构字功能。

会意构形方式与象形的来源一样悠久，在山东大汶口文化遗址发现的反映原始汉字面貌的陶文符号中，我们就看到象形文字符号与以象形文字符号组成的会意式图形文字的共存并处。在铜器铭文中，那些保存较原始的图形文字大多也是会意式结构。早期会意字以象形符号的组合关系直观地体现所要表达的意义，与图形纪事的因袭关系十分明显。殷商时期，会意字的构成依然保存着以形相会的原始性。例如利用字符方向、位置的差别构成不同的会意字（“出”与“各”、“并”与“替”、“伐”与“戍”、“陟”与“降”等）；利用代表人体不同形态的字符与相关字符的配合，直视、形象地体现构形内涵（“望、监、既、飨”等）。这类以形相会的会意字，在甲骨文中占有相当的比例，西周一直到古文字的终结时期，会意构形方式仍具有一定的生成新字的能力。由于以形相会构形模式生成的字形较为繁复，过于依赖字符型体特征及其组合关系，其具有很大的局限性。因此，在汉字体系的发展过程中，逐步发生以形相会向以意相会的蜕变，产生了“止戈（制止战争）为武”、“人言为信”这样的构形模式。[1] 这种蜕变发生的确切时间一时尚不能下定论，从殷商到两周的会意字来看，基本都是以形相会式的。利用字符意义之间关系构成的以意相会式新字，如按《说文》的解释，甲骨文中有“美”、“武”，春秋金文中有“昶”字。“美”字构形，于省吾先生已有论定。[2] 至于“昶”，按《说文》新附的解释“日长也”，则是典型的以意相会了。我们估计以意相会的表意构形模式大约于春秋战国以后才真正出现。然而当会意构形方式发生这种变化的同时，形声构形方式已经发展到比较完善的阶段，显示出了巨大优势。人们当然不会避易就难，违背构形方式发展的主流，而将以意相会作为构字的主要方式。观察一下新增会意字的情况，我们会清楚地看到利用这种方式构成的像“劣、昊、尘、嵩、岩、凭”等一类字，为数是极少的。魏晋南北朝时期，曾用这种方式新造了一些俗体字，但最终大都未真正进入汉字系统。因此，从构形实际看，由于古汉字发展阶段的终结，会意构形方式及时发生了内部的调整，但构字功能依然极其微弱，只是作为一种不具活力的构形方式存在而已。

形声构形方式的发展代表了汉字构形方式系统发展的主流。对形声结构这一重要的结构类型，我们曾进行过比较充分的讨论[3]，这里我们着重观察形声构形方式的发展。殷商时期，形声结构已发展到自觉的阶段，出现注形形声字（祝、祖、唯）、注声形声字（风、星、卢）和形声同取形声字（洹、狈、杞）三种类型，但从字形组合形式（形符、声符的配合）、形声字的分布比例看，殷商时期形声构形方式尚处于发展的初期阶段。殷商以后，形声字大量出现并逐步成为唯一能产的构形方式，是与形声构形方式内部的优化、调整密切相关的。

---

① 参见“武”字见甲骨文，也应为以形相会式的会意字；“信”或以为是形声字。这里仅引成说以说明问题，不代表我们对这两个字构形的看法。

② 参见于省吾：《释羌、苟、敬、美》，载《吉林大学社会科学学报》1963（1）。

③ 参见作者所著《形声起源之探索》、《古汉字形声结构声符初探》、《形声结构的形符》、《古汉字形声结构的动态分析》等文。收入氏著《开启中华文明的管钥》。

形声结构的声符始终相对稳定和单一，在形声结构中起着主导和核心作用。[①] 作为记录语音的符号，声符的选用相对集中，加之新的形声字的孳乳往往以声符为核心，逐步形成了一个基本声符系统。

基本声符系统包括一定数量的声符，清人以《说文》为对象统计，得出的数量很不一致，多的达 1 543 个，少的只有 651 个；[②] 沈兼士统计《广韵》所收字归纳声符 947 个。[③] 我们采用离析最基本的声符的办法，得知古文字阶段大约有声符 500 左右，全部汉字的声符，大约不超过 1 000 个。声符作为形声构形的二要素之一，之所以能形成系统，表明构造形声字时对声符的选择有一定的范围，受某种定势的制约，声符系统的形成，使基本字符控制在一定数量之内，并形成部分字符的职能分工，有利于形声构形方式进一步走向规范。

形符的优化和调整，是形声构形方式内部发展的主要方面。殷商时期及两周期间，形声构形方式处于急剧发展阶段。形符是形声结构中一个十分活跃的构形要素，呈现出明显的特色，一是变动不居。表现为形符可增可减，位置游移不定。二是同一形声字多种形符变幻不定，异形纷出。三是义近形符通用无别。[④] 这些都是形声结构发展阶段特有的现象。形符的优化，经过了以下几个环节：（1）形符表意泛化，区别和标指成为形符最主要的职能。早期出现的形声字，无论是注形、注声还是形声同取类型的，形符表义相对明确，在发展过程中，一些早期表义较为具体的形符，表义逐渐变得抽象。如“邑”西周时期主要用于表示都邑，在“邦，都”等字中都很具体，西周晚期至春秋以后表义范围扩大，凡诸侯封地都可加“邑”，再进一步发展为表示一切乡镇县邑和地名，这当然是一个比较典型的例子。但是像“水、心、止、又、示、金”等常用形符的表义范围无不程度不同地扩大，这种扩大我们称之为“泛化”。形符表义的泛化，表明其表义程度强弱与否已无关紧要。表义的泛化，促使一些表义具体但构形复杂的形符的调整，如“城、坏、垣、堵、堣”等字的形符，原并不是“土”，而是城垣的象形字“𩫏”。随着形符表义的泛化，这些字都应改换“土”为形符，尽管古城以土夯成，与“土”有关，但在表义程度上，却远不如原来形符。表义的泛化，还导致不同形符出现类化现象，如一些器物名称的形声字，形符分别由从“匸”、“皿”、“缶”等类化为从“金”、从“木”、从“竹”；动物类名称大都类化从“犬”；昆虫、爬行类动物形体大都从“虫”，等等。形符表义泛化，增加形符选择的自由度，是形符性质由表义向标指区分变化的重要表现，这一变化大大加强了形声构形方式的构字功能。（2）形符系统逐步形成。殷商时期形声字较少，形符不很完备。随着形声字结构的发展，两周以后出现了一批新的形符，这些形符在构形过程中，职能分工逐步

---

① 参见作者所著《古汉字形声结构声符初探》、《古汉字形声结构的动态分析》等文。收入氏著《开启中华文明的管钥》。

② 对声符系统的整理始于清人。戴东原在《客段若膺韵》中提出形声谱系的概念。段玉裁《十七部谐声表》统计《说文》形声字声符为 1 543 个，江沅《说文解字音韵表》统计为 1 291 个，张惠言《说文谐声谱》为 1 263 个，陈立《说文谐声孳生述》为 1 211 个，江有诰《谐声表》为 1 172 个，朱骏声《说文通训定声》为 1 137 个，龙启瑞《古韵通说》为 1 121 个，姚文田《说文声谱》为 1 112 个，严可均《说文声类》为 938 个，苗夔《说文声读表》为 651 个，等等。由于各人对形声字切分方法不一，故相差较大。

③ 参见沈兼士：《广韵声系》，辅仁大学 1945 年印行。

④ 参见作者所著《形声结构的形符》、《古汉字形声结构的动态分析》等文。收入氏著《开启中华文明的管钥》。

明确。如"水、木、心、人、大、女、又、手、口、目、耳、页、示、力、牛、羊、马、犬、虫、鱼、糸、衣、巾、食、米、禾、木、竹、缶、皿、车、舟、刀、戈、弓、矢、斤、广、土、雨、山、日、月、石、火、金"等最为常用的形符，在构形时一般不充当声符，除单独使用外，他们的主要职能是充当意符（形符）。由于这种分工的逐步形成，我们似乎也可以说与声符系统相对应，也存在着一个形符系统。许慎《说文解字》540部首的归纳，已在一定程度上揭示了这种系统的存在。郑樵作《象类书》定"三百三十母为形之主，八百七十子为声之主，合千二百文而成无穷之字。"[①] 因原书不存，我们无法肯定地认为这是将基本形符和声符分作两个相互因依的系统，但无疑已包含了这一方面的认识。将《说文》部首当作文字系统的基本构形要素并进行专题研究"偏旁字原"学，始于唐宋，盛于清代。[②] 日本学者岛邦男的《殷墟卜辞综类》、姚孝遂先生主编的《殷墟甲骨刻辞类纂》等利用古文字资料对《说文》部首进行大胆的调整，分别将部首合并为164和149个，也是比较注重汉字构造的基本形体单位的。[③] 上述研究着眼点主要是汉字构形基本形体和部首，因此均未能就形声结构而提出"形符系统"这一概念，我们曾将古汉字形声字的形符作过归纳，得到常用形符110多个。一般情况下，汉字构形的基本形体，大都可以充当形符。这样岛邦男、姚孝遂先生等归纳的用作部首的基本形体，也大体与形声结构的形符系统相当。尽管目前这方面的研究还很不够，但是，形符系统在长期发展中已经形成并在构形上呈现出职能分工，却是一个客观存在的事实。形符系统的形成与声符系统相对应，标志着形声构形方式的发展日趋完善。（3）形符的定型定位。形声结构发展过程中，形符变动不居的现象逐步减少。经过长期的选择，形声结构的形符一般都淘汰了异形、结构定型，而且形符的位置由上下左右任意变动发展到居左为主，有些形符则根据其来源和构形需要确定自己的结构位置，如"艹、网、竹、雨"等居上，"血、皿"等居下，形符的定型定位也是增强形声构字能力，使字形符号的构成进一步走向规整化的重要条件。总之，形符经过以上三个主要环节的发展，形声构形方式大大优化，构字能力大为增强。

基本构形方式内部发展表明：指事、象形两种构形方式到西周以后已开始萎缩和衰退，会意构形方式春秋以后发生了蜕变。与此同时，形声构形方式经过内部的优化和调整，构字功能不断增强，逐步成为一种比较完善的构形方式。由此看来，作为一个动态演进的系统，不同构形方式的兴衰变化构成了这一系统发展变化的基本格局，构形方式系统的发展正是各构形方式自身发展变化的综合反映。

三

汉字构形方式的发展演进，实际上是汉字体系发展演进的本质反映。下面我们对影响汉字构形方式发展的有关因素作进一步的分析，以便阐明上文揭示的汉字构形方式发展的必然性趋势。

（1）汉字形体符号化的进程，动摇了以象形表意为基本方式的早期汉字构形的基础，长期以来形成的构形思想和构形模式因之而相应改革。文字本就是符号，所谓"符号化"，指的是汉字摆脱原始形态的进程和程度。汉字发展到殷商时期，形体符号化程度已经比较高。甲骨文作为目前能看到的代表殷商文字形态主要面貌的形体，由于书写工具的特殊，

---

① （南宋）郑樵：《六书略·论子母》。

② 黄德宽等：《汉语文字学史》，159页。

③ 姚孝遂：《许慎与〈说文解字〉》，北京，中华书局，1983；《殷墟甲骨刻辞类纂·序》，北京，中华书局，1989。

符号化程度较同期铜器铭文上铸就的文字形体大大地超前。字形以匀称的单线线条组成，一些常用字出现了高度简化的写法。西周以后汉字形体进一步沿着简化的道路发展，曲线线条逐步发展到点画组合，字体形态规整化一，成为纯粹的抽象点画组成的符号。早期形成的象形构形方式，以描摹客观物象的轮廓而构形，一旦文字脱离毕肖物象的畛域而踏上线条化的道路，象形构形的基础即已不复存在。早期的附加符号类的指事和会意构形，是建立在象形基础上的，一旦象形构形失去基础，象形字自身的形象特征逐步消失，标指符号就无所加施，形体组合也会失去凭依。因此随着汉字体系字体形态的符号化程度的提高，早期产生的象形表意式的构形方式就必然要退出舞台，尽管汉字形体的符号化是汉字体系的表层发展，但这种表层发展却成为影响汉字体系构形方式深层发展的一个重要因素。

（2）同音借用现象的普遍发生，有力地冲击了早期构形方式，加速了文字符号的构成由形义关系向音义关系跃进。汉字作为记录汉语的符号系统，同音借用是早期汉字完善记录汉语职能的重要手段，用以形表意的方式造不出一个完整记录汉语的文字系统，这是最浅显明白的事实。利用同音借用的手段，则是早期汉字用以弥补自身缺陷的唯一有效的方式。不同民族的原始文字资料中，几乎全无例外地大量采用同音借用的方法。据抽样分析，甲骨刻辞中同音假借的数量高达70％多。[①] 这说明同音假借是汉字发展过程中出现的很重要的现象。有的学者对甲骨文形成比较固定关系的120多个假借字进行分析，发现这些假借字本来都是象形、指事和会意字，[②] 表明同音借用是济早期象形表意构字方式之穷的重要手段。同音借用开拓了汉字构形的思路，使汉字形体与它所代表的义之间发生了人为的分离，形体仅仅作为一个纯粹的记音符号出现。这就沟通了字符与语音之间的直接联系，这种联系是促成汉字构形模式由有形表意向记音表意转变的枢纽，另一方面，同音借用的大量出现，对以形表意的早期汉字是一个巨大冲击，造成了书面上同音异义的分歧，给习惯于以形及义来辨识文字的人们带来困难。于是，继承以形表意之长，扬弃同音借用之短的形声构形方式就自然成为一种比较理想的选择了。甲骨刻辞大量使用假借字，有力地推动了形声构形方式的发展，同时在假借字基础上加注形符生成的大量形声字，对形声构形方式摆脱原始状态，强化声符的语音功能方面的意义同样是不可低估的。因而，同音借用现象的普遍发生，也是促成汉字构形方式由早期的以形表意模式向记音表意模式发展的重要因素。

（3）汉语系统的发展对汉字体系的要求，是汉字构形发展的重要动力。出现较早的指事、象形、会意等构形方式自身存在着严重缺陷，难以适应语言发展对文字符号系统发展的要求。这些早期出现的构形方式，方法原始，“近取诸身，远取诸物”，依客观物象为参照，通过形义关系构成记录语言的符号。这些构形方式只适合文字构成的早期阶段。一旦文字从原始状态脱离，真正成为记录语言的工具，这类构形方式的缺陷就暴露无遗。而语言的高度发展，新词的大量增加，更加速这类构形方式的衰落。文字体系要适应语言需要，必须另辟蹊径，形声构形方式通过记录语音来构型，沟通了汉字和汉语的深层关系，使文字符号系统与语音系统和谐发展，以适应语言发展对文字系统的要求。因而，在象形表意式的构形方式走向衰弱的时候，它能起而代之，并获得经久不衰的生命力。

---

① 姚孝遂：《古文字的形体结构及其发展阶段》，《古文字研究》第四辑，北京，中华书局，1980。

② 李孝定：《中国文字的原始与演变》，（台北）《“中央研究院”历史语言研究所集刊》第45本第二、三分册，1974。

(4) 文字体系作为符号系统，遵循符号构成的优化原则。象形表意式构形方式构成符号的规律性不强，潜藏着形的有限性和义的无限性之间的深刻矛盾，利用这种方式很难构成一个便于操作而有序的符号系统，有悖符号学的“简易法则”。而形声构形方式在符号生成上有着极大的便利，这种便利表现在如下几个方面：一是形声组合的结构，类型明确，组合方式有限，不外乎左右、上下、内外、半包围等几种模式，符号构成容易做到规整。二是形符、声符系统的形成，基本字符数量有限。有限的结构组合类型和有限的基本字符，使构形和运用更为便利。三是具有巨大的生成有规律的符号的能力。象形、指事、会意等构形方式生成符号能力都比较有限而且规律性不强。形声构形方式利用一个形符和一个声符构形，符号组合规律性强，并且具有较强的生成能力。以基本形符系统和基本声形系统相配合，在理论上可以构成数字巨大的不同形的形声系统。如果再加上组合方式的变化，同一形符和声符并不止生成一个形声字，如“忠”和“忡”、“吟”和“含”等，这样声形系统生成新生字的数量，可以用如下数学公式来表示：

$$N>N1=Xn\cdot Sn$$

用这个公式计算，150 个基本形符和 1 000 个基本声符的组合，在理论上可以产生大于 150 000 这一庞大数字的不同形的形声类符号。事实上，汉字系统中的形声字永远不会发展到这个极限数字。但由此可见，形声构形方式在符号构成方面的巨大优越性，它具备其他构形方式无可比拟的发展成为最主要的构形方式的基础，故最终能取代其他构形方式而独占鳌头。

以上四个方面，反映了汉字体系发展与构形方式发展的紧密关系，各构形方式的发展变化也是汉字体系发展变化影响的必然结果。

通过统计分析不同结构类型汉字的分布，考察不同构形方式内部的发展，揭示汉字体系发展对构形方式发展的决定性影响，我们认为，汉字构形方式是一个历时态演进的系统这一事实是无可怀疑的，文字学研究不应忽略这一隐藏于结构类型背后的重要理论问题。我们希望本文的探讨和结论对当前的汉字理论研究、汉字教学及应用研究能有所裨益。

【作者简介】

黄德宽（1954— ），安徽广德人，安徽大学汉语言文字学专业教授，博士研究生导师，兼任中国文字学会会长、安徽文史研究馆馆长，曾担任安徽大学校长、党委书记，主要从事中国文字学、古文字学教学和研究工作，独著或合撰有《汉语文字学史》、《汉字阐释与文化传统》、《汉字理论丛稿》、《新出楚简文字考》、《开启中华文明的管钥》、《古汉字发展论》、《古文字学》、《古文字谱系疏证》等论著。

【知识链接】

1. 东汉学者许慎在《说文解字》中曰：“周礼八岁入小学，保氏教国子，先以六书。一曰指事：指事者，视而可识，察而见意，‘上’、‘下’是也。二曰象形：象形者，画成其物，随体诘诎，‘日’、‘月’是也。三曰形声：形声者，以事为名，取譬相成，‘江’、‘河’是也。四曰会意：会意者，比类合谊，以见指㧑，‘武’、‘信’是也。五曰转注：转注者，建类一首，同意相受，‘考’、‘老’是也。六曰假借：假借者，本无其字，依声托事，‘令’、‘长’是也。”许慎的解说，是历史上首次对六书定义的正式记载。后世对六书的解说，仍以许慎为核心。

2.（1）象形属于“独体造字法”，用文字的线条或笔画，把要表达物体的外形特征，具体地勾画出来。例如“月”字像一弯明月的形状，“龟”字像一只龟的侧面形状，“马”字就是一匹有马鬣、有四腿的马，“鱼”是一尾有鱼头、鱼身、鱼尾的游鱼。象形字来自于图画文字，但是图画性质减弱，象征性质增强，它是一种最原始的文字。它的局限性很大，因为有些事物是画不出来的。

（2）指事属于“独体造字法”。与象形的主要分别，是指事字含有绘画等较抽象的东西。例如“刃”字是在“刀”的锋利处加上一点，以作标示；“上”、“下”二字则是在主体“一”的上方或下方画上标示符号；“三”则由三横来表示。这些字的勾画，都有较抽象的部分。

（3）会意属于“合体造字法”。会意字由两个或多个独体字组成，以所组成的字形或字义，合并起来，表达此字的意思。例如“涉”字，以两脚趾跨过水来会“涉”义；“解”字的剖拆字义，是以用“刀”把“牛”和“角”分开来表达字义；“鸣”指鸟的叫声，于是用“口”和“鸟”组合而成。

（4）形声属于“合体造字法”。形声字由两部分组成：形旁（又称“义符”）和声旁（又称“音符”）。形旁是指示字的意思或类属，声旁则表示字的相同或相近发音。例如“樱”字，形旁是“木”，表示它是一种树木，声旁是“婴”，表示它的发音与“婴”字一样；“篮”字形旁是“竹”，表示它是竹制物品，声旁是“监”，表示它的发音与“监”字相近；“齿”字的下方是形旁，画出了牙齿的形状，上方的“止”是声旁，表示这个字的相近读音。

（5）转注属于“用字法”。目前学界争论较大，大致有形转说、音转说、义转说。

（6）假借属于“用字法”。语言中的某个“词”，本来没有替它造字，就依照它的声音“假借”一个“同音字”来寄托这个“词”的意义。例如：“难”原是鸟名，借为“艰难”之难；“我”原是一种兵器，借为第一人称代词。

思考与实践

1. 结合所学知识，思考下列古文字字形的构形意趣：

（果）　（兵）　（水）　（目）　（眉）　（木）　（黍）

（瓜）　（羊）　（射）　（亦）　（月）　（上）　（山）

（丘）　（犬）　（象）　（鹿）　（虎）　（豹）

2. 分析“本”、“末”、“人”、“毓”、“刃”、“象”、“马”、“天”、“狩”、“从”、“比”、“江”、“状”、“史”等字的六书构造。

3. 谈谈汉字的表意特点。

4. 现在的一些形声字与其声旁读音不同，请分析其原因。

5. 利用古文字工具书，把自己最喜欢的一句名言转写为古文字（甲骨文、金文或战国文字）。翻阅《说文解字》，找出自己姓名的小篆字形，并加以摹写。

6. 利用假期时间，参观你所在地区的博物馆或是文管所，调查其中收藏的各种有字文物并撰写一份调查报告。看一看甲骨片、青铜器等，摹写上面的铭文。

7. 想想在你的方言里有哪些字的读音保留有古代语音痕迹。

8. 尝试运用《声律启蒙》的知识创作一首诗词或者写几副对联。

9. 课外观看国家汉办录制大型人文纪录片《汉字五千年》。

第二讲　古代汉语·词汇与语法

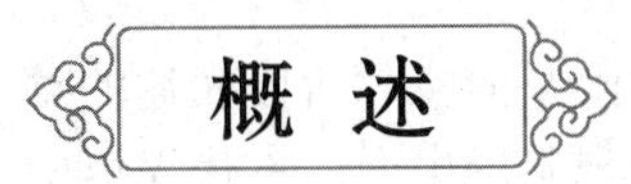

概述

一、词汇

在语言系统的三大要素中，与语音、语法相比，词汇对现实生活变动的反应最敏感，发展变化最快，系统性也最弱。古代的很多文献今人看不懂，主要原因就在于词汇。因此，阅读古代文献，首先要扫除词汇障碍。举几个现代还常用的词语为例来说，《左传·僖公四年》："君若以力，楚国方城以为城，汉水以为池，虽众，无所用之！"如果我们不明白这里的"池"是护城河的意思，就很难理解什么叫"汉水以为池"。《左传·僖公三十年》："若舍郑以为东道主，行李之往来，共其乏困。"这里的"行李"，指的是外交使节，而现代指的是出行时携带的东西，不明白这一点，也读不懂这一段古文说的是什么。《史记·刺客列传》记录聂政刺杀韩相侠累后，怕人认出自己，自己动手割破脸皮，又自己"决眼"。我们知道，现代的"眼"指眼部，但眼部是无法"决"（挖）的。其实，今天的"眼"和古代的"眼"指的不是同一个东西，今天的眼，古人叫目，而古代的眼，指今天的眼珠子。明乎此，"决眼"就好理解了。史载伍子胥被迫自杀时，留下了"抉吾眼县（同'悬'）吴东门之上，以观越寇之入灭吴也"的遗言，这里的"眼"指的也是眼珠子。上述三例都说明了词汇学习对正确阅读、准确理解古代文献的重要作用。

下面我们从古代汉语词汇的特征、古代汉语词汇的新陈代谢和古代汉语词义演变的方式三个方面对古代汉语词汇作一概述。

（一）古代汉语词汇的特征

特征往往在比较中才能更好地显现出来。和现代汉语词汇相比，古代汉语词汇具有单音节词占多数、一词多义等明显特征。

1. 单音节词占多数

汉语词汇按语音形式划分，可分为单音节词和多音节词两大类。和现代汉语相比，古代汉语词汇一个显著的特点就是单音节词占多数，而且年代越早，单音节词所占的比例越大。我们从古代文献中任意选取一段都能证明上述推断。《左传·庄公十年》："既克，公问其故。对曰：'夫战，勇气也。一鼓作气，再而衰，三而竭。彼竭我盈，故克之。'"这一段有 30 个字，29 个词，其中单音节词占 28 个，双音节词只有 1 个。有人统计，甲骨文中，基本上是一个字对应一个词，除少量的职官名称、人名地名和计时干支外，绝大多数是单音节词。春秋战国时期，多音节词比例有所增加，大约占到了词量总数的 20%左右；中古以后，多音节词数量日渐增多；唐宋以后，多音节词占绝对优势；到了清代，《红楼梦》中多音节词已占 64%；现代《骆驼祥子》中已占 70%。

了解古代汉语单音节词占多数这一现象，对我们准确理解古代文献也十分有益。例如“妻子”，在现代汉语中是个双音节词，但在先秦汉语中却是两个单音节词。《孟子·梁惠王上》：“必使仰足以事父母，俯足以畜妻子。”这里的“妻子”指妻子和儿女。“睡觉”，在现代汉语中是一个词，但在白居易《长恨歌》“云髻半偏新睡觉”中也是两个单音节词，“睡”指睡觉，“觉”（jué）指醒来。现代汉语中“城市”这个词，到宋代还是两个单音节词的组合，张俞《蚕妇》：“昨日入城市，归来泪满巾。遍身罗绮者，不是养蚕人。”诗中的“城”指城市，“市”指做买卖。

2. 一词多义

古代单音节词居多，音节有限，但实际所要表达的意义却是无穷的。这种词汇和词义不断发展的结果导致了一词多义现象的出现。古代汉语中一词多义的现象比现代汉语中多得多，也复杂得多，是古代汉语词汇一个显著的特点。例如：

“打”，《汉语大词典》列了40个义项：敲击；撞击。谓因撞击而碎损。殴打；斗殴。指武术和武术表演或戏剧中的武打。攻打，进攻。指进行战争。攻讦；打击。射击。发出。猜。围棋术语。印上；拓印。扎入；注入。制造；建造。砍；割。汲取；盛取。捕捉；猎取。买。振作。除去。特指打胎。贬；退；减。收获。遇着，碰上。盘算；估算。评定。相处；交结。张；举；提。谓携带。编织。指系结。搅拌。转；绕。把一物附着在他物上。谓用某种语言或腔调说话。谓从事某种工作或做出某种行为。与某些动词结合为复词，表示进行之意。连词。犹及，和。介词。犹自；从。

“好”（hǎo），《汉语大词典》列了16个义项；“辟”（pì），《汉语大词典》列了33个义项；“辟”（bì），《汉语大词典》列了27个义项。

古代汉语中一词多义现象是汉语丰富性的重要表现，但同时也给我们的学习带来了困难，造成了阅读的障碍。如屈原的千古名篇《离骚》，其篇名二字究竟为何义，至今未得确解。有人把“离”字理解为“罹”（遭遇、遭受），认为是“遭遇着忧愁”；有人把“离”字理解为“离别”，认为是“离别的忧愁”；有人把“离”字理解为“离间”，认为是“被离间的忧思”；有人把“离”字解释成“牢”，认为是“发牢骚”；还有人把“离”字解释成“劳”，认为“离骚”即楚曲“劳商”，等等。这些都是由于“离”字的多义性导致大家理解不一而造成的。

（二）古代汉语词汇的新陈代谢

词汇是构成语言的最基本的建筑材料，人类的物质活动和精神活动发展到什么程度，词汇就如影随形地发展到什么程度。每过一段时间，就会有一批新的词汇出现，随之也会有一批旧的词汇消亡或被“打入冷宫”。一部词汇发展史，就是一部词汇新陈代谢的历史。

1. 新词的产生

每个历史时期到底产生了多少个新词，目前尚无这方面的文献记载，但我们可以从历代文献所收录的汉字数量上看出新词递增的大致情况。《甲骨文编》收录了甲骨文4 672个单字，汉代许慎《说文解字》收录了9 353个单字，南朝顾野王《玉篇》收录了16 917个单字，宋代的《广韵》收录了26 194个单字，清代的《康熙字典》收录了47 035个单字，现代的《汉语大词典》收录了375 000条复词。这种数量的递增，尽管累积了大量异体、废弃不用的汉字，但大致可以说明从甲骨文以来，汉语词汇是以新词不断增加的总趋势向前发展的基本事实。下面举几个例子。

吉利：吉祥顺利。汉代产生的新词。焦赣《易林·蒙之姤》：“举家蒙欢，吉利无殃。”

炒：烹调方法之一，把食物放在锅里加热并随时翻搅使熟。中古产生的新词。北魏贾思勰《齐民要术·作酱法》："临食，细切葱白，着麻油炒葱，令熟，以和肉酱。"

帘：酒家、茶馆的幌子。唐代产生的新词。刘禹锡《鱼复江中》："风樯好住贪程去，斜日青帘背酒家。"

椅：椅子。宋代产生的新词。《论语·阳货》："礼云礼云，玉帛云乎哉。"朱熹《四书集注》引程颐曰："且如置此两椅，一不正，便是无序，无序便乖，乖便不和。"王铚《默记》："铉引椅少偏，乃敢坐。"

吸收外来词也是汉语新词产生的一条途径。如：

葡萄：亦作"蒲陶"、"蒲萄"、"蒲桃"，是张骞出使西域后才出现的新词。《汉书·西域传上·大宛国》："汉使采蒲陶、目宿种归。"

塔：佛教传入中国以后始见，梵语为"窣堵坡"、"塔波"，晋宋译经时始造"塔"字。谢灵运《山居赋》："谢丽塔于郊郭，殊世间于城傍。"

2. 旧词的消亡

旧词的消亡有两种情况。一种是词语所反映的客观事物消亡了，因而这个词语在实际语言运用中也就逐渐退出了使用的舞台，随着旧事物的消亡而消亡。另一种是词语所反映的客观事物并没有消亡，但却使用了另外一个词语来表示，其结果也使得原先用来表达那个事物的词语在实际语言运用中被"打入冷宫"，走向消亡。比如：

《左传·昭公七年》："天有十日，人有十等。下所以事上，上所以共神也。故王臣公，公臣大夫，大夫臣士，士臣皂，皂臣舆，舆臣隶，隶臣僚，僚臣仆，仆臣台。"其中表示官职等级和奴隶身份等级的词语，随着旧制度的消亡，也就消失了。

《礼记·王制》："天子诸侯宗庙之祭，春曰礿（yuè），夏曰禘（dì），秋曰尝，冬曰烝。"郑玄注："此盖夏殷之祭名，周则改之，春曰祠，夏曰礿。"这些古代的祭名，今天也不使用了。

《韩诗外传》卷五："两瞽相扶，不触墙木，不陷井穽（jǐng），则其幸也。"其中的"瞽"指失明的人。今天还有失明的人，但表达这个概念使用了"盲人"等词，"瞽"就不再使用了。

司马迁《报任安书》："然陵一呼劳军，士无不起，躬自流涕，沬（huì）血饮泣，更张空弮（quān），冒白刃，北向争死敌者。"沬，洗脸，沬血，即用血洗脸，形容血流满面。贾谊《新书·耳痹》："大夫种拊心嗥啼，沬泣而言信。"沬泣，即以泪洗脸，形容泪流满面。洗脸这个动作行为在今天依然存在，但表示洗脸义的"沬"却自中古以后就不再使用了。

（三）古代汉语词义演变的方式

古汉语词义的演变主要有两种方式，一种是词义范围发生变化，另一种是词义感情色彩发生转移。

1. 词义范围的变化

在词汇的历史发展过程中，我们常常可以见到这样一种现象，即某一个词语所反映的客观事物的范围在不断地变化。有的词语所反映的客观事物的范围在变大，有的却在缩小，还有的变得和原来的词义没有多大联系了。了解这些变化对我们正确解读古代文献意义很大。

词义范围扩大是词汇历史发展过程中很常见的现象。如我们常说的"江"、"河"这两个词，最初的意义范围很小，只能指长江、黄河。后来词义范围逐渐扩大，凡是大一点的水系都可以叫做"江"或"河"，像珠江、钱塘江、金沙江、淮河、大渡河、红河等。再如我们常用的“菜”，《说文解字》中说：“菜，草之可食者。”可见汉代“菜”是专指蔬菜的，这种现象延续到宋代都没有改变，“菜”仍不含肉、蛋等副食。宋代罗大经《鹤林玉露》有一段记载能证明这一点：“某为太守，居常不敢食肉，只是吃菜；公为小官，乃敢食肉，定非廉士。”但到了清代，“菜”的范围扩大了，吴敬梓《儒林外史》说：“都是些燕窝、鸭子、鸡、鱼……那菜一碗一碗的捧上来。”这时的“菜”已经由专指蔬菜而兼指肉、蛋等副食了。

词义范围缩小的现象相对词义范围扩大来说要少得多。现代汉语中“臭”与“香”相对，指秽气。但这个词在先秦汉语中，却是各种气味的总称。如《周易·系辞》：“同心之言，其臭（xiù）如兰。”《礼记·大学》：“如恶恶臭。”自汉代开始，“臭”由泛指各种气味而专指秽气。《诗经·大雅·文王》：“上天之载，无声无臭。”郑玄《笺》：“耳不闻声音，鼻不闻香臭。”郑玄的《笺》中“臭”和“香”对举，这里的“臭”显然已专指秽气了。《孔子家语·六本》中也有类似的用例：“与善人居，如入芝兰之室，久而不闻其香，即与之化矣；与不善人居，如入鲍鱼之肆，久而不闻其臭，亦与之化矣。”“臭”由泛指各种气味到专指秽气，词义范围缩小了。此外“虫”由对动物的总称到专指昆虫、“丈人”由对老年男性的泛称到专指岳父等，均是词义范围缩小的例证。

古汉语中，词义还有一种运动形式，即由一个义域转移到另外一个义域，叫做词义的转移。如“涕”，最初指眼泪。《庄子·大宗师》：“孟孙才，其母死，哭泣无涕，中心不戚。”《左传·襄公二十三年》：“臧孙入哭，甚哀，多涕。”这些“涕”指的都是眼泪。《毛诗传》说：“自目曰涕，自鼻曰泗。”大约在汉代，开始出现“涕”由表示眼泪变为表示鼻涕的用例。如王褒《僮约》：“目泪下落，鼻涕长一尺。”“泪”、“涕”分工由此开始。此外，“荤”由指葱蒜等有辛辣刺激气味的蔬菜到指鱼肉等肉类食品、“汤”由指热水到指汤类食品或煮饭的汁等，都是词义转移的用例。

2. 词义感情色彩的转移

在词义的发展过程中，大多数词的感情色彩基本上没有变化，只有少数词的感情色彩发生了变化，了解这些变化，对我们学习古代汉语十分重要。

“爪牙”，原指勇猛的干将、得力的助手。《国语·越语》：“然谋臣与爪牙之士，不可不养而择也。”后指坏人的帮凶。“复辟”，古义指恢复君位，今义指反动势力卷土重来。这是由褒义变为贬义的用例。“锻炼”，古义指玩弄法律诬陷人，唐代产生在艰苦中经受考验、增长才干之义，今义指通过体育运动使身体强壮。这是由贬义变为褒义的例子。由中性变为褒义的用例如“祥”，古义指吉凶的征兆、预兆，后专指吉祥。由中性变为贬义的用例如“谤”，古义指背后议论人。《战国策·齐策》：“能谤讥于市朝，闻寡人之耳者，受下赏。”今义则指诽谤、诬陷人。《史记·屈原贾生列传》：“信而见疑，忠而被谤。”

古代汉语中，还有些词随着历史的发展，词义轻重程度也发生了变化。如“诛”，原来只指用语言“责备”他人，后来词义变重，成为“杀”的意思。这是词义由轻变重的例子。词义由重变轻的用例如“怨”，古义指痛恨。《史记·淮阴侯列传》：“秦父兄怨此三人，入于骨髓。”现在仅指一般意义上的埋怨。

二、语法

从古今汉语比较的角度而言，古今汉语在语法上的差异远没有语音、词汇的差异大，但古代汉语中仍有许多有别于现代汉语的特殊语法现象。下面我们从词法和句法两个方面对古代汉语语法作一简单的概述。

（一）词法

古代汉语的词类和现代汉语基本一致，也分为实词和虚词两大类。不同之处在于：一是古代汉语中的虚词范围比现代汉语要大，除了副词、介词、连词、助词、语气词外，还包括一部分代词；二是古代汉语每类虚词的构成成分与现代汉语也有许多不一样的地方。

古代汉语中的名词、动词、形容词、数词在正常的用法之外，还有一些特殊的用法。如名词、形容词可活用为一般动词、使动动词和意动动词，动词有使动用法、意动用法和为动用法，形容词可活用为名词，数词可活用为动词等。

古代汉语数量表示法与现代汉语的不同之处表现在：一是古代汉语中量词不发达，尤其是很少使用动量词，因此在表量的时候常常将数词直接放在名词或动词的前面；二是分子、分母连用，中间常不用“分”和“之”；三是用定数“三”、“五”、“九”等表示虚数；四是在数词前加“且”、“将”、“几”等或在数词后加“所”、“许”等表示概数。

（1）代词。常见的第一人称代词有“吾”、“我”、“余”、“予”等，第二人称代词有“汝（女）”、“尔”、“若”、“而”、“乃”等。上古、中古汉语中还没有出现真正的第三人称代词，当表达需要时，便借用指示代词“之”、“其”等来表示，第三人称代词“他”约出现于唐代初年。《王梵志诗·天子与你官》中“天子与你官，俸禄由他授”是“他”做第三人称代词使用的较早用例。指示代词分近指代词“是”、“此”、“兹”、“斯”和远指代词“彼”、“夫”、“其”和“之”、“尔”两类。常见的疑问代词有“谁”、“孰”、“何”、“胡”、“曷”、“奚”、“安”、“恶”、“焉”等。无定代词主要有“或”、“莫”两个，“或”是肯定性的无定代词，“莫”是否定性的无定代词。

（2）副词。主要有程度副词（“甚”、“太”、“尤”、“愈”、“益”、“略”、“颇”等）、范围副词（“但”、“徒”、“特”、“直”、“第”、“皆”、“独”、“尽”、“悉”、“相”等）、时间副词（“将”、“方”、“且”、“正”、“已”、“既”、“尝”等）、语气副词（“固”、“诚”、“乃”、“岂”、“宁”、“其”等）、否定副词（“不”、“弗”、“毋”、“勿”、“无”、“未”、“否”、“非”等）和表敬副词（“窃”、“幸”、“辱”、“惠”、“请”、“敬”、“谨”等）六类。

（3）介词。介词不仅出现频率高，而且很多是一词多用，如“于（於）”、“乎”、“以”、“自”、“由”、“从”、“因”、“在”、“向”等常用作引进时间和处所的介词，“以”、“于”、“乎”、“用”等常用作引进工具和条件的介词，“以”、“于”、“乎”、“因”、“为”、“由”、“用”等常用作引进原因的介词，“与”、“于”、“乎”、“以”等常用作引进对象的介词，“于”、“乎”、“为”、“被”等常用作引进主动者的介词。

（4）连词。主要有并列连词（“与”、“及”、“且”、“而”、“以”等）、递进连词（“而”、“且”、“况”等）、选择连词（“如”、“若”、“抑”、“将”、“宁”、“且”等）、承接连词（“斯”、“则”、“而”、“于是”、“然后”等）、因果连词（“以”、“由”、“故”、“而”、“以故”、“是故”、“是以”、“是用”等）、假设连词（“如”、“若”、“令”、“向”、“苟”、“则”、“而”、“且”、“设”、“使”等）、转折连词（“然”、“而”、“则”、“然而”等）、让步连词（“虽”、“虽然”、“即”、“纵”等）和目的连词（“而”、“以”等）九类。

（5）常见的助词有“所”、“者”、“之”等。

（6）语气词。按其在句中的位置可分为句首语气词、句中语气词和句尾语气词三类；按其所表语气的不同，可分为陈述语气词、疑问语气词、感叹语气词和祈使语气词四类。常见的语气词有“也”、“矣”、“乎”、“哉”、“与（欤）”、“夫”、“耶（邪）”、“者”、“耳”、“其”、“盖”等。

（二）句法

古今汉语句法方面的差异主要表现在以下几个方面：

（1）宾语前置。古代汉语中，当疑问代词在疑问句中做动词或介词的宾语时前置。如《左传·成公三年》："臣实不才，又谁敢怨？"《论语·子罕》："吾谁欺？欺天乎？"指示代词或人称代词在否定句中做宾语时一般也前置。如《左传·宣公十五年》："我无尔诈，尔无我虞。"《论语·学而》："不患人之不己知，患不知人也。"有时为了突出宾语或强调宾语的单一性，用"是"、"之"为标志把宾语提到动词之前。如《左传·昭公二十三年》："今吴是惧而城于郢。"《论语·先进》："吾以子为异之问，曾由与求之问。"还有时为了突出宾语，把宾语直接放在介词的前面。如《左传·僖公四年》："君若以力，楚国方城以为城，汉水以为池，虽众，无所用之。"

（2）判断句式。在先秦时期，"是"还没有变化为判断词，当时的判断句主要借助助词"者"、语气词"也"构成判断句来表明判断关系。较早的"是"字判断句出现在战国末期，如《韩非子·外储说左上》："此是何种也？"从汉代开始，"是"字判断句在文献中就常常可以见到了，如《史记·刺客列传》："此必是豫让也。"

（3）被动句式。古代汉语中被动句形式多样，主要有"于"字句、"为"字句、"见"字句、"为……所"式和"被"字句等。其中前三种句式主要运用于先秦汉语中，"为……所"式是两汉最常见的被动表达形式。从东汉末年开始，介词"被"字在文献中出现，如蔡邕《被收时表》："今月十三日，臣被尚书召问。"唐代以后，"被"字句逐渐成为被动表示法中最主要的句式。

文选

郑伯克段于鄢①

【阅读提示】

"郑伯克段于鄢"六字源于《春秋》，意即郑庄公在鄢地打败共叔段。《左传》作者将之扩展成一个首尾完整的故事。文中记载的姜氏、郑庄公和共叔段是母子、兄弟，但是为了争夺政权，彼此感情破裂以致互相残杀。本文叙事简洁生动，既写出了姜氏的偏私任性和共叔段的少年骄纵、野心勃勃，也刻画出郑庄公的老谋深算和阴险毒辣。据《史记》载，公元前 744 年郑武公去世，庄公继位，祭仲为相，并封段于京。前 722 年，"段果袭郑，武姜为内应。庄公发兵伐段……段出奔共"。这场斗争前后历时 22 年之久。

初②，郑武公娶于申③，曰武姜④。生庄公及共叔段⑤。庄公寤生⑥，惊姜氏，故名曰寤生，遂恶之。爱共叔段，欲立之。亟请于武公⑦，公弗许。

及庄公即位，为之请制⑧。公曰："制，岩邑也⑨，虢叔死焉⑩，佗邑唯命⑪。"请京⑫，

---

① 选自《春秋左传正义·隐公元年》，见影印清阮元校刻本《十三经注疏》，北京，中华书局，1980。郑伯，指郑庄公。郑属伯爵，所以称郑伯。郑，春秋时国名，姬姓，在现在河南省新郑市一带。克，战胜。段，郑庄公之弟。鄢（yān），郑地名，在现在河南省鄢陵县境内。郑伯姑息养奸，纵容其弟共叔段。其弟在母亲支持下骄纵而欲夺王位，兄弟间爆发战争。庄公胜利。庄公怨母，将其迁出国都。后有颍考叔规劝，母子重归于好。后《史记》亦据此记录了这一事件。《古文观止》收录此篇，并加附题"多行不义必自毙"。

② 初：当初。《左传》追述以前的事情常用这个词，这里指郑伯克段于鄢以前。

③ 郑武公：名掘突，郑桓公的儿子，郑国第二代君主。娶于申：从申国娶妻。申，春秋时国名，姜姓，在现在河南省南阳市北。后为楚所灭。

④ 曰武姜：叫武姜。武姜，郑武公之妻，"姜"是她娘家的姓，"武"是她丈夫武公的谥号。

⑤ 共（gōng）叔段：郑庄公的弟弟，名段。他在兄弟之中年岁小，因此称"叔段"。失败后出奔共，因此又称"共叔段"。共，春秋时国名，在现在河南省辉县市。叔，排行在末的兄弟。

⑥ 寤生：难产的一种，胎儿的脚先生出来。寤，通"牾"，逆，倒着。

⑦ 屡次向武公请求。亟（qì），屡次。于，介词，向。

⑧ 制：地名，即虎牢，在现在河南省荥（xíng）阳市西北。

⑨ 岩邑：险要的城镇。岩，险要。邑，人所聚居的地方。

⑩ 虢（guó）叔死焉：东虢国的国君死在那里。虢，指东虢，古国名，为郑国所灭。东虢国君曾仗恃地势险要，不修德政，后为郑武公所灭，死在制地。焉，相当于"于是"、"于此"。

⑪ 佗邑唯命：别的地方，听从您的吩咐。佗，同"他"，指示代词，别的，另外的。唯命，只听从您的命令。

⑫ 京：地名，在现在河南省荥阳市东南。

使居之，谓之京城大叔[①]。祭仲[②]曰："都城过百雉[③]，国之害也。先王之制：大都不过参国之一[④]，中五之一，小九之一。今京不度[⑤]，非制也，君将不堪。"公曰："姜氏欲之，焉辟害[⑥]？"对曰："姜氏何厌之有[⑦]？不如早为之所，无使滋蔓[⑧]，蔓难图也[⑨]。蔓草犹不可除，况君之宠弟乎？"公曰："多行不义必自毙[⑩]，子姑待之。"

既而大叔命西鄙、北鄙贰于己[⑪]。公子吕[⑫]曰："国不堪贰，君将若之何[⑬]？欲与大叔，臣请事之[⑭]；若弗与，则请除之。无生民心[⑮]。"公曰："无庸，将自及[⑯]。"大叔又收贰以为己邑，至于廪延[⑰]。子封曰："可矣，厚将得众[⑱]。"公曰："不义，不暱，厚将崩[⑲]。"

大叔完聚[⑳]，缮甲兵[㉑]，具卒乘[㉒]，将袭郑。夫人将启之[㉓]。公闻其期，曰："可矣!"命子封帅车二百乘以伐京[㉔]。京叛大叔段，段入于鄢，公伐诸鄢。五月辛丑，大叔出奔共[㉕]。

书曰[㉖]："郑伯克段于鄢。"段不弟，故不言弟；如二君，故曰克；称郑伯，讥失教也；谓之郑志[㉗]。不言出奔，难之也。

遂寘姜氏于城颍[㉘]，而誓之曰[㉙]："不及黄泉，无相见也。"既而悔之。颍考叔为颍谷

---

① 大：同"太"。

② 祭（zhài）仲：郑国的大夫。

③ 都城：都邑的城墙。雉（zhì）：古代城墙长三丈、高一丈为"一雉"。

④ 参国之一：国都的三分之一。参，同"三"。国，国都。

⑤ 不度：不合制度。

⑥ 焉辟害：怎能躲开这种祸害？焉，疑问代词，哪里，怎么。辟，同"避"。

⑦ 何厌之有：等于说"有何厌"，有什么可以满足的。厌，同"餍"，满足。

⑧ 滋蔓：滋生，蔓延。这里指势力发展壮大。

⑨ 图：对付。

⑩ 毙：跌倒，这里指失败。

⑪ 既而：不久。鄙：边疆，边远的地方。贰于己：贰属于自己。使西鄙、北鄙一方面属于庄公，一方面属于自己，即同时向双方纳贡赋。贰，两属，属二主。

⑫ 公子吕：字子封，郑国的大夫。

⑬ 若之何：怎么办？若，如。之，指"大叔命西鄙、北鄙贰于己"这件事。

⑭ 臣请事之：我请求去服侍他。事，动词，事奉。

⑮ 无生民心：不要使民众（因为有两个政权并存而）生二心。无，同"毋"，不要。

⑯ 无庸：不用（管他）。庸，用。将自及：将要自己走到毁灭的地步。及，至。

⑰ 至于廪延：扩张到了廪延。廪延，地名，在现在河南省延津县北。

⑱ 厚将得众：土地扩大了，将要得到百姓的拥护。厚，指所占的土地扩大。众，指百姓。

⑲ 不义不暱（nì）：对君不义，对兄不亲。暱，同"昵"，亲近。崩：山塌，这里指垮台、崩溃。

⑳ 完聚：修治（城郭），聚集（百姓）。完，修葺（qì）。

㉑ 缮甲兵：修整作战用的甲衣和兵器。缮，修理。甲，铠甲。兵，兵器。

㉒ 具卒乘（shèng）：准备步兵和兵车。具，准备。卒，步兵。乘，四匹马拉的战车。

㉓ 夫人将启之：武姜将要为共叔段做内应。夫人，指武姜。启之，给段开城门，即做内应。启，开门。

㉔ 帅车二百乘：率领二百辆战车。帅，率领。古代每辆战车配备甲士三人，步卒七十二人。二百乘，共甲士六百人，步卒一万四千四百人。

㉕ 出奔共：出逃到共国（避难）。奔，逃亡。

㉖ 书：指《春秋》原文。

㉗ 郑志：郑伯的意思，暗指郑伯存心不良。

㉘ 寘（zhì）姜氏于城颍（yǐng）：把姜氏安置在城颍。寘，同"置"，安置，这里有"放逐"的意思。城颍，地名，在现在河南省临颍县西北。

㉙ 誓之：向她发誓。之，代武姜。

封人[①]，闻之，有献于公，公赐之食，食舍肉。公问之，对曰："小人有母，皆尝小人之食矣，未尝君之羹[②]，请以遗之[③]。"公曰："尔有母遗，繄我独无[④]！"颍考叔曰："敢问何谓也？"公语之故，且告之悔。对曰："君何患焉？若阙地及泉[⑤]，隧而相见[⑥]，其谁曰不然[⑦]？"公从之。公入而赋[⑧]："大隧之中，其乐也融融[⑨]！"姜出而赋："大隧之外，其乐也洩洩。"遂为母子如初。

君子曰："颍考叔，纯孝也，爱其母，施及庄公[⑩]。《诗》曰：'孝子不匮，永锡尔类[⑪]。'其是之谓乎！"

【知识链接】

1.《左传》是《春秋左氏传》的简称，又名《左氏春秋》，是我国第一部叙事详细完整的编年体历史著作。记事起于鲁隐公元年（公元前722年），终于鲁哀公二十七年（公元前468年），内容涉及东周王朝和诸侯各国之间政治、军事、外交等许多方面。真实地记述了周王室的衰落和诸侯的争霸、公室的卑弱和大夫的兼并，表现了新旧政治势力的消长，揭示了社会变革的趋势。《左传》是一部文学成就很高的历史著作，其艺术成就表现在：其一，注重完整曲折叙事，长于描写战争；其二，人物形象比较鲜明，性格特征比较复杂；其三，语言简练丰润，委曲达意。

2.《古文观止卷一·隐公元年》云：

郑公志欲杀弟，祭仲、子封诸臣皆不得而知。"姜氏欲之，焉辟害"、"必自毙，子姑待之"、"将自及"、"厚将崩"等语，分明是逆料其必至于此，故虽婉言直谏，一切不听。迨后乘时迅发，并及于母。是以兵机施于骨肉，真残忍之尤。幸良心忽视，又被考叔一番救正，得母子如初。左氏以纯孝赞考叔作结，寓慨殊深。

刺客列传（节选）[⑫]

司马迁

【阅读提示】

《刺客列传》是历史上第一部刺客故事集，依次记载了春秋战国时代曹沫、专诸、豫让、

---

① 颍考叔：郑国大夫。为颍谷封人：担任颍谷管理疆界的官吏。为，担任。颍谷，郑国边邑。封人，管理边界的小吏。封，疆界。

② 羹（gēng）：有汁的肉。

③ 遗（wèi）：赠，送给。

④ 繄（yī）：语气助词，用在句首。

⑤ 阙：同"掘"。

⑥ 隧而相见：挖个地道，在那里见面。隧，隧道，这里用作动词，指挖隧道。

⑦ 其谁曰不然：那谁能说不是这样（不是跟誓词相合）呢？其，语气助词，加强反问的语气。然，代词，代庄公对姜氏发的誓言。

⑧ 入而赋：走进隧道，唱着诗。赋，歌吟，唱着。

⑨ 融融：同下文的"洩（yì）洩"，都是形容和乐自得的心情。

⑩ 施（yì）：延续，推及。

⑪ 匮（kuì）：竭尽。锡（cì）：同"赐"。

⑫ 选自《史记》，北京，中华书局，1975。《史记》是我国第一部纪传体的通史，包括12本纪、10表、8书、30世家和70列传，共130篇，52万多字，是后来历代正史的楷模。

聂政和荆轲五位著名刺客的事迹，是《史记》全书中的“第一种激烈文字”（吴见思《史记论文》）。本文节选了其中专诸、豫让和聂政三位刺客的有关行迹。

专诸刺吴王僚，由举荐、伏甲、具酒、藏刃、擘鱼、行刺几个精彩细节组成。豫让刺襄子，故事由智伯覆灭开始，围绕入宫、义释、自残、刺衣和伏剑展开对传主的记述。聂政刺侠累，前面铺叙聂政避仇隐居市井、严仲子具酒奉金等事，接着用大量笔墨细致刻画聂政的心理活动，最后一段“杖剑至韩”是故事的高潮，用语简略却绘声绘色，读之令人惊心动魄。

司马迁以他独具的身世之感和爱憎，热情地讴歌了三位刺客为知己、为诺言舍生取义、慷慨赴死的刚烈精神。

专诸者，吴堂邑人也①。伍子胥之亡楚而如吴也②，知专诸之能③。伍子胥既见吴王僚④，说以伐楚之利⑤。吴公子光曰⑥：“彼伍员父兄皆死于楚而员言伐楚，欲自为报私仇也，非能为吴。”吴王乃止。伍子胥知公子光之欲杀吴王僚，乃曰：“彼光将有内志，未可说以外事⑦。”乃进专诸于公子光⑧。

光既得专诸，善客待之⑨。九年而楚平王死⑩。春，吴王僚欲因楚丧⑪，使其二弟公子盖余、属庸将兵围楚之灊⑫；使延陵季子于晋⑬，以观诸侯之变⑭。楚发兵绝吴将盖余、属庸路⑮，吴兵不得还。于是公子光谓专诸曰：“此时不可失，不求何获⑯！且光真王嗣，当立，季子虽来，不吾废也⑰。”专诸曰：“王僚可杀也。母老子弱，而两弟将兵伐楚，楚绝

---

① 堂邑：在今江苏六合北。

② 伍子胥（？—前484）：名员，字子胥，楚国人，春秋末期著名军事家、谋略家。周景王二十三年（公元前522年），父伍奢、兄伍尚因遭楚太子少傅费无忌陷害，为楚平王所杀，伍子胥被迫亡楚入吴，为吴国大夫。《史记》卷六十六《伍子胥列传》详细记述了其生平事迹。亡：逃亡、逃离。如：到……去。

③ 能：本领。

④ 吴王僚（？—前515）：名僚，一名州于。吴王余昧之子。余昧卒，按吴王寿梦遗命，兄终弟及，当立弟季札。季札让，逃去。乃立子僚。后被专诸刺杀。在位13年。

⑤ 说（shuì）：劝说、说服。利：好处、利益。

⑥ 公子光：即后来的吴王阖闾。

⑦ 内志：在国内夺取王位的意图。志，志向，意图。全句意思是说，公子光有发动内部叛乱之志，现在还不能劝说他向国外出兵。

⑧ 进：推荐。

⑨ 客：名词做状语，像对待贵客一样。

⑩ 按《史记》卷四十《楚世家》、卷十四《十二诸侯年表》及《左传·昭公二十六年》，记楚平王卒于其十三年（公元前516年），是年为吴王僚十一年，这里作“九年”，误。下文所记吴王僚因楚丧而伐之的事，《左传》所记是在昭公二十七年（公元前515年），即吴王僚十二年。

⑪ 因：借，利用。

⑫ 属庸：《史记》又作“烛庸”。灊（qián）：古县名。春秋时楚潜邑。裴骃《史记集解》引杜预注：“灊在庐江六县西南。”即今安徽霍山。

⑬ 延陵季子：即季札，吴王寿梦的第四子，吴王僚的叔叔。因其受封于延陵（今江苏常州），故称“延陵季子”。季札是当时杰出的外交家和音乐评论家。于：往。

⑭ 变：动态，动静。

⑮ 绝：断绝。

⑯ 全句意为，这个机会不能失掉，不去争取，哪会获得！

⑰ 嗣：继承人。不吾废：宾语前置句，即“不废吾”。

其后。方今吴外困于楚①，而内空无骨鲠之臣②，是无如我何③。”公子光顿首曰④：“光之身，子之身也。”

四月丙子⑤，光伏甲士于窟室中⑥，而具酒请王僚⑦。王僚使兵陈自宫至光之家⑧，门户阶陛左右⑨，皆王僚之亲戚也⑩。夹立侍⑪，皆持长铍⑫。酒既酣，公子光详为足疾⑬，入窟室中，使专诸置匕首鱼炙之腹中而进之⑭。既至王前，专诸擘鱼⑮，因以匕首刺王僚，王僚立死。左右亦杀专诸，王人扰乱。公子光出其伏甲以攻王僚之徒，尽灭之，遂自立为王，是为阖闾。阖闾乃封专诸之子以为上卿⑯。

豫让者，晋人也，故尝事范氏及中行氏⑰，而无所知名⑱。去而事智伯⑲，智伯甚尊宠之。及智伯伐赵襄子⑳，赵襄子与韩、魏合谋灭智伯㉑，灭智伯之后而三分其地㉒。赵襄子最怨智伯㉓，漆其头以为饮器㉔。豫让遁逃山中㉕，曰：“嗟乎！士为知己者死㉖，女为说己者容㉗。今智伯知我，我必为报仇而死，以报智伯，则吾魂魄不愧矣。”乃变名姓，为刑人㉘，入宫涂厕㉙，中挟匕首，欲以刺襄子。襄子如厕，心动㉚，执问涂厕之刑人㉛，则豫

---

① 方今：当今，现时。于：介词，被。

② 骨鲠之臣：正直敢言的忠臣。鲠，通“梗”。

③ 如……何：即“奈……何”，拿……怎么办。

④ 顿首：磕头。

⑤ 丙子：纪日的干支。据司马贞《史记索隐》，事在吴王僚十二年夏。

⑥ 甲士：身穿铠甲的武士。窟室：地下室。

⑦ 具：备办。

⑧ 陈：排列。

⑨ 阶陛：台阶。

⑩ 亲戚：犹亲信。

⑪ 夹立侍：夹道站立的侍卫。

⑫ 铍（pī）：长矛。一说两刃小刀。

⑬ 详为足疾：假装脚有毛病。详，通“佯”，假装。

⑭ 鱼炙：烤熟的鱼。进：献上。

⑮ 擘：拆，掰开。

⑯ 上卿：古官名。周制，天子及诸侯皆有卿，分上、中、下三等，最尊贵者叫做“上卿”。

⑰ 故：以前。范氏和中行氏均为晋国卿家，六卿之一。后为其他四卿消灭。

⑱ 无所知名：没有声名。

⑲ 去：离开。智伯（？—前453）：名瑶，又称智囊子，晋国四卿之一。

⑳ 及：到……时。赵襄子（？—前425）：即赵毋恤，晋国四卿之一。谥襄，史称赵襄子。

㉑ 韩、魏：均为晋国卿家，与智伯、赵襄子并称“晋国四卿”。

㉒ 三分其地：公元前453年，赵、韩、魏三家瓜分晋国，公元前403年，周威烈王封三家为诸侯，史称“三家分晋”。“三家分晋”是春秋时代和战国时代的分界点，战国由此起始。

㉓ 怨：恨，仇恨。

㉔ 把他的头盖骨涂上漆做成饮器。饮器：饮酒的器皿。一说“溲器”，即便壶。

㉕ 遁逃：即逃遁，潜逃。

㉖ 知：了解。

㉗ 说（yuè）：同“悦”，喜欢、爱慕。容：梳妆打扮。

㉘ 于是更名改姓，装成刑余之人。刑人：受刑之人。这里犹“刑余之人”，即宦者。

㉙ 涂厕：修整厕所。涂，以泥抹墙。

㉚ 动：悸动。

㉛ 执：抓住。问：审问。

让，内持刀兵，曰："欲为智伯报仇！"左右欲诛之。襄子曰："彼义人也，吾谨避之耳。且智伯亡无后[①]，而其臣欲为报仇，此天下之贤人也。"卒释去之[②]。

居顷之[③]，豫让又漆身为厉[④]，吞炭为哑[⑤]，使形状不可知[⑥]，行乞于市。其妻不识也。行见其友，其友识之，曰："汝非豫让邪？"曰："我是也。"其友为泣曰："以子之才，委质而臣事襄子[⑦]，襄子必近幸子[⑧]。近幸子，乃为所欲[⑨]，顾不易邪[⑩]？何乃残身苦形[⑪]，欲以求报襄子[⑫]，不亦难乎[⑬]！"豫让曰："既已委质臣事人，而求杀之，是怀二心以事其君也。且吾所为者极难耳！然所以为此者，将以愧天下后世之为人臣怀二心以事其君者也[⑭]。"

既去，顷之，襄子当出[⑮]，豫让伏于所当过之桥下。襄子至桥，马惊，襄子曰："此必是豫让也。"使人问之[⑯]，果豫让也。于是襄子乃数豫让曰[⑰]："子不尝事范、中行氏乎？智伯尽灭之，而子不为报仇，而反委质臣于智伯。智伯亦已死矣，而子独何以为之报仇之深也[⑱]？"豫让曰："臣事范、中行氏，范、中行氏皆众人遇我[⑲]，我故众人报之[⑳]。至于智伯，国士遇我[㉑]，我故国士报之。"襄子喟然叹息而泣曰[㉒]："嗟乎豫子！子之为智伯，名既成矣[㉓]，而寡人赦子，亦已足矣。子其自为计[㉔]，寡人不复释子！"使兵围之。豫让曰："臣闻明主不掩人之美，而忠臣有死名之义[㉕]。前君已宽赦臣，天下莫不称君之贤。今日之事，臣固伏诛[㉖]，然愿请君之衣而击之焉[㉗]，以致报仇之意[㉘]，则虽死不恨[㉙]。非所敢

---

① 后：继承人。
② 卒释去之：最终还是把豫让放走了。释，放。去，离开。
③ 居顷之：过了不久。
④ 漆身为厉（lài）：以漆涂身，使肌肤肿烂，像患癞病。厉，通"癞"。癞疮。
⑤ 吞炭为哑：吞炭使声音变得嘶哑。
⑥ 形状：身形和相貌。
⑦ 委质：原指向君主献礼。这里有托身的意思。臣：名词做状语，用臣下的礼节。
⑧ 近幸：亲近宠爱。
⑨ 为所欲：犹言达到目的。
⑩ 顾不易邪：难道还不容易吗。《史记索隐》："顾，反也。反不易耶，言其易也。"
⑪ 残身苦形：摧残身体，丑化形貌。
⑫ 想以此达到向赵襄子报仇的目的。
⑬ 难：困难。
⑭ 愧：使动用法，使……感到惭愧。
⑮ 当：正好。
⑯ 问：查问。
⑰ 数（shǔ）：数落，责备。
⑱ 独：单单。深：极力，非常。
⑲ 众人遇我：像对待一般人那样对待我。众人，名词做状语。下文"众人"用法与此同。
⑳ 众人报之：像一般人那样报答他。
㉑ 国士：国内杰出人物。名词做状语。像对待国士一样。下文"国士"用法与此同。
㉒ 喟然：感叹、叹息的样子。
㉓ 名既成矣：已成名了。
㉔ 子其自为计：希望您自己有个打算。其，希望。
㉕ 死名之义：为名声而死的道理。
㉖ 固：本来，应当。伏诛：被处死。
㉗ 愿：希望。
㉘ 致：达到。
㉙ 恨：遗憾。

望也[①]，敢布腹心[②]！”于是襄子大义之[③]，乃使使持衣与豫让[④]。豫让拔剑三跃而击之[⑤]，曰：“吾可以下报智伯矣[⑥]！”遂伏剑自杀。死之日，赵国志士闻之，皆为涕泣。

聂政者，轵深井里人也[⑦]。杀人避仇，与母、姊如齐，以屠为事。

久之，濮阳严仲子事韩哀侯[⑧]，与韩相侠累有却[⑨]。严仲子恐诛，亡去，游求人可以报侠累者[⑩]。至齐，齐人或言聂政勇敢士也，避仇隐于屠者之间。严仲子至门请，数反[⑪]，然后具酒自畅聂政母前[⑫]。酒酣，严仲子奉黄金百溢[⑬]，前为聂政母寿[⑭]。聂政惊怪其厚[⑮]，固谢严仲子[⑯]。严仲子固进[⑰]，而聂政谢曰：“臣幸有老母，家贫，客游以为狗屠[⑱]，可以旦夕得甘毳以养亲[⑲]。亲供养备[⑳]，不敢当仲子之赐[㉑]。”严仲子辟人，因为聂政言曰[㉒]：“臣有仇，而行游诸侯众矣[㉓]；然至齐[㉔]，窃闻足下义甚高[㉕]，故进百金者，将用为大人粗粝之费[㉖]，得以交足下之欢[㉗]，岂敢以有求望邪[㉘]！”聂政曰：“臣所以降志辱身居市井屠

---

① 非所敢望：不敢指望（您答应我的要求）。

② 敢布腹心：冒昧地披露出心里话。敢，冒昧。

③ 义：意动用法，认为……符合侠义。

④ 使使：派侍者。后一个“使”是名词。

⑤ 三：虚指，多次。

⑥ 下：指九泉之下。

⑦ 轵（zhǐ）深井里：古地名。在今河南省济源市。

⑧ 严仲子：韩国大夫。《史记索隐》引高诱注：“严遂，字仲子。”

⑨ 据《战国策》，侠累名傀。却：通“隙”，嫌隙，引申为仇怨之义。《战国策》卷二十七《韩策二》：“韩傀相韩，严遂重于君，二人相害也。严遂政议直指，举韩傀之过。韩傀以之叱之于朝。严遂拔剑趋之，以救解。于是严遂惧诛，亡去，游求人可以报韩傀者。”报：报复。

⑩ 游：游历。求：寻访。

⑪ 数（shuò）反：多次往返拜访。反，同“返”。

⑫ 具：准备。自：亲自。畅：敬酒。《战国策》作“觞”。

⑬ 溢：即“镒”。古代重量单位，一镒为二十两。一说二十四两。

⑭ 前：上前。为……寿：敬酒祝寿。

⑮ 厚：丰厚。

⑯ 固：执意地，坚决地。谢：谢绝。

⑰ 进：进献。

⑱ 以为狗屠：以杀狗为业。

⑲ 甘毳（cuì）：甘甜松脆的食物。毳，通“脆”。

⑳ 亲供养备：母亲的供养齐备。

㉑ 当：承受，承当。

㉒ 因：趁机。为：对。

㉓ 众：多。

㉔ 然：但是。

㉕ 义甚高：犹言很重义气。

㉖ 大人：对别人父母的敬称。粝（lì）：粗米，糙米。粗粝：谦词，粗糙的粮食。全句意为，将作为你母亲一点粗粮的费用。

㉗ 欢：欢心。全句意为，和您成为好朋友。

㉘ 求：索求。望：期望。

者[1]，徒幸以养老母[2]；老母在，政身未敢以许人也。”严仲子固让[3]，聂政竟不肯受也[4]。然严仲子卒备宾主之礼而去[5]。

久之，聂政母死。既已葬，除服[6]，聂政曰：“嗟乎！政乃市井之人，鼓刀以屠[7]；而严仲子乃诸侯之卿相也，不远千里，枉车骑而交臣[8]。臣之所以待之，至浅鲜矣[9]，未有大功可以称者[10]，而严仲子奉百金为亲寿，我虽不受，然是者徒深知政也[11]。夫贤者以感忿睚眦之意而亲信穷僻之人[12]，而政独安得嘿然而已乎[13]！且前日要政[14]，政徒以老母[15]；老母今以天年终，政将为知己者用。”乃遂西至濮阳，见严仲子曰：“前日所以不许仲子者，徒以亲在；今不幸而母以天年终。仲子所欲报仇者为谁？请得从事焉[16]！”严仲子具告曰[17]：“臣之仇韩相侠累[18]，侠累又韩君之季父也[19]，宗族盛多，居处兵卫甚设[20]，臣欲使人刺之，终莫能就[21]。今足下幸而不弃[22]，请益其车骑壮士可为足下辅翼者[23]。”聂政曰：“韩之与卫，相去中间不甚远[24]，今杀人之相，相又国君之亲，此其势不可以多人[25]，多人不能无生得失[26]，生得失则语泄[27]，语泄是韩举国而与仲子为仇，岂不殆哉[28]！”遂谢车骑人

---

① 降志辱身：卑下心志，屈辱身份。《史记索隐》：“言其心志与身本应高絜，今乃卑下其志，屈辱其身。”市井：街市。张守节《史记正义》：“古者相聚汲水，有物便卖，因成市，故云市井。”下文“市井之人”指普通老百姓。

② 幸：希望。

③ 让：请人接受。如“让茶”。

④ 竟：最终。

⑤ 卒：终于。备：具备。备宾主之礼，犹言尽到了宾主之礼。

⑥ 除服：脱去丧服。谓丧服期满，不再守孝。

⑦ 鼓刀：谓摆弄刀子发出响声。宰杀牲畜时敲击刀具，使之发声，故曰“鼓刀”。

⑧ 枉：屈，委屈。交：结交。

⑨ 浅：薄。鲜：少。全句意为，我待他的情谊太浅薄太微小了。

⑩ 称：相比，相抵。

⑪ 是：这。是者：这件事。徒：竟，反而。

⑫ 感忿：愤慨。睚眦（yá zì）：发怒时瞪眼睛。借指微小的仇恨。穷僻：穷困偏僻。

⑬ 独：难道。嘿（mò）：通“默”，沉默。

⑭ 要：邀请。

⑮ 以：因为。

⑯ 从事：办理这件事。

⑰ 具：完全。

⑱ 仇：仇人，仇敌。

⑲ 季父：叔父。

⑳ 兵：兵士。卫：防卫。设：完备，严密。

㉑ 就：成功。

㉒ 足下：敬称词，您。幸：表敬副词，表明对方的行为使自己感到幸运。足下幸而不弃：犹言蒙您不弃。

㉓ 辅翼：辅助，辅佐。辅翼者：助手。

㉔ 中间：其中的距离。《史记索隐》引高诱注曰：“韩都颍川阳翟，卫都东郡濮阳，故曰‘间不远’也。”

㉕ 势：情势。

㉖ 全句的意思是，人多了难免不发生意外。得失：偏义复词，只表示“失”义。

㉗ 语泄：消息泄露。

㉘ 殆：危险。

徒[①]，聂政乃辞独行。

杖剑至韩[②]，韩相侠累方坐府上，持兵戟而卫侍者甚众。聂政直入，上阶刺杀侠累，左右大乱。聂政大呼，所击杀者数十人，因自皮面决眼[③]，自屠出肠，遂以死。

韩取聂政尸暴于市[④]，购问莫知谁子[⑤]。于是韩县购之[⑥]，有能言杀相侠累者予千金。久之莫知也。

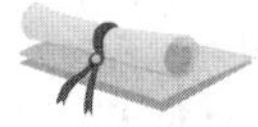【作者简介】

司马迁（前145—前90），字子长，西汉夏阳（今陕西韩城县北）人。所著纪传体通史《史记》是后来历代正史的楷模，被誉为“史家之绝唱，无韵之离骚”。

【知识链接】

公元前403年（周威烈王二十三年，晋烈公十七年），晋国的韩、赵、魏三家瓜分了晋国50年后，周王室正式承认韩、赵、魏三家为诸侯，与晋侯并列，战国时代由此开始。这一历史事件史称“三家分晋”。由于这一历史事件意义重大，所以司马光在《资治通鉴》开卷的第一句就记录了此事：“初命晋大夫魏斯、赵籍、韩虔为诸侯。”《刺客列传》中“赵襄子与韩、魏合谋灭智伯，灭智伯之后而三分其地”，指的就是“三家分晋”之事。

思考与实践

1. 结合文选，举例说明古代汉语词义范围变化的基本情况。

2. 请查阅工具书，指出“几”与“幾”、“谷”与“穀”、“后”与“後”、“面”与“麪”在古代汉语中词义有何不同。

3. 阅读下文并按要求做题：

王育少孤贫，为人佣，牧羊豕，近学堂。育常有暇拾薪，以雇书生抄书。后截蒲以学书，日夜不止。亡失羊豕，其主笞之。育将鬻己以偿。于是郭子敌闻而嘉之，代育还羊豕，给其衣食，令育与其子同学。育遂博通经史，仕伪汉，官至太傅。（《太平御览·学部》）

（1）找出文中古今词义相同的词。

（2）找出文中古用今废的词。

（3）找出文中古今都用但意义不同的词并解释其词义。

4. 阅读下文并按要求做题：

其后（安国坐法抵罪，蒙狱吏田甲辱安国）。安国曰：“死灰独不复然乎？”田甲曰：“然即溺之。”居无何，梁内史缺，汉使使者拜安国为梁内史，起徒中为二千石。田甲亡走。（安国

---

① 谢：辞却，谢绝。

② 杖：持，携带。

③ 皮面决眼：割下面皮，挖出眼珠。《史记索隐》：“皮面谓以刀割其面皮，欲令人不识。决眼谓出其眼睛。”

④ 暴（pù）于市：暴露在大街上。即“暴尸于市”。桓宽《盐铁论·论勇》：“（聂政）功成求得，退自刑于朝，暴尸于市。”

⑤ 购：悬赏。问：查问。谁子：相当于“谁家的人”。

⑥ 县（xuán）：同“悬”，悬赏。“县购”为同义词连用，悬赏征求之义。

曰：“甲不就官，我灭而宗。”甲因肉袒谢。）安国笑曰：“可溺矣！公等足与治乎？”卒善遇之。（《史记·韩长孺列传》）

（1）文中“坐”、“抵”、“官”、“谢”的意义是什么？

（2）“然”、“溺”后来写为什么字？

（3）翻译加括号的两组句子。

5. 阅读下文并按要求做题：

长沮、桀溺耦而耕，孔子过之，使子路问津焉。长沮曰：“夫执舆者为谁？”子路曰：“为孔丘。”曰：“是鲁孔丘与？”曰：“是也。”曰：“是知津矣！”问于桀溺，桀溺曰：“子为谁？”曰：“为仲由。”曰：“是鲁孔丘之徒与？”对曰：“然。”曰：“滔滔者天下皆是也，而谁以易之？且而与其从辟人之士也，岂若从辟世之士哉？”耰而不辍。子路行以告。夫子怃然曰：“鸟兽不可与同群，吾非斯人之徒与而谁与？天下有道，丘不与易也。”（《论语·微子》）

（1）文中共有 5 个“是”，请分析它们的词性和用法。

（2）文中共有 5 个“而”，请分析它们的词性和用法。

（3）文中共有 7 个“与”，请分析它们的词性和用法。

6. 标点古文：

郗超与谢玄不善苻坚将问晋鼎既已狼噬梁岐又虎视淮阴矣于时朝议遣玄北讨人间颇有异同之论唯超曰是必济事吾昔尝与共在桓宣武府见使才皆尽虽履屐之间亦得其任以此推之容必能立勋元功既举时人咸叹超之先觉又重其不以爱憎匿善（《世说新语·识鉴》）

7. 刘勰（约 465—520），字彦和，我国南北朝时期著名的文学理论家。其所著《文心雕龙》是世界文艺理论史上一部不可或缺的重要著作。阅读下列文字，细心体会文章的妙处，并查考出文中加引号词语的出处。

是以诗人感物，联类不穷。流连万象之际，沉吟视听之区。写气图貌，既随物以宛转；属采附声，亦与心而徘徊。故“灼灼”状桃花之鲜，“依依”尽杨柳之貌，“杲杲”为出日之容，“瀌瀌”拟雨雪之状，“喈喈”逐黄鸟之声，“喓喓”学草虫之韵。“皎日”、“嘒星”，一言穷理；“参差”、“沃若”，两字穷形：并以少总多，情貌无遗矣。虽复思经千载，将何易夺？（《文心雕龙·物色》）

第三讲　现代汉语·词汇与方言

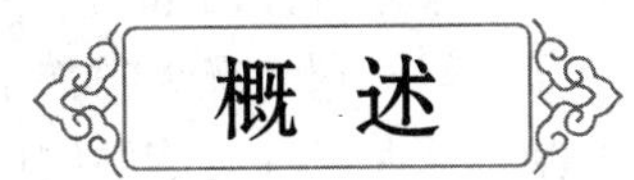

概述

一、现代汉语共同语和方言

五四运动之后，汉语进入了现代阶段。现代汉语有狭义、广义两种理解：狭义的现代汉语是指现代汉民族的共同语——普通话；广义的现代汉语除普通话之外，还包括各地方言以及海外华人社区所使用的汉语。

(一) 现代汉民族的共同语——普通话

民族共同语就是一个民族全体成员通用共享的语言，是一个国家的语言名片，也可以称为国语。

现代汉民族的共同语就是以北京语音为标准音，以北方话为基础方言，以典范的现代白话文著作为语法规范的普通话。

普通话是国家法定的全国通用的语言，“普通”即“普遍通用”之义，它源于方言，又高于方言。普通话在全国范围内通用，包括民族自治地区和少数民族聚居的地方。国家推广普通话，并不是要禁绝方言。

普通话有三个要素：

(1) 语音方面以北京语音为标准音。语音是语言的物质形式，普通话以北京音作为自己的物质外壳，有其历史的原因和现实的条件。从历史上看，北京作为全国政治文化中心已有 800 多年的历史，北京话作为官府通用语言传播到了全国各地，发展成为“官话”。从现实来看，五四以后开展的“国语运动”在口语方面增强了北京话的代表性；新中国成立后，随着国家的统一和民族的团结，北京语音的标准地位更为人们所公认。

(2) 词汇方面以北方方言为基础。词汇是语言的建筑材料，具有丰富性和多样性。如果说语音的选择是“点标准”，那么词汇的选择就应该是“面标准”。北方方言分布的地域广阔，使用人口众多，它在全国有极大的普遍性。新中国成立以来，由于经济发展，教育普及，各地人民交往频繁，加之报纸、广播、电视、网络的影响，北方话词汇的传播就更加深入和广泛，这是其他任何方言都难以企及的。因此，北方方言作为基础方言，是合乎情理的，也是当之无愧的。

(3) 语法方面以典范的现代白话文著作为规范。语法是语言的结构规则，是建造语言大厦的“施工蓝图”。语法规则不是少数语言学家闭门造车“造”出来的，而是存在于千百万人民群众的语言实践中，存在于浩如烟海的书面语资料中。语言学家只能发现、总结规则，而不能创造规则。因此，典范的现代白话文著作中的语法规则是“源”，语法著作中的语法规则是“流”。这就是普通话“以典范的现代白话文著作为语法规范”的原因。

《中华人民共和国宪法》指出："国家推广全国通用的普通话。"推广普通话，可以进一步消除方言隔阂，有利于社会交往和国家的统一；可以促进经济文化的发展，促进商品流通，形成全国统一的大市场；有利于语言文字信息化处理，有利于人工智能的研究和人机对话的实现。此外，推广普通话还可以促进对外汉语教学，实现现代汉语的国际发展战略。总之，推广普通话是一项重要的文化建设工程，是我们这一代人必须完成的历史任务。

（二）现代汉语的地域分支——方言

除了共同语之外，现代汉语还有许多不同的方言。方言不是独立于民族语言之外的另一种语言，而是共同语的地域分支，是保存古代语言的"活化石"。

一般认为，现代汉语有七大方言，其分布情况大致如下：

（1）北方方言。以北京话为代表，是现代汉民族共同语的基础方言。分布区域包括东北、华北、西北、西南广大区域，以及华东、华中长江以北的部分区域。使用人口约有9亿，占汉族总人口的70%以上。安徽和江苏长江以北的地区使用的方言属于北方方言中的江淮次方言，又叫"下江官话"。

（2）吴方言。也称"江南话"或"江浙话"，以上海话为代表，使用人口约占汉族总人口的7.2%。分布区域包括江苏省长江以南、镇江以东（不含镇江）的地区和浙江省的大部分，是中国经济最发达的地区之一。

（3）湘方言。也称"湖南话"，以长沙话为代表，使用人口约占汉族总人口的3.2%。分布在湖南省的大部分地区（西北角除外）。

（4）赣方言。也称"江西话"，以南昌话为代表，使用人口约占汉族总人口的3.3%。分布在江西省的大部分地区和湖北省的东南一带。

（5）客家方言。以广东梅县话为代表。"客家"的意思是这些人从外地迁来，而非土著居民。客家人从中原迁徙到南方，主要分布在广东、福建、台湾、江西、广西、湖南、四川等省，虽然居住分散，但方言内部差别不大。使用人口约占汉族总人口的3.6%。

（6）闽方言。也称"福建话"，以福州、厦门话为代表，使用人口约占汉族总人口的5.7%。分布在福建省、广东潮汕一带、海南岛和台湾省的大部分地区。另外，散居在南洋群岛的几百万华侨华裔也把闽方言看做自己的"母语"。

（7）粤方言。也称"广东话"，以广州话为代表，使用人口约占汉族总人口的4%。分布在广东、广西两省以及香港、澳门特别行政区。华侨和华裔中也有很多是说粤方言的。

七大方言中，粤、闽方言与普通话差别最大，其次是吴方言，再次是赣、湘、客家方言，北方方言与普通话差别最小。差异不同，方言区的人学习普通话的难度自然不等。

安徽省南部的方言与吴方言比较接近，西南部受赣方言的一些影响。有学者将皖南一带徽州方言单独列为"徽语"，与"晋语"（山西方言）、"平语"（广西方言）并称，连同原来的七大方言，合称为"十大方言"。这种观点引发了不少讨论，其中对"晋语"、"平语"的"升格独立"争议尤多，目前尚未获得方言学者的一致认同。

民族共同语和方言不是相互对立的。推广普通话，并不以消灭方言作为前提，而仅仅是消除不同的方言隔阂，以利社会交际。从历史来看，共同语总是不断地、有选择地从方言中吸取一些有生命力的成分来丰富自己、完善自己，这一进程仍将继续；各地方言（流行区域极小的土语除外）也在不断地、顺乎形势地从普通话中吸取一些有用成分来改变自己、发展自己，这一进程也仍将继续。未来社会，普通话将在社会公共交际场合普遍流行，这是毫无疑义的；未来社会，各主要方言不会消失，仍将在各自的领域内发挥交际的职能，这也是毫无疑义的。这是社会多元、文化多元、价值多元的体现。未来社会将是双语（汉语、英语）和双言（普通话、方言）的时代。

目前，随着社会的开放、交通的发达、人员流动的频繁，普通话正在迅速普及，一些小的方言土语也正在迅速地消失。方言中有文化，有乡情，有土楼戏台，有渔歌互答，是一段难以忘却的记忆，是一段割舍不断的历史。在社会进步的大潮中，如何保存我们的乡土文化，如何传承我们的非物质文化遗产（包括一些特色方言），这是我们应该思索、应该研究、应该解决的问题。

二、词汇家族的新成员——新词语

改革开放30多年来，我国政治、经济、文化发生了极其深刻的变化，社会正处在一个重要的转型期。社会生活的变迁打开了人们的视野，解放了人们的思想，催生了无数新生事物，同时也搅起了水底的一些沉渣。新视野、新思想、新事物需要用新的词语来记录，同时泛起的“沉渣”也需要用新的词语来描述。从语言学的角度看，我们的时代是汉语词汇家族“大扩军”的时代，新词新语成批量地涌现：有的在词汇系统中找到位置，站稳了脚跟；有的暂时还在系统之外游离、徘徊；有的则稍纵即逝，像流星一样划破天空，留下一道或清晰或暗淡的弧光。

观察、研究新词语，追索它们的来源，弄清它们的意义，分析它们的构造特点和语用价值，是一件十分有趣的工作。

（一）众声喧哗的新词语

新词语本来就处在变动不居、众语喧哗之中。现在让我们选择一些例子，略微加些分析，以了解其“喧闹”的情景。

1. 媒体新词语

考碗：指考公务员。坊间流传这样的说法，考上中央国家机关公务员被称为“金饭碗”，省级公务员是“银饭碗”，地市级是“铜饭碗”，乡镇级起码也是“铁饭碗”。

校漂族：指大学毕业后继续“漂”在学校，准备考研或就业的毕业生。其中准备考研的占大多数，又叫“研漂族”。这部分人一般承受着较大的精神和经济的压力。

微信：指腾讯公司为智能手机用户提供即时通讯服务的免费应用程序，是一种新型交流工具和社交网络平台。

其他还有金领、达人、驴友、炒作、裸考、山寨、草根、雷人、房奴、走光、剩女、愤青、动车、微博、正能量、PM2.5等。

2. 外来新词语

泊：英语parking的音译兼意译，意为“停车”。停车位也译为“泊位”。汉语中的“泊”原指停船，兼指停车后，音义皆备，具有独特生动的表达效果。

门：英语新后缀-gate的意译，源于尼克松的水门（Watergate）事件，后用来指称任何可能成为丑闻的事件。如，里根的“伊朗门”、克林顿的“拉链门”、布什的“情报门”、“虐囚门”；国内有“解说门”、“黑窑门”、“贿赂门”等。

席梦思：英语Simmons的音义兼意译。Simmons本是美国一家专门生产钢、铜弹簧床及床上用品的公司。用“席梦思”代称弹簧床，确实能令人产生浪漫的联想，真是妙手偶得，自然天成。

其他还有托福、血拼、粉丝、蒙太奇、黑客、料理、量贩、人气等。

3. 方言新词语

忽悠：晃动、蒙骗之意。原本是具有戏谑色彩的东北土话，借助赵本山的小品，走红全国，在嬉笑声中渐渐变成全民用语。

搞定：指把事情办妥，把问题解决好。原本是粤方言词，随着打的、炒鱿鱼、埋单等词一起北上，然后走遍全国，渐成普通话词语。

愿景：心中所向往的前景，如“两岸和平发展共同愿景”。港台词语，在“胡连会”公报中正式使用后，迅速传遍全国，成为全民热议并使用的词语。

其他还有打的、资讯、提升、作秀、认同、心态、埋单、按揭、个案、资深等。

4. 网络另类新词语

造：知道。

宅：长时间待在家里不出门。

亲：亲爱的。一种亲昵的称呼。

秒杀：预定时间内购得物品。

土豪：有钱，出手阔绰，但没有多少文化知识的人。

高大上：高端、大气、上档次。

其他还有网购、吐槽、作、任性、女汉子、高富帅、中国大妈等。

总之，社会飞速发展的“动感时代”也是新词新语繁盛的时代。五光十色、雅俗共存、新旧并陈、鱼龙混杂是这一时代的新词语的特色。

（二）关于“超女”、“粉丝”、“玉米”的思考

1. 何谓“超女”

有人说，“超女”就是“超级女声”，与“超级男声”相对，这里的“女”不是指人，而是指“声”。也有人说，“超女”就是“超级女生”，“女”指的是人，是女性，而不是指“声”。

通过调查我们发现，作为常规的缩略形式，即由“超级女生”缩略而来的“超女”，使用频率并不高；而作为非常规的缩略形式，即由“超级女声”缩略而来的“超女”，则频频在媒体上“曝光”。这和“邮编”之于“邮码”、“家教”之于“家师”一样，变异的、不合常理的简缩有时比规规矩矩、四平八稳的简缩更有生命力，更容易受到人们的青睐。

这大概是因为人们在语言运用中追求陌生化的审美情趣吧！

2. “粉丝”是一种什么样的翻译方式

fans 译为“粉丝”不仅语义上有突破，而且翻译手法上也有创新。它不是单纯的音译，不像“沙发”、“比基尼”之类只有汉语的音而无汉语的义；也不像“席梦思”（Simmons）、“蒙太奇”（montage）、“黑客”（hacker）等音译兼意译；当然，更不像“科学”、“民主”等纯粹的意译。

“粉丝”是一种什么样的翻译方式呢？首先，它通过谐音的方式把英语的 fans 的音同汉语中现成的“粉丝”系联起来；然后，通过嫁接的方式把汉语“粉丝”的义同英语 fans 的义结合起来。经过“嫁接”后的“粉丝”既有汉语的本义，又有英语的转义。表面上看，这两种毫不相干的意义加在一起似乎有些荒唐，不合情理，但正是这种“荒谬”的结合，才产生了幽默、诙谐、一语双关的效果。

用“谐音—接义”法翻译外语词，“粉丝”并不是一个孤例，以前也曾有人以“黑漆板凳”翻译英语的“husband”（丈夫），流传甚广的“托福”（TOEFL）、“寄托”（GT）所采用的也是这种翻译方法，它们所表达的意义之所以比英语原词更为丰富，就是因为它们嫁接了汉语的词义。谐音、转义、嫁接是一种正在发展的翻译外来词的方法，它是音译兼意译的合理延伸，是本土文化和外来文化的巧妙结合，是汉语和外语的双向切入。从

“粉丝”的蹿红，我们可以看到这种翻译方法的广阔的发展前景。

3. “玉米”是怎样拐的弯

在“超女”暗战中，与“粉丝”一起走红的还有“玉米”、“荔枝”和“笔迷”。“玉米”即“宇迷”，是李宇春歌迷的谐音简缩；“荔枝”是超女黄雅莉的支持者；“笔迷”则是周笔畅歌迷之义。“玉米”、“荔枝”、“笔迷”都是地道的汉语词，没有半点混血身份，但是它们的来历和所采用的造词方式同样值得人们关注。

如果说“笔迷”采取的是直接缩略法，略语和原形词之间理解起来没有任何障碍的话，那么“玉米”、“荔枝”可就没有这么简单了。“宇迷→玉米”、“莉支→荔枝”都拐了个弯，都通过谐音的方式把原本没有联系的事物联系在一起，实现了语义的加合，并且以后者代替前者，以曲折委婉的方式表达一个简单明白的概念，这是一种拐弯的修辞方法。

简洁、明白、均衡本是修辞上的一种追求，但简洁不等于简陋，明白不等于直白，均衡也不等于不要起伏波折。拐弯修辞，正是通过曲折迂回的方式，把要表达的意思委婉地表达出来，并在拐弯之处实现语义的增量，产生幽默的效果。以前有人把“要钱”说成“要后”，把“跳舞”说成“跳六”，把“亲爸”说成“亲九”，采用的是这种方法；现在又有人把“旅友”说成“驴友”、把“海归”说成“海龟”，采用的也是这种方法。可见，这是一种有广泛群众基础、为人们所喜闻乐见的方法。

（三）“磁浮”、“非典”的启示

“磁浮”是“磁悬浮列车”的简缩，“非典”是“非典型性肺炎”的简缩。依常理，“磁悬浮列车”应该简缩为“磁列”，“非典型性肺炎”应该简缩为“非肺”，因为前者有“军列”、“煤列”、“专列”相比照，后者有“甲肝”、“流脑”、“风心”[①] 相对应。但语言生活偏偏喜欢和人们开玩笑——该来的没来，不该来的却来了。

其实，单单责备“磁浮”、“非典”抢位是没有道理的。环顾四周，“不讲理”的缩略语战胜“讲理”的缩略语的现象比比皆是。下面让我们略举数例。

“特首”，“特别行政区行政长官”的简称。“扫黄”，“扫除黄色淫秽活动”的简缩。“农转非”，“农业人口转为非农业人口”的简缩。“女花”，“女子花剑”的简称。“娶小”，用“小”代替“小老婆”。

上面所举的种种“不规范”、“不标准”的缩略，我们称之为“变异缩略”。变异缩略有的可能是短命的，像“世协”、“市宫”，因为表意模糊，适用范围极小。有的可能是长命的，像“磁浮”、“特首”，因为它们有特殊的修辞色彩，会继续繁衍下去。也有的可能会随着所反映的社会现象消失而隐退，或者作为语言化石沉积在语言历史的长河之中，像“非典”、“农转非”等。

为什么有些变异缩略能够取代常规缩略呢？我们知道，缩略不仅仅是一种词汇—语法现象，还是一种修辞现象，具有强调、凸显、均衡、和谐、传神等诸多效用，不同的提取和删略方式，反映了人们不同的审美情趣和爱好。变异的、不对称的缩略，扩大了人们的选择范围，满足了人们的一些特殊要求。例如“磁浮”，作为最快捷的现代化交通工具，磁悬浮列车乘坐起来何等舒服惬意，一个“浮”字就把这种飘飘欲仙的感觉和盘托出，假如规规矩矩地简缩为“磁列”，就难以达到这种效果。再如“气垫船”简缩为“气垫”而不简缩为“气船”，也有异曲同工之效。

再看“非典”。在原型词语中，可怕的不是“肺炎”，而是“非典型”，人们的紧张、

---

① “风湿性心脏病”的简缩。

不安乃至恐慌，皆来自“非典型”这一限制成分。一句话，都是“非典”惹的祸。情急之下，人们才不管什么中心语和限制词的区别，把表示特征的词语抽出来就行。当然，“抗击非典”也就顺理成章地简缩为“抗非”了。相比之下，“抗炎”不就显得平淡而缺少新意了吗？

再如，“特首”的“首”字有“首领”之意，内涵更为丰富，且不会与“特长（cháng）”相混淆；“娶小”的“小”字，有可爱之意，当然这种行为并不可爱；“扫黄”的“黄”字，有色彩，不直白；“女花”之于“女剑”，可谓以柔克刚；“家教”之于“家师”，读音更为清晰、响亮；“农转非”以“非”代“非农”，留有余味。总之，这些看似不合词汇—语法之理的缩略，换个角度看，它们又合修辞之情、语用之用。在情理之间，人们选择了“情”与“用”，而放弃了“理”与“法”，取舍之间，语言的实用性、修辞的人文性得到充分的体现。

当然，也有一些变异缩略既不合语法语义之理，也不合修辞语用之用，可以说是变味的简缩。像把“世界语协会”简称为“世协”，“21世纪委员会”简称为“世委会”，还有一些以“国”字开头，而实指“国际”的缩略语，如“国航”、“国标舞”、“国基会”等。这类简缩的共同特点是语义晦涩，易生误解，且无新鲜奇特之处，应在淘汰之列。其他如“男牛”、“女牛”、“上吊”、“怀胎”之类[①]，虽语义怪异，但亦可博人一笑；虽不宜提倡，但偶尔用之亦可幽他一默，松弛一下紧张的神经，故仍有语用价值。

综上所述，缩略不仅是一种简化语言、压缩信息的词汇—语法手段，也是一种美化语言、增加色彩的语用方法。它的美学价值在于：通过对原型词语的瘦身、减肥，使之变得醒目显豁，简洁明快；通过对特征语素的选择、提取，使之增添新的色彩和意味，凸显出人们的情趣和爱好。尤其是一些变异的、超常规的简缩在后一方面的价值显得尤为突出。以往人们只注重研究四平八稳、规规矩矩的缩略，而似乎忽视了缩略语中顽皮的孩子们，这似乎有些不公平。“磁浮”、“非典”给我们的启示就在于，应该关注变异缩略，研究变异缩略，使它成为语苑中的一株奇葩。

---

① “男牛”、“女牛”分别是“男式牛皮鞋”、“女式牛皮鞋”的简缩，“上吊”是上海吊车厂的简缩，“怀胎”是怀化轮胎厂的简缩。

文选

方言跟标准语[①]（节选）

赵元任

【阅读提示】

普通话是现代汉民族使用的共同语，是汉语的标准语。方言是语言的地域变体，是指一个特定地理区域中某种语言的变体，北京话、上海话、广东话等都是汉语方言。方言差异在语音、词汇、语法三个方面都有体现。普通话和方言之间存在着一定的联系与影响，分别担任着不同的角色，互补通用。

著名语言学家赵元任先生说过："在学术上讲，标准语也是方言，普通所谓的方言也是方言，标准语也是方言的一种。"没有共同语就无所谓方言，没有方言也谈不上共同语。

方言这个名词，在中国是很久就有的名词，从前是当各处地方不同的语言讲。东汉有相传是扬雄写的《方言》一部书，讲什么地方管什么叫什么，它是注重一处一处语言词汇的不同，同样的东西叫法不同，那都是中国的语言。不过方言这个名词在广义上讲起来么，也当根本不同的语言讲，比方清末在北京有广方言馆，事实上就是教英国语言、德国语言、俄国语言、法国语言、日本语言，各处很不同的语言，根本不一定有关系的、历史上不一定同源的一些语言。那是最广义的方言的名词的用法。今天讲的是在 个国家里头，有几种方言，怎么样有一个标准语跟方言对待的情形。

世界上有少数的国家呐，比较大——有的时候并不很大——的国家里头，会有很不同的语言，都比较通行而不能够完全统一的。这就发生标准语的问题，在有的时候就不容易有彻底的解决。比方在欧洲，德国的方言差得很多，邻近的地方方言虽然相近，走远一点儿，方言就差得利害。南德跟北德方言差得相当远，甚至于听起来都有困难；可是它是渐渐的变的。又如在比利时这个国家，它里头就有两种很不同的语言了：一种语言 Flemish，是一种日耳曼语系当中的一个语言，有点儿近乎德国语言，有点儿近乎荷兰语；同时在比利时，用法国语言用得非常多。法国语言跟 Flemish 就差得很远了。固然追溯到很远很远的时代，还是同源的，所谓印欧语系的分支。现在在比国的国境之内，没有一个地方可以能够说是某某地方是一半儿像法国话一半儿像 Flemish 话。事实上这两种语言存在的情形是：在政府里头，在教育机关里头，法国语言用得多；在一般民间，特别在乡间，就是 Flemish 用得多；可是多数人两种语言都会，有好些公共的通告，法律上有些条文，都是

① 选自赵元任：《语言问题》，第七讲，北京，商务印书馆，1980。有删节。

两种语言并存的。所以现在有两种公认的没有统一的标准语，也许法国语地位稍微高一点儿，因为它在文化上用得多一点儿。方言变化跟政治上的情形不是并行的，不是法国人说法国话、比利时人说比利时话、荷兰人说荷兰话、德国人说德国话。从前我有这种观念，可是后来才知道真正语言在民间存在的情形，不是那么回事。我几年前有个机会，自己弄个小车，从法国东北境一路开车过去。在乡下碰见许多地方，他看见我们外国人，当然是在比利时人对我们说法国话，在荷兰，因为很少外国人会说荷兰话，他们对我们说英国话，在德国他们对我们说标准德国话；可是要听他们自己跟自己说话，从法国东北一路经过比、荷、德到丹麦这几国，渐渐的走过去，听他们自己跟自己说话口音的变化，就仿佛你坐长江轮船从上海到汉口、重庆，一路走一点儿变一点儿，都是渐渐在那儿变的。从法国东北就有 Flemish 那一类，就已经有日耳曼语系的人民了。它这些方言是渐变的。所以事实上语言存在的情形，跟政治上的正式说什么话是两回事儿。

在有的国家——比方大的国家——像印度或者苏联那些个国家里头，有许多种历史上根本就没关系的语言，当然情形更复杂。那么如果要取一个标准国语来做全国的标准，就有很大的困难了。在印度独立以前，当然用英语用得多，因为是在英国政府帝国制度之下。等到印度自己独立了，他们当然愿意能够用自己的语言。他们里头语言不同的问题就大了。比方偏北的方面么，有各种各种很不同的语言，大致上说起来还是所谓印欧语系，与欧洲其他语言同源的，不过他们自己的分别也相当利害；但是再到南边一点儿，根本不是印欧语系，完全是另外一个系统，如 Dravidian，各种语言完全不同。所以印度南部还多半主张用英语。所以要求一个大家公认为印度国语的，是一个很大的困难。现在名义上是以 Hindi 为国语，不过在实际上比方言复杂的中国的国语统一的程度还很远着呐。

平常说方言，是同一族的语言，在地理上的渐变出来的分支；分到什么样程度算是不同的语言，这个往往受政治上的分支的情形来分，与语言的本身不是一回事儿。比方从前罗马国用的拉丁语，到后来渐渐变，变到现在，有许多分支，一方面有了政府上的分歧，一方面有文字上的分歧，因此我们觉得意大利、西班牙、葡萄牙、法国这几个都是不同的语言了，在这系统之内东欧的罗马尼亚也是在内的，所以我们说它是不同的语言。可是要把这些语言，现在情形内部的比较看起来么，有些地方也类似中国的几种方言，有如北京话跟上海话、跟广东话、跟福建话差别这么多，但是因为中国向来用一样的文字写这许多语言，表面上看起来好像差别少一点儿，还有一个情形，就是全国用文言的时候，不但是文字上看起来是一样，并且文言所自来的，比较趋向于古时的语言，它里头用词跟整个儿的结构，全国差不多一样。广东人用文言写的书、跟福建人写的、跟北方人写的，不容易看出来它是什么地方人写的东西。就仿佛在欧洲（当然现在在欧洲不太时兴），前多少年学术文章都用拉丁文来写，你就看不出法国人写的拉丁文，还是意大利人写的拉丁文，还是西班牙人写的拉丁文。当然现在你要让他们口里念出来，听得出来这是法国人念的拉丁的音，那一个人念的是意大利的拉丁音，就仿佛同是‘子曰：学而时习之’，广东人念起来是一个声音，北方人念起来一个声音，四川人念起来又是一个声音。我要总结一句：在中国，全国方言都是同源的语言的分支，虽然有时候分歧很利害，我们认为是一个语言的不同的方言。

那么，现在就要问方言跟方言是怎么样的不同，跟标准语又怎么样的不同。标准语是大众公认——一方面当然是比较是要过半数，即使不过半数么，也要很多很多的人已经听得懂，已经多少会用——的语言，认为是标准语，才比较有成为全国都用的标准语的希望。所以近几百年——元、明、清、民国——以来，总是以北方，多少以近乎北京音的系统，认为是标准语。“官话”、“普通话”、“北方话”、“国语”、“国音”各种名称，都是代表大家公认的标准语。因为已经全国四分之三的面积，三分之二的人口多少会用，本来的语言就相近于这种语言了。但是标准语事实上你也得认为它是一个方言，这是学术上的用名词跟平常通俗用“方言”这个名词的习惯上的不同。平常说方言，或是英文说 dialect 这名词好像说一个人说的话不标准，带口音或者用的词儿有土话在里头，不是大家公认为标准语的，不是国语。这样说法好像国语不是一种天然的语言似的。可是事实上你要承认一种东西做标准，你得有个底子，你得取一个实在的语言做一个对象，你可以给它做准确的定义，或者给它做详细的调查，或者是在词类上、在用法上可以给它扩充，这都是可以的。你这底子得是一个天然的语言，所以得有这么一个方言。在学术上讲，标准语也是方言，普通所谓的方言也是方言，标准语也是方言的一种。所以我现在先讨论方言跟方言的不同，里头所有的原则，所有会发生的问题，都可以应用在一处的方言跟标准语的比较上所成的同样的问题。换言之，如果我们要拿比方闽南话跟重庆话比较，里头有些什么关系，有些什么问题，就跟拿上海话跟北京话来比，里头所发生的问题都是同类的问题，所以同源的一个大语言里头方言跟方言的问题都是一样的。在原则上任何方言跟别的方言比，跟任何方言跟标准语言比，是同样的问题。这里头我们可以分三种问题，这三种的重要性的轻重很不一样。

第一就是同字异音。相同的词素在两个不同的方言里头，它的音不同。粗略说起来就是写起汉字来是同一个字的时候，就是同字异音。这是第一个问题，并且是最要紧的问题。第二就是同义异词。讲同一件事物用的词不同，有的方言用这个词，有的方言用那一个词。第三，方言跟方言不同的问题就是语法上的歧异。第二是次要，第三比较不重要，不是说中国语法不重要，就是因为中国语法从方言到方言歧异的比较少，因为歧异的少么，所以比较不重要。

【作者简介】

赵元任（1892—1982），字宣仲，生于天津。著名学者、语言学家、音乐家。中国现代语言学先驱，被誉为“中国现代语言学之父”。1918 年获哈佛大学哲学博士学位。先后任教于康奈尔大学、哈佛大学、清华大学、夏威夷大学、耶鲁大学等。语言学方面的代表作有《现代吴语的研究》、《中国话的文法》等。

【知识链接】

著名语言学家罗常培先生曾说：“他的学问的基础是数学、物理学和数理逻辑，可是他于语言学的贡献特别大。近三十年来，科学的中国语言研究可以说由他才奠定了基石，因此年轻一辈都管他叫‘中国语言学之父’。”赵元任先生精通多种中国方言和外语，在语言学、方言、音韵学等方面都有很深的造诣。桃李满天下，王力、吕叔湘、朱德熙等著名的语言学家都是他的学生。除了语言学方面的成就，赵元任先生还是中国现代音乐学的先驱之一，是 20 世纪二三十年代优秀的作曲家，他在艺术上勇于创新，与刘半农合作创作的《教我如何不想她》，已成为脍炙人口的经典艺术作品。

语言的演变①

吕叔湘

【阅读提示】

语言总是处于演变之中。汉语是世界上现存最古老的语言之一，汉语的历史至少有三千年。在这漫长的历史进程中，汉语经历了从古代汉语向近代汉语、现代汉语的发展和演变。现代汉语跟古代汉语相比发生了哪些变化？为什么会有这些变化呢？

吕叔湘先生这篇文章深入浅出，向我们解释了古今汉语的差别及汉语演变在词汇（语汇）、语法和语音三个方面的表现。

语言也在变

世界上万事万物都永远在那儿运动、变化、发展，语言也是这样。语言的变化，短时间内不容易觉察，日子长了就显出来了。比如宋朝的朱熹，他曾经给《论语》做过注解，可是假如当孔子正在跟颜回、子路他们谈话的时候，朱熹闯了进去，管保他们在讲什么，他是一句也听不懂的。不光是古代的话后世的人听不懂，同一种语言在不同的地方经历着不同的变化，久而久之也会这个地方的人听不懂那个地方的话，形成许许多多方言。这种语言变异的现象，人人都有经验，汉朝的哲学家王充把它总结成两句话，叫做“古今言殊，四方谈异”。这正好用来做我们《常谈》的题目，这一次谈“古今言殊”，下一次谈“四方谈异”。

古代人说的话是无法听见了，幸而留传下来一些古代的文字。文字虽然不是语言的如实记录，但是它必得拿语言做基础，其中有些是离语言不太远的，通过这些我们可以对古代语言获得一定的认识。为了具体说明古代和现代汉语的差别，最好拿一段古代作品来看看。下面是大家都很熟悉的、《战国策》里的《邹忌讽齐王纳谏》这一篇的头上一段：

邹忌修八尺有余，而形貌昳丽。朝服衣冠，窥镜，谓其妻曰：“我孰与城北徐公美？”其妻曰：“君美甚，徐公何能及君也？”城北徐公，齐国之美丽者也。忌不自信……旦日，客从外来，与坐谈，问之：“吾与徐公孰美？”客曰：“徐公不若君之美也。”

把这一段用现代话来说一遍，就会发现有很大的差别。不能光看字形。光看字形，现代不用的字只有四个：昳、曰、孰、吾。可是联系字的意义和用法来看，真正古今一致的，除人名、地名外，也只有十二个字：八、我、能、城、国、不、客、从、来、坐、谈、问。大多数的字，不是意义有所不同，就是用法有些两样。大致说来，有三种情形。

第一种情形是意义没有改变，但是现在不能单用，只能作为复音词或者成语的一个成分。有的构词的能力还比较强，如：形、貌、衣、镜、北、何、自、信、日、外；有的只在极少数词语里出现，如：丽（美丽、壮丽）、朝（朝霞、朝气、朝发夕至）、窥（窥探、

① 选自《吕叔湘文集》，第5卷，北京，商务印书馆，2004。原名《古今言殊》，是《语文常谈》一书的第六章。有删节。

窥测)、妻（夫妻、妻子)、甚（欺人太甚)。

第二种情形是意义没有改变，可是使用受很大限制。例如：作为连词的“而”、“与”，只见于一定的文体；表示从属关系的“之”只用于“百分之几”、“原因之一”等等；起指代作用的“者”只用于“作者”、“读者”等等；“美”现在不大用于人，尤其不用于男人（“美男子”口语不说，也不能拆开)；“有余”现在能懂，但不大用，“八尺有余”现在说“八尺多”。

第三种情形是这里所用的意义现代已经不用，尽管别的意义还用。例如：修（长)、服（穿、戴)、谓（对…说)、其（他的；“其余、其中、其一”里的“其”是“那”的意思)、公（尊称)、及（比得上)、君（尊称)、也（助词；现代的“啊”只部分地与“也”相当)、旦（“旦日”，明日，这里作次日讲)、之（他)、若（比得上)。还有一个“尺”字，似乎应该属于古今通用的一类，可是这里说邹忌身长八尺有余，显然比现在的尺小，严格说，“尺”的意义也已经改变了（汉朝的一尺大约合现在七寸半，这里的尺大概跟汉朝的差不多)。

在语法方面，也有不少差别。例如“我孰与城北徐公美?”就是古代特有的句法，底下“吾与徐公孰美?”才跟现代句法相同。“君美甚”现在说“漂亮得很”，当中必须用个“得”字。“忌不自信”也是古代的句法，现代的说法是“邹忌不相信自己（比徐公美)”，不能把“自己”搁在动词前边，搁在前边就是“亲自”的意思（如“自己动手”)，不是动作对象的意思（“自救、自治、自杀”等，是古代句法结构遗留在现代语里的合成词)。“客从外来”现在说“有一位客人从外边来”，“客人”前边得加个“一位”，头里还要来个“有”字，否则就得改变词序，说成“从外边来了一位客人”。“与坐谈”也是古代语法，现在不能光说“和”，不说出和谁，也不能愣说“坐谈”，得说成“坐下来说话”。“不若君之美”的“之”字，按照现代语法也是多余的。

这短短的一段古代的文字，大多数的字都是现在还用的，可是仔细一分析，跟现代汉语的差别就有这么大。

语汇的变化

语言的变化涉及语音、语法、语汇三方面。语汇联系人们的生活最为紧密，因而变化也最快、最显著。有些字眼儿随着旧事物、旧概念的消失而消失。例如《诗经·鲁颂》的《駉》[jiōng]这一首诗里提到马的名称就有十六种：“驈”（yù，身子黑而胯下白的)，“皇”（黄白相间的)，“骊”（lí，纯黑色的)，“黄”（黄而杂红的)，“骓”（zhuī，青白杂的)，“駓”（pī，黄白杂的)，“骍”（xīng，红黄色的)，“骐”（qí，青黑成纹像棋道的)，“驒”（tuó，青黑色而有斑像鱼鳞的)，“骆”（luò，白马黑鬃)，“骝”（liú，红马黑鬃)，“雒”（luò，黑马白鬃)，“骃”（yīn，灰色有杂毛的)，“騢”（xiá，红白杂毛的)，“驔”（diàn，小腿长白毛的)，“鱼”（两眼旁边毛色白的)。全部《诗经》里的马的名称还有好些，再加上别的书里的，名堂就更多了。这是因为马在古代人的生活里占重要位置，特别是那些贵族很讲究养马。这些字绝大多数后来都不用了。别说诗经时代，清朝末年离现在才几十年，翻开那时候的小说像《官场现形记》之类来看看，已经有很多词语非加注不可了。

有些字眼随着新事物、新概念的出现而出现。古代席地而坐，没有专门供人坐的家具，后来生活方式改变了，坐具产生了，“椅子”、“凳子”等字眼也就产生了。椅子有靠背，最初就用“倚”字，后来才写做“椅”。凳子最初借用“橙”字，后来才写做“凳”。

桌子也是后来才有的，古代只有“几”、“案”，都是很矮的，适应席地而坐的习惯，后来坐高了，几案也不得不加高，于是有了新的名称，最初就叫“卓子”（“卓”是高而直立的意思），后来才把“卓”写做“桌”。

外来的事物带来了外来语。虽然汉语对于外来语以意译为主，音译词（包括部分译音的）比重较小，但是数目也还是可观的。比较早的有葡萄、苜蓿、茉莉、苹果、菠菜等，近代的像咖啡、可可、柠檬、雪茄、巧克力、冰淇淋、白兰地、啤酒、卡片、沙发、扑克、哔叽、尼龙、法兰绒、道林纸、芭蕾舞等等，都是极常见的。由现代科学和技术带来的外来语就更多了，像化学元素的名称就有一大半是译音的新造字，此外像摩托车、马达、引擎、水泵、卡车、吉普车、拖拉机、雷达、爱克斯光、淋巴、阿米巴、休克、奎宁、吗啡、尼古丁、凡士林、来苏尔、滴滴涕、逻辑、米（米突）、克（克兰姆）、吨、瓦（瓦特）、卡（卡路里）等等，都已经进入一般语汇了。

随着社会的发展，生活的改变，许多字眼的意义也起了变化。比如有了桌子之后，“几”就只用于“茶几”，连炕上摆的跟古代的“几”十分相似的东西也叫做“炕桌儿”，不叫做“几”了。又如“床”，古代本是坐卧两用的，所以最早的坐具，类似现在的马扎的东西，叫做“胡床”，后来演变成了椅子，床就只指专供睡觉用的家具了。连“坐”字的意义，古代和现代也不完全一样：古代席地而坐，两膝着席，跟跪差不多，所以《战国策》里说伍子胥“坐行蒲服，乞食于吴市”，坐行就是膝行（蒲服即匍匐）；要是按现代的坐的姿势来理解，又是坐着又是走，那是绝对不可能的。

再举两个名称不变而实质已变的例子。“钟”本是古代的乐器，后来一早一晚用钟和鼓报时，到了西洋的时钟传入中国，因为它是按时敲打的，尽管形状不同，也管它叫钟，慢慢地时钟不再敲打了，可是钟的名称不变，这就跟古代的乐器全不相干了。“肥皂”的名称出于皂角树，从前把它的荚果捣烂搓成丸子，用来洗脸洗澡洗衣服，现在用的肥皂是用油脂和碱制成的，跟皂角树无关。肥皂在北方又叫“胰子”，胰子原来也是一种化妆用品，是用猪的胰脏制成的，现在也是名同实异了。

也有一些字眼的意义变化或者事物的名称改变，跟人们的生活不一定有多大关系。比如“江”原来专指长江，“河”原来专指黄河，后来都由专名变成通名了。又如“菜”，原来只指蔬菜，后来连肉类也包括进去，到菜市场去买菜或者在饭店里叫菜，都是荤素全在内。这都是词义扩大的例子。跟“菜”相反，“肉”原来指禽兽的肉，现在在大多数地区如果不加限制词就专指猪肉，这是词义缩小的例子（“肉”最初不用于人体，后来也用了，在这方面是词义扩大了）。“谷”原来是谷类的总名，现在北方的“谷子”专指小米，南方的“谷子”专指稻子，这也是词义缩小的例子。

词义也可以转移。比如“涕”，原来指眼泪，《庄子》里说：“哭泣无涕，中心不戚。”可是到汉朝已经指鼻涕了，王褒《僮约》里说：“目泪下，鼻涕长一尺。”又如“信”，古代只指送信的人，现在的信古代叫“书”，《世说新语》：“俄而谢玄淮上信至，[谢安]看书竟，默然无言”，“信”和“书”的分别是很清楚的。后来“信”由音信的意思转指书信，而信使的意思必得和“使”字连用，单用就没有这个意思了。

词义也会弱化。比如“很”，原来就是凶狠的“狠”，表示程度很高，可是现在已经一点也不狠了，例如“今天很冷”不一定比“今天冷”更冷些，除非“很”字说得特别重。又如“普遍”，本来是无例外的意思，可是现在常听见说“很普遍”，也就是说例外不多，并不是毫无例外。

如果我们换一个角度来看事物怎样改变了名称，那么首先引起我们注意的是，像前边分析《战国策》那一段文字的时候已经讲过的，很多古代的单音词现代都多音化了。这里再举几个人体方面的例子："耳"成了"耳朵"，"眉"成了"眉毛"，"鼻"成了"鼻子"，"发"成了"头发"。有的是一个单音词换了另外一个单音词，例如"首"变成"头"（原来同义），"口"变成"嘴"（原来指鸟类的嘴），"面"变成"脸"（原来指颊），"足"变成"脚"（原来指小腿）。有些方言里管头叫"脑袋、脑壳"，管嘴叫"嘴巴"，管脸叫"面孔"，管脚叫"脚板、脚丫子"，这又是多音化了。

动词的例子：古代说"食"，现代说"吃"；古代说"服"或"衣"，现代说"穿"；古代说"居"，现代说"住"；古代说"行"，现代说"走"。形容词的例子：古代的"善"，现代叫"好"；古代的"恶"，现代叫"坏"；古代的"甘"，现代叫"甜"；古代的"辛"，现代叫"辣"。

字眼的变换有时候是由于忌讳：或者因为恐惧、厌恶，或者因为觉得说出来难听。管老虎叫"大虫"，管蛇叫"长虫"，管老鼠叫"老虫"或"耗子"，是前者的例子。后者的例子如"大便、小便"，"解手"，"出恭"（明朝考场里防止考生随便进出，凡是上厕所的都要领块小牌子，牌子上写着"出恭入敬"）。

语法、语音的变化

语法方面，有些古代特有的语序，像"吾谁欺"，"不我知"，"夜以继日"，现代不用了。有些现代常用的格式，像"把书看完"这种"把"字式，"看得仔细"这种"得"字式，是古代没有的。可是总起来看，如果把虚词除外，古今语法的变化不如语汇的变化那么大。

语音，因为汉字不是标音为主，光看文字看不出古今的变化。现代的人可以用现代字音来读古代的书，这就掩盖了语音变化的真相。其实古今的差别是很大的，从几件事情上可以看出来。第一，旧诗都是押韵的，可是有许多诗现在念起来不押韵了。例如白居易的诗："离离原上草，一岁一枯荣［róng］。野火烧不尽，春风吹又生［shēng］。远芳侵古道，晴翠接荒城［chéng］。又送王孙去，萋萋满别情［qíng］。"这还是唐朝的诗，比这更早一千多年的《诗经》里的用韵跟现代的差别就更大了。其次，旧诗里边的"近体诗"非常讲究诗句内部的平仄，可是许多诗句按现代音来读是"平仄不调"的。例如李白的诗："青山横北郭，白水绕东城。此地一为别，孤蓬万里征……"，"郭"、"白"、"一"、"别"四个字原来都是入声，归入仄声，可是现在"郭"、"一"是阴平，"白"、"别"是阳平，于是这四句诗就成为"平平平仄平，平仄仄平平，仄仄平平平，平平仄仄平"了。又其次，汉字的造字法里用得最多的是形声法，常常是甲字从乙字得声，可是有许多这样的字按现代的读音来看是不可理解的。例如"江"从"工"得声，"潘"从"番"得声，"泣"从"立"得声，"提"从"是"得声，"通"从"甬"［yǒng］得声，"路"从"各"得声，"庞"从"龙"得声，"移"从"多"得声，"谅"从"京"得声，"悔"从"每"得声，等等。从上面这些事例看来，汉字的读音，无论是声母、韵母、声调，都已经有了很大的变化了。

【作者简介】

吕叔湘（1904—1998），江苏省丹阳人，著名语言学家、语文教育家，近代汉语语法研究的开创人之一，我国语言学界的一代宗师。曾任中国科学院语言研究所副所长、所长，《中国语文》杂志主编，中国语言学会会长等职。主要著作有《现代汉语八百词》、《中国文法要略》、《语法修辞讲话》（与朱德熙合著）、《汉语语法分析问题》、《现代汉语词典》等。

【知识链接】

吕叔湘先生是我国语言学界的一代宗师，70 多年以来一直孜孜不倦地从事语言教学和语言研究工作，其研究涉及一般语言学、文字改革、语文教学、写作和文风、词典编撰、古籍整理等广泛的领域。1980 年，由吕叔湘主编、十几位学者参编的《现代汉语八百词》出版，这是我国第一部现代汉语用法词典，全书 50 多万字，适合非汉族人学汉语时使用，也可供方言区的人学普通话时参考。在我国民众心里，吕叔湘先生的名字与《现代汉语词典》紧密相连。由他与丁声树先生先后主持的《现代汉语词典》，不仅开创了我国语文辞书编辑出版的新时代，更为我国推广普通话、规范语言文字做出了重大贡献。新时期我们更需要弘扬老一辈语言学家铸造的“《现汉》精神”：与时俱进的创新精神、严谨求实的敬业精神、不计名利的奉献精神、齐心协力的团队精神。

双语言时代（节选）[①]

周有光

【阅读提示】

未来语言的发展方向是什么？这是我们应该关注的问题，百岁老人周有光的《双语言时代》对这个问题作出了很好的回答，即一方面要建设国家共同语，另一方面要使用国际共同语。日常生活和本国文化用国家共同语，国际事务和现代文化用国际共同语。一个现代社会应该是双语的社会，一个现代人应该是能够使用双语的人。

要成为能够使用双语的人，首先要学好用好自己的母语。很难设想一个对自己母语及文化一知半解的人能够精通国际共同语。目前，对于绝大多数青年人来说，他们离用母语发表生动的演讲、写出通达的文章还有一定的距离，还要下功夫学习。一定要纠正母语容易学、母语不用学的错误思想。

一个现代青年，在学好母语的同时还要争取早日精通英语。在当今世界，英语实际上已经成为国际共同语。正如文中所说：“英语不仅没有阶级性，也没有国家的疆界。它是一条大家可走的世界公路，谁利用它，谁就得到方便。”一个百岁老人尚且有如此宽阔的胸怀，难道我们青年人不该把“我是中国人，何必学外文”的狭隘思想抛到爪哇国里去吗？

国家共同语和国际共同语

孔子说：“登东山而小鲁，登泰山而小天下。”今天还要添上一句：“登月球而小地球。”超音速飞机从地球上任何一个城市到任何另一个城市，都可以朝发而夕至。地球的确太小了，不能再说是“大地”，已经成为一个小小的村庄，叫做“地球村”。

在地球村里，民族繁多，言语各异。如果东村说的话西村听不懂，西村说的话东村听不懂，那么地球村就成哑巴村了。地球村必须有大家公用的共同语。

用什么语言作为地球村的共同语呢？“世界语”[②] 行吗？不行。所谓“世界语”就是

---

① 选自《语文建设通讯》，1998 年 4 月第 55 期。选文有删节。

② 世界语：指波兰人柴门霍夫于 1887 年创制的国际辅助语。早期译称“万国新语”，又称“爱斯不难读”（Esperanto）。用拉丁字母拼写，语法比较简单。

"爱斯不难读"（Esperanto）。这种人造语的规则简单，学习容易，但是应用范围不广，图书资料稀少，只相当于一个小语种，不能适应现代政治、贸易和科技等领域的复杂需要，所以联合国六种工作语言中没有它的地位。

地球村的共同语不是开会决定的，而是由历史逐渐形成的。英语已经事实上成为地球村的共同语。三百年来，"日不落"的大英帝国"日落"了，遗留下来一份遗产——"英语"，正像罗马帝国瓦解之后遗留下来的"拉丁语"。"公历"失去了基督教特色，"米制"失去了法国特色，"英语"失去了英国特色。英语不仅没有阶级性，也没有国家的疆界。它是一条大家可走的世界公路，谁利用它，谁就得到方便。

二次大战之后，有一百多个殖民地独立成为新兴国家。在语言工作上，它们面对两项历史任务：一方面要建设国家共同语，另一方面要使用国际共同语。日常生活和本国文化用国家共同语，国际事务和现代文化用国际共同语。文化和经济发达的国家，早已实行了双语言。现代是双语言时代。

英语的洪水泛滥

"英语"原意是"地角语言"。5 世纪中叶（中国南北朝），欧洲大陆一个部落叫做"地角人"（Engle），从石勒苏益格（Schleswig，现在德国北部）渡海移居不列颠（Britain）。他们的"地角语"（Englisc，古拼法）代替了当地的凯尔特语（Celtic）。于是地区称为"英格兰"，语言称为"英语"（English，现代拼法）。

英语在 5—6 世纪时候，用原始的"鲁纳"（runa）字母书写。7 世纪时候（中国唐代前期），基督教从爱尔兰传入英格兰，英语开始拉丁化。拉丁字母跟英语的关系，好比汉字跟日语的关系。英语的拉丁化是很晚的，到中国唐代时候才初步成形。

英国本来是个海盗之国。1588 年（明万历年间），英国发挥海盗精神，用海上游击战术，以一群零散的小兵舰打败了西班牙的"无敌舰队"，从此成为海洋第一霸主。此后四百年间，英国建立了一个人类历史上最大的殖民帝国，被称为"大英帝国"。英国打破历史传统，努力开创新的历史局面，在政治上开创民主制度，在经济上开创工业化生产方式。这两个开创改变了人类历史，使英语在全世界语言中独占鳌头。

英语虽然拼法不规则，但是同一个语词有一定的拼法和读音，例外只是少数。语法比其他欧洲语言简单。英语从四面八方吸收有用的外来词，江河不择细流，成为词汇最丰富的语言。它用 26 个现代拉丁字母而不加符号，方便打字和电脑处理。

两次世界大战，从英国殖民地独立成为现代大国的美国，不仅在军事上取得胜利，并且在战后开创了信息化的新时代。英语的流通扩大，美国是最主要的推动力量。起源于美国的多媒体电脑和国际互联网络，不断造出以英语为基础的新术语。信息化和英语化几乎成了同义词。英语通过电视和电脑，正在倾泻进全世界每一个知识分子的家庭。英语的洪水泛滥全球。

法语的争霸战

原来，法语和俄语都跟英语争当语言霸主。苏联瓦解之后，俄语退出了争霸舞台，法语孤军作战。

一次大战之前，法国是欧洲大陆最强大的国家，法语是国际的通用语言。国际会议几乎都用法语。当时，不会法语就难以做外交官。直到如今，邮政领域还在某些国际事务中使用法语。可是，一次大战中法国失败，由于美国参战，然后转败为胜。1922 年，举行华盛顿国际会议时，美国有礼貌地跟法国商量，可否在会议中同时用英语。法国不好意思说“不”。这一答应，改变了语言的国际形势。

二次大战中法国再次失败，又由于美国参战，然后转败为胜。成立联合国时候，议定以“英、法、西、俄、中”五种语言为工作语言，后来增加一种阿拉伯语。联合国原始文件所用语言，英语占 80%，法语占 15%，西班牙语占 4%，俄语、中文和阿拉伯语合计占 1%。法语的应用不到英语的五分之一。今天多数国际会议，名义上用英法两语，事实上只用英语。

二次大战后，范围仅次于英帝国的法帝国也瓦解了。法国利用法语作为纽带，团结原来的殖民地，组成一个“法语国际”。推广法语，跟英语作斗争，这是法国的重大国策。为此，法国设立国家法语委员会，由总统直接领导。法国规定，在法国销售的外国货物，广告必须用法语。法国宣传，法语是最优美的艺术语言，是人类最高尚的文化语言。凡是以法语为第一外国语的国家或地区，法国愿意给以津贴和帮助。

可是，历史的变化跟法国的愿望背道而驰。印度支那三国原来是法国殖民地，通行法语，由于加入东南亚联盟，都放弃法语，改用英语。新闻报道说，越南为了参加东盟，从国家主席到一般公司职员，人人都在学习英语。柬埔寨的大学生上街游行，要求学习英语。印度支那的第一外国语由法语变为英语，这是“法语国际”的重大挫折。

法语跟英语的斗争，为什么处处失败呢？原因是：(1) 法帝国的地区和经济实力原来比英帝国小。(2) 英国有美国作为英语的“继承国”，法国没有那样的强大“继承国”。(3) 两次大战中法国失败，由于英语国家的帮助才转败为胜。(4) 信息化时代的科技新术语大都来自说英语的美国，法国的科技力量无法跟它相比。这些原因不是短期所能改变。

德国的语言政策跟法国很不一样。德国商人乐于用英语做生意，这样能多销货物；德国科学家乐于用英语发表论文，这样能有更多读者。德国人说，我们争效果，不争语言。在欧洲，法语人口和德语人口的比例大约是 7∶9，法语人口少于德语，但是相差不大。欧洲各大企业在业务中使用的语言，除英语之外，原来使用法语超过德语，但是 1996 年的调查说明，情况改变了，德语第一次超过了法语。可见，法语的国际流通性正在萎缩。法语是否可能从一种国际语言萎缩成为一种国家语言呢？这是法国的重大忧虑。

不过，法国没有认输，还在乐观地继续斗争。其实，法国没有人不学英语，法国本身事实上早已是双语言国家了。

印度的双语言

印度原来是英国的殖民地。1950 年独立之后，反对英帝国主义，同时反对英语。印度宪法规定“印地语”是唯一的国语，准备在十年之后完全不用英语。

但是，印度是一个九亿人口的大国，民族多、语言多、方言多、文字多，印地语只占人口的三分之一。印地语之外，印度不得不规定十一种“邦用”官方语言。印度低估了建设全国共同语的困难，曾一度陷入语言问题的重大混乱。

过去二百年间，英语是印度的行政语言和教育语言，国会开会用英语。这无法在可见的短时期内改变。结果是，英语悄悄地继续流通，担当了全国共同语和国内各民族之间的纽带语言。

到了 70 年代，印度的国际关系和语言感情发生了变化。英语从帝国主义的语言，变为有利可图的商品。长期以英语为教育语言，使印度受过教育的国民人人都懂英语。这个条件成为参加国际事务和进行国际贸易的有利条件。利用英语条件，印度每年争取联合国的国际会议多次在印度举行，借以赚取外汇。在宪法中没有地位的英语，现在公开地保留了无冕之王的地位，成为事实上唯一的全国共同语。印度是一个英语和本国（本邦）语言的双语言国家。

日本的双语言

日本善于吸收外来文化，择优而从，青出于蓝。一位日本教授说：在古代，日本学习中国一千年；在近代，日本学习西洋两百年；古代使用中文和日文，近代使用英语和日语，都是双语言。二次战后，日本的双语言又有新的发展。

日本在一次战前，贸易利用英语，科技利用德语。二次战后，充分利用英语，引进新技术，发展国际贸易，把军事战败国变为经济战胜国。

日本投降（1945年），美国将军麦克阿瑟（Douglas MacArthur）成为日本的“太上皇”。他命令日本实行“语文平民化”。在逐步改革之后，实现了减少汉字数目，简化汉字笔画，改进假名字母的用法，使日文从汉字中间夹用少数假名，变为假名中间夹用少数汉字。

在美国的影响之下，英语教学在日本逐步普及和提高。两种语言接触，必然发生“洋泾浜”[①] 现象。广东话的洋泾浜是有名的，可是跟日语的洋泾浜一比，就小巫见大巫了。日本的外来语原来很多，现在更多得无法形容了。日本学者说，日本学习中国文化时候，从汉语吸收大量外来语，时间久远，习以为常，已经忘记了那是外来语了。今天从英语吸收大量外来语，是日本吸收外来语的第二高潮。

日本人喜欢出国旅游。据说近来每年出国人次超过总人口的一半。世界各地的旅游点都能见到川流不息的日本人。旅游使日本人增进见识，提高文明。国际旅游需要国际共同语，旅游是推广英语的一种动力。

日本的大企业要求职员英语过关，经常测试职员的英语水平。目的是使职员能够独自在国际互联网络上取得外国资料，提高生产技术。这是真正地进入信息化时代。日本的电脑普及率已经超过了西欧。国际互联网络极大部分都用英语。英语成为在日本大企业中担任职务的必要条件。

为了进一步提高英语水平，日本从1997年起，小学生提前从三年级开始学习英语。西欧有些国家实行“扫除外语（英语）文盲”。日本还没有这样做，但是英语越来越被重视，几乎要跟日语并驾齐驱了。日本有人慨叹说，“日本”快要没有了，只剩下“Japan”了。

中国的双语言

中国的双语言，原来是指推广普通话：从只会说方言，到又会说普通话。普通话是学校和社会语言，方言是家庭和乡土语言，这是“国内双语言”。现在又有了第二种含义：从只会说普通话，到又会说英语，这是“国际双语言”。

民国元年（1912年）开始，我国兴办新式学校，以“国英算”为三门主课。“国英”（国文和英文）就是国际双语言。但是当时只有少数人上学，课程要求很低，还没有双语言的观念。

新中国成立之后，俄语一度成为我国的主要外国语。改革开放以来，事实上已经恢复

---

① 洋泾浜：在母语不同、不能交际的人之间起交际媒介作用的混合语。它往往以某种语言为基础，再加上其他语言成分或特点混合而成，没有自己的语言系统。它对于交际各方都不是母语，通常局限于某些通商口岸的商人和海员间使用。如洋泾浜英语。

了以英语为第一外国语。青年们热心出国留学，主要是去美国。一股英语热在青年中自动燃起。但是人数很少，不能说我国也开始了国际双语言。

改革开放以来，我国重视教育，提出“科技是第一生产力”的口号。建水坝，筑铁路，兴工业，促外贸，向建设现代化国家的道路前进。我国的现代化要追赶两个时代，工业化时代和信息化时代，任务非常艰巨。现代化的基础是教育，教育的工具是语文。我们还没有来得及考虑国际双语言政策问题，但是国际双语言是国家现代化无法避免的需要。国内双语言还没有实现，能够开始进行国际双语言吗？

内外并举，兼程并进，当然十分困难。但是，这是后进追赶先进无法躲避的必由之路。不能等待实现工业化之后再进行信息化。同样，不能等待实现国内双语言之后再进行国际双语言。我们的历史任务是，在一个时期赶上两个时代。

其实，一部世界史就是一部充满“后来居上”的成功先例的历史。德国兴起很晚，超过了法国。美国原来是殖民地，超过了宗主国英国。新加坡在危难之中被迫独立，超过了马来西亚。“后来居上”的历史经验使我们得到启示。“以史为鉴”是中国的优良传统。

一方面改进汉语教学，一方面提高英语水平，是可能的吗？可能的。但是要革除成规，借鉴先进，去掉无效课程，减轻学习负担，提高实用水平。如果教育水平不能赶上先进国家，要想建成跟先进国家相颉颃①的现代化国家，那就难以想象了。

目前，我国科学院的各个自然科学研究所，以及有条件的大学和机构，已经利用多媒体电脑，接上国际互联网络。这是我国进入国际互联网络和实行双语言的起点。

台湾在日本统治时期用日语和闽南话。日语是一国语言，不是国际语言。闽南话是汉语方言。光复后台湾实行国语（普通话）和闽南话的国内双语言，同时实行国语和英语的国际双语言。香港在英国统治时期用英语和广东话。广东话是汉语方言。香港归还中国之后，当然要实行普通话和广东话的国内双语言，同时实行普通话和英语的国际双语言。

双语言不是独立于社会之外的附加物，而是现代社会的一个职能。双语言是一种现代化的指标。从双语言的水平，可以在一定条件下测知国家现代化的程度。

【作者简介】

周有光（1906—　），江苏常州人。早年留学日本，专攻经济。新中国成立后回国，在复旦大学教授经济学，业余从事语言文字研究。1955 年调至中国文字改革委员会任研究员，专攻语言学。周有光著述颇丰，先后出版专著 30 余种，代表作有《中国拼音文字研究》、《汉字改革概论》、《世界字母简史》等。

【知识链接】

1. 北京大学著名教授苏培成曾说：

周先生是老一辈语言文字学家，已届耄耋之年，但是论学术思想他却一直走在时代的前面。周先生所以能够这样，重要的原因是他有世界的眼光，能从世界来看中国。

周有光

2. 作为一名百岁老人，周先生提倡大度、乐观和积极的身心锻炼。他常说，如果有些事情想不开了，不妨让思想转个弯，说不定就豁然开

① 颉颃（xié háng）：泛指不相上下，相抗衡。

朗了。他曾有一副对联："卧室就是厨房，饮食不便；书橱兼作菜橱，菜有书香。"认为面对困境要有好的心态。他曾说，人过80，年龄就应该从头算起。周老百岁高龄之后，每年仍然至少发表10篇文章。

3.《汉语即将成为世界第一语言吗》，载《语文建设通讯》，2002（70）；《语言生活的历史进程》，载《语文建设通讯》，2000（62）。

汉语研究与中文"字"、"词"、"句"的计算机处理（节选）①

陆俭明　沈　阳

【阅读提示】

这是一篇谈语言学与高科技接轨的文章。相信文科的学生，尤其是语言类专业的学生读了会感到某种程度的压力：任重道远，我该怎么办？相信理科的学生读了会改变某些轻视文科的想法：原来人工智能、机器翻译这样的高新技术都离不开语言学研究成果的支撑。当代科学的发展正在迈向"一体化"的时代，即不同学科相互沟通、相互渗透、相互激活的时代。我们提倡文科学生学习一些理科的知识，用科学的思维武装自己的头脑；我们也提倡理科的学生学习一些文科的方法，培养起自己人文主义的情怀。只有文理兼备，才能高屋建瓴，目光远大，成长为杰出人才。

21世纪是一个高科技迅速发展的信息时代，其中信息科学技术起着龙头的作用。从目前的发展来看，信息科技的前景将主要包含三方面的内容，即"数字化"、"网络化"和"智能化"。这三点中最难达到理想境地的是"智能化"。所谓"智能化"，就是要使作为人的工具的计算机具有一定的自学和思维能力，以便能逐步代替人来从事由信息转化为知识、由知识转化为信息的工作。信息科技的智能化，有赖于多方面知识的支持，其中语言的知识显然是最关键的知识。20世纪80年代开始，人们就开始提出了研制"智能计算机"的任务。从报章杂志的报道看，当今世界上已形成了三个研制智能计算机（简称"智能机"）的中心，一个是美国，一个是日本，一个是欧洲共同体。但无论哪个中心，在着手进行研制智能机的任务中，都不约而同地以自然语言的处理与理解为切入点，而且在各自的研制队伍里都有语言学家。中国从20世纪80年代开始，也在酝酿研制智能计算机，并已列入国家科研规划之中，研制工作在顺利地进行，也有许多语言学家参与到这项研究中来。现在应该说"语言学将成为一门领先科学"这个预言正在逐步成为现实。有人这样说，从18世纪以来，世界科学的热点由经典物理学转向数学，现在又正由数学逐步转向语言学。这虽然只是某些科学家的看法，但这种看法也不是没有一点儿道理的。人的思维离不开语言，语言是思维的物质外壳。而所谓"智能机"，也就是指能像人一样会思维的计算机，使用这种计算机以实现人机（人与计算机）的口和笔对话。而要研制智能计算机就肯定离不开语言学。因为要让计算机能思维，必须把人的语言规则形式化，并使之可计

① 选自陆俭明、沈阳：《汉语和汉语研究十五讲》，2版，北京，北京大学出版社，2004。选文有删节。

算，并输入到计算机中；而所输入的语言规则必须要充分而准确。如果输入的规则有错误，或者不全面、不严密，都会严重影响计算机对自然语言的理解，计算机也就不能理解人的语言或者输出人所能听得懂的语言。而要做到这一点（这当然也有个过程，不可能一步到位），无疑需要语言学的极大发展，需要语言学家做出更多的努力。

我国的中文信息处理研究，在20世纪70—90年代，已经初步解决了“字处理”和“词处理”的问题；在语音识别和语音合成方面也取得了一定的成绩。21世纪将需要集中解决好“句处理”问题。下面就分别简单地介绍一下中文信息处理中的“字处理”、“词处理”和“句处理”问题。

中文信息处理中的“字处理”问题

中文信息处理中的“字处理”是中文信息处理首先需要突破的核心技术，主要包括三方面内容：一是“汉字输入”，二是“汉字存储”，三是“汉字输出”。

当初人们曾经普遍担心：在计算机的英文字母键盘上能否正确输入汉字符号，汉字符号输入后能否在计算机里存储？又能否再通过计算机输出？为什么大家会有这样的担心呢？我们知道，存储到计算机里的任何信息都是用“二进位制”的数字（简称“二进制数”）来表示的。“二进制数”只用0和1这两个阿拉伯数字来表示所有的数字，比如“1+0=1”，“1+1=10”，“1+1+1=11”，“1+1+1+1=100”等等。二进制数的每一位在计算机里叫做一个“比特”（bit），8个比特为一个“字节”（byte），计算机存储器的容量就是以字节为单位的。世界上第一台计算机是美国宾夕法尼亚大学于1946年研制成功的，那时的计算机当然是为了处理英文符号而设计的。英文字母（包括大写和小写）总共才52个，再加上其他必要的标点符号和某些特殊符号（如“&”、“$”、“%”等），总共也不过100多个符号。因此用计算机来处理英文，只要使用七位二进制数作为英文里每个符号的内存码也就足够了，因为从七位的“0000000”到七位的“1111111”，排列组合起来就可以有128个七位数代码，足够用来表示英文里的字母和其他符号了。而汉字情况则大不一样。首先，汉字不是拼音文字，是表意文字，要把一个个方块汉字输入计算机，先得给每个汉字一个输入的代码（简称“输入码”）；其次，汉字的数量很大，即使是“通用汉字”也有7 000多个，此外还有其他各种各样的符号。所以汉字的内存码用八位二进制数都不够用，得用两个字节，即用十六位二进制数作为一个汉字的内存码。可以想见用两个字节表示一个汉字，这比起英文只用一个字节来表示一个英文字母当然就要困难得多。此外原先计算机的软件和硬件都是针对处理英语而设计出来的，现在要计算机来处理汉语，同时又要求处理汉语跟处理英语要能相互兼容，这当然也更会让人感到困难。但是经过了20世纪70—80年代我国科学家和工程技术人员的艰苦努力，克服了一个又一个困难，终于闯过了中文信息处理中“字处理”这第一道难关，解决了汉字输入、存储和输出的问题，并已进入非常成熟的实际应用阶段。

在计算机上输入汉字的方法有上千种，但基本思路都是利用0、1、2、3、4、5、6、7、8、9这10个阿拉伯数字和26个拉丁字母来给每个汉字编一个“输入码”，然后将输入码输入计算机，通过一定的转换形式，把这些输入码转换为内存器中的“内存码”，从而实现汉字的输入和存储。存储在计算机里的汉字不是汉字的字模，而是占两个字节的二进制数所表示的汉字字形，这种字形称为“数字化字模”。同时在计算机的字库里每个汉字字形都用数字化的点阵方式存储着。当要输出汉字时，数字化字模就转变成字库里的数字化点阵，并在屏幕上将汉字显示出来。为了使输出的汉字规范和统一，达到汉字字体的正确性、整幅汉字的一致性、实际字形的清晰性、笔形部件的规范性和使用效果的美观性，有关部门研制和规定了统一的汉字字形（包括宋体、仿宋体、楷体、黑体等）的点阵标准，并统一提升为国家标准。“点阵字库”有很多优点，突出的优点是制作方便，输出速度快；但也有缺点，那就是不能随便放大缩小。为解决这个问题，经研究发现，汉字的每一笔笔画，其周围的轮廓，都可以看作是数学上的一个矢量。数学上所谓一个“矢量”，是指有一定长度、一定方向、一定位置的线段。这样一来汉字的笔画也就可以用数学上的矢量来描述。用矢量描述的汉字字模称为“矢量字模”，由矢量字模构成的字库称为“矢量字库”。矢量字模的优点在于，可以任意放大缩小，而且每个字模所占的信息量较小，整个字库容量可以大大压缩；缺点是不能直接用于输出。输出时还需要把矢量字模转换为点阵字模。矢量字模的运用，更好地满足了对数字化字模高质量、高精度的要求。

在“字处理”的开始阶段是“字输入”，即一个字一个字地输入，当然这样输入速度还是比较慢的。后来经过不断改进，目前汉字输入已经进入到以字为基础、以词为主导，并且可以智能处理的“词组输入”或“句输入”阶段。这样一方面可以缩短输入码的长度，另一方面也可以缓解“重码”的困扰，从而大大加快了汉字输入的速度。

虽然现在中文信息处理中的“字处理”技术已有了长足进展，不过到目前为止也只能说是较好地解决了“字处理”问题，因为目前的汉字输入法对一般人来说毕竟还不是非常容易掌握的，用起来也还不是十分方便。“形码”对专业录入人员来说速度很快，但因为要记住许多符号，所以不太适用于记忆力逐步衰退的中老年人，而且即使对年轻人来说，如果隔个半年数个月也容易回生忘却。“音码”比较有利于“想打”，即一边想一边打，但使用音码输入的前提条件是要会汉语拼音，而且得熟练掌握。可是目前有很多人并不掌握汉语拼音，更不用说熟练掌握了。因此音码在使用上也有它的局限性。理想的汉字输入方法应该是“语音输入”或“汉字书写输入”。现在大家都在朝着这个方向努力，而且应该说已经取得了一定的可喜成果。但要最终达到全面使用的程度，还得攻克一些难题。要解决计算机对语音的听辨能力、对汉字的识别能力看来还得有个过程。

但不管怎么说，汉语“字处理”的难关在20世纪末算是基本上被攻破了，而且有人注意到，汉字键盘输入的速度目前甚至已超过了英文字母的键盘输入，比如据测算，汉字键盘输入的效率可以达到英文输入的1.3倍到1.9倍。这也就正像有人说的那样，聪颖的华夏祖先创造了汉字和中华文化，智慧的炎黄子孙解决了汉字快速输入计算机的世纪性难题。

中文信息处理中的“词处理”问题

中文信息处理里的“词处理”也是中文信息处理中需要大力突破的关键技术，这里面又包含两方面内容，一是“分词”，一是“词性标注”。

什么叫“分词”和“词性标注”呢？我们知道，拉丁语、斯拉夫语等印欧系语言的文字，在书写的时候词与词之间都留出空格，因此词跟词的界限比较清楚。而汉语则不是那样，汉字是连着写下来的，词与词之间没有空格。这样一来什么算是一个词，比如“小狗”、“小鸟”是一个词还是两个词，都会引起极大的争论。汉语里的词，哪个是名词，哪个是动词，哪个是形容词，没有形态标志（即没有不同的构词词尾），也没有形态变化（即词进入句子不管做什么句法成分在词形上都不发生变化），因此从表面上也是看不出来的。加之汉语里词类（如名词、动词、形容词、副词等）跟句法成分（如主语、谓语、宾语、定语、状语等）不是一对一的对应，而是一对多的对应。所以汉语词语的词性也就很不容易确定，汉语词典里的各个词条之所以都不标注词类的原因就在这里。因此要让计算机自动处理汉语真实文本，就需要先分词，还需要对每个词都标注上词性，这样计算机处理汉语句子的意思就有了基础。而“分词”也好，“标注词性”也好，不是让人先把词分好，再把每个词的词性标注好，然后把真实文本输入计算机，这样做起来要花费极大的人工，肯定不是一种经济有效的办法。所以“分词”和“词性标注”都要让计算机自己来做。这样来看所谓的“词处理”，其实就是让计算机面对真实的汉语文本自动进行“分词”和“词性标注”的工作。

“分词”这一项工作可以说是“字处理”突破后中文信息处理所必须突破的又一个核心技术，是中文信息处理必须要闯过的又一道难关。按照一般设想，似乎可以在计算机里建立一个庞大的词库，给每一个词都标注上一定的句法、语义信息。这样计算机在处理真实的语言文本进行分词时，碰到每一个语言片段都先跟词库里所储存的词进行匹配检索，匹配得上的语言片段计算机才认得出，也就可以把那个词分出来。可是问题在于，计算机里的词库再大，也不可能把实际语言里可能有的词都放进去，再说汉语里词跟词的分界不是清清楚楚的。这样一来，计算机在给真实文本进行自动分词时就会碰到三方面的困难。一是现实交际中大量的人名、地名、商店名等，一般都不会存储在计算机词库里，计算机在自动分词时碰到这些词库里没有的专有名词就会束手无策。二是语言里会不断产生和运用新的词语，这些新词在计算机词库里当然也是没有的，计算机在自动分词碰到这些新词时也会感到无奈。三是由于汉字是连着排的，在书面上就会存在大量的“交集型歧义字段”，例如“（这样）才能干警务工作”，在这个字段里，“才”、“才能”、“能”、“能干”、“干”、“干警”、“警务”、“务工”、“工作”都分别可以是汉语中的一个词。如果单凭能否跟词库里的词相互匹配这一点，计算机是很难把这个字段切分好的。上述困难概括起来说就是“未登录词”（即原先词库里没有的词）处理有困难，“交集型歧义字段”处理有困难。

20 世纪 80 年代以来，计算机学界和汉语言学界正在联手攻克这一难关。其中一方面是通过进一步改进和完善分词规范，建立分词标准；另一方面是组织一定科研力量专门研究人名、地名的识别问题，专门研究计算机自动记忆新词、自动定称新词的问题。另外中文信息处理中的“分词”，跟汉语本体研究中的“分词”，虽然目标基本上是一致的，但是考虑到怎么更有利于中文信息处理，所以在处理上允许计算机的“分词”跟汉语本体研究中的“分词”不完全一样。比如说“二分之一”，按汉语本体研究的方法，会把它切分为“二”、“分”、“之”、“一”四个词。可是在中文信息的“词处理”中则分为三个词，即将“分之”处理为一个词。这样做的好处就是计算机处理真实文本里的“分数”时就方便多了。应该说 20 多年来在中文“词处理”的上述两个方面都已经取得了可喜的成果，也研制出了一些相应的软件。据测评，到目前为止计算机自动分词的正确率已可以达到 90%到 95%。中文信息处理学界当然不会小看那剩下的 5%～10%的分词问题，现在也正继续努力解决分词中的种种难题。“词处理”从某种意义上来说是个关键性的技术关卡。词处理解决好了，既可以进一步反过来推动“字处理”技术的发展，而且也有助于“句处理”技术难关的攻克。

中文信息处理中的“句处理”问题

“字处理”和“词处理”固然很重要，也是自然语言处理与理解的基础性工作，是实现自然语言处理与理解的前提条件。但是要真正实现自然语言的处理与理解，必须紧接着攻克汉语的“句处理”这一更加关键性的技术难关。“句处理”的主要内容就是，怎样使计算机理解自然语言（如现代汉语，下同）中的各个句子的意思，又怎样使计算机生成符合自然语言规则的各种句子。

应该看到，“句处理”所需要的汉语知识，实际上是一种涉及语音、语义、语法、语用等诸方面的综合性的知识。因为人用语言表达自己的思想、看法、情感，或者从对方的话语中准确理解对方的思想、看法、情感，都需要经过一个复杂的编码或解码的过程，而在这个编码或解码的过程中就需要调动各种各样的因素，单就语言这个角度说，起码也得调动语音、语义、语法、语用等各方面的因素。目前大家都深感现有的关于汉语的知识还远远不能满足中文句处理的需要。单就句法方面的情况说，在中文信息处理过程中将会不断遇到人们所想象不到的问题。许多问题在人看来还是比较容易解决的，但机器可能就解决不了。比如：

（1）a. 北京的公路建设得很快。

b. 北京的公路建设很有成绩。

（1）这两句话中，字面上有相同的部分，那就是“北京的公路建设”，但这两句话的内部构造是不同的。这对于人来说，只要稍有一点语法知识，还是很容易区分的：例（1a）“公路”与“建设”虽然挨着，但不能捆绑在一起；例（1b）则“公路”跟“建设”必须先捆绑在一起，然后“公路建设”再跟“北京的”捆绑在一起。但让计算机切分时，（1b）可能被切分为（2）：

（2）＊北京的公路　建设很有成绩。

再比如下面（3）中的三个词组的结构形式和语义关系，对于人来说，不论是中国人还是学过中文的外国人，都还是很容易分清楚的。例如：

（3）a. 中国　日本　瑞士

1　2　3　（1—2—3 联合关系）

b. 中国　山东　湖北

1　2　（1—2 定中偏正关系）

3　4　（3—4 联合关系）

c. 中国　山东　济南

1　2　（1—2 定中偏正关系）

3　4　（3—4 定中偏正关系）

计算机处理中对（3a）、（3b）和（3c）这三个不同结构形式和语义关系的词组目前就还很难分辨清楚。要让机器分辨清楚这三种结构，至少就得把三个处所名词组合在一起分别构成（3a）类、（3b）类和（3c）类不同关系词组的条件与规则研究清楚，并将这些条件与规则加以形式化输入到计算机内才成。

又比如，现代汉语里“动词性词语＋动词性词语”这样一种组合形式可以构成种种不同的结构关系。例如：

（4）a. 打算回去　（动宾关系）

b. 分析研究　（联合关系）

c. 研究结束　（主谓关系）

d. 推算出来　（动补关系）

e. 访问回来　（连动关系）

f. 请他研究　（递系关系）

g. 生产管理　（定中偏正关系）

h. 讽刺说　（状中偏正关系）

i. 介绍写（小说的经验）　　　（不构成合法的句法关系）

上面（4）中各例同样是“动词性词语＋动词性词语”，却可以构成这么多不同的结构关系。这对人来说可能也需要通过专家详细讲解才能大致分辨，计算机要分辨清楚这些结构关系就更是困难。因为“动词性词语＋动词性词语”构成各种不同句法关系的具体规则至今还没有总结概括出来。

在本课程的“绪论”里我们已经提醒大家注意这样一个事实：中文信息处理我们已面临着严峻的国际挑战；不能认为“中文信息处理中的句处理”我们中国一定是大拿[①]，优势一定在我们中国人手里。就目前的形势看，我们只能说“中文信息处理中的句处理”的优势有可能在我们中国手里。我们需要了解这样一个事实：中文信息处理，国外早就注意并着手研究了。以往，他们是在国外，或者买断我们某项科研成果，或者买下我们某项研究成果的使用权，或者出钱将研究课题交给中国有关研究机构或高等院校来做，或者从中国雇人去他们那儿进行研究。这两年来，这种情况已经发生了变化，一些著名的信息业公司，如微软公司、IBM公司、摩托罗拉公司、英特公司、富士通公司等，都已陆续进驻中国，在北京、上海等地设立中文信息处理的研究机构或基地，以高薪聘用中国研究人员。他们这样做，不只是因为聘用中国的研究人员比从本国国内聘用研究人员来华工作所花的费用要低，更在于要与中国研究机构与高等院校争夺人才，争夺中文信息处理的“制高点”。要知道“削弱对方的实力，是提高自己实力的招数之一”。因此，如果我们不觉醒，如果我们还是上面不重视、不积极支持，下面不团结、不通力合作，那么这中文信息处理的“制高点”用不了几年就会被外国公司或外国研究机构所占领。这绝不是危言耸听，而是严酷的现实。

【作者简介】

陆俭明（1935—　），北京大学中文系教授，著名语言学家。主要从事现代汉语语法研究，著有《现代汉语句法论》、《现代汉语语法研究教程》、《现代汉语虚词散论》等。

沈阳（1955—　），南京大学文学院教授，语言学家。主要从事现代汉语语法研究，著有《现代汉语空语类研究》等。

【知识链接】

中文信息处理：指用计算机对中文的音、形、义等信息进行处理和加工，是一门与计算机科学、语言学、数学、信息学、声学等多种学科相关联的综合性学科。北京大学中文系从2002年开始打破高考招生的文理界限，首开中文系从高中理科招生的先河。其具体招生专业为应用语言学专业（本科阶段），主要目标是培养汉语信息处理领域的人才。主要课程除语言学专业课程外，还有高等数学、程序设计、计算语言学、语言工程与中文信息处理等。

思考与实践

1. 有人说：“简化字简化了思想，白话文白话了文化。”对此，你如何看？

---

① 大拿：指在某方面有权威的人。

2. 列举最近流行的十个新词语，尝试分析其来源和演变过程。

3. 从近期的报刊上找出十个有语病的句子，并加以分析改正。

4. 结合自己的专业，谈谈你对中文信息处理的意见和建议。

5. 试从语音、词汇、语法等方面举例分析家乡方言与普通话的异同。

6. “天不怕，地不怕，就怕广东人说官话。”谈谈你对推广普通话与方言保护辩证关系的理解。

7. 谈谈你对国家共同语和国际共同语的理解。

8. “少小离家老大回，乡音未改鬓毛衰。”一句唐诗道出了沿袭千年的浓重乡土文化情结。在大力推广普通话的今天，如何保护一些“濒危”方言成为一个新的问题。请以“该怎么保护你，我的方言”为题展开讨论。

9. “度娘、二、萌萌哒、hold住、任性、不明觉厉、城会玩……”个性张扬的网络语言从来没有像今天这样占据青年人的话语世界。从原先单一的汉字组合到现在的汉字、数字、字母、符号等多种形式并用，从过去严格限于网络传播，到现在经常在大众传媒亮相，网络语言真可谓“乱花渐欲迷人眼”。请以“如何面对网络语言的挑战”为题谈谈你的看法。

第四讲　现代汉语·语法与修辞

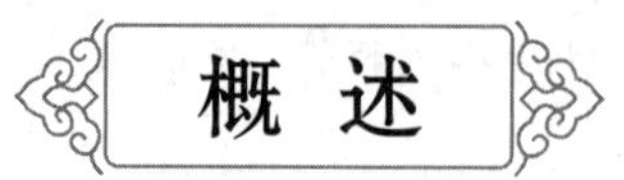

概　述

一、语法

（一）语法及语法单位

语音、词汇、语法都是语言的要素。语音是语言的物质形式，词汇是语言的建筑材料，语法则是词、短语、句子等语言单位的结构规律。作为交际工具的语言，必须根据一定的结构规律，把语言单位组合起来，构成一个个句子，才能起到交流思想、传递信息的作用。

语法规则离不开具体的语法单位之间的联系，凡是能在组合的某一位置上被替换下来的片段都是语法单位。现代汉语有四级语法单位：语素、词、短语、句子。语素是最小的语法单位，是构词要素，有的也可单独成词，是语言的备用单位。词是最小的能独立运用的语法单位，是构成短语和句子的备用单位，有的加上句调也可单独成句。短语是由词按一定规则构成的语法单位，是造句的备用单位，大多数短语加上句调可单独成句。句子是具有语调、表达一个相对完整意思的语法单位，是言语交际的使用单位。

现代汉语语法有这样几个特点：第一，形态变化不丰富。汉语缺乏表示语法意义的词形变化。汉语的动词不随人称、性、数、时的变化而变化。第二，词序和虚词是最重要的语法手段。词序不同，表达的意义就不同，如“不很好”、“很不好”。用不用虚词和用不同的虚词，意思也完全不同，如“看书”、“看的书”。第三，同一词类可以充当多种句子成分。比如：“美丽是生活的必需品”（主语），“她很美丽”（谓语中心语），“她爱美丽”（宾语），“美丽的祖国我的家”（定语）。第四，词、短语和句子的结构原则基本一致。比如：主谓式——“月亮”，“衣冠楚楚”，“月亮升上了天空”；动宾式——“司机”，“爱我中华”，“学习文化”；动补式——“提高”，“讲清楚”，“衣服洗得很干净”。第五，有语气词，量词十分丰富。

（二）词类

词类是词的语法分类。分类的目的在于说明词的用法和语句的结构规律。划分词类的标准，主要是词的语法功能，即词充当句法成分的能力、词与词的组合能力、虚词依附实词和短语的能力。词可分为两大类：能够单独成句、单独充当句法成分，有词汇意义和语法意义的是实词；不能单独成句、不能单独充当句法成分，只能依附实词或短语表示语法意义的是虚词。

实词分为：（1）名词。表示人、事物、时间、方位、处所等名称，如“国家”、“教师”、“黄山”、“精神”、“春天”、“远处”、“南边”等，主要做主语、宾语和定语。（2）动词。表示动作、行为、心理活动或存在、变化、消失等，如“走”、“看”、“爱”、“想”、“出现”、“发展”、“是”等，主要做谓语中心。(3) 形容词。表示性质或状态，如“甜”、“远”、“聪明”、“干净”、“冰凉”、“喷香”、“绿茵茵”、“可怜巴巴”等，主要做谓语和定语。(4) 区别词。表示事物的属性，具有分类作用并常成对出现，如“男、女”，“单、双”，“西式、中式”等，只做定语。(5) 数词。表示数目，如“一”、“四”、“八”、“千”、“百”、“亿”、“零”等。(6) 量词。表示计算单位，如“个”、“位”、“双”、“米”、“次”、“回”、“趟”等，主要同数词或指示代词组成量词短语，充当句子成分。(7) 代词。起代替、指示作用，如“我”、“你”、“他”、“这”、“那”、“什么”、“怎样”等。(8) 副词。从程度、时间、情态、语气等方面限制动词、形容词的词，如“很”、“都”、“已经”、“竟然”、“特意”等，只做状语。(9) 拟声词。模拟人或事物的声音，又叫象声词，如“哐”、“叮当”、“嘀嗒”、“轰隆隆”、“噼里啪啦”、“叽叽喳喳”等，能做状语、定语、谓语等多种成分。(10) 叹词。表示感叹、呼唤、应答，如“唉”、“啊”、“咦”、“哎呀”等，只做独立语。

虚词分为：(1) 介词。起标记作用，依附实词或短语构成介词短语以后做状语、补语等成分，如“从”、“自”、“按照”、“对”、“关于”、“除了”等。(2) 连词。连接词、短语、分句和句子，表示并列、选择、递进、转折、条件、因果等关系，如“和”、“及”、“而”、“而且”、“可是”、“因为”、“所以”等。(3) 助词。附着在实词、短语或句子上边，表示某种结构关系或动态等附加意义，如“的”、“地”、“得”、“着”、“了”、“过”等。(4) 语气词。常用于句尾表示各种语气，也用于句中表示停顿，如“的”、“了”、“吗”、“呢”、“吧”、“啊”等。

(三) 短语

短语是意义上和语法上能搭配而没有句调的一组词，又叫词组。从结构角度可分为以下五种基本类型：(1) 主谓短语。内部能分出主语和谓语两个部分，二者之间有陈述和被陈述关系。如“粮食丰收”、“庭院深深”、“今天星期三”、“窗台上放着一盆鲜花”。(2) 动宾短语。内部能分出动语和宾语两部分，动语表示动作行为，宾语表示人、物或事情，二者之间有支配、关涉关系。如“想他们”、“是老师”、“买一本”、“接受批评”、“喜欢清静”。(3) 偏正短语。内部能分出“偏”和“正”两个部分，前者是对后者的修饰或限制，如“江苏人”、“美丽的秋天”、“文艺演出”、“狐狸的狡猾”(定中短语)，“慢慢地变老”、“非常执著”、“一步一步地走”(状中短语)。(4) 中补短语。内部能分出中心语和补语两个部分，后者是对前者的补充说明，如“累极了”、“跑了两趟”、“闷得慌”。(5) 联合短语。由两个或两个以上的部分联合构成，形成并列、选择或递进关系，如“猫和老鼠”、“聪明伶俐”、“讨论并通过”。此外，还有同位短语、连谓短语、兼语短语、方位短语、介词短语、的字短语、所字短语等。

(四) 句子

每个句子都有一定的语调，表示一定的语气；一句话完了，有一个比较大的停顿，书面上句末用句号、问号或感叹号来表示。为了更好地了解句子的构造形式和表达功能，我们有必要对句子进行分类。从不同角度分类，就会得到不同的类型。

第一，按句子的语气分类。

1. 陈述句

叙述或说明事实的句子。如：今天星期六了。|他不会说的。

2. 疑问句

用来提出问题的句子。如：什么时候开会？|能不能制造出这样一种奇妙的机器呢？

有一种疑问句不是有疑而问，而是用提问的方式加强肯定和否定的语气，这种疑问句叫反问句。如：我不是已经跟你说过了吗？

3. 祈使句

表示请求或命令的句子。如：你给我出去！｜千万别去了！

4. 感叹句

抒发某种强烈感情的句子。如：哇！这衣服真漂亮！｜多么可爱的秋色啊！

第二，按句子的结构分类。

包括单句和复句，单句和复句又可以下分若干小类。

1. 单句·主谓句

由主语、谓语两个成分构成的句子叫主谓句。从谓语的构成看，又可以分为以下几类：

动词性谓语句，即由动词或动词性词语做谓语的主谓句。如：桃花开了。｜卢进勇从树丛里探出头来。

形容词性谓语句，即由形容词或形容词性词语充当谓语的主谓句。如：果园里的葡萄熟了。｜赵州桥非常雄伟。

名词性谓语句，即由名词或名词性词语充当谓语的主谓句。如：昨天晴天。｜这姑娘细高个儿。

主谓谓语句，即由主谓短语充当谓语的主谓句。如：任何困难他都能克服。｜今年的新生一大半是女生。

2. 单句·非主谓句

不具备主语和谓语而且也补不出主语和谓语的句子，叫非主谓句。从构成材料看，有以下几类：

动词性非主谓句，由一个动词或动词性短语构成。如：谢谢！｜不许攀折花木！

形容词性非主谓句，由一个形容词或形容词性短语构成。如：真好！｜妙极了！

名词性非主谓句，由一个名词、代词或名词性短语构成。如：小王！｜一九七九年的春天。

拟声词非主谓句，由拟声词构成。如：轰隆！｜哗哗！

叹词非主谓句，由叹词构成。如：哎呀！｜喂！

3. 复句·复句类型

复句由两个或两个以上意义上相关、结构上互不包含的分句组成。分句是类似于单句而没有完整句调的语言单位。分句之间意义上的联系多种多样，据此，我们可以把复句分成各种类型。

（1）并列复句。分句分别叙述、描写有关联的几件事或同一事物的几个方面。如：

油蛉在这里低唱，蟋蟀们在这里弹琴。

我不是要人装傻，而是要人一片天真。

（2）顺承复句。两个或两个以上分句按顺序说出连续的动作或相关的情况。如：

我先是诧异，接着是很不安。

我到船头，抬头仰望，只见黄石碧岩，高与天齐。

（3）解说复句。几个分句之间有解释、说明、总分的关系。一般靠分句的次序和意义来体现，不用关联词语。如：

我们的祖先在历史的黎明时期便幻想出一个神话式的人物，叫大禹。

对自己，学而不厌，对别人，诲人不倦，我们应采取这种态度。

(4) 选择复句。几个分句分别叙述两种以上的情况，以供选择或取舍。如：

要么被困难吓倒，要么把困难克服。

与其临渊羡鱼，不如退而结网。

(5) 递进复句。后面分句的意思比前面分句的意思更进一层，一般由轻到重，由小到大，由浅到深，由易到难，反之亦可。如：

他不但会喝酒，而且爱喝，有一阵子甚至是无酒不下饭。

小学生都知道，何况是我们大学生呢？

(6) 转折复句。分句间的意思相反或相对。如：

虽然二诸葛说是千合适万合适，小二黑却不认账。

这人很面熟，不过我一时记不起他的名字了。

(7) 假设复句。前一分句表示假设，后一分句表示结果。如：

如果不凭借空气，鸟就永远不能飞到高空。

即使若干年后人口不再增加，人口多的问题在一段时间内也仍然存在。

(8) 条件复句。前一分句表示条件，后一分句表示结果。如：

只要怀抱着信心，就能创造奇迹。

无论植林种草，土壤中必须有充足的水分。

(9) 因果复句。前一分句表示原因，后一分句表示结果。反之亦可。如：

因为今天进城要办的事多，所以天刚亮他就出门了。(说明因果)

既然是科学，就得讲实事求是。(推论因果)

(10) 目的复句。一个分句说明目的，另一个分句说明为达到目的所采取的方法或措施。如：

你们把笔记整理一下，以便复习用。

夏天外出时最好打一把伞，以免太阳晒伤皮肤。

4. 复句·多重复句

如果一个复句包含三个或三个以上的分句，而且这些分句不在一个层次上，那就是多重复句。分析多重复句的步骤是：首先纵观全局，从大到小，逐层剖析；然后抓住关键词语，判定分句间关系。如果没有关联词语，就要看能加上什么关联词语。例如：

唐代的诗最多最好，‖ 宋代的词最多最好，| 所以有“唐诗”、“宋词”之称。
　　　　　　　　　并列　　　　　　　　　因果

人类可以听到20万到30万赫兹范围内的声音，‖ 蝙蝠发出的超声波是3万到7万
　　　　　　　　　　　　　　　　　　　　　并列
赫兹之间，||| 有的达到100万赫兹，| 所以，我们听不到蝙蝠发出的声音。
　　　　递进　　　　　　　　　　因果

二、修辞

(一) 修辞概说

修辞就是人们在运用语言交流思想、传递信息和表情达意的过程中，为适应特定的题旨情境，对语言材料进行选择、加工和完善，以求得最佳的表达效果。

修辞的基本原则是适应题旨情境。所谓题旨是说话写文章的本意或主旨。情境是特定的语言环境，也叫语境，是由语言使用者的身份、性格、职业、修养、心情、处境等主观因素和时间、地点、场合、对象等客观因素组合而成的。主、客观因素都直接有力地给言

语活动以语境上的制约，从而形成修辞上的语境意义。语境既是进行言语活动的依据，也是检验修辞效果的依据。

修辞同语音、词汇、语法的关系非常密切。修辞所用的材料是语言，离开这些材料，修辞就无从依存。就修辞来说，语言三要素是修辞的手段和基础；就语言三要素来说，修辞是对它们的综合的艺术加工，是它们的高级体现。

（二）词语的锤炼

锤炼词语的目的，在于寻求恰当的词语，使之既生动贴切又新鲜活泼地表现人或事物。即不仅要求词语用得对，还要求用得好，也就是要富于创新精神。锤炼词语，一般从内容（意义）和形式（声音）两方面着手。

第一，意义的锤炼。

意义是词语的灵魂，也是选好词语的核心问题。尤其对同义词语而言，它们之间的表意基本相同，但又存在或多或少的差别，锤炼意义就显得更加重要。首先，力求准确妥帖。即选用的词语要分寸合适，轻重恰当。要做到这一点，最重要的是弄清词语在意义上的指称范围和功能，因需而发，因情而用。“春风又绿江南岸”中的“绿”就是王安石在舍弃了“到”、“过”、“入”、“满”等十几个字之后最后选定的。其次，力求配合得当。一方面语法搭配要“合法”，另一方面语义搭配要“合理”，利用词语的巧妙配合，提高交际的表达效果。同时注意上下文语境对词语的制约，通过语境来确定词语的意义，收到增添新意等好的修辞效果。如“严班长很欣赏这么三句话：严肃的态度、严格的要求、严密的组织”。句中“严肃”、“严格”、“严密”分别与“态度”、“要求”、“组织”各得其所地搭配起来，因此自然、恰当。最后，力求色彩鲜明。词语的色彩一般指词语的感情色彩和语体色彩。感情色彩鲜明是指词语的选用要与所表达感情的色彩相一致，褒贬用词恰当。语体色彩鲜明是指词语的选用要符合不同语体的要求，表达方式正确，用词准确。恰当选用词语的不同色彩，可以增强言语运用的准确性和表现力。

第二，声音的锤炼。

声音的锤炼也是修辞的一个重要内容。词语的声音美体现在四个方面：第一，音节匀称。指结构相似、音节数目相等。诗歌及抒情散文等讲究音节整齐，使语言具有节奏感，能增强语言表达的抒情色彩和感人力量。第二，平仄相调。平声长而平缓，是扬；仄声短而曲折，是抑。平仄相间、抑扬顿挫是汉语语音修辞常用的手法。音节安排恰当，平仄相配，就使得诗歌或散文声调抑扬起伏，和谐动听，构成汉语的音律美。第三，韵脚和谐。把韵母相同或相近的字放在句子的末尾，这就叫押韵。押韵通过同韵相押使句子的末尾字音回环反复，同音相应，给人以和谐悦耳的美感。第四，叠音自然。叠音词是指用音节重叠的方式构成的词。如“朗朗”、“嗡嗡”、“兴冲冲”、“密密麻麻”等。叠音词的声音有很强的音乐性，听起来和谐悦耳，给人以美的享受。作品中使用叠音词，可增强语言的音律美。如“五颜六色的街灯闪闪烁烁，远远近近，高高低低，时隐时现，走在路上，就像浮游在布满繁星的天空”。

（三）句式的选择

汉语的表达手段丰富多彩，不仅有成千上万的词语可供选用，组成各式各样的句子，而且有表义丰富的不同句式，为我们传情达意提供了广阔空间。对句子进行认真推敲、选择、加工、调整，可以提高句子的表达效果。句式的选择主要表现为同义句式的选择。所谓同义句式，是指表示相同或相近意义而在风格色彩、修辞功能、表达效果等方面存在细微差别的一些句式。句式的选择主要体现在以下几方面：

第一，长句和短句。

长句结构复杂，表意精确、严密，抒情深沉、细腻。长句一般多出现在政论、科技等语体中。短句表意简短、生动、明快、有力，叙事简明，抒情强烈激越。短句常用于口语中，文艺作品一般也多用短句。

第二，整句和散句。

整句是结构相同或相似、形式整齐匀称的句子。整句整齐匀称、节奏和谐、气势贯通、意义鲜明，常用于诗歌、散文等文艺性文体中。散句是结构不同、形式多样、字数不一的一组句子。散句可以随意抒写，自由畅达，灵活自然。整句和散句大多配合使用，整散相间，呈现一种错综美。

第三，主动句和被动句。

以施事做主语的句子叫"主动句"，以受事做主语的句子叫"被动句"。通常情况下，说话、写作多用主动句；被动句一般有遭受义，表示不太情愿的意思，所以相对来说比主动句使用得少。

第四，肯定句和否定句。

同样一个意思，用肯定句表示与用否定句表示，在情态和语气上都有细微的差别。一般情况是肯定句表示的语气较为刚直、强硬，否定句表示的语气较为委婉、和缓。

（四）常用辞格

我们运用语言进行交际，既要表达得准确简练，还应力求生动形象，尽可能给人以语言的美感。要做到这一点，除了要善于锤炼词语、选择句式，还要学会运用各种辞格，掌握一些常用辞格的运用规律。辞格又叫"辞式"、"修辞方式"，是指在语言运用过程中结构形式逐步固定下来的，在一定语境中能够产生积极表达效果的语言运用形式。我们在中学已学过比喻、拟人、夸张等多种辞格，现在再介绍几种常用辞格。

（1）双关。指利用语音或语义条件，有意使语句同时关顾表面和内里两种意思，言在此而意在彼的一种辞格。恰当地运用双关，可以使语言含蓄、委婉、饶有风趣。如"八方支援，解百姓燃'煤'之急"（谐音双关）；"母亲和宏儿都睡着了。我躺着，听船底潺潺的水声，知道我在走我的路"（语义双关）。

（2）仿词。根据表达的需要，更换现成词语中的某个语素或词，临时仿造出新的词语的辞格。包括两类：换用音同或者音近的语素仿造新词语的音仿，如"11月，广州还是秋高气爽，北国名城哈尔滨早已草木皆冰了"；换用意义相反或相近的词素仿造新词语的义仿，如"有些天天喊大众化的人，连三句老百姓的话都讲不出来，可见他就没有下过决心跟老百姓学，实在他的意思仍是小众化"。运用仿词，要注意自然、贴切、新颖，但不能乱仿乱造，其特定含义一定要清楚明白。

（3）顶针。用上一句结尾的词语做下一句的起头，使前后句子头尾蝉联、上递下接的辞格，也叫"顶真"、"联珠"。比如："茵茵牧草绿山坡，山坡畜群似云朵，云朵游动笛声起，笛声悠扬卷浪波。""指挥员的正确的部署来源于正确的决心，正确的决心来源于正确的判断，正确的判断来源于周到和必要的侦察和对各种侦察材料连贯起来的思索。"巧妙运用顶针，能在形式和内容两方面给人以流畅明快的蝉联美感。

（4）回环。把前后语句组织成穿梭一样循环往复的形式，用以表达不同事物间有机联系的辞格。比如："理性认识依赖于感性认识，感性认识有待于发展到理性认识，这就是辩证唯物论的认识论。""人人为我，我为人人。"回环在视觉上和语感上都给人以循环往复的美感。

（5）层递。根据事物的逻辑关系，连用结构相似、内容上递升或递降的语句，表达层层递进的事理的辞格。比如："听说四川有一首民谣，大略是'贼来如梳，兵来如篦，官来如剃'的意思。"（递升）"对于国内外、省内外、区内外的具体情况，他都做了周密细致的调查。"（递降）运用层递说理，可使道理层层深化；运用层递抒情，可使感情渐次强烈，从而给人以深刻的印象。层递和排比都是由三项或三项以上的词、短语或句子组成，但层递着眼于内容上的级差性，排比着眼于结构上的相同或相似。

（6）通感。在叙事状物时，用形象性的语言使感觉转移，从而启发接受者联想、体味的修辞方式，又称"移觉"。比如："她的声音像蜜，听着甜滋滋的。""方鸿渐看唐小姐不笑的时候，脸上还依恋着笑意，像音乐停止后袅袅空中的余音。""蓦然，她格格地笑动。……笑声如同欲滴而未滴的露珠，似含似吐，颤而不落。"恰当地运用通感，可以绘形绘声绘色，强化体验，增加语言韵味。

（7）对照。把两种不同事物放在一起相互比较（两体对照）或者同一事物的两个方面加以比照（一体两面对照）的辞格，也叫"对比"。比如："我的声音低如呻吟，她的声音高如咆哮，惊动楼道里各家人，都出来观看热闹。"（两体对照）"这班官儿们，黑眼珠只看白银子，句句忠君爱民，样样祸国殃民。"（一体两面对照）恰当地运用对照，可以揭示矛盾对立的意义，使事理和语言色彩鲜明。

（8）映衬。为了突出主要事物，用相似、相关或相反的事物做背景，从旁陪衬、烘托的修辞方式，又叫衬托。分为正衬和反衬。正衬，即利用同主要事物相似或相关的事物来做陪衬。比如："时候既然是深冬；渐近故乡时，天气又阴晦了，冷风吹进船舱中，呜呜的响，从篷隙向外一望，苍黄的天底下，远近横着几个萧索的荒村，没有一些活气。我的心禁不住悲凉起来了。"反衬，从反面衬托，即利用同主体事物相反或相异的事物做陪衬。比如："教室里那么安静，只听见钢笔在纸上沙沙地响。"恰当地运用衬托，可以使主次分明，让需要突出的人或事物更鲜明。

文选

略论语言形式美①

王　力

【阅读提示】

言之无文，行而不远。对语言形式的重视，历来是中国古典诗词的重要传统。而“语言的形式之所以能是美的，因为它有整齐的美、抑扬的美和回环的美”。王力先生认为，语言的形式美不仅存在于诗词中，也存在于散文中；不仅存在于古典诗文中，也存在于现代诗文中。他同时强调，内容决定形式，形式为情感服务，“决不牺牲了内容去迁就形式”，提倡“我们应该把内容和形式很好地统一起来，让读者既能欣赏诗文的内容，又能欣赏诗文的形式”。

王力先生的这些观点，不仅极大地丰富了语言形式美的修辞学内涵，而且为今天的诗词欣赏和文学创作提出了审美的标准。作为新世纪的大学生，我们有必要对自己的言语行为提出更高的目标。在“文本于道”的基础上，明确语言形式美的发展要求，摒弃不良和低俗的语言形式，弘扬精致和生动活泼的语言形式，恰当地运用修辞手法，提高自己运用母语的能力和水平。

语言的形式之所以能是美的，因为它有整齐的美、抑扬的美和回环的美。这些美都是音乐所具备的，所以语言的形式美也可以说是语言的音乐美。在音乐理论中，有所谓“音乐的语言”；在语言形式美理论中，也应该有所谓“语言的音乐”。音乐和语言不是一回事，但是二者之间有一个共同点：音乐和语言都是靠声音来表现的，声音和谐了就美，不和谐就不美。整齐、抑扬、回环，都是为了达到和谐的美。在这一点上，语言和音乐是有着密切的关系的。

语言形式的美不限于诗的语言，散文里同样可以有整齐的美、抑扬的美和回环的美。从前有人说，诗是从声律最优美的散文中洗练出来的；也有人意识到，具有语言形式美的散文却正是从诗脱胎出来的。其实在这个问题上讨论先有鸡还是先有蛋是没有意义的；只要是语言，就可能有语言形式美存在，而诗不过是语言形式美的集中表现罢了。

整齐的美

在音乐上，两个乐句构成一个乐段。最整齐匀称的乐段是由长短相等的两个乐句配合而成的，当乐段成为平行结构的时候，两个乐句的旋律基本上相同，只是以不同的终止来结束。这样就形成了整齐的美。同样的道理应用在语言上，就形成了语言的对偶和排比。对偶是平行的、长短相等的两句话；排比则是平行的、但是长短不相等的两句话，或者是

---

① 原文连载于《光明日报》，1962年10月9日、10日、11日。选文有删节。

两句以上的、平行的、长短相等的或不相等的话。

远在2世纪，希腊著名历史学家普鲁塔克就以善用排比的语句为人们所称道。直到现在，语言的排比仍然被认为是修辞学的重要手段之一。但是，排比作为修辞手段虽然是人类所共有的，对偶作为修辞手段却是汉语的特点所决定的[①]。古代汉语以单音词为主。现代汉语虽然双音词颇多，但是这些双音词大多数都是以古代单音词作为词素的，各个词素仍旧有它的独立性。这样就很适宜于构成音节数量相等的对偶。对偶在文艺中的具体表现就是骈体文和诗歌中的偶句。

骈偶的来源很古。《周易·乾卦·文言》说："同声相应，同气相求。"《左传·僖公三十三年》说："武夫力而拘诸原，妇人暂而免诸国。"《诗经·召南·草虫》说："喓喓草虫，趯趯阜螽[②]。"《诗经·邶风·柏舟》说："觏闵既多，受侮不少[③]。"《诗经·小雅·采薇》说："昔我往矣，杨柳依依；今我来思，雨雪霏霏。"这种例子可以举得很多。

六朝的骈体文并不是突然产生的，也不是由谁规定的，而是历代文人的艺术经验的积累。秦汉以后，文章逐渐向骈俪的方向发展。例如曹丕的《与朝歌令吴质书》说："高谈娱心，哀筝顺耳。驰骋北场，旅食南馆。浮甘瓜于清泉，沉朱李于寒水。"又说："节同时异，物是人非。"这是正向着骈体文过渡的一个证据。从骈散兼行到全部骈俪，就变成了正式的骈体文。

对偶既然是艺术经验的积累，为什么骈体文又受韩愈等人排斥呢？骈体文自从变成一种文体以后，就成为一种僵化的形式，缺乏灵活性，从而损害了语言的自然。骈体文的致命伤还在于缺乏内容，言之无物。作者只知道堆砌陈词滥调，立论时既没有精辟的见解，抒情时也没有真实的感情。韩愈所反对的也只是这些，而不是对偶和排比。他在《答李翊书》里说："惟陈言之务去。"又在《南阳樊绍述墓志铭》里说："惟古于词必己出，降而不能乃剽贼。"他并没有反对语言中的整齐的美。没有人比他更善于用排比了：他能从错综中求整齐，从变化中求匀称。他在《原道》里说："博爱之谓仁，行而宜之之谓义，由是而之焉之谓道，足乎己无待于外之谓德。"又说："是故君者出令者也，臣者行君之令者也，民者出粟米麻丝，作器皿、通财货，以事其上者也。"这样错综变化，就能使文气更畅。尽管是这样，他也还不肯放弃对偶这一个重要的修辞手段。他的对偶之美，比之庾信、徐陵，简直是有过之无不及。试看他在《送李愿归盘谷序》所写的"坐茂树以终日，濯清泉以自洁"；在《进学解》所写的"纪事者必提其要，纂言者必钩其玄"；在《答李翊书》所写的"养其根而俟其实，加其膏而希其光，根之茂者其实遂，膏之沃者其光晔"。哪一处不是文质彬彬、情采兼备的呢？

总之，如果我们能够做到整齐而不雷同，匀称而不呆板，语言中的对偶和排比，的确可以构成形式的美。在对偶这个修辞手段上，汉语可以说是"得天独厚"，这一艺术经验是值得我们继承的。

抑扬的美

在音乐中，节奏是强音和弱音的周期性的交替，而拍子则是衡量节奏的手段。譬如你跳狐步舞，那是四拍子，第一拍是强拍，第三拍是次强拍，第二、第四两拍都是弱拍；又譬如你跳华尔兹舞，那是三拍子，第一拍是强拍，第二、第三两拍都是弱拍。

---

① 当然，和汉语同一类型的语言也能有同样的修辞手段。(原注)

② 喓（yāo）喓：虫鸣声。趯（tì）趯：虫跳跃的样子。阜螽（zhōng）：蚱蜢。

③ 觏（gòu）：遭受。闵：忧患。

节奏不但音乐里有，语言里也有，对于可以衡量的语言单位，我们也可以有意识地让它们在一定时隙中成为有规律的重复，这样就构成了语言中的节奏。诗人们常常运用语言中的节奏来造成诗中的抑扬的美。西洋的诗论家常常拿诗的节奏和音乐的节奏相比，说明诗的音乐性。在这一点上说，诗和音乐简直是孪生兄弟了。

汉语诗的节奏的基本形式是平平仄仄、仄仄平平。这是四言诗的两句。上句是两扬两抑格，下句是两抑两扬格。平声长，所以是扬；仄声短，所以是抑。上下两句抑扬相反，才能曲尽变化之妙。《诗经·周南·关雎》诗中的“参差荇菜，左右流之”，就是合乎这种节奏的。每两个字构成一个单位，而以下字为重点，所以第一字和第三字的平仄可以不拘。《诗经·卫风·伯兮》诗中的“岂无膏沐，谁适为容①!”同样是合乎这种节奏的。在《诗经》时代，诗人用这种节奏，可以说是偶合的，不自觉的，但是后来就渐渐变为自觉的了。曹操《短歌行》的“譬如朝露，去日苦多”，“周公吐哺，天下归心”，《土不同》的“心常叹怨，戚戚多悲”，《龟虽寿》的“神龟虽寿，犹有竟时”，“养怡之福，可得永年”，这些就不能说是偶合的了。这两个平仄格式的次序可以颠倒过来，而抑扬的美还是一样的。曹操的《土不同》的“水竭不流，冰坚可蹈”，《龟虽寿》的“烈士暮年，壮心不已”，就是这种情况。②

有了平仄的节奏，这就是格律诗的萌芽。这种句子可以称为律句。五言律句是四言律句的扩展，七言律句是五言律句的扩展。由此类推，六字句、八字句、九字句、十一字句，没有不是以四字句的节奏为基础的。

新诗的节奏不是和旧体诗词的节奏完全绝缘。特别是骈体文和词曲的节奏，可以供我们借鉴的地方很多。已经有些诗人在新诗中成功地运用了平仄的节奏。现在试举出贺敬之同志《桂林山水歌》开端的四个诗行来看：

> 云中的神啊，雾中的仙，
> 神姿仙态桂林的山！
> 情一样深啊，梦一样美，
> 如情似梦漓江的水！

这四个诗行同时具备了整齐的美、抑扬的美、回环的美。整齐的美很容易看出来，不必讨论了；回环的美下文还要讲到，现在单讲抑扬的美。除了衬字（“的”字）不算，“神姿仙态桂林山”和“如情似梦漓江水”十足地是两个七言律句。我们并不说每一首新诗都要这样做；但是，当一位诗人在不妨碍意境的情况下能够锦上添花地照顾到语言形式美，总是值得颂扬的。

不但诗赋骈体文能有抑扬的美，散文也能有抑扬的美，不过作家们在散文中把平仄的交替运用得稍为灵活一些罢了。我从前曾经分析过王安石的《读孟尝君传》，认为其中的腔调抑扬顿挫，极尽声音之美。例如“孟尝君｜特｜鸡鸣｜狗盗｜之雄（耳），岂足｜以言｜得士?”这两句话的平仄交替是那样均衡，绝不是偶合的。前辈诵读古文，摇头摆脑，一唱三叹，逐渐领略到文章抑扬顿挫的妙处，自己写起文章来不知不觉地也就学会了古文的腔调。我们今天自然应该多作一些科学分析，但是如果能够背诵一些现代典范白话文，

---

① 膏：润发的油脂。沐：洗发，洗头。岂无膏沐，谁适为容：难道是没有润发的膏油来洗头吗？(不是的，) 我打扮了给谁看呢？

② 盛唐以后，诗的节奏又有改进。平收的四字句，其中的第三字尽可能不用仄声。平收的七字句，前四字是由仄仄平平组成，其中的第三字也尽可能不用仄声，直到宋词都是如此。(原注)

涵泳[①]其中，抑扬顿挫的笔调，也会是不召自来的。

回环的美

回环，大致说来就是重复或再现。在音乐上，再现是很重要的作曲手段。再现可以是重复，也可以是模进。重复是把一个音群原封不动地重复一次，模进则是把一个音群移高或移低若干度然后再现。不管是重复或者是模进，所得的效果都是回环的美。

诗歌中的韵，和音乐中的再现颇有几分相像。同一个音（一般是元音，或者是元音后面再带辅音）在同一个位置上（一般是句尾）的重复，叫做韵。韵在诗歌中的效果，也是一种回环的美，当我们听人家演奏舒伯特或托塞利的小夜曲的时候，翻来覆去总是那么几个音群，我们不但不觉得讨厌，反而觉得很有韵味；当我们听人家朗诵一首有韵的诗的时候，每句或每行的末尾总是有同样的元音（有时是每隔一句或一行），我们不但不觉得单调，反而觉得非常和谐。

韵脚[②]的疏密和是否转韵，有许多研究。《诗经》的韵脚是很密的：常常是句句用韵，或者是隔句用韵。即以句句用韵来说，韵的距离也不过像西洋的八音诗。五言诗隔句用韵，等于西洋的十音诗。早期的七言诗事实上比五言诗的诗行更短，因为它句句押韵（所谓“柏梁体”[③]），事实上只等于西洋的七音诗。从鲍照起，才有了隔句用韵的七言诗，韵的距离就比较远了。我想这和配不配音乐颇有关系。词的小令最初也配音乐，所以韵也很密。曲韵原则上也是很密的，只有衬字太多的时候，韵才显得疏些。直到今天的京剧和地方戏，还保持着密韵的传统，就是句句用韵。在传唱较久的京剧或某些地方戏曲中，还注意到单句押仄韵，双句押平韵（如京剧《四郎探母》和《捉放曹》等），这大约也和配音有关。一韵到底是最占势力的传统韵律。两句一换韵比较少见，必须四句以上换韵才够韵味，而一韵到底则最合人民群众的胃口。打开郑振铎的一部《中国俗文学史》来看，可以说其中的诗歌全部是一韵到底的，我们知道，元曲规定每折必须只用一个韵部，例如关汉卿《窦娥冤》第一折押尤侯韵[④]，第二折押齐微韵，第三折押先天韵，第四折押皆来韵。直到现代的京剧和地方戏，一般也都是一韵到底的，例如京剧《四郎探母・坐宫》押言前辙，《捉放曹・宿店》押发花辙[⑤]。在西洋，一韵到底的诗是相当少的。可见一韵到底也表现了汉语诗歌的民族风格。

双声、叠韵也是一种回环的美。这种形式美在对仗中才能显示出来。有时候是双声对双声，如白居易《自河南经乱……》“田园寥落干戈后，骨肉流离道路中”，以“寥落”对“流离”，又如李商隐《落花》“参差连曲陌，迢递送斜晖”，以“参差”对“迢递”；有时候是叠韵对叠韵，如杜甫《秋日荆南述怀》“苍茫步兵哭，展转仲宣哀”，以“苍茫”对“展转”，又如李商隐《春雨》“远路应悲春晼晚，残宵犹得梦依稀”，以“晼晚”对“依

---

① 涵：沉浸。泳：游于水中。涵泳：比喻读书要全身心地沉浸在语言环境里口诵心惟，方能知其意、得其趣、悟其神。

② 韵脚：韵文（诗、词、歌、赋等）句末押韵的字，因为押韵的字一般都放在一句的最后，故称“韵脚”。

③ 柏梁体：七言诗体的一种。据说汉武帝筑柏梁台，与群臣联句赋诗，句句用韵，后世称之为“柏梁体”。

④ 尤侯韵：《中原音韵》分十九个韵部，“尤侯”是其中的一个韵部。下文的“齐微韵”、“先天韵”也分别是十九韵部中的一个韵部。

⑤ 发花辙：明清以来北方戏曲及现代诗用韵分十三个韵部，叫做“十三辙”，“发花”是十三辙之一。

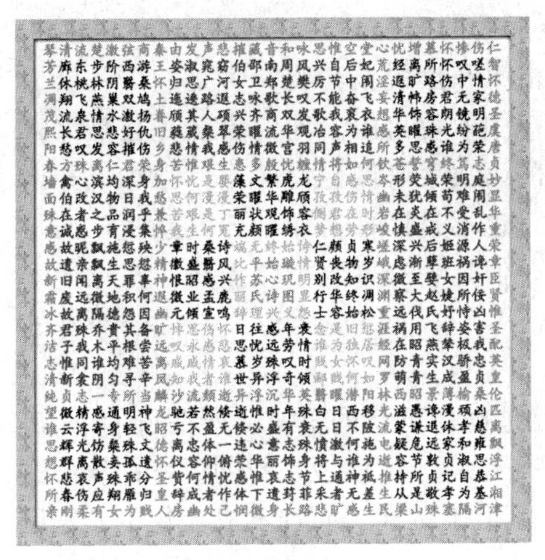

璇玑图

稀”；又有以双声对叠韵的，如杜甫《咏怀古迹》第一首“支离东北风尘际，漂泊西南天地间”，以“支离”对“漂泊”[①]，又如李商隐《过陈琳墓》“石麟埋没藏春草，铜雀荒凉对暮云”，以“埋没”对“荒凉”。双声、叠韵的运用并不限于联绵字，非联绵字也可以同样地构成对仗。杜甫是最精于此道的。现在随手举出些例子。《野人送朱樱》“数回细写愁仍破，万颗匀圆讶许同”，以“细写”对“匀圆”；《吹笛》“风飘律吕相和切，月傍关山几处明”，以“律吕”对“关山”；《咏怀古迹》第二首“怅望千秋一洒泪，萧条异代不同时”，以“怅望”对“萧条”（“萧条”是联绵字，但“怅望”不是联绵字），第三首“一去紫台连朔漠，独留青冢对黄昏”，以“朔漠”对“黄昏”[②]；第四首“翠华想象空山里，玉殿虚无野寺中”，以“想象”对“虚无”[③]。这都不是偶然的。

诗的语言

上面所谈的都是包括诗和散文以及辞赋各方面的。现在我想专就诗一方面来谈一谈，因为诗是语言形式美的集中表现。

讲究语言形式美，会不会妨碍诗的意境呢？这要看作者对语言形式美的态度如何和语言修养水平如何而定。我们首先要把技巧（艺术手段）和格律区别开来。技巧只是争取的，不是必须做到的。在技巧方面，每一个作者都有自己独特的风格。例如八病[④]中的大韵、小韵、正纽、旁纽，这些都属于技巧的范围，能避免这些病最好，不能避免也不算犯规，而且作家也可以不同意这些技巧，而另外创造一些技巧。因此，在技巧方面完全不会产生妨碍诗的意境的问题。至于格律则是规定要遵守的，这才产生妨碍诗的意境的问题。

在西洋古代也争论过这一类的问题，有人说韵脚是一种障碍，有人说韵脚不但不是障碍，而且还是一种帮助，当灵感来时，韵脚就自然涌现了[⑤]。双方的看法都不免片面，他们都不能辩证地看问题。当你成为格律的奴隶的时候，格律简直就是枷锁，岂但障碍而已！当你成为格律的主人的时候，你就能驾驭格律，如鱼得水，格律的确就是一种帮助了。

诗的语言形式美始终应该服从于诗的意境。世界上的确有一些诗具备了很好的内容然而在形式上尚有欠缺的；但是我们不能反过来说有一种诗虽然内容不好然而具备了很美的形式。在意境和格律发生矛盾的时候，诗人应该突破格律来成全意境；至于意境和技巧发

---

① “漂”，滂母字，“泊”，并母字，这是旁纽双声。（原注）

② “朔”，觉韵字，“漠”，铎韵字，唐时两韵读音已经相近或相同。“黄”，匣母字，“昏”，晓母字，这是旁纽双声。林逋《山园小梅》“疏影横斜水清浅，暗香浮动月黄昏”，以双声的“清浅”对叠韵（编者按：当是“双声”之误）的“黄昏”，正是从老杜学来的。（原注）

③ “虚”，鱼韵字，“无”，虞韵字，这是邻韵叠韵。（原注）

④ 八病：南朝梁沈约提出的关于诗歌声律的术语，作诗应避忌八种弊病，即平头、上尾、蜂腰、鹤膝、大韵、小韵、旁纽、正纽。

⑤ 参看 A. Dorchain：《诗的艺术》，169～172 页。（原注）

生矛盾的时候，就更应该让前者自由翱翔，绝对不受后者的拖累。

按照这个原则办事，是不是诗人必须经常突破格律和摆脱技巧呢？不是的。凡是成就比较大的诗人都能从一致性中创造多样性，从纪律中取得自由。他们自己往往是语言巨匠，有极其丰富的词汇供他们驱使，有极其多样的语法手段供他们运用。当意境和格律发生矛盾的时候，他们不是牺牲意境来迁就格律，也不是牺牲格律来迁就意境，而是用等价的另一句话来做到一举两得；或者虽非等价，但是它和主题不相矛盾，在意境上也能算是异曲同工。所谓“吟成一个字，捻断数茎须”，正足以说明诗人们惨淡经营的过程。

诗人们这样做法，常常有一种意外的收获，那就是创造了诗的语言。所谓诗的语言，可以从两方面看：从内容上看，有些散文的语句充满了诗意，可以说是诗的语言；从形式上看，有些诗句就只能是诗句，如果放到散文中去，不但不调和，而且不成为句子。这里讲的诗的语言，是指后者说的。

叶圣陶先生给我的一封信里说：“诗之句型，大别为二。一为平常的句型，与散文及口头语言大致不异。一为特殊句型，散文决不能如是写，口头亦绝无此说法，可谓纯出于人工。我以为凡特殊句型，必对仗而后成立，如‘名岂文章著，官应老病休’[①] 是也。若云‘名岂文章著，老衰官合休’，则上一语为不易理解，作者决不肯如是写。今为对仗，则令读者两相比勘，得以揣摩，知为名岂以文章而著，官应以老病而休之意。律诗中间两联，属于平常句型者固不少。而欲以诗意构成纯出人工之语言，自非使之对仗，纳入中间两联不可。此所以特殊句型必为对句也。易言之，因为对仗之法，乃令作者各逞其能，创为各种特殊句型，句型虽特殊，而作者克达其意，读者能会其旨。推而言之，骈文之所以能成立，亦复如是。至于词，则以其有固定格律，亦容许创为特殊句型。如‘千古江山，英雄无觅孙仲谋处’[②]，此在散文为绝对不通之语。而按格律讽诵‘英雄无觅孙仲谋处’八字，自能理会其为英雄如孙仲谋者更无觅处之意。我久怀此意，未尝语人，今见台从[③]畅论诗词格律，用敢书告，请观有道着处否。”这是非常精辟的见解。叶先生所谓特殊句型也就是我所谓的诗的语言的一种。本来，古人在散文中就用对偶的手段来使语言既精练而又免于费解。例如贾谊《过秦论》“于是从散约解，争割地而赂秦”，假如只说“从散”而不说“约解”，就变为难懂的了[④]。有的骈体文很有诗意，作者在文中利用对仗来制造诗的语言。像王勃《滕王阁序》“渔舟唱晚，响穷彭蠡之滨；雁阵惊寒，声断衡阳之浦”，单凭它的特殊句型（“唱”以“晚”为补语，“惊”以“寒”为补语等），也就令人感觉到诗意盎然了。在律诗中，像叶先生所举的“名岂文章著，官应老病休”的例子还有许多。例如王维《山居秋暝》的“竹喧归浣女，莲动下渔舟”，《终南山》的“白云回望合，青霭入看无”，《辋川闲居赠裴秀才迪》的“渡头余落日，墟里上孤烟”；杜甫《不见》的“敏捷诗千首，飘零酒一杯”，《野望》的“海内风尘诸弟隔，天涯涕泪一身遥”等，真是举不胜举。诗词有了固定的格律，可以容许特殊句型。试以毛主席的诗词为例，“一唱雄鸡天下白”，“六亿神州尽舜尧”等句，就都是诗的语言。

不善于押韵的人，往往为韵所困，有时不免凑韵（趁韵）。善于押韵的人正相反，他

---

① 语见杜甫《旅夜书怀》。（原注）

② 语见辛弃疾《永遇乐·京口北固亭怀古》。（原注）

③ 台从：台驾，对对方的尊称。

④ 参看拙著《中国文法学初探》，见《汉语史论文集》，192页。（原注）

能出奇制胜，不但用韵用得自然，而且因利乘便，就借这个韵脚来显示立意的清新。韩愈做诗爱用险韵[①]，这是他有意逞才，不足为训。但是其中也有一些清新可喜的句子。例如《酬司门卢四兄云夫院长望秋作》押的是咸韵[②]，真够险了，但是让他碰上一个“咸”字，得了一句“嗜好与俗殊酸咸”，就成为传诵的名句。李商隐在他的《锦瑟》诗中用了蓝田种玉的典故，如果直说种玉，句子该是多么平庸啊！由于诗是押先韵的，他忽然悟出一个“玉生烟”来，不但韵脚的问题解决了，不平凡的诗句也造成了[③]。毛主席的《七律·赠柳亚子先生》[④] 押的是阳韵，其中“风物长宜放眼量”一句，令人感觉到“量”字并不单纯是作为韵脚而存在的，实际上在别的韵部中也找不出比“量”字更响亮、更清新、更合适的字眼来。假如换成一个“放眼看”，那就味同嚼蜡了。讲到这里，我们可以懂得韵脚不是一种障碍，而是一种帮助。对于语言修养很高的诗人来说，这种说法是完全合理的。

【作者简介】

王力（1900—1986），字了一，广西博白人。著名语言学家，中国现代语言学的奠基人之一。1926年考入清华大学国学研究院，1927年赴法国留学，1931年获巴黎大学文学博士学位。先后在清华大学、西南联合大学、北京大学等校任教，曾任中国文字改革委员会副主任、中国语言学会名誉会长等职。主要著作有《古代汉语》、《汉语史稿》、《诗词格律》、《汉语诗律学》等。

【知识链接】

1. 王力先生的学问博大精深，为学界所公认。著名语言学家朱德熙曾说：“先生之学，证古论今，融会贯通，博大与精微兼而有之，所以能够蔚为大家。”

王力

2. 作为严谨的语言学家，王力先生并不是书斋型学者。专业研究之余，他翻译出版过法国小仲马、莫里哀、波德莱尔等作家的小说、剧本和诗歌，并创作了诗歌和散文集《龙虫并雕斋诗集》、《王力诗论》与《龙虫并雕斋琐语》。鉴于此，中国现代文学史学家袁良骏教授把王力、梁实秋和钱钟书三位先生推崇为抗日战争时期三大学者散文家。

3. 王力：《正确地使用祖国的语言，为语言的纯洁和健康而斗争!》，载《人民日报》，1951-06-06；王力：《诗词格律》，北京，中华书局，1977。

---

① 险韵：诗韵术语。用艰僻字押韵，人觉其惊警险峻而又能化艰僻为平妥，无凑韵之弊。

② 咸韵：隋朝陆法言所撰的《切韵》是格律诗押韵的依据。《切韵》共分193韵，后人增订为206韵。“咸韵”和下文的“先韵”、“阳韵”分别是其中的一个韵。

③ 这只是一种悬想。有时候，诗人先成一联，然后凑成一首。如鲁迅先得“横眉冷对千夫指，俯首甘为孺子牛”两句，然后凑成一首七律。假定李商隐先得“沧海月明珠有泪，蓝田日暖玉生烟”一联，就会是另一种情况。但是，例子虽不一定恰当，而诗人押韵必有这种经验，则是不容怀疑的。（原注）

④ 应为《七律·和柳亚子先生》，原文误。

汉语语法的特点①

朱德熙

【阅读提示】

语法学是19世纪末从西方传入中国的，所以汉语语法研究从一开始就受到印欧语语法的影响。早期的汉语语法著作多是模仿印欧语语法的，直到20世纪40年代，一些语言研究者开始意识到这个问题，主动探索汉语自身的语法规律。只有打破印欧语眼光的束缚，才能看清汉语语法的本来面目，从而深入挖掘各种语言现象背后隐藏的规律。

在《语法答问》中，朱德熙先生对比了英语等印欧语言跟汉语的主要差别，指出汉语缺乏形态变化，这造成了汉语语法的两大特点。

客：汉语语法的特点是什么？这个问题我一直弄不清楚。今天想听听你的意见。

主：特点因比较而显，没有比较就没有特点。所以要问汉语语法的特点是什么，先要问你是拿汉语跟哪种语言比较。

客：过去谈这个问题的时候，大概都是跟印欧语比较的。现在我们讨论这个问题，恐怕也还是要跟印欧语比。

主：要是跟印欧语比，经常提到的有两点：一是说汉语是单音节语，二是说汉语没有形态。

客：你认为这两点符合事实吗？

主：如果单音节语的意思是说汉语的语素（morpheme）绝大部分是单音节的，那是符合事实的。说汉语缺乏印欧语里名词、形容词、动词那些性、数、格、时、人称的变化，那自然也符合事实。

客：通常说因为汉语缺乏形态，所以词序和虚词显得特别重要。

主：这种说法非常含糊。说汉语的词序特别重要，似乎暗示印欧语里词序不那么重要。实际情况恐怕不是这样。拿英语来说，词在句子里的位置相当稳定，倒是汉语的词序显得有一定的灵活性，随便举些例子来看：

（1）我不吃羊肉～羊肉我（可）不吃～我羊肉不吃（吃牛肉）

（2）肉末夹烧饼～烧饼夹肉末

（3）你淋着雨没有～雨淋着你没有

（4）他住在城里～他在城里住

（5）借给他一笔钱～借一笔钱给他

这样的例子可以举出很多。我们当然不能说汉语的词序一定比英语灵活，可是我们也不能说汉语的词序一定比英语不灵活。在谈到汉语语法的特点时，有人一会儿说汉语的词序重要，一会儿又说汉语的句子组织灵活，忘记了这两种说法是矛盾的。

客：要是拿汉语跟拉丁语比较，恐怕还得承认拉丁语的词序要比汉语灵活。

主：是的。“保罗看见了玛丽”在拉丁语里可以有六种说法：

---

① 选自朱德熙：《语法答问》，北京，商务印书馆，1985。

Paulus vidit Mariam. Mariam vidit Paulus.
Paulus Mariam vidit. Mariam Paulus vidit.
Vidit Paulus Mariam. Vidit Mariam Paulus.

汉语的词序当然没有这么自由。不过在拉丁语里，这六种说法只是词序不同，结构并没有变。在汉语里，不同的词序往往代表不同的结构。从这个角度看，倒是可以说汉语的词序比印欧语重要。不过通常说汉语词序重要并不是这个意思。

客：那么说汉语的虚词特别重要，是不是符合事实呢？

主：这就跟说汉语的词序特别重要一样，似乎暗含着印欧语的虚词不太重要的意思。事实正好相反，印欧语里该用虚词的地方不能不用，汉语句子里的虚词倒是常常可以“省略”，特别是在口语里。例如：

（6）买不起别买。（要是买不起就别买。）

（7）没戴眼镜看不见。（因为没戴眼镜，所以看不见。）

这就是通常说的“意合法”。此外，口语里甚至连一些表示结构关系的虚词有时候也可以不说出来。例如：

（8）你搁桌上吧。（你搁在桌上吧。）

（9）洗干干净净收着。（洗得干干净净收着。）

客：你说的这些我都很同意。那么照你看，汉语语法真正的特点在哪里呢？

主：要是细大不捐的话，可以举出很多条来。要是拣关系全局的重要方面来说，主要有两条。一是汉语词类跟句法成分（就是通常说的句子成分）之间不存在简单的一一对应关系；二是汉语句子的构造原则跟词组的构造原则基本上是一致的。这两条都是笼统的说法，每条都概括了汉语语法的一些具体的特点。

客：这么说确实太笼统，我一下子领会不了。请你给我解释一下。

主：在印欧语里，词类和句法成分之间有一种简单的一一对应关系。大致说来，动词跟谓语对应，名词跟主宾语对应，形容词跟定语对应，副词跟状语对应，就像下边的图一所表示的那样：

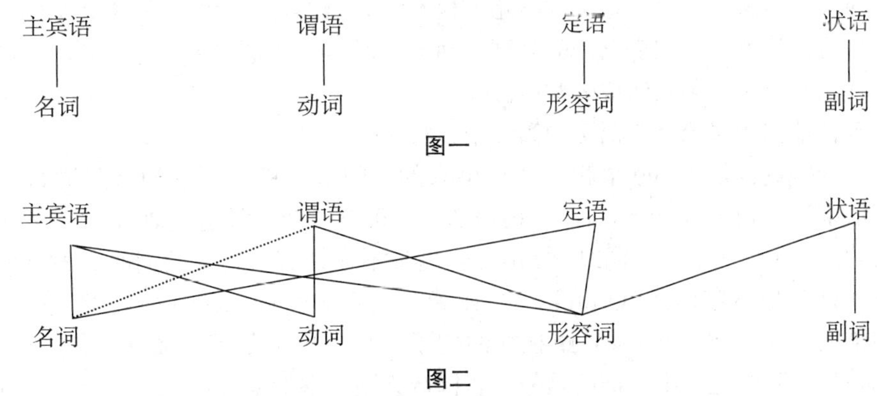

图一

图二

汉语词类和句法成分的关系是错综复杂的，大致的情形可以从上边的图二里看出来。

客：图二包括了图一的全部内容。不同的是在图二里：（1）动词和形容词可以做主宾语，（2）名词可以做定语，（3）形容词可以做谓语和状语，（4）名词在一定条件下可以做谓语。这些都是图一里没有的。

主：你归纳得很正确。这些正是汉语语法的特点，特点是（1）和（2）。我们先来讨论（1）。在印欧语里——姑且以英语为例——动词和形容词只有通过构词手段或者句法手段转化为名词性成分之后才能在主宾语位置上出现。拿动词来说，限定形式（finite verb）只能做谓语，要把动词放到主宾语位置上去，必须把它变成不定形式（infinitive）或者分词形式（participle）。汉语的动词和形容词无论是做谓语还是做主宾语，都是一个样子。传统汉语语法著作认为主宾语位置上的动词、形容词已经名词化了。这是拿印欧语的眼光来看待汉语。就汉语本身的实际情况来看，动词和形容词既能做谓语，又能做主宾语。做主宾语的时候，还是动词、形容词，并没有改变性质。这是汉语区别于印欧语的一个非常重要的特点。说它重要，因为这件事不但影响我们对整个词类问题的看法，而且还关系到对句法结构的看法。现在再说（2）。印欧语里经常修饰名词的是形容词。在有些语言里，做定语甚至是形容词的专职。名词只有加上形容词后缀转化为形容词之后才能做定语。汉语的情形不同。名词无论做主宾语还是做定语都是一个形式。特别值得注意的是汉语里名词修饰名词十分自由。只要意义上搭配得拢，就可以直接黏合在一起组成偏正结构，甚至把一连串名词叠加在一起造成复杂的偏正结构，例如：

（10）我国南方各省丘陵地区粮食产量概况

这也是汉语区别于印欧语的一个特点。

客：形容词可以做状语和谓语，也跟印欧语不同。

主：汉语形容词能够跟主语、谓语、宾语、补语、定语、状语各种句法成分对应，功能最为广泛。在印欧语里，做状语的只能是副词。因此有的汉语语法著作也把状语位置上的词一律看成副词，结果是副词和状语变成了同义语。其实汉语里做状语的不限于副词。形容词，特别是状态形容词（远远的、好好儿的、规规矩矩的、慢腾腾的）也经常做状语。总之，早先的汉语语法用印欧语的眼光看待汉语，认为做主宾语是名词的专利，做定语是形容词的专利，做状语是副词的专利。这种看法为过去的汉语语法体系带来了两方面的后果：第一，为了弥缝矛盾，不得不建立一种对汉语来说完全没有必要的词类转化的说法，例如说动词和形容词在主宾语位置上的时候转化为名词，名词在定语位置上的时候转化为形容词等等。第二，由于百分之八九十的动词和形容词可以做主宾语，能够做定语的名词百分比更高，这就等于说绝大部分实词的词类都可以转化，因此只能得出词无定类的结论。有的汉语语法书所以会走上这条路，根本的原因是受了印欧语语法观念的束缚，看不见汉语自己的特点，不知道汉语的名词、动词、形容词都是“多功能”的，不像印欧语那样，一种词类只跟一种句法成分对应。

客：现在请你接着谈汉语语法的第二个大特点吧。

主：这个特点也是跟印欧语相比才显出来的。印欧语里句子的构造跟词组的构造不同。拿英语来说，句子（sentence）的谓语部分必须有一个由限定式动词（finite verb）充任的主要动词（main verb）。词组（phrase）里是不允许有限定式动词的，词组里要是有动词的话，只能是不定形式（infinitive）或者分词形式（participle），不能是限定形式。包孕在句子里头的子句（clause）跟独立的句子一样，也由限定式动词担任谓语。总之，句子和子句是一套构造原则，词组是另一套构造原则。举例来说：

（11）He flies a plane.（他开飞机。）

（12）To fly a plane is easy.（开飞机容易。）

（13）Flying a plane is easy.（同上）

在（11）里，flies 在谓语位置上，用的是限定形式。在（12）和（13）里，to fly a plane 和 flying a plane 在主语位置上，分别用不定形式和分词形式。汉语的情形不同，动词和动词结构不管在哪里出现，形式完全一样。（11）—（13）里的 flies a plane，to fly a plane，flying a plane 用汉语说出来都是“开飞机”。汉语的句子的构造原则跟词组的构造原则的一致性还特别表现在主谓结构上。汉语的主谓结构独立的时候相当于英语的句子，不独立的时候相当于英语的子句。按英语语法的观点来看，它是和词组相对立的东西。汉语的主谓结构实际上也是一种词组，跟其他类型的词组地位完全平等。它可以独立成句，也可以做句法成分。

客：有的语法书上说主谓结构可以做谓语。例如把“这个人心眼儿好”里的“心眼儿好”看成是谓语位置上的主谓结构。这种说法恐怕很难让人接受。我不知道除了汉语以外还有哪种语言有这样的句式。

主：要是别的语言里没有，岂不是正好证明它是汉语的特点？“这个人心眼儿好”还可以勉强说“这个人”后头省略了“的”字，“这个人确实心眼儿好”就不能这么解释了。可见汉语确实有主谓结构做谓语的格式。不但现代汉语里有，古汉语里也有；不但汉语有，汉藏语系的其他一些语言里也有。跟印欧语比较的时候，主谓结构可以做谓语是汉语语法的一个明显的特点。有的语法著作承认主谓结构可以做谓语，但是总觉得这不是一种“常规的”句式，所以总想把它限制在很小的范围里，不许越雷池一步。其实主谓结构做谓语的格式是汉语里最常见最重要的句式之一。应该看成是正好跟“主—动—宾”相匹配的基本句式。

客：你这么说恐怕太夸张了吧。

主：一点也不夸张。由于宾语提前的说法没有根据，过去认为是宾语提前的 SOV（我羊肉不吃）和 OSV（羊肉我不吃）两类格式都应该解释为主谓结构做谓语的 SSV。既然 SOV 和 OSV 都不存在，所以跟 SVO 相配的只能是 SSV 了。

客：你提出的汉语语法的两个特点之间似乎有某种联系，不过我说不清楚是什么样的联系。

主：你的感觉是有根据的。造成这两个特点的根源都在于汉语词类没有形式标记。英语的动词和形容词放到主宾语位置上去的时候要么在后头加上名词后缀-ness，-ation，-ment，-ity 之类使它转化为名词，要么把动词变成不定形式或者分词形式。汉语词类没有这种形式标记，不管放在什么语法位置上，形式都一样，这就造成了词类多功能的现象。另外一方面，由于汉语动词没有限定形式与非限定形式（不定形式和分词形式）的对立，这就造成了词组和句子构造上的一致性。

客：这样看起来，汉语语法最根本的特点还是缺乏形态变化。

主：汉语缺乏形态是一眼就可以看清楚的事实，所以谁都会说汉语语法的特点是缺乏形态变化。可是只有经过仔细的分析和比较，才能看清这个简单的现象背后的深刻的含义。所以我们以上的讨论并不是徒劳的。

客：关于汉语语法特点的问题就讨论到这里吧。下一次我们谈词类问题，怎么样？

主：可以。

【作者简介】

朱德熙（1920—1992），江苏省苏州人，中国著名的语言学家、语法学家、古文字学家、教育家。1939 年考取国立西南联合大学，第二年转入清华大学中文系学习。先后任教昆明中法大学、清华大学、保加利亚索菲亚大学和北京大学。曾任中国语言学会副会长、会长，世界汉语教学学会会长兼《世界汉语教学》主编，中国古文字研究会理事等职。著有《语法修辞讲话》(与吕叔湘合著)、《现代汉语语法研究》、《语法讲义》、《语法答问》等。

【知识链接】

《语法答问》是朱德熙先生于20世纪80年代写的关于汉语语法的一本通俗的小书。用主客问答的方式回答了汉语语法必须知道的一些问题，通过“客”对汉语语法知识提出问题，由“主”进行回答，引发大家对汉语语法现象的思考，同时对长期以来汉语语法研究中常常引起争论的问题作了一些分析和评论。关于汉语语法特点、汉语词类划分、汉语语法体系等问题，朱德熙先生在书中提出了一系列有创见的理论观点。

双　饰①

谭永祥

【阅读提示】

谭永祥《修辞新格》提出了陈望道先生《修辞学发凡》和其他修辞论著未触及或不曾确切阐述的30种修辞方式，对语文教学和研究中长期争论不清的一些问题作了科学而合理的解释。“修辞格”又叫“辞格”、“语格”、“修辞方式”、“修辞方法”、“修辞手段”等，是为了提高语言的表达效果而有意识地偏离语言和语用常规之后，逐步形成的固定格式、特定模式。② 我们经常见到的辞格大致有比喻、比拟、借代、夸张、双关、反语等，而本书中的双饰、闪避、别解、歧疑等辞格都是我们所不熟悉的。下面着重介绍其中的双饰辞格，以期扩大视野，激发我们进一步研读本书的兴趣。

在上下文里利用词的多义或修辞义，使同一个词先后表达两种不同的意义，就好像同一个人先后饰演两个不同的角色一样，这种修辞手法叫“双饰”。

双饰可分为不同的词汇义连用、词汇义和修辞义的连用及不同的修辞义连用。连用一般以两项为常见。

一、不同的词汇义连用

(1) 问：连续剧集集有序幕，好在哪？

答：好上厕所。

(罗嗣友《荧屏前的对话》,《讽刺与幽默》1985年11月26日)

“好在哪”是问为什么好，“好”是好坏的好，是个形容词；“好上厕所”的“好”，是“可以，以便”的意思，是个助动词。“好上厕所”并不是因为“集集有序幕”可以给人一个上厕所的空隙，而是观众对电视连续剧集集都有老一套的开场感到腻味的一种怨言。一个“好”字，前后两个不同的意思，就好像一个人扮演了两个角色，演出了一台讽刺小剧。

(2) 第二位汪太太过了门没生孩子，只生病。在家养病反把这病养家了，不肯离开

① 选自谭永祥：《修辞新格》(增订本)，福州，福建教育出版社，2001。

② 参见王希杰：《汉语修辞学》，11页，北京，商务印书馆，2004。

她，所以她终年娇弱得很……

（钱钟书《围城》，人民文学出版社，1980年版，第234页）

前一个“生”字，是生育的意思，“没生孩子”就是没有生育孩子；后一个“生”字，是发生的意思，“生病”就是发生疾病的意思。前一个“养”，是休养的意思，“养病”即因病而休养；后一个“养”，是驯养、豢养的意思，“把病养家了”即把“病”拟为可以喂养成家畜的动物。这后一个“养”字，一不小心，就很容易和前一个“养”字连起来视为拈连[①]。之所以不是拈连，是因为后一个“养”字也是用的词汇义，而非“拈”来的临时义。

(3) 有“面子”的，拉的没面子；

没“面子”的，拉的尽面子。

（立然辑《拉煤》，《中国青年报》1981年1月18日第8版）

带引号的“面子”，意思是“脸面，情面”；没有引号的“面子”，意思是“粉状物”（这里指不成块的煤）。两个“面子”，字面一样，意义各异，前后映照，平中见奇，且寓有深意。

(4) 厦门这个地方实在不错。现在是群贤毕至……怎么把方言工作做好，是我们应该集中精力考虑的事。厦门的空气这么好，方言学会的空气也得跟厦门的空气一样好。

（李荣《汉语方言学会成立大会开幕词》，《语文研究》1982年第1期）

第一和第三两个“空气”是指“构成地球周围大气的气体”，第二个“空气”是指的“气氛”，即“一定环境中给人某种强烈感觉的精神表现或景象”。这种字面反复，意义有别的表达效果，显然并不仅仅在于给人一种新颖之感。

二、词汇义和修辞义的连用

这是最常见的双饰手法。它可以是词汇义（固定义）在前，修辞义在后，也可以相反。例如：

(5) 她精通了英语，又精通了德语、法语。六年的长长岁月呀，她从人类的各种语言里得到宝贵的启示，她读得朗朗有声，使监狱里的看管人员误以为她疯了，称她“疯太太”。其实是有人疯了，却不是她而是在狱外的那些人，在喊“永远健康”，在彼此格斗，自相残杀……

（丁耶《九载铁窗寒》，《随笔》1986年第6期第85页）

前两个“疯”字是用的词汇义（固定义），后一个“疯”字是修辞义（比喻义）。没有“疯”的被认为疯了，而真正像发了疯似的人却被称为在“革命”，所以才造成了“时代的悲剧”。

(6) 摧花自作花，

旋积旋已失。

上天施命令，

冬春不相匹。

（梅尧臣《春雪》）

前一个“花”是用的词汇义（固定义），后一个“花”是用的修辞义（临时义），指形状像花的雪，即雪花。

(7) 操恐人暗中谋害己身，常吩咐左右：“吾梦中好杀人；凡吾睡着，汝等切勿近前。”

---

① 拈连指甲乙两个事物连在一起叙述时利用上下文的联系，把用于甲事物的词语巧妙用于乙事物。

一日，昼寝帐中，落被于地，一近侍慌取被覆盖。操跃起拔剑斩之，复上床睡；半晌而起，佯惊问："何人杀吾近侍？"众以实对。操痛哭，命厚葬之。人皆以为操果梦中杀人；惟修（杨修）知其意，临葬时指而叹曰："丞相非在梦中，君乃在梦中耳！"操闻而愈恶之。

（《三国演义》第78回）

前一个"梦"字是用的词汇义，后一个"梦"字用的是修辞义。这两句话的意思是：丞相曹操不是在做梦（他并没有睡着），阁下倒是在做梦（被欺骗、愚弄了）。

以上是词汇义在前，修辞义在后。下面是修辞义在前，词汇义在后。

（8）胡曰："不然。吾相君面有死气，远期不过二年。舅氏得道有年，附之足以免祸。况表妹不恶，贞静幽娴。古人斗酒博《梁州》；君不破一文，成此奇缘，自受多福。否则，孤立无偶，窃恐祸至时，欲求一人援手救，不可得也。"陆心动，因出玉蟾蜍一枚以聘，并以交桂一束，奉胡以为谢，曰："感君进药石之言，故以药为报。"胡拜纳而去。

（和邦额《夜谭随录·陆珪》）

"药石之言"的"药"和"石"都是修辞义（"药"原意是药物，"石"是治病的石针），比喻劝人改过的话。"故以药为报"的"药"是词汇义，指中药材"交桂（一束）"。

（9）我们食堂样样"刮皮"，只有马铃薯"不刮皮"。

（《语文战线》1983年第1期第32页）

前一个"刮皮"，意思是食堂只顾赚钱，饭菜卖得太贵，"刮"就餐人员的"皮"，这是用的修辞义。后一个"刮皮"是词汇义，是说食堂只图省事，马铃薯带皮烧，连皮都不刮。

（10）宋人或得玉，献诸子罕。子罕弗受。献玉者曰："以示玉人，玉人以为宝也，故敢献之。"子罕曰："我以不贪为宝，尔以玉为宝，若以与我，皆丧宝也，不若人有其宝。"

（《左传·襄公十五年》）

"我以不贪为宝"（我把不贪财物当作宝）的"宝"是修辞义，"尔以玉为宝"（你把玉当作宝）的"宝"是词汇义（固定义）。有意思的是"若以与我，皆丧宝也，不若人有其宝"的两个"宝"字却兼有修辞义和词汇义，即义有双关，是一个具有"特异功能"的双饰。

三、不同的修辞义连用

双饰以"不同的词汇义连用"与"词汇义和修辞义的连用"为常见。"不同的修辞义连用"笔者仅得二例，堪称"珍稀"：

（11）男：我可没有那四十八条腿啊！

女：可你有这么多的腿！

男：我可没有那四十八条腿啊！

女：可你有这么多的腿！

（康平《讽刺与幽默》1985年11月5日）

“男”方说的“腿”，原指“器物下部像腿一样起支撑作用的部分”，如“桌子腿儿”、“床腿儿”。这个“腿”，已由原来的比喻义转化为词汇义，并被《现代汉语词典》列为义项之一。但万事万物都在变化着，这个由原来的比喻义转化为词汇义的“腿”字，在这里又已由词汇义变为修辞义即借代：“四十八条腿”借指（结婚的）家具之多。“女”方说的“可你有这么多的腿”的“腿”，也已由“人和动物用来支持身体和行走的部分”这一词汇义转为修辞义即借代：“这么多的腿”借指牲畜之多，大概“男”方是一位养牛专业户吧。“腿”字之义如此多变，而且愈变愈“美丽”，全是因为“修辞”帮了忙。

“腿”的这种修辞用法，“好像同一个人先后饰演两个不同的角色一样”，完全符合双饰的定义，应该归属双饰。如果简单地分析为辞格的连用，那就使本来具有多层次的审美价值的艺术语言明珠暗投。

(12) 此时指挥交通的灯光换了绿色，吴老太爷的车子便又向前进。冲开了各色各样车辆的海，冲开了红红绿绿的耀着肉光的男人女人的海，向前进！

（《茅盾文集》第三卷第 13 页）

前一个“海”比喻车辆之多，后一个“海”比喻男人女人之多。一个“海”字，“扮演”了两个不同的角色：两个不同的比喻。

双饰，不能简单地理解为“词的多义连用”，因为“词的多义”的“义”，只能局限于词汇义（固定义），如（1）—（4）四例。事实上双饰这一修辞现象最常见的，却是词汇义和修辞义的连用。而“词的多义”并不能包括修辞义，更不能包括“不同的修辞义连用”，这是词汇学的一般常识。

双饰也不同于拈连，虽然拈连也是同一个词用在两处而作用有别，而且也是一个为词汇义（被拈连词），一个为修辞义（拈连词），但这仅仅是形式上的巧合，并不能改变两者的根本区别：

首先，就词语的组合来说。利用一词多义构成的双饰，其组合形式都是完全符合常规的；而拈连，其中必定有一个是属于反常规的组合。这是两者最大也是最明显的一个不同点。

其次，利用修辞义构成的双饰，绝大部分都是用的比喻义（用借代义的极少）。比喻义、借代义都是比较具体的，其“义”可以“言传”，能够作出相应的“释文”；而拈连中的拈连义却很“空灵”，甚至还带点儿玄乎，容易叫人说不清、道不明，似乎可以“意会”，却很难作出相应的“释文”。例如“我种下了一棵树苗，也就种下了一个美好的希望”，这后一个“种”字（拈连词），能写出简明而准确的“释文”吗？

再次，构成双饰的比喻义、借代义，常常可以转化为词汇义，这就是所谓“比喻造词”，“借代造词”。这一特点，使其跟一词多义的双饰在理论上大大地缩短了距离。而拈连义，由于有点儿“飘飘荡荡”，难于捉摸，它跟一词多义的双饰，几乎无缘靠拢。

双饰，也不同于反复，反复的修辞效果是对同一个意思的强调；双饰不存在强调，因为字同义不同，是“单”调而非强调，它仅仅是字面的“反复”，“形”似而“神”异。

【作者简介】

谭永祥（1923—2006），安徽太平人，当代语言学家，曾任安徽师范大学文学院语言研究所副研究员，中国修辞学会理事，华东修辞学会理事，《修辞学丛书》、《修辞学习》编委等。曾主编《汉语同义熟语词典》，为《汉语大词典》、《汉语语法修辞词典》主要撰稿人之一。代表作有《修辞新格》、《修辞精品六十格》、《汉语修辞美学》等。

【知识链接】

1. 1994 年谭永祥先生以论著《汉语修辞美学》荣获首届陈望道修辞学奖三等奖，2000 年又以论著《修辞新格》（增订本）荣获第三届陈望道修辞学奖二等奖。陈望道修辞学奖是我国汉语修辞学最高奖项，是在纪念我国汉语修辞学奠基人陈望道先生逝世 10 周年时，由香港南源永芳集团姚美良先生资助复旦大学设立的。

2. 王希杰、聂焱：《关于同义手段和同义修辞学的讨论》，载《浙江树人大学学报（人文社会科学版）》，2006（5）；吴士良：《现代修辞学呼唤与时俱进》，载《修辞学习》，2005（5）；霍四通：《试论“典饰”》，载《语言研究》，2001（2）；郭焰坤：《列锦辞格的产生与发展》，载《修辞学习》，2003（5）。

思考与实践

1. 按照从低到高的顺序把下面四个不同平面的语法单位重新加以排列（只写序号）：

（1）学生　（2）境　（3）团结起来　（4）出发！

2. 在下面的数词和名词之间填上适当的量词：

一（　）炊烟　一（　）热流　一（　）新月　一（　）墨　一（　）草药

一（　）灯火　一（　）军舰　一（　）棉被　一（　）纸　一（　）缝纫机

3. 指出下列短语的结构类型：

安徽合肥　安徽江苏　新开的商店　开新的商店

在这里生活　生活在这里　调查清楚　调查情况

召开会议　会议的召开　吃得好　吃很好（睡不行）

4. 指出下列各句属于哪一种主谓句或非主谓句：

[示例] 黄山的景色十分壮丽。——主谓句——形容词谓语句

（1）雨还哗哗地下着。

（2）请随手关门。

（3）多可爱的小葫芦啊！

（4）这人胆子小。

（5）肃静！

（6）那个人好高的个子。

（7）轰隆隆！

（8）那溅着的水花晶莹而多芒。

5. 分析下列多重复句：

（1）虽然是满月，天上却有一层淡淡的云，所以不能朗照；但我以为恰是到了好处——酣眠固不可少，小睡也别有风味的。（《荷塘月色》）

（2）作者要写一篇文章，总是在自己头脑里已经有了一些值得写的东西：或者是在工作中积累了某些经验，并且认真地考虑和总结了这些经验，或者是对某些问题作了一定的结论。（《关于写文章》）

6. 有人认为修辞就是咬文嚼字，就是追求华丽的辞藻、卖弄文字技巧。你的意见呢？

7. 试从报纸、杂志、电视、网络等媒体搜集精彩的新闻标题或广告词，分析其修辞技巧。

8. 自拟文题，运用多种修辞格，写一篇 400 字左右的短文。

9. 用你熟悉的电影名或者书名组成一段话或一个故事。

第二编

文学审美

第五讲　古代诗歌

概　述

诗歌，是中国古典文学中最受重视、最具特色的文体，是中国传统文化珍贵遗产的重要组成部分，在我国文学史、文化史上占有特殊重要的地位。我国古典诗歌，包括具有独特音乐形式或声律规范的词、曲，作者之众多，内容之丰富，形式之多彩，数量之庞大，特色之鲜明，在世界文学史上都无与伦比，为我国赢得了千古“诗国”的美誉。

一、古代关于诗歌起源和内涵的认识

今存《尚书·尧典》记载：“诗言志，歌永言，声依永，律和声。”汉代《毛诗序》进行了更详细的说明：“诗者，志之所之也。在心为志，发言为诗。情动于中而形于言。言之不足，故嗟叹之。嗟叹之不足，故永歌之。永歌之不足，不知手之舞之，足之蹈之也。”上述两段记载反映了中国古代对于诗歌性质及起源的最早认识。“志”，在当时还是一个模糊的概念，指人的主观意识，包括情感和思想。古人认为，诗歌表现人的思想情感和主观体验。在上古时期，诗歌和音乐、舞蹈三位一体，是人强烈的主观感受的外在表现和流露。“诗言志”是现存最早的有关诗歌性质的认识，揭示出中国古典诗歌创作从很早就确立了注重主观性、表现性、抒情性等发展方向，同时，后代的诗歌理论探讨都受到它深远的影响，所以，现代著名作家、学者朱自清将此称作中国诗学“开山的纲领”（《诗言志辨·序》）。

二、中国古典诗歌发展的大致过程

中国古代诗歌活动从远古先民歌谣开始。《吕氏春秋·音初》记载的涂山氏①《候人歌》和夏孔甲的《破斧歌》，被认为分别代表着南音和东音的起源。进入文明时期之后，中国古代的诗歌活动大致分为民间与文人自觉创作两个层面。前者就是历朝历代大量的民间歌谣，这类民间创作有时被政府采集、编订，代表着一个时期诗歌创作的最高成就，《诗经》和汉代乐府以及六朝民歌都具有这个品质。自觉的诗人创作从屈原开始，但形成规模、演变为风气则是在汉代末年。从建安时期一直到清代鸦片战争，文人自觉的诗歌艺术创作活动延续数千年，构成了中国古代文人文学活动的主要内容。中国古典诗歌2 000多年的长期发展，呈现出阶段性特点，大致可以划分为以下四个阶段：先秦两汉时期、魏晋南北朝时期、唐宋时期、元明至清代中期。

先秦两汉阶段诗歌活动的最大特点就是以民间为主体，作家创作（如屈原与楚辞）还

① 涂山：古地名，传说地点在今安徽省蚌埠市怀远县。

是个别现象；是情感的自然抒发，还不是自觉的艺术创造。

《诗经》是现存最早的诗歌总集，主要收集了周初至春秋中叶500多年的诗歌作品，编订成书大约在公元前6世纪。《诗经》主要产生在北方，这些诗歌作品被采集、编订起来之后，最初主要用于典礼、讽谏和娱乐，是周代礼乐文化的重要组成部分，是实行教化的主要教材和工具，后来被儒家尊奉为经典。《诗经》所载录的诗歌深刻地揭示了西周初至春秋时期社会生活的各个方面，包括政治、经济、军事和世态人情、民俗风习，反映了当时人们的快乐与悲伤。《诗经》所收的诗歌分为风、雅、颂三类。一般认为，风即音乐曲调，国风就是各地区的音乐；雅，即正，指朝廷正乐；颂，则是宗庙祭祀音乐。这三者的区别主要在音乐曲调上，不过，也包含着内容上的区别：雅、颂集中反映上层社会的政治文化活动，国风则比较集中地反映了民间劳动生产以及日常生活。

《诗经》的诗歌艺术很质朴，多采用复沓的句式和章法，反复咏叹；其广泛使用以彼物比此物、触物起兴的比兴手法，如用娇艳的桃花来比喻盛装而羞涩的待嫁新娘（见《周南·桃夭》），而《小雅·采薇》“昔我往矣，杨柳依依。今我来思，雨雪霏霏”的描写，实际上达到了情景交融的艺术境界。

《诗经》关注现实的热情、强烈的社会意识和真诚积极的人生态度被后人概括为“风雅”精神，这种精神和比兴艺术手法，对后来文学的发展产生了深远的影响。

承接着《诗经》，在战国时期的长江、汉水流域，在楚国民间文化的基础上兴起了楚辞。屈原生活于战国后期，出身贵族，具有卓越的政治器识，“博闻强志，明于治乱，娴于辞令”（《史记·屈原贾生列传》）。但是，屈原忠君爱国却遭到奸臣嫉妒，昏庸的楚怀王、顷襄王听信谗言，将其先后流放到汉北和江南，最后他在秦军攻破楚国都城的时候自投汨罗江而死。特定的时代环境和生活经历、个性品质，使得屈原成为中国文学史上第一位伟大的诗人。《离骚》是带有自传性质的长篇抒情诗，表现屈原政治上受到的不公正待遇，批判楚国政治的黑暗腐朽，抒发其忠君爱国的感情；揭示出诗人选择的艰难和灵魂的煎熬，显示了生命的深度。全诗感情强烈，缠绵悱恻，想象丰富，富有强烈的感染力。屈原在其作品中表现出的坚持真理、九死不悔的人格情操和爱国爱民的精神品质，对于后代知识分子人格有着深刻的影响。

屈原及其楚辞创作是楚文化开出的奇葩，在艺术上有着鲜明的特点：感情热烈奔放；句式自由变化，多用“兮”字；想象力丰富，多使用象征意象，最典型者就是香草、美人；辞藻缤纷富丽。

屈原及楚辞的兴起是《诗经》之后先秦诗歌的二度繁荣，风、骚并美，构成中国诗歌的两大源头和创作传统。

汉代虽一直存在着不自觉的歌唱，如刘邦的《大风歌》、刘彻的《秋风辞》，但当时的文人写作主要是辞赋。受到儒家“采诗说”的影响，政府设立专门的机构“乐府”，广泛采集民间音乐，或娱乐，或观风知政。这些乐府民歌“感于哀乐，缘事而发”（《汉书·艺文志》），展现了当时丰富的社会生活和社会问题，代表着汉代诗歌的成就。汉代乐府民歌继承了《诗经》的现实主义精神，但在手法上多采用叙事写法，促进了叙事诗的成熟；形式上由杂言渐趋向五言，在五言、七言诗歌形成过程中发挥了重要作用。

以《古诗十九首》为代表的汉末文人诗，是最早的大规模的下层文人诗歌创作。其内容大多是游子之歌和思妇之词，反映了失序的汉末社会现实和彷徨、颓废的社会心理。其艺术特色鲜明：长于抒情，却不径直言之，而是委曲婉转，反复低回；抒情手法多运用情景交融、物我互化的方式；语言质朴而又精练丰富，形成了深衷浅貌的语言风格，被刘勰誉为“五言之冠冕”(《文心雕龙·明诗》)。《古诗十九首》是继《诗经》、楚辞之后最重要的诗歌作品，无论诗体还是风格，对于后代文人诗都影响深远。

魏晋南北朝在诗歌史上具有独特的地位：逐步认识到文学的抒情本质，文人文学活动走向自觉；文人创作重心渐由辞赋转向诗歌，诗歌逐渐成为主流文学体裁，五言诗流行；诗歌逐渐脱离音乐，开始自觉追求诗歌自身的语言美、形式美、艺术美；作家的个性在文学创作中得到比较充分的表现。

建安时期，曹操逐渐统一北方，网罗文士，形成了以曹氏父子为中心、以“建安七子”为主要成员的文学群体。他们生长于乱世，不再拘束于儒学，思想通脱、务实。他们的诗歌以五言为主，政治理想的高扬、人生短暂的哀叹、强烈的悲剧色彩以及突出的形式美追求是他们创作的整体风貌，由此形成了特定的时代风格——“建安风骨”。曹丕《燕歌行》是最早的成熟七言诗；曹植是建安之杰，其《洛神赋》表现洛神凌波微步的轻盈，寄托政治怅恨，显示出杰出的文学才华。魏、晋易代之际，政局黑暗，出现了以阮籍、嵇康为代表的正始文学。阮籍忧谗惧祸，其《咏怀》诗语涉时事却出言玄远，风格含蓄隐晦。西晋建立之后，涌现出了以陆机为代表的太康诗人群，诗风繁缛。左思《咏史》诗，抗议门阀制度的不合理，抒发寒士的不平。西晋末期，在士族清谈玄理的风气下，产生了玄言诗；东晋偏安江南，玄佛合流，玄言诗大盛。晋宋之际，陶渊明从日常生活中发掘诗意，从田园中找到了精神的自由，开创了田园诗这种诗歌类型，创造出古典诗歌史上最早的成熟的诗歌意境。谢灵运由写意到摹象，发现了山水之美，山水诗从玄言诗中逐渐独立出来。在刘宋“元嘉三大家”中，鲍照不同于贵族出身的谢灵运、颜延之，他学习民间乐府形式，抒写遭受压抑的生活体验，创作出以七言为主的组诗《拟行路难》，表达寒士的愤懑，具有奇矫、凌厉、险俗的风格。元嘉诗坛，从谢灵运到鲍照，一反玄言诗的“质木无文”，承续建安以来“诗赋欲丽”(曹丕《典论·论文》)的倾向，探讨诗歌的形式美及其创作技巧。南齐永明年间，以沈约、谢朓、王融等宫廷文人为代表的“竟陵八友”，自觉地将声律和对偶等技巧运用于诗歌创作，探索诗歌声律配合和谐的内在规律，创造出新体诗——“永明体”。齐梁宫廷文人使用这种语言技巧创作的宫体诗浮靡轻艳，价值不高，但是，它是汉魏古体诗歌向格律诗发展的一个突破。当诗歌和南朝宫廷生活日渐颓靡沉沦时，北方却流行着淳朴、刚健的民风及其民歌。从梁朝宫廷流徙到北方的庾信，意外地承担了南北文风融合的历史使命，他饱尝分裂时代特有的人生不幸，却创造出“穷南北之胜”(倪璠《庾子山集题辞》)的文学硕果。《拟咏怀》组诗 27 首叹恨羁旅、忧嗟身世，内容充实，情采并茂，南朝诗歌的清绮与北方文化的刚劲开始结合，代表着诗歌革新与前进的方向。

唐朝是中国诗歌发展的高峰，而宋诗具有与唐诗相映成趣的鲜明特色，二者取代了诗、骚，共同构成了此后文人学习、借鉴、继承的两大传统，因此，唐、宋时期是中国古典诗歌发展的黄金时代。

唐代是中国历史上政治军事强大、经济文化全面繁荣、思想兼容并包、中外文化充分交流融合的时期，隋朝是其序曲，五代乃其尾声。唐代文学的最高成就是诗，唐诗的发展具有明显的阶段性。初唐诗歌创作主流还延续六朝宫廷诗风，以宫廷帝王为中心，讲究诗歌技巧，完成了近体诗的诗体建设；而激烈的宫廷斗争，将一部分文人如“文章四友”和沈、宋(即沈佺期、宋之问)，抛离歌功颂德的创作惯性。与此同时，科举制度的实行，激发了下层寒士的参政热情和人生希望，“初唐四杰”和陈子昂都是在此背景下走上历史的前台，他们自觉地批判宫廷诗风，将北朝文学的刚健之气与南朝文学的清新明丽、汉魏风骨与六朝绮丽结合起来，开创了新的诗歌时代。开元十五年（公元 727 年）前后，盛唐诗歌群体出现，创作《春江花月夜》的张若虚等“吴中四士”是盛唐之音的先声，他们风流潇洒，浪漫不羁。王维、孟浩然等表现了山水田园的静谧明秀之美，高适、岑参等表现了边塞生活的瑰奇壮伟、豪情慷慨，这两类题材分别代表了盛唐诗人人格追求的两个层面——既追求精神的自由、人格的高洁，也追求建功立业。“诗仙”李白追求个人实现，以其天纵之姿挥洒笔墨，信笔琳琅，呼风唤雨，喷玉吐珠，展示了盛唐人特有的豪放飘逸、自由奔放；其绝句和歌行如行云流水变化万千，如出水芙蓉天然清新。盛唐诗歌咏理想，激情洋溢，气象高华，骨气端翔，清新自然。天宝后期，社会矛盾激化，最终导致安史之乱，盛世如落叶飘零，以如椽巨笔反映这场空前历史转折的是“诗圣”杜甫。他带着盛唐人的热情和责任感直面惨淡的人生，忧国忧民，创作出《蜀相》、《登楼》、《登高》、《秋兴八首》以及《春望》、《赠卫八处士》等名作，将应酬性的七律转变为抒写政治关怀的政治抒情诗；直接表现苦难中的人民以及战火中涂炭的生灵，创作出《自京赴奉先县咏怀五百字》、《北征》等“大篇”和以“三吏”、“三别”为代表的“诗史”作品。稍后活跃于京城的大历诗人群，因社会衰败而心绪彷徨，创作气骨顿衰，偏爱夕阳秋风。中唐中兴，诗坛上也出现了追求新变的风气：韩愈、孟郊、李贺等，师承杜甫奇崛、散文化的诗歌经验，崇尚奇异，甚至以丑为美，形成了韩孟诗派；白居易、元稹以及张籍等，则学习民间乐府，追求通俗甚至世俗性，形成元白诗派——怪与俗构成了中唐诗风相反相成的两极。在两派之间，另有柳宗元、刘禹锡等自成一格。长庆以后，中兴成梦，诗人们不得不放弃理想，自甘沉沦，在男女之情中寻找寄托，在苦吟雕琢中打发时间，在歌咏黄昏中消耗生命，最终迎来了唐王朝的终场。李商隐、杜牧就是这个时代的精神代言人。总体上看，唐诗歌颂理想，重视抒情，追求兴象之美，语言自然、高华、流丽。

宋诗从自觉学习和模仿唐诗开始，从宋初到北宋中叶，诗人们先后选择白居易、姚合、贾岛、李商隐、李白等作为学习典范，后来发现了韩愈和杜甫，才自觉地加以学习并放大其艺术经验，逐渐建立宋诗风范，梅尧臣、欧阳修、王安石以及苏轼等人完成了这个文化使命。梅尧臣《东溪》诗名句“野凫眠岸有闲意，老树着花无丑枝”，告别了唐诗的丰情神韵，描写刻露，枯涩之中颇见老健，以思理取胜。苏轼是古代罕见的艺术全才，饱经苦难，却儒、释、道兼修，随遇而安，超越苦难，如《题西林壁》发现了妙理和乐趣、《饮湖上初晴后雨（其二）》发现了雨中西湖的别样美丽，这都表现了诗人宽容平和的襟怀和热爱生活的积极态度。苏轼之诗善用比喻，纵意所之，触处生春。黄庭坚及其开创的“江西诗派”在苏轼的影响下出现，苏轼才情卓绝，随意挥洒，自成方圆，而黄庭坚则将其艺术经验规则化为技巧或法度，“夺胎换骨”，刻意生新。两宋之际，山河破碎，改变了以才学为诗、文字为诗的“江西诗派”一统天下的局面，诗歌的视野回到现实生活，南宋“中兴四大诗人”中陆游的爱国诗歌、杨万里活泼自然的“诚斋体”、范成大的田园生活诗等，都以全新的艺术特征丰富了宋诗生活化、趣味性的精神面貌。南宋后期，“永嘉四灵”和江湖诗派以姚合、贾岛为师，重新回归晚唐体，表现清邃幽静的景色和枯寂淡泊的隐逸生活，格局狭小，是末世之音。宋元之际，金戈铁马、保家卫国的生活造就了文天祥的《过零丁洋》和《正气歌》等爱国诗，堪称宋诗的绝响。总体上，题材向日常生活倾斜，情绪散淡，表达上追求散文化和议论，描写细致，创作观念上以才学为诗，这是宋诗不同于唐诗处，也正是宋诗特色和成就所在。

元明清时期，小说、戏曲兴起并成熟，影响日增，词、曲也分化了诗人的兴趣和精力，诗歌不再是时代文学活动的主流。面对着唐、宋诗歌的巨大成就和经典地位，他们的诗歌活动不得不在复古与反复古、宗唐与宗宋的矛盾冲突中步履蹒跚，没有反映丰富的社会生活，屋下架屋，总体成就不高。

元初由金入元的元好问、由宋入元的赵孟頫诗歌反映了易代巨变，稍有特色；至于号称“元四家”的杨载、虞集、范梈、揭傒斯，当时名声很大，其实名不副实。总体上，元代诗歌创作比较平淡。

明初台阁体盛行一时，歌功颂德，缺少生命力。中叶以后，诗歌和散文一样，基本上是在拟古与反拟古的交锋中发展：李梦阳、何景明等“前七子”在弘治年间（1488—1505）打出“复古”的旗号，嘉靖年间（1522—1566）唐宋派起而攻之；嘉靖、万历年间，以李攀龙、王世贞为代表的“后七子”继承复古主义观念，随后以袁宏道兄弟为代表的“公安派”进行反拨，倡导“独抒性灵，不拘格套”，之后，以湖北钟惺、谭元春为代表的“竟陵派”继续高举反对复古大旗；明末，复社、几社等文学团体出于现实需要，再次提出复古主张——议论蜂起，创作却乏善可陈。

清代文学整体上呈现集大成景象，诗歌领域流派众多，理论总结丰富。除了黄宗羲、顾炎武等遗民诗人，清初继续沿着拟古的路线发展，钱谦益在明人宗唐之后开宗宋一脉，再后是翁方纲，提出重学问、重义理的“肌理说”，吴伟业则开宗唐一支，其《圆圆曲》一首具有诗史性质，而王士祯创立“神韵说”主盟文坛数十年，其《秋柳》组诗意蕴丰满，此后沈德潜倡导以“温柔敦厚”为准则的“格调说”。能够独立于拟古时风之外的诗人主要有袁枚所代表的“性灵派”和郑燮、黄景仁等。总体来说，清代前、中期诗论成就大于创作成就。

1840 年鸦片战争爆发，晚清揭幕，清王朝虽延续其统治，但中国社会和中国文学同步跨入了近代。此时诗歌活动既是古代的延续和总结，也是现代的发端和探索，这是一个独特的过渡时期——既有激烈变革的呼唤，也有抱残守缺的坚守。

龚自珍首开风气，魏源、林则徐等受其影响，创作根植于社会现实，表现出炽烈的爱国激情。黄遵宪、谭嗣同、康有为、梁启超等提出“诗界革命”、“文界革命”等口号，开展诗文革新运动，表现出振兴国家、挽救民族危亡的爱国精神。辛亥革命前后，以柳亚子为代表的文学团体“南社”成立，较有进步思想。贯穿近代诗坛，“宋诗派”、“同光体”等复古流派活跃。就在两派较量过程中，以文化革命为背景、借鉴西方文学观念、具有崭新文化内涵的白话诗歌运动兴起，标志着古典诗歌时代的结束，新的诗歌时代——现代中国诗歌的到来。

三、中国古典诗歌的基本特点

中国古典诗歌是无数诗人在不同时代、不同地域环境下共同创造的结果，这些诗歌是个性与共性的完美统一，既展示了作家的个体特色，也反映了特定群体、时代、地域乃至中国古典诗歌的共同性。与外国特别是欧洲文学相比，中国古典诗歌无论古今，无论朝代，无论流派，无论个体，显然具有一以贯之的共同特点，大略而言，有如下四个方面：

第一，人文性。文学是文化的缩影，中国古典诗歌的人文性反映了中国文化的基本特点，如以人为本、忠君孝亲爱国、天人合一等。从《诗经》、屈原开始，中国古代诗人就将目光倾注到社会人生，关心国家命运，关心现实，关心政治，关心民生疾苦，这是中国诗歌数千年的传统。

第二，抒情性。和欧洲叙事性文学高度发达相比，中国古典诗歌追求抒情，抒发诗人对于社会、人生的感受，尽管《诗经》中不少作品具有明显的写实性，但叙事多为表达感慨；汉乐府具有较强的叙事性，然而所叙之事细节并不明确；杜甫诗歌号称“诗史”，其实并非以诗书史，其目的主要在于表现他的情感和评价。

第三，形式美。中国古典诗歌脱离口头歌唱以及音乐，演变为文人个体的案头写作之后，就开始自觉追求语言文字形式本身的整齐之美、音韵和谐之美、辞藻之美，最终形成了近体诗，而汉语的音节语言特点、方块汉字的独体性更有助于上述形式美的实现。

第四，含蓄蕴藉的风格。中国人追求温柔敦厚、内敛含蓄，同样，中国文学追求含蓄、蕴藉的表达风格。中国诗歌的抒情不是喷吐而出，一览无余，而是移情入景，创造情景结合、情景相生的艺术形象和艺术境界，从而形成虚实结合、意在言外、言有尽而意无穷的审美效果。与此相应，产生了一系列的艺术手法和技巧，例如比兴、典故等。

四、欣赏中国古典诗歌的基本方法

中国古典诗歌产生于古代特定的时空环境之中，虽然时过境迁，当今的物质条件、社会制度发生了根本性的变化，但是，中国文学和其赖以存在的载体——汉字、汉语和中国文化观念、思维方式一样，历经数千年持续的发展而没有中断，成为我们的文化经典和精神故乡，至今仍然如阳光、空气一样滋养着当代的中国人。在当今全球化浪潮中，中国文学的独特价值将会进一步显现出来。学习、阅读中国古典诗歌，要很好地领略、感受一首首中国古典诗歌的美，必须注意方法，具体而言，应该做到如下三个方面。

第一，解决语言障碍，准确理解诗歌作品所反映的社会生活。

古典诗歌是古代的诗人使用古代语言写成的，语言有古今之分，如果不懂得诗歌中词语的意思，就根本上谈不上理解一首诗。举例来说，陶渊明有一篇作品《闲情赋》，有不少人一看到“闲情”二字就想当然以为是今日所谓悠闲之情甚或男女之情，其实，如此理解大错特错！简化字“闲”其实在繁体字中是两个字：今天悠闲的“闲”在繁体字中作“閒”，而《闲情赋》中之“闲”在繁体字中作“閑”，“閑”、“閒”二字意思完全不一样，前者是防止的意思，后者才是悠闲的意思。闲情是指抑制和防止感情的泛滥。

弄懂文字的字面意思并不难，难的是要通过文字进一步准确了解作品所反映的社会生活。众所周知，陶渊明爱菊，其《饮酒》第五首诗中就有名句“采菊东篱下，悠然见南山”，一般人往往注意到陶渊明爱菊，认为他只是喜爱菊花凌寒而开的气节，殊不知在陶渊明那个时代，人们同样重视菊花的养生保健作用，换言之，仅仅注意到陶渊明爱菊的精神追求还不够，还要注意到陶渊明同样珍视生命、渴望健康长寿。

第二，掌握诗歌表达的艺术特点，深入了解诗歌的内容。

诗歌是语言的艺术，有自身的语言表达规律和表现手段，阅读诗歌的时候必须注意此特点，古代学者将诗歌特殊的语言表达方式称为“诗家语”。晚唐诗人杜牧名作《江南春》云：“千里莺啼绿映红，水村山郭酒旗风。南朝四百八十寺，多少楼台烟雨中。”明代学者杨慎在《升庵诗话》中批评说：“千里莺啼，谁人听得？千里绿映红，谁人见得？若做十里，则莺啼绿红之景，村郭、楼台、僧寺、酒旗，皆在其中矣。”显然，杨慎不懂得诗歌艺术，无法了解杜牧此诗对于江南春日印象的表现。诗歌特有的语言表达方式很多，如格律、典故、夸张、移情等。所以，学习古典诗歌，首先必须对古代诗歌理论、诗歌艺术大致有所了解。

第三，设身处地，理解诗人的情绪和感受；感同身受，实现与诗人心灵的共鸣。

任何作品所反映的社会生活都有时代性，但是，诗人的生命感受却可以超越文字、超越时空、超越具体的生活，为其他时代的读者所感知，并实现心灵的共鸣。因此，仅仅了解诗歌反映的社会生活内容甚至诗人活动还不够，最重要的是深入诗人心灵之中，与诗人感同身受，实现与诗人的共鸣，从而获得审美愉悦。《诗经》中《周南·关雎》表现了一个青年辗转反侧的单相思，其实，今天我们只要超越文字的障碍，这种相思之情仍然能够打动同样处境中的青年男女吧？阅读杜甫的《赠卫八处士》，了解安史之乱对于社会生活的影响不够，了解杜甫当时的生活也不够，深入地理解这首诗需要深入到杜甫的心灵之中，感受杜甫生活在乱世中对于友情的珍重、对于生命的无奈，感受乱世之中老友意外相见时的沧桑感。人类的物质生活会改变、社会制度会改变，但是，人的情感及其形式不会轻易改变，古代人需要爱与被爱，今天的人仍然需要爱与被爱；古代人需要友谊，今天的人同样歌颂友谊。美国著名诗人、诗论家艾略特反对文学作品过时的观念，他说：“从荷马开始的全部欧洲文学，以及在这个大范围中他自己国家的全部文学，构成了一个同时存在的整体，组成了一个同时存在的体系。”（《传统与个人才能》）古人的生命感受依然会打动今人，同样，其他民族的文学当然也能为我们所接受和欣赏，因为伟大的艺术包括诗歌本质都是相同的——都引导我们珍重生命、热爱生活、崇尚正直善良。

文选

硕 人[①]

【阅读提示】

这是赞美卫庄公夫人庄姜的诗。诗歌先后赞美了庄姜身世之高贵、容貌之美丽、车马服饰之繁盛，最后写其婚姻美满、仪礼隆盛，从中也可看出齐地富饶情况。大段的铺叙，比喻生动，想象丰富；末章共七句竟有六句运用双声叠字，可见民歌的直率、清新。

硕人其颀[②]，衣锦褧衣[③]。齐侯之子[④]，卫侯之妻[⑤]，东宫之妹[⑥]，邢侯之姨[⑦]，谭公维私[⑧]。

手如柔荑[⑨]，肤如凝脂[⑩]，领如蝤蛴[⑪]，齿如瓠犀[⑫]，螓首蛾眉[⑬]。巧笑倩兮[⑭]，美目盼兮[⑮]。

---

① 选自《毛诗正义》，见影印清阮元校刻本《十三经注疏》，北京，中华书局，1980。《诗经》是中国最早的一部诗歌总集，共收入自西周初年至春秋中叶大约500多年的诗歌305篇。它在先秦时代只称为《诗》或《诗三百》，被儒家尊奉为经后，始称《诗经》。《诗经》分为风、雅、颂三大类。《诗经》全面地反映了周代的社会面貌。

② 硕人其颀：指美人身段高挑匀称，丰满俊俏。硕：大，引申为美好。古代，“硕”、“美”二字为赞美男女之统词，赞男女皆可。颀（qí）：长，形容身段高挑健美。本诗中之硕人指庄姜。

③ 衣：动词，穿。衣锦：穿着锦衣。褧（jiǒng）：是一种外套、斗篷、披风、大氅，罩于锦衣之上，以御行道之风尘。褧衣：衣褧，披着斗篷。

④ 齐侯之子：指庄姜是齐庄公的女儿。子：女儿。先秦时期，儿、女都可称“子”。

⑤ 卫侯：卫庄公。

⑥ 东宫：齐太子，名得臣。古时太子居东宫，故东宫成太子之代称。

⑦ 邢侯之姨：邢侯之内妹。姨：男子称妻子的姊妹为“姨”。

⑧ 谭公：指谭国之君。谭国，故地在今山东省济南市东南，后为桓公所灭。维私：之私。私，古称姐妹之夫曰“私”。

⑨ 柔荑：白嫩柔滑的茅芽。

⑩ 凝脂：凝冻的脂膏，形容洁白滑腻。

⑪ 蝤蛴（qiú qí）：天牛之幼虫，身长圆形白色。

⑫ 瓠犀（hù xī）：瓠瓜子儿，十分整齐洁白。

⑬ 螓首蛾眉：像小蝉那样方正丰满的前额，像蚕蛾须那样弯长秀美的眉。螓（qín）：一种小蝉。“蛾眉”又作“娥眉”。王逸注《离骚》云：“娥，眉好貌。”按，“蛾”、“娥”二义并通。

⑭ 巧笑：指俏丽的笑容。倩：形容巧笑时有一对酒窝儿，又微露雪白的牙齿，异常美丽。

⑮ 盼：形容眼睛黑白分明，眼波流动。

硕人敖敖[①]，说于农郊，四牡有骄[②]，朱幩镳镳[③]，翟茀以朝[④]。大夫夙退，无使君劳[⑤]。

河水洋洋[⑥]，北流活活[⑦]，施罛濊濊[⑧]，鳣鲔发发[⑨]，葭菼揭揭[⑩]。庶姜孽孽[⑪]，庶士有朅[⑫]。

【知识链接】

清人孙联奎《诗品臆说》云：

《卫风》之咏硕人也，曰“手如柔荑”云云，犹是以物比物，未见其神。至曰“巧笑倩兮，美目盼兮”，则传神写照，正在阿堵，直把个绝世美人活活的请出来在书本上滉漾。千载而下，犹亲见其笑貌。

七　月[⑬]

【阅读提示】

本诗是《诗经·豳风》的第一首，也是《国风》中最长的一首，共8章88句。叙述了农夫一年的劳动过程与生活情况。

---

① 敖敖：身材高大的样子。

② 说：通“悦”，居止，停，指停车。农郊：近郊，指卫国近郊。四牡：指驾车的四匹公马。骄：壮健的样子。

③ 朱幩：用红丝绳缠饰的马嚼。幩（fén）：马饰。朱幩是将红丝绳缠在马嚼上作为装饰。镳镳（biāo）：又作“儦儦”，盛多的样子。

④ 翟茀：指翟车，是用山鸡的彩色尾羽装饰的轿车。翟（dí）：山鸡，此处指山鸡羽毛，古人常以山鸡羽毛饰衣饰车。茀（fú）：车蔽，车篷。《诗集传》：“茀，蔽也。妇人之车，前后设蔽。”“翟茀以朝”是指庄姜乘着翟羽盛饰的轿车来到卫国的王宫。这是嫡夫人之正礼。

⑤ 大夫夙退，无使君劳：（卫国）大夫们早些退朝吧，不要使新婚的女君（卫庄公夫人）劳倦。无：毋，勿。君：女君，或称小君，是古代对国君夫人的称谓。

⑥ 河水洋洋：黄河水势浩大、汹涌澎湃的样子。

⑦ 北流：河名。活活：水流激越奔腾的样子，或形容水流声，如象声词“哗哗”。

⑧ 施罛：设渔网，或撒网。施：设，用。罛（gū）：同“罟”，网。濊（huò）：象声词，形容渔网入水之声，如“豁豁”、“刷刷”、“沙沙”等。

⑨ 鳣（zhān或shān）：一种大鲤鱼。鲔（wěi）：即今谓鲟鱼。发发：即“泼泼”，象声词，形容鱼尾击水之声。本诗中，以流水游鱼比喻庄姜与夫君爱情甜蜜、婚媾和谐。

⑩ 菼（tǎn）：即荻。揭揭：长大挺直的样子。

⑪ 庶姜：指众姪。姪（zhí）：通“侄”。古代兄弟之女叫姪，兄弟之子叫侄，现称为侄子、侄女。古代上层社会女子出嫁时，由侄女陪从，送至夫家。《正韵》：“姪，兄弟之女也。古之贵者嫁女必以姪娣从。”孽孽（niè）：头饰华丽盛多的样子。

⑫ 庶士：指陪从的齐国众位大夫。朅（qiè）：英武、高大、强壮的样子。形容庄姜出嫁来卫国时，声势仪仗繁盛。

⑬ 选自《毛诗正义》，见影印清阮元校刻本《十三经注疏》。

七月流火[①]，九月授衣[②]。
一之日觱发[③]，二之日栗烈[④]。
无衣无褐，何以卒岁[⑤]。
三之日于耜[⑥]，四之日举趾[⑦]。
同我妇子，馌彼南亩[⑧]，田畯至喜[⑨]。

七月流火，九月授衣。
春日载阳[⑩]，有鸣仓庚[⑪]。
女执懿筐[⑫]，遵彼微行[⑬]，爰求柔桑[⑭]。
春日迟迟[⑮]，采蘩祁祁[⑯]。
女心伤悲，殆及公子同归[⑰]。

七月流火，八月萑苇[⑱]。
蚕月条桑[⑲]，取彼斧斨[⑳]，
以伐远扬[㉑]，猗彼女桑[㉒]。

---

① 七月流火：火，又称大火，星名，即二十八星宿中的心宿。流，流动向西下行。每年夏历五月，黄昏时候，此星位于正南方，是它一年中所处视觉上最高的位置。七月就偏西向下了，这就叫做“流”。此时天气已转凉。

② 九月授衣：九月霜降，天气变冷，所以把做冬衣的活计交给妇女们去做，以抵御即将到来的寒冷天气。

③ 一之日：即夏历的十一月。本诗此节后面的“二之日”、“三之日”、“四之日”，即夏历的十二月、一月、二月。本诗第三节的“蚕月”，即夏历的三月。觱（bì）发（bō）：象声词，寒风吹物的声音。

④ 栗烈：也作凛冽，寒气刺骨的意思。

⑤ 卒：终。

⑥ 于耜：往修田器。

⑦ 举趾：抬脚，意思是下田春耕。

⑧ 馌（yè）：送饭。南亩：泛指田地。

⑨ 田畯：劝农官。

⑩ 春日：夏历三月。载：开始。阳：天气和暖。

⑪ 有：发语词，无实义。仓庚：黄莺。

⑫ 懿：深美。

⑬ 遵：沿着。微行：小径。

⑭ 爰：于是。柔桑：稚嫩的桑叶。

⑮ 迟迟：日长而暖。

⑯ 蘩：白蒿。祁祁：众多的样子。

⑰ 殆：怕。公子：豳公之子，或认为指豳公的女儿。归：出嫁。

⑱ 萑苇：荻草和芦苇。

⑲ 蚕月：养蚕的月份，即三月。条：“挑”的假借字。条桑：修剪桑苗。

⑳ 斨（qiāng）：方孔的斧子。

㉑ 远扬：长而高的桑树枝。

㉒ 猗（yī）：取其叶而存其枝条。女桑：嫩桑叶。

七月鸣鵙[1]，八月载绩[2]。
载玄载黄[3]，我朱孔阳[4]，为公子裳。

四月秀葽[5]，五月鸣蜩[6]。
八月其获，十月陨萚[7]。
一之日于貉[8]，取彼狐狸，为公子裘。
二之日其同[9]，载缵武功[10]，言私其豵[11]，献豜于公[12]。

五月斯螽动股[13]，六月莎鸡振羽[14]，
七月在野，八月在宇，
九月在户，十月蟋蟀入我床下。
穹窒熏鼠[15]，塞向墐户[16]。
嗟我妇子，曰为改岁[17]，入此室处。

六月食郁及薁[18]，七月亨葵及菽[19]，
八月剥枣[20]，十月获稻，
为此春酒[21]，以介眉寿[22]。
七月食瓜，八月断壶[23]，

---

① 鵙（jú）：鸟名，又名伯劳。
② 载绩：开始纺织。
③ 载：又是。载玄载黄：又是黑来又是黄。
④ 朱：红色。孔：甚，很。阳：鲜明亮丽。
⑤ 秀：结穗。葽：草名，今名远志。
⑥ 蜩（tiáo）：蝉。
⑦ 陨：落。萚（tuò）：落叶。
⑧ 于：猎取。
⑨ 同：会合。
⑩ 载：则，就。缵：继续。
⑪ 私：自己占有。豵（zōng）：小猪，此处泛指小的野兽。
⑫ 豜（jiān）：三岁的大猪，此处泛指大的野兽。
⑬ 斯螽（zhōng）：蝗虫。股：大腿。
⑭ 莎（suō）鸡：虫名，俗称纺织娘。
⑮ 穹：打扫。窒：堵塞物。
⑯ 向：北窗。墐（jìn）：用泥涂抹。
⑰ 曰：发语词。改岁：过年。
⑱ 郁：郁李，蔷薇科小灌木。薁（yù）：蘡薁，葡萄科落叶木质藤本植物。
⑲ 亨：同“烹”。葵：冬葵，冬寒菜。菽：大豆。
⑳ 剥：通“扑”。剥枣：打枣。
㉑ 春酒：冬天酿酒，经春始成，所以叫春酒。
㉒ 介：祈求。眉寿：长寿。
㉓ 断：斩断藤条摘下。壶：葫芦。

九月叔苴[1]，采荼薪樗[2]，食我农夫。

九月筑场圃，十月纳禾稼。
黍稷重穋[3]，禾麻菽麦[4]。
嗟我农夫，我稼既同[5]，上入执宫功[6]。
昼尔于茅[7]，宵尔索绹[8]。
亟其乘屋[9]，其始播百谷[10]。

二之日凿冰冲冲[Θ]，三之日纳于凌阴[Θ]。
四之日其蚤[11]，献羔祭韭[12]。
九月肃霜[13]，十月涤场[14]。
朋酒斯飨[15]，曰杀羔羊[16]。
跻彼公堂[17]，称彼兕觥[18]，万寿无疆。

【知识链接】

关于古代天文，素有七政、二十八宿、四象、三垣、十二次、分野等概念和范畴。关于“七政”，王力先生在《中国古代文化常识》中讲道：“古人把日月和金木水火土五星合起来称为七政或七曜。金木水火土五星是古人实际观测到的五个行星，它们又合起来称为五纬。金星古曰明星，又名太白，因为它光色银白，亮度特强。《诗经》‘子兴视夜，明星有烂’，‘昏以为期，明星煌煌’，都是指金星说的。金星黎明见于东方叫启明，黄昏见于西方叫长庚，所以《诗经》说‘东有启明，西有长庚’。木星古名岁星，径称为岁。古人认为岁星十二年绕天一

---

① 叔：拾取。苴（jū）：秋麻之籽。
② 荼：苦菜。薪：此处作动词“烧”用。樗（chū）：臭椿。
③ 黍：小米。稷：高粱。重：同“穜”（tóng），早种晚熟的谷物。穋：同“稑”（lù），晚种早熟的谷物。
④ 禾：粟。
⑤ 同：收获完毕。
⑥ 上：同“尚”，还得。宫功：宫室的修缮和营造等。
⑦ 尔：语气助词。于：取。
⑧ 索：搓。绹：绳子。
⑨ 亟：急着，赶快。乘：覆盖。
⑩ 其始：将要开始。
⑪ 冲冲：凿冰的声音。
⑫ 纳：藏。凌阴：地下冰室。
⑪ 蚤：同“早”。
⑫ 献羔祭韭：祭献韭菜和小羊。古代藏冰和取冰都要祭祀。
⑬ 霜：通“爽”。肃霜：天高气爽。
⑭ 场：通“荡”。涤场：干净敞亮。
⑮ 朋酒：两壶酒。斯：代词，代指酒。飨：以酒食待客。
⑯ 曰：同“聿”，发语词。
⑰ 跻：升，登上。
⑱ 称：举起。兕觥：一种铜制酒器。

周，每年行经一个特定的星空区域，并据以纪年。水星一名辰星，火星古名荧惑，土星古名镇星或填星。值得注意的是，先秦古籍中谈到天象时所说的水并不是指行星中的水星，而是指恒星中的定星（营室），《左传·庄公二十九年》'水昏正而栽'，就是一个例子。所说的火也并不是指行星中的火星，而是指恒星中的大火，《诗经》'七月流火'就是一个例子。"

橘 颂[①]

屈 原

【阅读提示】

本诗是《楚辞·九章》中的一首，为屈原所作。马茂元先生在《楚辞选》中认为《橘颂》："通篇就橘的特性和形象细致地作出拟人化的描写，实际上就是作者完整人格和个性的缩影。它不黏滞于所歌颂的事物的本身，但同时也没有脱离所歌颂的事物。这样就使得在本篇中作者的主观心情渗透了客观事物，而凝成了一个完满的艺术形象，为后来的咏物诗开辟了一条宽广的道路，树了一个光辉的榜样。"

后皇嘉树，橘徕服兮[②]。
受命不迁，生南国兮[③]。

深固难徙，更壹志兮。
绿叶素荣，纷其可喜兮。

曾枝剡棘，圆果抟兮[④]。
青黄杂糅，文章烂兮[⑤]。

精色内白，类可任兮[⑥]。
纷缊宜修，姱而不丑兮[⑦]。

嗟尔幼志，有以异兮。
独立不迁，岂不可喜兮。

深固难徙，廓其无求兮[⑧]。

---

① 选自洪兴祖：《楚辞补注》，北京，中华书局，1983。

② 后：后土。皇：皇天。徕：古"来"字。服：习惯、适应。徕服：一生下来就适应了当地的气候和土壤。

③ 受命：受命于天地。南国：楚国。

④ 曾：通"层"。剡棘：尖刺。抟：通"团"，圆的意思。

⑤ 文章：外在的文采。烂：灿烂。

⑥ 精色：外表颜色鲜明。类：似。任：担当重任。

⑦ 纷缊：同"氛氲"，香气弥漫。宜修：美好。姱：美好。

⑧ 廓：旷远而无牵累。

苏世独立，横而不流兮[1]。

闭心自慎，不终失过兮。
秉德无私，参天地兮。

原岁并谢，与长友兮。
淑离不淫，梗其有理兮[2]。

年岁虽少，可师长兮。
行比伯夷，置以为像兮。[3]

【作者简介】

屈原（约前340—约前278），名平，战国时楚国人。中国文学史上第一位伟大诗人，“逸响伟辞，卓绝一世”（鲁迅《汉文学史纲要》），富有浪漫精神，“骚体”文学创始人，其爱国精神与创作成就对后世影响甚为深远。

【知识链接】

南国多橘，楚地更可以称之为橘树的故乡。《汉书》称“江陵千树橘”，可见楚地江陵以产橘而闻名。不过橘树的习性很奇特，因为这种树只有生长于南方，才能结出甘美的果实，如果将它迁徙到北方，就只能得到又苦又涩的枳实了。《晏子春秋》所记“橘生淮南则为橘，生于淮北则为枳”，说的就是这种情况。

行行重行行[4]

【阅读提示】

梁昭明太子萧统主持编选的《文选》收录了汉末下层文人创作的五言诗19首，此诗即在其中。东汉末年，游宦之风极盛，读书人为了寻求出路，求取功名富贵，不得不背井离乡，四处奔走，离情别恨，相当普遍。此诗刻画了一位妇女思念远行丈夫的曲折、复杂心理。她咏叹别离的痛苦、相隔的遥远和见面的艰难，把自己的刻骨相思和丈夫的一去不返相对照，最后还是自我宽解，只希望远行的人自己保重。全诗心理刻画惟妙惟肖，长于抒情，韵味深长，语言朴素自然又精练生动。

---

① 苏世独立：清醒地独立在世上。横：特立独行。流：随波逐流。

② 淑：善。离：丽。梗：正直，指橘树的枝干直。理：纹理，指橘树的纤维。

③ 伯夷：商末孤竹君之子。周灭商，伯夷与叔齐义不食周粟，饿死在首阳山。后世常以其为有节之士的代表。

④ 选自（南朝梁）萧统编：《文选》（影印本），北京，中华书局，1977。

行行重行行[1]，与君生别离[2]。
相去万余里，各在天一涯[3]；
道路阻且长[4]，会面安可知？
胡马依北风，越鸟巢南枝[5]。
相去日已远，衣带日已缓[6]；
浮云蔽白日，游子不顾反[7]。
思君令人老[8]，岁月忽已晚[9]。
弃捐勿复道[10]，努力加餐饭[11]！

【知识链接】

古诗，通常是指古代诗歌。汉人称《诗经》为古诗，南北朝人称汉魏诗为古诗。汉诗中有一部分无名氏作品，梁昭明太子萧统编的《文选》从其中选取了 19 首，流传后世，后人称之为《古诗十九首》。这些诗写作的时间和地点不一致，大约产生于东汉晚期。作者大概是一些失意的中下层知识分子，姓名已不可考。《古诗十九首》的内容主要是士子宦途失意、游子思乡以及怨叹等。艺术价值很高，开启了魏晋五言诗的风气，后来的诗人多受其影响。钟嵘的《诗品》评其为“一字千金”，诚非过誉。

读山海经[12]

陶渊明

【阅读提示】

《读山海经》组诗共十三首，本诗为第十首。此诗歌颂了精卫和刑天的坚强斗争精神，

---

① 重行行：行了又行，走个不停。此句意思是说不断地漂泊。

② 生别离：活生生地分离。

③ 天一涯：天边。意思是两人各在天之一方，相距遥远。

④ 阻且长：艰险而且遥远。

⑤ 胡马依北风，越鸟巢南枝：胡马南来后仍依恋于北风，越鸟北飞后仍筑巢于南向的树枝。意思是鸟兽尚眷恋故土，何况人呢。胡马，泛指北方的马，古时称北方少数民族为胡。越鸟，指南方的鸟，越指南方百越。这两句是思妇对游子说的，意思是人应该有恋乡之情。

⑥ 相去日已远，衣带日已缓：相离越来越远，衣带也越来越松了。意思是人由于相思而消瘦了。已，通“以”。缓，宽松。

⑦ 蔽：遮掩。不顾反：不想着回家。顾，念。反，通“返”。云蔽白日是比喻，大致是以浮云喻邪，以白日喻正。意思是担心游子在外被人所惑，以致久出不归。

⑧ 思君令人老：由于思念的痛苦，我变得衰老了。

⑨ 岁月忽已晚：岁月已晚，指秋冬之际岁月无多的时候。意思是一年倏忽又将过完，年纪越来越大，还要等到什么时候呢！

⑩ 弃捐勿复道：什么都撇开不必再说了。捐，弃。

⑪ 努力加餐饭：有两说。一说此话是对游子说，希望他在外努力加餐，多加保重。另一说此话是思妇自慰，我还是努力加餐，保养好身体，等待着夫君归来。

⑫ 本篇选自袁行霈：《陶渊明集笺注》，卷二，北京，中华书局，2003。

寄托着诗人慷慨不平的心情和意愿。《山海经》共十八卷，内容多是记述古代海内外山川异物和神话传说。诗中所写的“精卫”和“刑天”是《山海经》中的两个动人的故事。陶渊明对东晋的灭亡十分惋惜，对晋恭帝被弑痛心疾首，因此，利用古代神话传说，表达自己的不平和反抗情绪。这和典型的田园诗大不相同，反映了陶渊明思想的复杂性，鲁迅就非常欣赏陶渊明的这种反抗精神。这首诗写法曲折，意义较为隐晦，风格和情调与陶渊明的大多数诗篇大不相同，但在豪放之中仍然保持了诗人托物寄兴、精练含蓄、说理议论自然妥帖的特点。

精卫衔微木[①]，将以填沧海。
刑天舞干戚[②]，猛志固常在。
同物既无虑[③]，化去不复悔[④]。
徒设在昔心，良辰讵可待[⑤]！

【作者简介】

陶渊明（365—427），一名潜，字元亮，卒后亲朋好友私谥“靖节”，柴桑（今江西九江）人。陶渊明是汉魏南北朝八百年间极为杰出的诗人，也是杰出的辞赋家与散文家。他开创了田园诗一体，为古典诗歌开辟了一个新境界。

【知识链接】

今存《陶渊明集》，有诗 125 首，计四言诗 9 首，五言诗 116 首。陶文今存 12 篇，计有辞赋 3 篇、韵文 5 篇、散文 4 篇。陶渊明的诗感情真挚，朴素自然，有时流露出逃避现实、乐天知命的老庄思想。他的诗从内容上可分为饮酒诗、咏怀诗和田园诗三大类。

燕歌行[⑥]

高　适

【阅读提示】

《燕歌行》本乐府《相和歌·平调曲》旧题，多写思妇怀念征人的内容。唐开元二十六年，张守珪的部将赵堪等假借张守珪之命令，逼迫平卢军使乌知义在湟水以北袭击叛乱的契丹余

---

① 精卫：古代神话中鸟名。据《山海经·北山经》及《述异记》卷上记载，古代炎帝有女名女娃，因游东海淹死，灵魂化为鸟，经常衔木石去填东海。衔：用嘴含。微木：细木。

② 刑天：神话人物，因和天帝争权，失败后被砍去了头，埋在常羊山，但他不甘屈服，以两乳为目，以肚脐当嘴，仍然挥舞着盾牌和板斧。(《山海经·海外西经》)

③ 同物：女娃既然淹死而化为鸟，就和其他生物相同，即使再死也不过从鸟化为另一种物，所以没有什么忧虑。

④ 化去：刑天已被杀死，化为异物，但他对以往和天帝争神之事并不悔恨。

⑤ 徒：徒然、白白地。在昔心：过去的壮志雄心。良辰：实现壮志的好日子。讵：岂。这两句是说精卫和刑天徒然存在昔日的猛志，但实现他们理想的好日子岂是能等待得到！

⑥ 选自孙钦善校注：《高适集校注》，上海，上海古籍出版社，1984。

党，“初胜后败”，但张守珪却“隐其败状而妄奏克捷之功”。高适了解到这种情况之后，就写了这首《燕歌行》，对张守珪谎报军功的行为大为不满。但是，诗人写这首诗的起因以及诗里描写的内容，都远远超出了张守珪一人一事，它是对当时整个边塞战争的概括，具有典型性，既表现了战士甘愿为国牺牲的豪情壮志，也批判了将帅不体恤士兵却纵酒歌舞的腐败。本诗属七言歌行体，作者在诗中利用工整的对偶句，塑造出对比鲜明的形象，增强了艺术效果。全诗四句一折，流利婉转，起伏跳跃，与士卒思想感情的变化和谐一致。

开元二十六年[①]，客有从御史大夫张公出塞而还者[②]，作《燕歌行》以示。适感征戍之事，因而和焉[③]。

汉家烟尘在东北[④]，汉将辞家破残贼[⑤]。
男儿本自重横行[⑥]，天子非常赐颜色[⑦]。
摐金伐鼓下榆关[⑧]，旌旆逶迤碣石间[⑨]。
校尉羽书飞瀚海[⑩]，单于猎火照狼山[⑪]。
山川萧条极边土[⑫]，胡骑凭陵杂风雨[⑬]。
战士军前半死生[⑭]，美人帐下犹歌舞[⑮]。
大漠穷秋塞草腓[⑯]，孤城落日斗兵稀。
身当恩遇恒轻敌[⑰]，力尽关山未解围[⑱]。
铁衣远戍辛勤久[⑲]，玉箸应啼别离后[⑳]。
少妇城南欲断肠[㉑]，征人蓟北空回首[㉒]。

---

① 开元二十六年：即公元738年，开元是唐玄宗的年号。

② 客有句：有跟随张守珪出塞回来的人。张公：指幽州节度使张守珪。

③ 和：依照别人诗词的题材、体裁和格律作诗词。

④ 汉家：汉朝，这里借指唐朝。烟尘：战火。

⑤ 残贼：凶残的敌寇。

⑥ 重：推崇、看重。横行：往来冲杀无可阻挡。

⑦ 赐颜色：赏识、器重、给予隆重丰厚待遇的意思。

⑧ 摐（chuāng）：撞击。下榆关：向山海关进发。

⑨ 旌旆：旌旗。逶迤：弯弯曲曲、绵延不断的样子。碣石：山名，在今河北省乐亭县西南。

⑩ 校尉：武官名，地位低于将军。飞瀚海：从大沙漠飞来。

⑪ 单于：本指匈奴酋长，这里泛指敌人的首领。猎火：打猎时燃起的火光。狼山：即狼居胥山，在今内蒙古自治区西北部。

⑫ 极：穷尽，终点。本句是说汉军抗击敌人，来到了山川萧条的边界地带。

⑬ 胡骑：敌人的马队。凭陵：仗势欺人，侵扰凌逼。杂风雨：形容敌势之猛如暴风骤雨。杂，交错。

⑭ 半死生：一半死、一半生，伤亡极多的意思。

⑮ 帐：将帅的营帐。

⑯ 穷秋：晚秋，深秋。腓：病，这里是指枯黄衰败的意思。

⑰ 恩遇：指受到器重。轻敌：蔑视敌人。

⑱ 关山：边塞。

⑲ 铁衣：铠甲，这里是身披铁衣的意思。辛勤久：长期在边疆戍守。

⑳ 玉箸：白色的筷子，古人用来比喻眼泪，这里指思妇的眼泪。

㉑ 城南：长安城南。这里泛指居民区。

㉒ 蓟北：蓟州以北。这里泛指边疆。

边庭飘飖那可度[①]，绝域苍茫更何有[②]！
杀气三时作阵云[③]，寒声一夜传刁斗[④]。
相看白刃血纷纷，死节从来岂顾勋[⑤]！
君不见沙场征战苦，至今犹忆李将军[⑥]。

【作者简介】

高适（约704—约765），字达夫，一字仲武，沧州渤海（今河北景县）人。早年不得志，安史之乱后，曾任淮南节度使、彭州刺史、蜀州刺史、剑南节度使等职，官至左散骑常侍，封渤海县侯，世称“高常侍”。有《高常侍集》。和岑参并称盛唐边塞诗创作高手，其诗歌内容较岑参更加丰富。

【知识链接】

高适前半生漂泊流离，后从军驰骋疆场，对边塞风光和军旅生活有着深切的感受。所写诗歌，常结合壮丽的边塞风光，抒发抗敌御侮的爱国思想，反映征人思乡、思妇和士卒驰驱沙场的艰苦、牺牲等内容。《全唐诗》中收其诗作201首，其中尤以《燕歌行》、《塞上曲》被广为传唱。他的诗，风格雄厚浑朴，笔势豪健。殷璠《河岳英灵集》说他的诗“多胸臆语，兼有气骨，故朝野通赏其文”。杜甫说他的诗“方驾曹刘不啻过”（《奉寄高常侍》），并且赞美他的诗才如“骅骝开道路，鹰隼出风尘”（《奉简高三十五使君》）。这些评价都很契合他的诗风。与岑参齐名，称“高岑”。

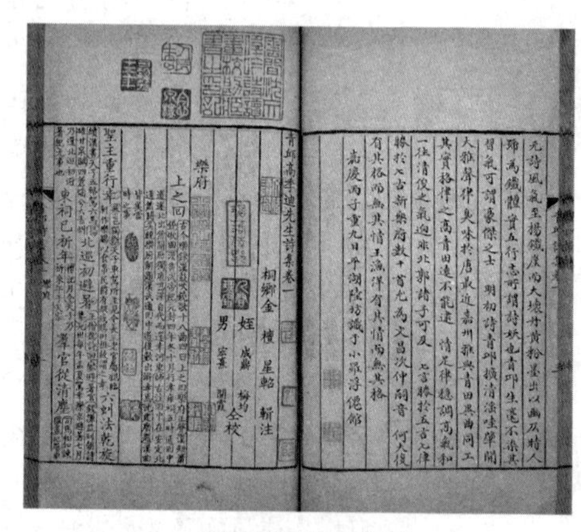

《高常侍集》书影

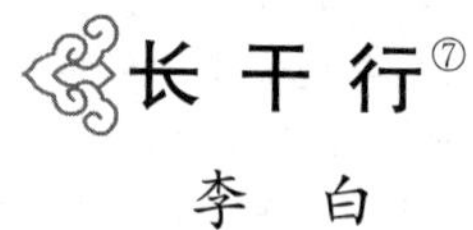

长干行[⑦]

李　白

【阅读提示】

此诗描写商妇的爱情和离别。诗以商妇自白的口吻，用缠绵婉转的笔调，抒写了她对远出经商丈夫的真挚的爱和深深的思念。全诗格调清新隽永；形象完整明丽，活泼动人；

---

① 飘飖：长风吹荡的样子。度：过，这里是居住、生活的意思。

② 绝域：极远的边疆荒凉地区。

③ 三时：指早、午、晚。阵云：战云。

④ 刁斗：军中白天用来做饭、夜晚用来打更的铜器，有把，形似三角锅。

⑤ 死节：有气节的死，指为国牺牲。勋：功劳。这句是说，战死是为了报国，岂是为了个人的功名利禄？

⑥ 李将军：指汉将李广。此句暗批将帅不体恤士兵。

⑦ 选自瞿蜕园、朱金城校注：《李白集校注》，上海，上海古籍出版社，1998。

感情细腻，缠绵婉转；语言平质，音节和谐，可见李白诗风的清新、自然。“青梅竹马”、“两小无猜”等已成为描摹幼男幼女天真无邪情谊的佳语。人们历来关注的是李白高歌理想、抒写忧愤的作品，其实，这类具有活泼俏皮民歌风、清新自然的作品同样是他的代表作。

妾发初覆额，折花门前剧。
郎骑竹马来，绕床弄青梅①。
同居长干里，两小无嫌猜。
十四为君妇，羞颜未尝开。
低头向暗壁，千唤不一回。
十五始展眉，愿同尘与灰。
常存抱柱信②，岂上望夫台。
十六君远行，瞿塘滟滪堆。
五月不可触，猿鸣天上哀。
门前迟行迹，一一生绿苔。
苔深不能扫，落叶秋风早。
八月蝴蝶来，双飞西园草。
感此伤妾心，坐愁红颜老。
早晚下三巴，预将书报家。
相迎不道远③，直至长风沙④。

【作者简介】

李白（701—762），字太白，号青莲居士。祖籍陇西成纪（今甘肃宁西南），生于安西都护府之碎叶城。大约5岁时随家从碎叶迁居蜀之绵州昌隆县（今四川江油）。天宝初供奉翰林，不久即遭谗去职。安史乱起，因参加永王李璘幕府，被牵累，流放夜郎，途中遇赦。晚年漂泊江南一带，病逝于安徽当涂。

【知识链接】

李白像

李白的诗歌今存990多首，题材多种多样。代表作有：七言古诗《蜀道难》、《行路难》、《梦游天姥吟留别》、《将进酒》、《梁甫吟》等，五言古诗《古风》59首，汉魏六朝乐府民歌风味的《长干行》、《子夜吴歌》等，七言绝句《望庐山瀑布》、《望天门山》、《早发白帝城》等。李白在唐代已经享有盛名。他的诗作“集无定卷，家家有之”，为中华诗坛第一人。杨义在《李杜诗学》中说他用力最多的三个意象系统是：酒的系统、山水的系统、明月的系统。在这三大意象系统

---

① 床：这里指坐具。

② 抱柱信：“尾生与女子期于梁下，女子不来，水至不去，抱梁柱而死。”（《庄子·盗跖》）指对爱人忠贞、坚定的信念。

③ 不道远：不会嫌远。

④ 长风沙：地名，在今安徽安庆市东的长江边上。地极湍险。

中，酒最狂肆，山水最雄奇，明月最灵妙。李白的诗篇把醉态思维贯穿到了山水意象和明月意象之中。

旅夜书怀[①]

杜 甫

【阅读提示】

唐代宗永泰元年（公元765年）四月，杜甫的好朋友、剑南节度使严武去世，杜甫在成都失去依靠，于是携家离开成都草堂，乘舟东下，经嘉州、榆州至忠州，此诗约为旅途中所作。诗的前半部分描写“旅夜”的情景，后半部分“书怀”。全诗情景交融，以开阔的江上夜景深刻地表现了作者飘泊无依的伤感。这首诗是杜甫五律的代表作，历来为人称道。

细草微风岸，危樯独夜舟[②]。
星垂平野阔[③]，月涌大江流[④]。
名岂文章著[⑤]，官应老病休[⑥]。
飘飘何所似[⑦]，天地一沙鸥。

【作者简介】

杜甫（712—770），字子美，原籍湖北襄阳，生于河南巩县。初唐著名诗人杜审言之孙。因曾居长安城南少陵，故自称少陵野老，世称杜少陵。开元后期举进士不第，漫游各地。后寓居长安近十年。安禄山军陷长安，逃至凤翔，谒见肃宗，授官左拾遗。复京后被贬为华州司功参军，不久弃官居秦州。又移家成都，筑浣花草堂。一度在剑南节度使严武幕中任参谋，严武表为检校工部员外郎，故世称杜工部。晚年携家出蜀，病逝于湘江北归船中。

【知识链接】

这首诗的颔联形象而细致地描绘了江上的夜景。唯有在广阔的原野上才可感到“星垂”；唯其“星垂”，才能见出原野的广阔。大江中有“月涌”，才能看见江水的流动；因为江水的流动，才能感到“月涌”。“星垂”、“月涌”两句动静结合，气象阔大，将月夜江上的景象描绘得如在目前。李白的《渡荆门送别》中，有“山随平野尽，江入大荒流”一联，与杜甫的这一联有异曲同工之妙，不过李诗写白昼，杜诗写夜晚；李诗飘逸俊爽，杜诗凝练深沉。

---

① 本篇选自仇兆鳌：《杜诗详注》，北京，中华书局，1979。
② 危樯（qiáng）：高高的船桅杆。独夜舟：是说自己孤零零地独自将船停在夜晚的江边。
③ 星垂平野阔：星空低垂，原野显得格外广阔。
④ 月涌大江流：月亮倒映在水中，江水奔流，月光好像和江水一起流淌。
⑤ 名岂文章著：这里是说，有点名声，哪里是因为我的文章好呢？
⑥ 官应老病休：做官，也因为年老多病而罢退。
⑦ 飘飘：飞翔的样子，这里含有“飘零”、“飘泊”的意思。

井底引银瓶

白居易

【阅读提示】

这首诗为白居易《新乐府》五十首中的第四十首，原诗序“止淫奔也”。古代所谓“淫奔”特指女子未经父母许可，没有举行正式婚礼而私自奔就与男子结合。本诗表现了一个私奔女子的悲剧，诗人以这个女子之口，叙述这对青年男女从相识相爱、私奔出走，最终不敌现实冷酷，不幸离异，后悔终身的悲剧过程。白居易通过这首诗告诫世人，这种私奔关系犹如“井底引银瓶”那样易碎易折。这首诗客观上反映了封建礼教摧残青年男女，扼杀他们所向往的自由恋爱婚姻的事实。

序：止淫奔也

井底引银瓶[①]，银瓶欲上丝绳绝。
石上磨玉簪，玉簪欲成中央折。
瓶沉簪折知奈何？似妾今朝与君别。
忆昔在家为女时，人言举动有殊姿。
婵娟两鬓秋蝉翼，宛转双蛾远山色[②]。
笑随戏伴后园中，此时与君未相识。
妾弄青梅凭短墙，君骑白马傍垂杨。
墙头马上遥相顾，一见知君即断肠。
知君断肠共君语，君指南山松柏树。
感君松柏化为心，暗合双鬟逐君去[③]。
到君家舍五六年，君家大人频有言。
聘则为妻奔是妾，不堪主祀奉蘋蘩[④]。
终知君家不可住，其奈出门无去处。
岂无父母在高堂？亦有亲情满故乡。
潜来更不通消息，今日悲羞归不得。
为君一日恩，误妾百年身。
寄言痴小人家女，慎勿将身轻许人！

【作者简介】

白居易（772—846），字乐天，晚号香山居士，下邽（今陕西渭南）人。官至太子少傅，

---

① 引：拉起，提起。银瓶：珍贵器具，喻美好的少女。

② 婵娟：女子美好貌。秋蝉翼：女子的一种发式。远山色：形容女子眉黛如远山的颜色。

③ 合双鬟：古时少女发式为双鬟，成婚后将原先双鬟发式梳在一起成单鬟发式。

④ 聘为妻：古代经过正式行聘手续的女子才是正妻。不堪主祀：不能作为主祭人。蘋蘩（fán）：蘋与蘩是两种水草名，古人以此来当祭品。

谥号“文”，是唐代伟大的现实主义诗人。与元稹共同倡导新乐府运动，世称“元白”。晚年与刘禹锡友善，并称“刘白”。白居易主张“文章合为时而著，歌诗合为事而作”，强调诗歌的政治功能。他的诗歌题材广泛，形式多样，语言平易通俗。著有《白氏长庆集》七十一卷。

【知识链接】

元代著名戏曲家白朴的《墙头马上》杂剧，源于白居易的《井底引银瓶》诗。题出“妾弄青梅凭短墙，君骑白马傍垂杨。墙头马上遥相顾，一见知君即断肠”。杂剧写了一个私奔的故事，尚书之子裴少俊，奉命到洛阳购买花苗，巧遇总管之女李千金。二人一见钟情，私订终身，但为裴少俊之父所不容，后历经坎坷终于夫妻团圆。该剧表现的思想倾向与原诗大相径庭，它描绘了李千金大胆追求爱情，勇敢地向封建家长挑战，是一曲歌颂婚姻自由的赞歌。

登快阁[1]

黄庭坚

【阅读提示】

宋神宗元丰五年（公元 1082 年），黄庭坚在吉州太和县（今江西泰和）知县任上，公事之余，常到“澄江之上，以江山广远，景物清华得名”的快阁上览胜。这首著名的七律就是通过对登临快阁时倚阁观望江天的描述，勾勒了一幅深秋傍晚的图画，抒发了为官在外无可奈何、孤寂无聊的思乡之情，咏叹的是世无知己之感慨。黄庭坚此诗遣词凝练，意韵隽永，节奏如行云流水，特别是“落木千山天远大，澄江一道月分明”历来被誉为千古佳句。

痴儿了却公家事[2]，快阁东西倚晚晴[3]。
落木千山天远大，澄江一道月分明。
朱弦已为佳人绝[4]，青眼聊因美酒横。
万里归船弄长笛，此心吾与白鸥盟。

【作者简介】

黄庭坚（1045—1105），字鲁直，号山谷道人，后世称黄山谷，晚号涪翁，洪州分宁（今江西修水）人。治平进士。元祐初，召为校书郎，主持编写《神宗实录》。后擢起居舍人。绍圣初，被新党诬陷，贬涪州别驾，黔州安置，移戎州。徽宗即位后，领太平州事，9 天即被罢免。随后流放至宜州（今广西宜山），卒。与张耒、晁补之、秦观并称“苏门四学士”，为“江西诗派”之祖。其书法擅长行、草，与苏轼、米芾、蔡襄并称“宋四家”。有《豫章黄先生文集》、《山谷琴趣外篇》等。

---

① 选自刘尚荣点校：《黄庭坚诗集注》，北京，中华书局，2003。快阁：在吉州太和县东澄江（赣江）之上。

② 痴儿：作者自指。

③ 东西：这里是指时而东、时而西，往来观赏。

④ 朱弦句：《吕氏春秋·本味》：“钟子期死，伯牙破琴绝弦，终身不复鼓琴，以为世无足复为鼓琴者。”朱弦：这里指琴。佳人：美人，引申为知己、知音。

【知识链接】

1. 张戒《岁寒堂诗话》云："山谷《登快阁》诗云：'落木千山天远大，澄江一道月分明。'此但以'远大'、'分明'之语为新奇，而究其实，乃小人语。"张宗泰《鲁岩所学集》云："至宋之山谷，诚不免粗疏涩僻之病。至其意境天开，则实能辟古今未泄之奥妙。而《登快阁》诗亦其一也。顾诋为小儿语，不知何处有此等小儿能具如许胸襟也。"方东树《昭昧詹言》卷二十云："起四句且叙且写，一往浩然。五六句对意流行。收尤豪放，此所谓寓单行之气于排偶之中也。"

2. 在黄庭坚的影响下，北宋后期逐渐形成了所谓"江西诗派"。两宋之际的吕本中，在他的《江西诗社宗派图》中，首先提出了"江西诗社宗派"的名称，指出了"江西诗派"存在的事实。他把黄庭坚尊为诗派的创始人，又列举陈师道等 25 名诗人作为其中成员。宋末元初的方回又进一步提出"江西诗派"的"一祖三宗"之说，"一祖"指杜甫，"三宗"指黄庭坚、陈师道和陈与义。"江西诗派"是宋代影响最大的文学流派。

冬夜读书示子聿①

陆　游

【阅读提示】

宋宁宗庆元五年（公元 1199 年）年底，陆游写了《冬夜读书示子聿》这首诗。这是一首典型的哲理诗，诗人一方面强调了做学问要坚持不懈，从书本中汲取营养，学习前人的经验和技巧。另一方面又指出，如果只是闭门读书，不去参加社会实践，不去接触广阔的社会生活，那么认识始终是浮浅的，只有通过"躬行"实践才能把书本上的知识变成自己的实际本领。

古人学问无遗力，少壮工夫老始成。
纸上得来终觉浅，绝知此事要躬行。

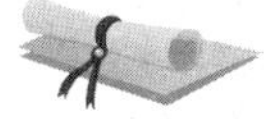【作者简介】

陆游（1125—1210），字务观，号放翁，越州山阴（今浙江绍兴）人。南宋伟大的爱国诗人。陆游一生以"扫胡尘"、"靖国难"为生平志事，屡遭打击，始终不渝。他创作了大量作品，今存诗近万首，还有词 130 首和大量的散文。有《渭南文集》、《剑南诗稿》、《南唐书》、《老学庵笔记》等传世。

【知识链接】

宋朝是个哲学思辨十分活跃、哲理学家辈出的时代。"好以议论为诗"，写哲理诗成了那个时代知识分子的特长。由于唐诗几乎把所有的艺术领域都挖掘完了，宋朝的诗人只能另辟蹊径，他们在让宋词的创作达到前所未有高度的同时，在诗歌领域也开创了哲理诗这个属于他们那个时代的独特诗歌形式。宋代哲理诗的显著特点就是既有诗歌的特征，又有哲理的内涵，将深刻的哲理诉诸艺术形象，在给人以美的享受的同时，使人得到人生哲理的启发。

---

① 选自钱仲联、马亚中主编：《陆游全集校注》，第 5 卷，杭州，浙江教育出版社，2011。

桃花庵歌①

唐　寅

【阅读提示】

《仕女图》（唐寅）

唐寅在科举失败后，与家人失和，迁居苏州桃花坞，并在此处建了一所别业，取名“桃花庵”，自称“桃花仙人”。他常招邀友人来桃花庵聚饮，过着凡俗、自在的快乐生活。此诗便是这种生活的生动写照。这首诗语言上的特点是浅显易懂，几乎完全是白话，音阶流畅，读起来爽朗上口，正好和诗人真诚坦率的感情以及诗中歌颂现世快乐的情调相吻合。它也反映了晚明重视感性享受的思想解放思潮。当然，这首诗所表现的“花”、“酒”生活也不一定是诗人真正的兴趣所在，在诗人的洒脱不羁中，隐隐透出一种“世人皆醉我独醒”的孤独意味，以及其深埋心底的怀才不遇、抱负难伸的感慨。

桃花坞里桃花庵，桃花庵下桃花仙；
桃花仙人种桃树，又摘桃花换酒钱。
酒醒只在花前坐，酒醉还来花下眠；
半醉半醒日复日，花落花开年复年。
但愿老死花酒间，不愿鞠躬车马前；
车尘马足富者趣，酒盏花枝贫者缘。
若将富贵比贫者，一在平地一在天；
若将贫贱比车马，他得驱驰我得闲。
别人笑我忒疯癫，我笑他人看不穿；
不见五陵豪杰墓，无花无酒锄作田。

【作者简介】

唐寅（1470—1523），于明宪宗成化六年（公元1470年）庚寅年寅月寅日寅时生，故名唐寅，字伯虎，一字子畏，号六如居士、桃花庵主等，吴县（今江苏苏州）人。与祝允明、文征明、徐祯卿并称“吴中四才子”，画名更著，与沈周、文征明、仇英并称“吴门四家”。

【知识链接】

明朝嘉靖年间的诗坛领袖王世贞曾批评唐寅的诗“如乞儿唱《莲花落》”。这主要是指唐寅诗中一部分作品语言浅近，格调上如同俚语俗唱的作品。这一类诗作共十余篇，多以“某某歌”命名，如本篇《桃花庵歌》，以及《一年歌》、《一世歌》等。然而，“如乞儿唱《莲花落》”恰恰构成了它的特色——反映个人的真实生活和体验，从而才有生命力。

---

① 选自（明）唐寅：《唐伯虎全集》，杭州，中国美术学院出版社，2002。

圆圆曲[①]

吴伟业

【阅读提示】

吴伟业擅长七言歌行，在继承唐代元稹、白居易乐府诗歌的基础上，借鉴了戏剧、小说的结构手法，讲究叙事的曲折变化与戏剧性；同时语言上注重文采与声律，形成富丽精工的艺术风格，其叙事诗被称为“梅村体”，《圆圆曲》是“梅村体”最优秀的代表作。吴伟业由明入清，喜用表现故国情怀的题材，这首诗就以陈圆圆与吴三桂悲欢离合的故事为线索，展现出明清易代之际广阔的社会生活。全诗规模宏大，将人物浮沉与国家命运交织，将历史事件与人物塑造相融合，意蕴深厚，动人心魄。为了突出主题，塑造人物，作者构思极为精心，一反古典叙事诗顺序叙事的惯例，打破时空限制，将纷繁的历史事件重新组合，运用倒叙、插叙、夹叙和其他结构手法，使情节跌宕起伏，富有传奇色彩。塑造的人物形象也因此极为丰满。此诗的语言也相当精警隽永，比喻、蝉联、化用典故与诗句等修辞手法的运用，增强了诗歌的表现力和艺术魅力。

鼎湖当日弃人间[②]，破敌收京下玉关[③]。
恸哭六军俱缟素[④]，冲冠一怒为红颜[⑤]。
红颜流落非吾恋，逆贼天亡自荒宴[⑥]。
电扫黄巾定黑山[⑦]，哭罢君亲再相见[⑧]。
相见初经田窦家[⑨]，侯门歌舞出如花。
许将戚里空侯伎[⑩]，等取将军油壁车[⑪]。

---

① 选自李学颖注：《吴梅村全集》，上海，上海古籍出版社，1990。

② 鼎湖句：《史记·封禅书》：“黄帝采首山铜，铸鼎于荆山下。鼎既成，有龙垂胡髯下迎黄帝。黄帝上骑，群臣后宫从上者七十余人，龙乃上去。……故后世因名其处曰‘鼎湖’。”这里的“鼎湖当日弃人间”指李自成起义军攻占北京，崇祯皇帝自缢于煤山。

③ 玉关：玉门关，在甘肃敦煌西。这里借指山海关。此句写吴三桂引清兵入关，攻陷北京。

④ 六军：泛指朝廷的军队。《周礼·夏官·序官》：“凡制军，万有二千五百人为军。王六军。”此处特指吴三桂的军队。缟素：白色。缟与素都是白色的生绢，指丧服。《战国策·魏策》：“若士必怒，伏尸二人，流血五步，天下缟素，今日是也。”

⑤ 红颜：指貌美的女子。这里是指陈圆圆。

⑥ 逆贼：叛贼，指李自成。旧时对农民起义队伍都污称为“贼”。荒宴：沉溺于宴饮。

⑦ 黄巾：指东汉末年张角领导的黄巾农民军起义。黑山：东汉末年河南黑山农民起义的队伍，当时被污称为“黑山贼”。诗中以黄巾、黑山借指李自成起义军。

⑧ 君亲：指崇祯皇帝和吴三桂的父亲吴襄。李自成占领北京后，曾以吴三桂父亲吴襄为人质以招降吴三桂，后将吴襄杀害。

⑨ 田窦：本指西汉武安侯田蚡和魏其侯窦婴。二人均为外戚。诗中借指田贵妃的父亲田宏遇，或周皇后的父亲周奎。相传吴三桂与陈圆圆因之而得相遇。

⑩ 戚里：汉代长安城中帝王外戚居住之处。这里借指田宏遇（或周奎）家。空侯：同“箜篌”，古乐器，体长而曲，二十三弦。空侯伎：指陈圆圆。

⑪ 油壁车：古人乘坐的一种华丽的小车，因车壁用油涂饰，故名。

家本姑苏浣花里①，圆圆小字娇罗绮②。
梦向夫差苑里游③，宫娥拥入君王起。
前身合是采莲人④，门前一片横塘水。
横塘双桨去如飞，何处豪家强载归？
此际岂知非薄命，此时唯有泪沾衣。
熏天意气连宫掖，明眸皓齿无人惜⑤。
夺归永巷闭良家⑥，教就新声倾座客。
座客飞觞红日暮，一曲哀弦向谁诉？
白皙通侯最少年⑦，拣取花枝屡回顾。
早携娇鸟出樊笼，待得银河几时渡⑧？
恨杀军书抵死催，苦留后约将人误⑨。
相约恩深相见难，一朝蚁贼满长安⑩。
可怜思妇楼头柳，认作天边粉絮看⑪。
遍索绿珠围内第，强呼绛树出雕栏⑫。
若非将士全师胜，争得蛾眉匹马还⑬。
蛾眉马上传呼进，云鬟不整惊魂定。
蜡烛迎来在战场，啼妆满面残红印⑭。
专征萧鼓向秦川，金牛道上车千乘⑮。

---

① 浣花里：唐代蜀中名妓薛涛所居之地名“浣花溪”，此处借指陈圆圆生活的地方。

② 娇罗绮：语出江淹《别赋》“罗与绮兮娇上春”。这里取其美好之意。

③ 夫差苑：吴王夫差与西施游乐的宫苑，即“馆娃宫”，故址在今江苏吴县灵岩山上。

④ 采莲人：指西施。相传西施常采莲于灵岩山下的采香径。

⑤ 熏天：形容气势威赫。宫掖：即“掖庭”，宫中的旁舍，嫔妃所居之处。此二句写陈圆圆被势焰熏天的外戚进贡给崇祯皇帝，但未被收纳。

⑥ 夺归句：写陈圆圆被遣返归至田家为家伎。永巷：皇宫中嫔妃的住处。

⑦ 通侯：古爵位名。此指吴三桂。

⑧ 早携二句：以娇鸟出笼，喻吴三桂从田家购得陈圆圆。以牵牛织女银河相隔，喻吴三桂因军情紧急不及与圆圆相聚。

⑨ 恨杀二句：谓军书催吴三桂出山海关抵御清兵，空留后会之约。

⑩ 蚁贼：对李自成起义军的污称。长安：借指北京。

⑪ 可怜二句：“思妇楼头柳”语出王昌龄《闺怨》诗：“闺中少妇不知愁，春日凝妆上翠楼。忽见陌头杨柳色，悔教夫婿觅封侯。”这里指已被吴三桂聘为妾的陈圆圆。粉絮：杨花，旧时用以比喻以色事人的妓女。

⑫ 遍索二句：写李自成攻占北京，陈圆圆被义军将领所得。绿珠：西晋石崇的妾，石崇藏之金谷园中，与豪门争富。其属下孙秀见绿珠美，索之不得，谮告石崇、潘岳暗结淮南王谋叛，赵王伦捕斩石崇。孙秀欲夺绿珠，围攻金谷园，绿珠坠楼自尽。绛树：古歌女名，善舞。绿珠、绛树均借指陈圆圆。内第：内院。

⑬ 争：怎。蛾眉：美女的代称。

⑭ 啼妆：形容女子的妖媚之态。《汉书·五行志一》：“桓帝元嘉中，京都妇女作愁眉、啼妆、堕马髻、折腰步、龋齿笑。所谓愁眉者，细而曲折。啼妆者，薄饰目下，若啼处。”残红印：指泪痕斑斑。

⑮ 专征二句：写吴三桂于顺治五年（公元1648年）移师镇汉中。专征：古代帝王授命将帅拥有自主征伐的特权。秦川：泛指今陕西、甘肃的秦岭以北平原地带。因春秋战国时地属秦国而得名。金牛道：又名石牛道，古蜀道的主干线，又称为剑阁道或蜀栈。走完此道，向东南即到汉中府治。

斜谷云深起画楼[1]，散关月落开妆镜[2]。
传来消息满江乡，乌桕红经十度霜[3]。
教曲妓师怜尚在，浣纱女伴忆同行。
旧巢共是衔泥燕[4]，飞上枝头变凤凰。
长向尊前悲老大，有人夫婿擅侯王[5]。
当时只受声名累，贵戚名豪竞延致[6]。
一斛珠连万斛愁[7]，关山漂泊腰肢细。
错怨狂风飏落花，无边春色来天地[8]。
尝闻倾国与倾城[9]，翻使周郎受重名[10]。
妻子岂应关大计，英雄无奈是多情。
全家白骨成灰土[11]，一代红妆照汗青[12]。
君不见，馆娃初起鸳鸯宿，越女如花看不足[13]。
香径尘生鸟自啼[14]。屧廊人去苔空绿[15]。
换羽移宫万里愁[16]，珠歌翠舞古梁州[17]。

---

① 斜（yē）谷：山谷名。在陕西省终南山。谷有二口，南曰“褒”，北曰“斜”，故亦称“褒斜谷”，全长470里。两旁山势峻险，扼关陕而控川蜀，古来为兵家必争之地。

② 散关：即大散关。在陕西省宝鸡市西南大散岭上。当秦岭咽喉，扼川陕间交通，为古代兵家必争之地。陆游《观长安城图》：“三秦父老应惆怅，不见王师出散关。”

③ 乌桕：树名，也叫“鸦桕”。温庭筠《杂曲歌辞·西洲曲》：“门前乌臼树，惨澹天将曙。”描写的是男女分别的景色。诗中此处亦暗含离别之意。

④ 衔泥燕：比喻地位低微的同伴。

⑤ 长向二句：写陈圆圆女伴对自己地位卑微的自伤和对圆圆傍得贵婿的艳羡。尊：同“樽”，古代盛酒的器具。李白《前有一樽酒行》：“春风东来忽相过，金樽渌酒生微波。”擅侯王：指身居高位。

⑥ 延致：延请，招致。

⑦ 一斛珠：典出《梅妃传》。唐玄宗宠幸杨贵妃后，不时想起以前的宠妃梅妃。适逢外国贡奉珠宝，唐玄宗命人送去一斛。梅妃不受，谢以诗：“柳叶双眉久不描，残妆和泪湿红绡。长门自是无梳洗，何必珍珠慰寂寥。”诗中借用此典表达陈圆圆当年被重金购买送入京城，引起以后的颠簸曲折。

⑧ 无边春色：指陈圆圆的尊荣富贵。

⑨ 倾国、倾城：《汉书·外戚传》李延年歌曰：“北方有佳人，遗世而独立。一顾倾人城，再顾倾人国。宁不知倾城与倾国，佳人难再得。”后因以倾国倾城形容女子容貌绝美。

⑩ 周郎：指三国时候的周瑜。周瑜妻为东吴二乔中的小乔，亦为绝色美女。相传曹操扬言夺取二乔，使周瑜因辱而决意抗曹，赤壁之战大获全胜，成就英名。诗用此典，意在反讽吴三桂冲冠一怒为红颜，成就了毁家误国之名。

⑪ 全家句：指李自成令吴襄招降吴三桂，吴三桂因陈圆圆被李自成部下所掳而引兵入关，导致一家八口死于李自成之手。

⑫ 红妆：美女。汗青：史册。此句意谓吴三桂因女色而毁家，徒使陈圆圆留名于史册。

⑬ 越女：越地的女子，指西施。

⑭ 香径：指采香径。尘生：人迹不到。谓吴王与西施的故事已成过往。

⑮ 屧（xiè）廊：也叫“响屧廊”，吴王宫中的廊名。屧，古代木底的鞋子。宋范成大《吴郡志·古迹》：“响屧廊，在灵岩山寺。相传吴王令西施辈步屧，廊虚而响，故名。”

⑯ 换羽移宫：谓乐声变换。羽、宫是古代五声中的二声。换羽移宫暗指朝代更替。

⑰ 古梁州：汉中南郑为古梁州城所在地。此句写吴三桂在汉中沉湎歌舞酒色。

为君别唱吴宫曲[①]，汉水东南日夜流。

【作者简介】

吴伟业（1609—1671），字骏公，号梅村，江苏太仓人。明崇祯四年（公元 1631 年）进士，官左庶子。清后被迫入仕，官国子监祭酒，以母丧告假归里。诗擅歌行，学元、白“长庆体”而自成新吟，称为“梅村体”。有《梅村集》。

【知识链接】

关于《圆圆曲》的本事，《清史稿》云，吴三桂“闻其妾陈为自成将刘宗敏掠去，怒，还击破自成所遣守关将；遣副将杨坤、游击郭云龙上书睿亲王乞师”。刘健《庭闻录》载：“当日梅村诗（指《圆圆曲》）出，三桂大惭，厚贿求毁版，梅村不许。三桂虽横，卒无如何也。”其实，吴伟业并未彻头彻尾地批判吴三桂，究其原因，可能有三：其一，当时吴三桂尚在世；其二，批吴即是反清；其三，作者自己出身明朝进士，却也出仕清朝，也是这个原因，导致作者对明末起义军的痛恨。胡薇元《梦痕馆诗话》评曰：“此诗用春秋笔法，作金石刻画，千古妙文。长庆诸老（指白居易和元稹），无此深微高妙。一字千金，情韵俱胜。”

李杜像

思考与实践

1. 熟读《诗经》中三篇不同的《扬之水》，比较三篇主题的不同之处，感受比兴用法的灵活性。

2. 汉代的乐府诗和后来的文人诗总体上有什么区别？

3. 李白和杜甫是中国诗歌史上的“双子星座”，你比较喜欢两人中谁的作品，为什么？

4. 陶渊明与庐山慧远法师等人曾结白莲诗社，开启了民间结社吟诗的先河，请邀请三五好友或有相同志趣者试结一社，吟诗作赋，何其风雅。

5. 唐诗重韵致，宋诗多理趣，风格各异。南宋以来，诗论家们围绕“唐宋诗孰优孰劣”争辩不休，宗唐黜宋者甚至发出“宋无诗”的极端之论。请读读苏轼、杨万里、朱熹等人的诗歌，谈谈你的看法。

6. 试比较吴伟业的《圆圆曲》和白居易的《长恨歌》两首诗叙事方式的异同。

7. 课下组织诗歌背诵 PK，人数可多可少，分两组，一组背诵李白诗，另一组背诵杜甫诗，以背诵诗篇数目多者胜出，以此体会李杜诗篇万口传的魅力。

8. 学习教材附录的诗词写作常识，模仿其格调试写一首七律，一发思古之幽情。

9. 开展诗歌名句大摘抄活动，一来怡情，二来可为将来写作储备素材。

---

① 吴宫曲：吴王夫差时的歌曲。任昉《述异记》：“夫差时童谣：‘梧桐秋，吴王愁。’”诗中用吴王故事暗讽吴三桂富贵难长、不久必败。

第六讲　古代词曲

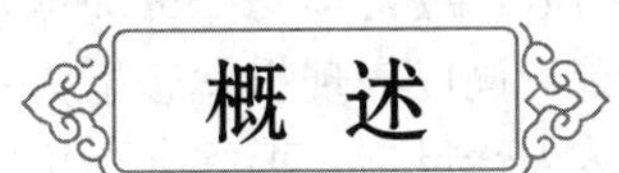

概　述

一、词曲的特性与异同

我国古代有着诗乐结合的传统，据说“诗三百”，即孔子弦而歌之。诗和乐结合有两种形式，一是先有歌词，后以音乐相配。我国在秦汉就有了专门管理音乐的机构——乐府。乐府不仅采集民间的诗歌，还为这些诗歌配上合适的乐曲，加以演唱。汉魏乐府诗，一般都是这种性质。另外一种形式是先有乐，然后配以词。词和曲都属于后者，也就是先有了调子，再按它的节拍，配上歌词来唱。

从魏晋到隋代统一，中国北部长期经过少数民族的统治和多民族杂居，许多外来的乐器和曲调不断地传进来，与汉民族的音乐逐渐融合，产生了一种新的音乐，这就是燕乐。燕乐，也作“宴乐”，燕是飨宴的意思。燕乐与雅乐相对，不是用于郊庙祭祀，而是用于日常娱乐。燕乐以音域宽广的琵琶为主要演奏乐器，能形成反复曲折、变化多样的曲调，悦耳动听，富于刺激性，给华夏音乐带来强大的推动力。有了曲调，也就相应地需要与之相配的歌词，词正是在燕乐的这种需求下产生。唐玄宗设立教坊，创制了许多曲调，有些短小的杂曲小唱流传很广，为人们所喜好，因此，中唐以来，有些诗人开始从事填词，如白居易、刘禹锡等人，晚唐甚至出现了专力填词的文人温庭筠。到了北宋，城市文化进一步发展，歌舞享乐的风气盛行，于是不断产生新的歌曲。柳永大量创制慢词，周邦彦供奉大晟府填词，宋词创作逐渐繁荣。靖康之难中，伶工伎人流散各地，有部分转到临安（杭州），促进了词的发展。南宋时曲谱失传，也有一些文人如姜夔、吴文英作自度曲，缀上音谱，供家伎们演唱，但毕竟难成气候。词逐渐由一种音乐文学，演变为纯文学意义上的抒情诗体，词在声乐史上的地位就逐渐由南北曲取而代替。

宋金之际，北方少数民族如契丹、女真、蒙古相继进入中原，他们带来了胡曲番乐，与汉族原有的音乐相结合，孕育出一种新的乐曲。这时，原来的词已经逐渐和音乐脱离，并且只能适应原有乐曲，在新的乐曲面前，显得苍白无力又不合拍。在这种情况下，一种新的诗歌形式——散曲，便应运而生。散曲分为小令和套数以及带过曲几种。小令是民间流行的小调，单作一支小曲，叫作“小令”。联用若干支同一宫调的曲牌，组成一套，叫作“套数”或“散套”。元曲作者很多，直到明代，也还有一些专作元曲的作者出现。

词与散曲有不少共同之处。它们最初都是倚声而作，是合乐的歌词，词有词牌，曲有曲牌。后来，由于文人的参与创作，它们逐渐脱离音乐，向单纯的书面文学发展。相对于诗歌而言，词与散曲是较晚产生的文学体裁。与诗这位一本正经的“老大哥”相比，它们显得年轻而充满活力。诗用来言志，表现大题材，而词与曲则传唱于街头巷里，与普通人的生活息息相关，与老百姓最为亲近。词和散曲都是抒情性的文体，都以抒情表意为目的。它们的体制都较为短小，句式参差不齐。尤其是词中的令词与散曲中的小令，二者十分相似。

但它们还是有一些差别的。其配合的音乐系统有差别，词是配合燕乐的，散曲是配合北曲的。从风格上看，词以婉约为正宗，表达含蓄，意境优美；散曲以豪放为本色，追求明快显豁，自然酣畅。从句式与押韵上看，词与散曲都采用长短句句式，但词牌句数与字数的规定是十分严格的，不能随意增减；而散曲句式更加灵活多变，可以根据内容的需要，自由增加衬字，突破曲牌的句数，进行增句，更加口语化、俚俗化，散曲押韵也比较灵活，可以平仄通押。从内容上看，词以表现男女恋情为主，爱情题材最多；散曲内容涉及歌咏男女爱情、江山景物，感慨人情世态，揭露社会黑暗，抒发隐逸之思，乃至怀古咏史、刻画市井风情等，题材较为广泛。在表现手法上，词多用比兴，善于抒情，常常虚处传神；散曲则多用赋法，善于铺陈叙事，笔笔落到实处。打个比方，词是梅花，暗香悠远；曲是桂花，浓香热烈。词是端庄娴静的大家闺秀，曲是明朗活泼的乡野村姑。

二、词曲的发展历程

词起源于隋代，发展于唐五代，兴盛于宋代，衰落于元明，再盛于清代。宋词在词史上的地位最高，影响也最大。

晚唐五代衰乱，而适应女乐声伎的词，在部分地区城市商业经济发展的基础上，却获得了繁衍的机运。五代十国，南方形成几个较为安定的割据政权，苟且偷安，借声色和艳词消遣，逐渐形成西蜀和南唐两个词体创作中心。后蜀赵崇祚编的《花间集》是第一部文人词总集，多选西蜀词人的作品。《花间集》多写闺情与女性，词风华丽雕琢，奠定了词体发展的基础。代表词人有温庭筠、韦庄等，温庭筠是第一个专力填词的文人。南唐词坛以李璟、李煜、冯延巳君臣数人为代表。他们有很高的文学、音乐修养，词的境界较开阔，情致深厚缠绵。李煜为亡国之君，却是千古词帝。其前期词多风华掩映，后期词用血泪写出国亡家破的不幸。他直悟人生的苦难无常，通向对宇宙人生的悲剧性体验。王国维说："词至后主而眼界始大，感慨遂深，遂变伶工之词而为士大夫之词。"（《人间词话》）

宋代城市经济繁荣，士大夫生活优裕，歌舞享乐之风盛行，对词的社会需求增加，因而词成为有宋一代最流行的文体之一，跻身为一代文学之胜。婉约与豪放是宋词两大基本流派，虽然这个划分有粗略之嫌，但在一定程度上揭示了宋词发展的基本情形。

先看看婉约词的发展脉络。北宋文坛盟主欧阳修为词的发展做出了重要贡献。欧词"疏隽开子瞻（苏轼），深婉开少游（秦观）"（冯煦《宋六十家词选例言》），他扩大了词的抒情功能，进一步用词抒发自我的人生感受，俗中有雅。其名作有《踏莎行》（候馆梅残）、《蝶恋花》（庭院深深深几许）等。晏殊被誉为"北宋倚声家初祖"，作为承平时期的宰相，晏殊仕途顺利，享尽富贵，其词有富贵气象，清丽淡雅，从容不迫。但多愁善感的个性，使他常常反思和体悟人生，他的词呈现出"情中有思"的特色，如《浣溪沙》（一曲新词酒一杯）。柳永是北宋词坛当之无愧的"大腕"，他不仅能填词，还能创制词调，是一个多面手，是两宋词坛上创用词调最多的词人，在宋代所用 880 多个词调中有 100 多调是柳永首创或首次使用。他还第一次创作了大量慢词。柳永在词的语言表达方式上，也进行了大胆的革新。他充分运用日常口语和俚语进行铺叙白描，使得词传唱于大街小巷，"凡有井水饮处，皆能歌柳词"（叶梦得《避暑录语》），当时的歌伎以能唱柳词为荣耀。北宋的婉约名家还有晏几道、贺铸、秦观。晏几道继承"花间"传统，继续用小令开创出独特的艺术世界。晏几道词优美精致，语淡情深，多是回忆早年歌舞欢娱的生活以及相识的几位歌女蘋、莲、鸿、云，有强烈的今昔盛衰对比之感。名篇有《临江仙》（梦后楼台高锁），其中的“落花人独立，微雨燕双飞”，用古人成句而自出佳境。贺铸从唐诗中吸取养料，豪侠之气与绮丽柔情融为一体，因写出了“试问闲愁都几许？一川烟草，满城风絮，梅子黄时雨”（《青玉案》）这样的佳句而被称为“贺梅子”。最为突出的是秦观。秦观被称为“古之伤心人”，他一生遭贬，抑郁不得志，心理承受能力又很弱，词中浸透着伤心的泪水，充满着揪心的愁恨。他的词“将身世之感打并入艳情”（周济《宋四家词选》）——把深沉的辛酸苦闷熔铸在类型化的离情别恨之中，从而给传统的艳情词注入了新的情感内涵，达到情韵兼胜的效果。其名篇《踏莎行》（雾失楼台）是他被贬谪到湖南郴州时所作。周邦彦供奉北宋最高音乐机构大晟府，他在音律、句法和章法上建立起严整的艺术规范，成为北宋婉约派的殿军和集大成者。周邦彦词协律可歌，富丽精工，一唱三叹，名篇有《兰陵王》（柳）等。

南北宋之交还出现了一位女词人李清照。李清照主张“词别是一家”，她的词以1126年靖康之变为界，前期多写闺情相思之作，后期大多抒写个人身世之悲和河山破碎的感慨。她的词流传下来的不多，但几乎篇篇脍炙人口。李清照之后，南宋词坛有姜夔、吴文英、周密、陈允平，宋末词坛有张炎、王沂孙、蒋捷等人，他们被称为“格律派”，又称“风雅派”。风雅派对词艺的深化做出了较大的贡献。姜夔是这一时期婉约词最卓越的代表。作为江湖雅士，他终身未仕，一生清贫自守，以创作自娱。北宋以来的恋情词，情调软媚，或失于轻浮，虽经周邦彦雅化却仍然不够。姜夔的恋情词多为怀念恋人，往往省略掉缠绵温馨的爱恋细节，只表现离别后的苦恋相思，并用一种独特的冷色调来处理炽热的柔情，从而将恋情雅化。姜夔词就像梅花一样，散发着一种“幽韵冷香”。

再来看看豪放词。苏轼对词的发展做出了重要贡献。东坡以天纵之才，不愿蹈袭柳永，他改革词体，扩大词的表现功能，开拓词境，在词中表现男子汉的豪情，使词像诗一样可以充分表现作者的性情怀抱和人格个性。与之相应地，他还变革了词风，“以诗为词”，将诗的表现手法如用题序、用典故等移植到词中。豪放词派由苏轼开端，但当时追随者不多，主要有黄庭坚、晁补之。到了南宋，辛弃疾在苏轼“以诗为词”的基础上进一步“以文为词”。“以文为词”就是将古文辞赋中常用的章法和议论、对话等手法移植于词；融经史子集入词，雅俗并收，骈散兼行。稼轩词内容博大精深，风格雄深雅健，刚柔相济，亦庄亦谐。辛弃疾与苏轼并称“苏辛”，在当时影响很大，造成一种“光圈”效应。陆游、张孝祥、陈亮、刘过和韩元吉、袁去华、刘仙伦、戴复古以及宋末的刘克庄、陈人杰和刘辰翁等，都被称为“辛派词人”。

经过元、明两代的沉寂之后，词在清代再次焕发出异彩。清代词作丰富，流派纷呈，名家众多，著名的有阳羡派、浙派、常州派等。陈维崧、朱彝尊、纳兰性德、顾贞观、张惠言、周济等，都为清词的发展做出了重要贡献。陈维崧以1 600余首词的惊人数量冠冕词坛，成为中国词史上填词最多的词人。

曲与词一样，也经历了一个发展的过程。元代是散曲的高峰时期。元代散曲的创作大致分为前后两个时期。前期创作的中心在北方，后期则向南移。前期散曲作家的代表有关汉卿、王和卿、白朴、马致远、卢挚、姚燧等。关汉卿、王和卿等人为书会才人作家。元代前期停止科举，汉族知识分子遭到歧视，且仕途无望，甚至被抛入社会的底层，与倡优为偶。这类作家大多具有狂放不羁的精神风貌、强烈的反传统的叛逆精神和追求个性自由的生命意识。关汉卿自称“普天下郎君领袖，盖世界浪子班头”。他的著名套数【南吕·

一枝花】《不伏老》可视为“浪子”的一篇宣言，此曲集中而又夸张地塑造了“浪子”的形象，这形象固然有关汉卿自己的影子，也可视为以关氏为代表的书会才人群体精神面貌的写照。关汉卿十分擅长男女恋情的题材，尤其以刻画女子细腻微妙的心理活动见长。白朴、马致远是平民及胥吏作家的代表。他们不甘仕途失落，向往实现传统文人价值，但是在现实中屡屡碰壁，理想归于幻灭，因而叹世归隐成了主旋律。马致远是元代作品最丰的散曲作家之一，被誉为“曲状元”。与关汉卿散曲浓厚的世俗情趣相比，马致远的散曲带有更多的传统文人气息。最为脍炙人口的是【天净沙】《秋思》（枯藤老树昏鸦），前面三句纯用名词意象进行组合，勾勒出九组剪影，交相叠映，创造出苍凉萧瑟的意境，挥之不去的是天涯羁旅的怅惘之情，被赞为“秋思之祖”。

元代后期散曲的创作风貌有了比较明显的变化。散曲文体日趋成熟完善，表现领域得到扩张。前期那种对现实不满和激情喷发的作品大为减少，哀婉蕴藉的伤感情调逐渐成为散曲创作的主流，追求形式美的倾向加强了。公认的成就最高的两位作家是张可久和乔吉，有“曲中李杜”之誉。张可久散曲取材广泛，最能代表其成就的是大量的写景之作，清丽舒徐，缠绵委婉，情景相生，如【黄钟・人月圆】《春晚次韵》（萋萋芳草春云乱）。乔吉一生穷愁潦倒，多笑傲山水和青楼调笑之作，恬淡而俊爽，婉丽而洒脱，雅俗兼至。后期比较重要的作家还有张养浩、睢景臣和刘时中、贯云石、徐再思等人。明代也有一些有成就的散曲作家，陈铎的《滑稽余韵》是有名的作品。

文选

破阵子[1]

李 煜

【阅读提示】

此词抒发亡国痛苦。上片描写自己早年无忧无虑、歌舞升平的帝王生活，下片写被俘以后沈腰潘鬓、朱颜顿改的囚徒生涯。尤其末尾回顾兵败被俘、尴尬出降那刻骨铭心的一幕，感叹自己作为一国之君，不仅愧对开基立业的祖先，而且连嫔妃宫女都不能保全。上下片的对比，造成急转直下的气势与强烈的情绪落差，有千钧之力，令人惊心动魄。既有对美好生活一去不复返的留恋，也有往事不堪回首的抑郁难平，更有对自己当日未能励精图治造成国家败亡的悔恨。

四十年来家国[2]，三千里地山河。凤阁龙楼连霄汉[3]，玉树琼枝作烟萝[4]。几曾识干戈[5]？　一旦归为臣虏[6]，沈腰潘鬓消磨[7]。最是仓皇辞庙日[8]，教坊犹奏别离歌[9]，垂泪对宫娥[10]！

【作者简介】

李煜（937—978），字重光，继其父李璟为南唐主，世称“李后主”。在位15年。国亡，为宋所俘，过了三年囚犯般的屈辱生活，传说被宋太宗毒死。妙解音律，能书画，尤工于词。艺术上能直抒胸臆，不加雕饰，生动如画，形象鲜明，后人辑有《南唐二主词》。

---

① 选自张璋、黄畬编：《全唐五代词》，上海，上海古籍出版社，1986。

② 四十年：南唐始祖建国至后主为宋所灭，前后39年，举其成数称“四十年”。

③ 凤阁龙楼：形容宫殿的华丽堂皇。

④ 烟萝：云霞草木，指隐居生活。

⑤ 干戈：兵器。

⑥ 一旦归为臣虏：指自己被宋俘虏。

⑦ 沈腰：南朝诗人沈约在给朋友信中有“老病百日数旬，革带常应移孔”的句子，后人用“沈腰”指人消瘦。潘鬓：西晋诗人潘岳在《秋兴赋序》里说他32岁时头发就开始花白，后以“潘鬓”指人到中年鬓发变白。

⑧ 庙：祭祀祖宗的祠庙。

⑨ 教坊：朝廷掌管音乐的机构。

⑩ 宫娥：宫女。

【知识链接】

1. 参考阅读李煜的《虞美人》（春花秋月何时了）、《浪淘沙》（帘外雨潺潺）。

李煜像

2. 李煜即位为南唐主之时，南唐已经国势衰微。李煜面对北宋的强大势力，逆来顺受，奉宋为正朔，不想这样的日子也不能持久，最终城破被俘，押赴汴京。李煜后期的词，绝大多数直接抒发国破家亡的愁恨，如前举《虞美人》和《浪淘沙》。有人说《浪淘沙》是李煜绝笔，也有人说《虞美人》是李煜绝笔。如果不是这些词作，李煜也许就不会遭到宋太宗的猜忌而很快被杀吧！

蝶恋花[①]

欧阳修

【阅读提示】

这首词的作者一作冯延巳，但李清照及宋人词选均定为欧词，比较可信。内容写闺怨，上片写深闺女子独倚高楼，盼往日情人而不得，因而产生失望、幽怨、怅恨的迟暮感。连用三个“深”字，不仅写出庭院之深，也写出闺中女子与外界隔绝之深、寂寞苦闷之深。以景托情，词意深婉。下片写伤春，春天留不住，青春也一去不回。语意浑成，刻画深致。

庭院深深深几许？杨柳堆烟，帘幕无重数。玉勒雕鞍游冶处[②]，楼高不见章台路[③]。
雨横风狂三月暮，门掩黄昏，无计留春住。泪眼问花花不语，乱红飞过秋千去[④]。

【作者简介】

欧阳修（1007—1072），字永叔，号醉翁，晚年又号六一居士，吉州永丰（今属江西）人。为谏官，支持范仲淹的改革，受到政敌的打击，屡遭贬谪。后累官至参知政事。晚年反对王安石变法，趋向保守。卒谥文忠。欧阳修是北宋诗文革新的领袖。有《欧阳文忠公集》、《六一词》。

【知识链接】

著名女词人李清照特别欣赏欧阳修的“庭院深深深几许”这句词，她作了两首《临江仙》，小序云：“欧阳公作《蝶恋花》，有‘庭院深深深几许’之句，予酷爱之。用其语作‘庭院深深’数阕，其声即旧《临江仙》也。”这里引录一首：“庭院深深深几许，云窗雾阁常扃。柳梢梅萼渐分明。春归秣陵树，人老建康城。　　感月吟风多少事，如今老去无成。谁怜憔悴更凋

---

① 选自唐圭璋编：《全宋词》，北京，中华书局，1979。
② 玉勒雕鞍：指华贵的车马。游冶处：指歌楼妓馆。
③ 楼高：谓高楼上看不到情人走马章台的地方。《汉书·张敞传》有“走马章台路”语。
④ 乱红：指在风中纷纷落下的落花。

零。试灯无意思，踏雪没心情。”词作表达了她晚年独居深闺的孤苦之情。

望海潮[1]

柳　永

【阅读提示】

柳永一生在汴、杭、苏等大城市流落多年，对城市生活体验较深。他创作了大量慢词，有不少作品反映了当时城市的繁荣景象和市民的生活风貌。《望海潮》这首词咏赞了杭州的繁华、钱塘江的壮丽、西湖的秀美。其词当时广为流传，影响颇大，在词史上占有重要地位。

东南形胜，江吴都会[2]，钱塘自古繁华。烟柳画桥，风帘翠幕，参差十万人家[3]。云树绕堤沙[4]。怒涛卷霜雪，天堑无涯[5]。市列珠玑，户盈罗绮竞豪奢[6]。　重湖叠巘清嘉[7]。有三秋桂子[8]，十里荷花。羌管弄晴，菱歌泛夜，嬉嬉钓叟莲娃[9]。千骑拥高牙。乘醉听箫鼓、吟赏烟霞[10]。异日图将好景，归去凤池夸[11]。

【作者简介】

柳永（987? —1053?），字耆卿，福建崇安人。早年流连坊曲，为乐工歌伎撰作歌辞。曾官至屯田员外郎，故又称柳屯田。他一生在仕途上郁郁不得志，独以词著称于世。他精通音律，善于铺叙和使用俚俗语言，大量制作慢词，使慢词与小令两种体式平分秋色，齐头并进，对词的发展起了推动作用。所谓“凡有井水饮处，皆能歌柳词”（叶梦得《避暑录语》），不仅说明他的词数量多，同时也说明他的词平白易懂，流传广泛。

【知识链接】

词的上片总写杭州盛况，突出“形胜”和“繁华”。“烟柳”三句写“繁华”，“云树”三句写“形胜”，“珠玑”三句再渲染铺叙其繁华。下片专叙，以杭州的胜景西湖为重点，写太平盛

---

① 选自薛瑞生校注：《乐章集校注》，北京，中华书局，1994。

② 形胜：地理条件优越。都会：大都市。

③ 风帘：挡风的帘子。参差：指房屋楼阁高低不齐。

④ 云树：树木远望似云，极言其多。堤：钱塘江防潮汛的大堤。

⑤ 怒涛：汹涌的潮水。霜雪：比喻浪花。天堑（qiàn）：天然的险阻，这里指钱塘江。

⑥ 珠玑：泛指珍宝等珍贵商品。盈：充满，言其多。

⑦ 重湖：这里指西湖。西湖以白堤为界，分为外湖、里湖，故称重湖。叠巘（yǎn）：重叠的山峰。清嘉：清秀美丽。

⑧ 三秋：农历九月。

⑨ 羌管：笛子出自羌族，故称羌管。这里泛指乐器。泛夜：指在夜间飞扬。嬉嬉：欢乐快活的样子。莲娃：采莲的姑娘。

⑩ 高牙：古代将军旗杆用象牙装饰，故称牙旗。这里指大官高扬的仪仗旗帜。烟霞：山水美景。

⑪ 异日：他日。图：描绘。凤池：即凤凰池。原指皇帝禁苑中的池沼，多代指中书省，这里泛指朝廷。

世的和平生活，以及人民安居乐业，顺带颂扬杭州守将孙何。“三秋桂子，十里荷花”，为写西湖的名句。在创作手法上此词最突出的特点就是运用赋法，上片分三层铺叙，先总说，后分说。下片专写西湖，层层铺叙，不断变换角度，转换场景，引人入胜。据宋人罗大经《鹤林玉露》载：“此词流播，金主亮闻歌，欣然有慕于‘三秋桂子，十里荷花’，遂起投鞭渡江之志。”这一说法虽不可信，却可以印证这首词强烈的艺术感染力。

卜算子·黄州定慧院寓居作[①]

苏　轼

【阅读提示】

这首词是苏轼被贬黄州时所作。苏轼在黄州的作品多写夜晚，如前后《赤壁赋》、《承天寺夜游》，还有这首《卜算子》，以夜晚为背景，隐曲地反映了作者内心世界的孤独苦闷。这是一首咏物词。这首词的成功之处在于：首先，不仅刻画孤鸿的形，更刻画孤鸿的“神”，达到形神兼备的境界；其次，抓住孤鸿的特点，多层面地刻画了孤鸿的形象。孤鸿敏感、孤独，也是高洁的、坚毅的，这个形象，既是作者自身的写照，也具有一定的原型意义，能够引发读者多方面的联想。

缺月挂疏桐，漏断人初静[②]。谁见幽人独往来？缥缈孤鸿影[③]。　　惊起却回头，有恨无人省[④]。拣尽寒枝不肯栖，寂寞沙洲冷[⑤]。

【作者简介】

苏轼（1037—1101），字子瞻，号东坡，眉山（今四川眉山）人。在政治上他反对王安石的新法，被一贬再贬，远谪惠州、儋州。文学上取得了极高成就，所作视野开阔，风格豪迈，意趣横生。有《苏东坡集》、《东坡乐府》。

【知识链接】

1. 苏轼以鸿为吟咏对象寄托情思的作品，还有《和子由渑池怀旧》诗：

人生到处知何似？应似飞鸿踏雪泥。泥上偶然留指爪，鸿飞那复计东西。老僧已死成新塔，坏壁无由见旧题。往日崎岖还记否？路长人困蹇驴嘶。

2. 杨万里《诚斋诗话》：

欧公知举，得东坡之文惊喜，欲取为第一人。又疑为门人曾子固之文，恐招物议，抑为第二。坡来谢，欧公问：“‘皋陶曰杀之三，尧曰宥之三。’见何书？”坡曰：“事在《三国志·孔融传》注。”欧阅之，无有。他日再问坡，坡云：“曹操以袁熙妻赐子丕。孔融曰：‘昔武王以妲己赐周公。’操问：‘何经见？’融曰：‘以今日之事观之，意其如此。’尧、皋陶之事，某亦

---

① 选自唐圭璋编：《全宋词》。

② 漏断：漏壶里水滴尽了，指深夜。漏，古时用水计时之器。

③ 缥缈：隐约不清的样子。

④ 省（xǐng）：领悟，了解。

⑤ 拣尽二句：鸿雁栖宿田野苇丛间，不宿树枝，故云。后一句一作“枫落吴江冷”。

意其如此。”欧退而大惊曰：“此人可谓善读书，善用书，他日文章必独步天下。”

3. 苏轼是中国文学史上声誉最高的天才文人。在散文方面，他是“唐宋八大家”之一；在诗歌创作上，他与黄庭坚并称“苏黄”；论词的创作，他是豪放派词的开山鼻祖；在书法上，他是“宋四家”之一。

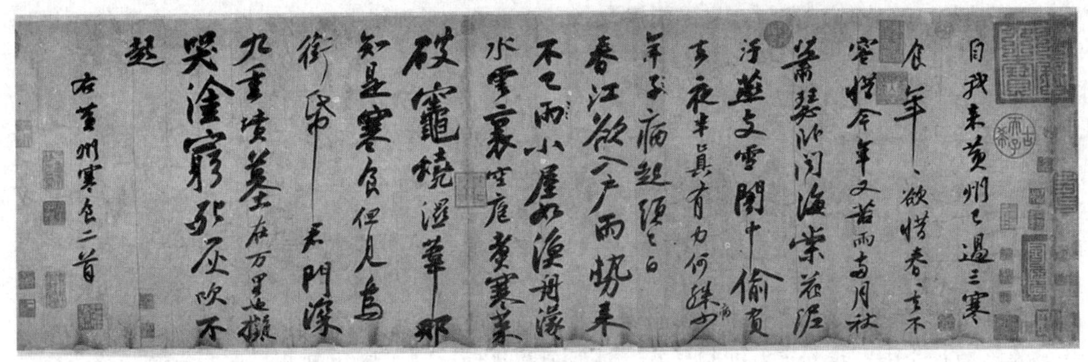

苏轼《寒食帖》

4. 苏轼一生在政治上大起大落，数遭贬谪，曾作《自题金山画像》，概括自己坎坷的遭遇：“心如已灰之木，身似不系之舟。问汝平生功业，黄州惠州儋州。”黄州、惠州、儋州都是苏轼被贬之地。

永遇乐①

李清照

【阅读提示】

这是李清照晚年的作品。经历国破、家亡、夫死之后，李清照词的内涵更为深广，艺术上达到很高的境界。女词人不愿放弃对美好生活的追求与热爱，但是，回忆中的美好与现实中帘外的笑语，都敲击着词人敏感的心灵，这是生命中不能承受之重。今昔不同的情景，构成鲜明的对照，强烈地反映出词人忧患余生的寂寞心情，也流露出对故国的眷恋不忘。词中有工致语，而不流于纤巧；有寻常语，而不流于庸俗。

落日镕金②，暮云合璧③，人在何处④？染柳烟浓，吹梅笛怨⑤，春意知几许？元宵佳节，融和天气，次第岂无风雨⑥？来相召，香车宝马，谢他酒朋诗侣。　中州盛日⑦，

---

① 选自唐圭璋编：《全宋词》。

② 镕金：形容落日灿烂的颜色。

③ 暮云句：暮云弥漫，如璧之合。

④ 人在何处：承上文说景色虽好，而人事已非，句意是感伤自己的漂泊无依。一说人指亲人，指她去世的丈夫赵明诚。

⑤ 染柳二句：“烟染柳浓，笛吹梅怨”的倒文。梅，指《梅花落》笛曲。

⑥ 次第：转眼。

⑦ 中州：今河南省为古豫州地，居九州之中，故称“中州”。宋代东京（开封）、西京（洛阳）、南京（商丘）都在中州。此指东京。

闺门多暇，记得偏重三五①。铺翠冠儿②，撚金雪柳③，簇带争济楚④。如今憔悴，风鬟霜鬓⑤，怕见夜间出去⑥。不如向、帘儿底下，听人笑语。

【作者简介】

李清照（1084—约1155），号易安居士，齐州章丘（今属山东）人。南北宋之交的杰出女词人。其词清丽自然，后人有《漱玉词》辑本。

【知识链接】

1. 南宋词人刘辰翁推崇李清照的《永遇乐》，说："余自乙亥上元，诵李易安《永遇乐》，为之涕下。今三年矣。每闻此词，辄不自堪。遂依其声，又托之易安自喻。虽辞情不及，而悲苦过之。"其所作《须溪词》如下：

璧月初晴，黛云远澹，春事谁主？禁苑娇寒，湖堤倦暖，前度遽如许！香尘暗陌，华灯明昼，长是懒携手去。谁知道？断烟禁夜、满城似愁风雨。　　宣和旧日，临安南渡，芳景犹自如故。缃帙流离，风鬟三五，能赋词最苦。江南无路，鄜州今夜，此苦又谁知否？空相对，残釭无寐，满村社鼓。

2.《四库全书总目提要》："清照以一妇人，而词格乃抗轶周柳，虽篇帙无多，固不能不宝而存之，为词家一大宗矣。"

鹧鸪天·元夕有所梦⑦

姜　夔

【阅读提示】

这首词是元宵节晚上的感梦之作，以梦境寄托相思。"人间别久不成悲"为全篇警策。当感情已经成为生命的一部分，人就不会再刻意地思念或悲哀，这种情感无处不在，沉淀下去，成为生命的底色。这一句与苏轼悼念亡妻的"不思量，自难忘"（《江城子》）一样，不说悲哀，不说思量，恰是此情深处对人生辛酸的深沉感悟。末两句写每年元宵节都触景生情，怀念不已，沈祖棻说："一念之来，九死不悔，惟两心各自知之，故一息尚存，终相印也。"（《宋词赏析》）

---

① 偏重句：宋代元宵是盛大的节日，故云。三五：旧历正月十五，为元宵节。

② 铺翠句：镶翡翠珠子的冠儿。

③ 撚（niǎn）金句：用金饰的丝绸或金纸扎的雪柳。撚金：金饰的一种。雪柳：古代女子元宵节插戴的装饰品。

④ 簇带句：意思是插戴满头，夸自己打扮漂亮。簇带：犹言满戴。济楚：整齐，漂亮。

⑤ 风鬟句：头发散乱，不加修饰貌。

⑥ 怕见句：承"如今憔悴"二句而言。怕：懒得。

⑦ 选自唐圭璋编：《全宋词》。

肥水东流无尽期①，当初不合种相思②。梦中未比丹青见③，暗里忽惊山鸟啼④。春未绿，鬓先丝，人间别久不成悲。谁教岁岁红莲夜⑤，两处沉吟各自知。

【作者简介】

姜夔（约1155—1221），字尧章，号白石道人，饶州鄱阳（今江西鄱阳）人。南宋著名词人，一生未入仕途。他精通音律，能自度曲，工诗，尤以词著称。其词格律谨严，境界清幽，上承周邦彦，下开吴文英、张炎一派。有《白石道人歌曲》等。

【知识链接】

姜夔的合肥情缘：姜夔20岁左右来到合肥，遇到了一位女子。我们不知道她的名字，只能称之为“合肥女子”。她善弹琵琶，多才多艺，可能是一位歌女。姜夔和她一见如故，心有灵犀，但后来由于某种原因离别。姜夔一介布衣，寄人篱下，踪迹不定，在40岁左右才有机会回到合肥。第一次回去，那位女子还没有出嫁。第二次回去，那位女子就出嫁了。此后20多年里，两人天各一方，再未见面。但是与合肥女子之间的点点滴滴，却留在姜夔的记忆深处，再也无法抹去。姜夔有关合肥女子的词，共有十八九首之多，这首《鹧鸪天》的情感是较为显豁深沉的。对于这位魂牵梦萦的恋人，姜夔不曾提到她的名字，他反复在词中提到合肥或合肥的别称。柳永、晏几道的词里，有时直接出现女子的名字。姜夔以爱情的发祥地——合肥代替心上人的名字，或许是不便明言，却多了一层含蓄的韵味和悠远的情思，引发了无数后人对这一段合肥情缘的追念与怀想。

破阵子·为陈同甫赋壮词以寄⑥

辛弃疾

【阅读提示】

这首词是辛弃疾在江西信州失意闲居时所作。《历代诗余》引《古今词话》谓此词是“陈亮过稼轩，纵谈天下事”别后所作。词中表达了作者对早年抗金的战斗生活的念念不忘，反映了恢复祖国河山、建立功业的壮志。词的前九句十分生动地勾勒出战斗生活，描绘出一位忠勇的将军形象，表现了词人的宏伟抱负。最后一句以沉痛的慨叹，抒发了壮志难酬的郁愤。

---

① 肥水：亦作“淝水”，源出安徽合肥紫蓬山。

② 种相思：红豆名“相思子”。其树即相思树。因树故曰“种”。

③ 丹青：指画图。此句是说梦中所见，不如丹青真切。

④ 暗里句：是说梦中被啼鸟惊醒，时已从夜到晓。

⑤ 红莲：指灯。元宵节晚上张灯结彩，红莲灯为其中一种。

⑥ 选自邓广铭：《稼轩词编年笺注》，上海，上海古籍出版社，1978。陈同甫，即陈亮（1143—1194）。辛弃疾的挚友，永康（今浙江永康县）人，世称龙川先生。为人才气纵横，竭力主张抗金。壮词，即豪迈的词。

醉里挑灯看剑，梦回吹角连营[①]。八百里分麾下炙[②]，五十弦翻塞外声[③]。沙场秋点兵[④]。　　马作的卢飞快，弓如霹雳弦惊[⑤]。了却君王天下事[⑥]，赢得生前身后名[⑦]。可怜白发生[⑧]！

【作者简介】

辛弃疾（1140—1207），字幼安，号稼轩。历城（今属山东济南）人。21 岁参加抗金起义军，曾在耿京军中任掌书记，不久投归南宋。历任江阴签判、建康通判、江西提点刑狱、湖南转运使、湖北转运使、湖南安抚使、江西安抚使等职。42 岁遭谗落职，退居江西信州，长达 20 年之久，其间曾一度起为福建提点刑狱、福建安抚使。64 岁再起为浙东安抚使、镇江知府，不久罢归。68 岁病逝。一生力主抗金北伐，并提出有关方略，均未被采纳。其词慷慨激昂，飞扬腾跃，富于爱国热情，具有强烈的感染力，为辛派词人群的核心人物。有《稼轩长短句》与《辛稼轩诗文钞存》。

【知识链接】

1. 这首词的布局很值得注意。词人先描绘了醉里挑灯看剑、闻角梦回、连营分炙、沙场点兵、克敌制胜等场景，然后以“可怜白发生”的喟叹结尾，戛然而止，有如鹰隼突起、凌空直上，又陡然下落，这种出人意表的布局安排扣人心弦，产生了强烈的艺术效果。李白有一首《越中览古》：“越王勾践破吴归，战士还家尽锦衣。宫女如花满春殿，只今惟有鹧鸪飞！”前三句说兴盛，末句说衰败，意思不同，但布局有相通之处。

2. 陈廷焯《白雨斋词话》云：“辛稼轩，词中之龙也。气魄极雄大，意境却极沉郁。”“稼轩词仿佛魏武诗，自是有大本领、大作用人语。”

金缕曲[⑨]

顾贞观

【阅读提示】

这是两首“以词代书”的作品。是顾贞观写给因“丁酉科场案”而流放宁古塔的好友吴兆骞（字汉槎）的。词中倾诉了作者对友人的深切思念和殷殷牵挂，道尽了人世沧桑；表达了全

---

① 梦回，梦醒。吹角连营：各个营垒里接连响起了一片号角声。

② 八百里：据《世说新语》，晋代王恺有一头珍贵的牛，叫八百里驳。后人即用八百里指牛。分麾（huī）下炙（zhì）：把烤牛肉分赏给部下。麾下：部下。炙：烤肉。

③ 五十弦：原指瑟，此处泛指各种乐器。翻：演奏。塞外声：指悲壮粗犷的战歌。

④ 沙场：战场。秋：古代点兵用武，多在秋天。点兵：检阅军队。

⑤ 马作二句：战马像的卢马那样跑得飞快。作：如。的卢：一种烈性快马。相传刘备在荆州遇险，骑的卢马一跃三丈，脱离险境。见《三国志·蜀志·先主传》。霹雳：比喻猛烈的弓弦声。

⑥ 天下事：指恢复中原，完成统一大业。

⑦ 赢得：博得。身后：死后。

⑧ 可怜：可惜。

⑨ 选自陈乃乾辑：《清名家词》，上海，上海书店出版社，1982。

力营救老友的决心和信心，演绎出人间至情。此词语言并不华丽，格律亦非上乘，读来如叙家常，然细细叮咛、拳拳劝慰、灼灼誓言，一字一句皆发自肺腑，具有自然醇厚的美感，因而感人至深。此词一出，被誉为“千古绝调”。《白雨斋词话》评价说：“二词纯以性情结撰而成。悲之深，慰之至，丁宁告戒，无一字不从肺腑流出，可以泣鬼神矣！”

寄吴汉槎宁古塔[①]，以词代书，丙辰冬寓京师千佛寺冰雪中作。

其一

季子平安否[②]？便归来，平生万事，那堪回首？行路悠悠谁慰藉，母老家贫子幼。记不起，从前杯酒。魑魅搏人应见惯[③]，总输他，覆雨翻云手[④]，冰与雪，周旋久[⑤]。　泪痕莫滴牛衣透[⑥]，数天涯，依然骨肉，几家能够？比似红颜多命薄，更不如今还有。只绝塞苦寒难受[⑦]。廿载包胥承一诺[⑧]，盼乌头马角终相救[⑨]。置此札，兄怀袖。

其二

我亦飘零久。十年来，深恩负尽，死生师友。宿昔齐名非忝窃[⑩]，试看杜陵穷瘦[⑪]。曾不减夜郎僝僽[⑫]。薄命长辞知己别，问人生，到此凄凉否？千万恨，为兄剖。　兄生辛未吾丁丑，共些时，冰霜摧折，早衰蒲柳[⑬]。词赋从今须少作，留取心魂相守。但愿得河清人寿[⑭]。归日急翻行戍稿，把空名料理传身后。言不尽，观顿首[⑮]。

【作者简介】

顾贞观（1637—1714），字华峰，号梁汾，无锡人。东林党人顾宪成之曾孙。幼习经史，禀性聪颖，工古诗词，与清初著名词人纳兰性德为忘年交，与陈维崧、朱彝尊并称“词家三绝”。康熙五年（公元 1666 年）举人。擢秘书院典籍，因遭排挤而归里，读书终老。著有《弹

---

① 吴汉槎（chá）：即吴兆骞，吴江人。顺治十四年（公元 1657 年），吴汉槎参加江南乡试，中举，被人诬陷参与科场作弊案，家产籍没入官，父母兄弟妻子全部流放到宁古塔（在今黑龙江）。

② 季子：指吴汉槎。吴汉槎在兄弟中最幼，又因为春秋时吴国有位名人吴季子，故以此称。

③ 魑魅：古代传说中山神和精怪，据说性喜作祟祸人。泛指邪恶的坏人。

④ 覆雨翻云：形容人情反复无常。吴汉槎遭人诬陷而获罪，故有此语。

⑤ 冰与雪二句：比喻作者自己与吴汉槎的友谊纯洁，相与久长。

⑥ 牛衣：盖在牛身上御寒的覆盖物，一般由草或麻制成。《汉书·王章传》：汉代王章为诸生时，贫居长安，卧病无被，曾盖着牛衣和妻子诀别。此处用以比喻吴汉槎的困境。

⑦ 绝塞：极远的边塞，此处指远在黑龙江的宁古塔。

⑧ 包胥：即春秋时楚国大夫申包胥。史载申包胥与伍子胥为知交。伍子胥被迫出走到吴国，为报仇，用计灭楚，攻破楚城。申包胥曾发誓一定要挽救楚国。为救楚，申包胥到秦国求救兵，在秦廷痛哭七日夜，终于感动秦王发兵救楚。在此作者借以表明自己一定会实践诺言营救吴汉槎。

⑨ 乌头马角：史载燕太子丹被囚禁在秦国，求归，秦王说，只有乌鸦头白、马头生角才准他回国。后以此比喻不可能实现的事。此句的意思是：不管有多么困难也一定要营救出你。

⑩ 宿昔：从前。忝窃：辱居其位或愧得其名，用作谦词。

⑪ 杜陵穷瘦：杜陵，指杜甫，此处用杜甫的穷愁潦倒比喻作者自身。

⑫ 夜郎：即李白，李白曾经被流放到夜郎，故以夜郎代指，此处用以比喻被流放的吴汉槎。僝僽（chán zhòu）：烦恼苦闷。

⑬ 早衰蒲柳：比喻衰弱的体质。蒲柳都是早凋植物。

⑭ 河清人寿：古时传说黄河水千年一清，此处指希望吴汉槎康强寿考，能平安归来。

⑮ 顿首：叩头下拜，古代九拜之一，后通用作同辈或下对上的敬礼，常用于书信的起头或末尾。

指集》、《积书岩集》。

【知识链接】

吴兆骞于顺治十四年（公元 1657 年）参加江南乡试，一举成功，不料一场大祸竟从天而降。有人向朝廷举报，此次江南科考有黑幕，正副主考方猷、钱开宗等人涉嫌舞弊。清世祖决定严惩不贷，于顺治十五年举行复试。考场气氛恐怖，戒备森严，如临大敌，吴兆骞胆战心惊，交了白卷。结果家产籍没入官，流放远离京城的宁古塔。此次科场案惩罚之严酷，前所未有。汉族知识分子一时惊悸怨愤不已。吴兆骞的好朋友顾贞观发誓营救，求助于太傅纳兰明珠的儿子纳兰性德，纳兰性德看到这两首《金缕曲》之后，被深深感动了，尽力帮助营救，最后吴兆骞于康熙二十年（公元 1681 年）从关外回归，但已经家破人亡，自己也年过半百，很快就去世了。

长相思[①]

纳兰性德

【阅读提示】

这首词是纳兰性德随康熙皇帝出巡时的作品。康熙二十一年（公元 1682 年）三月，康熙帝至盛京（沈阳）祭拜永陵、福陵、昭陵，纳兰随行。从京城赴关外的途中，他写下了这首描绘塞外风光的思乡之曲。这首词用白描的手法铺叙眼前所见、心中所思，虽着墨不多，却将祖国壮美的边塞风光与军旅之情栩栩如生地刻画出来。语淡情深，宛如行云流水，自然成文。

山一程，水一程，身向榆关那畔行[②]，夜深千帐灯[③]。　　风一更[④]，雪一更，聒碎乡心梦不成[⑤]，故园无此声[⑥]。

【作者简介】

纳兰性德（1655—1685），原名成德，字容若，号楞伽山人。满洲正黄旗人，大学士明珠之子。康熙十五年（公元 1676 年）进士，选授三等侍卫，不久晋升为一等侍卫。他文武双全，是清代最杰出的满族词人，卓然成一大家。纳兰性格颖敏，多愁善感，其词多抒写个人生活的闲愁哀怨，词风真挚自然，清新流利。其悼亡之作尤称绝调。有“清朝李后主”之誉。

【知识链接】

1. 清人周之琦《箧中词》云：“纳兰容若，南唐李重光后身也。予谓重光天籁也，恐非人

---

① 选自张草纫笺注：《纳兰词笺注》，上海，上海古籍出版社，2003。

② 榆关：即山海关。山海关古称榆关，明洪武初改名山海关。那畔：那边。

③ 帐：指行军扎营用的帐篷。

④ 更：古代夜间计时单位，一更约两小时，一夜分为五更。

⑤ 聒（guō）：喧扰，嘈杂，此指风雪声的喧扰。乡心：思乡之心。

⑥ 故园：故乡。

力所能及。容若长调多不协律，小令则格高韵远，极缠绵婉约之致，能使残唐坠绪，绝而复续，第其品格，殆叔原、方回之亚乎？"

2. 近人王国维《人间词话》云："'明月照积雪'、'大江流日夜'、'中天悬明月'、'黄河落日圆'，此种境界，可谓千古壮观。求之于词，唯纳兰容若塞上之作，如《长相思》之'夜深千帐灯'、《如梦令》之'万帐穹庐人醉，星影摇摇欲坠'，差近之。"

【南吕·一枝花】不伏老[①]

关汉卿

【阅读提示】

此曲是关汉卿《不伏老》套曲中的【黄钟尾】。作者将诙谐与夸张的手法推到极致，大肆渲染，成功地塑造了一位个性鲜明的"浪子"形象。这位"浪子"多才多艺，然而风流放诞、玩世不恭；他豪迈率真，却处世污贱、桀骜不驯。这是一个十分另类的形象，迥异于传统文士的人格理想和价值追求，呈现出极其自由的生命本色。

曲子以第一人称抒写，这既是关汉卿个体内在精神的投射，也是元代知识分子在荒诞现实挤压下以叛逆代救赎的缩影。这支曲子风格极其老辣恣肆，作者笔力横健，用词取喻，臻于化境。如大量运用衬字和增句，突破格律，却以和谐严整的节律统摄，表情达意舒卷自如。曲中多取口语俗句，却以机巧出之，化本色平淡为活泼神奇。这些都极大地增强了作品的艺术性，充分展示了关汉卿驾驭语言的才力。

我是个蒸不烂、煮不熟、捶不匾[②]、炒不爆、响当当一粒铜豌豆[③]，恁子弟每[④]，谁教你钻入他锄不断、斫不下、解不开、顿不脱、慢腾腾千层锦套头。我玩的是梁园月[⑤]，饮的是东京酒[⑥]，赏的是洛阳花，攀的是章台柳[⑦]。我也会围棋、会蹴踘[⑧]、会打围[⑨]、会插科[⑩]、会歌舞、会吹弹、会咽作[⑪]、会吟诗、会双陆[⑫]。你便是落了我牙、歪了我嘴、瘸了

---

① 选自隋树森编：《全元散曲简编》，上海，上海古籍出版社，1984。

② 匾：同"扁"。

③ 铜豌豆：元代青楼勾栏中对老狎客的昵称。

④ 每：们，元代口语。

⑤ 玩：习以为常之意，此处指惯赏。梁园：汉代梁孝王修建的用来接待宾客的兔园，在今河南开封附近。

⑥ 东京：汉代以洛阳为东京，五代至宋以汴州（开封）为东京。

⑦ 章台柳：谓妓女。章台，本汉时长安城西南章台下街名，旧时用为妓女的代称。

⑧ 蹴踘（cù jū）：古代的踢球游戏。

⑨ 打围：古代指打猎时的合围，后泛指打猎。

⑩ 插科：插入滑稽动作或诙谐幽默语言的表演，也称"插科打诨"，杂剧演出中常用。

⑪ 咽作：指唱曲子。

⑫ 双陆：一种赌博游戏，二人对局，木盘上置黑白两色木棋子（又称"马"）各十五枚。双方各执一色棋子在十二道的棋盘上掷骰行马，白马自右而左，黑马自左而右，先出完者胜。因横道左右各六，两两相对，故名"双陆"。一说因掷得双六必操胜券，故称"双陆"。

我腿、折了我手，天赐与我这几般儿歹症候[①]，尚兀自不肯休[②]！则除[③]是阎王亲自唤，神鬼自来勾，三魂归地府，七魄丧冥幽，天哪！那其间才不向烟花路儿上走！

【作者简介】

关汉卿，号已斋（一作一斋）、已斋叟，大都（今北京）人。生卒年不详，据现存资料推测，大约生于金代末年（约公元 1220 年前后），卒于元成宗大德初年（约公元 1300 年前后）。关汉卿是元代最伟大的戏剧家，与马致远、郑光祖、白朴并称为“元曲四大家”。关汉卿面向下层，受到民间文学的滋养，作品数量丰富，富于现实意义，语言本色当行。其一生共创作杂剧 60 余种，现存约 18 种，此外还有小令 57 首和套曲 14 套存世。

【知识链接】

1. 散曲的形式体制：散曲又称“词余”，它在词的基础上发展而来，其形式体制主要有小令、套数以及介于两者之间的带过曲等几种。小令，又称“叶儿”，是散曲的基本单位，是单片只曲，调短字少是其最基本的特征。套数，又称“套曲”、“散套”、“大令”，是从唐宋大曲、宋金诸宫调发展而来，它由同一宫调的若干首曲牌连缀而生，各曲同押一部韵，通常在结尾部分还有【尾声】。本篇所选，即为套数的【黄钟尾】。带过曲由同一宫调的不同曲牌组成，如【雁儿落带得胜令】、【骂玉郎带感皇恩采茶歌】等，曲牌最多不能超过三首。

2. 任半塘《散曲概论》论散曲与词的差异：

词静而曲动；词敛而曲放；词纵而曲横；词深而曲广；词内旋而曲外旋；词阴柔而曲刚阳；词以婉约为主，别体则为豪放；曲则以豪放为主，别体则为婉约；词尚意内言外，曲意为言外而意亦外——此词曲精神之所异，亦即性质之所异也。

【般涉调·耍孩儿】借马[④]

马致远

【阅读提示】

这套曲子最大的特色就是对主人公借马人心理的刻画。他极度爱马，但又不得不借马，一长串的叮咛与嘱咐，显示了他内心的矛盾与交战。作者以诙谐的语言、夸张的手法，写出了人们对珍爱的人或物的那种恋恋不舍之情，把那种不愿割舍又不得不作出让步的人物心理状态刻画得淋漓尽致。

近来时买得匹蒲梢骑[⑤]，气命儿般看承爱惜[⑥]。逐宵上草料数十番[⑦]，喂饲得膘息

① 歹症候：恶疾、坏毛病。
② 尚兀自：还是，仍然。
③ 则除：只除是、除非是。
④ 选自隋树森编：《全元散曲简编》。
⑤ 蒲梢：骏马名。汉代大宛（yuān）时所得千里马。骑（jì）：坐骑，马匹。
⑥ 气命儿般：像性命似的。看承：看待，看管，照顾。
⑦ 逐宵：每晚。

胖肥[①]。但有些秽污却早忙刷洗[②]，微有些辛勤便下骑。有那等无知辈，出言要借，对面难推。

【七煞】懒设设牵下槽[③]，意迟迟背后随[④]，气忿忿懒把鞍来鞴[⑤]。我沉吟了半晌语不语，不晓事颓人知不知[⑥]？他又不是不精细[⑦]，道不得[⑧]：他人弓莫挽，他人马休骑[⑨]！

【六煞】不骑呵西棚下凉处拴，骑时节拣地皮平处骑[⑩]。将青青嫩草频频的喂。歇时节肚带松松放[⑪]，怕坐的困尻包儿款款移[⑫]。勤觑着鞍和辔[⑬]，牢踏着宝镫[⑭]，前口儿休提[⑮]。

【五煞】饥时节喂些草，渴时节饮些水[⑯]。着皮肤休使粗毡屈[⑰]，三山骨休使鞭来打[⑱]，砖瓦上休教稳着蹄。有口话你明明的记：饱时休走，饮了休驰[⑲]。

【四煞】抛粪时教干处抛[⑳]，尿绰时教净处尿[㉑]。拴时节拣个牢固桩橛上系[㉒]。路途上休要踏砖块，过水处不教溅起泥。这马知人义[㉓]，似云长赤兔[㉔]，如翼德乌骓[㉕]。

【三煞】有汗时休去檐下拴，渲时休教侵着颓[㉖]。软煮料草铡底细[㉗]。上坡时款把身来

---

① 膘（biāo）息胖肥：马膘肥胖。膘，肥肉。息，生长。

② 秽污：即污秽，肮脏。

③ 懒设设：即懒洋洋。设设，语助词。

④ 意迟迟：慢吞吞。

⑤ 气忿忿：气呼呼。鞴（bèi）：给马搭上鞍戴上辔。

⑥ 颓人：骂人的粗俗话。

⑦ 精细：精明细致。

⑧ 道不得：说不得，说不明白。这是指借马人不懂得“他人弓莫挽，他人马休骑”的道理，跟他说不得。

⑨ 这两句意思是说别人心爱的东西不要去碰。

⑩ 时节：时候。

⑪ 肚带：马鞍上的带子。

⑫ 怕坐的困：如果坐得疲惫了。怕，倘使，如果。困，疲惫。尻（kāo）包儿：俗话，即屁股。款款：慢慢，小心翼翼。

⑬ 辔（pèi）：马笼头。

⑭ 宝镫（dèng）：指供蹬脚用的贵重马镫子。

⑮ 前口儿：马嚼子，拴在马口中的用以控制马的铁链子。提：往上拉。

⑯ 饮（yìn）：给牲畜喝水。

⑰ 着皮肤：挨着皮肤。休使粗毡屈：不要使（挨着马皮肤）的粗毡子卷曲着。屈，弯曲，指未铺平整。

⑱ 三山骨：马腰部的骨头。鞭打三山骨，马就会奔跑。

⑲ 饱时休走，饮了休驰：马喂饱或饮水后不宜奔跑。走，跑。驰，奔跑。

⑳ 抛粪：拉粪。

㉑ 尿绰：撒尿。

㉒ 桩橛：木桩。

㉓ 知人义：通人性，懂道理。

㉔ 云长：指三国名将关羽，关羽字云长。赤兔：赤兔马，关羽所骑宝马名。

㉕ 翼德：指三国名将张飞，张飞字翼德。乌骓（zhuī）：乌骓马，张飞所骑良马名。骓，毛色青白相杂的马。

㉖ 渲：刷洗。颓：马等雄性动物的生殖器官。

㉗ 软煮料：马料要煮软。草铡底细：草要铡得细碎。

耸[①]，下坡时休教走得疾。休道人忒寒碎[②]，休教鞭颩着马眼[③]，休教鞭擦损毛衣[④]。

【二煞】不借时恶了弟兄，不借时反了面皮[⑤]。马儿行嘱咐叮咛记[⑥]：鞍心马户将伊打[⑦]，刷子去刀莫作疑[⑧]。则叹的一声长吁气，哀哀怨怨，切切悲悲[⑨]!

【一煞】早晨间借与他，日平西盼望你，倚门专等来家内。柔肠寸寸因他断，侧耳频频听你嘶。道一声好去，早两泪双垂。

【尾】没道理没道理！忒下的忒下的[⑩]！恰才说来的话君专记，一口气不违借与了你[⑪]!

【作者简介】

马致远（约1250—约1321），号东篱，大都（今北京）人。著名元曲作家，有“曲状元”之称。马致远经历了蒙古时代的后期及元政权统治的前期。青年时追求功名，中年时一度出仕，晚年则淡泊名利，向往闲适的生活。现存7种杂剧，散曲作品被辑为《东篱乐府》传世。

【知识链接】

1. 马致远的生活道路在元代很有典型性。由于废止科举考试制度，读书人即使有才华，也无从进取。从他自己的散曲作品中可以了解到，他在年轻时“写诗曾献上龙楼”，热衷过进取功名。然而他仕途并不显达，文献记载他曾任“江浙行省务官”，实不过是个任蒙古族官员使唤的小吏。因此动了“终焉计”，晚年退隐山林，以诗酒自娱，还曾加入过“书会”，并与书会才人合编过杂剧。他创作的杂剧多为表现出世思想的“神仙道化”戏，他的散曲也在歌颂田园生活的同时，表达了看破红尘的态度。

2. 马致远的杂剧《汉宫秋》在明代臧懋循编刻的《元曲选》中，被列为第一篇。该剧敷衍王昭君出塞和亲故事。马致远的杂剧在以往传说的基础上，把汉王朝和匈奴的关系写成汉弱匈奴强；把昭君出塞的原因，写成毛延寿求贿不遂，在画像时丑化昭君，事败后逃往匈奴，引兵来攻，强索昭君；把元帝写成一个软弱无能、为群臣所挟制而又多愁善感的皇帝；把昭君的结局，写成在汉与匈奴交界处的黑龙江投江自杀。通过这样的描写，《汉宫秋》表达了元代汉族人民的感情。

3. 明初朱权在《太和正音谱》中十分推崇马致远的散曲：“马东篱之词如朝阳鸣凤。其词典雅清丽，可与灵光、景福而相颉颃……宜列群英之上。”

---

① 款：即“款款”，慢慢的意思。

② 忒：太。寒碎：寒酸琐碎。

③ 颩（diū）：甩打。

④ 擦损：擦伤，损伤。毛衣：指马的皮毛。

⑤ 反了面皮：反目，翻脸，不和。

⑥ 马儿行（háng）：马那一面。行，在人称之后，是那边或这里的意思。

⑦ 鞍心：谐音“安心”。马户：字面谐“马虎”之音，实则说“驴”字，“驴”字拆开为“马户”，这是当时勾栏的拆白道字。

⑧ 刷子去刀，也是拆白道字。去刀：字面是谐“去到”之音；“刷”字去掉偏旁立刀，字义为男性生殖器官。此是骂人粗话。莫作疑：不要起疑心。

⑨ 切切悲悲：即悲悲切切。

⑩ 忒下的：太狠心，太下得了手了。

⑪ 一口气不违：说话算话，语气一点都不变。

【仙吕·寄生草】酒[①]

范 康

【阅读提示】

此曲以酒为题，实写饮酒之人的人生感喟。作者正话反说，字面上嬉笑怒骂，字里间则深蕴不平之鸣。作者视功名如粪土，“但愿长醉不复醒”（李白《将进酒》），宁愿在酒乡中寻找生活的寄托，也不愿到名利场中去追腥逐臭。全曲一气贯之，痛快淋漓，具有很强的艺术感染力，故周德清《中原音韵》称赞此曲“命意、造语、下字俱好”。

长醉后方何碍[②]？不醉时有甚思？糟腌两个功名字[③]，醅淹千古兴亡事[④]，曲埋万丈虹霓志[⑤]。不达时皆笑屈原非[⑥]，但知音尽说陶潜是[⑦]。

【作者简介】

范康（生卒年不详），字子安，一作子英，杭州人。约生活在元成宗大德（1297—1307）前后。

【知识链接】

元代后期的钟嗣成在他的《录鬼簿》一书里，将范康归入“方今已亡名公才人，余相知者”一类，可见他生活在元代后期；并说他“明性理，善讲解，能词章，通音律。因王伯成有《李太白贬夜郎》，乃编《杜子美游曲江》，下笔即新奇，盖天资卓异，人不可及也”。可惜这部杂剧已经亡佚，但他的另外一部杂剧《陈季卿悟道竹叶舟》却得以流传至今。

思考与实践

1. 词与散曲有哪些相同与不同之处？
2. 李煜前期和后期的词有哪些相同与不同之处？
3. 你是怎样理解苏轼“豪放”词风的？
4. 以“听雨”为主题，创作一首词或散曲。

---

① 选自孟广来等：《元明散曲详注》，济南，山东文艺出版社，1990。“寄生草”为曲牌名。这组曲共四首，总题为“酒色财气”，所选为第一首。

② 方何碍：无所妨碍。

③ 糟腌句：意谓忘掉和抛弃功名。糟腌：用酒糟腌制。

④ 醅淹句：意谓但求终日一醉，将千古兴亡事置之脑后。醅：未过滤的酒。

⑤ 曲埋句：意谓将远大的志向也沉埋于醉酒之中。曲：酒曲，做酒用的酵母。虹霓志：远大的志向。

⑥ 不达句：意谓不了解屈原的人，都讥笑他不随众人共醉是不知时务。屈原曾说：“众人皆醉，而我独醒。”（《史记·屈原贾生列传》）

⑦ 陶潜：即陶渊明。此句意为，了解陶潜的人都说他的行为是对的。

5. 以“大学生最喜爱的古代词人”为主题，做一次校园调查，并撰写一份调查报告。
6. 选取一首词或者散曲，改写成一篇散文。
7. 将顾贞观的《金缕曲》改写成一封书信。
8. 将马致远的《借马》改编成课本剧。

第七讲　古代辞赋

概　述

在中国古代的诸文体中，赋显得比较特别。因为按照传统的分类，文章可以分为韵文和散文两类，而赋既不是韵文也不是散文，却兼具韵文、散文的某些特点，其铺张扬厉，形式华美，体态典雅，气度雍容，是中国文学中最富民族特色的一种文体。

一、赋的起源与特征

赋作为一种在战国末到秦汉之际发育成型、在汉代全面繁荣的文体，其来源有多种。赋作为一种独立的文体名称，最早出现于战国末期，《荀子·赋篇》是现在学界能见到的最早以赋名篇的作品。《赋篇》采用当时流行的“隐语”手法，表现了礼、知、云、蚕、箴五种事物。其中隐语或称“廋辞”，是古代对谜语的一种称呼。隐语在春秋战国时期各诸侯国宫廷中流行，受到不少国君、贵族的青睐，是宫廷娱乐的一种形式。《荀子·赋篇》以设辞问答和韵散结合的方式展开内容，后来的赋显然继承了这一传统。根据《史记·屈原贾生列传》的记载，“屈原既死之后，楚有宋玉、唐勒、景差之徒者，皆好辞而以赋见称”。今天能看到的《文选》所收宋玉以赋名篇的作品有《风赋》、《高唐赋》、《神女赋》、《登徒子好色赋》及其类似赋的《对楚王问》。可见，赋来源于辞却不同于辞，但继承了屈原及楚辞的铺陈和散文化手法。刘勰的《文心雕龙·诠赋》也说：“然赋也者，受命于诗人，拓宇于楚辞也。”此外，赋还和比、兴并列而三，是《诗经》的一种重要表现方法，即铺陈、描写。班固《两都赋序》就说：“赋者，古诗之流也。”战国时期的纵横策士口若悬河，巧言善辩，对于赋的形成也有深刻的影响。赋继承了多种文体因素，借鉴了楚辞及战国纵横策士主客问答的形式、铺张扬厉的文风以及史传散文的叙事手法，还融入了诗歌因素，在战国秦汉之际逐渐发展、演变成一种新的文体。赋介于诗歌、散文之间，韵散兼行，是汉代最具代表性的文学样式。因此，概括地说，赋的源头可能是多方面的，除了《诗经》和楚辞外，诸子散文、寓言、策士辞令、俳谐之辞等，也分别为辞赋提供了某些文体要素。所以，章学诚认为：“古之赋家者流，原本《诗》、《骚》，出入战国诸子。假设问对，《庄》、《列》寓言之遗也；恢廓声势，苏、张纵横之体也；徘比谐隐，韩非《储说》之属也；征材聚事，《吕览》类辑之义也。”（《校雠通义·汉志诗赋第十五》）

赋有其自身的形式特点和文体规范。第一，赋主要咏物说理，取材广泛，而不是抒发情感。第二，赋最基本的写作手法是铺陈，注重文采，就是使用丰富的辞藻进行描述。这两个特点在刘勰《文心雕龙·诠赋》中说得非常清楚：“赋者，铺也，铺采摛文，体物写志也。”“赋”字的意思就是铺陈。铺陈文采辞藻，说的是艺术手段；体物写志也就是咏物说理，说的是赋的内容。第三，赋除采取设辞问答的基本文体框架和散文化句式之外，还继承了“赋诗”传统，讲究语言的和谐美，每句中的字数基本上以四言、六言为主，整体语言风格介于韵散之间、诗文之间。还要注意的是，就如赋的文体多源性一样，赋在后来的发展中也呈现为一定程度的开放性，有些文体虽然不以赋为名，其实也属于赋体，比如“辞”。一般来说，辞赋合称，指的是赋；如果是辞、赋并称，辞或者指楚辞，或者指以抒情见长的小赋。类似的文体还有“对问”、“七”（如汉代枚乘《七发》）等。

辞赋的特征与其功能密切相关。现代一般将文章分为两类：一类是纯文学文章，侧重于抒情审美；一类是应用文章，主要是叙事说理，重视实用。可是，辞赋这种文体既有实用的功能，也有审美抒情甚至娱乐功能。概言之，除了一般抒情作用之外，赋还有其他功能。其一，娱乐作用。汉代司马相如作《大人赋》呈献给汉武帝，汉武帝龙颜大悦，“飘飘有凌云之气，似游天地之间意”（《史记·司马相如列传》）。其二，社交作用。日常生活中发生的事情，作家都可以用赋加以表现，显示个人才华，密切相互关系。西晋左思寓居京城洛阳一直默默无闻，后来他运思十年，完成《三都赋》，经过当时名人张华的褒奖，立即“豪贵之家，竞相传写，洛阳为之纸贵”（《晋书·左思传》），声名鹊起。其三，政治作用。很多赋家创作大赋时都有美刺目的，看似娱乐，其实主题重大，政治性很强，如枚乘的《七发》，司马相如的《子虚赋》、《上林赋》，扬雄的《羽猎赋》、《长杨赋》，班固的《两都赋》等，都对帝王不顾民众的利益而纵情游猎、溺于声色、侈于营造等不端行为提出了批评。国有大事，往往需要作家呈献辞赋颂美以隆重气氛，而如果赋的质量很高，皇帝则往往授之以高官厚禄。司马相如就是因为汉武帝读到其《子虚赋》而“以为郎”；唐代大诗人杜甫参加科举考试失败，后来也因为呈献《三大礼赋》而得到皇帝的关注，最终得以步入仕途。因此，辞赋写作具有政策性、政治性特征。

赋的这种文体特性和艺术功能具有明显的缺陷与不足，不少学者认为赋太过颂美，不能发挥对帝王的批评作用。汉代学者扬雄就批评赋“曲终奏雅”，“劝百讽一”，效果不佳；后来学者则更多批评辞赋追求铺排、堆砌辞藻、缺少真情，有形式主义的嫌疑，所以，赋在唐、宋之后日趋衰落。但是，站在今天的立场上看，赋这种非诗非文、韵散结合的独特文体和雅俗共赏、实用性与艺术性兼顾的综合功能，恰恰是汉语言文学的特色所在，这一传统文体与文体传统值得我们继承。

二、辞赋的类型

在保持其基本写作特征的前提下，辞赋在不同社会环境和文学背景中也不断发展、演变，按照体制的差异，可分为多种类型。

（一）大赋

大赋主要流行于汉代，后代作者不多。从内容上看，汉大赋是歌功颂德、劝百讽一，以铺叙帝王贵族的游猎、宫苑、京都为主要内容，“遂客主以首引，极声貌以穷文”（刘勰《文心雕龙·诠赋》）。在描写对象上，大至江河湖泊、山林沼泽、苑囿宫室，小至鸟兽虫鱼、草木花卉，都囊括其中，并极尽想象和铺张之能事。在形式上，多采用主客问答的结构，一般由小序、正文、结尾三部分组成；韵文与散文相间，人物出于虚构，以第三者的口吻展开描写。汉大赋往往在纵横交错的铺叙之中，环环相扣，互相映衬，呈现出铺张扬厉、瑰丽宏大、气势壮阔等特点。枚乘的《七发》标志汉大赋的正式形成，司马相如的《子虚赋》和《上林赋》是汉大赋最具代表性的作品。扬雄、班固、张衡在大赋的写作上都有自己的贡献，他们与司马相如并列，被后人称为“汉赋四大家”。

（二）骚体赋

骚体赋在表现形式和语言上更多地借鉴楚辞，故名。较之大赋，它们的形制较小，且多以抒情为主，又被称为抒情小赋。贾谊是汉代骚体赋的开创者，他的《吊屈原赋》、《鹏鸟赋》是现存最早的骚体赋作品。骚体赋代表作还有司马相如的《长门赋》、司马迁的《悲士不遇赋》等。大赋的确是汉赋发展的主流，但骚体赋（抒情小赋）在汉代却与大赋并行发展，对后世文学所产生的影响也不可忽视。后代也有骚体赋，如唐代韩愈的《复志赋》，柳宗元的《惩咎赋》、《闵生赋》等，都是骚体赋中的佳品。

（三）俳赋

俳赋又称"骈赋"。古代称对句为俳语，因此称注重对仗的赋为俳赋。俳赋的主要特点是字句上的工整对仗、音节上的轻重协调。俳赋就是用骈文的手法写赋，它的产生与骈文兴起并成为流行文体有密切关系。俳赋是骈文的一个门类。早期的汉赋中也有一些对仗句，东汉中期以后，赋家运用对仗句增多。魏晋以后，赋的骈化更加明显，在句式上追求整齐、排偶的风气已经形成，如曹植的《洛神赋》、左思的《三都赋》、陆机的《文赋》等。到了南北朝时期，对仗工整、辞藻华丽，更成为赋家的自觉追求，如鲍照的《芜城赋》，江淹的《恨赋》、《别赋》，谢庄的《月赋》，庾信的《哀江南赋》、《小园赋》、《枯树赋》等。

（四）律赋

"律"是格律，是指作赋必须遵守的对仗、声韵的限制。律赋是适应唐宋科举考试用赋而产生的新赋体，宋代陈鹄的《耆旧续闻》记载："四声分韵，始于沈约。至唐以来，乃以声律取士，则今之律赋是也。"律赋是在六朝俳赋的基础上发展而来的，除讲究对仗工整外，由于科举考试的需要，它更要统一命题、限韵、限时间、限字数，以便考察考生水平的差异。以限韵而言，不仅讲韵数、讲平仄，还讲次韵（按所限韵脚，依次来押）。由于在形式上近乎苛刻的限制，又由于内容的阐释经义和歌功颂德，律赋少有佳作流传。

（五）文赋

"文"指古文，文赋的主要特点是不同于俳赋、律赋对骈偶、用韵的限制，而接近于古文。文赋一般不排斥对偶句，但并不刻意追求对偶，趋向于散文化。它是在唐宋古文运动的影响下产生的。文赋虽也同汉赋一样有铺陈的特点，但它借鉴当时古文写作的句式、章法和气韵，克服了汉赋用字古奥、堆砌辞藻的毛病，文辞清新秀美，抒情状物均以个人体验为主。文赋始于唐，代表作品有杜牧的《阿房宫赋》；在宋代有进一步的发展，代表作有欧阳修的《秋声赋》和苏轼的前后《赤壁赋》等。

（六）俗赋

上述诸赋是古代辞赋发展的主流，作者都是文人，但是，在民间一直还流行着俗赋。1993 年江苏连云港市东海县尹湾村西汉晚期墓出土的简牍上就有《神乌赋》，20 世纪初重现天日的敦煌藏卷中也有大量类似俗赋的赋作。这些赋以四言为主，押韵大体整齐，语言浅近通俗，且以讲述故事为特色，具有寓言的性质，和传世典籍所保存的汉代文人辞赋大不相同，具有鲜明的民间文学特点。

三、辞赋的发展

辞赋形成之后的发展、演变，一方面表现为多种类型，另一方面体现出特定的时代性特征。

（一）两汉赋

在汉代特定的社会文化背景下，辞赋创作全面繁荣。第一，汉代文人中间还没有出现自觉的诗歌创作活动，辞赋是文人文学创作的主要文体。第二，作家队伍庞大。第三，体式多样，名篇众多，特别是大赋成就最高。汉初贾谊的《吊屈原赋》是以骚体写成的抒怀之作，终汉之世，骚体赋都绵延不绝。枚乘的《七发》标志着用对话结构篇章、长于铺陈、辞藻丰富、"劝百讽一"的新体赋——大赋的正式诞生。司马相如的《上林赋》、《子虚赋》代表着新体赋的最高成就，两篇赋都歌颂汉朝天子的声威。西汉后期辞赋代表作品则有王褒的《洞箫赋》和扬雄的《甘泉赋》、《河东赋》、《羽猎赋》、《长杨赋》。东汉初班固的《两都赋》开创了京都赋的范例，张衡有《二京赋》。继承西汉贾谊赋、司马相如《长门赋》、司马迁《悲士不遇赋》、扬雄《逐贫赋》的创作传统，东汉抒情赋勃兴；纪行赋的代表作有班彪的《北征赋》、蔡邕的《述行赋》；述志赋则有张衡的《思玄赋》、《归田赋》和赵壹的《刺世疾邪赋》。《归田赋》是文学史上第一篇描写田园之乐的作品，也是第一篇比较成熟的骈体赋，代表着赋体文学向魏晋南北朝文学的转化。

汉赋作为一代之文体，能够在汉代兴盛起来，原因首先是封建帝王的爱好与提倡。出于"润色鸿业"、"粉饰太平"和"虞悦耳目"的需要，汉代不少皇帝和诸侯王都爱好辞赋，并大力加以提倡。其次是献赋、考赋的制度形成。司马相如和枚乘之子枚皋都因献赋而得到汉武帝的赏识，此后，宣帝时王褒、张子侨，成帝时扬雄，章帝时崔阳，都凭赋进入官场。到了东汉顺帝时，已形成了以赋颂取士的制度。最后，儒学的兴盛和文化的发达，也是汉赋发展兴盛的重要原因。到了东汉后期，统治阶级奢侈无度，宦官与外戚争夺政权，豪强地主兼并土地剧烈，阶级矛盾日益尖锐，《后汉书·张衡传》说："国王骄奢，不遵典宪。又多豪右，共为不执。"在这种情形下，敢于正视现实的作家，如张衡、赵壹、蔡邕等人，改用抒情小赋抒发内心的感慨，而大赋由于失去颂扬对象而日渐衰落。

大赋是汉代最有代表性的文体，但是，毋庸讳言，大赋有它局限性的一面。为了吹捧帝王而换取功名利禄，赋作者写了不少颂德、粉饰太平的作品，往往内容空虚、思想贫弱。正如刘勰指出的："繁花损枝，膏腴害骨；无贵风轨，莫益劝诫。"（《文心雕龙·诠赋》）另外，在表现形式上，大赋"极声貌以穷文"（《文心雕龙·诠赋》），有重辞藻而轻内容的形式主义倾向，同时也存在因袭模仿而导致的僵化、板滞文风，因喜用奇词僻字而让人难以卒读。但是，大赋在文化史和文学史上的地位是不可低估的：第一，汉赋描绘了汉代的宫苑、都市生活，表现了封建帝王的气势和声威，在某种程度上也反映了统治阶级的骄奢享乐，具有一定的时代色彩和认识价值，这些都是研究汉代文化史不可多得的材料。第二，汉赋的兴盛，标志着文学创作正走向自觉。汉赋作者铺采摛文，体物写志，自觉把文学与其他的写作区分开来。《典论·论文》提出"诗赋欲丽"的观点，《汉书》中出现"文章"的概念，《汉书·艺文志》中出现"诗赋略"，《后汉书》在《儒林传》外又立有《文苑传》，这些文学自觉现象和观念的形成与汉赋有着密不可分的关系。汉赋对文学自身价值的追求，对后世文学的影响非常巨大。第三，汉赋丰富了文学词汇，为后世提供了诸多的文学技巧。正如刘勰所说："至若气貌山海，体势宫殿，嵯峨揭业，熠耀焜煌之状，光采炜炜而欲然，声貌岌岌其将动矣。"（《文心雕龙·夸饰》）汉赋为中国文学形式美的塑造提供了典范，不可否认，汉赋开启了讲求文采的文学创作的先河。

（二）魏晋六朝赋

随着东汉政权的崩溃，儒家经学思想失去了钳制人心的统治地位，思想空前解放，个体生命的价值受到重视，随之而来的就是文学的自觉。这样一种思潮从建安时期延续到六朝，文学及辞赋的发展从而呈现出与两汉时的巨大差异。"以情纬文"、为文求丽的倾向不仅表现在诗歌之中，辞赋也开始呈现新的面貌，其主要表现为内容上的抒情化和语言形式上的骈俪化。

尽管此时的大赋创作仍然在延续，左思有《三都赋》，谢灵运有《山居赋》，但是，此时流行的还是抒情小赋。建安时期王粲的《登楼赋》、曹植的《洛神赋》皆情韵悠长。祢衡的《鹦鹉赋》虽是咏物赋，但借物言志，不即不离，文采斐然。大赋也出现诗化倾向，抒情写景，情景融合，如南朝谢惠连的《雪赋》、鲍照的《芜城赋》、江淹的《恨赋》和《别赋》、谢庄的《月赋》等。如《别赋》写恋人分别："春草碧色，春水渌波，送君南浦，伤如之何！至乃秋露如珠，秋月如珪，明月白露，光阴往来，与子之别，思心徘徊！"南北朝最后一位大作家、集南北文学大成的庾信，其《哀江南赋》题目取自楚辞《招魂》"魂兮归来哀江南"，庾信自述此作"不无危苦之辞，惟以悲哀为主"，与其晚年诗同调，深情、丽辞兼备，代表着六朝抒情赋、骈体赋的最高成就。这个时期辞赋创作另外一个重要成就是同题共作的咏物赋的大量出现。

（三）唐赋

唐以诗名世，其实，唐人最推崇的文学偶像就是汉代的辞赋大家司马相如和扬雄。影响唐人最深的前代文学总集《文选》，所选作品第一类就是赋，而且是以京都为描写对象的大赋。所以，辞赋在唐代仍然繁荣，清代学者王芑孙就说："诗莫盛于唐，赋亦莫盛于唐。"（《读赋卮言》）

唐赋的成就很高，足以汉唐并称，原因有三：一是数量巨大。根据《全唐文》统计，唐代有赋传世的辞赋作家有 540 人，以赋名篇的作品有 1 622 篇，无论作家队伍还是作品数量都大大超过两汉。二是体制创新。汉代最具特色的是大赋，而唐代最有成就的是律赋，敦煌藏卷还保存了大量的俗赋。三是题材广泛，现实精神比前代强化。李白的《大鹏赋》，是潇洒飘逸的诗人自我精神的化身；杜甫的《三大礼赋》，气势雄伟，则有开元时代的面影；萧颖士的《登故宜城赋》，描写了安史之乱发生前的时局，慷慨激昂地论述安史之乱的根源，充满忧国忧民的精神；杜牧的《阿房宫赋》，表面上是铺写阿房宫的壮丽华美，其实是揭露秦王朝贪图享乐，明是批评秦朝，其实笔锋所向是所在时代。

（四）两宋赋

宋代实行崇文抑武的基本国策，文人生活优裕，文化活动丰富，宋代文学各种文体都受到重视，诗、词、文都形成了自身特色。宋代的辞赋之创新，一个就是体制，宋代承接唐赋语言平易化的发展趋势，形成了文赋，并出现了欧阳修的《秋声赋》、苏轼的前后《赤壁赋》这样的千古佳作。另外一个是内容的变化，就是出现大量以说理见长的赋，这是宋代理学勃兴的反映，代表着宋人好理趣的文化性格。

（五）元明清赋

这一时期辞赋作品数量惊人。例如明代周履，一人有赋 606 篇；《历代赋汇》收录元代 128 位作家 323 篇赋作、明代 369 位作家 735 篇赋作；近代人所辑《赋海大观》，收录历代赋 12 000 余篇，其中清赋在 7 000 篇以上。但是，由于以前各代辞赋成就很高，从两汉到魏晋六朝，从唐代律赋到宋代文赋，特色鲜明，留给元明清作家艺术形式上的开掘空间很小，很多作家创作时自然而然受到前代同类型辞赋作品影响，比如庾信有《哀江南赋》，近代人金应麟则有《哀江南赋》，章炳麟有《哀韩赋》、《哀山东赋》。元明清时期不少辞赋虽然写得更精致，更有艺术性，但是，作者的创作态度不像以往那样严肃，缺少真情实感，没有反映生动的社会生活和作家的生命体验，有的甚至沦为文字游戏。

自从五四新文化运动以来，尽管古典形态的文学创作终结，但是，其艺术精神作为中国民族文化传统仍然渗透在新体文学创作之中，诗歌、小说、散文如此，辞赋也不例外。近年来《光明日报》连载的“百城赋”引起社会各界的广泛参与和关注，证明辞赋作为最具民族艺术特色的文体形式仍然具有审美活力和当代性。

文选

九 辩[①]

宋 玉

【阅读提示】

《九辩》主要借写秋命笔，揭露和批判了时政的黑暗，抒发自己落拓不偶的悲愁和不平。在艺术上，宋玉多模仿屈原，但也有自己的特色：想象丰富，体物细腻。它善于借景抒情，融情于景，把自然现象与诗人失意悲怆的心绪结合起来。以细致入微的笔法写出时序的变化与内心微妙的体验。语言上抑扬顿挫，饶有音乐美。《九辩》是中国文学史上第一篇情深意长的悲秋之作。

悲哉！秋之为气也。萧瑟兮[②]，草木摇落而变衰。憭栗兮，若在远行。登山临水兮，送将归[③]。泬寥兮，天高而气清；宷寥兮，收潦而水清[④]。憯凄增欷兮，薄寒之中人[⑤]；怆怳圹悢兮[⑥]，去故而就新；坎廪兮[⑦]，贫士失职而志不平；廓落兮，羁旅而无友生[⑧]；惆怅兮，而私自怜。燕翩翩其辞归兮，寂漠而无声[⑨]。雁廱廱而南游兮，鹍鸡啁哳而悲鸣[⑩]。独申旦而不寐兮，哀蟋蟀之宵征[⑪]。时亹亹而过中兮，蹇淹留而无成[⑫]。

悲忧穷蹙兮独处廓，有美一人兮心不绎[⑬]。去乡离家兮来远客，超逍遥兮今焉薄[⑭]？

---

① 据文渊阁四库全书本《楚辞集注》，北京，商务印书馆，2005。关于《九辩》名称的意义，王逸释“辩”为“变”。王夫之说：“辩犹遍也。一阙谓之一遍。盖亦效夏启《九辩》之名，绍古体为新裁，可以被之管弦。其词激宕淋漓，异于风雅，盖楚声也。后世赋体之兴，皆祖于此。”（《楚辞通释》）此说较为通达，今多从此说。

② 萧瑟：形容风吹树木的声音。

③ 憭栗（liáo lì）：凄凉貌。此四句谓秋天带给人们的悲凉情绪如同远行送别一样。

④ 泬（xuè）寥：清朗空旷貌。宷：当作“寂”。潦（lǎo）：雨水。

⑤ 憯（cǎn）凄：悲痛；感伤。增欷（xī）：更加抽咽叹息。薄寒：轻寒。中人：伤人。

⑥ 怆怳（chuàng huǎng）：失意貌。圹悢（kuǎng liàng）：失意怅惘。

⑦ 坎廪（lǎn）：困顿；不得志。

⑧ 廓落（kuò）：孤寂貌。羁（jī）旅：寄居作客。友生：朋友。

⑨ 燕翩翩其辞归：言燕子因秋凉而从北方飞往南方。寂漠：同“寂寞”，寂静；沉寂。

⑩ 廱廱（yōng）：和乐貌。鹍（kūn）鸡：古代指象鹤的一种鸟。啁哳（zhāo zhā）：形容声音烦杂而细碎。

⑪ 申旦：自夜至晨。申：至；到。宵征：夜行。

⑫ 时亹亹而过中：言人已经超过中年。亹亹（wěi）：缓慢流动，无止无休。蹇：语气词。淹留：滞留，久留。

⑬ 穷蹙：困顿窘迫。独处廓：茫然独立。有美一人：代指君主。绎：舒解，宽怀。

⑭ 来远客：离开郢都渡沅湘而远走异乡。超：远。逍遥：漂泊无依。焉薄：无所依归。

专思君兮不可化[①]，君不知兮可柰何！蓄怨兮积思，心烦憺兮忘食事[②]。愿一见兮道余意，君之心兮与余异。车既驾兮朅而归[③]，不得见兮心伤悲。倚结軨兮长太息，涕潺湲兮下沾轼[④]。忼慷慨绝兮不得，中瞀乱兮迷惑[⑤]。私自怜兮何极？心怦怦兮谅直[⑥]。

皇天平分四时兮，窃独悲此廪秋[⑦]。白露既下百草兮，奄离披此梧楸[⑧]。去白日之昭昭兮，袭长夜之悠悠[⑨]。离芳蔼之方壮兮，余萎约而悲愁[⑩]。秋既先戒以白露兮，冬又申之以严霜[⑪]。收恢台之孟夏兮，然欿傺而沉藏[⑫]。叶菸邑而无色兮，枝烦挐而交横[⑬]。颜淫溢而将罢兮[⑭]，柯仿佛而萎黄。萷櫹椮之可哀兮，形销铄而瘀伤[⑮]。惟其纷糅而将落兮，恨其失时而无当[⑯]。揽騑辔而下节兮，聊逍遥以相佯[⑰]。岁忽忽而遒尽兮，恐余寿之弗将[⑱]。悼余生之不时兮，逢此世之俇攘[⑲]。澹容与而独倚兮，蟋蟀鸣此西堂[⑳]。心怵惕而震荡兮，何所忧之多方[㉑]？卬明月而太息兮，步列星而极明[㉒]。

窃悲夫蕙华之曾敷兮，纷旖旎乎都房[㉓]。何曾华之无实兮，从风雨而飞飏[㉔]。以为君独服此蕙兮，羌无以异于众芳[㉕]。闵奇思之不通兮，将去君而高翔[㉖]。心闵怜之惨凄兮，愿一见而有明。重无怨而生离兮，中结轸而增伤[㉗]。岂不郁陶而思君兮，君之门以九重[㉘]。

---

① 专：专一。化：改变。

② 烦憺（dàn）：烦恼忧愁。

③ 朅而归：朅，通“盍”，意为哪里；归，归附。

④ 结軨（líng）：车厢拦板。太息：叹息。潺湲：潸然流淌的样子。轼：车厢前可以用来扶手的横木。

⑤ 忼慨：感叹。绝：停，断。中：内心，瞀（mào）乱：迷乱。

⑥ 怦怦：忠诚谨重。谅直：诚信正直。

⑦ 窃：我。廪，通“凛”，寒冷。

⑧ 奄：通“淹”，全。离披：使离散纷披。

⑨ 袭：承接，进入。

⑩ 芳蔼：芬芳繁茂。壮：繁盛。萎，落魄。约：穷困。

⑪ 戒：戒备，警惕。申：重复。

⑫ 恢台：广大。欿：同“坎”。傺（chì）：止。此句谓夏气充盈郁勃，宜长养万物，但为秋气所逼不得行于时。这里喻当时政治局面。

⑬ 菸（yū）邑：草木残零。烦挐（rú）：零乱纷披。

⑭ 颜，色泽。淫溢：久经浸蚀。罢：通“疲”，使疲敝毁伤。

⑮ 萷（shāo）：树梢。櫹椮（xiāo sēn）：枝干无叶而长伸的样子。销铄：日渐侵蚀。瘀：病。

⑯ 纷糅：纷纭杂乱。

⑰ 騑（fēi）辔：马缰绳。下节：节制缓行。聊：姑且。逍遥：徘徊。相佯：徜徉。

⑱ 忽忽：迅疾。遒：尽。将：长久。

⑲ 俇攘（guàng ráng）：纷攘不安。

⑳ 澹：安定。容与：闲适无为。

㉑ 怵惕（chù tì）：警惕。多方：很多方面。

㉒ 卬（yǎng）：仰望。极明：直到天亮。

㉓ 敷：花开，纷：多。旖旎（yǐ nǐ）：美盛。都房：丰满的花房。

㉔ 华：花。飏（yáng）：飘扬。

㉕ 服：佩戴，羌：竟然。

㉖ 闵：同“悯”，哀伤。通：到达，被接受。

㉗ 重：更。结轸（zhěn）：郁积。

㉘ 郁陶：郁积。

猛犬狺狺而迎吠兮，关梁闭而不通[①]。皇天淫溢而秋霖兮，后土何时而得漧[②]？块独守此无泽兮，仰浮云而永叹[③]。

何时俗之工巧兮，背绳墨而改错[④]！却骐骥而不乘兮，策驽骀而取路[⑤]。当世岂无骐骥兮？诚莫之能善御[⑥]。见执辔者非其人兮，故駶跳而远去[⑦]。凫雁皆唼夫梁藻兮，凤愈飘翔而高举[⑧]。圆凿而方枘兮，吾固知其钼铻而难入[⑨]。众鸟皆有所登栖兮，凤独遑遑而无所集[⑩]。愿衔枚而无言兮，尝被君之渥洽[⑪]。太公九十乃显荣兮，诚未遇其匹合[⑫]。谓骐骥兮安归？谓凤皇兮安栖？变古易俗兮世衰，今之相者兮举肥[⑬]。骐骥伏匿而不见兮，凤皇高飞而不下。鸟兽犹知怀德兮，何云贤士之不处[⑭]？骥不骤进而求服兮，凤亦不贪喂而妄食[⑮]。君弃远而不察兮，虽愿忠其焉得？欲寂漠而绝端兮[⑯]，窃不敢忘初之厚德。独悲愁其伤人兮，冯郁郁其何极[⑰]？

霜露惨凄而交下兮，心尚幸其弗济[⑱]。霰雪雰糅其增加兮，乃知遭命之将至[⑲]。原徼幸而有待兮，泊莽莽与野草同死[⑳]。愿自往而径游兮，路壅绝而不通。欲循道而平驱兮，又未知其所从[㉑]。然中路而迷惑兮，自压按而学诵[㉒]。性愚陋以褊浅兮，信未达乎从容[㉓]。窃美申包胥之气晟兮，恐时世之不固[㉔]。何时俗之工巧兮，灭规矩而改凿！独耿介而不随兮，愿慕先圣之遗教。处浊世而显荣兮，非余心之所乐。与其无义而有名兮，宁穷处而守高。食不偷而为饱兮，衣不苟而为温[㉕]。窃慕诗人之遗风兮，愿托志乎素餐[㉖]。蹇充倔而

---

① 狺（yín）：狗叫。关梁：关口和桥梁，后用以指对官吏的保举。

② 霖：雨。漧（gān）：同“干”。

③ 块：独自。

④ 工巧：取巧作伪。绳墨：规矩，正道。错，同“措”，措置，施行。

⑤ 却：弃绝不用。策：骑乘。驽骀（tái）：劣马。

⑥ 御：驾驭。

⑦ 駶（jú）：不前行。

⑧ 唼（shà）：（水鸟）进食。

⑨ 凿：榫眼。枘（ruì）：榫头。钼铻（jǔ yǔ）：不相合。

⑩ 登：升。集：鸟栖在树上。

⑪ 枚：士兵在行进衔在口中防止出声的小棒。形如筷子。被：领受。渥（wò）洽：丰厚的恩遇。

⑫ 太公：指姜尚。

⑬ 相者：相马者。举肥：选取肥马。比喻取人不当。典出古语：相马失之瘦，相士失之贫。

⑭ 处：留居。

⑮ 服：任用。喂：食。

⑯ 绝端：断绝前之因遇。

⑰ 冯：烦闷。

⑱ 济：渡河。

⑲ 雰（fēn）：云气，阴霾。糅（róu）：混杂。

⑳ 徼（jiǎo）幸：同“侥幸”。泊莽莽：独处旷野。

㉑ 平驱：平稳地行进。

㉒ 压按：抑止。按，又作桉，各本不同。诵：恭维赞扬。

㉓ 褊（biǎn）浅：狭隘浅薄。

㉔ 申包胥：楚人，吴兵攻楚，他赴秦求救，在秦庭痛哭七昼夜，因而感动秦王出兵救楚。

㉕ 偷：苟且。

㉖ 素餐：居官在位，无所建树。

无端兮，泊莽莽而无垠[①]。无衣裘以御冬兮，恐溘死不得见乎阳春[②]。靓杪秋之遥夜兮，心缭悷而有哀[③]。春秋逴逴而日高兮，然惆怅而自悲[④]。四时递来而卒岁兮，阴阳不可与俪偕[⑤]。白日晼晚其将入兮，明月销铄而减毁[⑥]。岁忽忽而遒尽兮，老冉冉而愈弛[⑦]。心摇悦而日幸兮，然怊怅而无冀[⑧]。中憯恻之凄怆兮，长太息而增欷[⑨]。年洋洋以日往兮，老嵺廓而无处[⑩]。事亹亹而觊进兮，蹇淹留而踌躇[⑪]。

何泛滥之浮云兮，猋雍蔽此明月[⑫]。忠昭昭而愿见兮，然雺曀而莫达[⑬]。愿皓日之显行兮，云蒙蒙而蔽之。窃不自聊而愿忠兮，或黕点而污之[⑭]。尧舜之抗行兮，瞭冥冥而薄天[⑮]。何险巇之嫉妒兮，被以不慈之伪名[⑯]。彼日月之照明兮，尚黯黮而有瑕[⑰]。何况一国之事兮，亦多端而胶加[⑱]。

被荷裯之晏晏兮，然潢洋而不可带[⑲]。既骄美而伐武兮，负左右之耿介[⑳]。憎愠惀之修美兮，好夫人之慷慨[㉑]。众踥蹀而日进兮，美超远而逾迈[㉒]。农夫辍耕而容与兮，恐田野之芜秽。事绵绵而多私兮，窃悼后之危败[㉓]。世雷同而炫曜兮，何毁誉之昧昧。今修饰而窥镜兮，后尚可以窜藏[㉔]。愿寄言夫流星兮，羌倏忽而难当。卒壅蔽此浮云，下暗漠而无光。尧舜皆有所举任兮，故高枕而自适。谅无怨于天下兮，心焉取此怵惕[㉕]？乘骐骥之浏浏兮，驭安用夫强策[㉖]？谅城郭之不足恃兮，虽重介之何益[㉗]！邅翼翼而无终兮，忳惛

---

① 充倔：自足于失节，倔，同诎。

② 溘（kè）：立即、马上。

③ 靓（jìng）：思索。杪（miǎo）秋：晚秋。缭悷（liáo lì）：悲伤纠结。

④ 春秋：年龄。逴（chuō）：远，指（年事）已高。

⑤ 俪偕：结伴而行。

⑥ 晼（wǎn）晚：（太阳）即将落下。销铄：销蚀亏损。减毁：亏缺。

⑦ 弛：消逝。

⑧ 摇：不安。悦：通“脱”，随便。怊（chāo）怅：悲伤失意。无冀：内心失落无所凭恃。

⑨ 欷：泣叹。

⑩ 洋洋：消逝的样子。嵺（liáo）廓：空阔辽远。

⑪ 亹亹（wěi）：勤勉的样子。觊（jì）：希望。

⑫ 猋（biāo）：疾速。雍（yōng）蔽：阻隔遮蔽。雍：同“壅”。

⑬ 雺曀（yīn yì）：阴云密布、天色灰暗的样子。

⑭ 黕（dǎn）：污秽。

⑮ 抗：高尚。瞭：明亮。薄：贴近。

⑯ 险巇（xī）：险恶。

⑰ 黯黮（tàn）：不明貌。

⑱ 胶加：乖戾不合，缠绕无绪。

⑲ 裯（dǎo）：当是“裯”字之误，裯：短衣。晏：鲜艳明丽。潢（huáng）洋：虚空、不服帖。带：穿着。

⑳ 伐：夸耀。

㉑ 愠惀（yùn lǔn）：好学深思而不外露的人。

㉒ 踥蹀（qiè dié）：小步行走。逾迈：遥远。

㉓ 后：君主。危败：遭欲危机而失败。

㉔ 窜藏：潜伏隐匿而不至于灭亡。饰：同“饰”。

㉕ 谅：正直。怵惕：忧惧。

㉖ 浏浏：如同流水一样畅达，比喻所任得人。

㉗ 介：甲兵，卫兵。

惛而愁约①。生天地之若过兮，功不成而无效。愿沉滞而不见兮，尚欲布名乎天下。然潢洋而不遇兮，直怐愗而自苦②。莽洋洋而无极兮，忽翱翔之焉薄？国有骥而不知乘兮，焉皇皇而更索？宁戚讴于车下兮，桓公闻而知之③。无伯乐之相善兮，今谁使乎誉之？罔流涕以聊虑兮，惟著意而得之④。纷忳忳之愿忠兮，妒被离而鄣之⑤。

愿赐不肖之躯而别离兮，放游志乎云中。乘精气之抟抟兮，骛诸神之湛湛⑥。骖白霓之习习兮，历群灵之丰丰⑦。左朱雀之茇茇兮，右苍龙之躣躣⑧。属雷师之阗阗兮，通飞廉之衙衙⑨。前轻辌之锵锵兮，后辎乘之从从⑩。载云旗之委蛇兮，扈屯骑之容容⑪。计专专之不可化兮，愿遂推而为臧⑫。赖皇天之厚德兮，还及君之无恙。

【作者简介】

宋玉，生卒年不详，又名子渊，战国时楚国鄢（今湖北钟祥市）人。相传为屈原的学生，善辞赋，与唐勒、景差齐名。《汉书·艺文志》收录宋玉的赋16篇，但多亡佚。流传的作品主要有《九辩》、《风赋》、《高唐赋》、《登徒子好色赋》等。

【知识链接】

从文学艺术的创造性来看，《九辩》是很成功的作品。悲秋题旨，本来是古代南方文学（以《楚辞》为代表）的特点之一，最能显示楚骚精神的浪漫主义色彩。《九辩》把悲秋题旨发挥得淋漓尽致，也成为后代人们学习的典范。从此，在中国文学中，悲秋一直是诗文家喜爱的题材，雄才大略的汉武帝有《秋风辞》，潇洒俊秀的曹植有《秋思赋》、《遥逝》，高瞻远瞩的曹丕有《燕歌行》。魏晋南北朝诗人笔下的秋天，大都带有《九辩》悲秋的气息，庾信《拟咏怀二十七首》之十一“摇落秋为气，凄凉多怨情”，以悲秋带出身世之感、家国之恨，更为悲秋主题谱写出新曲。此后历经唐宋元明清，诗词中的悲秋之风始终弥漫不散。悲秋已经成为中国传统文学的母题之一，产生了许多动人的作品，而《九辩》原创性的功劳，当是不可抹杀的。（《先秦诗鉴赏辞典》）

---

① 邅（zhān）：行走艰难不进。翼翼：恭敬的样子。忳（tún）：忧愁。惛惛（mǐn）：昏昧，烦闷。约：缠束。

② 怐愗（kòu mào）：愚昧。

③ 宁戚，春秋时卫国人，贫困微贱，以歌讴引起齐桓公注意，被任命为卿。

④ 罔：迷惑，失意。聊虑：深思。

⑤ 忳忳（zhūn）：专一。鄣：通“障”，阻蔽。

⑥ 抟（tuán）：圆球状。骛（wù）：追逐。湛湛：清冽的样子。

⑦ 骖（cān）：驾驭。习习：飞动的样子。丰：多。

⑧ 茇茇（bá）：飞翔的样子。躣躣（qú）：行进的样子。

⑨ 阗阗（tián）：（雷声）宏大。飞廉：风神。衙衙（yú）：列队行进。

⑩ 轻辌（liáng）：轻便的卧车。锵锵：车行进的声音。辎（zī）：装载物资的车。乘：争相前进。从从：追随。

⑪ 委蛇（yí）：行列迂曲的样子。扈：侍从人员。屯骑：马匹聚在一起。

⑫ 专专：专一。化：改变。臧：美善。

洛神赋(节选)[①]

曹　植

【阅读提示】

《洛神赋》以第一人称手法描述了诗人在洛水之滨与女神相遇相恋，终因人神道殊而含情痛别的故事。后人对作品的寓意有不同理解，或曰洛神就是指曹丕甄皇后，甄后本来喜欢曹植，后来却错嫁曹丕，最终受谗言而死，曹植因怀念她而写下《感甄赋》，后被改为《洛神赋》。也有人认为，曹植假托洛神，寄心文帝，抒发衷情不能相通的政治苦闷。全赋情节扑朔迷离，语言绮丽华美，格调凄艳哀伤，其中对洛神之美的描绘，多方着墨，生动传神，尤为脍炙人口。

黄初三年[②]，余朝京师[③]，还济洛川[④]。古人有言，斯水之神[⑤]，名曰宓妃。感宋玉对楚王说神女之事[⑥]，遂作斯赋。其词曰：

余从京域[⑦]，言归东藩[⑧]，背伊阙，越轘辕，经通谷，陵景山[⑨]。日既西倾，车殆马烦[⑩]。尔乃税驾乎蘅皋[⑪]，秣驷乎芝田[⑫]，容与乎阳林[⑬]，流盼乎洛川[⑭]。于是精移神骇，忽焉思散[⑮]。俯则未察，仰以殊观[⑯]。睹一丽人，于岩之畔。乃援御者而告之曰[⑰]：“尔有觌于彼者乎[⑱]？彼何人斯，若此之艳也！”御者对曰：“臣闻河洛之神，名曰宓妃。然则君王之所见也，无乃是乎！其状若何？臣愿闻之。”

---

① 选自赵幼文校注：《曹植集校注》，北京，人民文学出版社，1998。洛神：洛水女神，传为古帝宓(fú) 羲氏之女宓妃淹死洛水后所化。

② 黄初：魏文帝曹丕年号，公元 220 年至 226 年。

③ 朝：臣下朝见君王。京师：指洛阳，今河南省洛阳市。

④ 还济：回来渡过。洛川：洛水，源出陕西，经洛阳，入黄河。

⑤ 斯水：洛水。

⑥ 感宋玉句：指宋玉《高唐赋》、《神女赋》中所写楚襄王与神女相遇之事。

⑦ 京域：犹言京师。

⑧ 言：语气词。东藩：指曹植封地鄄城。藩，诸侯为王室屏藩，故称“藩国”。

⑨ 背：背离。伊阙：山名，在洛阳南。轘（huán）辕：山名，在今河南偃师东南。通谷：谷名，在洛阳东南五十里。陵：登。景山：山名，在今河南偃师南。

⑩ 车殆马烦：车驾怠惰，马匹疲乏不堪。殆，通“怠”，困顿。烦，疲乏。

⑪ 尔乃：于是。税驾：解马卸车。蘅皋：生长杜蘅的河岸。皋，河边高地。

⑫ 秣驷：喂马。秣，喂食料。驷，拉同一车的四匹马，此指马。芝田：芝草生长的田野。

⑬ 容与：从容，优游。阳林：地名。

⑭ 流盼：纵目远看。盼，一作“眄”（miǎn）。

⑮ 精移神骇，忽焉思散：指精神恍惚，思绪涣散。骇，散。

⑯ 俯则未察，仰以殊观：指向下看没有看清什么，抬头看却看到了不平常的景象。察，看清。

⑰ 援：拉着。御者：即车夫。

⑱ 觌（dí）：见。彼者：那个人，即前句中“丽人”。

余告之曰：其形也，翩若惊鸿，婉若游龙[①]。荣曜秋菊，华茂春松[②]。髣髴兮若轻云之蔽月，飘飖兮若流风之回雪[③]。远而望之，皎若太阳升朝霞；迫而察之，灼若芙蓉出渌波[④]。秾纤得中，修短合度[⑤]。肩若削成，腰如约素[⑥]。延颈秀项，皓质呈露[⑦]。芳泽无加，铅华弗御[⑧]。云髻峨峨，修眉连娟[⑨]。丹唇外朗，皓齿内鲜[⑩]。明眸善睐，辅靥承权[⑪]。瓌姿艳逸，仪静体闲[⑫]。柔情绰态，媚于语言[⑬]。奇服旷世，骨像应图[⑭]。披罗衣之璀粲兮，珥瑶碧之华琚[⑮]。戴金翠之首饰，缀明珠以耀躯。践远游之文履，曳雾绡之轻裾[⑯]。微幽兰之芳蔼兮，步踟蹰于山隅[⑰]。于是忽焉纵体，以遨以嬉[⑱]。左倚采旄，右荫桂旗[⑲]。攘皓腕于神浒兮，采湍濑之玄芝[⑳]。

余情悦其淑美兮，心振荡而不怡[㉑]。无良媒以接欢兮，托微波而通辞[㉒]。愿诚素之先达兮，解玉佩以要之[㉓]。嗟佳人之信修兮，羌习礼而明诗[㉔]。抗琼珶以和予兮，指潜渊而

---

① 翩若惊鸿，婉若游龙：洛神体态轻盈，如惊鸿疾飞，游龙蜿蜒。

② 荣曜秋菊，华茂春松：神女容光焕发，如茂盛鲜艳的秋菊和华美繁盛的春松。

③ 髣髴兮二句：神女若隐若现，如轻云笼月，回风旋雪。髣髴（fǎng fú）：同“仿佛”，忽隐忽显貌。飘飖（yáo）：飘动摇曳貌。回：旋转。

④ 远而望之四句：远远看去，神女像太阳从朝霞中升起；走近来看，神女像荷花从清水中挺立。迫：靠近。灼：鲜明。渌（lù）：清澈。

⑤ 秾（nóng）纤二句：神女高矮胖瘦，恰到好处。秾：肥。纤：细瘦。中：适中。度：标准。

⑥ 约素：卷束的白绢。约，束在一起。

⑦ 延、秀：长。颈、项：脖子。皓质：洁白的肌肤。呈：显现。

⑧ 芳泽无加，铅华弗御：不施脂粉，天生丽质。芳泽、铅华，指女子化妆用的膏脂、香粉。御，用。

⑨ 峨峨：高耸。修：长。连娟：细长而弯曲。

⑩ 丹：红色。朗：明亮，莹洁。鲜：干净，清洁。

⑪ 眸：瞳子。睐（lài）：顾盼。辅：面颊。靥（yè）：酒窝。承权：谓酒窝在颧骨之下。承，上接。权，颧。

⑫ 瓌（guī）：卓异。艳逸：美丽脱俗。仪静体闲：容止文静，举动娴雅。仪，仪容。闲，娴雅。

⑬ 绰态：姿态柔美。媚：美好，指说话悦耳动听。

⑭ 旷世：举世无双。骨像：骨相。应图：与相书中好的图像相合。

⑮ 璀粲（cuǐ càn）：形容玉石的光泽鲜明夺目。珥（ěr）：佩戴。瑶碧：美玉。华琚（jū）：有花纹的玉佩。

⑯ 践：穿着。远游：鞋名。文履：绣花鞋。曳：拖着。雾绡（xiāo）：轻纱。裾（jū）：衣襟。此指衣裙。

⑰ 微：伺察。芳蔼：浓郁的芳香。踟蹰：徘徊。

⑱ 忽：迅速。纵体：轻举身体。以遨以嬉：遨游嬉戏。

⑲ 采旄（máo）：彩旗。旄，旄牛尾，古用作旌旗的竿饰，后以毛羽为之。桂旗：用桂木做杆的旗。

⑳ 攘：捋，撩。浒：水边。湍濑（tuān lài）：急流。玄：黑色。

㉑ 振荡：动荡不宁。怡：高兴。

㉒ 接欢：沟通欢悦之情。微波：微微动荡的水波。一说指目光。通：表达。

㉓ 素：通“愫”，真情。达：传达。要：通“邀”，邀约。即解下玉佩作为定情信物来邀约。

㉔ 信修：的确美好。修，美好。羌：句首发语词。习礼：熟知礼法。明诗：深明《诗经》。

为期[1]。执眷眷之款实兮，惧斯灵之我欺[2]！感交甫之弃言兮，怅犹豫而狐疑[3]。收和颜而静志兮，申礼防以自持[4]。

于是洛灵感焉，徙倚彷徨。神光离合，乍阴乍阳[5]。竦轻躯以鹤立，若将飞而未翔[6]。践椒途之郁烈，步蘅薄而流芳[7]。超长吟以永慕兮，声哀厉而弥长[8]。尔乃众灵杂遝，命俦啸侣[9]。或戏清流，或翔神渚[10]。或采明珠，或拾翠羽。从南湘之二妃，携汉滨之游女[11]。叹匏瓜之无匹兮，咏牵牛之独处[12]。扬轻袿之猗靡兮，翳修袖以延伫[13]。体迅飞凫，飘忽若神[14]。陵波微步，罗袜生尘[15]。动无常则，若危若安[16]。进止难期，若往若还[17]。转盼流精，光润玉颜[18]。含辞未吐，气若幽兰[19]。华容婀娜，令我忘餐[20]。

【作者简介】

曹植（192—232），三国时魏国诗人，字子建，沛国谯（今安徽亳州）人，曹操与武宣卞皇后所生第三子。他是建安时期最负盛名的作家，《诗品》称他为“建安之杰”。其流传下来的作品较多，诗有80多首，辞赋、散文完整的与残缺不全的共40余篇。现存《曹子建集》。

【知识链接】

1. 南朝刘义庆《世说新语·文学》：

文帝尝令东阿王七步作诗，不成者行大法。应声便为诗曰：“煮豆持作羹，漉菽以为汁。萁在釜下燃，豆在釜中泣；本自同根生，相煎何太急？”帝深有惭色。

2. 唐朝唐彦谦《洛神》：“人世仙家本自殊，何须相见向中途？惊鸿瞥过游龙去，漫恼陈王

---

① 抗：举。琼珶（dì）：美玉名。和（hè）：应和。潜渊：深渊，洛神的居处。期：约会。

② 执：持。眷眷：留恋，恋念。款实：诚心。斯灵：指洛神。我欺：即“欺我”。

③ 感交甫句：《文选》李善注引《神仙传》：郑交甫于江边遇仙女，“目而挑之，女遂解佩与之。交甫行数步，空怀无佩，女亦不见”。弃言：指仙女背弃诺言。

④ 和：喜悦。静志：使激动的情绪平静下来。申：强调。礼防：礼法的约束。自持：自我控制。

⑤ 神光离合：神女的灵光聚散不定。乍阴乍阳：时暗时明。

⑥ 竦（sǒng）：伸颈举踵。鹤立：独立。

⑦ 椒：花椒。途：路。郁烈：香气浓烈。蘅薄：杜衡丛生之地。流芳：芳香流动。

⑧ 超：怅惘。永慕：长久地爱慕。

⑨ 众灵：众神。杂遝（tà）：众多貌。命俦啸侣：呼朋唤友。

⑩ 渚：水中高地。

⑪ 从：跟随。南湘之二妃：湘水女神，舜的二妃娥皇、女英。汉滨之游女：汉水女神。

⑫ 叹匏（páo）瓜：星名，不与别的星相接。牵牛：星名，与织女星隔天河相对。

⑬ 袿（guī）：女子上衣。猗（yī）靡：轻柔飘忽貌。修袖：长袖，指以长袖遮光远望。延伫：久立。

⑭ 迅：快速。凫（fú）：野鸭。神：神奇莫测。

⑮ 陵波微步：在水波上碎步而行。陵，踩。微步，轻步。指在水上微步而行，依稀留有足迹。

⑯ 常则：固定规则。

⑰ 难期：难以预料。

⑱ 转盼流精：转动双目，光彩四射。盼，一作“眄”。精，即“睛”。光润玉颜：即玉颜光润。光润，光泽温润。

⑲ 气若幽兰：吐气如兰。

⑳ 华容：美丽的容貌。婀娜：体态轻盈美好。

一事无。”

3. 东晋谢灵运：“天下才有一石，曹子建（曹植）独占八斗，我得一斗，天下共分一斗。”

4. 李商隐《可叹》：“宓妃愁坐芝田馆，用尽陈王八斗才。”

登楼赋[①]

王粲

【阅读提示】

据《三国志·魏志》记载，汉献帝西迁，王粲从至长安。他才学出众，颇受当时著名学者蔡邕的推崇，但长安纷乱，不得已南下荆州依附刘表。王粲其貌不扬，身体瘦弱，行为又不拘小节，刘表因此并不重用他。王粲远离乡关，功业无成，内心痛苦。《登楼赋》借登楼观览，抒写了作者因久留客地，才能不得施展而产生的思乡情绪。这篇赋写景和抒情结合，风格沉郁悲凉，语言优美流畅，是建安时代抒情小赋中的代表作品。

登兹楼以四望兮[②]，聊暇日以销忧[③]。览斯宇之所处兮[④]，实显敞而寡仇[⑤]。挟清漳之通浦兮[⑥]，倚曲沮之长洲[⑦]。背坟衍之广陆兮[⑧]，临皋隰之沃流[⑨]。北弥陶牧[⑩]，西接昭丘[⑪]。华实蔽野[⑫]，黍稷盈畴[⑬]。虽信美而非吾土兮[⑭]，曾何足以少留[⑮]？

遭纷浊而迁逝兮[⑯]，漫逾纪以迄今[⑰]。情眷眷而怀归兮[⑱]，孰忧思之可任[⑲]？凭轩槛以

---

① 选自（南朝梁）萧统编：《文选》（影印本），北京，中华书局，1977。

② 兹楼：此楼，所登之楼。关于王粲所登之楼在何处，有不同说法。《文选》李善注引《荆州记》以为是当阳城楼，《文选》五臣注则以为是江陵城楼。

③ 这句是说，假借此日以消除忧愁。暇，同“假”，五臣本《文选》作“假”。

④ 斯宇：此楼。

⑤ 显敞：宽阔敞亮。寡仇：无所匹敌。

⑥ 挟：带。漳：水名，在当阳县境内。浦：大水有小口别通曰“浦”。这句是说，城楼临于漳水之上，好像挟带着清澄的江水。

⑦ 沮：沮水，也在当阳县境内，与漳水汇合南流入长江。这句是说，城楼位于曲折的沮水边，好像倚长洲而立。

⑧ 坟衍：地势高起为坟，广平为衍。

⑨ 皋：水边之地。隰（xí）：低湿之地。沃：美。

⑩ 弥：极致。陶：乡名。相传为陶朱公范蠡葬地。牧：郊外。

⑪ 昭丘：楚昭王的坟墓，在当阳县郊外。

⑫ 华实：花和果实。

⑬ 黍：黄米。稷：亦名“粢”、“穄”。一说，稷即高粱。盈畴（chóu）：充满田野。畴，耕种的田。

⑭ 信美：的确很好。非吾土：不是我的故乡。

⑮ 曾：语助词，表示反问。

⑯ 遭纷浊句：指作者因董卓之乱而避难荆州。纷浊，纷扰污秽，比喻乱世。

⑰ 漫：犹“漫漫”，长远貌。逾纪：超过了12年。

⑱ 眷眷：形容思念的深切。

⑲ 孰：谁。任：当。这句意思是，有谁能担受得起这种怀念家乡的忧思呢？

遥望兮[①]，向北风而开襟。平原远而极目兮，蔽荆山之高岑[②]。路逶迤而修迥兮[③]，川既漾而济深[④]。悲旧乡之壅隔兮[⑤]，涕横坠而弗禁。昔尼父之在陈兮，有归欤之叹音[⑥]。钟仪幽而楚奏兮[⑦]，庄舄显而越吟[⑧]。人情同于怀土兮，岂穷达而异心[⑨]？

惟日月之逾迈兮[⑩]，俟河清其未极[⑪]。冀王道之一平兮，假高衢而骋力[⑫]。惧匏瓜之徒悬兮[⑬]，畏井渫之莫食[⑭]。步栖迟以徙倚兮[⑮]，白日忽其将匿。风萧瑟而并兴兮，天惨惨而无色[⑯]。兽狂顾以求群兮，鸟相鸣而举翼。原野阒其无人兮[⑰]，征夫行而未息。心凄怆以感发兮[⑱]，意忉怛而憯恻[⑲]。循阶除而下降兮[⑳]，气交愤于胸臆。夜参半而不寐兮[㉑]，怅盘桓以反侧[㉒]。

【作者简介】

王粲（177—217），字仲宣，山阳高平（今山东邹城西南）人。曾避难荆州，依附刘表未被重用。后归曹操，为丞相掾，赐爵关内侯。“建安七子”之一，在“建安七子”中成就最高。王粲的赋，刘勰誉之为“魏晋之赋首”（《文心雕龙·诠赋》）。后人将他和曹植相比，合称“曹王”。有《王侍中集》。

---

① 凭：依靠。轩槛（jiàn）：楼廊的栏杆。

② 荆山：在今湖北省南漳县。岑：山小而高叫“岑”。这两句意思是，自己极目向北方的故乡眺望，但终于为高岑的山峰所遮蔽。

③ 逶迤（wēi yí）：长而曲折。修：长。迥（jiǒng）：远。

④ 漾：水势大。济：泛指河流。

⑤ 壅（yōng）隔：阻塞隔绝。

⑥ 昔尼父二句：尼父，即孔子。《论语·公冶长》载，孔子在陈绝粮，叹曰：“归欤！归欤！”

⑦ 钟仪句：《左传·成公九年》载，春秋时楚国乐官钟仪被晋国俘虏，晋侯让他弹琴，他弹奏的仍是楚国的乐调。幽：囚禁。

⑧ 庄舄（xì）句：《史记·张仪列传》载，越国人庄舄在楚国做了大官，病时思念故乡，仍用越国的乡音说话、呻吟。

⑨ 人情二句：这两句意思是，人们思念乡土的情感是相似的，并不因为遭到患难或富贵而有所不同。

⑩ 惟：思忖。逾迈：过往。

⑪ 河清：以黄河水清比喻时世太平。

⑫ 高衢（qú）：大道。这两句意思是，期望时世清平之时，就可以施展自己的才力了。

⑬ 惧匏瓜句：《论语·阳货》：“（子曰）吾岂匏瓜也哉，焉能系而不食？”匏瓜：葫芦的一种。意思是，我不能像匏瓜那样只是挂在那里，而不为世所用。

⑭ 畏井渫（xiè）句：《周易·井》：“井渫不食，为我心恻。”渫：除去秽浊，使水清洁。这句意思是，把井淘干净而没有人来饮用，是很痛心的。比喻自己虽修身高洁而不为世用。

⑮ 栖迟：流连。徙倚：徘徊。

⑯ 惨惨：暗淡不明。

⑰ 阒（qù）：寂静。

⑱ 凄怆：悲伤。

⑲ 忉怛（dāo dá）：悲痛。憯恻：凄伤。

⑳ 阶除：阶梯。

㉑ 夜参半：半夜。参，分。

㉒ 盘桓：原为徘徊不前貌，这里借指想来想去。反侧：身体翻来覆去不能安卧。

【知识链接】

1.《世说新语·伤逝》：

王仲宣好驴鸣。既葬，文帝临其丧，顾语同游曰："王好驴鸣，可各作一声以送之。"赴客皆一作驴鸣。

2.《三国志·王粲传》：

王粲字仲宣，山阳高平人也。献帝西迁，粲徙长安，左中郎将蔡邕见而奇之。时邕才学显著，贵重朝廷，常车骑填巷，宾客盈坐。闻粲在门，倒屣迎之。粲至，年既幼弱，容状短小。一坐皆惊。邕曰："此王公孙也，有异才，吾不如也。吾家书籍文章尽当与之。"

秋声赋[①]

欧阳修

【阅读提示】

本文作于宋仁宗嘉祐四年（公元 1059 年），以秋声发端，以实写虚，描绘暮秋山川寂寥、草木零落的萧条景象，极渲染之能事。篇中抒写作者对于因人事忧劳，形神日渐衰老的悲感，表现作者深受老、庄一派消极思想的影响。此赋以散文为主，杂以骈偶、韵语的变体，别称为文赋，是宋朝文赋之代表作。

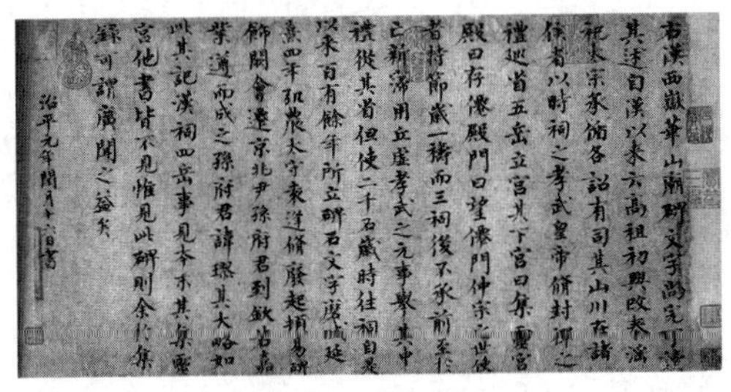

欧阳修书法

欧阳子方夜读书，闻有声自西南来者，悚然而听之[②]，曰："异哉！"初淅沥以萧飒[③]，忽奔腾而砰湃[④]，如波涛夜惊，风雨骤至。其触于物也，鏦鏦铮铮[⑤]，金铁皆鸣。又如赴敌之兵，衔枚疾走[⑥]，不闻号令，但闻人马之行声。予谓童子："此何声也？汝出视之。"童子曰："星月皎洁，明河在天[⑦]，四无人声，声在树间。"

余曰："噫嘻悲哉！此秋声也，胡为而来哉？盖夫秋之为状也：其色惨淡[⑧]，烟霏云敛[⑨]；其容清明，天高日晶；其气慄冽[⑩]，砭人肌骨[⑪]；其意萧条，山川寂寥。故其为声

---

① 选自金民天编：《欧阳修散文选》，上海，合众书店，1934。

② 悚（sǒng）然：惊骇的样子。

③ 淅沥以萧飒：雨声夹杂着风声。以：而。

④ 砰（pēng）湃：波涛汹涌声。

⑤ 鏦（cōng）鏦铮铮：金属撞击声。

⑥ 衔枚：古代行军时，士兵口衔枚（形状像筷子）以防止喧哗，借以保密。

⑦ 明河：天河。

⑧ 惨淡：阴暗无色。

⑨ 烟霏云敛：烟云密集。霏：烟飞貌。敛：聚。

⑩ 慄冽：犹栗烈，寒冷貌。

⑪ 砭（biān）：古代用于治病的石针。此处为针刺的意思。

也，凄凄切切，呼号愤发。丰草绿缛而争茂[①]，佳木葱茏而可悦[②]；草拂之而色变，木遭之而叶脱；其所以摧败零落者，乃其一气之余烈[③]。夫秋，刑官也[④]，于时为阴[⑤]；又兵象也[⑥]，于行用金[⑦]；是谓天地之义气，常以肃杀而为心[⑧]。天之于物，春生秋实。故其在乐也，商声主西方之音[⑨]；夷则为七月之律[⑩]。商，伤也，物既老而悲伤，夷，戮也，物过盛而当杀。嗟乎！草木无情，有时飘零。人为动物，惟物之灵[⑪]。百忧感其心，万事劳其形。有动于中，必摇其精[⑫]。而况思其力之所不及，忧其智之所不能，宜其渥然丹者为槁木[⑬]，黟然黑者为星星[⑭]。奈何以非金石之质，欲与草木而争荣。念谁为之戕贼[⑮]，亦何恨乎秋声？"

童子莫对，垂头而睡。但闻四壁虫声唧唧，如助余之叹息。

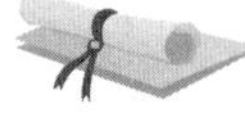

【作者简介】

参见"第六讲"《蝶恋花》中关于欧阳修的介绍。

【知识链接】

1. 参读同样以秋为题材的作品：宋玉《九辩》、刘彻《秋风辞》、王维《山居秋暝》、杜甫《秋兴八首》、刘禹锡《秋词二首》、杜牧《秋夕》。

2. 欧阳修晚年又号六一居士，自作《六一居士传》曰：

---

① 缛：繁茂。

② 葱茏：树木青翠而茂盛。

③ 一气：指秋气。余烈：余威。

④ 夫秋，刑官也：《周礼·秋官司寇》载，周朝以天地四时之名命官（谓之六卿），司寇为秋官，掌管刑法、狱讼。另《礼记·月令》载，秋气主杀，审决死罪犯人故在秋天。

⑤ 于时为阴：古代以阴阳二气配合四时，春夏为阳，秋冬为阴。

⑥ 又兵象也：战争的象征。古代征伐多在秋季。

⑦ 于行用金：古人以五行（金、木、水、火、土）分配四时，旧说谓秋天属金。

⑧ 是谓天地之义气二句：《礼记·乡饮酒义》："天地严凝之气，始于西南，而盛于西北，此天地之尊严气也，此天地之义气也。"孔颖达疏："西南，象秋始。"

⑨ 商声主西方之音：旧说以五声（宫、商、角、徵、羽）分配四时，秋天为商声。《礼记·月令》载，孟秋、仲秋、季秋之月，其音商。西方，是秋天的方位。

⑩ 夷则为七月之律：以十二律（黄钟、大吕、太簇、夹种、姑洗、仲吕、蕤宾、林钟、夷则、南吕、无射、应钟）分配十二月，七月为夷则。（见《礼记·月令》）《史记·律书》："七月也，律中夷则。夷则，言阴气之贼万物也。"张守节《史记正义》引《白虎通》："夷，伤也；则，法也。言万物始伤被刑法也。"

⑪ 人为动物二句：谓人在万物中特别具有灵性，不同于草木之无情。《尚书·周书·泰誓上》："惟人万物之灵。"

⑫ 百忧感其心四句：《庄子·在宥》："心静必清，无劳女形，无摇女精，乃可以长生。"这里用其意从反面说。精：精神。

⑬ 渥（wò）然丹者为槁木：红润的容颜变为枯槁。渥丹：浓郁润泽的朱红色。《庄子·齐物论》："形固可使如槁木，而心固可使如死灰乎？"

⑭ 黟（yī）然句：乌黑的头发变白。黟然：乌黑的样子。星星：喻白色。谢灵运《游南亭》诗："戚戚感物叹，星星白发垂。"

⑮ 念谁为之戕贼：寻思是谁伤害自己而致衰老的。戕贼：摧残、伤害。

六一居士初谪滁山，自号醉翁。既老而衰且病，将退休于颍水之上，则又更号六一居士。客有问曰："六一，何谓也？"居士曰："吾家藏书一万卷，集录三代以来金石遗文一千卷，有琴一张，有棋一局，而常置酒一壶。"客曰："是为五一尔，奈何？"居士曰："以吾一翁，老于此五物之间，是岂不为六一乎？"

思考与实践

1. 悲秋是古代文学中一个源远流长的主题，也是中国文化中特有的现象，联系悲秋之作，试探究其原因。

2. 思考登高体裁作品的文化意义。

3. 探讨辞赋体裁作品中的形式魅力。

4. 文赋是始于唐、成熟于宋的新兴赋体，有人认为文赋是赋体的变革与发展，也有人认为文赋破坏了赋体的特征，对此你有何看法？

5. 以《洛神赋》为依据画一幅"洛神"的画像，并讨论语言媒介与图像媒介的差别。

6. 联系古今描写"乡愁"的文学作品，探究"乡愁"内涵的变化。

7. 以赋为体裁描写所在的大学校园。

第八讲　古代散文

概述

一、古代散文的发展

散文的产生，始于文字记事。从现有材料来看，殷商时期的甲骨卜辞和铜器铭文即为最早的散文。稍晚一点的《尚书》是我国早期的一部历史文献汇编，也是我国第一部兼记叙和论述的散文集。它文字古奥，佶屈聱牙，体现了早期散文的风貌。

春秋战国是我国散文的第一次蓬勃发展时期。这一时期，由于社会变化剧烈，王纲解纽，礼崩乐坏，人们迫切需要对新的历史情况加以整理记录，以便资以借鉴，这就促进了历史散文的发展，产生了《春秋》、《左传》、《国语》、《战国策》等历史著作。《春秋》本来是周王朝和各诸侯国历史记载的通称，后来特指经过孔子修订的鲁国编年体史书。它按时间顺序编排，叙述历史事件，虽然语言简约，但记事系统，往往在字里行间寓褒贬倾向，追求含蓄、言外之意，古人称之为“皮里阳秋”；表现了作者维护周礼、反对僭越的思想立场，后代文章家赞之为“春秋笔法”。《左传》是《春秋左氏传》的简称，相传为鲁国史官左丘明所作。其记事基本上与《春秋》重合，但内容详尽，表现了作者重民、以民为本的思想。其最突出的成就是善于描写战争，它一般不局限于对战争过程的记叙，而是深入揭示战争的性质、起因及其后果，显示了高超的政治眼光和深刻的洞察力。如《郑伯克段于鄢》和《鞌之战》等就是这样的精彩篇章。《国语》主要是春秋时期的国别史，是各国史料的汇编，其记言多于记事。《战国策》记载了战国时期谋臣策士游说诸侯或进行谋议论辩时的政治主张和斗争策略，其突出成就是刻画了一系列士人形象，如纵横之士苏秦、张仪，勇毅之士荆轲、聂政，高节之士鲁仲连等。《战国策》的特点是长于铺陈排偶，议论纵横，铺张扬厉，大量使用寓言故事，辞藻华丽，文风横肆。

在历史散文蓬勃发展的同时，这一时期的诸子散文也极为发达，产生了《论语》、《墨子》、《孟子》、《庄子》、《荀子》、《韩非子》等诸子散文。《论语》是对儒家创始人孔子生前言行的记录，其中的很多言论富于哲学意味，有思想深度，近似后来的警句格言。《墨子》仍然是语录体，不过已经显示出向专论过渡的迹象，其主题集中，篇幅加长，层次井然，结构完整，显示出了说理文的进步。《孟子》则记录了孟子辩论的情况，反映了孟子刚正不阿、大胆泼辣的个性。其文长于论辩，善于使用逻辑推理，大量使用寓言以及比喻、排比等手法，文章显得气势充沛。庄子的批判精神和追求自由的思想，赋予了《庄子》突出的文学品质，《庄子》一书寓言丰富，想象奇特，如行云流水，汪洋恣肆，瑰伟奇丽，极富表现力。《荀子》和《韩非子》都是系统的专论。

总之，从殷商、西周到春秋、战国，散文由片段的文辞发展到详赡的记事，由语录体、对话体发展到较为系统完整的长篇大论，走过了漫长的发展历程。先秦的历史散文和诸子散文构成了我国散文史上的黄金时代。

秦始皇统一天下之后，实行中央集权、文化专制制度，明显制约了文学的发展，再加上秦祚短促，故秦世不文，今存者唯诏令奏议及歌功颂德的刻石之文。这一时期的代表作有吕不韦的《吕氏春秋》和李斯的《谏逐客书》等。

汉魏六朝时期，中国散文的发展进入了一个新的历史阶段，呈现出前所未有的特点。

汉初之文，继承先秦遗风，尚能畅论直言，无所拘忌。以贾谊、晁错为代表的政论文，和以枚乘、邹阳为代表的纵横之文，皆任气逞说，颇有战国遗风。如贾谊《过秦论》，见解独到，语言流畅；晁错《论贵粟疏》，分析精辟，立论深刻；邹阳《狱中上梁王书》，引证恰当，慷慨激昂。淮南王刘安招集门客撰著的《淮南子》，宣扬道家思想，博奥深宏，多用神话传说、历史故事说理，颇有文学性。

成书于汉武之世的司马迁的《史记》，代表了汉代散文的最高成就。《史记》是一部开创性的历史著作，其纪传体奠定了我国古代正史的体制形态，总结了我国三代至汉武帝统治时期的政治经验和历史教训，具有强烈的批判精神。《史记》也是一部感情充沛的文学作品，司马迁善于将个人悲剧性的生命体验渗透到客观的史学描述之中，行文中包含着强烈的感情，具有浓郁的悲剧氛围和突出的传奇色彩。其中的“本纪”、“世家”、“列传”部分描写人物极为生动，很多人物成了中国文学史上不朽的艺术典型。鲁迅称之为“史家之绝唱，无韵之离骚”是十分恰当的。

两汉之际，以刘向、刘歆父子和扬雄为代表的作家，倡导经学复古、文章复古，所写的文章不同寻常。到了东汉，散文可称道者有班固的《汉书》。《汉书》是我国第一部断代史。与《史记》的疏荡往复、轻灵多变的笔法不同，《汉书》重视规矩绳墨，行文谨严有法，评品人物平实合度，其散文成就也很可观。东汉中后期出现了大批政论著作，代表者有王充《论衡》、王符《潜夫论》、仲长统《昌言》以及崔寔《政论》等，它们延续了西汉传统，好议论时事，但文章气势稍弱。

曹操像

东汉末年，曹操开一代风气之先。他的文章在内容和形式上都突破了旧的传统，因而被鲁迅称为改造文章的祖师。与曹操同时的孔融以及曹丕、曹植和其他建安诸子的文章，皆“雅好慷慨”（刘勰《文心雕龙·时序》），无不具有新的时代特点。魏晋之际的嵇康、阮籍之文，继承了汉末魏初为文“通脱”的特点，持论锋锐而论说随便，文章“师心独见，锋颖精密”（刘勰《文心雕龙·论说》），颇多愤世嫉俗之辞，体现了集权专制时代文章的特点。西晋散文成就较高者，当数潘岳和陆机。潘岳善为哀诔之文，陆机时有“文章冠世”（《晋书·陆机传》）之誉。东晋最杰出的散文作者是王羲之和陶渊明。王文清新流畅，挥洒自如，有别于当时那些“溺于玄风”（刘勰《文心雕龙·明诗》）之作。陶文高标卓立，风格特异，具有自然和谐之美。南朝历经宋、齐、梁、陈四代，朝代更易频繁，士人的思想和文风变化很大。其间涌现了一些很有特色的散文作者，如鲍照、陶弘景、刘峻、吴均等，都有名篇传世。北朝之文，可称道者有郦道元的《水经注》、杨衒之的《洛阳伽蓝记》和颜之推的《颜氏家训》等，这些文章语言质朴，风格清新刚健，形成了一种新的文风。魏晋六朝时期，文章趋于骈偶，骈体文蓬勃而兴，但散体文仍在发展变化之中，这一时期散文的特点是异彩纷呈。

韩愈像

柳宗元像

隋唐五代，文章又由骈趋散。文风复古，渐成趋势。特别是在安史之乱后，唐王朝日益腐败，一些有识之士，目击时艰，志在变革，故在中唐，以韩愈、柳宗元为代表的文人学者，把为文与救世结合起来，主张文道合一，文以明道。他们借助儒家复古运动的旗帜，带领一批作者致力于古文（即散体文）创作，反对骈体文，文学史上称之为“古文运动”。他们不仅有理论，而且有写作实绩，于是确立了散体文的基本体式，形成了比较完整的写作规范，开启了散体文的新局面。然而至晚唐五代，散体文的发展进入低潮时期，古文中衰，骈文继起。但晚唐皮日修、陆龟蒙、罗隐继承了先秦两汉和韩、柳古文运动的优良传统，创作了不少富于战斗性的小品文，闪现着光彩和锋芒。

宋代散文沿着中唐散文的道路而发展，历来说“唐宋古文”，其实，宋人的成就超过唐人。“唐宋八大家”中，六家出于宋代。韩、柳提倡古文，却彻底抛弃了骈体文的艺术经验，最终造成了晚唐骈体文的卷土重来。欧阳修等既采取古文作为主要的文体，继承古文的章法、句法等技巧和叙事、议论等功能，同时也反对刻意追求古奥、艰涩的文风，突破了传统的文类界限，兼容了其他文体的艺术经验，主动吸收骈体文在辞采、声律方面的长处，议论、叙事、抒情、写景水乳交融，提升了古文的表现力，开辟了古文发展的广阔道路。宋代散文风格丰富多彩，大家个性鲜明。如范仲淹的《岳阳楼记》、欧阳修的《秋声赋》和《醉翁亭记》、曾巩的《墨池记》、苏轼的前后《赤壁赋》等都是千古名篇。宋文整体风格是趋于平易畅达、简洁明快，在韩文之雄肆、柳文之峻切之外开辟新境界，更加自然，更加贴近生活，更加贴近读者。

南宋理学流行，文章不免有“腐语”之弊。但国家偏安一隅，危若累卵，文人系心国事，救亡图存，亦多慷慨激昂之文。金、元两代之文，上承唐宋文统和宋儒道统，但大多数作家脱离现实，脱离人民，消极避世的倾向比较严重，因而文章成就不大。

明初散文以宋濂和刘基为代表。宋濂号称“开国文臣之首”，其文多润色鸿业，歌功颂德，雍容有度，乃明初文风之代表。他的“馆阁之文”，实开此后“台阁体”之先河。刘基的《郁离子》多为寓言、杂说，针砭时弊，颇见锋芒，继承发扬了中唐韩、柳的“杂说”及晚唐皮、陆、罗讽刺小品的传统。至明代中期，文坛上出现了前后“七子”之文。“前七子”以李梦阳、何景明为领袖，“后七子”以李攀龙、王世贞为代表，他们标榜“文必秦汉”、“诗必盛唐”，大兴复古之风。同时又有王慎中、唐顺之、归有光、茅坤等，宣扬为文宗法唐宋，世称“唐宋派”。其中成就突出者是归有光，他的文章如《项脊轩志》、《先妣事略》等，平易自然，文从字顺，情真意挚，委婉动人，真正发扬了唐宋古文的优良传统。嘉靖、万历之际，先有李贽，倡“童心”之说；后有公安三袁（宗道、宏道、中道三兄弟），为文标举“性灵”，反对“复古”，主张“独抒性灵，不拘格套”。袁氏兄弟以宏道为代表，世称“公安派”。他们的文章可谓新体小品，无论内容、形式，均新颖可观，为散体文的发展注入了新的活力。此后，又有以钟惺、谭元春为代表的“竟陵派”。散体文经“公安”、“竟陵”两派的革新，加上王思任、祁彪佳、张岱等人的创作，涌现了大量内容清新、形式活泼、潇洒自适、情采俱胜的短篇佳制，后世称之为“晚明小品”。这在散体文的发展史上，可谓标新立异，别开生面。

明末清初，以顾炎武、黄宗羲、王夫之为代表的学者，为文主张经世致用，且能放言无忌。但到了康、乾之世，统治者实行文化专制，迭兴文字狱，以残酷镇压的手段，迫害文人，钳制思想。散体文的发展，受到了前所未有的限制。这时产生了以安徽桐城人方苞、刘大櫆、姚鼐为代表的“桐城派”。他们以古文正宗自命，提倡通经明道，继承孔孟、程朱道统。方苞提出“义法”论，刘大櫆标举“神气”说，姚鼐则主张“义理、考据、辞章”三者并重，形成了一整套比较完整的文学理论，成为有清一代影响最大的散文流派，时有“天下文章出桐城”之说。直到晚清末世，世变文变，梁启超创建“新文体”，才给桐城派古文以沉重的打击。到五四运动前后，“白话文运动”兴起，古代散文的发展便走到了它的尽头。

二、古代散文的特点和文体特征

中国古代散文有广、狭二义之分。就广义而言，其文体范围不仅包括记言、记事、抒情、写景、论说、杂感以及经传史书之类的散体文，而且还包括赋体文和骈体文。就狭义而言，散文即指散体文，又称“古文”，不包括赋体文和骈体文。散文的产生、发展经历了一个漫长的历史时期，在千锤百炼中形成了自身鲜明的文体特征。

与诗歌相比，散文的主要特点是形式自由，语言不受韵律的约束，表达方式随便，或记言、叙事，或议论、抒情，或数者并用，不拘一格。而诗歌从它产生之时起，就要讲究音韵和节奏，以便于演唱和记诵，所以要受韵律的约束。散文尽管在一定程度上也讲究句式的整齐和语言的节奏，并且早期散文还往往韵散不分，富于音乐美，但它不受韵律的约束。另外，散文重在叙事和说理，偏于对客观事物的记述；而诗歌重在言志和抒情，偏于对主观情志的抒发。

与赋体文、骈体文相比，散体文也有其明显的特征。赋体文发端于战国后期，成熟、兴盛于汉代，其基本特征就是铺陈、铺叙——“赋”的本意便是铺陈直叙的意思。而散体文以叙事说理为主，不以铺陈描绘为能事。

骈体文兴起于秦汉，形成于魏晋，至六朝而盛极一时。因其讲究对偶，又多用四六字句式，两句两句成文，好似两马并驾，故称“骈文”或“骈体文”。骈体文的主要特点是：着意对偶，句式四六；讲究平仄，讲究声律；多用典故，引古类今。而散体文则以散行单句为主，不特意追求排偶；也不特别讲究平仄和声律，不受韵律的约束；虽然有时也融史入文，以古鉴今，但并不刻意堆砌典故。因此，散体文与骈体文相比，其文体特征还是很明显的。

总之，以散行单句为主，不重排偶，不拘韵律，不雕章琢句、铺采摛文，不着意堆砌典故，可以说是散体文在文体上的主要特征。

文选

谏逐客书[①]

李　斯

【阅读提示】

据《史记·李斯列传》记载，李斯拜为秦客卿。适值韩人郑国来作间谍，被秦发觉。秦宗室大臣皆言秦王曰："诸侯人来事秦者，大抵为其主游间于秦耳，请一切逐客。"李斯也在被逐之列，乃上此书，历叙客的有功于秦，力陈逐客之失。秦王乃除逐客之令，复李斯官。据《史记·秦始皇本纪》，逐客事在秦王嬴政十年（前237年）。

臣闻吏议逐客，窃以为过矣[②]。昔缪公求士[③]，西取由余于戎[④]，东得百里奚于宛[⑤]，迎蹇叔于宋[⑥]，来丕豹、公孙支于晋[⑦]。此五子者，不产于秦，而缪公用之，并国二十，遂霸西戎。孝公用商鞅之法[⑧]，移风易俗，民以殷盛，国以富强，百姓乐用，诸侯亲服，获楚、魏之师，举地千里[⑨]，至今治强。惠王用张仪之计[⑩]，拔三川之地[⑪]，西并巴、蜀[⑫]，

---

① 选自（汉）司马迁撰：《史记》，北京：中华书局，1959。

② 窃：私下，表示自谦的意思。

③ 缪公：秦穆公，春秋时五霸之一。缪，同"穆"。

④ 由余：其先晋人，亡入戎，穆公屡次使人设法招致他归秦，以客礼礼之。后秦用由余之计伐戎，开地千里，遂霸西戎。戎，我国古代西部少数民族的统称。

⑤ 百里奚：本虞大夫，晋灭虞，奚被晋国俘去，作为晋献公女儿陪嫁的奴仆入秦。奚从秦国逃走至楚国，被楚国边境的人所执。穆公闻其贤，以五羖羊（黑羊）皮赎之，并任用为相。宛，楚地，今河南南阳。

⑥ 蹇叔：百里奚对穆公说："臣不及臣友蹇叔，蹇叔贤而世莫知。"于是穆公使人厚币迎蹇叔以为上大夫。蹇叔时游宋，故迎之于宋。

⑦ 丕豹：丕郑之子，郑被杀，豹自晋奔秦，秦穆公任用为将。公孙支：又名子桑，先游晋，后归秦。

⑧ 商鞅：本卫之庶公子，一称卫鞅。西入秦，佐秦孝公变法，使秦富强。后来秦孝公以商于之地（今陕西商县）封鞅，号为商君。

⑨ 举：攻克，占领。

⑩ 张仪：魏人，惠王用为相，为秦筹划连横的计策。此句以下诸事，并非都是张仪之计，因仪曾为相，故皆归功于他。

⑪ 三川：本韩地，今河南省黄河以南、灵宝以东的地区。

⑫ 巴、蜀：皆古国名。巴，在今重庆。蜀，在今四川。

北收上郡[①]，南取汉中[②]，包九夷[③]，制鄢、郢[④]，东据成皋之险[⑤]，割膏腴之壤，遂散六国之从[⑥]，使之西面事秦，功施到今[⑦]。昭王得范雎，废穰侯，逐华阳[⑧]，强公室，杜私门[⑨]，蚕食诸侯[⑩]，使秦成帝业。此四君者，皆以客之功。由此观之，客何负于秦哉[⑪]！向使四君却客而不内，疏士而不用[⑫]，是使国无富利之实而秦无强大之名也。

今陛下致昆山之玉[⑬]，有随、和之宝[⑭]，垂明月之珠[⑮]，服太阿之剑[⑯]，乘纤离之马[⑰]，建翠凤之旗[⑱]，树灵鼍之鼓[⑲]。此数宝者，秦不生一焉，而陛下说之[⑳]，何也？必秦国之所生然后可，则是夜光之璧不饰朝廷，犀象之器不为玩好[㉑]，郑、卫之女不充后宫[㉒]，而骏良駃騠不实外厩[㉓]，江南金锡不为用，西蜀丹青不为采[㉔]。所以饰后宫充下陈娱心意说耳目者[㉕]，必出于秦然后可，则是宛珠之簪[㉖]，傅玑之珥[㉗]，阿缟之衣[㉘]，锦绣之饰不进于前，

---

① 上郡：本魏地，今陕西榆林。

② 汉中：本属楚，今陕西汉中。

③ 包：这里有并吞的意思。九夷：属楚的部族。

④ 鄢：本楚地，今湖北宜城。郢：楚都，今湖北江陵。

⑤ 成皋：一名虎牢，为著名军事要塞，今属河南荥阳。

⑥ 六国：韩、魏、燕、赵、齐、楚。从：同“纵”，合纵，东方六国结成联合战线以抵抗秦国的一种策略。

⑦ 西面：向西。事：侍奉。施：延续。

⑧ 范雎：魏人，字叔。穰侯、华阳君：均秦昭王母宣太后弟。穰侯等擅权，范雎说秦昭王免穰侯相国，与华阳君等并逐出关。

⑨ 强公室：增强和巩固了王室的权力。杜：杜塞。杜私门：指限制私家的权力。

⑩ 蚕食：形容逐步攻取各诸侯国领土。

⑪ 负：辜负，对不起。

⑫ 却：拒绝。内：同“纳”。疏士：疏远外来之士。

⑬ 昆山：昆仑山。

⑭ 随：同“隋”，西周春秋时的小国名。隋珠，相传隋侯遇见一条中断的大蛇，使人以药封之，岁余，蛇衔明珠以报，大径寸，绝白有光，因号“隋珠”。和：和氏之璧。相传楚人卞和得璞玉于山中，以献楚厉王，王以为诳，砍其左足；武王即位，再献之，又以为诳，砍其右足。及文王立，乃抱璞泣于荆山下，王使人理其璞，果得玉，遂称为“和氏之璧”。后秦始皇以为传国玺。

⑮ 明月之珠：夜光珠。

⑯ 太阿：利剑名，吴国欧冶子干将作铁剑三把，其一名太阿。

⑰ 纤离：骏马名。

⑱ 翠凤之旗：以翠羽为凤形的妆饰之旗。

⑲ 鼍：爬虫类动物，产长江下游，今称扬子鳄，其皮可以张鼓。

⑳ 说：同“悦”。

㉑ 犀：犀牛角。象：象牙。

㉒ 当时人认为郑、卫之地多美女。

㉓ 駃騠：良马名。厩：马棚。

㉔ 丹青：颜料。丹，丹砂，青，青雘。采：彩色。

㉕ 下陈：后列。侍奉君主的嫔妃、宫女，处于后列。

㉖ 宛珠：宛地的珠。宛珠之簪：以宛珠所饰的簪。

㉗ 傅：通附。玑：不圆的珠。珥：妇女耳饰。傅玑之珥：缀有珠子的耳饰。

㉘ 阿缟：齐国东阿所产的缟。缟，白色绢。阿，今山东东阿。

而随俗雅化佳冶窈窕赵女不立于侧也[1]。夫击瓮叩缶弹筝搏髀[2]，而歌呼呜呜快耳目者[3]，真秦之声也；郑、卫、桑间、韶、虞、武、象者[4]，异国之乐也。今弃击瓮叩缶而就郑卫[5]，退弹筝而取昭虞，若是者何也？快意当前，适观而已矣[6]。今取人则不然，不问可否，不论曲直[7]，非秦者去，为客者逐。然则是所重者在乎色乐珠玉，而所轻者在乎人民也。此非所以跨海内制诸侯之术也[8]。

臣闻地广者粟多，国大者人众，兵强则士勇。是以太山不让土壤[9]，故能成其大；河海不择细流[10]，故能就其深；王者不却众庶，故能明其德。是以地无四方，民无异国，四时充美，鬼神降福，此五帝、三王之所以无敌也。今乃弃黔首以资敌国[11]，却宾客以业诸侯[12]，使天下之士退而不敢西向，裹足不入秦，此所谓藉寇兵而赍盗粮者也[13]。

夫物不产于秦，可宝者多；士不产于秦，而愿忠者众。今逐客以资敌国，损民以益仇[14]，内自虚而外树怨于诸侯[15]，求国无危，不可得也。

【作者简介】

李斯（约284—前208），战国时楚国上蔡（今河南上蔡）人。李斯曾师从著名思想家荀卿学习帝王之术，后助秦始皇统一中国，官至丞相，为秦始皇定郡县之制，废分封制，制定法律，下禁书令，禁止私学，以小篆为标准统一文书。秦始皇死，李斯听从赵高的阴谋，矫诏杀太子扶苏。二世胡亥立，赵高用事，诬陷李斯谋反，将其腰斩于咸阳。

【知识链接】

1.《史记·河渠书》记载："韩闻秦之好兴事，欲罢之，毋令东伐，乃使水工郑国间说秦，令凿泾水自中山西邸瓠口为渠，并北山东注洛三百余里，欲以溉田。中作而觉，秦欲杀郑国。郑国曰：'始臣为间，然渠成亦秦之利也。'秦以为然，卒使就渠。渠就，用注填阏之水，溉泽卤之地四万余顷，收皆亩一钟。于是关中为沃野，无凶年，秦以富强，卒并诸侯，因命曰'郑

---

① 随俗雅化：随着流行的式样打扮自己。冶：美。窈窕：美好貌。赵：古代赵国以出美女著名。

② 瓮：盛水的瓦器。缶：瓦器。筝：乐器名，瑟类。搏：击。髀：大腿。

③ 呜呜：秦地乐歌声。

④ 郑、卫：郑、卫之音，是春秋末年流行于郑国、卫国的民间音乐，以悦耳著称。桑间：地名，在濮水之滨，为卫国男女欢会歌唱的地方。韶：原作"昭"，据《史记索隐》改。韶、虞：舜乐名。武、象：周乐名。

⑤ 就：取，从。

⑥ 适：适合。观：欣赏。

⑦ 曲直：是非。

⑧ 跨：驾凌。喻统一。

⑨ 太山：即泰山，在今山东。让：辞退。

⑩ 择：选择，这里是舍弃的意思。细流：小水。

⑪ 黔首：秦国统治者称百姓为黔首。《史记·秦始皇本纪》记载，二十六年，"更名民为黔首"。黔，黑色。资：资助，给。

⑫ 业：这里作动词用，成就其事业的意思。

⑬ 藉：借。赍：给予。这里指把武器粮食供给寇盗。

⑭ 这句说，减少本国的人口而增加敌国的人力。

⑮ 这句说，对内使自己陷于虚弱，而对外又和诸侯各国结了许多怨仇。即是说，被逐出者必然恨秦国，等于派了许多仇敌到国外去反对自己。

国渠’。”郑国渠和都江堰、灵渠并称为秦代三大水利工程。

2.《史记·李斯列传》记载：“二世二年七月，具斯五刑，论腰斩咸阳市。斯出狱，与其中子俱执，顾谓其中子曰：‘吾欲与若复牵黄犬，俱出上蔡东门逐狡兔，岂可得乎！’”遂父子相哭，而夷三族。

哀江南赋序①

庾信

【阅读提示】

《哀江南赋》是庾信的名作，内容主要是哀痛梁朝的灭亡。“哀江南”，语出《楚辞·招魂》中的“魂兮归来哀江南”句。梁武帝建都建业（今南京），梁元帝建都江陵（今湖北江陵），都属江南，所以借用成语作为赋名。庾信晚年滞留在北朝，虽位高名显，优待甚渥，但常常思念故国，因此作此赋表白心意。本文是这篇赋前面的序，概括赋的全篇大意，并简要说明作赋的背景和原因。

粤以戊辰之年②，建亥之月③，大盗移国④，金陵瓦解⑤。余乃窜身荒谷⑥，公私涂炭⑦。华阳奔命⑧，有去无归⑨。中兴道销⑩，穷于甲戌⑪。三日哭于都亭⑫，三年囚于别馆⑬。

---

① 选自（清）倪璠注，许逸民校点：《庾子山集注》，北京：中华书局，1980。

② 粤：发语词。以：介词，这里相当于“于”。戊辰之年：梁武帝太清二年（公元548年）。

③ 建亥之月：夏历十月。

④ 大盗：指侯景。侯景原先在魏做官，后降梁。太清二年八月起兵叛梁，十月即攻陷建业，又攻陷梁宫城台城，梁武帝萧衍被逼饿死。立简文帝萧纲。后又逼简文帝禅位于豫章王萧栋而杀简文帝。不久，又废萧栋，自立为帝。移国：篡国。

⑤ 金陵：即建业，梁国都，今江苏南京。瓦解：崩溃。

⑥ 窜：逃匿。荒谷：荒野的山谷。一说春秋楚地名。《左传·桓公十三年》：“莫敖缢于荒谷。”这里借指江陵。庾信在金陵陷落时，冒险逃亡至江陵。

⑦ 公私：公室和私家。涂：泥。炭：炭火。伪古文《尚书·仲虺之诰》：“有夏昏德，民坠涂炭。”涂炭：指陷在泥涂和炭火之中，比喻陷入极端困苦的境地。

⑧ 华阳：指西魏。《尚书·禹贡》：“华阳黑水惟梁州。”胡渭《禹贡锥指》考证华阳在今陕西商洛商州区。西魏都城在长安，用华阳是用典。奔命：为王命奔走。这里指梁元帝承圣三年（公元554年），庾信从江陵奉命出使西魏。

⑨ 有去无归：指庾信到西魏后，被扣留在北方，不能南归。

⑩ 中兴：指梁元帝讨平侯景之乱，继位江陵，开启中兴之业。销：消，削减。《周易·泰卦》：“君子道长，小人道消也。”这里借用“道销”说明江陵很快又被西魏所攻陷，中兴之道，就此消亡。

⑪ 穷：指“中兴道销”到了极点。甲戌：即承圣三年，西魏派于谨攻梁，梁王詧（古“察”字，梁元帝的侄子）与于谨合兵攻陷江陵，梁元帝被杀。

⑫ 都亭：城郭附近的亭舍。三国时，魏兵攻蜀，后主刘禅降魏，守永安城的蜀将罗宪得知消息后，率部下到都亭哭了三天。这一句描写庾信对梁朝灭亡的哀痛。

⑬ 别馆：使馆之外的馆舍。使臣本应居住在使馆内，但庾信出使西魏后，梁朝即将灭亡，西魏扣留住他，他成为囚徒，不能居住使臣的正馆，而住在正馆之外的馆舍。

天道周星[①]，物极不反[②]。傅燮之但悲身世，无处求生[③]；袁安之每念王室，自然流涕[④]。

昔桓君山之志事[⑤]，杜元凯之平生[⑥]，并有著书，咸能自序[⑦]。潘岳之文采，始述家风[⑧]；陆机之辞赋，先陈世德[⑨]。信年始二毛[⑩]，即逢丧乱，藐是流离[⑪]，至于暮齿[⑫]。燕歌远别[⑬]，悲不自胜；楚老相逢，泣将何及[⑭]！畏南山之雨[⑮]，忽践秦庭[⑯]；让东海之

---

① 天道：天理。周星：岁星（木星）运行一周天，岁星约十二年绕天运行一周。

② 物极不反：古人认为事物发展的规律是“物极必反”（语见《鹖冠子》）。而梁朝自江陵失败到甲戌年元帝被杀，却未能复兴，所以说“物极不反”。联系上句，这里的意思是说，按天道总是周而复始，物极必反，周星之时，应出现符合上述规律的征兆，但现在却物极不反了。

③ 傅燮：字南容，东汉末年灵州（今宁夏灵武）人，任汉阳（今甘肃天水）太守。185年，羌胡北宫伯玉、李文侯起兵，韩遂被迫参加，后杀伯玉、文侯，推王国为主。《后汉书·傅燮传》记载，王国、韩遂围攻汉阳，城中兵少粮尽。傅燮的儿子劝他弃城归乡，他慨然说：“世乱不能养浩然之志，食禄又欲避其难乎？吾行何之？必死于此！”遂指挥左右进军，临阵战死。庾信在这里用傅燮来比喻自己的遭遇，眼看梁不能复兴，自己身羁异国，只能悲叹自己的身世，而无处求生。

④ 袁安：字邵公，东汉汝阳（今河南商水）人。官至司徒。《后汉书·袁安传》记载，和帝时，外戚窦宪兄弟专横，他感到皇帝幼弱，外戚擅权，每次和公卿谈论国事时，总是呜咽流涕。庾信在这里以袁安自比，表明自己对梁朝的覆亡时时悲叹。

⑤ 桓君山：名谭，东汉光武时人，著书二十九篇，名《新论》。志事：有志于事业。事，一本作“士”。

⑥ 杜元凯：名预，晋代人。著有《春秋经传集解》。

⑦ 自序：古人自序内容，常表述自己的身世和写作旨趣。桓谭《新论》自序，佚。《太平御览》载有杜预《春秋经传集解》自序，中有“少而好学，在官则观于吏治，在家则滋味典籍”等语。

⑧ 潘岳：字安仁，晋荥阳中牟（今河南中牟）人，曾作《家风诗》。

⑨ 陆机：字士衡，晋华亭（今上海松江）人，擅长诗赋。其祖陆逊，曾任吴国丞相，父陆抗，曾任吴国大司马，均系东吴名将，世有功勋。庾信《文赋》有“咏世德之骏烈，诵先人之清芬”之句，又作有《祖德》、《述先》二赋。这两句指，潘岳首先以华美的辞采述其家风，陆机首先以辞赋陈其祖德。庾信在这里隐含着自己要向潘陆二人学习的意思。

⑩ 二毛：头发有黑白二色，指半老。侯景之乱时庾信年三十六岁，出使西魏时年四十二岁。

⑪ 藐：远。藐是：倪璠注，一作“狼狈”。流离：因灾荒或战乱而转徙流落在异乡。

⑫ 暮齿：指晚年。庾信作《哀江南赋》时已是晚年。这一句指远远地离开故国，流落在异域，一直到晚年。

⑬ 燕歌：曹丕有《燕歌行》，与庾信同时的诗人王褒也曾作《燕歌行》，梁元帝和庾信等文士都有唱和之作。这些诗歌大都描写离别之情，非常凄切。

⑭ 《后汉书·逸民列传》记载，桓帝时，党锢事起，兼代外黄令陈留张升弃官归乡，路上遇见一位朋友，两人坐在草地上共谈，谈到悲痛处，相抱而泣。陈留老父走过，放下拐杖长叹道：“吁！二大夫何泣之悲也？夫龙不隐鳞凤不藏羽，网罗高悬，去将安所，虽泣何及乎！”陈留，古为楚地。庾信在这里指遇到故国遗老，也只有对泣，但哭泣又有什么用呢！

⑮ 《列女传》记载，陶答子妻嫌丈夫贪位怀禄，不修名节，说：“妾闻南山有玄豹，雾雨七日而不下食者，何也？欲以泽其毛而成文章也，故藏而远害。”庾信自喻当初正图隐藏远害，忽奉命出使。梁元帝即位后，非常猜忌，曾杀兄弟和宗室数人。庾信在那时畏谗惧祸，内心非常苦闷。一说：南山，山高而在阳，象征人君。这句言当时迫于君命，不得不行。

⑯ 忽：快速。秦庭：比喻魏都。魏都长安，秦都咸阳，二城相距不远。《史记·楚世家》记载，秦昭王时，楚都被吴国攻陷，申包胥至秦庭乞师救楚，遂复楚国。这两句说庾信本想洁身远害，却又出使西魏以求保梁。

滨[①]，遂餐周粟[②]。下亭漂泊[③]，高桥羁旅[④]。楚歌非取乐之方[⑤]，鲁酒无忘忧之用[⑥]。追为此赋，聊以记言[⑦]，不无危苦之辞，惟以悲哀为主[⑧]。

日暮途远[⑨]，人间何世[⑩]！将军一去，大树飘零[⑪]；壮士不还，寒风萧瑟[⑫]。荆璧睨柱，受连城而见欺[⑬]；载书横阶，捧珠盘而不定[⑭]。钟仪君子，入就南冠之囚[⑮]；季孙行人，留

---

① 战国时，田和把齐康公迁到海滨，自立为齐国的国君。这里指宇文觉篡夺西魏，改国号为北周。“让”是委婉的说法。因为庾信在北周做官，只好这样说。

② 《史记·伯夷列传》记载，伯夷、叔齐本孤竹君二子，兄弟相互辞让君位，逃至海滨，闻西伯（周文王）善养老而归周。周武王灭纣，伯夷、叔齐以为不义，不食周粟，饿死在首阳山。这两句说庾信本以谦让自守，但先失节于梁，又失节于西魏，竟不能如伯夷、叔齐的以身殉“义”，表示惭愧。

③ 下亭：地名。《后汉书·独行列传》记载，孔嵩被征召至京师，路宿下亭，马被盗贼窃去。这是说旅途漂泊之苦。

④ 高桥：一作皋桥，在苏州阊门内。《后汉书·梁鸿传》记载，汉时，皋伯通住在桥边，梁鸿曾依皋家做佣工，居庑下（廊下的小房子）。庾信以梁鸿自比，写自己寄迹他乡的生活。

⑤ 楚歌：《史记·项羽本纪》记载，项羽被围垓下，夜闻汉军四面皆楚歌。又《史记·留侯世家》记载，刘邦欲立戚夫人子赵王如意为太子，不成。戚夫人涕泣。刘邦安慰她说：“为我楚舞，吾为若楚歌。”庾信来自南方，留居秦地，听楚歌更引起乡思，所以说它不是取乐之方。

⑥ 鲁酒：薄酒。《庄子·胠箧》记载：“鲁酒薄而邯郸围。”相传楚王会诸侯，鲁国所献的酒味薄。忘忧：陶潜《饮酒》：“泛此忘忧物，远我遗世情。”以上两句用“楚歌”“鲁酒”二典泛指歌与酒，意指歌与酒都不能忘忧取乐。

⑦ 记言：《汉书·艺文志》云：“古之王者，世有史官。左史记言，右史记事。”这里记言，也指记事，即记录自己的言辞举事，因“言”字平声，合乎这里的平仄要求。

⑧ 危苦：危惧愁苦。嵇康《琴赋》云：“称其材干，则以危苦为上；赋其声音，则以悲哀为主。”从“追为”到“为主”，大意说作赋是要记载历史事实，虽有写自己危苦的语句，但主要是哀痛梁朝的灭亡。

⑨ 日暮：比喻年已垂老。远：一作“穷”。《史记·伍子胥列传》云：“吾日暮途远。”意指年老岁晚，离乡路远。

⑩ 《庄子》有《人间世》篇，写人和人、世和世的相互代谢。意指这人间是什么样的世界呢！感叹世事的混乱多变。

⑪ 《后汉书·冯异传》云：“每所止舍，诸将并坐论功，异常独屏树下。军中号曰大树将军。”这里只借用字面，不用典故。“将军”是庾信用以自比。大树飘零，比喻军队溃散。侯景进攻金陵时，庾信率官中文武千余人驻扎于朱雀航（即朱雀桥），侯景兵到，庾信率众先退。

⑫ 《史记·刺客列传》记载，荆轲入秦，燕太子丹在易水上为他践行，高渐离击筑，荆轲歌曰：“风萧萧兮易水寒，壮士一去兮不复还。”萧瑟：形容秋风吹拂树木的声音。这两句比喻自己出使西魏不得重返故国。

⑬ 荆：即楚。荆璧：即和氏璧，因楚人卞和得玉于楚国的荆山，所以称荆璧。睨：斜视。见：被。连城：相连的城。《史记·廉颇蔺相如列传》记载，战国时，赵王得楚和氏璧，秦王听说后写信给赵王，愿以十五连城换璧。赵王使蔺相如奉璧入秦。秦王坐章台见蔺相如。蔺相如发现秦王没有给赵国十五连城的意思，于是诡称璧上有瑕疵，要指给秦王看。因持璧睨庭柱云：“臣观大王无意偿赵王城邑，故臣复取璧。大王必欲急臣，臣头今与璧俱碎于柱矣。”说后就“持其璧睨柱，欲以击柱”。秦王怕他摔破了璧，于是向他道歉，并召有司案图指出所要给的十五连城。后来蔺相如完璧归赵，未被秦所欺。这两句指蔺相如出使没有被欺，自己出使西魏却被欺。

⑭ 载书：盟书。珠盘：用珠玉装饰的盘，古代诸侯结盟时的用具，上盛牛耳，结盟者割牛耳，取其血，歃（涂）之而盟。《周礼·天官·玉府》：“若合诸侯，则共珠槃玉敦。”《史记·平原君列传》记载：战国时，赵国平原君出使楚国，与楚王商定合纵抗秦之约，从日出谈到正午，楚王还未决定。平原君客毛遂按剑历阶而上，责备楚王说：“合纵是为了楚国，不是为赵国。”楚王于是作出决定。毛遂奉铜盘进给楚王，请楚王及平原君等歃血。这两句指毛遂能订盟，而自己出使魏国，未能定结盟约，梁朝反遭魏国的攻打。

⑮ 钟仪：春秋时楚人。入：指入晋。就：成。《左传·成公七年》记载，楚伐郑，郑人俘虏了钟仪，献给晋国。晋人把他囚在军府（储藏军器的地方）。《左传·成公九年》记载，晋侯到军府去，看到钟仪，问道：“南冠（戴着南方楚国样式的帽子）而执（拘禁）者谁也？”有司回答说：“郑人所献楚囚也。”问明了钟仪的先人是伶人，于是让他操琴。钟仪奏出了南国的音乐。晋国的范文子说：“楚囚，君子也。”于是用隆重的礼节对待他，使他回到楚国，以求两国的和好。这两句指自己本是南人，而被留在北朝，犹如钟仪的被囚，头戴南冠，心中不忘故国。

守西河之馆①。申包胥之顿地，碎之以首②；蔡威公之泪尽，加之以血③。钓台移柳，非玉关之可望④；华亭鹤唳，岂河桥之可闻⑤！

孙策以天下为三分，众才一旅⑥；项籍用江东之子弟，人惟八千⑦。遂乃分裂山河，宰割天下⑧。岂有百万义师，一朝卷甲⑨，芟夷斩伐⑩，如草木焉？江淮无涯岸之阻⑪，亭壁无藩篱之固⑫。头会箕敛⑬者，合从缔交⑭；锄耰棘矜者⑮，因利乘便⑯。将非江表王气，

---

① 季孙：名意如，春秋时鲁国大夫。行人：官名，掌朝觐聘问之事。西河：地名，在今陕西东境。《左传·昭公十三年》记载，晋侯与诸侯盟于平丘，季孙意如相鲁昭公去参加盟会，由于邾人、莒人告发鲁侵伐其地，以致无力给晋国进贡，于是晋人不让昭公参加盟会，并把季孙意如扣住带回晋国。后来晋国要释放季孙，季孙要求按礼把他送回。晋人恐吓他说要把他拘囚在西河。这两句以季孙意如比自己被西魏扣留。

② 顿地：叩头。碎：破。碎之以首：即碎首，碰破了头的意思。《左传·定公四年》记载，楚破于吴，申包胥到秦国乞师，秦哀公不肯出兵，申包胥"立依于庭墙而哭，日夜不绝声，勺饮不入口，七日"。秦哀公为赋《无衣》之诗，暗示愿意出兵相助。申包胥乃"九顿首而坐"。这两句喻自己出使西魏的努力与艰辛。

③ 刘向《说苑·权谋》记载，"下蔡威公闭门而哭，三日三夜，泣尽而继之以血。"邻人问他为什么哭，他说："吾国且亡。"下蔡是春秋时邑名（蔡昭侯时蔡国的都城），在今安徽寿县一带。这两句是说自己对于梁朝的灭亡，不能像申包胥那样设法拯救，只能像下蔡威公那样痛哭罢了。

④ 钓台：在武昌，三国时孙权曾在此饮酒大欢。晋陶侃镇武昌，曾令诸营士兵种柳树并考核。玉关，即玉门关，在今甘肃敦煌西。古代玉门关一带气候寒冷，不生杨柳。这一句表面说钓台的柳树不是玉门关的征人可以望见的，实际是说自己望不见故乡。

⑤ 华亭：在今上海松江，晋陆机故宅在此。唳：鹤鸣。河桥：在今河南孟县。陆机和弟弟陆云事成都王司马颖，司马颖进攻长沙王司马乂，使陆机都督前锋诸军事。陆机败于河桥，受到卢志的谗毁，与陆云同时被司马颖所杀。《世说新语·尤悔》记载，陆机临刑前叹道："欲闻华亭鹤唳，可复得乎?"意指自己听不到故乡的鸟鸣。以上四句表示怀念家国而不得见。

⑥ 孙策：孙权的哥哥，字伯符。《三国志·吴志·陆逊传》记载，陆逊上疏曰："昔桓王（孙策谥号为长沙桓王）创基，兵不一旅，而开大业。"三分：指魏蜀吴三分天下。旅：古代以五百人为一旅。

⑦ 项籍：字羽。《史记·项羽本纪》记载，项籍随叔父项梁起事，"举吴中兵，使人收下县（吴郡的属县），得精兵八千人"，后为西楚霸王。项籍临死前，对乌江亭长说："籍与江东子弟八千人渡江而西，今无一人还。"江东：长江下游南岸地区。

⑧ 贾谊《过秦论》云："宰割天下，分裂河山。"

⑨ 卷：同"捲"。卷甲：把战衣捲起来，形容军队败退的情况。侯景破金陵，梁兵号称百万却纷纷败走。

⑩ 芟：割草。夷：削平。斩伐：砍伐。侯景入金陵，杀人很多。于谨入江陵，俘虏男女数万口充当奴婢，弱小的都杀死。以上十句大意指，孙策、项羽仅用一旅、八千的人，或成割据之业，或成天下霸王。而梁朝虽拥百万之师，却一战即败，一再遭到侯景和西魏的屠杀，其脆弱有如草木，难道古来有过这样的事吗？

⑪ 江：长江。淮：淮河。涯岸：河岸。梁朝空有江淮之险，但没有起到涯岸的作用，未能阻止敌人的进攻。

⑫ 亭：指亭候。古人在边塞的险要处，筑亭驻兵以伺候盗寇。壁：营垒。藩篱：用竹木编的篱笆或围栅。梁朝的一些军垒未起到屏藩作用，不能固守。

⑬ 会、敛：抽税。头会箕敛：秦时按人头数抽税，用簸箕来收敛租谷，以充军用。《汉书·张耳陈余传》云："头会箕敛，以供军费。"形容赋税繁重。

⑭ 合纵：战国时六国南北联合成一条纵线以抗秦叫合纵。贾谊《过秦论》云："合纵缔交，相与为一。"这里指起事者互相联合。这两句说人民因为不堪横征暴敛之苦，于是互相联合，结成武装集团，起兵反抗。

⑮ 耰：平整田地的一种农具。棘：棘木杖。矜：矛柄，这里指戈戟的柄。锄耰棘矜：用如动词，拿着锄耰棘矜。这句指用农具为武器以起事的人。贾谊《过秦论》云："鉏耰棘矜，非铦（锋利）于钩戟长铩（长刃矛）也。"

⑯ 因利乘便：乘时事之便利。贾谊《过秦论》云："因利乘便，宰割天下，分裂河山。"这两句说南朝陈的开国皇帝陈高祖（名陈霸先）和拿着低劣武器的平民乘梁朝衰乱之际，推翻了梁朝。

终于三百年乎[①]？是知并吞六合，不免轵道之灾[②]；混一车书：无救平阳之祸[③]。呜呼！山岳崩颓，既履危亡之运[④]；春秋迭代，必有去故之悲[⑤]。天意人事，可以凄怆伤心者矣[⑥]！况复舟楫路穷，星汉非乘槎可上[⑦]；风飙道阻，蓬莱无可到之期[⑧]。穷者欲达其言，劳者须歌其事[⑨]。陆士衡闻而抚掌，是所甘心[⑩]；张平子见而陋之，固其宜矣[⑪]。

【作者简介】

庾信（513—581），字子山，南阳新野（今河南新野）人。早年出入于梁朝宫廷，任抄撰学士、东宫学士等官，善作宫体诗。梁元帝承圣三年（554），出使西魏。梁亡后被强留在西魏国都长安。因庾信具有很高的文学修养，先后得到西魏和北周的优待，官至骠骑大将军、开府仪同三司，所以世称“庾开府”。有《庾子山集》。

---

① 将非：等于说岂不是。江表：即江南，这里指金陵。王气：王者之气。古人迷信，认为某地出帝王，就有王气。三百年：金陵作为国都，自东吴孙权黄龙元年至孙皓天纪四年（229—280）共五十二年；自东晋元帝大兴元年至梁敬帝太平二年（318—557）共二百四十年。两段时间合计为二百九十二年，说“三百年”是举其整数。

② 六合：天地四方，指天下。贾谊《过秦论》说秦有“并吞八荒之心”，又说秦始皇“吞二周而亡诸侯，履至尊而制六合”。轵道：亭名，在今陕西咸阳。刘邦入关，秦王子婴降于轵道旁。这是以秦始则强盛，终不免灭亡，比喻江陵陷后梁元帝投降西魏。

③ 混一车书：《礼记·中庸》云：“今天下车同轨，书同文。”秦始皇统一中国后，曾实行统一文书等措施。干宝《晋纪·总论》云：“太康之中，天下书同文，车同轨。”这里指晋的统一中国。平阳：今山西临汾。西晋永嘉五年（公元311年），刘聪攻陷洛阳，晋怀帝被虏至平阳，后被杀。建兴四年（公元316年），刘曜攻陷长安，晋愍帝被俘至平阳，也被杀。这里以晋比喻金陵陷后，梁武帝和简文帝先后被害死。以上四句意思，建立王朝者，终不免于灭亡，所以下文说“天意人事”。

④ 山岳崩颓：比喻国家灭亡。履：践，走上。

⑤ 迭代：更替。春秋迭代：四时更替，比喻朝代更替。去故：指离开故土。班昭《东征赋》云：“遂去故而就新兮，志怆恨而怀悲。”

⑥ 凄怆：悲伤。阮籍《咏怀诗》：“素质游商声，凄怆伤我心。”

⑦ 星汉：天河。槎：用竹木编成的筏子。张华《博物志》记载，传说天河与海相通，年年八月，有浮槎按期往来。有个人好奇，带着食粮乘槎而去。起初还能见到日月星辰，后来一片茫茫，不分昼夜。忽然来到一处，城郭环绕，房屋整齐。远远望见宫里有许多织妇，又见一男子在水边饮牛。牵牛人很惊奇，问他怎么来到此处的。他说明之后，并问这是什么地方。那人告诉他回去后到蜀郡问严君平便知。他回来后去问严君平，君平说某年月日有客星犯牵牛宿。经过计算，那正是他见到牵牛人的时间。

⑧ 飚：暴风。蓬莱：传说中的仙山，和方丈、瀛洲并称海上三仙山。据说其上有不死之药，人们的船要靠近它时，总有风把船吹走，不能达到。战国时齐燕诸王及汉武帝都曾派人去寻求。《汉书·郊祀志》说三仙山“未至，望之如云；及到，三神山反居水下。临之，患且至，则风辄引船而去，终莫能至云。”以上四句以星汉、蓬莱比喻家乡，而道路阻绝，形势险恶，不能回去。

⑨ 穷与达相反。不得志的人希望立言，也就是在言中求得志（达）。《公羊传·宣公十五年》云：“什一行而颂声作矣。”何休《解诂》云：“饿者歌其食，劳者歌其事。”这是说劳役的人只能以唱歌以减少辛苦。这两句是说自己写《哀江南赋》的动机。

⑩ 陆士衡：陆机。抚掌：拍手。《晋书·左思传》记载，陆机刚到洛阳，打算作《三都赋》，听说左思也在作，便拍掌大笑，并在写给陆云的信中说：“此间有伧父（等于说鄙夫），欲作《三都赋》，须（等待）其成，当以覆酒瓮耳。”等左思把赋写成之后，他见了却十分敬佩，为之停笔不作。

⑪ 张平子：张衡。班固作《两都赋》，张衡薄而陋之，另作《二京赋》。陋之：认为不好。以上四句，都是作者自谦之辞，意思是自己写这篇赋，被人嘲笑，是甘心情愿的，受人轻视，也是理所当然的。

【知识链接】

庾信前期在梁朝任抄撰学士时，为迎合帝王的口味，与徐陵等人作了许多绮艳靡丽的宫体诗和骈体文，世称“徐庾体”。后期由于生活境遇的改变，创作面貌也随之而有所转变。他虽居高位，但梁元帝被西魏杀死，而自己却屈身仕敌，所以内心极为矛盾。当南朝的陈与北周通好时，曾请求北周放他南归，亦未成功。在他后期的作品里，充满了故土之思和身世之伤。艺术也更趋于成熟，风格苍劲悲凉，虽然时有用典堆砌和隐晦的缺点，但总体艺术成就集六朝之大成，对唐代诗赋的发展有很大的影响。杜甫称“庾信文章老更成”、“庾信生平最萧瑟，暮年诗赋动江关”，即指他的后期作品。

进学解

韩　愈

【阅读提示】

本文当作于元和八年（公元813年），《旧唐书·韩愈传》：“（愈）复为国子博士，愈自以才高，累被摈黜，作《进学解》以自喻。执政览其文……以其有史才，改比部郎中，史馆修撰。”“进学解”意谓对增进学、行问题的辨析。文章指出增进学、行的方法在于“勤”与“思”，目的是“业精”、“行成”。文章借国子监先生与弟子的对话，抒发了作者长期不受重用，反遭贬斥的不满情绪，也暗含着对当时的执政者不以才德取人，用人不公不明的讽刺。文章属于辞赋一类，押韵和对偶句的运用，使文章音调和谐，语句整齐流畅，增强了艺术感染力。

国子先生晨入太学[①]，招诸生立馆下，诲之曰：“业精于勤，荒于嬉；行成于思[②]，毁于随[③]。方今圣贤相逢，治具毕张[④]。拔去凶邪，登崇俊良[⑤]。占小善者率以录[⑥]，名一艺者无不庸[⑦]。爬罗剔抉[⑧]，刮垢磨光[⑨]。盖有幸而获选，孰云多而不扬[⑩]？诸生业患不能精，无患有司之不明[⑪]；行患不能成，无患有司之不公。”

---

① 国子先生：唐代对国子博士（官名）的尊称。元和七年（公元812年）春，韩愈为国子博士，此为作者自称。太学：指当时的国子监（主管教育的官署）。唐朝国子监相当于古代的太学。

② 行：德行。思：思考。

③ 随：因循随俗。

④ 治具：治理的工具，此处指法令。《史记·酷吏列传》：“法令者，治之具。”毕张：全部得以实施。

⑤ 登崇俊良：指提拔才德优良的人。俊，一作“畯”。

⑥ 率：大都。录：录用。

⑦ 名一艺：指能以治一种经书著称的人。艺：经。庸：通“用”。

⑧ 爬罗剔抉：意指仔细搜罗人才。爬罗：爬梳搜罗。剔抉：剔除挑选。

⑨ 刮垢：刮去污垢。磨光：磨去毛瑕，使之光洁。意指精心造就人才。

⑩ 盖有二句：意谓只有才行有所不及而幸获选拔的人，而绝无才行优异而不蒙提举的人。扬：提举。

⑪ 有司：古代设官分职，各有专司，因称主管的官吏或官府为有司。此处指负责选拔人才的官吏。明：明察。

言未既，有笑于列者曰："先生欺余哉！弟子事先生，于兹有年矣。先生口不绝吟于六艺之文，手不停披于百家之编①；记事者必提其要，纂言者必钩其玄②；贪多务得，细大不捐③；焚膏油以继晷④，恒兀兀以穷年⑤。先生之业，可谓勤矣。觝排异端，攘斥佛老⑥；补苴罅漏，张皇幽眇⑦；寻坠绪之茫茫，独旁搜而远绍⑧；障百川而东之，回狂澜于既倒。先生之于儒，可谓有劳矣。沉浸醲郁，含英咀华，作为文章，其书满家。上规姚姒，浑浑无涯⑨，周诰殷盘，佶屈聱牙⑩，春秋谨严，左氏浮夸，易奇而法，诗正而葩⑪，下逮庄骚，太史所录，子云相如，同工异曲。先生之于文，可谓闳其中而肆其外矣⑫。

少始知学，勇于敢为；长通于方⑬，左右具宜。先生之于为人，可谓成矣。

然而公不见信于人，私不见助于友。跋前踬后⑭，动辄得咎，暂为御史，遂窜南夷⑮。三年博士，冗不见治⑯。命与仇谋，取败几时⑰。冬暖而儿号寒，年丰而妻啼饥。头童齿豁⑱，竟死何裨⑲？不知虑此，而反教人为？"

---

① 六艺：指儒家六经，即《诗》、《书》、《礼》、《乐》、《易》、《春秋》六部儒家经典。百家之编：指儒家经典以外各学派的著作。《汉书·艺文志》把儒家经典列入《六艺略》中，另外在《诸子略》中著录先秦至汉初各学派的著作："凡诸子百八十九家，四千三百二十四篇。"春秋战国时期，各种学派兴起，著书立说，故有"百家争鸣"之称。

② 纂言者：指立论一类的著作。纂，同"撰"。钩其玄：探索深奥的道理。钩，引取。

③ 捐：抛弃。

④ 膏油：油脂，指灯烛。晷（guǐ）：日影。此句谓夜以继日。

⑤ 恒：经常。兀（wù）兀：辛勤不懈的样子。穷：终、尽。

⑥ 异端：儒家称儒家以外的学说、学派为异端。《论语·为政》："攻乎异端，斯害也已。"朱熹集注："异端，非圣人之道，而别为一端，如杨、墨是也。"焦循补疏："异端者，各为一端，彼此互异。"攘（rǎng）：排除。佛老：指佛家和道家的学说。

⑦ 苴（jū）：鞋底中垫的草，这里作动词用，是填补的意思。罅（xià）漏：裂缝，指前人学说未尽完善之处。张皇：张大，引申为阐发。幽眇：指深奥隐微的道理。

⑧ 坠绪：指已衰落不振的儒学。韩愈《原道》认为，儒家之道从尧舜传到孔子、孟轲，以后就失传了，而他以继承这个传统自居。绍：继承。

⑨ 上规两句：规，取法。姚，虞舜之姓；姒，夏禹之姓。此指《尚书》中的《虞书》和《夏书》。浑浑，深而大的意思。扬雄《法言·问神》："虞夏之书，浑浑而。"

⑩ 周诰两句：周诰，《尚书周书》中有《大诰》等篇，此处指《周书》。殷盘，指《尚书》中的《盘庚》篇。佶屈聱牙，指文辞艰涩难读。

⑪ 诗正而葩：指《诗经》的思想纯正，文采华美。

⑫ 闳其中：指内容精深博大。肆其外：指文辞波澜壮阔。

⑬ 长：成年，与上句的"少"相对。方：学术。

⑭ 跋（bá）：踏。踬（zhì）：跌倒。《诗经·豳风·狼跋》："狼跋其胡，载疐其尾。"意思说，老狼有胡（颈下垂肉），进则踏着胡，后则绊倒在尾巴上。即进退两难之意。

⑮ 窜：窜逐，贬谪。南夷：韩愈于贞元十九年（公元 803 年）由监察御史贬为阳山（今广东阳山县东）令。因阳山地处南方荒僻地区，故称南夷。

⑯ 冗（rǒng）：闲散。见：通"现"。表现，显露。

⑰ 几时：不时，也即随时。取败几时，意谓屡次招致失败。

⑱ 头童齿豁：《释名·释长幼》："山无草木曰童。"人老秃发，如山无草木故曰童。豁，开裂，破缺。这里指齿落。

⑲ 意谓直到死有何好处。裨：补益。

先生曰："吁，子来前！夫大木为杗①，细木为桷②，欂栌侏儒③，椳闑扂楔④，各得其宜，施以成室者，匠氏之工也。玉札丹砂⑤，赤箭青芝⑥，牛溲马勃⑦，败鼓之皮⑧，俱收并蓄，待用无遗者，医师之良也。登明选公，杂进巧拙，纡余为妍，卓荦为杰，校短量长，惟器是适者，宰相之方也⑨。昔者孟轲好辩⑩，孔道以明。辙环天下，卒老于行⑪。荀卿守正，大论是弘⑫。逃谗于楚，废死兰陵⑬。是二儒者，吐辞为经，举足为法，绝类离伦，优入圣域，其遇于世何如也！今先生学虽勤而不繇其统⑭，言虽多而不要其中⑮，文虽奇而不济于用，行虽修而不显于众。犹且月费俸钱，岁靡廪粟⑯。子不知耕，妇不知织。乘马从徒，安坐而食。踵常途之役役，窥陈编以盗窃⑰。然而圣主不加诛，宰臣不见斥，兹非其幸欤！动而得谤，名亦随之。投闲置散，乃分之宜。若夫商财贿之有亡⑱，计班资之崇庳⑲，忘己量之所称⑳，指前人之瑕疵㉑，是所谓诘匠氏之不以杙为楹㉒，而訾医师以昌阳引年，欲进其豨苓也㉓。"

【作者简介】

韩愈（768—824），字退之，唐河内河阳（今河南孟州）人，郡望河北昌黎。唐德宗贞元八年（公元792年）进士及第。贞元末，因疏谏旱饥蠲租，被贬阳山令。宪宗时，累官至太子

---

① 杗（máng）：屋梁。

② 桷（jué）：屋椽。

③ 欂栌（bó lú）：斗栱：柱顶上承托栋梁的方木。侏（zhū）儒：梁上短柱。

④ 椳（wēi）：门枢臼。闑（niè）：门中央所竖的短木，在两扇门相交处。扂（diàn）：门闩之类。楔（xiè）：门两旁长木柱。

⑤ 玉札：药名，地榆。丹砂：朱砂。

⑥ 赤箭：天麻。青芝：药名，又名龙芝。以上四种都是名贵药材。

⑦ 牛溲：牛尿，据说可治水肿。一说为车前草。马勃：菌类，生湿地以及腐木上，主治诸疮。

⑧ 年久败坏的鼓皮，据说可治虫毒。以上皆指贱价药材。

⑨ 纡（yū）余：委婉从容的样子。妍：美。卓荦（luò）：突出，超群出众。校（jiào）：比较。此处指选拔人才既明察又公正，使得各类人才都能各尽其才。方：治术。

⑩ 孟轲好辩：孟轲曾痛斥杨朱、墨翟的主张，故曰好辩。

⑪ 辙（zhé）：车轮痕迹。此两句，意谓孟轲车迹遍于天下，终于老死在游说的途中。

⑫ 守正：遵守正道（指儒家思想体系）。大论：博大精深的理论。弘：展开。

⑬ 逃谗于楚两句：荀子曾在齐国做祭酒，被人谗毁，逃到楚国。楚国春申君任他做兰陵（今临沂兰陵镇）令。春申君死后，他也被废，死在兰陵，著有《荀子》。

⑭ 繇（yáo）：通"由"。其：指儒家学说。

⑮ 要：求。中：要害。

⑯ 靡（mǐ）：浪费，消耗。廪（lǐn）：粮仓。

⑰ 踵常途两句，谓疲劳不休地随俗行事而无特殊表现，在旧籍中窃取前人陈言而无新异见解。踵：作动词用，指（践履）役役，劳累不停的样子。

⑱ 财贿：财物，这里指俸禄。亡：通"无"。

⑲ 班资：等级、资格。庳（bēi）：通"卑"，低下。

⑳ 量：气量、才识。称：相副、相合。

㉑ 前人：指职位在自己之上的显贵者。瑕疵：微小的缺点。这里指上文所提的"不公""不明"。

㉒ 杙（yì）：小木桩。楹（yíng）：柱子。

㉓ 訾（zǐ）：毁谤非议。昌阳：菖蒲。药材名，相传久服可以长寿。豨（xī）苓：又名猪苓，利尿药。这句意思说：自己小材不宜大用，不应计较待遇的多少、高低，更不该埋怨主管官员的任使有什么问题。

右庶子、刑部侍郎。因谏阻宪宗迎佛骨，被贬潮州刺史。穆宗时，召为国子监祭酒，历任兵部、吏部侍郎及京兆尹。今存《韩昌黎集》。

【知识链接】

《进学解》以问答形式抒发不遇之感，此种写法古已有之。西汉东方朔作《答客难》，扬雄仿之而作《解嘲》，其后继作者甚多。然《进学解》却仍能给人以新鲜感。全文结构虽简单，但其内在的气势、意趣却多变化，耐咀嚼。语言形象新颖，如以“口不绝吟”、“手不停披”状先生之勤学，以“踵常途之役役，窥陈编以盗窃”形容其碌碌无为，以“爬罗剔抉，刮垢磨光”写选拔培育人才等，不但化抽象为具体，而且其形象都自出机杼。此外，《进学解》文体系沿袭扬雄《解嘲》，采押韵的赋体，又大量使用整齐排比的句式，音节铿锵、对偶工切。然而又气势奔放，语言流畅，摆脱了汉赋、骈文中常有的艰涩呆板、堆砌辞藻等缺点。林纾所谓：“浓淡疏密相间，错而成文，骨力仍是散文。”（《说进学解》）此文为杜牧《阿房宫赋》及苏轼《赤壁赋》等散文赋的前驱。

祭欧阳文忠公文[1]

王安石

【阅读提示】

本文虽为祭祀文字，但作者别出心裁，不落常套。首先是全篇不作悲戚语，“盛衰兴废之理，自古如此”一语，表达出作者豁达的人生态度；而“念公之不可复见，而其谁与归”，又流露出对逝者的哀婉。其次是立意高，从文章、人品两方面总括逝者一生，提纲挈领，笃实中肯。明人茅坤曾有评论云“欧阳公祭文当以此为第一”（《唐宋八大家文钞》），诚是。

大事有人力之可致[2]，犹不可期[3]，况乎天理之溟漠[4]，又安可得而推[5]？惟公生有闻于当时，死有传于后世。苟能如此足矣，而亦又何悲？

如公器质之深厚[6]，智识之高远[7]，而辅学术之精微[8]，故充于文章，见于议论，豪健俊伟，怪巧瑰琦[9]。其积于中者[10]，浩如江河之停蓄；其发于外者，烂如日星之光辉。其

---

① 选自（宋）王安石：《临川先生文集》，北京，中华书局，1959。

② 可致：可以达到。致，通“至”。

③ 期：预测、预期。

④ 天理：自然规律。溟漠：深远暗昧貌。一作“溟溟”，义同。

⑤ 推：推测。意思说人力可做到的事，尚且不可预期，何况自然规律深远暗昧，又怎能推测呢？意即生死不可预料，生者应该顺从哀变。

⑥ 器质：品质、素质。

⑦ 智识：智慧见识。

⑧ 辅：以……辅助。

⑨ 怪巧：犹言巧妙。瑰琦：瑰丽。

⑩ 中：心中。

清音幽韵，凄如飘风急雨之骤至；其雄辞闳辩[①]，快如轻车骏马之奔驰。世之学者，无问乎识与不识[②]，而读其文，则其人可知。

呜呼！自公仕宦四十年，上下往复[③]，感世路之崎岖。虽屯邅困踬[④]、窜斥流离而终不可掩者[⑤]，以其公议之是非[⑥]。既压复起，遂显于世[⑦]。果敢之气，刚正之节，至晚而不衰[⑧]。方仁宗皇帝临朝之末年[⑨]，顾念后事[⑩]，谓如公者可寄以社稷之安危[⑪]。及夫发谋决策[⑫]，从容指顾[⑬]，立定大计[⑭]，谓千载而一时[⑮]。功成名就，不居而去[⑯]。其出处进退[⑰]，又庶乎英魄灵气不随异物腐散[⑱]，而长在乎箕山之侧与颍水之湄[⑲]。

然天下之无贤不肖[⑳]，且犹为涕泣而歔欷[㉑]，而况朝士大夫、平昔游从[㉒]，又予心之所向慕而瞻依[㉓]？呜呼！盛衰兴废之理[㉔]，自古如此，而临风想望[㉕]，不能忘情者[㉖]，念公之不可复见，而其谁与归[㉗]？

---

① 闳辩：宏大的议论。闳，通“宏”，博大。

② 无问：无论。

③ 上下往复：谓官职升降。

④ 屯邅（zhūn zhān）：行进艰难。困踬（zhì）：困顿。踬，处境不顺利。

⑤ 窜斥：逐斥。掩：掩盖。

⑥ 公议：公论。

⑦ 既压复起句：欧阳修曾屡遭贬谪，后为仁宗重用，嘉祐五年（公元1060年）由翰林学士升任枢密副史，次年参知政事，朝中地位尊显。

⑧ 果敢之气句：欧阳修为人果敢刚正，见义忘身。

⑨ 方：当、正当。末年：后期。

⑩ 顾念：考虑。后事：谓去世后皇位继承之事。

⑪ 如公者：像欧阳修这样的人。

⑫ 及夫：等到。夫，词尾。发谋：倡言谋议。

⑬ 指顾：以手指、以目视，意谓安排调遣。顾，看、视。

⑭ 立定大计：指选立英宗事。仁宗无子，以太宗曾孙宗实为子，赐名“曙”，继承皇统。

⑮ 谓千载而一时：可谓建立了千年一遇的功劳。

⑯ 功成名就句：欧阳修自英宗治平三年（公元1066年）起，屡次上表求退，终于熙宁四年（公元1071年）致仕。不居：不居功。

⑰ 出处：出仕与隐处。

⑱ 庶乎：庶几、近于。英魄灵气：指灵魂、精神。

⑲ 箕山之侧与颍水之湄：据晋皇甫谧《高士传》，尧时隐士许由耕于“颍水之阳、箕山之下”，后遂以“箕山”、“颍水”代指隐居之所。箕山在今河南登封东南，颍水源出登封西境，经颍州（今安徽阜阳）流入淮河。湄，水边。

⑳ 天下之无贤不肖：天下之人无论品行高下。

㉑ 且犹：尚且。歔欷：叹息声。

㉒ 平昔：往日。游从：交往。

㉓ 向慕：向往钦慕。瞻依：瞻望而依从。

㉔ 盛衰兴废：谓生死。

㉕ 临风：伫立风中。

㉖ 忘情：犹言忘怀。

㉗ 其谁与归：归心崇仰谁呢？其，缓声语气词。与，疑问语气词。归，归心，归美。《礼记·檀弓下》：“文子曰：‘死者若可作也，吾谁与归？’叔誉曰：‘其阳处父乎？’”

【作者简介】

王安石（1021—1086），字介甫，号半山，江西临川（今江西抚州）人，宋仁宗庆历三年（公元 1043 年）进士。早年曾上仁宗万言书，主张变法，富国强兵。神宗熙宁间数度为相，推行新法。晚年退居江宁（今江苏南京），封荆国公，世称“荆公”。王安石诗文兼善，散文雄健峭拔，诗词清新遒劲，有《王临川集》。

【知识链接】

欧阳修与王安石私谊甚厚：欧阳修长王安石十余岁，庆历间经曾巩推荐，始知王安石，并赞许有加，“甚欲一见”，而王安石亦云“非先生无足知我也”。至和元年（公元 1054 年），王安石舒州通判任满，欧阳修力荐其任集贤殿校理。嘉祐元年（公元 1056 年），王安石入朝为官，二人始得谋面，互有赠答，欧诗有云：“老去自怜心尚在，后来谁与子争先？……常恨闻名不相识，相逢樽酒盍留连。”（《赠王介甫》）王安石对欧阳修的奖掖也充满感激，其《上欧阳永叔书四》云：“推奖存抚，甚非后进所当得于先生大人之门，以愧以恐，何可以言也？”熙宁间，王安石主持变法，两人政见有所分歧，王安石遂被指责负恩。其实这是国事，并不影响私谊，切不可妄臆古人心腹，而且欧阳修并不如司马光那么反对新法。熙宁五年（公元 1072 年），欧阳修卒于颍州私第，王安石作《祭欧阳文忠公文》，对这位亦师亦友的长者表示了深切怀念。

自为墓志铭[1]

张　岱

【阅读提示】

本文为作者晚年之作。回首一生，作者既有失落、“不解”，更有倔强与旷达。死，人所讳言，作者却自选生圹、自为墓志，从容面对；名，人所向往，而作者绝不挂怀，任人呼为“败子”、“懒汉”。然而心底亦有所系，“终曲”乃在“有明著述鸿儒”。身可死，名可灭，不可去者唯孟子所谓“义”。张岱文笔素称明丽流畅，本文又多了一层调侃，这是其悲凉心境的另一侧面。

蜀人张岱[2]，陶庵其号也。少为纨绔子弟，极爱繁华，好精舍，好美婢，好娈童[3]，好鲜衣[4]，好美食，好骏马，好华灯，好烟火，好梨园[5]，好鼓吹[6]，好古董，好花鸟，兼以茶淫橘虐[7]、书蠹诗魔[8]。劳碌半生，皆成梦幻。年至五十，国破家亡，避迹山居[9]。所

---

① 选自（明）张岱：《琅嬛文集》，长沙，岳麓书社，1985。

② 蜀人：张岱祖籍四川剑州，故文中自称“蜀人”。

③ 娈童：美貌男子。

④ 鲜衣：漂亮衣服。鲜，美。

⑤ 梨园：唐代教习宫廷歌舞艺人的场所，后泛指戏院或戏班。

⑥ 鼓吹：指音乐。

⑦ 茶淫橘虐：嗜好饮茶食橘。“淫”、“虐”皆谓过度无节制。

⑧ 书蠹（dù）诗魔：谓酷爱读书作诗。蠹，蛀虫。

⑨ 避迹：使踪迹避开关注。山居：隐居于山。

存者，破床碎几，折鼎病琴，与残书数帙，缺砚一方而已。布衣疏食[①]，常至断炊。回首二十年前，真如隔世。

常自评之，有七不可解：向以韦布而上拟公侯[②]，今以世家而下同乞丐[③]，如此则贵贱紊矣，不可解一；产不及中人，而欲齐驱金谷[④]，世颇多捷径，而独株守於陵[⑤]，如此则贫富舛矣[⑥]，不可解二；以书生而践戎马之场，以将军而翻文章之府，如此则文武错矣，不可解三；上陪玉皇大帝而不谄，下陪悲田院乞儿而不骄[⑦]，如此则尊卑溷矣[⑧]，不可解四；弱则唾面而肯自干[⑨]，强则单骑而能赴敌，如此则宽猛背矣，不可解五；夺利争名，甘居人后，观场游戏[⑩]，肯让人先[⑪]，如此则缓急谬矣，不可解六；博弈摴蒱[⑫]，则不知胜负，啜茶尝水[⑬]，是能辨渑淄[⑭]，如此则智愚杂矣，不可解七；有此七不可解，自且不解，安望人解？故称之以富贵人可，称之以贫贱人亦可；称之以智慧人可，称之以愚蠢人亦可；称之以强项人可[⑮]，称之以柔弱人亦可；称之以卞急人可[⑯]，称之以懒散人亦可。学书不成，学剑不成，学节义不成，学文章不成，学仙学佛、学农学圃俱不成[⑰]，任世人呼之为败子[⑱]，为废物，为顽民，为钝秀才，为瞌睡汉，为死老魅也已矣[⑲]。

初字宗子，人称石公，即字石公。好著书，其所成者有《石匮书》、《张氏家谱》、《义烈传》、《琅嬛文集》、《明易》、《大易用》、《史阙》、《四书遇》、《梦忆》、《说铃》、《昌谷解》、《快园道古》、《傒囊十集》、《西湖梦寻》、《一卷冰雪文》行世。

生于万历丁酉八月二十五日卯时[⑳]，鲁国相大涤翁之树子也[㉑]，母曰陶宜人。幼多痰

---

① 疏食：粗劣的食物。

② 向：过去。韦布：韦带布衣，古代平民之服。韦，无饰皮带。

③ 世家：世代食俸之家。

④ 中人：中等之人。齐驱：相比，比并。金谷：金谷园，晋代达官巨富石崇的私家园囿，极尽富侈，此处代指园主石崇。

⑤ 株守：守于株，化用成语“守株待兔”。於（wū）陵：战国时齐国隐士陈仲子的居处地，在今山东邹平东南，后代指隐居之所。

⑥ 舛（chuǎn）：违逆不顺。

⑦ 悲田院：又作“卑田院”，佛教救济贫民的专门机构，后又指乞丐聚居之所。

⑧ 溷（hùn）：同“混”，混同。

⑨ 肯自干：宁可让唾液自干而不擦拭。肯，宁可、宁愿。

⑩ 观场：观于游戏之场。

⑪ 肯让人先：岂肯让他人领先？肯，岂肯、岂可，疑问词“岂”省略。

⑫ 博弈：下棋。摴蒱：古代的赌博游戏。

⑬ 啜（chuò）茶：饮茶。啜，饮，喝。

⑭ 辨渑淄（shéng zī）：分辨不同水质。渑淄，渑水与淄水，皆在今山东境内，传说二水质味不同，唯春秋齐国易牙能辨。见《列子·说符》。

⑮ 强（jiāng）项：颈项僵直，形容性格刚直不屈。

⑯ 卞急：急躁。

⑰ 学圃：学种菜。圃，菜园。

⑱ 任：听任。

⑲ 老魅：犹言老鬼。

⑳ 万历丁酉：明万历二十五年（公元1597年）。

㉑ 鲁国相：鲁国国相。张岱父亲曾任鲁献王右长史，职掌相当国相。大涤翁：张岱父亲名耀芳，字尔弢，号大涤。树子：嫡子。古代诸侯以嫡子袭封，故云“树子”。

疾，养于外大母马太夫人者十年[①]。外太祖云谷公宦两广[②]，藏生牛黄丸盈数簏[③]，自余囡地以至十有六岁[④]，食尽之而厥疾始瘳[⑤]。六岁时，大父雨若翁携余之武林[⑥]，遇眉公先生跨一角鹿[⑦]，为钱塘游客，对大父曰："闻文孙善属对[⑧]，吾面试之。"指屏上李白骑鲸图曰："太白骑鲸，采石江边捞夜月。"余应曰："眉公跨鹿，钱塘县里打秋风。"眉公大笑起跃，曰："那得灵隽若此[⑨]，吾小友也。"欲进余以千秋之业[⑩]，岂料余之一事无成也哉？

甲申以后[⑪]，悠悠忽忽，既不能觅死，又不能聊生，白发婆娑[⑫]，犹视息人世[⑬]。恐一旦溘先朝露[⑭]，与草木同腐，因思古人如王无功、陶靖节、徐文长皆自作墓铭[⑮]，余亦效颦为之[⑯]。甫构思，觉人与文俱不佳，辍笔者再。虽然，第言吾之癖错[⑰]，则亦可传也已。曾营生圹于项王里之鸡头山[⑱]，友人李研斋题其圹曰[⑲]："呜呼，有明著述鸿儒陶庵张长公之圹。"伯鸾高士[⑳]，冢近要离[㉑]，余故有取于项里也。明年，年跻七十[㉒]，死与葬，其日月尚不知也，故不书。铭曰：

穷石崇，斗金石[㉓]。盲卞和，献荆玉[㉔]。老廉颇，战涿鹿[㉕]。赝龙门，开史局[㉖]。馋东

---

① 外大母：外祖母。

② 外太祖：外曾祖父。云谷公：张岱外曾祖父陶某的别号。

③ 簏：通"簏"，竹编小筐，圆形。

④ 囡（nān）地：小孩长大，在地上独立行走。

⑤ 瘳（chōu）：病愈。

⑥ 大父：祖父。雨若：张岱祖父名汝霖，字雨若，万历进士，官至广西参议。武林：杭州别称。

⑦ 眉公：即陈继儒，明代作家、书画家，松江华亭（今上海松江）人，字中醇，号眉公、麋公。角鹿：即鹿，因鹿有角故称。

⑧ 文孙：周文王之孙，后用作他人孙子的美称。《尚书·立政》："自今文子文孙，其勿误于庶狱。"孔安国传："文子文孙，文王之子孙。"

⑨ 灵隽：聪慧。

⑩ 千秋之业：指文章写作。曹丕《典论·论文》："盖文章，经国之大业，不朽之盛事。"

⑪ 甲申：即明崇祯十七年（公元 1644 年），是年李自成攻入北京，崇祯帝自缢景山，明亡。

⑫ 婆娑：即"扶疏"，披散貌。

⑬ 视息：瞻视和呼吸，谓勉强活着。

⑭ 溘：突然。先朝露：谓"死"，婉称。

⑮ 王无功：唐初王绩，字无功。陶靖节：东晋陶潜，私谥靖节。徐文长：明代徐渭，字文长。

⑯ 效颦：犹言仿效，截用成语"东施效颦"。

⑰ 第言：只要说。第，通"但"，只、只要。癖错：差错。癖，通"僻"。

⑱ 生圹（kuàng）：活人的墓穴。圹，墓穴。项王里：里巷名。鸡头山：山名。

⑲ 李研斋：张岱称其为"史学知己"。

⑳ 伯鸾：东汉梁鸿，字伯鸾。鸿隐居于吴，死后葬要离冢旁。见《后汉书》本传。

㉑ 要（yāo）离：春秋时吴王阖闾的刺客，刺杀王子庆忌未果，自尽。

㉒ 年跻（jī）七十：年满七十。跻，登上。

㉓ 穷石崇二句：据《晋书·石崇传》，崇父石苞临终分予诸子财物，独不及崇，云："是儿虽小，后自能得。"崇后果敛财至巨，与贵戚王恺、羊琇之等争豪斗富，极尽奢靡。金石：金银珍宝。

㉔ 盲卞和二句：据《韩非子·和氏》，卞和献玉楚王，不被认同，哭于楚山之下三日三夜，泣尽而继之以血。荆玉：荆山之玉，荆山即楚山。

㉕ 老廉颇二句：据《史记·廉颇蔺相如列传》，赵国兵败长平以后，又使廉颇为将，战于幽燕之地。

㉖ 赝龙门二句：作者自谓假冒史家作明史《石匮书》及南明史《石匮书后集》。龙门：司马迁出生地，在今山西河津西北及陕西韩城东北，后用作司马迁的代称。

坡，饿孤竹[①]。五羖大夫，焉能自鬻[②]。空学陶潜，枉希梅福[③]。必也寻三外野人[④]，方晓我之衷曲[⑤]。

【作者简介】

张岱（1597—1679），字宗子，又字石公，号陶庵、天孙，别号蝶庵居士，山阴（今浙江绍兴）人。出身仕宦之家，早岁不求仕进，唯务读书品艺。中年国破家亡，避居著述，有《陶庵梦忆》、《西湖梦寻》、《琅嬛文集》、《石匮书》多种传世。

【知识链接】

张岱高祖天复，嘉靖二十六年（公元 1547 年）进士，官至太仆卿；曾祖元汴，隆庆五年（公元 1571 年）状元，官至左谕德侍经筵；祖汝霖，万历二十三年（公元 1595 年）进士，官至广西参议；父耀芳，为鲁王右长史。家世富贵繁华，故张岱自谓“纨绔子弟”。张岱曾谓：“人无癖，不可与交，以其无深情也。”（《陶庵梦忆·祁止祥癖》）其传人亦秉此旨。《王谑庵先生传》云王思任有谑癖，号谑庵：“莅官行政，摘伏发奸，以及论文赋诗，无不以谑用事。”《鲁云谷传》云云谷有洁癖：“恨烟，恨酒，恨人撷花，尤恨人唾痰秽地。闻喀痰声，索之不得，几学倪迂，欲将梧桐斫尽。”其作《五异人传》，其人皆癖，癖于钱、癖于酒、癖于气、癖于土木、癖于书史，并云“五人之负癖若此，盖亦不得不传之者矣”，故其《自为墓志铭》又历述己癖。

登泰山记[⑥]

姚　鼐

【阅读提示】

此文是作者游览泰山的一篇游记，重点描述黄昏落日和次日日出的奇特景象。通过对山、水、雪、雾、日光等自然景观的描写，勾勒出一幅幅壮丽幽美的画面。又结合日观峰附近的祠庙、行宫、石刻等人文景观，表现了对祖国大好河山的热爱和赞美之情。行文简洁、语言生动，反映了桐城派散文“平正雅洁”的特点。

---

① 馋东坡二句：苏东坡好美食，商代孤竹君之子伯夷、叔齐，不食周粟，饿死首阳山。作者自谓兼有两种品行。

② 五羖（gǔ）大夫二句：春秋时秦穆公以五张黑羊皮买下百里奚，并授以国政，称之为“五羖大夫”，作者借此自谓鬻才不得。羖：黑色公羊。鬻：卖。

③ 空学陶潜二句：未能像陶潜、梅福那样隐遁。梅福：汉代南昌尉，因上书不被采纳，居家读书养性，后仙去。见《汉书》本传。希：向往。

④ 三外野人：即郑思肖，宋末画家，号三外野人，曾著《心史》，述亡国之痛。

⑤ 衷曲：内心意志、意愿。

⑥ 选自姚鼐：《惜抱轩诗文集》，上海，上海古籍出版社，1992。

泰山之阳[①]，汶水西流[②]；其阴[③]，济水东流[④]。阳谷皆入汶，阴谷皆入济[⑤]。当其南北分者，古长城也[⑥]。最高日观峰[⑦]，在长城南十五里。

余以乾隆三十九年十二月[⑧]，自京师乘风雪[⑨]，历齐河、长清[⑩]，穿泰山西北谷，越长城之限[⑪]，至于泰安。是月丁未[⑫]，与知府朱孝纯子颍由南麓登[⑬]。四十五里，道皆砌石为磴[⑭]，其级七千有余。

泰山正南面有三谷[⑮]。中谷绕泰安城下，郦道元所谓环水也[⑯]。余始循以入[⑰]，道少半[⑱]，越中岭，复循西谷，遂至其巅。古时登山，循东谷入，道有天门[⑲]。东谷者，古谓之天门溪水，余所不至也。今所经中岭及山巅，崖限当道者[⑳]，世皆谓之天门云[㉑]。道中迷雾冰滑，磴几不可登。及既上，苍山负雪，明烛天南[㉒]；望晚日照城郭，汶水、徂徕如画[㉓]，而半山居雾若带然[㉔]。

戊申晦[㉕]，五鼓[㉖]，与子颍坐日观亭，待日出。大风扬积雪击面。亭东自足下皆云漫。

---

① 泰山：古名岱山，又称岱宗、东岳，为五岳之首，位于山东省泰安市境内。阳：山南水北为阳。

② 汶（wèn）水：今称大汶河，发源于山东莱芜东北之原山，向西南流，汇入东平湖。

③ 阴：与阳相对，山北水南为阴。

④ 济水：发源于今河南济源之王屋山，流经山东入渤海。现在黄河下游的河道就是原来济水的河道。

⑤ 谷：泉出通川为谷。阳谷指山南的流水，阴谷指山北的流水。

⑥ 古长城：战国时齐国修筑的长城。据《水经注》载："西接岱山，东连琅琊巨海，千有余里，盖田氏之所造也。"

⑦ 日观峰位于泰山主峰之巅玉皇顶东南，古称介丘岩，因可观日出而名。相传在峰巅西可望秦，南可望越，故又称秦观峰、越观峰。

⑧ 乾隆三十九年：公元 1774 年。但十二月初一，已是公元 1775 年。

⑨ 乘：冒着。

⑩ 齐河：县名，今属山东省德州市。长清：县名，因境内齐长城和清水而得名，今属山东省济南市。

⑪ 限：界限。

⑫ 丁未：指二十八日。

⑬ 朱孝纯：字子颖，号海愚，山东历城人，当时是泰安府的知府。

⑭ 磴（dèng）：台阶。

⑮ 三谷：即下文之西谷、中谷、东谷。

⑯ 郦道元（约 470—527）：字善长，北魏地理学家，著《水经注》四十卷，文笔隽永。

⑰ 循：沿着。以：而。

⑱ 道：行也。

⑲ 天门：泰山有南天门、东天门、西天门。

⑳ 限：阻隔。

㉑ 世：天下，世间。

㉒ 烛：照亮。

㉓ 徂徕（cú lái）：山名，在泰安东南四十里。

㉔ 居：停留。

㉕ 戊申：二十九日。晦：农历每月最后一日。

㉖ 五鼓：又称五更，第五更的时候，即天将明时。

稍见云中白若摴蒱数十立者[①]，山也。极天云一线异色[②]，须臾成五采；日上[③]，正赤如丹。下有红光，动摇承之，或曰，此东海也[④]。回视日观以西峰，或得日，或否，绛皓驳色[⑤]，而皆若偻[⑥]。

亭西有岱祠[⑦]，又有碧霞元君祠[⑧]；皇帝行宫[⑨]在碧霞元君祠东。是日，观道中石刻，自唐显庆[⑩]以来，其远古刻尽漫失。僻不当道者，皆不及往。

山多石，少土；石苍黑色，多平方，少圜[⑪]。少杂树，多松，生石罅[⑫]，皆平顶。冰雪，无瀑水，无鸟兽音迹。至日观数里内无树，而雪与人膝齐。

桐城姚鼐记述。

【作者简介】

姚鼐（1731—1815），安徽桐城人，字姬传，一字梦谷，室名惜抱轩，人称惜抱先生。清乾隆二十八年（公元 1763 年）进士，官至刑部郎中、记名御史。历主江宁、扬州等地书院，凡四十年。从刘大櫆学习古文，为“桐城派”主要作家。主张以阳刚、阴柔区别文章的风格，又发展了刘大櫆的拟古主张，提倡从模拟古文的“格律声色”入手，进而模拟其“神理气味”。文风简洁精练，清新自然。著有《惜抱轩全集》，选编有《古文辞类纂》等。

【知识链接】

1. 姚鼐参加纂修的《四库全书》于乾隆三十七年告竣，乾隆三十九年（1774 年），姚鼐以养亲为名，告归田里。道经泰安，与挚友泰安知府朱孝纯于此年十二月二十八日傍晚同上泰山山顶，第二天即除夕（当年十二月小）五更时分至日观峰的日观亭后，观赏日出，写下了这篇游记。

2. 姚鼐所编《古文辞类纂》共 75 卷，是古文辞赋选本。分论辩、序跋、奏议、书说、赠序、诏令、传状、碑志、杂记、箴铭、颂赞、辞赋、哀祭十三类。所选的作品以《战国策》、两汉散文、唐宋八大家以及归有光、方苞、刘大櫆等的文章为主，体现了“义理、考据、辞章”并重的文学主张，奠定了桐城派“文章正宗”的地位。

---

① 摴（chū）蒱（pú）：古代一种博戏，后世亦指赌博。此处指博戏中用于掷的骰（tóu 投）子。

② 这句是说天边的云透漏出一线奇异的颜色。

③ 上：升起。

④ 这句是说太阳升起时下面有红光摇荡着托着它，有人以为晃动的红光就是东海。

⑤ 绛皓驳色：指红白相杂。

⑥ 偻：身体弯曲，此处指恭敬受教之状。

⑦ 岱祠：一名岱庙，祭祀东岳大帝的庙宇。

⑧ 碧霞元君：道教尊奉的女神，俗称泰山娘娘、泰山圣母，传说是东岳大帝之女，宋真宗时封为“天仙玉女碧霞元君”。

⑨ 皇帝行宫：指乾隆皇帝巡视泰山时的居所。

⑩ 显庆：唐高宗李治的年号（656—661）。

⑪ 圜（yuán）：同“圆”。

⑫ 罅（xià）：缝隙。

少年中国说[①]

梁启超

【阅读提示】

本文作于戊戌变法失败后的光绪二十六年（1900），开篇从驳斥日本和西方列强污蔑我国为“老大帝国”入手，说明中国是一个正在成长的少年中国。文章紧扣主题，巧妙运用夕照、瘠牛、秋柳、陨石、琵琶女、白发宫女等人们所熟知的形象来烘托“老”，层层推进，逐次阐发，说明封建专制制度的腐朽没落。指出中国的希望在少年身上，并且坚信少年必有志士，能使国家富强，民族昌盛，雄立于地球。文章多用比喻、对比，感情真挚，气势磅礴，反映了作者深沉的爱国主义思想和积极乐观的民族自信心。

日本人之称我中国也，一则曰老大帝国，再则曰老大帝国。是语也，盖袭译欧西人之言也[②]。呜呼！我中国其果老大矣乎？梁启超曰：恶[③]！是何言！是何言！吾心目中有一少年中国在。

欲言国之老少，请先言人之老少。老年人常思既往，少年人常思将来。惟思既往也，故生留恋心；惟思将来也，故生希望心。惟留恋也，故保守；惟希望也，故进取。惟保守也，故永旧；惟进取也，故日新。惟思既往也，事事皆其所已经者，故惟知照例；惟思将来也，事事皆其所未经者，故常敢破格。老年人常多忧虑，少年人常好行乐。惟多忧也，故灰心；惟行乐也，故盛气。惟灰心也，故怯懦；惟盛气也，故豪壮。惟怯懦也，故苟且[④]；惟豪壮也，故冒险。惟苟且也，故能灭世界；惟冒险也，故能造世界。老年人常厌事，少年人常喜事。惟厌事也，故常觉一切事无可为者；惟好事也，故常觉一切事无不可为者。老年人如夕照，少年人如朝阳。老年人如瘠牛，少年人如乳虎。老年人如僧，少年人如侠。老年人如字典，少年人如戏文。老年人如鸦片烟，少年人如泼兰地酒[⑤]。老年人如别行星之陨石，少年人如大洋海之珊瑚岛。老年人如埃及沙漠之金字塔，少年人如西伯利亚之铁路。老年人如秋后之柳，少年人如春前之草。老年人如死海之潴为泽[⑥]，少年人如长江之初发源。此老年人与少年人性格不同之大略也[⑦]。梁启超曰：人固有之，国亦宜然。

梁启超曰：伤哉，老大也！浔阳江头琵琶妇[⑧]，当明月绕船，枫叶瑟瑟，衾寒于铁，似梦非梦之时，追想洛阳尘中春花秋月之佳趣。西宫南内，白发宫娥，一灯如穗，三五对

---

① 选自梁启超：《饮冰室合集》，北京，中华书局，1989。

② 欧西：指欧美西方国家。

③ 恶（wū）：叹词，表不满。《孟子·公孙丑上》：“然则夫子既圣矣乎？曰：恶！是何言也？”赵岐注：“恶者，不安事之叹辞也。”

④ 苟且：敷衍了事，得过且过。

⑤ 泼兰地：今翻译为白兰地。

⑥ 潴（zhū）：水停聚处。

⑦ 此段通过对比，意在用老人之“旧”反衬少年之“新”。

⑧ 琵琶妇：用白居易《琵琶行》典故。

坐，谈开元、天宝间遗事[①]，谱《霓裳羽衣曲》[②]。青门种瓜人[③]，左对孺人[④]，顾弄孺子，忆侯门似海珠履杂遝[⑤]之盛事。拿破仑之流于厄蔑[⑥]，阿剌飞之幽于锡兰[⑦]，与三两监守吏，或过访之好事者，道当年短刀匹马驰骋中原，席卷欧洲，血战海楼，一声叱咤，万国震恐之丰功伟烈，初而拍案，继而抚髀[⑧]，终而揽镜。呜呼，面皴齿尽，白发盈把，颓然老矣！若是者，舍幽郁之外无心事，舍悲惨之外无天地；舍颓唐之外无日月，舍叹息之外无音声；舍待死之外无事业。美人豪杰且然，而况寻常碌碌者耶？生平亲友，皆在墟墓；起居饮食，待命于人。今日且过，遑知他日[⑨]？今年且过，遑恤明年？普天下灰心短气之事，未有甚于老大者。于此人也，而欲望以拏云之手段[⑩]，回天之事功，挟山超海之意气[⑪]，能乎不能？

呜呼！我中国其果老大矣乎？立乎今日以指畴昔，唐虞三代，若何之郅治[⑫]；秦皇汉武，若何之雄杰；汉唐来之文学，若何之隆盛；康乾间之武功，若何之烜赫。历史家所铺叙，词章家所讴歌，何一非我国民少年时代良辰美景、赏心乐事之陈迹哉！而今颓然老矣！昨日割五城，明日割十城，处处雀鼠尽，夜夜鸡犬惊。十八省之土地财产[⑬]，已为人怀中之肉；四百兆之父兄子弟，已为人注籍之奴[⑭]，岂所谓“老大嫁作商人妇”者耶？呜呼！凭君莫话当年事，憔悴韶光不忍看！楚囚相对[⑮]，岌岌顾影，人命危浅，朝不虑夕。国为待死之国，一国之民为待死之民。万事付之奈何，一切凭人作弄，亦何足怪！

梁启超曰：我中国其果老大矣乎？是今日全地球之一大问题也。如其老大也，则是中国为过去之国，即地球上昔本有此国，而今渐澌灭，他日之命运殆将尽也。如其非老大也，则是中国为未来之国，即地球上昔未现此国，而今渐发达，他日之前程且方长也。欲断今日之中国为老大耶？为少年耶？则不可不先明“国”字之意义。夫国也者，何物也？有土地，有人民，以居于其土地之人民，而治其所居之土地之事，自制法律而自守之；有主权，有服从，人人皆主权者，人人皆服从者。夫如是，斯谓之完全成立之国。地球上之

---

① 此句用元稹《行宫》“白头宫女在，闲坐说玄宗”诗意。

② 《霓裳羽衣曲》：本名《婆罗门》，源出印度，开元中传入中国。传说李隆基梦游月宫，听诸仙奏曲，默记其调，醒后令乐工谱成。

③ 青门种瓜人：指邵平。秦末封为东陵侯，秦亡后，在长安东门外种瓜为生。

④ 孺人：旧时对妻的通称。

⑤ 杂遝（tà）：即杂沓，纷杂繁多貌。

⑥ 厄蔑：即厄尔巴岛。1814年联军攻破巴黎，拿破仑被流放于厄尔巴岛。

⑦ 阿剌飞：即埃及民族解放运动领袖阿拉比，曾率众推翻英、法殖民统治。1882年，英国侵略军进攻埃及，阿拉比领导军队抗击，战败后被流放于锡兰。

⑧ 髀（bì）：大腿。表示英雄迟暮之感。《三国志》裴松之注引《九州春秋》：“备住荆州数年，尝于（刘）表坐起至厕，见髀里肉生，慨然流涕。还坐，表怪问备，备曰：‘吾常身不离鞍，髀肉皆消；今不复骑，髀里肉生。日月若驰，老至矣，而功业不建，是以悲耳！’”

⑨ 遑：何暇，怎能。常用于反问句。

⑩ 拏云：拏同拿，持也。李贺《致酒行》“少年心事当拏云”。

⑪ 挟山超海：夹着泰山跨越北海。喻不可能做到的事。《孟子·梁惠王上》：“挟泰山以超北海。”

⑫ 郅治：大治。

⑬ 十八省：清初全国共分为十八个省，此代指中国。

⑭ 注籍：指登记入册。

⑮ 楚囚相对：形容人们遭遇国难或其他变故，相对无策，徒然悲伤。典出南朝宋刘义庆《世说新语·言语》。

有完全成立之国也，自百年以来也。完全成立者，壮年之事也。未能完全成立而渐进于完全成立者，少年之事也。故吾得一言以断之曰：欧洲列邦在今日为壮年国，而我中国在今日为少年国。

夫古昔之中国者，虽有国之名，而未成国之形也。或为家族之国，或为酋长之国，或为诸侯封建之国，或为一王专制之国。虽种类不一，要之，其于国家之体质也，有其一部而缺其一部。正如婴儿自胚胎以迄成童，其身体之一二官支[①]，先行长成，此外则全体虽粗具，然未能得其用也。故唐虞以前为胚胎时代，殷周之际为乳哺时代，由孔子而来至于今为童子时代。逐渐发达，而今乃始将入成童以上少年之界焉。其长成所以若是之迟者，则历代之民贼有窒其生机者也。譬犹童年多病，转类老态，或且疑其死期之将至焉，而不知皆由未完全未成立也。非过去之谓，而未来之谓也。

且我中国畴昔，岂尝有国家哉？不过有朝廷耳！我黄帝子孙，聚族而居，立于此地球之上者既数千年，而问其国之为何名，则无有也。夫所谓唐、虞、夏、商、周、秦、汉、魏、晋、宋、齐、梁、陈、隋、唐、宋、元、明、清者，则皆朝名耳。朝也者，一家之私产也。国也者，人民之公产也。朝有朝之老少，国有国之老少。朝与国既异物，则不能以朝之老少而指为国之老少明矣。文、武、成、康，周朝之少年时代也。幽、厉、桓、赧[②]，则其老年时代也。高、文、景、武，汉朝之少年时代也。元、平、桓、灵，则其老年时代也。自余历朝，莫不有之。凡此者谓为一朝廷之老也则可，谓为一国之老也则不可。一朝廷之老且死，犹一人之老且死也，于吾所谓中国者何与焉。然则，吾中国者，前此尚未出现于世界，而今乃始萌芽云尔。天地大矣，前途辽矣。美哉我少年中国乎！

玛志尼[③]者，意大利三杰之魁也。以国事被罪，逃窜异邦。乃创立一会，名曰“少年意大利”。举国志士，云涌雾集以应之。卒乃光复旧物，使意大利为欧洲之一雄邦。夫意大利者，欧洲第一之老大国也。自罗马亡后，土地隶于教皇，政权归于奥国，殆所谓老而濒于死者矣。而得一玛志尼，且能举全国而少年之，况我中国之实为少年时代者耶！堂堂四百余州之国土，凛凛四百余兆之国民，岂遂无一玛志尼其人者！

龚自珍氏之集有诗一章，题曰《能令公少年行》。吾尝爱读之，而有味乎其用意之所存。我国民而自谓其国之老大也，斯果老大矣；我国民而自知其国之少年也，斯乃少年矣。西谚有之曰：“有三岁之翁，有百岁之童。”然则，国之老少，又无定形，而实随国民之心力以为消长者也。吾见乎玛志尼之能令国少年也，吾又见乎我国之官吏士民能令国老大也。吾为此惧！夫以如此壮丽浓郁翩翩绝世之少年中国，而使欧西日本人谓我为老大者，何也？则以握国权者皆老朽之人也。非哦几十年八股，非写几十年白折[④]，非当几十年差，非捱几十年俸，非递几十年手本[⑤]，非唱几十年喏[⑥]，非磕几十年头，非请几十年

① 支：“肢”的古字。

② 赧（nǎn）：周赧王。文、武、成、康，周初之明君也；幽、厉、桓、赧，西周、东周衰弱时的君王。

③ 玛志尼：意大利爱国者，创立少年意大利党，发动和组织资产阶级革命，完成意大利的独立统一事业。他与加里波的、喀富尔并称“意大利三杰”。

④ 白折：清代科举应试的试卷之一。殿试取中进士后，还要进行朝考，以分别授予官职。朝考用白折即用工整的楷书写在白纸制的折子上。

⑤ 手本：明清时见上司、座师或贵官所用的名帖。

⑥ 唱喏（rě）：又写作唱诺。古代男子所行之礼，叉手行礼，同时出声致敬。

安，则必不能得一官、进一职。其内任卿贰以上，外任监司以上者[1]，百人之中，其五官不备者[2]，殆九十六七人也。非眼盲则耳聋，非手颤则足跛，否则半身不遂也。彼其一身饮食步履视听言语，尚且不能自了，须三四人在左右扶之捉之，乃能度日，于此而乃欲责之以国事，是何异立无数木偶而使之治天下也！且彼辈者，自其少壮之时既已不知亚细亚、欧罗巴为何处地方，汉祖唐宗是那朝皇帝，犹嫌其顽钝腐败之未臻其极，又必搓磨之，陶冶之，待其脑髓已涸，血管已塞，气息奄奄，与鬼为邻之时，然后将我二万里山河，四万万人命，一举而畀于其手[3]。呜呼！老大帝国，诚哉其老大也！而彼辈者，积其数十年之八股、白折、当差、捱俸、手本、唱诺、磕头、请安，千辛万苦，千苦万辛，乃始得此红顶花翎之服色[4]，中堂大人之名号，乃出其全副精神，竭其毕生力量，以保持之。如彼乞儿拾金一锭，虽轰雷盘旋其顶上，而两手犹紧抱其荷包，他事非所顾也，非所知也，非所闻也。于此而告之以亡国也，瓜分也，彼乌从而听之[5]，乌从而信之！即使果亡矣，果分矣，而吾今年七十矣，八十矣，但求其一两年内，洋人不来，强盗不起，我已快活过了一世矣！若不得已，则割三头两省之土地奉申贺敬[6]，以换我几个衙门；卖三几百万之人民作仆为奴，以赎我一条老命，有何不可？有何难办？呜呼！今之所谓老后、老臣、老将、老吏者，其修身齐家治国平天下之手段，皆具于是矣。西风一夜催人老，凋尽朱颜白尽头。使走无常当医生[7]，携催命符以祝寿，嗟乎痛哉！以此为国，是安得不老且死，且吾恐其未及岁而殇也。

梁启超曰：造成今日之老大中国者，则中国老朽之冤业也。制出将来之少年中国者，则中国少年之责任也。彼老朽者何足道，彼与此世界作别之日不远矣，而我少年乃新来而与世界为缘。如僦屋者然[8]，彼明日将迁居他方，而我今日始入此室处。将迁居者，不爱护其窗栊，不洁治其庭庑[9]，俗人恒情，亦何足怪！若我少年者，前程浩浩，后顾茫茫。中国而为牛为马为奴为隶，则烹脔鞭棰之惨酷，惟我少年当之。中国如称霸宇内，主盟地球，则指挥顾盼之尊荣，惟我少年享之。于彼气息奄奄与鬼为邻者何与焉？彼而漠然置之，犹可言也。我而漠然置之，不可言也。使举国之少年而果为少年也，则吾中国为未来之国，其进步未可量也。使举国之少年而亦为老大也，则吾中国为过去之国，其澌亡可翘足而待也。故今日之责任，不在他人，而全在我少年。少年智则国智，少年富则国富；少年强则国强，少年独立则国独立；少年自由则国自由，少年进步则国进步；少年胜于欧洲则国胜于欧洲，少年雄于地球则国雄于地球。红日初升，其道大光[10]。河出伏流，一泻汪

---

① 卿贰：次于卿相的朝中大官。监司：负有监察之责的官吏，清代通称各省布政使、按察使及各道道员为监司。

② 五官不备：指五官功能不全。

③ 畀：交付。

④ 红顶花翎：借指高官。清朝一品官用红宝石顶珠。又以孔雀羽制成拖在帽后表示官品的帽饰，本来由皇帝赐给建有功勋的人或贵族，后来五品以上的官就可以出钱捐花翎戴。花翎有单眼、双眼、三眼之别，以三眼花翎为最贵。

⑤ 乌：何，哪里。

⑥ 三头两省：三两个省。

⑦ 走无常：旧时迷信，谓活人到阴间当差，事讫放还。

⑧ 僦（jiù）：租赁。

⑨ 庑（wǔ）：堂下周围的走廊、廊屋。

⑩ 其道大光：见于《周易·益》，指发扬光大。

洋。潜龙腾渊，鳞爪飞扬。乳虎啸谷，百兽震惶。鹰隼试翼，风尘吸张。奇花初胎，矞矞皇皇[①]。干将发硎[②]，有作其芒。天戴其苍，地履其黄。纵有千古，横有八荒。前途似海，来日方长。美哉我少年中国，与天不老！壮哉我中国少年，与国无疆！

【作者简介】

梁启超（1873—1929），字卓如，号任公，又号饮冰室主人、饮冰子、哀时客、中国之新民、自由斋主人等，广东新会人。中国近代维新派代表人物，戊戌变法（百日维新）领袖之一。著名政治活动家、启蒙思想家、教育家、史学家和文学家。曾倡导文体改良的“诗界革命”和“小说界革命”，其著作合编为《饮冰室合集》。

【知识链接】

1 徐志摩评价梁启超：

他在现代中国史上带进了一个新时代，他以个人的力量掀起了一个政治彻底的思想革命，而就是因着这项伟绩，以后接着来的革命才能马到成功，所以他在现代中国的地位是无以伦比的。（徐志摩1929年致思厚之函）

2. 梁启超致子女函：

我是个学问趣味方面极多的人，我之所以不能专积有成者在此，然而我的生活内容异常丰富，能够永久保持不厌不倦的精神，亦未始不在此。我每历若干时候，趣味转过新方面，便觉得像换个新生命，如朝旭升天，如新荷出水，我自觉这种生活是极可爱的，极有价值的。我虽不愿你们学我那泛滥无归的短处，但最少也想你们参采我那烂漫向荣的长处。（《梁启超年谱长编》，上海，上海人民出版社，1983）

思考与实践

1. 据《史记·李斯列传》记载，秦王看到李斯的《谏逐客书》后，取消了逐客之令。请联系作品，谈谈李斯是怎样使秦王收回成命的。

2. 谈谈你对“业精于勤，荒于嬉；行成于思，毁于随”的理解。

3. 阅读苏轼《祭欧阳文忠公文》，与王安石的《祭欧阳文忠公文》比较，探究两篇祭文的写作特色。

4. 阅读张岱的《陶庵梦忆》、《西湖梦寻》，说说晚明小品文的特点。

5. 朗诵《少年中国说》。

6. 学习《登泰山记》，以简洁生动的文字写一篇游记散文。

7. “桐城派”是清代最有影响的文派，曾有“天下文章其在桐城乎！”的赞誉。然而20世纪初，“五四”新文化运动猛批“桐城谬种，选学妖孽”，“桐城派”又成为饱受攻击的文派，请问你如何看待这种现象？

---

① 矞矞皇皇：见于《太玄经·交》，繁荣昌盛之意。

② 干将发硎：干将，古剑名。相传春秋吴有干将、莫邪夫妇善铸剑，为阖闾铸阴阳剑，阳曰“干将”，阴曰“莫邪”。发硎，指刀新从磨刀石上磨出来。

第九讲　古代戏曲

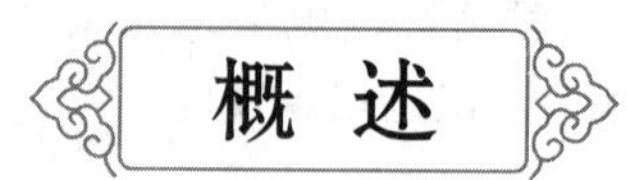

概　述

一、中国古代戏曲的发展历程

戏曲是极富中国特色的戏剧艺术，它起源虽早，但发展极缓。以宋代为界，中国戏曲经历了原始社会的百兽率舞、先秦的优孟衣冠、秦汉的百戏杂陈、魏晋南北朝的歌舞小戏和隋唐五代的参军戏等几个发展阶段，以宋金杂剧和南戏的形成为标志，才最终发育成熟。

同西方戏剧一样，中国戏曲也孕育并诞生于原始时代的祭祀歌舞之中。《尚书·尧典》中记载："予击石拊石，百兽率舞。"可见，这类原始歌舞是在石器等简单乐器的伴奏下，手舞足蹈地模仿表现对象，通过倾情的呼喊或者虔诚的吁请，生动地再现氏族生产及生活的场景，并表达出对神灵及图腾的敬畏。随着时代的演进，从全民性的原始歌舞中逐渐分化出能歌善舞的专门人才，其中女性为巫，男性称觋。他们主持祭祀，长袖善舞，上达人之祈愿，下传神之意旨，享有特殊地位。同时，他们也是人类最早的职业表演者。

大概在周代，又出现了由贵族豢养起来的表演者"优"。优有倡优和俳优之分，前者以歌舞表演为主，后者则以幽默表演为主。优的出现，象征着戏剧文化从为神服务向为人服务的转变，具有很大的进步意义。先秦的优孟、优施和秦代的优旃，都是有据可查的著名俳优，他们巧舌如簧，机敏诙谐，精于模仿，长于讽谏，其表演为后世戏曲的念白艺术奠定了基础。其中，优孟衣冠的故事尤为后世称道，有的研究者还将其看做中国戏曲史上最早的剧目。

秦汉以降，伴随着大一统的中央集权国家的建立，经济发达，国力昌盛，表演艺术也因此空前繁荣。原先散落于各地的民间歌舞、技艺等表演艺术，得以互相交流、补充乃至整合，出现了融歌舞表演、杂技表演和竞技表演于一炉的大型综合性艺术——百戏，风靡一时，备受欢迎，百戏为多元综合的戏曲艺术最终形成创造了不可多得的先决条件。张衡《西京赋》中记载当时的百戏节目《总会仙倡》，其中有歌有舞，有模拟表演，还有舞台美术，表演的表现力和感染力都得到了增强。而汉代最为著名的角抵戏《东海黄公》，已经有了基本成型的情节和相对完整的因果关系，有了装扮表演、角色性格和戏剧"假定性"意识的萌发，已经初具戏剧雏形。

魏晋南北朝时期，社会动荡、战乱频仍。但另一方面，民族大迁徙、大融合也成为时代主题。此期，歌舞相兼的小戏，从百戏中彰显出来，成为当时最具代表性的戏剧类型，并出现了三个在戏剧史上颇具影响力的剧目：《大面》、《拨头》和《踏谣娘》。《大面》主要表现兰陵王作战时的飒爽英姿，剧中出现了为刻画人物性格服务的面具，强化了戏剧表演“代言体”的本体特征，也为后世戏曲脸谱的产生奠定了基础。而《拨头》的题旨，是对人类亲情和生命的礼赞，作品通过歌唱和虚拟表演来叙事抒情，通过服饰造型和舞蹈动作来刻画人物性格，传达出感人至深的天伦之情和令人血脉贲张的复仇之快。《踏谣娘》敷衍北齐士子苏郎中酒醉殴妻事，该剧开始对人物性格进行“预设”，已初现戏曲塑造人物的萌芽，并且男扮女装的装扮表演，增加了强烈的戏谑色彩，也成为后世戏曲“反串”的发端。

隋统一天下后，由于政治相对稳定，加上统治者的提倡，戏曲等表演艺术获得良好的发展空间。隋炀帝时定“九部乐”，对后来戏曲音乐的制定产生重要影响。隋炀帝大业二年（公元606年），曾举行一场规模空前的乐舞杂技大会演。这次演出，既有装扮黄龙等的模仿表演，也有俳优调笑的滑稽表演，既有举大鼎、走钢丝之类的杂技表演，也有大变活人之类的魔术表演，承继汉代百戏的表演方式，但规模更加宏大，所以《隋书》评价其“千变万化，旷古莫俦”。唐代最有价值的戏剧类型是参军戏，这是唐开元时期兴起的一种新的戏剧类型，实际上还是优人之戏的变体。参军戏通常有两个角色：一名“参军”，一名“苍鹘”，二人在规定情境之中，彼此问答或者即兴表演。参军是被戏弄、嘲弄的一方，对之进行嘲弄的一方是苍鹘。值得注意的是，参军、苍鹘这两个角色的类型规定，正是中国戏剧角色行当划分的初始状态。后世“净”和“丑”两个行当，就是由此演化而来的。并且，参军和苍鹘，很像今天相声中的“逗哏”和“捧哏”的格局，他们一热一冷，一逗一捧，使演出诙谐幽默，妙趣横生。中唐以后，女艺人开始参与参军戏演出，其表演也趋于科白、音乐、舞蹈三者合一。五代时，参军戏的演出依然热闹，后唐庄宗李存勖、吴帝杨溥都曾经粉墨登场，亲自参与演出。

宋金时期相继产生了两宋杂剧、金代院本和南宋南戏等戏剧类型。宋杂剧是在唐代参军戏的基础上广泛吸收其他表演技艺而形成的戏剧样式。在演出形式上，宋杂剧一般由“艳段”、“正杂剧”和“散段”三部分构成。在角色体制上，宋杂剧包括末泥、引戏、副净、副末、装孤五个基本行当。宋杂剧继承前代俳优之戏以幽默言语进行讽谏的传统，大多取材自现实生活，针砭时弊，嘲弄丑恶，具有强烈的讽刺效果，也极易打动观众。金代院本脱胎自宋杂剧，其表演方式、角色体制与宋杂剧并无二致。它和宋杂剧一起，为戏曲的成熟进行最后的准备。

南宋时的温州是当时最大的商业城市之一，各种民间艺术汇聚于此。在这样的戏剧文化环境中，受到宋杂剧演剧体制的启发，在吸收诸宫调、唱赚等说唱艺术养分的基础上，一种成熟的戏曲形式——“永嘉杂剧”应运而生了。由于永嘉杂剧主要用南曲演唱，所以后人称其为“南曲戏文”，简称“南戏”，以区别于金元时期兴起的北曲杂剧。永嘉杂剧有大量作品问世，但大部分作品失传。据研究，宋元南戏有名目可查的共238本，其中流传至今的有17本。这当中可以确定是南宋永嘉杂剧的作品仅有《王魁负桂英》、《赵贞女蔡二郎》、《王焕》、《乐昌公主破镜重圆》、《韫玉传奇》和《张协状元》6种。其中《张协状元》作于南宋中期，为中国现存最早的戏剧剧本。作品叙述了“状元负心”的故事，为后世中国戏曲定下“痴情女子负心汉”的基本故事格局。同时，它所开创的“大团圆”的结局模式，也成为中国戏曲结构样式的主流。南戏吸收了宋杂剧角色行当之长，又有新的发展，建立了以生、旦为主体的生、旦、净、末、丑、外、贴七种角色的行当体制。

元代杂剧代表着元代文学的最高成就，也昭示着中国戏曲黄金时代的到来。元杂剧是在金院本的基础上采用诸宫调等音乐形式，融合各种表演艺术的特点，广泛地吸收了宋词、大曲及各民族民间歌曲等艺术成分而形成的全新的戏剧样式。在结构和表演体制上，元杂剧形成了“四折一楔子”和“一人主唱”的特点。元杂剧的兴盛，一方面表现在剧本创作的繁荣上。据元代钟嗣成《录鬼簿》和明代贾仲明《录鬼簿续编》记载，元代有姓名可考的作家有200多人，创作的作品达到500余种，现存剧本160余种，可谓名家如林、名作如海。其中关汉卿的《窦娥冤》、《救风尘》、《单刀会》，王实甫的《西厢记》，马致远的《汉宫秋》，白朴的《梧桐雨》、《墙头马上》，郑光祖的《倩女离魂》，纪君祥的《赵氏孤儿》，康进之的《李逵负荆》都堪称元杂剧中的一流作品，且流传至今，影响深远。另一方面，在元代南方戏剧文化圈里，南戏继续流行，与元杂剧双峰并峙，在元代剧坛上相映生辉。《永乐大典戏文三种》中，除《张协状元》外，其余两种戏文《宦门子弟错立身》及《小孙屠》，均作于元代。元代南戏的代表作还有《荆钗记》、《刘知远白兔记》、《拜月亭记》、《杀狗记》等，被后人称为“四大南戏”，在后世盛演不衰。元末高明在宋南戏《赵贞女》基础上改编而成的《琵琶记》，“用清丽之词，一洗作者之陋，于是村坊小伎，进与古法部相参，卓乎不可及已”（徐渭《南词叙录》），极大地提升了南戏的文学性和艺术性，代表着元南戏艺术的最高成就。

明代戏剧承上启下，自成一格。由元杂剧发展而来的明杂剧，前期作品多为粉饰太平、宣扬封建伦理之作，格调不高。后期则因众多失意文人的加入而有所改观。杂剧创作在内容和技巧上都有创新，出现了杨慎、徐渭、汪道昆、王衡、陈与郊、许潮等重要作家。其中最负盛名的杂剧作家当属徐渭，其代表作《四声猿》包括《狂鼓史》、《玉禅师》、《雌木兰》、《女状元》四种，或对黑暗政权进行猛烈抨击，或对虚伪神权进行尽情嘲弄，或对女性才华进行讴歌赞美，或对人才遭埋没进行惋惜哀叹，洋溢着徐渭狂傲的叛逆精神。另一方面，由宋元南戏发展而来的明传奇，也迅速发展，日趋完善。明初传奇带有浓烈的封建道学气和说教味，代表作是丘濬的《五伦全备记》和邵灿的《香囊记》。伴随着弋阳腔、海盐腔、余姚腔和昆山腔等南戏四大声腔的广泛流传，到明代中叶，明代传奇迅速崛起，影响日益扩大，很快取代了杂剧的地位，成为明代戏剧的主流样式。李开先的《宝剑记》、梁辰鱼的《浣纱记》和无名氏的《鸣凤记》，并称为明中叶三大传奇，它们的问世标志着传奇创作繁荣时期的到来。汤显祖及其“临川四梦”，则把传奇创作推上了高峰。尤其是爱情剧《牡丹亭》，更以其奇幻的情节、深刻的意蕴、优美的曲词和浓烈的情感，成为中国戏曲史上充满浪漫主义光辉的杰作。

清代戏曲的代表作品是洪昇的《长生殿》和孔尚任的《桃花扇》。《长生殿》颂扬了李隆基和杨玉环生死不渝的爱情，也客观描绘了当时的社会矛盾，富于抒情色彩和进步意义。《桃花扇》借侯方域与李香君的爱情悲欢来描写南明王朝的兴亡历史，结构精巧，情节动人，实现了艺术真实和历史真实的高度统一。清代乾隆年间，以京腔、秦腔、弋腔、梆子腔、二黄调等为代表的“花部”诸腔戏兴起，逐渐取代了被称为“雅部”的昆山腔的曲坛霸主地位，为京剧和近代地方戏的发展奠定了基础，中国的戏曲艺术也由此走进了更加绚丽多姿的崭新时代。

二、中国古代戏曲的审美特征

与西方戏剧相比，中国戏曲艺术的审美特征主要体现在以下三个方面：

第一，综合性。西方戏剧的起点是古希腊戏剧，它也是诗、乐、舞合一的综合性艺术。但在文艺复兴之后，西方戏剧逐渐分化为以文学为主的话剧、以音乐为主的歌剧和以舞蹈为主的芭蕾舞剧三支，三种戏剧类型各有侧重，各自发展，戏剧的综合性特征日益弱化。而中国戏曲在漫长的发展过程中，不断受到各类艺术样式的影响，最终把曲词、音乐、舞蹈、表演、美术、杂技甚至武术等艺术手段熔铸为一，形成了各要素密不可分、和谐统一的综合性艺术。

第二，写意性。与西方话剧写实的风格不同，中国古典戏曲在艺术表现上更多采用写意的手法。如同中国画艺术一样，只用寥寥几笔线条，就勾勒出无限广阔的空间。中国戏曲的演出，常借助角色的唱词和动作，配以简单的道具，无中生有，虚中见实，把舞台有限的时空幻化成自由流动的时空，赋予演员极大的表演自由。一根马鞭在演员的手中来回挥动，就能将骑马的各种动作传神地表现出来。当然，这种写意的表现手法，还需要观众高度的配合，他们只有依靠丰富的想象力，才能领略中国戏曲神韵悠然的写意之美。戏曲的唱词同样具有写意的特征，好的唱词其实就是优美的诗词，拥有诗歌的抒情性特征，为戏曲演出营造了浓浓的诗意。

第三，程式化。程式是按照一定的程序和规范而组成的某种固定的格式。全面程式化是中国戏曲的重要艺术特征。中国戏曲声腔要有曲牌或者板式，化妆要有定型的脸谱，服装要有穿戴关目，写作要严格遵照用韵、格律和宫调等方面的要求遣词造句，表演要有包含固定意义的定型的形体动作，这就是所谓的“程式化体系”。戏曲的程式化是对生活形态的一种提炼和美化，它构成了中国戏曲卓尔不群的独特个性。

文选

单刀会（第四折）[①]

关汉卿

【阅读提示】

《单刀会》是元代戏剧家关汉卿创作的历史剧。作品运用烘云托月的手法，成功地塑造了关羽智勇双全、豪迈无畏的英雄形象。通过描写他为捍卫“汉家基业”所做的种种努力，反映了在元代民族矛盾激化的特定背景下，下层民众人心思汉的思想倾向。经过前三折的蓄势，戏剧冲突在第四折达到高潮。【驻马听】和【新水令】两曲历来为人称道，关羽面对滚滚长江，尽情抒发对历史和人生的深沉咏叹。诗一般的语言，把关羽对蜀汉的赤胆忠心和光明坦荡的胸怀，知难而进、百折不回的精神表现得酣畅淋漓。作者将怀古之情寄寓在特定的历史人物和历史事件之中，自然环境与主人公精神世界完全交融，从而构成了有深意的境界，作品呈现出悲壮豪迈的阳刚之美。

（鲁肃上，云）欢来不似今朝，喜来那逢今日。小官鲁子敬是也。我使黄文持书去请关公，欣喜许今日赴会，荆襄地合归还俺江东。英雄甲士已暗藏壁衣之后，令人江上相候，见船到便来报我知道。

（正末关公引周仓上，云）周仓，将到那里也？（周云）来到大江中流也。（正云）看了这大江，是一派好水也呵！（唱）

【双调新水令】大江东去浪千叠[②]，引着这数十人驾着这小舟一叶。又不比九重龙凤阙[③]，可正是千丈虎狼穴。大丈夫心烈，我觑这单刀会似赛村社[④]。

（云）好一派江景也呵！（唱）

【驻马听】水涌山叠，年少周郎何处也？不觉的灰飞烟灭，可怜黄盖转伤嗟。破曹的樯橹一时绝[⑤]，鏖兵的江水犹然热[⑥]，好教我情惨切！（云）这也不是江水，（唱）二十年

---

① 选自北京大学中文系编：《关汉卿戏剧集》，北京，人民文学出版社，1976。

② 此句化用苏轼《念奴娇·赤壁怀古》成句，借大江大景衬托关羽的英雄情怀，又以关羽的万丈豪情赋予江水生命，情与景高度统一。

③ 九重龙凤阙（què）：指皇帝所居之宫殿。

④ 赛村社：旧时民间在节日期间常举行各类技艺会演，称为社火。宋范成大《上元纪吴中节物俳谐体三十二韵》自注云：“民间鼓乐谓之社火，不可悉记，大抵以滑稽取笑。”这里表达了关羽对敌人的藐视和对即将迎战的喜悦之情。

⑤ 樯橹（qiáng lǔ）：樯即桅杆，橹即船桨，以此借代船只。

⑥ 鏖（áo）兵：激烈的战斗。

流不尽的英雄血！

（云）却早来到也，报复去。（卒报科）（做相见科）（鲁云）江下小会，酒非洞里之长春，乐乃尘中之菲艺[①]，猥劳君侯屈高就下[②]，降尊临卑，实乃鲁肃之万幸也。（正云）量某有何德能，着大夫置酒张筵，既请必至。（鲁云）黄文，将酒来。二公子满饮一杯。（正云）大夫饮此杯。（把盏科）（正云）想古今咱这人过日月好疾也呵！（鲁云）过日月是好疾也。光阴似骏马加鞭，浮世似落花流水。（正唱）

【胡十八】想古今立勋业，那里也舜五人，汉三杰[③]？两朝相隔数年别，不付能见者[④]，却又早老也。开怀的饮数杯，（云）将酒来。（唱）尽心儿待醉一夜。

（把盏科）（正云）你知"以德报德，以直报怨"[⑤]么？（鲁云）既然将军言"以德报德，以直报怨"，借物不还者谓之怨。想君侯文武全才，通练兵书，习《春秋》、《左传》，济拔颠危[⑥]，匡扶社稷，可不谓之仁乎？待玄德如骨肉，觑曹操若仇雠，可不谓之义乎？辞曹归汉，弃印封金[⑦]，可不谓之礼乎？坐服于禁，水淹七军[⑧]，可不谓之智乎？且将军仁义礼智俱足，惜乎止少个"信"字，欠缺未完。再若得全个"信"字，无出君侯之右也。（正云）我怎生失信？（鲁云）非将军失信，皆因令兄玄德公失信。（正云）我哥哥怎生失信来？（鲁云）想昔日玄德公败于当阳之上，身无所归，因鲁肃之故，屯军三江夏口。鲁肃又与孔明同见我主公，即日兴师拜将，破曹兵于赤壁之间。江东所费巨万，又折了首将黄盖[⑨]。因将军贤昆玉无尺寸地[⑩]，暂借荆州以为养军之资，数年不还。今日鲁肃低情曲意，暂取荆州，以为救民之急；待仓廪丰盈，然后再献与将军掌领。鲁肃不敢自专[⑪]，君侯台鉴不错[⑫]。（正云）你请我吃筵席来那，是索荆州来？（鲁云）没、没、没，我则这般道。孙、刘结亲，以为唇齿，两国正好和谐。（正唱）

【庆东原】你把我真心儿待，将筵宴设。你这般攀今览古，分甚枝叶？我跟前使不着你"之乎者也"、"诗云子曰"[⑬]，早该豁口截舌[⑭]！有意说孙刘，你休目下番成吴越[⑮]！

---

① 酒非二句：长春是仙人酿造的美酒。菲艺指菲薄的技艺。此二句谓没有好酒，歌舞技艺也不够精湛，这是鲁肃的谦词。

② 猥劳：猥是谦词，猥劳即辱劳。

③ 舜五人：上古舜帝时的五位贤臣——禹、弃、契、皋陶、夔。汉三杰：指为刘邦夺得天下的三位功臣——萧何、张良、韩信。

④ 不付能：又作"不甫能"，方才，刚刚。

⑤ 以德报德二句：语出《论语·宪问》，意为应该用恩德报答别人给自己的恩惠，以坦诚的胸怀对待别人的怨恨。

⑥ 济拔颠危：拯救危难，转危为安。

⑦ 弃印封金：关羽兵败归降曹操，得知刘备下落后，即封存曹操所赠金银，归还曹操所授的汉寿亭侯之印，前去寻找刘备。

⑧ 坐服于禁二句：于禁为曹操部将，奉命攻打樊城。时汉水泛滥，关羽设计水淹七军，降服了于禁。

⑨ 又折了首将黄盖：据《三国志》记载，黄盖是"病卒于官"，并非死于赤壁之战。

⑩ 贤昆玉：古代对别人兄弟的尊称。

⑪ 自专：擅自做主。

⑫ 台鉴：台是敬词，鉴有审察之意。即"请您定夺"的意思。

⑬ 之乎者也二句：讽刺鲁肃说话爱掉书袋、酸气十足。

⑭ 豁口截舌：豁开嘴巴，截去舌头，意指鲁肃压根不该说出这番话。

⑮ 吴越：吴国和越国是春秋时的两个敌对国家，这里指孙刘联盟或因鲁肃的言行而反目成仇。

（鲁云）将军原来傲物轻信！（正云）我怎生傲物轻信？（鲁云）当日孔明亲言：破曹之后，荆州即还江东。鲁肃亲为代保。不思旧日之恩，今日恩变为仇，犹自说“以德报德，以直报怨”。圣人道：“信近于义，言可复也①。”“去食去兵，不可去信②。”“大车无輗，小车无軏，其何以行之哉③？”今将军全无仁义之心，枉作英雄之辈。荆州久借不还，却不道“人无信不立”！（正云）鲁子敬，你听的这剑界么④？（鲁云）剑界怎么？（正云）我这剑界，头一遭诛了文丑⑤，第二遭斩了蔡阳⑥，鲁肃呵，莫不第三遭到你也？（鲁云）没、没，我则这般道来。（正云）这荆州是谁的？（鲁云）这荆州是俺的。（正云）你不知，听我说。（唱）

【沉醉东风】想着俺汉高皇图王霸业，汉光武秉正除邪，汉献帝将董卓诛，汉皇叔把温侯灭⑦。俺哥哥合情受汉家基业⑧，则你这东吴国的孙权，和俺刘家却是甚枝叶？请你个不克己先生自说⑨！

（鲁云）那里甚么响？（正云）这剑界二次也。（鲁云）却怎么说？（正云）这剑按天地之灵，金火之精，阴阳之气，日月之形；藏之则鬼神遁迹，出之则魑魅潜踪⑩；喜则恋鞘沉沉而不动，怒则跃匣铮铮而有声。今朝席上，倘有争锋，恐君不信，拔剑施呈。吾当摄剑⑪，鲁肃休惊。这剑果有神威不可当，庙堂之器岂寻常；今朝索取荆州事，一剑先交鲁肃亡。（唱）

【雁儿落】则为你三寸不烂舌，恼犯我三尺无情铁。这剑饥餐上将头，渴饮仇人血。

【得胜令】则是条龙向鞘中蛰⑫，虎在坐间踅⑬。今日故友每才相见，休着俺弟兄每相间别⑭。鲁子敬听者，你心内休乔怯⑮，畅好是随邪⑯，吾当酒醉也。

（鲁云）臧官⑰动乐。（臧官上，云）天有五星，地攒五岳⑱，人有五德，乐按五音。五星者：金、木、水、火、土。五岳者：常、恒、泰、华、嵩。五德者：温、良、恭、俭、让。五音者：宫、商、角、徵、羽。（甲士拥上科）（鲁云）埋伏了者。（正击案，怒云）有埋伏也无埋伏？（鲁云）并无埋伏。（正云）若有埋伏，一剑挥之两断！（做击案科）（鲁云）你击碎菱花⑲。（正云）我特来破镜！（唱）

---

① 信近于义二句：语出《论语·学而》，谓守信用的人接近义，他说的话可以兑现。

② 去食去兵二句：语出《论语·颜渊》，谓守信为国之根本，比粮食和兵器更加重要。

③ 大车无輗（ní），小车无軏（yuè），其何以行之哉：语出《论语·为政》，谓守信为人立身之本，不守信用的人无法在社会立足。

④ 剑界：剑鸣。据传宝剑在杀人前会发出响声，此处借以渲染关羽的神威。

⑤ 文丑：为袁绍手下名将，《三国演义》第 26 回写到关羽斩文丑。

⑥ 蔡阳：曹操部将，《三国演义》第 28 回写到关羽斩蔡阳，与张飞和好。

⑦ 温侯：吕布的封号。

⑧ 情受：继承。

⑨ 不克己：不自制，不自谦。

⑩ 魑魅（chī mèi）：传说中山泽中的鬼怪。

⑪ 摄剑：拔剑，谓做好了战斗的准备。

⑫ 蛰：蛰伏。

⑬ 踅（xué）：来回乱转。

⑭ 休着句：间别，分开。谓不要让我们弟兄分离了。

⑮ 乔怯：畏惧、害怕。

⑯ 畅好是：真正是。随邪：不正经。

⑰ 臧官：臧官不见史载，可能是掌管音乐的小吏。

⑱ 攒：集中。

⑲ 菱花：铜镜。鲁肃字子敬，“镜”与“敬”同音，故下文关羽说“我特来破镜”，语带双关。

【搅筝琶】却怎生闹炒炒军兵列，休把我当挡者！（云）当着我的，呵呵！（唱）我着他剑下身亡，目前流血！便有那张仪口、蒯通舌[1]，休那里躲闪藏遮。好生的送我到船上者，我和你慢慢的相别！

（鲁云）你去了倒是一场伶俐[2]。（黄文云）将军，有埋伏哩。（鲁云）迟了我的也。（关平领众将上，云）请父亲上船，孩儿每来迎接哩。（正云）鲁肃，休惜殿后。（唱）

【离亭宴带歇指煞】我则见紫袍银带公人列，晚天凉风冷芦花谢，我心中喜悦。昏惨惨晚霞收，冷飕飕江风起，急飐飐帆招惹[3]。承管待、承管待，多承谢、多承谢。唤梢公慢者，缆解开岸边龙，船分开波中浪，棹搅碎江心月[4]。正欢娱有甚进退，且谈笑不分明夜[5]。说与你两件事先生记者：百忙里趁不了老兄心，急且里倒不了俺汉家节[6]。（并下）

题目　孙仲谋独占江东地　请乔公言定三条计
正名　鲁子敬设宴索荆州　关大王独赴单刀会

【作者简介】

参见第六讲【南吕·一枝花】《不伏老》中关于关汉卿的介绍。

【知识链接】

1. 关云长单刀赴会的故事源自陈寿的《三国志》和元至治年间刊本《全相平话三国志》，但将关羽塑造成有大无畏神勇气概的孤胆英雄，则自关汉卿《单刀会》杂剧始。今人王季烈在《孤本元明杂剧提要》中评论《单刀会》第四折："就曲文论之，第四折之【新水令】、【驻马听】二支，感慨苍凉，洵为绝唱。而'二十年流不尽的英雄血'一句，尤为神来之笔。"本剧对《三国演义》第六十六回"关云长单刀赴会"的创作有很大影响。表现同题材的戏曲作品还有明金成初的《荆州记》、无名氏的《四郡记》等。

2. 王国维《宋元戏曲考》："关汉卿一空倚傍，自铸伟词，而其言曲尽人情，字字本色，故当为元人第一。"

西厢记·闹简（第三本第二折）[7]

王实甫

【阅读提示】

《西厢记》是元代剧作家王实甫创作的一部优美的爱情喜剧，其深邃的思想和精妙的艺术，

---

① 张仪口、蒯通舌：张仪是战国时魏人，蒯通是韩信手下谋士，二人均以能言善辩著称。
② 伶俐：干净利索。
③ 急飐飐（zhǎn）：风吹船帆急速抖动貌。
④ 棹（zhào）：一种形似船桨的划船工具。
⑤ 明夜：白天和夜晚。
⑥ 急且里：匆忙之间。
⑦ 选自王季思校注：《西厢记》，上海，上海古籍出版社，1978。

奠定了它在中国戏剧史上的地位，被誉为“北曲压卷之作”、“天下夺魁”。作品体制宏伟，共有5本21折，情节围绕崔张爱情展开，但是每本又各有中心。第三本题为“张君瑞害相思”，剧情的开展始终围绕着一个“简”字：由寄简、闹简、赖简、酬简构成，崔张通过红娘以书信的方式互传心曲，互相试探，引发了一系列的冲突，营造出浓烈的喜剧效果。第三本第二折主要写莺莺闹简，封建礼教的束缚、对红娘“行监坐守”身份的忌惮、少女矜持的本能、对爱情的渴望，使莺莺的内心充满了压力，心理变得异常复杂，行为也真真假假反复无常。一个“闹”字，把贵族少女崔莺莺的恋爱心理和性格特征刻画得淋漓尽致。由于莺莺的“闹”，深陷爱情的张生更加风魔痴情，红娘也更加了解莺莺的心思，义无反顾地转变了立场。三个主要人物形象在这一折都塑造得丰富饱满、生动鲜明。

（旦上云）红娘伏侍老夫人不得空便，偌早晚敢待来也[①]。起得早了些儿，困思上来，我再睡些儿咱。（睡科）

（红上云）奉小姐言语去看张生，因伏侍老夫人，未曾回小姐话去。不听得声音，敢又睡哩，我入去看一遭。

【中吕】【粉蝶儿】风静帘闲，透纱窗麝兰香散，启朱扉摇响双环。绛台高[②]，金荷小[③]，银釭犹灿[④]。比及将暖帐轻弹[⑤]，先揭起这梅红罗软帘偷看[⑥]。

【醉春风】只见他钗亸玉斜横[⑦]，髻偏云乱挽。日高犹自不明眸[⑧]，畅好是懒[⑨]、懒。（旦做起身长叹科）（红唱）半晌抬身，几回搔耳，一声长叹。

我待便将简帖儿与他[⑩]，恐俺小姐有许多假处哩。我只将这简帖儿放在妆盒儿上，看他见了说甚么。（旦做照镜科，见帖看科）（红唱）

【普天乐】晚妆残，乌云亸，轻匀了粉脸，乱挽起云鬟。将简帖儿拈，把妆盒儿按，开拆封皮孜孜看[⑪]，颠来倒去不害心烦。（旦怒叫）红娘！（红做意云）呀，决撒了也[⑫]！厌的早扢皱了黛眉[⑬]。（旦云）小贱人，不来怎么！（红唱）忽的波低垂了粉颈，氲的呵改变了朱颜[⑭]。

（旦云）小贱人，这东西那里将来的？我是相国的小姐，谁敢将这简帖来戏弄我，我几曾惯看这等东西？告过夫人，打下你个小贱人下截来。（红云）小姐使将我去，他着我将来。我不识字，知他写着甚么？

---

① 偌早晚：这时候。偌，这。
② 绛台：红色的烛台。
③ 金荷：烛台上承接烛泪的铜盘。
④ 银釭（gāng）：银白色的灯盏、烛台。
⑤ 比及：元代常用词语，等到之意。
⑥ 梅红罗：紫红色的绫罗。
⑦ 钗亸（duǒ）玉斜横：指头上的玉钗斜坠下来。亸，下垂。
⑧ 不明眸：不肯睁开眼睛。
⑨ 畅好是：真是，正是。
⑩ 简帖儿：书信。
⑪ 孜孜看：专心注视的样子。
⑫ 决撒：败露，坏事。
⑬ 厌的：猛地，突然。扢（gē）皱：指皱眉。
⑭ 氲的：指因嗔怒而脸上起了红晕。

【快活三】分明是你过犯，没来由把我摧残；使别人颠倒恶心烦[①]，你不惯，谁曾惯？

姐姐休闹，比及你对夫人说呵，我将这简帖儿去夫人行出首去来。（旦做揪住科）我逗你耍来。（红云）放手，看打下下截来。（旦云）张生两日如何？（红云）我只不说。（旦云）好姐姐，你说与我听咱！（红唱）

【朝天子】张生近间、面颜，瘦得来实难看。不思量茶饭，怕待动弹；晓夜将佳期盼，废寝忘餐。黄昏清旦，望东墙淹泪眼。（旦云）请个好太医看他证候咱[②]。（红云）他证候吃药不济。病患、要安，只除是出几点风流汗。

（旦云）红娘，不看你面时，我将与老夫人看，看他有何面目见夫人？虽然我家亏他，只是兄妹之情，焉有外事？红娘，早是你口稳哩！若别人知呵，甚么模样。（红云）你哄着谁哩，你把这个饿鬼弄得他七死八活，却要怎么？

【四边静】怕人家调犯[③]，"早共晚夫人见些破绽，你我何安"。问甚么他遭危难？撺断、得上竿，掇了梯儿看[④]。

（旦云）将描笔儿过来[⑤]，我写将去回他，着他下次休是这般。（旦做写科）（起身科云）红娘，你将去说：小姐看望先生，相待兄妹之礼如此，非有他意。再一遭儿是这般呵，必告夫人知道，和你个小贱人都有说话。（旦掷书下）（红唱）

【脱布衫】小孩儿家口没遮拦，一味的将言语摧残。把似你使性子[⑥]，休思量秀才，做多少好人家风范。（红做拾书科）

【小梁州】他为你梦里成双觉后单，废寝忘餐。罗衣不奈五更寒[⑦]，愁无限，寂寞泪阑干[⑧]。

【幺篇】似这等辰勾空把佳期盼[⑨]，我将这角门儿世不曾牢拴[⑩]，只愿你做夫妻无危难。我向这筵席头上整扮[⑪]，做一个缝了口的撮合山[⑫]。

（红云）我若不去来，道我违拗他，那生又等我回报，我须索走一遭。（下）（末上云）那书请红娘将去，未见回话。我这封书去，必定成事，这早晚敢待来也。（红上）须索回张生话去。小姐，你性儿太惯得娇了；有前日的心，那得今日的心来？

【石榴花】当日个晚妆楼上杏花残，犹自怯衣单，那一片听琴心清露月明间。昨日个向晚，不怕春寒，几乎险被先生馔[⑬]，那其间岂不胡颜[⑭]。为一个不酸不醋风魔汉，隔墙

---

① 恶心烦：懊恼。

② 证候：即"症候"。

③ 调犯：嘲讽，讥刺，说闲话。

④ 撺断：同"撺掇"，怂恿之意。掇：拾取，用手拿、端，这里有取走、搬走的意思。

⑤ 描笔儿：古代女子描花之笔。

⑥ 把似：与其。

⑦ 罗衣不奈五更寒：罗衣，指轻软丝织品制成的衣服。奈，同"耐"。

⑧ 泪阑干：眼泪纵横的样子。

⑨ 辰勾：即水星，因与太阳的角距不超过28度，平时不容易见到，古人常以之喻难遇之事。此处喻佳期受到阻隔，难以期盼。

⑩ 世：长时间。

⑪ 整扮：元代勾栏习语，指搬演杂剧时妆扮特为整齐者。

⑫ 撮合山：指媒人。

⑬ 先生馔：《论语·为政》："有酒食，先生馔。"原意指学生应取酒食奉养老师，元剧中多借作调侃，此处指险被张生吃掉。

⑭ 胡颜：羞愧无颜之意。

儿险化做了望夫山①。

传书寄简

【斗鹌鹑】你用心儿拨雨撩云②，我好意儿传书寄简。不肯搜自己狂为③，只待要觅别人破绽。受艾焙权时忍这番④。畅好是奸。“张生是兄妹之礼，焉敢如此！”对人前巧语花言；——没人处便想张生，——背地里愁眉泪眼。

（红见末科）（末云）小娘子来了。擎天柱，大事如何了也？（红云）不济事了，先生休傻。（末云）小生简帖儿是一道会亲的符箓⑤，则是小娘子不用心，故意如此。（红云）我不用心？有天理，你那简帖儿好听！

【上小楼】这的是先生命悭、须不是红娘违慢。那简帖儿倒做了你的招状，他的勾头⑥、我的公案。若不是觑面颜，厮顾盼⑦，担饶轻慢⑧；先生受罪，礼之当然。贱妾何辜？争些儿把你娘拖犯⑨。

【幺篇】从今后相会少，见面难。月暗西厢，凤去秦楼⑩，云敛巫山⑪。你也赸⑫，我

① 望夫山：民间传说女子因思念丈夫，登山而望，化为山石。

② 拨雨撩云：指挑动莺莺的情思。

③ 搜：检查。

④ 艾焙：以艾草熏灼患处，这里比喻吃苦头。

⑤ 符箓：符咒，道教中图符和秘文的合称，据传有召神劾鬼、降妖镇魔、治病除灾之功。

⑥ 勾头：拘捕罪犯的勾头文书。

⑦ 厮顾盼：相眷顾。

⑧ 担饶：饶恕。

⑨ 争些儿：险些。你娘：红娘自指。拖犯：拖累。此句是红娘责怪张生险些连累了她。

⑩ 凤去秦楼：汉刘向《列仙传》载，秦穆公女儿弄玉嫁与萧史，萧史教其吹箫作凤鸣，引凤来集，夫妇乘之仙去。借指情人离开原先的居处。

⑪ 云敛巫山：古代传说，楚襄王曾游高唐，梦与巫山神女交欢，神女临去告之：“妾在巫山之阳，高丘之阻。旦为朝云，暮为行雨，朝朝暮暮，阳台之下。”后人多以此指男女幽会合欢。此处谓情人离去。

⑫ 赸（shàn）：走开。

也趔；请先生休讪[①]，早寻个酒阑人散。

（红云）只此再不必申诉足下肺腑，怕夫人寻，我回去也。（末云）小娘子此一遭去，再着谁与小生分剖？必索做一个道理，方可救得小生一命。（末跪下揪住红科）（红云）张先生是读书人，岂不知此意，其事可知矣。

【满庭芳】你休要呆里撒奸[②]；你待要恩情美满，却教我骨肉摧残。老夫人手执着棍儿摩娑看，粗麻线怎透得针关？直待我拄着拐帮闲钻懒，缝合唇送暖偷寒[③]。待去呵，小姐性儿撮盐入火[④]，消息儿踏着泛[⑤]；待不去呵，（末跪哭云）小生这一个性命，都在小娘子身上。（红唱）禁不得你甜话儿热趱[⑥]：好着我两下里做人难。

我没来由分说；小姐回与你的书，你自看者。（末接科，开读科）呀！有这场喜事！撮土焚香，三拜礼毕。早知小姐简至，理合远接，接待不及，勿令见罪！小娘子，和你也欢喜。（红云）怎么？（末云）小姐骂我都是假，书中之意，着我今夜花园里来，和他"哩也波哩也啰"哩[⑦]。（红云）你读书我听。（末云）"待月西厢下，迎风户半开。隔墙花影动，疑是玉人来。"（红云）怎见得他着你来？你解与我听咱。（末云）"待月西厢下"，着我月上来；"迎风户半开"，他开门待我；"隔墙花影动，疑是玉人来"，着我跳过墙来。（红笑云）他着你跳过墙来，你做下来？端的有此说么？（末云）俺是个猜诗谜的社家[⑧]，风流隋何，浪子陆贾[⑨]，我那里有差的勾当。（红云）你看我姐姐，在我行也使这般道儿[⑩]。

【耍孩儿】几曾见寄书的颠倒瞒着鱼雁[⑪]，小则小心肠儿转关[⑫]。写着道西厢待月等得更阑，着你跳东墙"女"字边"干"[⑬]。原来那诗句儿里包笼着三更枣[⑭]，简帖儿里埋伏着九里山[⑮]。他着紧处将人慢，您会云雨闹中取静，我寄音书忙里偷闲。

【四煞】纸光明玉板[⑯]，字香喷麝兰，行儿边湮透非春汗？一缄情泪红犹湿，满纸春愁墨未干。从今后休疑难，放心波玉堂学士，稳情取金雀鸦鬟[⑰]。

---

① 讪：怨谤。亦解作"讪脸"，厚颜之意。

② 呆里撒奸：外作痴呆，内怀奸诈。

③ 直待我：简直要我。帮闲钻懒：逢迎凑趣、帮衬。此二句是红娘抱怨张生让其不顾一切去帮崔张牵线。

④ 撮盐入火：盐投入火中即会爆炸，以喻性子急躁。

⑤ 消息儿踏着泛：谓踏中了机关。消息儿，机关的枢纽，也叫"泛子"。

⑥ 热趱（zǎn）：紧紧地催赶。热，形容催逼之甚。趱，赶，快走。

⑦ 哩也波哩也啰："哩"、"啰"本为歌曲结尾处的腔声，这里用来作男女合欢的讳词。

⑧ 社家：宋元时，精通某种技艺的人常结社活动，社团成员均为行家，张生自夸为猜谜的社家，意谓他是善于猜谜的老手。

⑨ 风流隋何，浪子陆贾：隋何、陆贾，都是汉初智谋之士，张生以之自喻，意在自诩聪明。

⑩ 道儿：圈套，诡计。

⑪ 鱼雁：红娘自指。古代有鱼腹藏书、鸿雁传书的传说，常以"鱼雁"代指书信或者传信的人，此处指传递消息者。

⑫ 转关：打埋伏，使巧。

⑬ "女"字边"干"：合起来即"奸"字。古人有拆白道字游戏，常将一个字拆开成为一句话。

⑭ 三更枣："枣"谐音"早"。佛教中传说，禅宗五祖欲秘密传法于六祖慧能，以粳米三粒、枣一枚赐之，慧能悟其意，乃于三更早拜谒五祖，得衣钵。此处谓莺莺诗中藏秘，暗约张生。

⑮ 九里山：传说韩信在九里山设埋伏，击破项羽。此处喻莺莺书信中打了埋伏。

⑯ 玉板：宣纸中最光洁坚致的纸，即"玉版笺"。

⑰ 金雀鸦鬟：指莺莺。金雀，古代妇女头上的钗饰。鸦鬟，色黑如鸦的丫形发髻，指少女。

【三煞】他人行别样的亲[1]，俺根前取次看[2]，更做道孟光接了梁鸿案[3]。别人行甜言美语三冬暖，我根前恶语伤人六月寒。我为头儿看：看你个离魂倩女[4]，怎发付掷果潘安[5]。

（末云）小生读书人，怎跳得那花园过也？（红唱）

【二煞】隔墙花又低，迎风户半拴，偷香手段今番按[6]。怕墙高怎把龙门跳[7]，嫌花密难将仙桂攀。放心去，休辞惮；你若不去呵，望穿他盈盈秋水，蹙损他淡淡春山[8]。

（末云）小生曾到那花园里，已经两遭，不见那好处：这一遭知他又怎么？（红云）如今不比往常。

【煞尾】你虽是去了两遭，我敢道不如这番。你那隔墙酬和都胡侃，证果的是今番这一简[9]。（红下）

（末云）万事自有分定，谁想小姐有此一场好处。小生是猜诗谜的社家，风流隋何，浪子陆贾，到那里扢扎帮便倒地[10]。今日颓天百般的难得晚。天，你有万物于人，何故争此一日。疾下去波！"读书继晷怕黄昏，不觉西沉强掩门，欲赴海棠花下约，太阳何苦又生根？"（看天云）呀，才晌午也，再等一等。（又看科）今日万般的难得下去也呵。"碧天万里无云，空劳倦客身心，恨杀鲁阳贪战[11]，不教红日西沉！"呀，却早倒西也，再等一等咱。"无端三足乌[12]，团团光烁烁。安得后羿弓[13]，射此一轮落？"谢天地！却早日下去也！呀，却早发擂也[14]！呀，却早撞钟也！拽上书房门，到得那里，手挽着垂杨滴流扑跳过墙去[15]。（下）

---

① 他人行：同下文的"别人行"，指在别人面前。

② 取次看：意谓小觑了他。取次，造次，轻忽。

③ 孟光接了梁鸿案：典出《后汉书·梁鸿传》。梁鸿携妻孟光隐居："为人赁舂。每归，妻为具食，不敢于鸿前仰视，举案齐眉。"此处反言孟光接了梁鸿案，讥讽莺莺应了张生的邀约。

④ 离魂倩女：唐陈玄祐《离魂记》载，唐张镒居衡州，有女名倩娘，许婚其甥王宙。后镒悔婚，女闻而郁悒，竟离魂追随王宙，生二子。数年后偕归，魂与身体相合。元郑光祖有《倩女离魂》杂剧演此事。后以"离魂倩女"喻痴情美女。此处喻指莺莺。

⑤ 掷果潘安：南朝宋刘义庆《世说新语·容止》："潘岳妙有姿容，好神情。少时挟弹出洛阳道，妇人遇者，莫不连手共萦之。"刘孝标注引《语林》："安仁至美，每行，老妪以果掷之满车。"诗文中常用作美男子的代称。此处喻指张生。

⑥ 按：考验，验证。

⑦ 龙门：旧传黄河鲤鱼跳过龙门即可成龙，因以比喻士子科举及第，飞黄腾达。此处用作双关，将张生跳墙比作跳龙门。

⑧ 秋水：喻指女子清澈的眼睛。春山：喻指女子秀美的眉毛。

⑨ 证果：佛教用语，指修行得到圆满。此处喻指成就好事。

⑩ 扢扎帮：象声词，形容动作迅速。

⑪ 鲁阳贪战：《淮南子·览冥训》："鲁阳公与韩构难，战酣日暮，援戈而㧑之，日为之反三舍。"此处意指太阳迟迟不落。

⑫ 三足乌：指太阳。古代神话传说太阳中有三只脚的金色乌鸦。

⑬ 后羿弓：神话传说，尧帝时十日并出，草木焦枯，民无所食，乃命后羿射之，中其九。此处表示张生急不可待，希望太阳下山，以赴莺莺之约。

⑭ 发擂：指起更打鼓。表示已到晚上。

⑮ 滴流扑：也作"滴溜扑"，形容坠跌、丢下、抛掷等情状。

【作者简介】

王实甫，名德信，大都（今北京市）人，生卒年与生平事迹俱不详。元代文学家钟嗣成《录鬼簿》把他列入“前辈已死名公才人”并置于关汉卿之后，可以推知他与关汉卿同时而略晚。王实甫创作的杂剧计有 14 种。完整地保留下来的，除《西厢记》外，还有《破窑记》、《丽春堂》各四折和《贩茶船》、《芙蓉亭》曲文各一折。至于其他剧作，均已散佚不传。

【知识链接】

1.《西厢记》的题材来源于唐代元稹的小说《莺莺传》，金代的董解元在《莺莺传》的基础上创造出以第三人称叙事的说唱文学作品《西厢记诸宫调》，王实甫又在“董西厢”的基础上把崔张故事改为了杂剧，这两部“西厢”一般被人们称为“董西厢”和“王西厢”。他们对《莺莺传》中的故事情节、矛盾冲突和人物形象作了根本性的改造，尤其是“王西厢”，在艺术上得到了很大的提升，备受后人称赞。明贾仲明《凌波仙》说：“新杂剧，旧传奇，《西厢记》天下夺魁。”《西厢记》的语言艺术更是精妙，明朱权《太和正音谱》赞曰：“王实甫之词，如花间美人。铺叙委婉，深得骚人之趣。极有佳句，若玉环之出浴华清，绿珠之采莲洛浦。”金圣叹称之为“天地妙文”。

《西厢记》（王叔晖）

2. 今人王季思、黄秉泽在《中国历代著名文学家评传》中将王实甫提升到了极其重要的地位：

王实甫以他的杰出杂剧《西厢记》熠耀中国古代剧坛。在元代堪与关汉卿比肩，在整个中国古代文学史上，可同屈原、司马迁、李白、杜甫、罗贯中、施耐庵、汤显祖、曹雪芹等并列。

牡丹亭·惊梦（第十出节选）[①]

汤显祖

【阅读提示】

《牡丹亭》第十出“惊梦”，由【绕池游】和【山坡羊】组成，这里只选了【绕池游】。主要写杜丽娘在春香的鼓动之下违背父母、塾师的训诫，私游后花园。满园的春色，不仅使她感受到了一个美丽的新天地，也触动了她青春的热情与人性的欲望。她开始体认自身的困境，感叹春光的短暂，幽怨虚度了青春年华。这是杜丽娘自我意识觉醒、叛逆性格形成的开始，也是她精神上突破礼教、争取自由和爱情的起点。

本曲文辞典雅、清新，具有诗意的美；采用情景交融的方式描摹人物心理，一切景语皆情语，因而准确、细腻地传达出人物的内心世界和情感变化，使形象生动传神。这套曲子也是《牡丹亭》中最具代表性的经典唱段。

① 选自徐朔方、杨笑梅校注：《牡丹亭》，北京，人民文学出版社，1978。

【绕池游】（旦上）梦回莺啭，乱煞年光遍[①]。人立小庭深院。（贴）炷尽沉烟[②]，抛残绣线，恁今春关情似去年[③]？

【乌夜啼】“（旦）晓来望断梅关[④]，宿妆残。（贴）你侧着宜春髻子恰凭阑[⑤]。（旦）剪不断，理还乱[⑥]，闷无端。（贴）已分付催花莺燕借春看。”（旦）春香，可曾叫人扫除花径？（贴）分付了。（旦）取镜台衣服来。（贴取镜台衣服上）“云髻罢梳还对镜，罗衣欲换更添香。”[⑦] 镜台衣服在此。

【步步娇】（旦）袅晴丝吹来闲庭院[⑧]，摇漾春如线。停半晌、整花钿[⑨]。没揣菱花[⑩]，偷人半面，迤逗的彩云偏[⑪]。（行介）步香闺怎便把全身现！（贴）今日穿插的好。

【醉扶归】（旦）你道翠生生出落的裙衫儿茜[⑫]，艳晶晶花簪八宝填[⑬]，可知我常一生儿爱好是天然[⑭]。恰三春好处无人见[⑮]。不堤防沉鱼落雁鸟惊喧[⑯]，则怕的羞花闭月花愁颤[⑰]。（贴）早茶时了，请行。（行介）你看：“画廊金粉半零星，池馆苍苔一片青。踏草怕泥新绣袜[⑱]，惜花疼煞小金铃[⑲]。”（旦）不到园林，怎知春色如许！

【皂罗袍】原来姹紫嫣红开遍[⑳]，似这般都付与断井颓垣。良辰美景奈何天，赏心乐事谁家院[㉑]！恁般景致，我老爷和奶奶再不提起。（合）朝飞暮卷[㉒]，云霞翠轩；雨丝风片，

---

① 乱煞年光遍：意谓使人眼花缭乱的春光到处都是。

② 炷尽沉烟：指熏香用的沉香已经燃尽熄灭。炷，烧、燃香。沉烟，沉香燃烧的烟，借指沉香。

③ 恁（nèn）：恁么，即“为什么”。

④ 梅关：在大庾岭上，宋代蔡挺置。本剧故事发生在江西南安府，即大庾岭南面，故以此虚指。

⑤ 宜春髻子：饰有宜春彩燕的发髻。古俗立春之日，女子用彩绸剪作燕子状，上饰“宜春”二字，戴在发髻上。

⑥ 剪不断，理还乱：南唐后主李煜《相见欢》词中的句子。比喻杜丽娘因长期禁锢的生活而产生的苦闷无法排遣。

⑦ 云髻二句：引自唐薛逢《宫词》诗。

⑧ 晴丝：春天晴朗的日子里飘荡在空中的游丝。

⑨ 花钿：泛指妇女头上的嵌有金花珠宝的首饰。

⑩ 没揣：不料。菱花：镜子。古代以铜制镜，背面多铸有菱花，故以菱花代称镜子。

⑪ 迤逗（yǐ dòu）：牵引、引惹。彩云：喻指美丽的发髻。

⑫ 翠生生：形容色彩极其明艳。出落的：衬托出，显出。茜：大红色。

⑬ 八宝：泛指各种珍宝。

⑭ 爱好：爱美。天然：天性使然。

⑮ 三春好处：比喻杜丽娘自己的青春美貌。

⑯ 沉鱼落雁：出自《庄子·齐物论》：“毛嫱、丽姬，人之所美也，鱼见之深入，鸟见之高飞。”形容女子极其美丽。

⑰ 羞花闭月：极言女子之美。李白《西施》诗：“秀色掩古今，荷花羞玉颜。”曹植《洛神赋》：“髣髴兮若轻云之蔽月。”

⑱ 泥：玷污。

⑲ 惜花疼煞小金铃：《开元天宝遗事》记：“天宝初，宁王……于后园中纫红丝为绳，密缀金铃，系于花梢之上。每有鸟鹊翔集，则令园吏掣铃索以惊之。盖惜花之故也。”疼煞，谓因为惜花驱鹊而勤于掣铃，致金铃疼煞。

⑳ 姹紫嫣红：形容百花盛开、鲜艳美丽。

㉑ 赏心乐事：此句与上句出自谢灵运《拟魏太子邺中集诗序》：“天下良辰、美景、赏心、乐事，四者难并。”

㉒ 朝飞暮卷：唐王勃《滕王阁序》“画栋朝飞南浦云，珠帘暮卷西山雨”的省文。以此形容美好的景色。

烟波画船[①]——锦屏人忒看的这韶光贱[②]！（贴）是花都放了[③]，那牡丹还早。

【好姐姐】（旦）遍青山啼红了杜鹃[④]，荼蘼外烟丝醉软[⑤]。春香呵，牡丹虽好，他春归怎占的先！（贴）成对儿莺燕呵！（合）闲凝眄[⑥]，生生燕语明如翦，呖呖莺歌溜的圆。（旦）去罢。（贴）这园子委是观之不足也。（旦）提他怎的！（行介）

【隔尾】观之不足由他缱[⑦]，便赏遍了十二亭台是枉然[⑧]。倒不如兴尽回家闲过遣。

（作到介）（贴）"开我西阁门，展我东阁床。瓶插映山紫[⑨]，炉添沉水香。"小姐，你歇息片时，俺瞧老夫人去也。（下）

【作者简介】

汤显祖（1550—1616），字义仍，号若士，又号海若，别署清远道人。所居名玉茗堂，又别号玉茗堂主人。临川（今江西临川）人。明代杰出的戏剧家、文学家。汤显祖的作品较多，其传奇《紫钗记》、《还魂记》（即《牡丹亭》）、《邯郸记》、《南柯记》较为著名，因四部作品皆有梦境，合称"临川四梦"或"玉茗堂四梦"。他还另有诗集《红泉逸草》、《问棘邮草》和诗文集《玉茗堂全集》流传。

【知识链接】

1.《牡丹亭》是汤显祖的代表作，汤显祖说"一生'四梦'，得意处唯在《牡丹》"。

2. 关于《牡丹亭》的题材来源，汤显祖在《牡丹亭题词》中说："传杜太守事者，仿佛晋武都守李仲文、广州守冯孝将儿女事，予稍为更而演之。至于杜太守收拷柳生，亦如汉睢阳王收拷谈生也。"所引题材分别见于干宝《搜神记》和刘孝标《类苑》。

青春版《牡丹亭》海报

3.《牡丹亭》一出，在思想上、艺术上都带给人们极大的震撼。明沈德符《顾曲杂言》说："汤义仍《牡丹亭梦》一出，家传户诵，几令《西厢》减价。"工骥德《曲律》说："前无作者，后鲜来哲，二百年来，一人而已。""临川尚趣，直是横行，组织之工，几与天孙争巧。"《牡丹亭》成为中国戏剧史和文化史上的瑰宝。

4. 汤显祖创作《牡丹亭》，不仅为中国戏剧与文化做出了贡献，也使他成为世界文化伟人之一，有"东方的莎士比亚"之誉。日本青木正儿直接将汤显祖与莎士比亚相提并论："东西曲坛伟人，同出其时，亦一奇也。"（《中国近世戏曲史》）

5.《牡丹亭》以情反理，肯定和提倡人的自由权利和情感价值，深深地触动了处于困境中

---

① 烟波：水汽弥漫的样子。

② 锦屏人：泛指幽居深闺、无法领略自然美景的人，也指杜丽娘自己。韶光：春光。

③ 是：所有的。

④ 啼红了杜鹃：以杜鹃（鸟）泣血喻指红色的杜鹃花开。寇准诗："杜鹃啼处血成花。"

⑤ 荼蘼（tú mí）：蔷薇科花，晚春时开放。此处指荼蘼架。烟丝：即前所言晴丝。

⑥ 凝眄（miǎn）：注视。

⑦ 缱：留恋不舍。

⑧ 十二亭台：泛指所有亭台。

⑨ 映山紫：映山红的一种。

的明代妇女，清焦循《剧说》卷六引《涧房蛾术堂闲笔》载：

杭有女伶商小玲者，以色艺称，于《还魂记》尤擅场，尝有所属意，而势不得通，遂郁郁成疾。每作杜丽娘《寻梦》、《闹殇》诸剧，真若身其事者，缠绵凄婉，泪痕盈目。一日，演《寻梦》，唱至"待打并香魂一片，阴雨梅天，守得个梅根相见"，盈盈界面，随声倚地。

6. 参考话本短篇小说《杜丽娘慕色还魂》。

桃花扇·哀江南（续四十出节选）[①]

孔尚任

【阅读提示】

《桃花扇》反映的是明清易代之际南明小王朝兴亡的历史，主旨在于"借离合之情，写兴亡之感"。《哀江南》是《桃花扇》最后一出《余韵》中的一套北曲，也是这出戏的点睛之笔。这套曲子，通过李香君的琴师苏昆生重游南京所见的破败景象，写南明灭亡后的沧桑巨变，抒发国破家亡后的凄凉哀痛，表达了强烈的故国之思。全套七支曲子，意境悲凉，情感悲怆，音节哀响，具有极强的艺术感染力。

【北新水令】山松野草带花挑，猛抬头秣陵重到[②]。残军留废垒，瘦马卧空壕；村郭萧条，城对着夕阳道。

【驻马听】野火频烧，护墓长楸多半焦[③]。山羊群跑，守陵阿监几时逃[④]。鸽翎蝠粪满堂抛，枯枝败叶当阶罩；谁祭扫，牧儿打碎龙碑帽。

【沉醉东风】横白玉八根柱倒，堕红泥半堵墙高，碎琉璃瓦片多，烂翡翠窗棂少，舞丹墀燕雀常朝[⑤]，直入宫门一路蒿，住几个乞儿饿殍。

【折桂令】问秦淮旧日窗寮，破纸迎风，坏槛当潮[⑥]，目断魂消。当年粉黛，何处笙箫。罢灯船端阳不闹，收酒旗重九无聊。白鸟飘飘，绿水滔滔，嫩黄花有些蝶飞，新红叶无个人瞧。

【沽美酒】你记得跨青溪半里桥，旧红板没一条，秋水长天人过少。冷清清的落照，剩一树柳弯腰。

【太平令】行到那旧院门，何用轻敲，也不怕小犬哰哰[⑦]。无非是枯井颓巢，不过些砖苔砌草。手种的花条柳梢，尽意儿采樵；这黑灰是谁家厨灶？

【离亭宴带歇指煞】俺曾见金陵玉殿莺啼晓，秦淮水榭花开早，谁知道容易冰消。眼看他起朱楼，眼看他宴宾客，眼看他楼塌了。这青苔碧瓦堆，俺曾睡风流觉，将五十年兴

---

① 选自王季思、苏寰中、杨德平合注：《桃花扇》，北京，人民文学出版社，1959。

② 秣陵：今南京市。

③ 长楸（qiū）：茎杆高耸的楸树。

④ 阿监：太监。

⑤ 丹墀（chí）：群臣朝见天子的地方，因以红漆涂阶，故称丹墀。

⑥ 坏槛当潮：已损坏的栏杆被水泡坏了。槛：栏杆。

⑦ 哰哰（láo）：犬吠声。

亡看饱。那乌衣巷不姓王①，莫愁湖鬼夜哭，凤凰台栖枭鸟②。残山梦最真，旧境丢难掉，不信这舆图换稿③。诌一套《哀江南》，放悲声唱到老。

【作者简介】

孔尚任（1648—1718），字聘之，一字季重，号东塘，又号岸堂，曾自称云亭山人。曲阜（今山东省曲阜）人，为孔子第64代孙。主要著作除戏剧作品《桃花扇》外，还有《湖海集》等。

【知识链接】

1. 孔尚任的《桃花扇》与洪昇的《长生殿》在清初剧坛极具影响力，堪称戏剧创作中的双璧。因为洪昇是南方浙江钱塘人，孔尚任是北方山东曲阜人，所以后人誉之为“南洪北孔”。

2. 清金埴《题桃花扇传奇》：“两家乐府盛康熙，进御均叨天子知。纵使元人多院本，勾栏争唱孔洪词。”清陈于王《题桃花扇传奇》：“青楼侠气触公卿，珠翠全抛党祸成。门外乌啼乌桕树，桃花扇底送侯生。”

3.《桃花扇·小引》：“传奇虽小道，凡诗赋、词曲、四六、小说家、无体不备。至于摹写须眉，点染景物，乃兼画苑矣。其旨趣实本于三百篇，而义则春秋，用笔行文，又左、国、太史公也。于以警世易俗，赞圣道而辅王化，最近且切。今之乐，犹古之乐，岂不信哉？《桃花扇》一剧，皆南朝新事，父老犹有存者。场上歌舞，局外指点，知三百年之基业，隳于何人？败于何事？消于何年？歇于何地？不独令观者感慨涕零，亦可惩创人心，为末世之一救矣。盖予未仕时，山居多暇，博采遗闻，入之声律，一句一字，抉心呕成。今携游长安，借读者虽多，竟无一句一字着眼看毕之人，每抚胸浩叹，几欲付之一火。转思天下大矣，后世远矣，特识焦桐者，岂无中郎乎？予姑俟之。”

思考与实践

1. 试分析《单刀会》中“烘云托月”的人物塑造方法。
2. 学唱昆曲《单刀会·刀会》中【新水令】、【驻马听】两支曲子。
3. 阅读《牡丹亭》全文，探究《牡丹亭》“以情抗理”的意义。
4. 比较崔莺莺和杜丽娘形象特点有何不同。
5. 以“大学生与传统戏剧”为主题做一次校园调查，并撰写一份调查报告。
6. 学唱昆曲【步步娇】、【醉扶归】、【皂罗袍】。
7. 阅读《桃花扇》，结合当下影视剧，谈谈你对历史剧的理解。
8. 改编《西厢记》。

---

① 乌衣巷：在今江苏南京，是东晋士族名门的聚居区。

② 莫愁湖、凤凰台：均为南京名胜。枭鸟：一种与鸱鸺相似的鸟。

③ 舆图换稿：指江山易主。舆图，地图。

第十讲　古代小说

概述

一、中国古代小说的形成和发展

"小说"一词，最早见于《庄子·外物》："饰小说以干县令，其于大达亦远矣!"这里，将"小说"与"大达"相对应，说明当时人们认为小说只不过是无关政教的琐屑之谈而已。班固的《汉书·艺文志》将小说列入"诸子略"中，并解释说："小说家者流，盖出于稗官。街谈巷语、道听途说者之所造也。"这个看法，与《庄子》对小说的认识比较接近。也因此，中国古代的小说，经历了一个迟缓的形成和发展过程。

在先秦时期，小说已经开始萌芽。神话、寓言、史传文中的叙事作品均包含着小说所必备的故事情节和人物性格的因素。魏晋时期，出现了更具小说形态的作品，那就是鲁迅所说的"志人小说"和"志怪小说"。前者以刘义庆的《世说新语》为代表，后者以干宝的《搜神记》为代表，它们无论是在故事情节的生动性上，还是在人物性格的描写、塑造上，都标志着小说文体已接近成熟。

唐代是小说发展的自觉阶段。鲁迅先生曾评价说："小说亦如诗，至唐代而一变，虽尚不离于搜奇记逸，然叙述宛转，文辞华艳，与六朝之粗陈梗概者较，演进之迹甚明，而尤显者乃在是时则始有意为小说。"（《中国小说史略》）唐代小说在形式上均为文言短篇，因晚唐裴铏编有小说集《传奇》，文学史上遂将唐代的文言短篇小说称为"唐传奇"。唐传奇题材广泛，初期创作延续了志怪小说的传统，但逐渐地注重对人的感情的描写和人物形象的塑造，注重情节的曲折多变，注重辞采运用，具有很高的审美价值。其中有不少优秀的作品，如沈既济的《任氏传》和《枕中记》、白行简的《李娃传》、元稹的《莺莺传》、蒋防的《霍小玉传》、李公佐的《南柯太守传》、杜光庭的《虬髯客传》、陈鸿的《长恨歌传》等，在思想和艺术上都取得了很高成就，被后世不断改编。

宋元时期，由于城市经济的发展和市民娱乐的需求，"说话"艺术在城市得以兴起。宋元时期的"说话"有"四家"，分别为小说、说经、讲史、合生。小说在题材上有烟粉、灵怪、传奇、公案等类别；说经是演说佛经故事；讲史则是讲说历代兴废更迭的历史；至于合生，是艺人"指物题咏，应命辄成"（洪迈《夷坚志》）的敏捷性应对，和前三种说话的叙事性不同。说话艺术本是口头演说，但随着它的盛行，各种文字记录本也应运而生，这就是通常所说的"话本"。由于它们是在艺人口头演说基础上记录加工而成，语言多为通俗的白话，遂开辟了白话小说的新阶段。现存的宋元小说话本有十多篇，讲史话本有《武王伐纣平话》、《三国志平话》等，说经话本有《大唐三藏取经诗话》。

明代是小说创作繁荣的时期。一方面，社会文化水平的提高使小说有了更大的阅读群体；另一方面，刻书和印刷业的进步使许多小说作品得到刊刻和流传。《三国志通俗演义》、《水浒传》、《西游记》、《金瓶梅》四部“奇书”的相继问世，显示出长篇白话小说由世代累积型逐渐走向个人创作的历程，也表现出小说艺术的不断演进。在它们的影响下，分别出现了一大批历史演义小说、英雄传奇小说、神魔小说和世情小说。与长篇小说的繁荣相媲美的是，短篇小说的创作在明代同样活跃，冯梦龙编辑了《喻世明言》、《警世通言》、《醒世恒言》，合称“三言”，共辑录宋元以来白话短篇小说120篇，其中有部分为冯氏本人创作；凌濛初创作了《初刻拍案惊奇》和《二刻拍案惊奇》，合称“二拍”，共收录短篇白话小说80篇。明代的文言短篇小说也有优秀之作，明初瞿佑的《剪灯新话》、李昌祺的《剪灯余话》都是有较高成就的文言短篇小说集。

清代是中国古代小说发展的高峰期。在文言短篇小说创作上，出现了蒲松龄的《聊斋志异》和纪昀的《阅微草堂笔记》；在长篇白话小说创作上，则有曹雪芹的《红楼梦》和吴敬梓的《儒林外史》。它们代表了中国古代小说的最高成就，同时，也完成了中国古代小说个人化创作的历程。此外，还有“以小说见才学”（鲁迅《中国小说史略》）的李汝珍的《镜花缘》、以《三侠五义》为代表的侠义公案小说，以及《品花宝鉴》等“狭邪小说”。光绪以降，随着社会弊病的加剧和社会改良思想的兴起，出现了一批“谴责小说”，李伯元的《官场现形记》、吴沃尧的《二十年目睹之怪现状》、刘鹗的《老残游记》、曾朴的《孽海花》是其中影响较大的作品。

二、中国古代小说的形式特点和审美特征

中国古代小说在形式上和西方小说表现出明显的差异。从演进过程所形成的体裁类型看，中国古代小说可分为文言小说、短篇白话小说、长篇白话小说三种，它们在不同发展阶段又各自呈现出不同的特点。

文言小说均出自文人手笔。魏晋南北朝时候的志人和志怪小说在篇幅上比较短小，类似于今天的“微型小说”。唐代传奇已经具备一定的叙事规模，是成熟的短篇小说。到了元明两代，有些文人逞弄才情，将篇幅扩展到万字以上的规模，有的甚至达到4万字。因为是文人的创作，文言小说的语言一般都比较精练，文人们为了展示才情，在叙事之中，往往穿插一些诗词，增加了小说的典雅色彩。还有的文人为了有所“寄托”或是“风世”，在小说中加上议论的文字，如在《聊斋志异》中，蒲松龄就在不少篇目的结尾处加上了“异史氏曰”的部分。

短篇白话小说从说话艺术中孕育而生，因而在形式上带有明显的脱胎于说话艺术的痕迹。宋元话本的开头有“入话”，往往以一首或数首诗词吟咏风景名胜，引发一段小故事，以让先来的听众安稳下来。“入话”之后是“正话”。最后，也往往用一首诗总结故事主题。明代中叶后冯梦龙、凌濛初等人创作的白话短篇小说在内容的深度、描写的细致、语言的流畅方面有了飞跃，但在形式上依然上承宋元话本，所以后世学者将这些小说称为“拟话本”。

长篇白话小说也脱胎于说话艺术，主要在宋元讲史话本的基础上发展而来。其开头或诗或词，结尾也以诗作结。正文往往以“话说”起首，在情节紧要关头截断，用“欲知后事如何，且听下回分解”引起听众继续听下去的兴趣。在正文之中，还经常插入诗词歌赋，描绘场景或评价人物。长篇白话小说最为突出的特征是结构上的“章回体制”。其发生当是说话艺人讲说长篇故事时必然因时间的关系分段讲说，当文人记录这些故事内容时，就为这些不同的段落加上一个标题，后来的文人加工润色这些故事内容时，就将这些

标题进一步“文学化”，在文字上对仗工整，甚至在回目数字上也取双不取单。当然，这些形式特征到了《红楼梦》、《儒林外史》的时代已经有所改变，特别是“说书人口吻”大为削弱，但“章回体”的结构形式特点仍然得到继承乃至强化。

基于所产生的文化土壤和过程，中国古代小说也表现出与西方小说不同的审美特征。

第一，故事情节的传奇性。中国古代小说从魏晋时期的志怪、志人小说开始，在题材内容上注重搜奇索怪，在故事情节上也注重传奇说怪，而不追求对日常生活的描述和叙事。唐代传奇的“传奇”意识更加浓厚，尽管是文言短篇小说，但在情节上却力求波澜曲折，引人入胜。宋代的说话艺术为了吸引听众，同样注重故事情节的传奇性，在说话“四家”的小说家中，既有烟粉、灵怪，也有“传奇”一类。明代的白话短篇小说“极摹人情世态之歧，备写悲欢离合之致”（笑花主人《今古奇观序》），依然以故事情节的曲折吸引读者。这一传统一直延伸到长篇小说的创作中，《三国志通俗演义》、《水浒传》、《西游记》的故事情节，无不充满传奇色彩，即便是到后来的《红楼梦》和《儒林外史》，也或多或少地穿插了一些非现实的情节，给读者以新奇之感。

第二，诗歌传统的渗透。中国是诗的民族，随着“诗三百”被儒家经典化，诗体、诗性渗透在各种文学艺术乃至日常生活中，小说也不例外。在小说发展的各个阶段、各种体裁里，都可以看到诗歌的踪影。其情形表现为二：一是在小说叙事中，不时插入诗词歌赋。在文言小说里，这种情形很普遍，有的小说甚至就以诗词歌赋连缀而成，如唐传奇《游仙窟》，作者自述夜晚途经一宅，遇见十娘和五嫂两个女子，宴饮欢笑，通篇都以诗酬对。明代的文言小说《娇红记》写青年男子申纯和表妹王娇娘的爱情故事，通篇也多以诗词酬答和互通情意。在短篇和长篇白话小说中，诗词的穿插也很多。二是创造诗意之美。《三国志通俗演义》中的“三顾茅庐”一章，其中既穿插了不少诗歌，又有将隆中的环境和诸葛亮的性格相结合的描写，使这一章都着上了诗意的色彩。至于《红楼梦》，可以说更是一部充满诗意的小说。

第三，精练和“白描”的语言艺术。中国古代小说在语言上有文言和白话之分，文言小说的语言以精练为特色，白话小说以“白描”为特色。文言小说在叙事、描写、塑造人物时都注重炼字炼句，笔墨极省俭，却力求准确传神。白话小说的“白描”，也是用最俭省的笔墨叙事、描写、表现人物性格，如鲁迅所说的“有真意，去粉饰，少做作，勿卖弄”（《作文秘诀》），不做大段静止的描写和铺叙，叙事则简明扼要，描写是三言两语，刻画人物更多地通过其语言和动作传递其神采，这和西方的小说完全不同。

文选

世说新语·雅量[①]

刘义庆

【阅读提示】

《世说新语》又名《世语》，由南北朝刘宋宗室刘义庆组织门客编写，梁代刘孝标作注。原书8卷，刘孝标注本10卷，分为德行、言语、政事、文学、方正、雅量等36门，记载魏晋名士趣闻轶事、玄言清谈共一千多则，是我国最早的文言志人小说集，具有笔记小说雏形。后世《唐语林》、《续世说》、《何氏语林》、《今世说》、《明语林》等皆为《世说新语》仿作，被称为"世说体"。

魏晋时代讲究名士风度和雅量，往往容常人不能容、忍常人不能忍，处变不惊、临危不惧、深藏不露，表现出自我克制、宽容待人、豁达处世的涵养与境界。

豫章太守顾劭，是雍之子[②]。劭在郡卒，雍盛集僚属，自围棋。外启信至，而无儿书。虽神气不变，而心了其故；以爪掐掌，血流沾褥。宾客既散，方叹曰："已无延陵[③]之高，岂可有丧明之责[④]!"于是豁情散哀，颜色自若。

嵇中散[⑤]临刑东市，神气不变，索琴弹之，奏《广陵散》[⑥]。曲终，曰："袁孝尼尝请学此散，吾靳固不与，《广陵散》于今绝矣!"太学生三千人上书，请以为师，不许。文王[⑦]亦寻悔焉。

有往来者云："庾公有东下意[⑧]。"或谓王公[⑨]："可潜稍严[⑩]，以备不虞。"王公曰：

---

① 选自刘义庆：《世说新语》，上海，上海古籍出版社，1982。

② 雍：顾雍，累迁尚书令，位至丞相。

③ 延陵：地名。春秋时，吴国季札受封于此，称延陵季子，他最重礼制，曾言：骨肉归复于土，命也。若魂气，则无不之也。

④ 丧明：《礼记·檀弓上》载，孔子弟子子夏因儿子早丧，哭瞎眼睛，曾子责备子夏。

⑤ 嵇中散：嵇康。

⑥ 广陵散：古琴曲。

⑦ 文王：司马昭。

⑧ 庾公：庾亮，字元规。晋成帝登基后，王导为司徒，录尚书事，和庾亮等参辅朝政。后来庾亮进征西将军，都督六州诸军事，镇守武昌，有人劝他起兵东下罢免王导，因郗鉴不同意而作罢。

⑨ 王公：王导。

⑩ 潜：暗中。严：戒备。

“我与元规虽俱王臣，本怀布衣之好。若其欲来，吾角巾[①]径还乌衣[②]，何所稍严！”

庚太尉[③]风仪伟长，不轻举止，时人皆以为假。亮有大儿数岁，雅重之质，便自如此，人知是天性。温太真尝隐幔怛之[④]，此儿神色恬然，乃徐跪曰：“君侯何以为此？”论者谓不减亮。苏峻时[⑤]遇害。或云：“见阿恭[⑥]，知元规非假。”

褚公[⑦]于章安令迁太尉记室参军[⑧]，名字已显而位微，人未多识。公东出，乘估客船，送故吏[⑨]数人，投钱唐亭[⑩]住。尔时吴兴沈充为县令，当送客过浙江[⑪]，客出，亭吏驱公移牛屋[⑫]下。潮水至，沈令起彷徨，问牛屋下是何物人，吏云：“昨有一伧父[⑬]来寄亭中，有尊贵客，权移之。”令有酒色，因遥问：“伧父欲食饼不？姓何等？可共语。”褚因举手答曰：“河南褚季野。”远近久承[⑭]公名，令于是大遽[⑮]。不敢移公，便于牛屋下修刺[⑯]诣公，更宰杀为馔具[⑰]。于公前鞭挞亭吏，欲以谢惭。公与之酌宴，言色无异，状如不觉。令送公至界[⑱]。

顾和始为扬州从事[⑲]，月旦当朝[⑳]，未入，顷停车州门外。周侯[㉑]诣丞相，历和车边，和觅虱，夷然[㉒]不动。周既过，反还，指顾心曰：“此中何所有？”顾搏虱如故，徐应曰：“此中最是难测地。”周侯既入，语丞相[㉓]曰：“卿州吏中有一令仆才[㉔]。”

桓公[㉕]伏甲设馔，广延朝士，因此欲诛谢安、王坦之。王甚遽，问谢曰：“当作何计？”谢神意不变，谓文度[㉖]曰：“晋阼[㉗]存亡，在此一行。”相与俱前，王之恐状，转见于色；

---

① 角巾：隐士常戴有棱角的头巾，此处指居家常服。
② 乌衣：今南京乌衣巷，东晋时王导、谢安居于此。
③ 庚太尉：庚亮。
④ 隐幔怛之：隐藏在帷幔后惊吓他。
⑤ 苏峻时：指苏峻叛乱时。
⑥ 阿恭：庚亮长子庚彬的小名。
⑦ 褚公：褚裒，字季野，苏峻叛乱时，车骑将军郗鉴调他为参军。
⑧ 记室参军：官名，掌管文书。
⑨ 送故吏：长官离任或殁于任所，属吏赠钱远送或护送灵柩回故乡。
⑩ 钱唐亭：钱唐县的驿亭，乃官府客栈。
⑪ 浙江：江名。
⑫ 牛屋：牛棚。晋人多以牛驾车，客栈设牛棚。
⑬ 伧父（cāng fǔ）：粗鄙之人。吴人称中州人为伧人，有歧视之意。
⑭ 承：闻知。
⑮ 遽（jù）：惶恐。
⑯ 修刺：备办名片。
⑰ 馔具：酒食。
⑱ 界：县界。
⑲ 从事：官职。
⑳ 月旦当朝：农历每月初一晋见长官。
㉑ 周侯：武城侯周顗。
㉒ 夷然：安然。
㉓ 丞相：此处指王导。
㉔ 令仆才：指担任尚书令和仆射的才干。
㉕ 桓公：桓温。
㉖ 文度：王坦之。
㉗ 阼：皇位，代指国家。

谢之宽容，愈表于貌。望阶趋席[1]，方作洛生咏[2]，讽“浩浩洪流[3]。”桓惮其旷远[4]，乃趣[5]解兵。王、谢旧齐名，于此始判优劣。

【作者简介】

刘义庆（403—约444），彭城（今江苏徐州）人，南朝宋宗室，袭封临川王，任荆州、江州等地刺史。著有《徐州先贤传》10卷、《典叙》、《集林》200卷、《幽明录》20卷、《宣验记》13卷、《宋临川王刘义庆集》8卷等。《世说新语》是其享名之作。刘义庆“性简素，寡嗜欲，爱好文义”，名士袁淑、陆展、何长瑜、鲍照等聚其门下，仿前人裴启《语林》编成此书。

【知识链接】

1. 刘孝标，南朝青州人，宋泰始五年北魏攻克青州，其被迫迁平城并出家，后还俗。齐永明四年还江南后，参加佛经翻译，并采用裴松之注《三国志》之法，对《世说新语》补缺纠谬，引用书籍400余种。刘孝标曾说：“《世说》虚也”，“疑《世说》穿凿也”。

2. 刘知几：“晋世杂书，谅非一族，若《语林》、《世说》、《幽明录》、《搜神记》之徒，其所载或恢谐小辩，或神鬼怪物。其事非圣，扬雄所不观；其言乱神，宣尼所不语。皇朝新撰《晋史》，多采以为书。夫以干、邓之所粪除，王、虞之所糠秕，持为逸史，用补前传，此何异魏朝之撰《皇览》，梁世之修《遍略》，务多为美，聚博为功，虽取说于小人，终见嗤于君子矣。”

3. 鲁迅评《世说新语》“记言则玄远冷俊，记行则高简瑰奇”，为“名士底教科书”。

柳毅传[6]

李朝威

【阅读提示】

唐代传奇《柳毅传》，是文人小说的较成熟作品。历代文人重抒情韵文，轻叙事散文，唐代风气渐开，叙事文学增多。该传奇情节跌宕、场景瑰丽、人物生动。书生柳毅怜弱济困、坦荡无私、威武不屈，不仅是仁义君子，更是浩气长存的大丈夫，是古典小说中难得的艺术形象。

仪凤[7]中，有儒生柳毅者，应举下第，将还湘滨。念乡人有客于泾阳[8]者，遂往告别。至六七里，鸟起马惊，疾逸道左。又六七里，乃止。

---

① 望阶趋席：上台阶就疾行就座。
② 方作洛生咏：仿效洛阳书生吟诗，方通“仿”。
③ 浩浩洪流：出自三国嵇康《赠秀才入军》诗句。
④ 旷远：旷达；心胸宽阔。
⑤ 趣（cù）：通“促”，急促。
⑥ 选自鲁迅编校：《唐宋传奇集》，见《鲁迅全集》，第10卷，北京，人民文学出版社，1973。
⑦ 仪凤：唐高宗李治年号，676—679年。
⑧ 泾阳：地名，位于古长安北，泾河岸边。'

见有妇人，牧羊于道畔。毅怪视之，乃殊色也。然而蛾脸不舒，巾袖无光，凝听翔[①]立，若有所伺。毅诘之曰："子何苦而自辱如是？"妇始楚而谢，终泣而对曰："贱妾不幸，今日见辱问于长者。然而恨贯肌骨，亦何能愧避？幸一闻焉。妾，洞庭龙君小女也。父母配嫁泾川次子，而夫婿乐逸，为婢仆所惑，日以厌薄。既而将诉于舅姑，舅姑爱其子，不能御。迨诉频切，又得罪舅姑。舅姑毁黜以至此。"言讫，歔欷流涕，悲不自胜。又曰："洞庭于兹，相远不知其几多也？长天茫茫，信耗莫通。心目断尽，无所知哀。闻君将还吴[②]，密通洞庭。或以尺书寄托侍者，未卜将以为可乎？"毅曰："吾义夫也。闻子之说，气血俱动，恨无毛羽，不能奋飞，是何可否之谓乎！然而洞庭，深水也。吾行尘间，宁可致意耶？唯恐道途显晦，不相通达，致负诚托，又乖恳愿。子有何术，可导我邪？"女悲泣且谢，曰："负载珍重，不复言矣。脱[③]获回耗，虽死必谢。君不许，何敢言。既许而问，则洞庭之与京邑，不足为异也。"毅请闻之。

女曰："洞庭之阴[④]，有大橘树焉，乡人谓之社橘。君当解去兹带，束以他物。然后叩树三发，当有应者。因而随之，无有碍矣。幸君子书叙之外，悉以心诚之话倚托，千万无渝！"毅曰："敬闻命矣。"女遂于襦间解书，再拜以进，东望愁泣，若不自胜。毅深为之戚，乃置书囊中，因复问曰："吾不知子之牧羊，何所用哉？神祇岂宰杀乎？"女曰："非羊也，雨工也。""何为雨工？"曰："雷霆之类也。"毅顾视之，则皆矫顾怒步，饮龁甚异，而大小毛角，则无别羊焉。毅又曰："吾为使者，他日归洞庭，幸勿相避。"女曰："宁止不避，当如亲戚耳。"语竟，引别东去。不数十步，回望女与羊，俱亡所见矣。

其夕，至邑而别其友，月余到乡，还家，乃访于洞庭。洞庭之阴，果有社橘。遂易带向树，三击而止。俄有武夫出于波间，再拜请曰："贵客将自何所至也？"毅不告其实，曰："走谒大王耳。"武夫揭水指路，引毅以进。谓毅曰："当闭目，数息可达矣。"毅如其言，遂至其宫。始见台阁相向，门户千万，奇草珍木，无所不有。夫乃止毅，停于大室之隅，曰："客当居此以伺焉。"毅曰："此何所也？"夫曰："此灵虚殿也。"谛视之，则人间珍宝，毕尽于此。柱以白璧，砌以青玉，床以珊瑚，帘以水精，雕琉璃于翠楣，饰琥珀于虹栋。奇秀深杳，不可殚言。然而王久不至。毅谓夫曰："洞庭君安在哉？"曰："吾君方幸玄珠阁，与太阳道士讲《火经》，少选[⑤]当毕。"毅曰："何谓《火经》？"夫曰："吾君，龙也。龙以水为神，举一滴可包陵谷。道士，乃人也。人以火为神圣，发一灯可燎阿房。然而灵用不同，玄化各异。太阳道士精于人理，吾君邀以听焉。"语毕而宫门辟，景从云合，而见一人，披紫衣，执青玉。夫跃曰："此吾君也！"乃至前以告之。

君望毅而问曰："岂非人间之人乎？"对曰："然。"毅遂设拜，君亦拜，命坐于灵虚之下。谓毅曰："水府幽深，寡人暗昧，夫子不远千里，将有为乎？"毅曰："毅，大王之乡人也。长于楚，游学于秦。昨下第，闲驱泾水之涘，见大王爱女牧羊于野，风环雨鬟，所不忍视。毅因诘之。谓毅曰：'为夫婿所薄，舅姑不念，以至于此。'悲泗淋漓，诚怛人心。遂托书于毅。毅许之，今以至此。"因取书进之。洞庭君览毕，以袖掩面而泣曰："老父之罪，不诊鉴听，坐贻聋瞽，使闺窗孺弱，远罹构害。公，乃陌上人也，而能急之。幸

---

① 翔：停。

② 吴：因吴楚接壤，泛指南方。

③ 脱：如若。

④ 阴：水之南为阴。

⑤ 少选：须臾。

被齿发[①]，何敢负德！”词毕，又哀咤良久。左右皆流涕。时有宦人密视君者，君以书授之，令达宫中。须臾，宫中皆恸哭。君惊谓左右曰：“疾告宫中，无使有声，恐钱塘所知。”毅曰：“钱塘，何人也？”曰：“寡人之爱弟。昔为钱塘长，今则致政[②]矣。”毅曰：“何故不使知？”曰：“以其勇过人耳。昔尧遭洪水九年者，乃此子一怒也。近与天将失意，塞其五山。上帝以寡人有薄德于古今，遂宽其同气[③]之罪。然犹縻系于此，故钱塘之人，日日候焉。”语未毕，而大声忽发，天拆地裂，宫殿摆簸，云烟沸涌。俄有赤龙长千余尺，电目血舌，朱鳞火鬣，项掣金锁，锁牵玉柱，千雷万霆，激绕其身，霰雪雨雹，一时皆下。乃擘[④]青天而飞去。毅恐蹶仆地。君亲起持之曰：“无惧。固无害。”毅良久稍安，乃获自定。因告辞曰：“愿得生归，以避复来。”君曰：“必不如此。其去则然，其来则不然。幸为少尽缱绻。”因命酌互举，以款人事。

俄而祥风庆云，融融怡怡，幢节玲珑，箫韶[⑤]以随。红妆千万，笑语熙熙。后有一人，自然蛾眉，明珰满身，绡縠[⑥]参差。迫而视之，乃前寄辞者。然若喜若悲，零泪如丝。须臾，红烟蔽其左，紫气舒其右，香气环旋，入于宫中。君笑谓毅曰：“泾水之囚人至矣。”君乃辞归宫中。须臾，又闻怨苦，久而不已。有顷，君复出，与毅饮食。又有一人，披紫裳，执青玉，貌耸神溢，立于君左。君谓毅曰：“此钱塘也。”毅起，趋拜之。钱塘亦尽礼相接，谓毅曰：“女侄不幸，为顽童[⑦]所辱。赖明君子信义昭彰，致达远冤。不然者，是为泾陵之土矣。飨德怀恩，词不悉心。”毅抙退辞谢，俯仰唯唯。然后回告兄曰：“向者辰发灵虚，巳至泾阳，午战于彼，未还于此。中间驰至九天，以告上帝。帝知其冤，而宥其失。前所遣责，因而获免。然而刚肠激发，不遑辞候，惊扰宫中，复忤宾客。愧惕惭惧，不知所失。”因退而再拜。君曰：“所杀几何？”曰：“六十万。”“伤稼乎？”曰：“八百里。”“无情郎安在？”曰：“食之矣。”君怃然曰：“顽童之为是心也，诚不可忍。然汝亦太草草。赖上帝显圣，谅其至冤。不然者，吾何辞焉。从此已去，勿复如是。”钱塘复再拜。是夕，遂宿毅于凝光殿。

明日，又宴毅于凝碧宫。会友戚，张广乐，具以醪醴，罗以甘洁。初，笳角鼙鼓，旌旗剑戟，舞万夫于其右。中有一夫前曰：“此《钱塘破阵乐》。”旌铓杰气，顾骤悍栗。坐客视之，毛发皆竖。复有金石丝竹，罗绮珠翠，舞千女于其左，中有一女前进曰：“此《贵主还宫乐》。”清音宛转，如诉如慕，坐客听之，不觉泪下。二舞既毕，龙君大悦，锡以纨绮，颁于舞人。然后密席贯坐，纵酒极娱。酒酣，洞庭君乃击席而歌曰：“大天苍苍兮，大地茫茫。人各有志兮，何可思量。狐神鼠圣兮，薄社依墙[⑧]。雷霆一发兮，其孰敢当。荷[⑨]贞人兮信义长，令骨肉兮还故乡，齐言惭愧兮何时忘！”洞庭君歌罢，钱塘君再拜而歌曰：“上天配合兮，生死有途。此不当妇兮，彼不当夫。腹心辛苦兮，泾水之隅。风

---

① 幸被齿发：我承蒙您的恩德。

② 致政：停职。

③ 同气：同胞。

④ 擘：裂、撕破。

⑤ 箫韶：传说是虞舜时乐曲。

⑥ 縠（hú）：绉纱。

⑦ 顽童：指泾川君次子。

⑧ 狐神鼠圣兮，薄社依墙：比喻狐鼠之辈小人得势。

⑨ 荷：承受，蒙受。

霜满鬓兮，雨雪罗襦。赖明公兮引素书，令骨肉兮家如初。永言珍重兮无时无[①]。”钱塘君歌阕，洞庭君俱起，奉觞于毅。毅踧踖[②]而受爵，饮讫，复以二觞奉二君。乃歌曰：“碧云悠悠兮，泾水东流。伤美人兮，雨泣花愁。尺书远达兮，以解君忧。哀冤果雪兮，还处其休。荷和雅兮感甘羞。山家寂寞兮难久留。欲将辞去兮悲绸缪。”歌罢，皆呼万岁。洞庭君因出碧玉箱，贮以开水犀[③]；钱塘君复出红珀盘，贮以照夜玑。皆起进毅，毅辞谢而受。然后宫中之人，咸以绡彩珠璧，投于毅侧。重迭焕赫，须臾埋没前后。毅笑语四顾，愧揖不暇。洎酒阑欢极，毅辞起，复宿于凝光殿。

翌日，又宴毅于清光阁。钱塘因酒作色，踞谓毅曰：“不闻猛石可裂不可卷，义士可杀不可羞邪？愚有衷曲，欲一陈于公。如可，则俱在云霄；如不可，则皆夷粪壤。足下以为何如哉？”毅曰：“请闻之。”钱塘曰：“泾阳之妻，则洞庭君之爱女也。淑性茂质，为九姻[④]所重。不幸见辱于匪人，今则绝矣。将欲求托高义，世为亲戚，使受恩者知其所归，怀爱者知其所付，岂不为君子始终之道者？”毅肃然而作，欻然而笑曰：“诚不知钱塘君孱困如是！毅始闻跨九州，怀五岳，泄其愤怒；复见断金锁，掣玉柱，赴其急难。毅以为刚决明直，无如君者。盖犯之者不避其死，感之者不爱其生，此真丈夫之志。奈何萧管方洽，亲宾正和，不顾其道，以威加人？岂仆之素望哉！若遇公于洪波之中，玄山之间，鼓以鳞须，被以云雨，将迫毅以死，毅则以禽兽视之，亦何恨哉。今体被衣冠，坐谈礼义，尽五常之志性，负百行之微旨[⑤]，虽人世贤杰，有不如者，况江河灵类乎？而欲以蠢然之躯，悍然之性，乘酒假气，将迫于人，岂近直哉！且毅之质，不足以藏王一甲之间。然而敢以不伏之心，胜王不道之气。惟王筹之！”钱塘乃逡巡[⑥]致谢曰：“寡人生长宫房，不闻正论。向者词述疏狂，妄突高明。退自循顾[⑦]，戾不容责。幸君子不为此乖间可也。”其夕，复饮宴，其乐如旧。毅与钱塘遂为知心友。

明日，毅辞归。洞庭君夫人别宴毅于潜景殿。男女仆妾等，悉出预会。夫人泣谓毅曰：“骨肉受君子深恩，恨不得展愧戴[⑧]，遂至睽别。”使前泾阳女当席拜毅以致谢。夫人又曰：“此别岂有复相遇之日乎？”毅其始虽不诺钱塘之请，然当此席，殊有叹恨之色。宴罢辞别，满宫凄然。赠遗珍宝，怪不可述。毅于是复循途出江岸，见从者十余人，担囊以随，至其家而辞去。毅因适广陵[⑨]宝肆，鬻其所得。百未发一，财以盈兆。故淮右富族，咸以为莫如。遂娶于张氏，亡。又娶韩氏，数月，韩氏又亡。徙家金陵。常以鳏旷多感，或谋新匹。有媒氏告之曰：“有卢氏女，范阳人也。父名曰浩，尝为清流宰[⑩]。晚岁好道，独游云泉，今则不知所在矣。母曰郑氏。前年适清河[⑪]张氏，不幸而张夫早亡。母怜其少，惜其慧美，欲择德以配焉。不识何如？”毅乃卜日就礼。既而男女二姓，俱为豪族，法用

---

① 无时无：无时无刻之略。
② 踧踖：恭敬而不安。
③ 开水犀：能分水开路之犀。
④ 九姻：所有亲属。
⑤ 百行之微旨：典出《世说新语·贤媛》，喻君子之德。
⑥ 逡巡：局促不安。
⑦ 循顾：仔细反省。
⑧ 展愧戴：表达爱戴之情。
⑨ 广陵：今扬州。
⑩ 清流宰：清流即今安徽滁州，宰即县令。
⑪ 清河：今河北南宫。

礼物，尽其丰盛。金陵之士，莫不健仰。居月余，毅因晚入户，视其妻，深觉类于龙女，而逸艳丰厚，则又过之。因与话昔事，妻谓毅曰："人世岂有如是之理乎？然君与余有一子。"

毅益重之。既产，逾月，乃秾饰换服，召亲戚。相会之间，笑谓毅曰："君不忆余之于昔也？"毅曰："洞庭君女传书，至今为忆。"妻曰："余即洞庭君之女也。泾川之冤，君使得白。衔君之恩，誓心求报。洎钱塘季父论亲不从，遂至睽违，天各一方，不能相问。父母欲配嫁于濯锦[①]小儿某。惟以心誓难移，亲命难背，既为君子弃绝，分无见期。而当初之冤，虽得以告诸父母，而誓报不得其志，复欲驰白于君子。值君子累娶，当娶于张，已而又娶于韩。迨张、韩继卒，君卜居于兹，故余之父母乃喜余得遂报君之意。今日获奉君子，咸善终世，死无恨矣。"因呜咽，泣涕交下。对毅曰："始不言者，知君无重色之心。今乃言者，知君有感余之意。妇人匪薄，不足以确厚永心，故因君爱子，以托相生[②]。未知君意如何？愁惧兼心，不能自解。君附书之日，笑谓妾曰：'他日归洞庭，慎无相避。'诚不知当此之际，君岂有意于今日之事乎？其后季父请于君，君固不许。君乃诚将不可邪，抑忿然邪？君其话之！"毅曰："似有命者。仆始见君于长泾之隅，枉抑憔悴，诚有不平之志。然自约其心者，达君之冤，余无及也。以言慎勿相避者，偶然耳，岂有意哉！洎钱塘逼迫之际，唯理有不可直，乃激人之怒耳。夫始以义行为之志，宁有杀其婿而纳其妻者邪？一不可也。善素以操真为志尚，宁有屈于己而伏于心者乎？二不可也。且以率肆胸臆，酬酢纷纶，唯直是图，不遑避害。然而将别之日，见君有依然之容，心甚恨[③]之。终以人事扼束，无由报谢。吁，今日，君，卢氏也，又家于人间。则吾始心未为惑矣。从此以往，永奉欢好，心无纤虑也。"妻因深感娇泣，良久不已。有顷，谓毅曰："勿以他类，遂为无心，固当知报耳。夫龙寿万岁，今与君同之。水陆无往不适，君不以为妄也。"毅嘉之曰："吾不知国客乃复为神仙之饵[④]。"乃相与觐洞庭。既至，而宾主盛礼，不可具纪。

后居南海[⑤]，仅四十年，其邸第、舆马、珍鲜、服玩，虽侯伯之室，无以加也，毅之族咸遂濡泽。以其春秋积序，容状不衰，南海之人，靡不惊异。

洎开元中，上方属意于神仙之事，精索道术。毅不得安，遂相与归洞庭。凡十余岁，莫知其迹。

至开元末，毅之表弟薛嘏为京畿令，谪官东南。经洞庭，晴昼长望，俄见碧山出于远波。舟人皆侧立，曰："此本无山，恐水怪耳。"指顾之际，山与舟相逼，乃有彩船自山驰来，迎问于嘏。其中有一人呼之曰："柳公来候耳。"嘏省然记之，乃促至山下，摄衣疾上。山有宫阙如人世，见毅立于宫室之中，前列丝竹，后罗珠翠，物玩之盛，殊倍人间。毅词理益玄，容颜益少。初迎嘏于砌，持嘏手曰："别来瞬息，而发毛已黄。"嘏笑曰："兄为神仙，弟为枯骨，命也。"毅因出药五十丸遗嘏，曰："此药一丸可增一岁耳。岁满复来，无久居人世，以自苦也。"欢宴毕，嘏乃辞行。自是已后，遂绝影响。嘏常以是事

---

① 濯锦：今成都锦江。

② 因君爱子，以托相生：希望柳毅爱儿子也爱妻子，相托终生。

③ 恨：懊悔。

④ 国客乃复为神仙之饵：作为龙宫贵客同时而成仙。此处"饵"喻机缘、缘由。

⑤ 南海：今广东省广州市。

告于人世。殆四纪[①]，嘏亦不知所在。

陇西李朝威叙而叹曰："五虫[②]之长，必以灵者，别[③]斯见矣。人，裸也，移信鳞虫[④]。洞庭含纳大直，钱塘迅疾磊落，宜有承焉。嘏咏而不载，独可邻其境[⑤]。愚义之，为斯文。"

【作者简介】

李朝威，生平不详，约中唐时陇西人，作品仅存《柳毅传》、《柳参军传》两篇。有学者称其为传奇小说开山鼻祖。

【知识链接】

1. 此篇传奇收入《太平广记》第 419 卷，只题作《柳毅》，并无"传"字。近人汪辟疆《唐人小说》仍作《柳毅》。宋人曾慥《类说》引《异闻集》题作《洞庭灵姻传》，似是原题。

2. 《柳毅传》流传较广，唐末裴铏所作《传奇》中《萧旷》有"近日人世或传柳毅灵姻之事"，唐末传奇《灵应传》言及钱塘君与泾阳君之战，宋代苏州就有柳毅井、柳毅桥。元代尚仲贤《柳毅传书》，明代黄惟楫《龙绡记》、清代李渔《蜃中楼》、今人《龙女牧羊》和《张羽煮海》等剧作均脱胎于此。越剧《柳毅传书》曾两次拍成电影，全国公映。

3. 鲁迅视《柳毅传》与元稹《莺莺传》有同等文学价值和历史地位。

4. 李朝威与李复言、李公佐合称"陇西三李"。

王孝廉村学识同科　周蒙师暮年登上第(《儒林外史》第二回)[⑥]

吴敬梓

【阅读提示】

本回写范进的老师周进到薛家集"坐馆"的一段屈辱经历。由于他连秀才都没考上，所以尽管他 60 多岁，是被请的"先生"，却被已经是秀才的梅玖称为"小友"，又被梅玖借着他吃斋的事情嘲笑一通。王举人因为是举人，所以不仅在他面前倨傲神气，而且吃"撒了一地的鸡骨头、鸭翅膀、鱼刺、瓜子壳"，让他"昏头昏脑，扫了一早晨"。他的生活本来就贫困，在薛家集教书所得也菲薄，但就连这样"坐馆"的差事也丢了。通过这些描写，作品展示了科举时代读书人的困境，揭示了科举制度对全社会的毒害，特别是对读书人的戕害。在艺术上，作者隐身其中，以同情和批判的态度叙述，表现出"戚而能谐，婉而多讽"的风格；用"白描"手法写人、写景，无不生动如画，令人称赏难忘。

---

① 纪：十二年为一纪。

② 五虫：各类生物。

③ 别：区别。

④ 人，裸也，移信鳞虫：古代将生物分类为五虫，人类属裸虫，鱼龙属鳞虫。此句感慨不同类属生物竟能相互信任。

⑤ 嘏咏而不载，独可邻其境：薛嘏虽将此事告诉世人但未记载成文，唯有他亲历其境。

⑥ 选自（清）吴敬梓：《儒林外史》，北京，人民文学出版社，1997。

话说山东兖州府汶上县有个乡村，叫做薛家集。这集上有百十来人家，都是务农为业。村口一个观音庵，殿宇三间之外，另还有十几间空房子，后门临着水次。这庵是十方的香火，只得一个和尚住。集上人家，凡有公事，就在这庵里来同议。

那时成化末年[①]，正是天下繁富的时候。新年正月初八日，集上人约齐了，都到庵里来议闹龙灯之事。到了早饭时候，为头的申祥甫，带了七八个人走了进来，在殿上拜了佛。和尚走来与诸位见节，都还过了礼。申祥甫发作和尚道："和尚，你新年新岁，也该把菩萨面前香烛点勤些！阿弥陀佛！受了十方的钱钞，也要消受。"又叫："诸位都来看看：这琉璃灯内，只得半琉璃油！"指着内中一个穿齐整些的老翁，说道："不论别人，只这一位荀老爹，三十晚里还送了五十斤油与你，白白给你炒菜吃，全不敬佛！"和尚赔着小心，等他发作过了，拿一把铅壶，撮了一把苦丁茶叶，倒满了水，在火上燎的滚热，送与众位吃。

荀老爹先开口道："今年龙灯上庙，我们户下各家须出多少银子？"申祥甫道："且住，等我亲家来一同商议。"正说着，外边走进一个人来，两只红眼边，一副锅铁脸，几根黄胡子，歪戴着瓦楞帽，身上青布衣服就如油篓一般；手里拿着一根赶驴的鞭子，走进门来，和众人拱一拱手，一屁股就坐在上席。这人姓夏，乃薛家集上旧年新参的总甲[②]。夏总甲坐在上席，先吩咐和尚道："和尚，把我的驴牵在后园槽上，卸了鞍子，将些草喂的饱饱的。我议完了事，还要到县门口黄老爹家吃年酒去哩。"吩咐过了和尚，把腿跷起一只来，自己拿拳头在腰上只管捶。捶着，说道："俺如今倒不如你们务农的快活了。想这新年大节，老爷衙门里，三班六房[③]，那一位不送帖子来。我怎好不去贺节？每日骑着这个驴，上县下乡，跑得昏头晕脑。打紧又被这瞎眼的亡八在路上打个前失，把我跌了下来，跌的腰胯生疼。"申祥甫道："新年初三，我备了个豆腐饭邀请亲家，想是有事不得来了。"夏总甲道："你还说哩。从新年这七八日，何曾得一个闲？恨不得长出两张嘴来，还吃不退。就像今日请我的黄老爹，他就是老爷面前站得起来的班头；他抬举我，我若不到，不惹他怪？"申祥甫道："西班黄老爹，我听见说，他从年里头就是老爷差出去了。他家又无兄弟、儿子，却是谁做主人？"夏总甲道："你又不知道了。今日的酒是快班李老爹请。李老爹家房子褊窄，所以把席摆在黄老爹家人厅上。"

说了半日，才讲到龙灯上。夏总甲道："这样事，俺如今也有些不耐烦管了。从前年年是我做头，众人写了功德，赖着不拿出来，不知累俺赔了多少。况今年老爷衙门里，头班、二班、西班、快班，家家都兴龙灯，我料想看个不了，那得功夫来看乡里这条把灯。但你们说了一场，我也少不得搭个分子，任凭你们那一位做头。像这荀老爹，田地广，粮食又多，叫他多出些；你们各家照分子派，这事就舞起来了。"众人不敢违拗，当下捺着姓荀的出了一半，其余众户也派了，共二三两银子，写在纸上，和尚捧出茶盘——云片糕、红枣和些瓜子、豆腐干、栗子、杂色糖，摆了两桌，尊夏老爹坐在首席，斟上茶来。

申祥甫又说："孩子大了，今年要请一个先生。就是这观音庵里做个学堂。"众人道："俺们也有好几家孩子要上学。只这申老爹的令郎，就是夏老爹的令婿；夏老爹时刻有县

---

① 成化：明宪宗朱见深的年号（1465—1487）。《儒林外史》借明代写作者所生活的清代社会。

② 总甲：明清时期的赋役制度将一百一十户分为一里，一里分为十甲，总甲就是负责一里的赋役事务的人。

③ 三班六房：清代州、县衙门里，分快、壮、皂三班，专门应差；对应朝廷六部，分吏、户、礼、兵、刑、工六房。

主老爷的牌票，也要人认得字。只是这个先生，须是要城里去请才好。”夏总甲道：“先生倒有一个。你道是谁？就是咱衙门里户总科提控[①]顾老相公家请的一位先生，姓周，官名叫做周进，年纪六十多岁，前任老爷取过他个头名，却还不曾中过学。顾老相公请他在家里三个年头，他家顾小舍人[②]去年就中了学，和咱镇上梅三相一齐中的。那日从学里师爷家迎了回来，小舍人头上戴着方巾，身上披着大红绸，骑着老爷棚子里的马，大吹大打，来到家门口。俺合衙门的人都拦着街递酒。落后请将周先生来，顾老相公亲自奉他三杯，尊在首席。点了一本戏，是梁灏八十岁中状元[③]的故事。顾老相公为这戏，心里还不大喜欢。落后戏文内唱到梁灏的学生却是十七八岁就中了状元，顾老相公知道是替他儿子发兆，方才喜了。你们若要先生，俺替你把周先生请来。”众人都说是好。吃完了茶，和尚又下了一箸牛肉面吃了，各自散讫。

次日，夏总甲果然替周先生说了，每年馆金十二两银子，每日二分银子在和尚家代饭，约定灯节后下乡，正月二十开馆。

到了十六日，众人将分子送到申祥甫家备酒饭，请了集上新进学的梅三相做陪客。那梅玖戴着新方巾，老早到了。直到巳牌[④]时候，周先生才来。听得门外狗叫，申祥甫走出去迎了进来。众人看周进时，头戴一顶旧毡帽，身穿元色绸旧直裰，那右边袖子同后边坐处都破了，脚下一双旧大红绸鞋，黑瘦面皮，花白胡子。申祥甫拱进堂屋，梅玖方才慢慢的立起来和他相见。周进就问：“此位相公是谁？”众人道：“这是我们集上在庠[⑤]的梅相公。”周进听了，谦让不肯僭梅玖作揖。梅玖道：“今日之事不同。”周进再三不肯。众人道：“论年纪也是周先生长，先生请老实些罢。”梅玖回过头来向众人道：“你众位是不知道我们学校规矩，老友是从来不同小友序齿[⑥]的。只是今日不同，还是周长兄请上。”原来明朝士大夫称儒学生员叫做“朋友”，称童生是“小友”。比如童生进了学，不怕十几岁，也称为“老友”。若是不进学，就到八十岁，也还称“小友”。就如女儿嫁人的：嫁时称为“新娘”，后来称呼“奶奶”、“太太”，就不叫新娘了。若是嫁与人家做妾，就到头发白了，还要唤做“新娘”。

闲话休题。周进因他说这样话，倒不同他让了，竟僭着他作了揖。众人都作过揖坐下。只有周、梅二位的茶杯里，有两枚生红枣，其余都是清茶。吃过了茶，摆两张桌子杯箸，尊周先生首席，梅相公二席，众人序齿坐下，斟上酒来。周进接酒在手，向众人谢了扰，一饮而尽。随即每桌摆上八九个碗，乃是猪头肉、公鸡、鲤鱼、肚、肺、肝、肠之类，叫一声“请!”一齐举箸，却如风卷残云一般，早去了一半。看那周先生时，一箸也不曾下。申祥甫道：“今日先生为甚么不用肴馔？却不是上门怪人？”拣好的递了过来。周进拦住道：“实不相瞒，我学生是长斋。”众人道：“这个倒失于打点，却不知先生因甚吃斋？”周进道：“只因当年先母病中，在观音菩萨位下许的。如今也吃过十几年了。”梅玖

---

① 户总科提控：即县衙门户房的小吏。

② 舍人：本是古代官名，后被用来恭维官僚、有钱人家的子弟。

③ 梁灏（963—1004），字太素，东平州城人。他少年丧父，由叔父抚养成人。自幼专志好学，初次考进士，没能考中，雍熙二年（公元985年），再次进京科考，经廷试和太宗殿试，考取第一名（状元），时年23岁。后世传说梁灏82岁中状元，不符合历史事实，只是传说故事。

④ 巳牌：古代把一昼夜分为十二个时辰，以子丑寅卯十二地支表示，官府在衙门前挂牌报时。巳牌就是巳时，等于现在的上午9点到11点。

⑤ 庠（xiáng）：古代的学校。

⑥ 序齿：排年龄大小。齿，年龄。

道："我因先生吃斋，倒想起一个笑话，是前日，在城里我那案伯顾老相公家听见他说的①。有个做先生的一字至七字诗……"众人都停了箸听他念诗。他便念道："呆，秀才，吃长斋，胡须满腮，经书不揭开，纸笔自己安排，明年不请我自来。"念罢说道："像我这周长兄如此大才，呆是不呆的了。"又掩着口道："'秀才'指日就是，那'吃长斋，胡须满腮'，竟被他说一个着！"说罢。哈哈大笑。众人一齐笑起来。周进不好意思。申祥甫连忙斟一杯酒道："梅三相该敬一杯。顾老相公家西席就是周先生了。"梅玖道："我不知道，该罚！该罚！但这个话不是为周长兄，他说明了是个秀才。但这吃斋也是好事。先年俺有一个母舅，一口长斋。后来进了学，老师送了丁祭的胙肉②来，外祖母道：'丁祭肉若是不吃，圣人就要计较了：大则降灾，小则害病。'只得就开了斋。俺这周长兄，只到今年秋祭，少不得有胙肉送来，不怕你不开哩。"众人说他发的利市好，同斟一杯，送与周先生预贺，把周先生脸上羞的红一块白一块，只得承谢众人，将酒接在手里。厨下捧出汤点来，一大盘实心馒头，一盘油煎的扛子火烧。众人道："这点心是素的，先生用几个。"周进怕汤不洁净，讨了茶来吃点心。

内中一人问申祥甫道："你亲家今日在那里？何不来陪先生坐坐？"申祥甫道："他到快班李老爹家吃酒去了。"又一个人道："李老爹这几年在新任老爷手里，着实跑③起来了，怕不一年要寻千把银子。只是他老人家好赌，不如西班黄老爹，当初也在这些事里顽耍，这几年成了正果，家里房子盖的像天宫一般，好不热闹！"荀老爹向申祥甫道："你亲家自从当了门户，时运也算走顺风。再过两年，只怕也要弄到黄老爹的意思哩。"申祥甫道："他也要算停当的了。若想到黄老爹的地步，只怕还要做几年的梦。"梅相公正吃着火烧，接口道："做梦倒也有些准哩。"因问周进道："长兄这些年考校，可曾得个甚么梦兆？"周进道："倒也没有。"梅玖道："就是侥幸的这一年，正月初一日，我梦见在一个极高的山上，天上的日头不差不错，端端正正掉了下来压在我头上，惊出一身的汗。醒了摸一摸头就像还有些热。彼时不知甚么原故。如今想来，好不有准！"于是点心吃完，又斟了一巡酒。直到上灯时候，梅相公同众人别了回去。申祥甫拿出一副蓝布被褥，送周先生到观音庵歇宿；向和尚说定，馆地就在后门里这两间屋内。

直到开馆那日，申祥甫同着众人领了学生来，七长八短几个孩子，拜见先生。众人各自散了。周进上位教书。晚间，学生家去，把各家贽见④拆开来看，只有荀家是一钱银子，另有八分银子代茶⑤；其余也有三分的，也有四分的，也有十来个钱的，合拢了不够一个月饭食。周进一总包了，交与和尚收着再算。那些孩子就像蠢牛一般，一时照顾不到，就溜到外边去打瓦踢球，每日淘气不了。周进只得捺定性子，坐着教导。

不觉两个多月，天气渐暖。周进吃过午饭开了后门出来，河沿上望望。虽是乡村地方，河边却也有几树桃花柳树，红红绿绿，间杂好看。看了一回，只见蒙蒙的细雨下将起来。周进见下雨，转入门内，望着雨下在河里，烟笼远树，景致更妙。这雨越下越大，却见上流头一只船冒雨而来。那船本不甚大，又是芦席篷，所以怕雨。将近河岸，看时：中

---

① 案伯：同年考取的秀才彼此称"同案"、"同年"，称彼此的父亲为"案伯"。

② 丁祭的胙（zuò）肉：明清时期，每年阴历二月、八月的第一个丁日，要祭祀孔子，叫做"丁祭"。供祭祀用的肉叫胙肉。有资格参加祭祀的人可以在祭祀后分得供肉。

③ 跑：方言，发达的意思。

④ 贽见：学生初次拜见老师的见面礼物。

⑤ 代茶：代替茶水之资。

舱坐着一个人，船尾坐着两个从人，船头上放着一担食盒。将到岸边，那人连呼船家泊船，带领从人走上岸来。周进看那人时，头戴方巾，身穿宝蓝缎直裰，脚下粉底皂靴，三绺髭须，约有三十多岁光景。走到门口，与周进举一举手，一直进来。自己口里说道："原来是个学堂。"周进跟了进来作揖，那人还了个半礼道："你想就是先生了。"周进道："正是。"那人问从者道："和尚怎的不见？"说着，和尚忙走了出来，道："原来是王大爷。请坐。僧人去烹茶来。"向着周进道："这王大爷，就是前科新中的。先生陪了坐着，我去拿茶。"

那王举人也不谦让，从人摆了一条凳子，就在上首坐了。周进下面相陪。王举人道："你这位先生贵姓？"周进知他是个举人，便自称道："晚生姓周。"王举人道："去年在谁家作馆？"周进道："在县门口顾老相公家。"王举人道："足下莫不是就在我白老师手里曾考过一个案首的？说这几年在顾二哥家做馆，不差不差。"周进道："俺这顾东家，老先生也是相与的？"王举人道："顾二哥是俺户下册书[①]，又是拜盟的好弟兄。"

须臾，和尚献上茶来吃了。周进道："老先生的朱卷[②]是晚生熟读过的，后面两大股文章，尤其精妙。"王举人道："那两股文章不是俺作的。"周进道："老先生又过谦了。却是谁作的呢？"王举人道："虽不是我作的，却也不是人作的。那时头场，初九日，天色将晚，第一篇文章还不曾做完，自己心里疑惑，说：'我平日笔下最快，今日如何迟了？'正想不出来，不觉瞌睡上来，伏着号板[③]打一个盹，只见五个青脸的人跳进号来。中间一人，手里拿着一支大笔，把俺头上点了一点，就跳出去了。随即一个戴纱帽、红袍金带的人，揭帘子进来，把俺拍了一下，说道：'王公请起！'那时弟吓了一跳，通身冷汗，醒转来，拿笔在手，不知不觉写了出来。可见贡院里鬼神是有的。弟也曾把这话回禀过大主考座师，座师就道弟该有鼎元之分。"

正说得热闹，一个小学生送仿来批，周进叫他搁着。王举人道："不妨，你只管去批仿，俺还有别的事。"周进只得上位批仿。王举人吩咐家人道："天已黑了，雨又不住，你们把船上的食盒挑了上来，叫和尚拿升米做饭。船家叫他伺候着，明日早走。"向周进道："我方才上坟回来，不想遇着雨，耽搁一夜。"说着，就猛然回头，一眼看见那小学生的仿纸上的名字是荀玫，不觉就吃了一惊。一会儿咂嘴弄唇的，脸上做出许多怪物像。周进又不好问他，批完了仿，依旧陪他坐着。他就问道："方才这小学生几岁了？"周进道："他才七岁。"王举人道："是今年才开蒙？这名字是你替他起的？"周进道："这名字不是晚生起的。开蒙的时候，他父亲央及集上新进梅朋友替他起名。梅朋友说自己的名字叫做'玖'，也替他起个'王'旁的名字发发兆，将来好同他一样的意思。"

王举人笑道："说起来，竟是一场笑话。弟今年正月初一日梦见看会试榜，弟中在上面是不消说了，那第三名也是汶上人，叫做荀玫。弟正疑惑我县里没有这一个姓荀的孝廉[④]，谁知竟同着这个小学生的名字。难道和他同榜不成！"说罢，就哈哈大笑起来，道：

---

① 册书：为官府征收钱粮的税吏。

② 朱卷：明清科举考试制度中，应试者在乡试和会试中的答卷用墨笔书写，这叫"墨卷"；阅卷官批阅的卷子则由专门的人用朱笔誊录，上面只有编号，没有姓名，这叫"朱卷"。考中的人把自己在考场里写的应试文章刻印送人，也叫"朱卷"。

③ 号板：明清乡试的考场叫"贡院"，里面是一排排隔成的仅仅能容身的小房屋，叫"号舍"。号舍中间有上下两块可以移动的木板，叫"号板"，白天做桌子和板凳，晚上则将它们并在一起用来睡觉。

④ 孝廉：本是汉代选拔官吏的科目之一，孝是孝子，廉是廉洁，合称"孝廉"。明清时期俗称举人为"孝廉"。

“可见梦作不得准！况且功名大事，总以文章为主，那里有甚么鬼神！”周进道：“老先生，梦也竟有准的。前日晚生初来，会着集上梅朋友。他说也是正月初一日，梦见一个大红日头落在他头上，他这年就飞黄腾达的。”王举人道：“这话更作不得准了。比如他进过学，就有日头落在他头上，像我这发过的，不该连天都掉下来，是俺顶着的了？”彼此说着闲话，掌上灯烛。管家捧上酒饭，鸡、鱼、鸭、肉，堆满春台①。王举人也不让周进，自己坐着吃了，收下碗去。落后和尚送出周进的饭来，一碟老菜叶，一壶热水。周进也吃了。叫了安置，各自歇宿。

次早，天色已晴。王举人起来洗了脸，穿好衣服，拱一拱手，上船去了。撒了一地的鸡骨头、鸭翅膀、鱼刺、瓜子壳，周进昏头昏脑，扫了一早晨。

自这一番之后，一薛家集的人都晓得荀家孩子是县里王举人的进士同年，传为笑话。这些同学的孩子赶着他就不叫荀玫了，都叫他“荀进士”。各家父兄听见这话，都各不平，偏要在荀老翁跟前恭喜，说他是个封翁②太老爷，把个荀老爹气得有口难分。申祥甫背地里又向众人道：“那里是王举人亲口说这番话。这就是周先生看见我这一集上只有荀家有几个钱，捏造出这话来奉承他，图他个逢时遇节，他家多送两个盒子。俺前日听见说，荀家炒了些面筋、豆腐干送在庵里，又送了几回馒头、火烧，就是这些原故了。”众人都不喜欢。以此周进安身不牢，因是碍着夏总甲的面皮，不好辞他，将就混了一年。后来夏总甲也嫌他呆头呆脑，不知道常来承谢，由着众人把周进辞了来家。

那年却失了馆，在家日食艰难。一日，他姊丈金有余来看他，劝道：“老舅，莫怪我说你，这读书求功名的事，料想也是难了。人生世上，难得的是这碗现成饭。只管‘稂不稂莠不莠’的到几时？我如今同了几个大本钱的人到省城去买货，差一个记账的人，你不如同我们去走走，你又孤身一人，在客伙内，还是少了你吃的、穿的？”周进听了这话，自己想：“‘瘫子掉在井里，捞起也是坐。’有甚亏负我？”随即应允了。

金有余择个吉日，同一伙客人起身，来到省城杂货行里住下。周进无事闲着，街上走走，看见纷纷的工匠都说是修理贡院。周进跟到贡院门口，想挨进去看，被看门的大鞭子打了出来。晚间向姊夫说，要去看看。金有余只得用了几个小钱，一伙客人也都同了去看，又央及行主人领着。行主人走进头门，用了钱的并无拦阻。到了龙门③下，行主人指道：“周客人，这是相公们进的门了。”进去两边号房门，行主人指道：“这是天字号了。你自进去看看。”周进一进了号，见两块号板摆的齐齐整整，不觉眼睛里一阵酸酸的，长叹一声，一头撞在号板上，直僵僵不省人事。只因这一死，有分教：累年蹭蹬，忽然际会风云④；终岁凄凉，竟得高悬月旦⑤。未知周进性命如何，且听下回分解。

【作者简介】

吴敬梓（1701—1754），字敏轩，号粒民，晚年号文木老人，安徽全椒人。他出生于科第

---

① 春台：指饭桌。

② 封翁：封建社会里，子孙有了功名，其父亲、母亲都可受到封赠，显示儿孙光宗耀祖。

③ 龙门：贡院的第三道门。传说鲤鱼跃过黄河的龙门就可以变成龙，所以常用“鲤鱼跃龙门”比喻读书人通过科举考试改变身份地位。

④ 际会风云：遭逢好的际遇。晋陆机《塘上行》诗：“被蒙风云会，移居华池边。”

⑤ 高悬月旦：汉末大儒许劭、许靖兄弟，经常评论乡党人物，每月月初更换品题内容，称为“月旦评”。这里是指周进后来科举考试一路顺利，成为广东学政，主持科举考试。

世家，青年时期曾经参加科举考试。中年以后，随着对科举制弊病认识的逐渐深刻，完全放弃了科举道路，并且创作出了批判和否定科举制度的《儒林外史》，被胡适赞美为“安徽的第一个大文豪”。他的存世作品还有诗文集《文木山房集》和近年发现的《诗说》。

【知识链接】

1. 卧闲草堂本《儒林外史》本回评语说：

“功名富贵”四字，是此书之大主脑，作者不惜千变万化以写之。起首不写王侯将相，却先写一夏总甲。夫总甲是何功名，是何富贵？而彼意气扬扬，欣然自得，颇有“官到尚书吏到都”的景象。……文笔之妙乃至于此！

《吴敬梓》（范曾）

2. 鲁迅在《中国小说史略》中指出：

迨吴敬梓《儒林外史》出，乃秉持公心，指擿时弊，机锋所向，尤在士林；其文又戚而能谐，婉而多讽：于是说部中乃始有足称讽刺之书。……敬梓之所描写者即是此曹，既多据自所闻见，而笔又足以达之，故能烛幽索隐，物无遁形，凡官师，儒者，名士，山人，间亦有市井细民，皆现身纸上，声态并作，使彼世相，如在目前，惟全书无主干，仅驱使各种人物，行列而来，事与其来俱起，亦与其去俱讫，虽云长篇，颇同短制；但如集诸碎锦，合为帖子，虽非巨幅，而时见珍异，因亦娱心，使人刮目矣。

3. 胡适作《吴敬梓传》，评论《儒林外史》道：

不给你官做，便是专制君主困死人才的唯一妙法。要想抵制这种恶毒的牢笼，只有一个法子：就是提倡一种新社会心理，叫人知道举业的丑态，知道官的丑态；叫人觉得“人”比“官”格外可贵，学问比八股文格外可贵，人格比富贵格外可贵。社会上养成了这种心理，就不怕皇帝“不给你官做”的毒手段了。……一部《儒林外史》的用意只是要想养成这种社会心理。

游幻境指迷十二钗　饮仙醪曲演红楼梦（《红楼梦》第五回）①

曹雪芹

【阅读提示】

本回是《红楼梦》最关键的一回，它以贾宝玉梦游太虚幻境的形式，预示了全书的结局——“好一似食尽鸟投林，落了片白茫茫大地真干净！”又通过贾宝玉阅览金陵十二钗正册、副册、又副册以及《红楼梦曲》，预示了小说主要人物的悲剧命运。同时，作者借“千红一窟（哭）”、“万艳同杯（悲）”等隐喻的手法，表达了对封建社会女性悲剧命运的同情。在艺术上，本回以梦境为线索，又穿插判词、演曲等形式，将梦境写得瑰丽恍惚，诗意盎然，充满哲理意

① 选自（清）曹雪芹：《红楼梦》，北京，人民文学出版社，1985。

味。其中《红楼梦曲》借用元明以来的曲体形式，曲牌和曲词却完全出自作者创造，如用【终身误】咏宝钗，以【聪明累】唱凤姐。因此本回既体现了中国小说的民族特点，也表现了中国文化的深厚意蕴，更显示了作者的创造才华。

第四回中既将薛家母子在荣府内寄居等事略已表明，此回则暂不能写矣。

如今且说林黛玉自在荣府以来，贾母万般怜爱，寝食起居，一如宝玉，迎春、探春、惜春三个亲孙女倒且靠后；便是宝玉和黛玉二人之亲密友爱处，亦自较别个不同，日则同行同坐，夜则同息同止，真是言和意顺，略无参商①。不想如今忽然来了一个薛宝钗，年岁虽大不多，然品格端方，容貌丰美，人多谓黛玉所不及。而且宝钗行为豁达，随分从时，不比黛玉孤高自许，目无下尘，故比黛玉大得下人之心。便是那些小丫头子们，亦多喜与宝钗去顽。因此黛玉心中便有些悒郁不忿之意，宝钗却浑然不觉。那宝玉亦在孩提之间，况自天性所禀来的一片愚拙偏僻，视姊妹弟兄皆出一意，并无亲疏远近之别。其中因与黛玉同随贾母一处坐卧，故略比别个姊妹熟惯些。既熟惯，则更觉亲密；既亲密，则不免一时有求全之毁，不虞之隙。这日不知为何，他二人言语有些不合起来，黛玉又气的独在房中垂泪，宝玉又自悔言语冒撞，前去俯就，那黛玉方渐渐的回转来。

因东边宁府中花园内梅花盛开，贾珍之妻尤氏乃治酒，请贾母、邢夫人、王夫人等赏花。是日先携了贾蓉之妻，二人来面请。贾母等于早饭后过来，就在会芳园游顽，先茶后酒，不过皆是宁荣二府女眷家宴小集，并无别样新文趣事可记。

一时宝玉倦怠，欲睡中觉，贾母命人好生哄着，歇一回再来。贾蓉之妻秦氏便忙笑回道："我们这里有给宝叔收拾下的屋子，老祖宗放心，只管交与我就是了。"又向宝玉的奶娘丫鬟等道："嬷嬷、姐姐们，请宝叔随我这里来。"贾母素知秦氏是个极妥当的人，生的袅娜纤巧，行事又温柔和平，乃重孙媳中第一个得意之人，见他去安置宝玉，自是安稳的。

当下秦氏引一簇人来至上房内间。宝玉抬头看见一幅画贴在上面，画的人物固好，其故事乃是《燃藜图》②，也不看系何人所画，心中便有些不快。又有一副对联，写的是：

世事洞明皆学问，人情练达即文章。

及看了这两句，纵然室宇精美，铺陈华丽，亦断断不肯在这里了，忙说："快出去！快出去！"秦氏听了笑道："这里还不好，可往那里去呢？不然往我屋里去吧。"宝玉点头微笑。有一个嬷嬷说道："那里有个叔叔往侄儿房里睡觉的理？"秦氏笑道："嗳哟哟，不怕他恼。他能多大呢，就忌讳这些个！上月你没看见我那个兄弟来了，虽然与宝叔同年，两个人若站在一处，只怕那个还高些呢。"宝玉道："我怎么没见过？你带他来我瞧瞧。"众人笑道："隔着二三十里，往那里带去，见的日子有呢。"说着大家来至秦氏房中。刚至房门，便有一股细细的甜香袭人而来。宝玉觉得眼饧骨软，连说"好香！"入房向壁上看时，有唐伯虎画的《海棠春睡图》，两边有宋学士秦太虚写的一副对联，其联云：

嫩寒锁梦因春冷，芳气袭人是酒香。

案上设着武则天当日镜室中设的宝镜，一边摆着飞燕立着舞过的金盘，盘内盛着安禄山掷过伤了太真乳的木瓜。上面设着寿昌公主于含章殿下卧的榻，悬的是同昌公主制的联珠帐。宝玉含笑连说："这里好！"秦氏笑道："我这屋子大约神仙也可以住得了。"说着亲

---

① 略无参（shēn）商：指彼此感情融洽，没有一点隔阂、矛盾。

② 《燃藜图》：劝人勤学苦读的画作。

自展开了西子浣过的纱衾，移了红娘抱过的鸳枕。于是众奶母伏侍宝玉卧好，款款散了，只留袭人、媚人、晴雯、麝月四个丫鬟为伴。秦氏便分咐小丫鬟们，好生在廊檐下看着猫儿狗儿打架。

那宝玉刚合上眼，便恍恍惚惚的睡去，犹似秦氏在前，遂悠悠荡荡，随了秦氏，至一所在。但见朱栏白石，绿树清溪，真是人迹希逢，飞尘不到。宝玉在梦中欢喜，想道："这个去处有趣，我就在这里过一生，纵然失了家也愿意，强如天天被父母师傅打呢。"正胡思之间，忽听山后有人作歌曰：

春梦随云散，飞花逐水流；

寄言众儿女，何必觅闲愁。

宝玉听了是女子的声音。歌音未息，早见那边走出一个人来，蹁跹袅娜，端的与人不同。有赋为证：

方离柳坞[①]，乍出花房。但行处，鸟惊庭树[②]；将到时，影度回廊[③]。仙袂乍飘兮，闻麝兰之馥郁；荷衣欲动兮，听环佩之铿锵。靥笑春桃兮，云堆翠髻；唇绽樱颗兮，榴齿含香。纤腰之楚楚兮，回风舞雪[④]；珠翠之辉辉兮，满额鹅黄。出没花间兮，宜嗔宜喜；徘徊池上兮，若飞若扬。蛾眉颦笑兮，将言而未语；莲步乍移兮，待止而欲行。羡彼之良质兮，冰清玉润；羡彼之华服兮，闪灼文章。爱彼之貌容兮，香培玉琢；美彼之态度兮，凤翥龙翔。其素若何，春梅绽雪。其洁若何，秋菊被霜。其静若何，松生空谷。其艳若何，霞映澄塘。其文若何，龙游曲沼。其神若何，月射寒江。应惭西子，实愧王嫱。奇矣哉，生于孰地，来自何方；信矣乎，瑶池不二，紫府无双。果何人哉？如斯之美也！

宝玉见是一个仙姑，喜的忙来作揖问道："神仙姐姐不知从那里来，如今要往那里去？也不知这是何处，望乞携带携带。"那仙姑笑道："吾居离恨天之上，灌愁海之中，乃放春山遣香洞太虚幻境警幻仙姑是也：司人间之风情月债，掌尘世之女怨男痴。因近来风流冤孽，缠绵于此处，是以前来访察机会，布散相思。今忽与尔相逢，亦非偶然。此离吾境不远，别无他物，仅有自采仙茗一盏，亲酿美酒一瓮，素练魔舞歌姬数人，新填《红楼梦》仙曲十二支，试随吾一游否？"宝玉听说，便忘了秦氏在何处，竟随了仙姑，至一所在，有石牌横建，上书"太虚幻境"四个大字，两边一副对联，乃是：

假作真时真亦假，无为有处有还无。

转过牌坊，便是一座宫门，上面横书四个大字，道是："孽海情天"。又有一副对联，大书云：

厚地高天，堪叹古今情不尽；

痴男怨女，可怜风月债难偿。

宝玉看了，心下自思道："原来如此。但不知何为'古今之情'，何为'风月之债'？从今倒要领略领略。"宝玉只顾如此一想，不料早把些邪魔招入膏肓了。当下随了仙姑进

---

① 柳坞（wù）：植柳以为屏障。坞，原指作为屏障的土堡。

② 鸟惊庭树：极言仙姑之美。《庄子·齐物论》："毛嫱丽姬，人之所美也；鱼见之深入，鸟见之高飞，麋鹿见之决骤。四者孰知天下之正色哉？"

③ 影度回廊：身影在回廊上移动。

④ 回风舞雪：形容仙子体态轻盈飘忽。曹植《洛神赋》："髣髴兮若轻云之蔽月，飘飖兮若流风之回雪。"

入二层门内，至两边配殿，皆有匾额对联，一时看不尽许多，惟见有几处写的是："痴情司"，"结怨司"，"朝啼司"，"夜怨司"，"春感司"，"秋悲司"。看了，因向仙姑道："敢烦仙姑引我到那各司中游玩游玩，不知可使得？"仙姑道："此各司中皆贮的是普天之下所有的女子过去未来的簿册，尔凡眼尘躯，未便先知的。"宝玉听了，那里肯依，复央之再四。仙姑无奈，说："也罢，就在此司内略随喜[①]随喜罢了。"宝玉喜不自胜，抬头看这司的匾上，乃是"薄命司"三字，两边对联写的是：

春恨秋悲皆自惹，花容月貌为谁妍。

宝玉看了，便知感叹。进入门来，只见有十数个大厨，皆用封条封着。看那封条上，皆是各省的地名。宝玉一心只拣自己家乡的封条看，遂无心看别省的了。只见那边厨上封条上大书七字云："金陵十二钗正册"。宝玉问道："何为'金陵十二钗正册'？"警幻道："即贵省中十二冠首女子之册，故为'正册'。"宝玉道："常听人说，金陵极大，怎么只十二个女子？如今单我家里，上上下下，就有几百女孩子呢。"警幻冷笑道："贵省女子固多，不过择其紧要者录之。下边二厨则又次之。余者庸常之辈，则无册可录矣。"宝玉听说，再看下首二厨上，果然写着"金陵十二钗副册"，又一个写着"金陵十二钗又副册"。宝玉便伸手先将"又副册"厨开了，拿出一本册来，揭开一看，只见这首页上画着一幅画，又非人物，也无山水，不过是水墨滃染的满纸乌云浊雾而已。后有几行字迹，写的是：

霁月难逢，彩云易散。心比天高，身为下贱。风流灵巧招人怨。寿夭多因毁谤生，多情公子空牵念。

宝玉看了，又见后面画着一簇鲜花，一床破席，也有几句言词，写道是：

枉自温柔和顺，空云似桂如兰；堪羡优伶有福，谁知公子无缘。

宝玉看了不解。遂掷下这个，又去开了"副册"厨门，拿起一本册来，揭开看时，只见画着一株桂花，下面有一池沼，其中水涸泥干，莲枯藕败，后面书云：

根并荷花一茎香，平生遭际实堪伤。
自从两地生孤木，致使香魂返故乡。

宝玉看了仍不解。便又掷了，再去取"正册"看，只见头一页上便画着两株枯木，木上悬着一围玉带，又有一堆雪，雪下一股金簪。也有四句言词，道是：

可叹停机德，堪怜咏絮才。
玉带林中挂，金簪雪里埋。

宝玉看了仍不解。待要问时，情知他必不肯泄漏；待要丢下，又不舍。遂又往后看时，只见画着一张弓，弓上挂着香橼。也有一首歌词云：

二十年来辨是非，榴花开处照宫闱。
三春争及初春景，虎兕相逢大梦归。

后面又画着两人放风筝，一片大海，一只大船，船中有一女子掩面泣涕之状。也有四句写云：

才自精明志自高，生于末世运偏消。
清明涕送江边望，千里东风一梦遥。

后面又画几缕飞云，一湾逝水。其词曰：

富贵又何为，襁褓之间父母违。

---

① 随喜：佛教术语。谓见人做善事而随之生欢喜心，此外谓游览参观寺院。

展眼吊斜晖，湘江水逝楚云飞。

后面又画着一块美玉，落在泥垢之中。其断语云：

欲洁何曾洁？云空未必空。

可怜金玉质，终陷淖泥中。

后面忽见画着个恶狼，追扑一美女，欲啖之意。其书云：

子系中山狼，得志便猖狂。

金闺花柳质，一载赴黄粱。

后面便是一所古庙，里面有一美人在内看经独坐。其判云：

勘破三春景不长，缁衣顿改昔年妆。

可怜绣户侯门女，独卧青灯古佛旁。

后面便是一片冰山，上面有一只雌凤。其判曰：

凡鸟偏从末世来，都知爱慕此生才。

一从二令三人木，哭向金陵事更哀。

后面又是一座荒村野店，有一美人在那里纺绩。其判云：

势败休云贵，家亡莫论亲。

偶因济刘氏，巧得遇恩人。

后面又画着一盆茂兰，旁有一位凤冠霞帔的美人。也有判云：

桃李春风结子完，到头谁似一盆兰？

如冰水好空相妒，枉与他人作笑谈。

后面又画着高楼大厦，有一美人悬梁自缢。其判云：

情天情海幻情身，情既相逢必主淫。

漫言不肖皆荣出，造衅开端实在宁。

宝玉还欲看时，那仙姑知他天分高明，性情颖慧，恐把仙机泄漏，遂掩了卷册，笑向宝玉道："且随我去游玩奇景，何必在此打这闷葫芦！"

宝玉恍恍惚惚，不觉弃了卷册，又随了警幻来至后面。但见珠帘绣幕，画栋雕檐，说不尽那光摇朱户金铺地，雪照琼窗玉作宫。更见仙花馥郁，异草芬芳，真好个所在。又听警幻笑道："你们快出来迎接贵客！"一语未了，只见房中又走出几个仙子来，皆是荷袂蹁跹，羽衣飘舞，姣若春花，媚如秋月。一见了宝玉，都怨谤警幻道："我们不知系何'贵客'，忙的接了出来！姐姐曾说今日今时必有绛珠妹子的生魂前来游玩，故我等久待。何故反引这浊物来污染这清净女儿之境？"

宝玉听如此说，便吓得欲退不能退，果觉自形污秽不堪。警幻忙携住宝玉的手，向众姊妹道："你等不知原委：今日原欲往荣府去接绛珠，适从宁府所过，偶遇宁荣二公之灵，嘱吾云：'吾家自国朝定鼎以来，功名奕世[①]，富贵传流，虽历百年，奈运终数尽，不可挽回者。故遗之子孙虽多，竟无可以继业。其中惟嫡孙宝玉一人，禀性乖张，生性怪谲，虽聪明灵慧，略可望成，无奈吾家运数合终，恐无人规引入正。幸仙姑偶来，万望先以情欲声色等事警其痴顽，或能使彼跳出迷人圈子，然后入于正路，亦吾兄弟之幸矣。'如此嘱吾，故发慈心，引彼至此。先以彼家上中下三等女子之终身册籍，令彼熟玩，尚未觉悟；故引彼再至此处，令其再历饮馔声色之幻，或冀将来一悟，亦未可知也。"

说毕，携了宝玉入室。但闻一缕幽香，竟不知其所焚何物。宝玉遂不禁相问。警幻冷

---

① 奕世：一代接一代，世代绵延。奕，重，累。

笑道："此香尘世中既无，尔何能知！此香乃系诸名山胜境内初生异卉之精，合各种宝林珠树之油所制，名'群芳髓'。"宝玉听了，自是羡慕而已。大家入座，小丫鬟捧上茶来。宝玉自觉清香异味，纯美非常，因又问何名。警幻道："此茶出在放春山遣香洞，又以仙花灵叶上所带之宿露而烹，此茶名曰'千红一窟'。"宝玉听了，点头称赏。因看房内，瑶琴、宝鼎、古画、新诗，无所不有；更喜窗下亦有唾绒[①]，奁间时渍粉污。壁上也见悬着一副对联，书云：

幽微灵秀地，无可奈何天。

宝玉看毕，无不羡慕。因又请问众仙姑姓名：一名痴梦仙姑，一名钟情大士[②]，一名引愁金女，一名度恨菩提，各各道号不一。少刻，有小丫鬟来调桌安椅，设摆酒馔。真是：琼浆满泛玻璃盏，玉液浓斟琥珀杯。更不用再说那肴馔之盛。宝玉因闻得此酒清香甘洌，异乎寻常，又不禁相问。警幻道："此酒乃以百花之蕊，万木之汁，加以麟髓之醅、凤乳之麯[③]酿成，因名为'万艳同杯'。"宝玉称赏不迭。

饮酒间，又有十二个舞女上来，请问演何词曲。警幻道："就将新制《红楼梦》十二支演上来。"舞女们答应了，便轻敲檀板，款按银筝，听他歌道是：

开辟鸿蒙……

方歌了一句，警幻便说道："此曲不比尘世中所填传奇之曲，必有生旦净末之则，又有南北九宫之限。此或咏叹一人，或感怀一事，偶成一曲，即可谱入管弦。若非个中人，不知其中之妙。料尔亦未必深明此调。若不先阅其稿，后听其歌，翻成嚼蜡矣。"说毕，回头命小丫鬟取了《红楼梦》原稿来，递与宝玉。宝玉接来，一面目视其文，一面耳聆其歌曰：

【红楼梦引子】开辟鸿蒙，谁为情种？都只为风月情浓。趁着这奈何天，伤怀日，寂寥时，试遣愚衷。因此上，演出这怀金悼玉的《红楼梦》。

【终身误】都道是金玉良缘，俺只念木石前盟。空对着，山中高士晶莹雪；终不忘，世外仙姝寂寞林。叹人间，美中不足今方信。纵然是齐眉举案，到底意难平。

【枉凝眉】一个是阆苑仙葩，一个是美玉无瑕。若说没奇缘，今生偏又遇着他；若说有奇缘，如何心事终虚化？一个枉自嗟呀，一个空劳牵挂。一个是水中月，一个是镜中花。想眼中能有多少泪珠儿，怎经得秋流到冬尽，春流到夏！

宝玉听了此曲，散漫无稽，不见得好处，但其声韵凄惋；竟能销魂醉魄。因此也不察其原委，问其来历，就暂以此释闷而已。因又看下道：

【恨无常】喜荣华正好，恨无常又到。眼睁睁，把万事全抛。荡悠悠，把芳魂消耗。望家乡，路远山高。故向爹娘梦里相寻告：儿命已入黄泉，天伦呵，须要退步抽身早！

【分骨肉】一帆风雨路三千，把骨肉家园齐来抛闪。恐哭损残年，告爹娘，休把儿悬念。自古穷通皆有定，离合岂无缘？从今分两地，各自保平安。奴去也，莫牵连。

【乐中悲】襁褓中，父母叹双亡。纵居那绮罗丛，谁知娇养？幸生来，英豪阔大宽宏量，从未将儿女私情略萦心上。好一似，霁月光风耀玉堂。厮配得才貌仙郎，博

---

① 唾绒：古代妇女刺绣，每当换线修针，用齿咬断绣线，口中常沾留线绒，随口吐出。

② 大士：佛教称佛和菩萨为大士。

③ 醅：未经过滤的酒。麯：酿酒用的发酵物，多用大麦麸皮等制成。

得个地久天长，准折得幼年时坎坷形状。终久是云散高唐，水涸湘江。这是尘寰中消长数应当，何必枉悲伤！

【世难容】气质美如兰，才华阜比仙。天生成孤癖人皆罕。你道是啖肉食腥膻，视绮罗俗厌；却不知太高人愈妒，过洁世同嫌。可叹这，青灯古殿人将老；辜负了，红粉朱楼春色阑。到头来，依旧是风尘肮脏违心愿。好一似，无瑕白玉遭泥陷；又何须，王孙公子叹无缘。

【喜冤家】中山狼，无情兽，全不念当日根由。一味的骄奢淫荡贪还构。觑着那，侯门艳质同蒲柳；作践的，公府千金似下流。叹芳魂艳魄，一载荡悠悠。

【虚花悟】将那三春看破，桃红柳绿待如何？把这韶华打灭，觅那清淡天和。说什么，天上夭桃盛，云中杏蕊多。到头来，谁把秋捱过？则看那，白杨村里人呜咽，青枫林下鬼吟哦。更兼着，连天衰草遮坟墓。这的是，昨贫今富人劳碌，春荣秋谢花折磨。似这般，生关死劫谁能躲？闻说道，西方宝树唤婆娑，上结着长生果。

【聪明累】机关算尽太聪明，反算了卿卿性命。生前心已碎，死后性空灵。家富人宁，终有个家亡人散各奔腾。枉费了，意悬悬半世心；好一似，荡悠悠三更梦。忽喇喇似大厦倾，昏惨惨似灯将尽。呀！一场欢喜忽悲辛。叹人世，终难定！

《秦可卿》（王义胜）

【留余庆】留余庆，留余庆，忽遇恩人；幸娘亲，幸娘亲，积得阴功。劝人生，济困扶穷，休似俺那爱银钱忘骨肉的狠舅奸兄！正是乘除加减，上有苍穹。

【晚韶华】镜里恩情，更那堪梦里功名！那美韶华去之何迅！再休提绣帐鸳衾。只这戴珠冠，披凤袄，也抵不了无常性命。虽说是，人生莫受老来贫，也须要阴骘积儿孙。气昂昂头戴簪缨，气昂昂头戴簪缨；光灿灿胸悬金印；威赫赫爵禄高登，威赫赫爵禄高登；昏惨惨黄泉路近。问古来将相可还存？也只是虚名儿与后人钦敬。

【好事终】画梁春尽落香尘。擅风情，秉月貌，便是败家的根本。箕裘颓堕皆从敬，家事消亡首罪宁。宿孽总因情。

【收尾·飞鸟各投林】为官的，家业凋零；富贵的，金银散尽；有恩的，死里逃生；无情的，分明报应。欠命的，命已还；欠泪的，泪已尽。冤冤相报实非轻，分离聚合皆前定。欲知命短问前生，老来富贵也真侥幸。看破的，遁入空门；痴迷的，枉送了性命。好一似食尽鸟投林，落了片白茫茫大地真干净！

歌毕，还要歌副曲。警幻见宝玉甚无趣味，因叹："痴儿竟尚未悟！"那宝玉忙止歌姬不必再唱，自觉朦胧恍惚，告醉求卧。警幻便命撤去残席，送宝玉至一香闺绣阁之中，其间铺陈之盛，乃素所未见之物。更可骇者，早有一位女子在内，其鲜艳妩媚，有似乎宝钗，风流袅娜，则又如黛玉。正不知何意，忽警幻道："尘世中多少富贵之家，那些绿窗风月，绣阁烟霞，皆被淫污纨袴与那些流荡女子悉皆玷辱。更可恨者，自古来多少轻薄浪子，皆以'好色不淫'为饰，又以'情而不淫'① 作案，此皆饰非掩丑之语也。好色即淫，知情更淫。是以巫山之会，云雨之欢，皆由既悦其色，复恋其情所致也。吾所爱汝者，乃

① 情而不淫：意思是感情志趣相投，却不流于淫乱。

天下古今第一淫人也。”

宝玉听了，唬的忙答道：“仙姑差了。我因懒于读书，家父母尚每垂训饬，岂敢再冒‘淫’字。况且年纪尚小，不知‘淫’字为何物。”警幻道：“非也。淫虽一理，意则有别。如世之好淫者，不过悦容貌，喜歌舞，调笑无厌，云雨无时，恨不能尽天下之美女供我片时之趣兴，此皆皮肤淫滥之蠢物耳。如尔则天分中生成一段痴情，吾辈推之为‘意淫’。‘意淫’二字，惟心会而不可口传，可神通而不可语达。汝今独得此二字，在闺阁中，固可为良友，然于世道中未免迂阔怪诡，百口嘲谤，万目睚眦。今既遇令祖宁荣二公剖腹深嘱，吾不忍君独为我闺阁增光，见弃于世道，是以特引前来，醉以灵酒，沁以仙茗，警以妙曲，再将吾妹一人，乳名兼美字可卿者，许配于汝。今夕良时，即可成姻。不过令汝领略此仙闺幻境之风光尚如此，何况尘境之情景哉？而今后万万解释①，改悟前情，留意于孔孟之间，委身于经济之道。”说毕便秘授以云雨之事，推宝玉入房，将门掩上自去。

那宝玉恍恍惚惚，依警幻所嘱之言，未免有儿女之事，难以尽述。至次日，便柔情缱绻，软语温存，与可卿难解难分。因二人携手出去游顽之时，忽至一个所在，但见荆榛遍地，狼虎同群，迎面一道黑溪阻路，并无桥梁可通。正在犹豫之间，忽见警幻后面追来，告道：“快休前进，作速回头要紧！”宝玉忙止步问道：“此系何处？”警幻道：“此即迷津也。深有万丈，遥亘千里，中无舟楫可通，只有一个木筏，乃木居士掌舵，灰侍者撑篙，不受金银之谢，但遇有缘者渡之。尔今偶游至此，设如堕落其中，则深负我从前谆谆警戒之语矣。”话犹未了，只听迷津内水响如雷，竟有许多夜叉海鬼将宝玉拖将下去。吓得宝玉汗下如雨，一面失声喊叫：“可卿救我！”吓得袭人辈众丫鬟忙上来搂住，叫：“宝玉别怕，我们在这里！”

却说秦氏正在房外嘱咐小丫头们好生看着猫儿狗儿打架，忽听宝玉在梦中唤他的小名，因纳闷道：“我的小名这里从没人知道的，他如何知道，在梦里叫出来？”正是：

一场幽梦同谁近，千古情人独我痴。

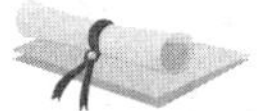

【作者简介】

曹雪芹（约 1715—约 1763），清代小说家。名霑，字梦阮，号雪芹，又号芹圃、片溪。祖籍辽阳，先世原是汉族，后为满洲正白旗“包衣”。

【知识链接】

1.《重校〈八家评批红楼梦〉》本回眉批：“以下一大段写宝玉入梦，是全部大关键处，即从尤氏请宴引入。”

2. 护花主人评语：“第五回自为一段，是宝玉初次幻梦，将‘正册’十二金钗及‘副册’、‘又副册’二三妾婢点明，全部情事俱已笼罩在内，而宝玉之情窦亦从此而开，是一部书之大纲领。”（《新评绣像红楼梦全传》）

3. 鲁迅先生在《中国小说的历史的变迁》中说：

至于说到《红楼梦》的价值，可是在中国底小说中实在是不可多得的。其要点在敢于如实描写，并无讳饰，和从前的小说叙好人完全是好，坏人完全是坏的，大不相同，所以其中所叙的人物，都是真的人物。总之自有《红楼梦》出来以后，传统的思想和写法都打

---

① 解释：这里是领悟、不受困惑的意思。

破了。——它那文章的旖旎和缠绵，倒是还在其次的事。

思考与实践

1. 魏晋风度呈现了什么样的人生态度?

2. 课堂讨论：雅量能装出来吗?

3.《柳毅传》开启了仙凡结姻叙事模式，后代小说、戏曲中此类作品层出不穷，试举例说明。

4. 观赏越剧电影《柳毅传书》。

5. 有人说“功名富贵”四字是《儒林外史》的大主脑，根据选文，谈谈你对这一看法的理解。

6. 简析《儒林外史》的讽刺艺术。

7. 以你喜欢的一个人物形象为例，谈谈《红楼梦》第五回在人物形象塑造方面的意义。

8. 体味《红楼梦》的悲剧意蕴。

第十一讲　现当代诗歌

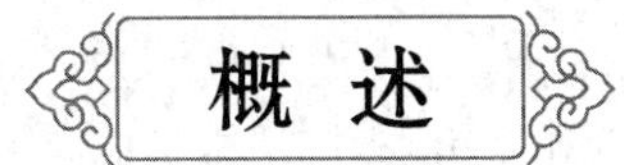

概　述

一、现代诗歌

现代诗歌主要是指五四运动以后的新诗，个体化书写与现代审美的构建，是现代新诗的两个标志性特征。胡适是尝试白话诗的第一人，1920 年出版的胡适的《尝试集》是第一部白话新诗集。现在看来，这部诗集中的部分诗歌在艺术手法上略显稚嫩，但它在诗体大解放和诗的白话、音韵、节奏等方面，作了开风气的大胆尝试。而代表初期新诗最高成就的则是浪漫主义诗人郭沫若，他的诗集《女神》使新诗的抒情本质与个性化得到了充分的发挥，《天狗》最能充分体现其反抗叛逆与破旧创新的基本思想。《女神》中大部分作品写于 1920 年前后，传达着五四狂飙突进的时代精神，以全新的精神与形式开了一代诗风。

在《尝试集》与《女神》之后，1922 年，汪静之、冯雪峰、潘漠华、应修人出版了他们的诗歌合集《湖畔》，初版 3 000 册一问世，立刻引起了热烈的反响。郭沫若、叶圣陶、郁达夫等纷纷写信致贺，同年还出版了汪静之的个人诗集《蕙的风》。文学史上称这四位诗人为“湖畔诗人”。他们都是出生于新世纪的诗人，是五四精神所催生的一代新人。与早期的先驱者相比，他们更少受旧诗词的影响和束缚。他们的诗是“没有沾染旧文章习气的老老实实的少年白话新诗”（废名《谈新诗》）。对质直单纯的爱情的歌咏和对内心世界的大胆剖白构成了“湖畔诗人”的特色，朱自清在《中国新文学大系·诗集》导言中指出：“中国缺少情诗，有的只是‘忆内’、‘寄内’，或曲喻隐指之作；坦率的告白恋爱者绝少，为爱情而歌咏爱情的更是没有，而真正专心致志做情诗的是‘湖畔’的四个年轻人。”与此同时，小诗也一度成为风靡一时的诗歌体裁。冰心的《繁星》、《春水》以及宗白华的《流云小诗》就是其中的佼佼者。冰心是小诗体的代表诗人，她的诗歌短小凝练，常含哲理，明丽清新又略带忧愁。与其早期的小说、散文一样，冰心的小诗基调是对“母爱、童真与大自然”的赞颂，行文的核心是“爱的哲学”。

1926 年围绕着北京《晨报》的《诗镌》，集合了一批立志要为新诗创造格律的诗人，代表人物是闻一多、徐志摩以及朱湘等人，他们还创办了《新月》和《诗刊》刊物，“新月派”也由此得名。新月派诗人中，闻一多的诗歌理论最为完整明确，他主张诗歌应当有“音乐美、绘画美、建筑美”，要戴着“镣铐”来“跳舞”，闻一多的《死水》和徐志摩的《再别康桥》就是“三美”理论的最好代表。在 20 世纪 20 年代后期，诗坛还兴起了“象征派”诗风，以李金发为代表，主要有王独清、穆木天、冯乃超等人。他们钟情怪异、突兀，追求朦胧，以奇崛冷僻的意象组合，抒写个人忧郁伤感的精神心态。受西方象征派诗风影响的还有著名诗人戴望舒，他在 1928 年发表的《雨巷》，是现代诗的经典之作。

“现代派”诗歌流派是指1932年之后围绕《现代》杂志的一批诗人，包括戴望舒、何其芳、卞之琳等人，他们继承了中国传统诗歌的抒情传统，推崇李商隐、温庭筠等人的诗词，同时借鉴了法国象征派、英美意象派和英国现代主义诗歌的创作手法，在诗歌创作中追求抒情性以及情调的感伤性，善于将对日常生活的观察转为哲理性的感悟，圆熟而又冷静的表达常常出奇制胜。30年代还有另一诗潮，即由“左联”倡导的革命诗歌运动，在1932年9月，“左联”领导下的“中国诗歌会”成立，同时创办有《新诗歌》旬刊，史称“新诗歌派”，这群诗人提倡诗歌大众化，臧克家、艾青、田间等人的诗作是现实主义诗歌在30年代艺术高度的代表。

抗日战争的爆发，使得新诗的创作呈现出了新特点，代表抗战时期以及20世纪40年代新诗发展水平的，是“七月派”和“九叶派”诗人。“七月派”是在艾青的影响下，以理论家兼诗人胡风为中心，围绕着《七月》及以后的《希望》、《诗垦地》、《诗创作》等杂志而形成的青年诗人群体，代表人物有绿原、阿垅、曾卓、牛汉等。他们的诗作具有强烈的战斗精神，创作方法倾向于革命现实主义，追求自然、真挚、素朴的诗风。“九叶派”则是以《中国新诗》等刊物为中心的另一风格趋向的诗人群，代表诗人是辛笛、穆旦、郑敏等。20世纪80年代出版有其中9人的诗歌合集《九叶集》，“九叶派”也就由此得名。“九叶派”诗人继承了新诗的现代派传统，同时从西方后期现代派艾略特、奥登、里尔克等人的诗歌中吸收了一些表现手法。与此同时，40年代的解放区也出现了大批的诗歌，李季的《王贵与李香香》等优秀叙事长诗的大量出现，标志着新诗在民族化、群众化方面的新突破。

二、当代诗歌

随着新中国的成立，新诗开始了新纪元。新中国成立后的新诗在文学追求上开始不再以“个人”为本位，在美学追求上开始以“大众化”为范本。为满足表现新的人民时代的题材与主题的要求，“政治抒情诗”便发展成了新中国成立初期诗歌创作的普遍范式。

“十七年”时期诗歌的创作成果可喜。新中国成立，新老诗人沉浸在喜悦之中，他们以充沛的政治热情歌颂新时代、歌唱新生的祖国和充满阳光的新生活，代表作有胡风的《时间开始了》、郭沫若的《新华颂》。除了政治抒情诗外，郭小川的长篇叙事诗和闻捷的爱情诗也是“十七年”诗歌创作中值得关注的亮点。除了诗人群体的创作外，民歌也构成了当时诗歌创作的主体，1959年9月，由郭沫若和周扬主持编选的新民歌选集《红旗歌谣》正式出版。

“文化大革命”10年的“显流”诗歌多是“假大空”的颂歌和火药味浓重的战歌，艺术价值不高，但作为一个时代的证言，这批诗歌有着举足轻重的文学史价值。而以食指、黄翔等诗人的创作为代表的“潜流”诗歌创作，则以手抄本的形式在民间流传，表现了人民的真实情感、愿望。那些充溢着个性追求和理想光芒的诗句，直到现在仍在感动着大批的读者。1976年的天安门诗歌运动，是群众自发的诗歌集体创作运动，涌现出一批批判极左思想、批判封建主义的诗歌。

“文化大革命”结束后，新时期的第一个诗潮——现实主义诗歌潮流应运而生，代表诗作有贺敬之的《中国的十月》、艾青的《光的赞歌》。而新时期诗歌的开端，则应该回溯到1978年，在这一年，扭转中国当代诗歌历史进程的油印刊物《今天》创刊了。《今天》是“朦胧诗派”的代表性刊物，它在创作思想上开启了个性意识的先河，因此，“朦胧诗”的崛起时间，一般被界定为《今天》杂志的创刊时期。事实上，作为新时期影响深远的文学潮流，“朦胧诗”并不是突然崛起的，它有着长期酝酿、积淀的过程。其文化渊源与精神资源至少可以追溯到“文化大革命”时期黄翔、食指等人的诗歌创作。

“朦胧诗”这个概念从产生之日起就一直面临着争议，它的命名来自评论家章明的一篇评论的题目——《令人气闷的“朦胧”》。在支持“朦胧诗”的评论家那里，“朦胧诗”的出现代表着中国文学新的“崛起”。当时有三篇非常有影响的诗歌评论，后来被称为“三个崛起”，即北京大学谢冕的《在新的崛起面前》、福建师范大学孙绍振的《新的美学原则在崛起》和徐敬亚在大学时期创作的学年论文《崛起的诗群》。他们的这三篇评论，概括和总结了“朦胧诗”的一些特点，肯定了“朦胧诗”的作用和成就。“朦胧诗”的确与新中国成立初期所流行的诗歌标准有明显的差异：与新中国成立初期那些铿锵、昂扬的诗歌相比，“朦胧诗”不但情调低沉，而且语言晦涩。这除了当时的社会现状迫使诗人们必须把话说得朦胧、含混以外，更主要的原因还在于西方人本主义与现代主义思潮对这批诗人的影响。

到了20世纪80年代中后期，“朦胧诗”逐渐走向衰微，更年轻的“新生代诗人”登上了历史舞台。“新生代诗人”又被称为“第三代诗人”，这一群体构成复杂，代表群体有“他们”、“非非主义”、“新传统主义”、“整体主义”等60余家。

文选

偶　然[1]

徐志摩

【阅读提示】

这首小诗在徐志摩的诗歌创作历程中具有独特的“转折”性意义，托物言志，可以视作诗人人生的感叹曲。诗人领悟到了人生中许多美与爱的消逝，在诗中书写了一种人生的失落感。徐志摩的学生、著名诗人卞之琳认为这首诗在作者诗中是形式最完美的一首。[2] 这首诗用形象鲜明的比喻，表达出诗人对于美好事物的渴求与期待，它“用整齐柔丽的清爽的诗句，来写出那些微妙的灵魂的秘密”（陈梦家《纪念徐志摩》）。其感情负荷之重，诗意蕴藉之深，令人难以忘怀。

我是天空里的一片云，
偶尔投影在你的波心——
　　你不必讶异，
　　更无须欢喜——
在转瞬间消灭了踪影。

你我相逢在黑夜的海上，
你有你的，我有我的，方向；
　　你记得也好，
　　最好你忘掉，
在这交会时互放的光亮！

【作者简介】

徐志摩（1897—1931），浙江海宁人。1921 年赴英国留学，入伦敦剑桥大学当特别生，1923 年参与发起成立了新月社。1924 年与胡适、陈西滢等创办了《现代评论》周刊，任北京大学教授。他不仅是出色的诗人，也是杰出的散文家，他的《翡冷翠山居闲话》、《我所知道的康桥》是现代散文的著名篇目。有诗集《志摩的诗》、《猛虎集》等。

---

① 选自顾永棣编：《新编徐志摩全诗》，上海，学林出版社，2006。本诗初载于 1926 年 5 月 27 日《晨报副刊·诗镌》第 9 期，署名志摩，是徐志摩和陆小曼合写的剧本《卞昆冈》第 5 幕中老瞎子的唱词。

② 参见陈旭光：《〈偶然〉赏析》，见谢冕主编：《徐志摩名作欣赏》，北京，中国和平出版社，1993。

【知识链接】

1. 徐志摩出生于富商家庭。笔名云中鹤、南湖、诗哲等，中学时与现代著名作家郁达夫是同班同学。

2. 徐志摩与张幼仪、林徽因、陆小曼之间的故事为众人所熟知。胡适说徐志摩的人生观里只有三个词：一个是爱，一个是自由，一个是美。

3. 徐志摩是新月社的主要成员。1924 年，印度著名大诗人泰戈尔访华，徐志摩担任翻译，后随泰戈尔漫游欧洲。茅盾说徐志摩既是中国的布尔乔亚的“开山诗人”，又是“末代诗人”。

4. 1931 年 11 月 19 日，徐志摩从南京乘飞机去北平，途中飞机失事，不幸遇难，死于泰山脚下，时年 34 岁。

《徐志摩》（孙建平）

采莲曲[①]

朱　湘

【阅读提示】

《采莲曲》这首诗奠定了朱湘在我国诗坛上的地位，正如现代著名作家沈从文在《论朱湘的诗》一文中所指出的那样：“用东方的声音，唱东方的歌曲，使诗歌从歌曲意义中显出完美，《采莲曲》在中国新诗的发展上，也是非常有意义的。”朱湘以此诗为中国新诗的民族化做出了可贵的贡献。朱湘称自己是“每天 24 小时写诗的人”，《采莲曲》正体现了诗人对诗、对人生的全面追求。它体现了诗人对平和宁静生活的向往，《采莲曲》后来果真被排入曲，在小船上演奏。朱湘听后，感慨万千，即席吟诗：“不识歌者苦，但伤知音稀。知音如不赏，归卧故里丘。”

小船呀轻飘，
杨柳呀风里颠摇；
荷叶呀翠盖，
荷花呀人样娇娆。
日落，
微波，
金丝闪动过小河。
左行，
右撑，
莲舟上扬起歌声。

菡萏呀半开，

① 选自王清波、陈依编：《新月抒情诗选》，北京，中国人民大学出版社，1991。此诗创作于 1925 年，当时 21 岁的朱湘刚刚和刘霓君完婚。

蜂蝶呀不许轻来，
绿水呀相伴，
清净呀不染尘埃。
溪间
采莲，
水珠滑走过荷钱。
拍紧，
拍轻，
桨声应答着歌声。

藕心呀丝长，
羞涩呀水底深藏：
不见呀蚕茧
丝多呀蛹裹中央？
溪头
采藕，
女郎要采又夷犹。
波沉，
波升，
波上抑扬着歌声。

莲蓬呀子多：
两岸呀榴树婆娑，
喜鹊呀喧噪，
榴花呀落上新罗。
溪中
采蓬，
耳鬓边晕着微红。
风定，
风生，
风飔荡漾着歌声。

升了呀月钩，
明了呀织女牵牛；
薄雾呀拂水，
凉风呀飘去莲舟。
花芳
衣香
消溶入一片苍茫；
时静，
时闻，
虚空里袅着歌音。

【作者简介】

朱湘（1904—1933），安徽太湖人，1920 年入读清华大学，在清华学习期间开始进行新诗创作。1922 年开始在《小说月报》上发表新诗，并加入文学研究会。朱湘曾赴美国留学，回国后担任安徽大学英国文学系主任。在后期，他多用西方的诗体和格律进行诗歌创作，其中《石门集》所收的 70 余首十四行诗，被称为他诗集中“最有价值的一部分”。

【知识链接】

1. “中国的济慈”。朱湘一生致力于探索中国新诗创作和外国诗歌的译介，提倡诗歌的“形式美”，他特别追求“理智节制情感”的具有东方神韵的美学原则，从诗的情感到诗的章法、字句，他一直不懈地实践着，形式上讲究整齐、对称，诗韵上讲究内容与情绪合一，被鲁迅称为“中国的济慈”。

2. “清华四子”。朱湘字子沅，他是 20 世纪 20 年代清华园的四个著名的学生诗人之一，与饶孟侃（字子离）、孙大雨（字子潜）和杨世恩（字子惠）并称为“清华四子”，是当时清华校园的文学名人。

3. 朱湘回国后曾执教于安徽大学，广受学生好评。朱湘为人外冷内热，性情孤傲、倔强，1933 年 12 月自沉于长江，时年仅 29 岁。

回　答[①]

北　岛

【阅读提示】

《回答》是北岛最著名的诗作，标志着“朦胧诗”时代的开始，这最初的宣言只是北岛诗歌的起点。他在象形文字的丛林中穿越，在这个急速变幻的时代为自己的内心寻找永恒的依托。作品开篇以悖论式的警句，斥责了是非颠倒的荒谬时代，只这两句就已能将《回答》一诗的主题——社会黑白不分、道德沦丧的现象表露无遗。“我——不——相——信！”用破折号加重了语气，表现出无畏的挑战者形象，一系列“我不相信”的排比句表现出否定和怀疑精神。“如果”这两句表现出诗人对苦难的态度，抒发诗人自觉承担未来重托的英雄情怀，最后则传达出对未来的期望。《回答》一诗显示了北岛深沉、冷峻、凝重的艺术风格和较强的现代主义特征。

卑鄙是卑鄙者的通行证，
高尚是高尚者的墓志铭。
看吧，在那镀金的天空中，
飘满了死者弯曲的倒影。

① 选自秦宇慧、王立选编：《现当代诗歌精选集》，北京，当代世界出版社，2007。本诗写于 1976 年清明前后，初载于《今天》创刊号（1978－12－23），后作为第一首公开发表的“朦胧诗”，刊载于《诗刊》1979 年第 3 期。

冰川纪过去了，
为什么到处都是冰凌？①
好望角发现了，
为什么死海里千帆相竞？②

我来到这个世界上，
只带着纸、绳索和身影。
为了在审判之前，
宣读那些被判决了的声音：

告诉你吧，世界，
我——不——相——信！
纵使你脚下有一千名挑战者，
那就把我算做第一千零一名。

我不相信天是蓝的；
我不相信雷的回声；
我不相信梦是假的；
我不相信死无报应。

如果海洋注定要决堤，
就让所有的苦水都注入我心中；
如果陆地注定要上升，
就让人类重新选择生存的峰顶。

新的转机和闪闪的星斗，
正在缀满没有遮拦的天空。
那是五千年的象形文字，
那是未来人们凝视的眼睛。

【作者简介】

北岛（1949—　），原名赵振开，出生于北京，现定居香港。北岛写有多部诗集，作品被译成20余种文字，先后获瑞典笔会文学奖、美国西部笔会中心自由写作奖、古根海姆奖学金

① “冰川纪过去了”意思是人际关系极度冷淡的“文化大革命”已过去。“为什么到处都是冰凌”，用来形容人们互相攻击、互相猜忌，不能互相信任、融洽相处的情况。这两句是指既然人情极度冷漠的时代已经过去，为什么人与人之间还要互相攻击呢？

② 发现好望角意思是有了新的希望。在死海中千帆相竞，就像是为了没有意义的东西在竞争一般。这两句的意思是，既然已经步入了新时代，为什么还要在死气沉沉、没有半点生气的地方你争我夺呢？好望角和死海都是空间，两者是相对的；此外，冰川和好望角也刚好相反，冰川代表的是人情冷漠，好望角则是希望。

等奖项，并被选为美国艺术文学院终身荣誉院士。北岛想通过作品建立一个自己的世界，这是一个真诚而独特的世界、正直的世界、正义和人性的世界。

【知识链接】

1. “朦胧诗”的精神领袖。“他的诗刺穿了乌托邦的虚伪，呈现出了世界的本来面目。”1978 年，北岛和诗人芒克创办了刊物《今天》，成为“朦胧诗派”的代表性诗人。

2. 北岛在海外汉学界享有盛名。香港中文大学 1984 年出版了他的小说集和诗集。美国康奈尔大学 1983 年出版过他的诗集《太阳城札记》。这所大学在讲中国当代文学时还专辟了一个章节，名为“赵振开的小说技巧”。英国的汉学家杜博妮在英文《南华早报》撰文介绍赵振开，说他是中国最有希望获诺贝尔奖的候选人。

3. 北岛的散文集有《青灯》、《蓝房子》、《午夜之门》等。

北岛像

相信未来[①]

食　指

【阅读提示】

这首诗是“文化大革命”期间“新诗歌”的发轫之作，它的出现唤醒了一代青年诗人群体；它以深刻的思想、优美的意境、朗朗上口的诗风，表现出诗人在动乱年代对未来的坚定信念，被评论家称为是一篇“预言性”的诗歌力作。这首诗让人们懂得了在逆境中，怎样自我鼓励，怎样矢志不渝地恪守自己对明天的承诺。该诗曾以手抄本的形式在社会上广为流传，并迅速传诵于一代青年人的口中。诗歌以绝望、惆怅、感伤与希望、未来、幻想的激烈争斗的痛苦语言，奏响了悲怆的心弦，在无法调和的对立中产生了一种震撼人心的悲剧性情感，形象而又凝练地表达了这一代人从盲目、狂热走向失望与挣扎的内心世界。这首诗构思巧妙，前三节写怎样“相信未来”，后三节写为什么要“相信未来”，最后一节呼唤人们带着对未来的信念去努力，去热爱，去生活。用语质朴，而思想深刻；性格鲜明，令人折服。

当蜘蛛网无情地查封了我的炉台[②]
当灰烬的余烟叹息着贫困的悲哀[③]
我依然固执地铺平失望的灰烬
用美丽的雪花写下：相信未来[④]

当我的紫葡萄化为深秋的露水

① 选自王家新编：《中国当代诗歌经典》，沈阳，春风文艺出版社，2003。
② “蜘蛛网”象征黑暗势力，“炉台”喻指产生希望的地方。
③ “灰烬的余烟”象征着残余的希望。
④ “美丽的雪花”是指希望的火花。

当我的鲜花依偎在别人的情怀[①]
我依然固执地用凝霜的枯藤
在凄凉的大地上写下：相信未来

我要用手指那涌向天边的排浪
我要用手掌那托起太阳的大海
摇曳着曙光那枝温暖漂亮的笔杆[②]
用孩子的笔体写下：相信未来

我之所以坚定地相信未来
是我相信未来人们的眼睛
她有拨开历史风尘的睫毛
她有看透岁月篇章的瞳孔

不管人们对于我们腐烂的皮肉
那些迷途的惆怅、失败的苦痛
是寄予感动的热泪、深切的同情
还是给以轻蔑的微笑、辛辣的嘲讽

我坚信人们对于我们的脊骨
那无数次的探索、迷途、失败和成功
一定会给予热情客观、公正的评定
是的，我焦急地等待着他们的评定

朋友，坚定地相信未来吧
相信不屈不挠的努力
相信战胜死亡的年轻
相信未来，热爱生命

【作者简介】

食指（1948— ），原名郭路生，原籍山东，成长于北京。15岁开始诗歌创作，《相信未来》曾被江青点名批判，然而食指的许多诗歌却以手抄本的形式在知青中传播，影响深远。1971年，食指参军，因在部队中遭受强烈刺激，导致精神分裂。1988年，他出版了第一本诗集《相信未来》。

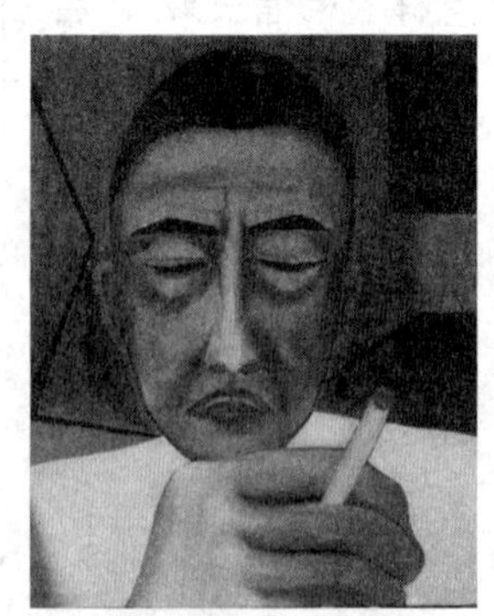

《食指》（马莉）

① “紫葡萄”指希望的果实，“深秋的露水”暗指失望的眼泪。“鲜花”象征收获的果实或自己所爱的人。

② “手指”与“那涌向天边的排浪”、“手掌”与“那托起太阳的大海”、“曙光”与“温暖漂亮的笔杆”都是同位关系。意思是将手指比作涌向天边的排浪，手掌比作托起太阳的大海，将笔杆比作曙光。“天边的排浪”象征着时代的潮流，“曙光”象征希望。

【知识链接】

1. 食指的诗歌《相信未来》、《海洋三部曲》、《这是四点零八分的北京》等曾被“上山下乡”的知识青年广泛传抄，在社会上产生了较大的影响，被称为“‘文革’中新诗歌的第一人”。

2. 食指在当时的年轻人中已是颇有名气，陈凯歌考北京电影学院时就曾朗诵食指的《写在朋友结婚的时候》。食指从不以诗名自傲。他的生活非常简朴，总是穿着一身干干净净、洗得发白的旧军装和一双军用旧胶鞋，从不刻意地修饰自己。

祖国（或以梦为马）[①]

海　子

【阅读提示】

本诗表达了作者对自身局限和使命的清醒认识。祖国以独特的文明形式哺育了诗人，也成为诗人无边的梦的世界。“祖国的语言”是精神赖以生存的基础，“梁山城寨”表示反抗者的角色，“以梦为上的敦煌”是人类文明的总和，这三者成为引领诗人前行的力量。作者选择的“永恒的事业”，就是要“去建筑祖国的语言”，完成伟大的诗歌抱负。但是生命本身的局限性和伟大抱负之间有不可缓解的冲突。“最后我被黄昏的众神抬入不朽的太阳”表达了对真理的皈依。

我要做远方的忠诚的儿子
和物质的短暂情人
和所有以梦为马的诗人一样
我不得不和烈士和小丑走在同一道路上

万人都要将火熄灭　我一人独将此火高高举起
此火为大　开花落英于神圣的祖国
和所有以梦为马的诗人一样
我借此火得度一生的茫茫黑夜

此火为大　祖国的语言和乱石投筑的梁山城寨
以梦为上的敦煌——那七月也会寒冷的骨骼
如雪白的柴和坚硬的条条白雪　横放在众神之山
和所有以梦为马的诗人一样
我投入此火　这三者是囚禁我的灯盏　吐出光辉

万人都要从我刀口走过　去建筑祖国的语言

① 选自《海子的诗》，北京，人民文学出版社，1995。

我甘愿一切从头开始
和所有以梦为马的诗人一样
我也愿将牢底坐穿

众神创造物中只有我最易朽　带着不可抗拒的死亡的速度
只有粮食是我珍爱　我将她紧紧抱住　抱住她在故乡生儿育女
和所有以梦为马的诗人一样
我也愿将自己埋葬在四周高高的山上　守望平静的家园

面对大河我无限惭愧
我年华虚度　空有一身疲倦
和所有以梦为马的诗人一样
岁月易逝　一滴不剩　水滴中有一匹马儿一命归天

千年后如若我再生于祖国的河岸
千年后我再次拥有中国的稻田　和周天子的雪山　天马踢踏
和所有以梦为马的诗人一样
我选择永恒的事业

我的事业　就是要成为太阳的一生
他从古至今——“日”——他无比辉煌无比光明
和所有以梦为马的诗人一样
最后我被黄昏的众神抬入不朽的太阳

太阳是我的名字
太阳是我的一生
太阳的山顶埋葬　诗歌的尸体——千年王国和我
骑着五千年凤凰和名字叫“马”的龙——我必将失败
但诗歌本身以太阳必将胜利

【作者简介】

海子（1964—1989），原名查海生，安徽怀宁县人，当代著名诗人。

【知识链接】

1. 海子 15 岁时考入北京大学法律系，1989 年 3 月 26 日在河北山海关卧轨自杀。他是中国 80 年代新文学史中一位全力冲击文学与生命极限的诗人。

2. 海子曾于 1986 年获北京大学第一届艺术节“五四”文学大奖赛特别奖，1988 年获第三届《十月》文学奖荣誉奖，2001 年 4 月 28 日，海子与诗人食指共同获得第三届人民文学奖诗歌奖。

3. 海子的诗歌风格很独特，它浪漫、敏感、纤细，他的诗歌理想很高远，他的愿望是要建立一种“不是感性的诗歌，也不是抒情的诗歌，不是原始材料的片段流动，而是主体人类在某一瞬间突入自身的宏伟——是主体人类在原始力量中的一次性诗歌行动”的大诗。代表作有《祖国（或以梦为马）》、《面朝大海，春暖花开》等。

青春（之一）[①]

席慕蓉

【阅读提示】

对于热心油画创作的席慕蓉而言，写诗不过是她绘画时的休息方式，她写诗，为的是“纪念一段远去的岁月，纪念那个只曾在我心中存在过的小小世界”。这首诗是席慕蓉“青春”诗章系列中的第一篇，也是备受读者喜爱的一首，已然成为数代中国人青春岁月中的印迹。这首诗充满着诗人对于青春的感悟和理解，诗歌淡雅剔透，抒情灵动，饱含着诗人对于青春岁月的挚爱真情。

所有的结局都已写好
所有的泪水也都已启程
却忽然忘了是怎么样的一个开始
在那个古老的不再回来的夏日

无论我如何地去追索
年轻的你只如云影掠过
而你微笑的面容极浅极淡
逐渐隐没在日落后的群岚

遂翻开那发黄的扉页
命运将它装订得极为拙劣
含着泪　我一读再读
却不得不承认
青春是一本太仓促的书

【作者简介】

席慕蓉（1943—　），女，蒙古族，她的外祖母是蒙古族王族公主。席慕蓉在香港度过幼年，后随家迁移到台湾，1966 年她以第一名的成绩毕业于比利时布鲁塞尔皇家艺术学院。1981 年，台湾大地出版社出版席慕蓉的第一本诗集《七里香》，一年之内再版了 7 次。迄今为止，席慕蓉的著作有诗集、散文集、画册及选本等 50 余种，读者遍及海内外。

---

① 选自郭济访、王建选评：《台湾三家诗精品：席慕蓉、余光中、纪弦》，合肥，安徽文艺出版社，1990。

【知识链接】

席慕蓉

1. 席慕蓉从 13 岁起就致力于绘画，曾任台湾新竹师范学院教授多年，至今仍视之为主要职业。作为专业画家，席慕蓉曾在国内外举办个展多次，曾获比利时皇家金牌奖、布鲁塞尔市政府金牌奖、欧洲美协两项铜牌奖；作为诗人，她曾获得金鼎奖最佳作词及中兴文艺奖章新诗奖等奖项。

2. 席慕蓉原名是穆伦·席连勃，意为浩荡大江河，祖籍是内蒙古察哈尔盟明安旗。2002 年她受聘为内蒙古大学名誉教授。《席慕蓉和她的内蒙古》一书，用文字和照片，记录下了席慕蓉对故乡、对草原文化的追寻历程。

思考与实践

1. 以朱湘的《采莲曲》为例，谈谈你对新诗“三美”理论的理解。
2. 比较徐志摩和戴望舒诗歌创作的不同之处。
3. 请尝试以“三美”理论为指导，创作一首新诗。
4. 谈谈你对白话诗的理解。
5. 除了教材所列诗歌外，你还对哪首朦胧诗印象深刻？谈谈你的理由。
6. 你喜欢当代诗歌吗？有人说当代诗歌已死，请就此谈谈你的看法。
7. 以“当代诗歌与校园”为主题，做一次调查活动，看看当代大学生是否关注诗歌，关注哪种类型的诗歌，并做调查报告。
8. 写一首“朦胧诗”。
9. 讨论海子诗歌中的意象与主题。组织一场当代诗歌朗诵活动。
10. 朱湘自沉于长江，顾城自杀于激流岛，海子卧轨……谈谈你对诗人自杀现象的看法。

第十二讲　现当代散文

概述

一、现当代散文发展历程

中国作为散文大国，有悠久深厚的文化与审美传统，先秦诸子散文、唐宋散文、明清小品文等，都是散文发展史上的高峰。与此相对应，中国现代散文在新时代的社会、文化背景下闪耀着自己的光彩。

中国现代散文孕育于晚清，而现代散文最早出现的品种是“随感录”式的杂文，它是五四思想革命和文学革命的产物。自 1918 年 4 月，《新青年》第 4 卷 4 号开始设立“随感录”栏目，专门发表杂文。一时各报刊争相设栏，创作兴盛。

20 世纪第一个十年（1917—1927）是现代散文创作成就显著的时期，出现了鲁迅、朱自清、郁达夫、周作人、冰心、林语堂、瞿秋白等众多名家。鲁迅在《小品文的危机》中说，这一时期散文小品的成功，几乎在小说、戏曲和诗歌之上。此时的散文创作题材广泛，社会关注与文明批评、启蒙与言志、心理剖析与自我抒情等，都成为散文创作的资源；散文体式众多，抒情散文、叙事散文、纪实散文、日记体散文、针砭时弊的杂文、美文等，花样翻新；散文创作个性与风格各异，或华丽，或冲淡，或杂糅古风，或欧美气度，或嬉笑怒骂，或不温不火。鲁迅的杂文、冰心的散文、朱自清的散文、周作人的小品文都对后世产生了深远的影响。

第二个十年（1927—1937）的散文创作，从流派与文体方面看，重要的现象有：其一，左翼作家的“鲁迅风”杂文。现代杂文是鲁迅独创的新文体，也是鲁迅对中国现代散文文体的一个重大贡献。在鲁迅的影响下，新的杂文作者不断涌现。其二，以林语堂为代表的“论语派”的小品散文。主张“幽默”，提倡“以自我为中心，以闲适为格调”，“宇宙之大，苍蝇之微，皆可取材”，可谓别具一格。其三，抒情散文继续发展。尤以“京派”作家为重镇，单以文字之美而论，当首推何其芳的《画梦录》。随笔、游记方面，一些名家老手，如丰子恺、夏丏尊、叶圣陶、郁达夫、朱自清、茅盾、巴金、沈从文等，时有佳作。其四，报告文学兴起。1936 年，夏衍的报告文学名篇《包身工》和宋之的的《一九三六年春在太原》问世，是中国报告文学趋向成熟的重要标志。

鲁迅

第三个十年（1937—1949）的散文，虽历经战乱，但创作的成绩依然丰硕，报告文学、杂文与抒情文各式文体的创作都有较成熟的水准。出现了梁实秋的《雅舍小品》、钱钟书的《写在人生边上》、张爱玲的《流言》等优秀文集。解放区散文则以努力“写出新生活的内容和外观”而开拓了现代散文发展新路。如何其芳、吴伯箫、孙犁、萧也牧等人的散文创作，洋溢着清新芬芳的泥土气息和朗阔高昂的革命激情，与国统区散文的色调自然有别，在中国现代散文史上具有划时代意义。

中华人民共和国成立之后，散文的发展大体也经历了三个大的阶段：五六十年代是“转型”与“诗化”阶段，80 年代是“回归”与“探索”阶段，90 年代之后是“多元”与“厚重”阶段。

新中国成立之后的头几年，中国当代散文一方面承续“延安文学”传统，另一方面呼应特定时期的时代精神与民族精神，形成新的审美规范。及至 50 年代末到 60 年代初，寻求“诗意”已构成散文创作的主要倾向。如《游了三个湖》（叶圣陶）、《茶花赋》（杨朔）、《花城》（秦牧）、《长江三日》（刘白羽）、《菜园小记》（吴伯箫）、《桂林山水》（方纪）、《雨中登泰山》（李健吾）等散文，不仅在读者中风靡一时，而且作为范式影响深广，构成当代散文发展的一个重要历史阶段，其成绩与贡献都是客观存在的。

70 年代末，思想解放、社会逐步开放使散文创作逐步挣脱思想禁锢和束缚。个性的复苏，改变了散文的主题意向。散文创作由“载他人之道”扩展到对作家自身的观照。其中老一辈作家的自我回忆与解剖，无疑构成此一时期散文之辉煌成就。如巴金的《随想录》就曾被称为“一部代表当代文学最高成就的散文作品”，黄秋耘的《雾失楼台》、陈白尘的《云梦断忆》、杨绛的《干校六记》等，不仅显示作者人生参悟之深透、精辟，亦隐含作者艺术表现之娴熟、精湛。中青年作家成了 80 年代散文创作的主力，宗璞、姜德明、韩少功、贾平凹、赵丽宏、王英琦等创作活跃，以其独特的风格成为 80 年代散文创作的“新星”。女作家的散文创作显示强劲集团优势，张洁、斯妤、王英琦、韩小惠、毕淑敏等灿若星辰，以不凡的创作实力绘就了女性散文亮丽的风景。

散文热是 90 年代重要的文学现象。文化转型对 90 年代散文的影响至少有以下几个方面：第一，在文学由中心向边缘的位移中，边缘化的定位恰恰给散文文体以从容发展的空间环境。转型时期知识分子精神与立场的分流，使散文成为知识分子精神与情感的主要表现形式；市场经济的运行不仅使散文创作与出版带有了商业性，而且确认了市民阶层文化消费的合法性与丰富性；传媒业的发展也为散文创作提供了物质条件。总之，散文创作进入了一个多元化的审美时代。90 年代散文创作的主要类型大致有：以汪曾祺、张中行为代表的文人散文，以余秋雨为代表的文化大散文，以季羡林、金克木为代表的学者散文，以史铁生、张承志、韩少功等为代表的突出人文关怀的散文，以素素、黄爱东西等为代表的小女人散文。一些在体制外的非职业散文家的创作如钟鸣、王小波的散文也受到重视。

中国文化版图中的香港、台湾和澳门地区，散文创作也呈现其特有的气象。尤其是台湾文坛，散文家代有才人，有梁实秋、吴鲁芹、余光中、琦君、杨牧、张晓风这样一些散文大家，也有简媜、蒋勋、黄凡、林耀德、夏宇、阿盛、张让、罗智成等散文高手。柏杨（《丑陋的中国人》）、李敖（《传统下的独白》）以及龙应台、三毛、席慕蓉、王鼎钧等人的创作也十分畅销走红，甚至风行大陆与东南亚，显示着台湾散文创作的个性与活力。

梁实秋

二、现当代散文的文化传统与审美特征

什么是散文、现代散文的文体分类、散文的审美规律等问题，都是有待进一步探讨的理论问题。但是，散文作为以求新求变为主要发展动力的灵活文体，其对文化传统的继承与对审美特征的尊重依然是值得重视的。

中国现代散文生机蓬勃的发生与发展，就其源流与现代传统而言，主要得力于五种因素的合力促成。

第一，新思想的传播与个性解放。这是现代散文兴起的基础。郁达夫在《中国新文学大系·散文二集·导言》中指出，现代散文的出现，得力于人的解放与思想的解放。冲决了思想的束缚和对人的个性的压抑，才能树立人的意识与个性意识，才能抒发个人所见，畅所欲言。正如郁达夫所言：现代散文的最大特征，是每个作家的每一篇散文里所表现的个性，比从前的任何散文都来得强……我们只消把现代作家的散文集一翻，这个作家的世系、性格、嗜好、思想、信仰以及生活习惯等，无不活泼地显现在我们眼前。可以说，没有思想解放，就没有个性的张扬；没有人的解放和个性的张扬，就没有现代散文。

第二，白话文的兴起。白话文运动首先是一次关于工具的革命。它很快取得成功，并成为一个合法化的主流言说方式，实际上是时代发展的必然取向。散文创作也从单一古典文言的言说模式中走了出来，获得了展示个性、自由与活力的新的工具，曾经过度封闭、单向度的古典书面化表达方式向更加日常化交际、人际化交际与公众化交际的丰富空间拓展，表现出强大的生长活力。现代散文创作是现代汉语写作发展与实践的重要组成部分。值得注意的是，在追求现代汉语创造力与表现力的过程中，现代散文具有很好的包容度与灵活的融合性，它不仅可以汲取其他文体与媒体的艺术启示和营养，还可以融入古典诗文的句法、文法、章法、手法等元素，使散文成为一种包容、厚重、开放的新的文体。

第三，西方文学观念和形式的影响。五四时期是一个开放的年代，一方面，西方文化的大规模输入，在思想与观念上影响和制约了散文家观察和表现生活的深度和广度；另一方面，西方美学观念与散文体式也对现代散文产生了直接影响。小品文、散文诗、报告文学、幽默、絮语等文体观念与审美思想，都为中国现代散文家带来了启示，拓展了他们的创作视界，为现代散文品类的繁茂提供了丰厚的滋养，并通过不同作家的创作与文本范式影响后世。

第四，传统散文"人文"精神的承传。"载道"、"言志"、"性灵"等是中国散文的美学传统。而这一文脉同样却成了现代散文师法的传统。如果说五四时期其他文体在观念上都引发了关于"断裂"的论争，那么，唯有散文默默行走在所谓"新"、"旧"等观念的评判之外，践行着一种文化自觉与审美自觉。现代散文大家无不具有深厚的古典文学功底，保持着与传统散文的渊源和联系，而现当代散文名篇佳作几乎都可以梳理出与传统文化、文学显性或隐性的血脉关系。从这个角度看，现代散文不仅是与传统文化对话的重要载体，也是传统文化在现代语境中追求现代性的具体体现。

第五，现代报刊业的发达。现代报刊业的发达为现代散文的成长提供了必要的物质技术条件。可以说，没有现代报纸业的发展，就不能造就数量众多的散文作家，也不可能有现代散文的蓬勃景象。现代报纸杂志的商业性运作机制贯穿于现代散文的生产和消费的许多环节，如报纸杂志传播的普及化、商业化与时效性推动现代散文作家的写作方式必须从高雅走向通俗，更加注重以生动描绘来抓住读者、感染读者，越来越把"稿酬刺激"渗入散文价值的评价与判断之中；报纸杂志的读者接受层面的大众化与趋时逐新也使现代散文

的“叙述故事”的特征增大，甚至与更短篇幅的“新闻通讯”切近，这在很大程度上推进了纪游体散文、旅行通讯、社会杂感、科学小品等创作的勃兴，作品的思想表达与艺术探索呈现出趣味性与开放性相融、模式化与自由化并存的发展态势。

关于现代散文的审美特征众说纷纭，但其立足点还是体现在“现代”、“散”、“文”这三个关键词上。

“现代”是现代散文思想文化的价值体现。在动荡变革的20世纪，散文以自觉的社会责任感和文化追求以及个性鲜明的审美探索，快捷、真实、审美化地反映中国人在现代语境中对美好现代生活的追求、对真善美的崇尚以及对理想生命存在的向往。这构成了现代散文重要的文化贡献与文学传统。时代性与个性、民族性与开放性、批评社会与剖析自我、继承与革新等因素的统一，均是现代散文名家与名作的共同特征。

“散”是散文存在与发展的重要特性。鲁迅说过：“散文的体裁，其实是大可以随便的。”（《怎么写》）散文“无定体”、“无特征”的“边缘化”特征使散文可以实现写作主体的表达自由与个性确立，可以使散文的取材、立意、结构、表达等获得极大的自由度，可以与其他各类文体形成交叉渗透。但是，真正做到“随心所欲而不逾矩”、“形散而神不散”却需要深厚的文化底蕴、艺术功力和灵活的表达技巧。

“文”是散文审美品质的体现。“言而无文，行而不远。”（《左传·襄公二十五年》）散文创作是生活“审美化”的体现，是以文学性的方式抒情表意，言志说理，最终是以美的文章、美的文字加以自我确立。文体的自由创造、文风的个性气质、文字的蕴藉精妙、文辞的音律和美都是散文“文学性”的基本构成。刘文典在谈到散文作法时，以“观世音菩萨”概言之。“观”即观察生活，“世”即洞悉感悟人情世故，“音”则讲究音律，“菩萨”即要有救苦救难、关爱众生的菩萨心肠。这是一家之言，但又不失微言大义。

文选

差不多先生传[1]

胡　适

【阅读提示】

《差不多先生传》是一篇传记体裁的寓言。它依照传记体例先纲后目的层次来叙写人物，并以切近生活的事例作为佐证，构成一篇趣味盎然、含义深远的寓言。文章巧妙地运用夸饰、排比、映衬、反讽等修辞手法，以浅显生动的语言、因事见理的方式，让人在荒谬好笑的文字背后，领略作者严肃的用心。

你知道中国最有名的人是谁？

提起此人，人人皆晓，处处闻名。他姓差，名不多，是各省各县各村人氏。你一定见过他，一定听过别人谈起他。差不多先生的名字天天挂在大家的口头，因为他是中国全国人的代表。差不多先生的相貌和你和我都差不多。他有一双眼睛，但看的不很清楚；有两只耳朵，但听的不很分明；有鼻子和嘴，但他对于气味和口味都不很讲究。他的脑子也不小，但他的记性却不很精明，他的思想也不很细密。

他常常说："凡事只要差不多，就好了。何必太精明呢？"

他小的时候，他妈叫他去买红糖，他买了白糖回来。他妈骂他，他摇摇头说："红糖白糖不是差不多吗？"

他在学堂的时候，先生问他："直隶省的西边是哪一省？"他说是陕西。先生说："错了。是山西，不是陕西。"他说："陕西同山西，不是差不多吗？"

后来他在一个钱铺里做伙计；他也会写，也会算，只是总不会精细。十字常常写成千字，千字常常写成十字。掌柜的生气了，常常骂他。他只是笑嘻嘻地赔小心道："千字比十字只多一小撇，不是差不多吗？"

有一天，他为了一件要紧的事，要搭火车到上海去。他从从容容地走到火车站，迟了两分钟，火车已开走了。他白瞪着眼，望着远远的火车上的煤烟，摇摇头道："只好明天再走了，今天走同明天走，也还差不多。可是火车公司未免太认真了。八点三十分开，同八点三十二分开，不是差不多吗？"他一面说，一面慢慢地走回家，心里总不明白为什么火车不肯等他两分钟。

有一天，他忽然得了急病，赶快叫家人去请东街的汪大夫。那家人急急忙忙地跑去，一时寻不着东街的汪大夫，却把西街牛医王大夫请来了。差不多先生病在床上，知道寻错

---

① 选自《胡适散文选集》，天津，百花文艺出版社，1990。

了人；但病急了，身上痛苦，心里焦急，等不得了，心里想道："好在王大夫同汪大夫也差不多，让他试试看罢。"于是这位牛医王大夫走近床前，用医牛的法子给差不多先生治病。不上一点钟，差不多先生就一命呜呼了。

差不多先生差不多要死的时候，一口气断断续续地说道："活人同死人也差……差……差不多，……凡事只要……差……差……不多……就……好了，……何……何……必……太……太认真呢?"他说完了这句话，方才绝气了。

他死后，大家都很称赞差不多先生样样事情看得破，想得通；大家都说他一生不肯认真，不肯算账，不肯计较，真是一位有德行的人。于是大家给他取个死后的法号，叫他做圆通大师。

他的名誉越传越远，越久越大。无数无数的人都学他的榜样。于是人人都成了一个差不多先生。——然而中国从此就成为一个懒人国了。

【作者简介】

胡适（1891—1962），安徽绩溪上庄村人。学名洪骍，后改名胡适，字适之。现代著名学者、诗人、历史学家、文学家、哲学家。1917 年因提倡文学革命而成为新文化运动的领袖之一。历任北京大学教授、北京大学文学院院长、辅仁大学教授及董事、美国国会图书馆东方部名誉顾问、普林斯顿大学葛思德东方图书馆馆长等职。有诗集《尝试集》，学术论著《中国哲学史大纲》、《白话文学史》等，并有《胡适文存》、《胡适文集》、《胡适全集》等行世。

【知识链接】

1. 陈源（陈西滢）作《新文学运动以来的十部著作》一文，针对《胡适文存》作如下评价："据我个人的看法，胡适的散文，数量之多，影响之大，不仅超出他的小说、戏剧，甚或超过他的新诗，而居其创作成绩的首位。"

2. 1932 年，周作人在《志摩纪念》的文章中指出："中国散文中现有几派。适之仲甫一派的文章清新明白，长于说理讲学，好像西瓜之有口皆甜。"

3. 胡适语录

大胆的假设，小心的求证。（《清代学者的治学方法》）

有一分证据，说一分话。

宁鸣而死，不默而生。

容忍比自由还更重要。（以上均见孙郁《胡适影集》）

文学有三个要件：第一要明白清楚，第二要有力能动人，第三要美。……美在何处呢？也只是两个分子：第一是明白清楚；第二是明白清楚之至，故有逼人而来的影像。除了这两个分子之外，还有什么孤立的"美"吗？没有了。（《什么是文学——答钱玄同》）

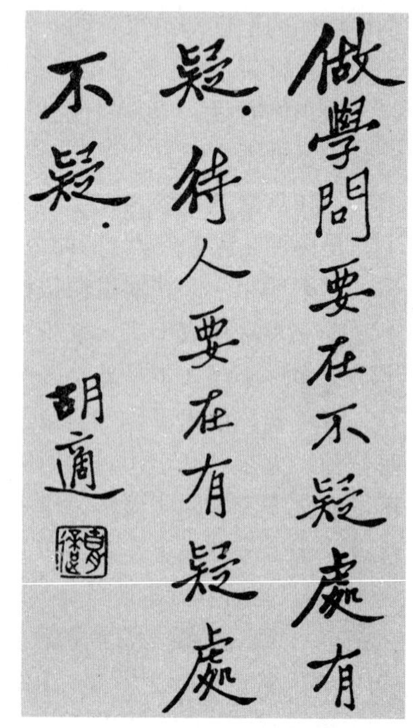

胡适书法

影的告别[①]

鲁　迅

【阅读提示】

《影的告别》是《野草》中写得离奇诡谲、晦涩难懂，又深切地表现了鲁迅当时思想和心境的篇什之一。通篇只是“影”的独白，却形象地传达出了鲁迅在自己的生活和思想转折关头的困惑和怀疑。作品在超现实的意象中描述了现代人选择的痛苦，这是无路可走又不得不走的窘境。在这里，我们看到了鲁迅一贯具有的孤独和悲凉，看到了其作品所展示的现代内涵和人生意义。鲁迅对世界的荒谬、怪诞、阴冷感，对死和生的强烈感受是那样地锐敏和深刻，使作品具有明显的现代主义特征。

人睡到不知道时候的时候，就会有影来告别，说出那些话——

有我所不乐意的在天堂里，我不愿去；有我所不乐意的在地狱里，我不愿去；有我所不乐意的在你们将来的黄金世界里，我不愿去。

然而你就是我所不乐意的。

朋友，我不想跟随你了，我不愿住。

我不愿意！

呜乎呜乎，我不愿意，我不如彷徨于无地。

我不过一个影，要别你而沉没在黑暗里了。然而黑暗又会吞并我，然而光明又会使我消失。

然而我不愿彷徨于明暗之间，我不如在黑暗里沉没。

然而我终于彷徨于明暗之间，我不知道是黄昏还是黎明。我姑且举灰黑的手装作喝干一杯酒，我将在不知道时候的时候独自远行。

呜乎呜乎，倘若黄昏，黑夜自然会来沉没我，否则我要被白天消失，如果现是黎明。

朋友，时候近了。

我将向黑暗里彷徨于无地。

你还想我的赠品。我能献你甚么呢？无已，则仍是黑暗和虚空而已。但是，我愿意只是黑暗，或者会消失于你的白天；我愿意只是虚空，决不占你的心地。

我愿意这样，朋友——

我独自远行，不但没有你，并且再没有别的影在黑暗里。只有我被黑暗沉没，那世界全属于我自己。

一九二四年九月二十四日。

---

① 选自《鲁迅全集》，第2卷，北京，人民文学出版社，1981。

【作者简介】

鲁迅（1881—1936），浙江绍兴人。原名周树人，字豫才。中国现代文学家、思想家、翻译家和教育家。1902 年留学日本，后弃医从文。辛亥革命后，曾任南京临时政府和北京政府教育部部员、佥事等职，兼在北京大学、女子师范大学等校授课。1918 年 5 月，首次用“鲁迅”的笔名，发表中国现代文学史上第一篇白话小说《狂人日记》，奠定了新文学运动的基石。五四运动前后，参加《新青年》杂志工作，成为五四新文化运动的主将。有短篇小说集《呐喊》、《彷徨》、《故事新编》，散文诗集《野草》，散文集《朝花夕拾》，杂文集 10 余种，学术论著《中国小说史略》等。并有《鲁迅全集》、《鲁迅译文集》行世。

【知识链接】

1. 诗人冯至在《十四行诗·十一》中以《鲁迅》为题，这样评价《野草》：

在许多年前的一个黄昏，/你为几个青年感到一觉。/你不知经验过多少幻灭，/但是那一觉却永不消沉。

我永远怀着感谢的深情，/望着你，/为了我们的时代。/它被些愚蠢的人们毁坏，/可是它的维护人却一生。/被摒弃在这个世界以外——/你有几回望出一线光明。/转过头来又有乌云遮盖。

你走完了你艰苦的行程，/艰苦中只有路旁的小草，/曾经引出你希望的微笑。

《鲁迅》（钟秉炎）

2.《野草·题辞》：

当我沉默着的时候，我觉得充实；我将开口，同时感到空虚。

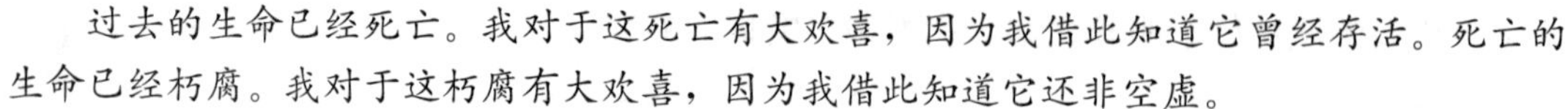

过去的生命已经死亡。我对于这死亡有大欢喜，因为我借此知道它曾经存活。死亡的生命已经朽腐。我对于这朽腐有大欢喜，因为我借此知道它还非空虚。

生命的泥委弃在地面上，不生乔木，只生野草，这是我的罪过。

野草，根本不深，花叶不美，然而吸取露，吸取水，吸取陈死人的血和肉，各各夺取它的生存。当生存时，还是将遭践踏，将遭删刈，直至于死亡而朽腐。

但我坦然，欣然。我将大笑，我将歌唱。

我自爱我的野草，但我憎恶这以野草作装饰的地面。

地火在地下运行，奔突；熔岩一旦喷出，将烧尽一切野草，以及乔木，于是并且无可朽腐。

但我坦然，欣然。我将大笑，我将歌唱。

天地有如此静穆，我不能大笑而且歌唱。天地即不如此静穆，我或者也将不能。我以这一丛野草，在明与暗，生与死，过去与未来之际，献于友与仇，人与兽，爱者与不爱者之前作证。

为我自己，为友与仇，人与兽，爱者与不爱者，我希望这野草的死亡与朽腐，火速到来。要不然，我先就未曾生存，这实在比死亡与朽腐更其不幸。

去罢，野草，连着我的题辞！

一九二七年四月二十六日，鲁迅记于广州白云楼上。

翠湖心影[①]

汪曾祺

【阅读提示】

汪曾祺的创作以散文见长，内容或为自然风光描绘，或为世俗人情刻画，且大多以早年目睹的景物和往昔经历的人事为素材。从写作手法看，汪氏对沈从文、周作人、老舍等我国前辈作家以及伍尔夫等西方现代作家均有所借鉴，故而作品不仅每每看到沈从文的简峭、周作人的诗味、老舍的平易，而且常常看到伍尔夫等人意识流手法的运用。

《翠湖心影》是汪曾祺的散文名篇，在这篇文章中，作者有关翠湖自然风光的描绘，如绿得好像要滴下来的柳树、极清且常年盈满的湖水、开着一望无际的粉紫色蝶形花的水浮莲、整天只是安安静静地悠然浮沉游动的红鱼，有关翠湖图书馆的记录，如干瘦而沉默的管理员、古老而有趣的借书方式，有关翠湖地主游人的叙述，如寂然坐在空荡荡轩中的卖"糠虾"的老婆婆、从不跟顾客斤斤计较的堂倌、一面"穷溜"一面高谈阔论的"我们"，等等，从内容到形式，都充分反映了作者平和淡远的人生态度和写作风格。

有一个姑娘，牙长得好。有人问她：

"姑娘，你多大了？"

"十七。"

"住在哪里？"

"翠湖西。"

"爱吃什么？"

"辣子鸡。"

过了两天，姑娘摔了一跤，磕掉了门牙。有人问她：

"姑娘多大了？"

"十五。"

"住在哪里？"

"翠湖。"

"爱吃什么？"

"麻婆豆腐。"

这是我在四十四年前听到的一个笑话。当时觉得很无聊（是在一个座谈会上听一个本地才子说的）。现在想起来觉得很亲切。因为它让我想起翠湖。

昆明和翠湖分不开，很多城市都有湖。杭州西湖、济南大明湖、扬州瘦西湖。然而这些湖和城的关系都还不是那样密切。似乎把这些湖挪开，城市也还是城市。翠湖可不能挪开。没有翠湖，昆明就不成其为昆明了。翠湖在城里，而且几乎就挨着市中心。城市有湖，这在中国，在世界上，都是不多的。说某某湖是某某城的眼睛，这是一个俗得不能再俗的比喻了。然而说到翠湖，这个比喻还是躲不开。只能说：翠湖是昆明的眼睛。有什么办法呢，因

① 原载《滇池》，1984（8）。

为它非常贴切。

翠湖是一片湖，同时也是一条路。城中有湖，并不妨碍交通。湖之中，有一条很整齐的贯通南北的大路。从文林街、先生坡、府甬道，到华山南路、正义路，这是一条直达的捷径。——否则就要走翠湖东路或翠湖西路，那就绕远多了。昆明人特意来游翠湖的也有，不多。多数人只是从这里穿过。翠湖中游人少而行人多。但是行人到了翠湖，也就成了游人了。从喧嚣扰攘的闹市和刻板枯燥的机关里，匆匆忙忙地走过来，一进了翠湖，即刻就会觉得浑身轻松下来；生活的重压、柴米油盐、委屈烦恼，就会冲淡一些。人们不知不觉地放慢了脚步，甚至可以停下来，在路边的石凳上坐一坐，抽一支烟，四边看看。即使仍在匆忙地赶路，人在湖光树影中，精神也很不一样了。翠湖每天每日，给了昆明人多少浮世的安慰和精神的疗养啊。因此，昆明人——包括外来的游子，对翠湖充满感激。

翠湖这个名字起得好！湖不大，也不小，正合适。小了，不够一游；太大了，游起来怪累。湖的周围和湖中都有堤。堤边密密地栽着树。树都很高大。主要的是垂柳。“秋尽江南草未凋”，昆明的树好像到了冬天也还是绿的。尤其是雨季，翠湖的柳树真是绿得好像要滴下来。湖水极清。我的印象里翠湖似没有蚊子。夏天的夜晚，我们在湖中漫步或在堤边浅草中坐卧，好像都没有被蚊子咬过。湖水常年盈满。我在昆明住了七年，没有看见过翠湖干得见了底。偶尔接连下了几天大雨，湖水涨了，湖中的大路也被淹没，不能通过了。但这样的时候很少。翠湖的水不深。浅处没膝，深处也不过齐腰。因此没有人到这里来自杀。我们有一个广东籍的同学，因为失恋，曾投过翠湖。但是他下湖在水里走了一截，又爬上来了。因为他大概还不太想死，而且翠湖里也淹不死人。翠湖不种荷花，但是有许多水浮莲。肥厚碧绿的猪耳状的叶子，开着一望无际的粉紫色的蝶形的花，很热闹。我是在翠湖才认识这种水生植物的。我以后也再也没看到过这样大片大片的水浮莲。湖中多红鱼，很大，都有一尺多长。这些鱼已经习惯于人声脚步，见人不惊，整天只是安安静静地，悠然地浮沉游动着。有时夜晚从湖中大路上过，会忽然拨刺一声，从湖心跃起一条极大的大鱼，吓你一跳。湖水、柳树、粉紫色的水浮莲、红鱼，共同组成一个印象：翠。

一九三九年的夏天，我到昆明来考大学，寄住在青莲街的同济中学的宿舍里，几乎每天都要到翠湖。学校已经发了榜，还没有开学，我们除了骑马到黑龙潭、金殿，坐船到大观楼，就是到翠湖图书馆去看书。这是我这一生去过次数最多的一个图书馆，也是印象极佳的一个图书馆。图书馆不大，形制有一点像一个道观。非常安静整洁。有一个侧院，院里种了好多盆白茶花。这些白茶花有时整天没有一个人来看它，就只是安安静静地欣然地开着。图书馆的管理员是一个妙人。他没有准确的上下班时间。有时我们去得早了，他还没有来，门没有开，我们就在外面等着。他来了，谁也不理，开了门，走进阅览室，把壁上一个不走的挂钟的时针“咔拉拉”一拨，拨到八点，这就上班了，开始借书。这个图书馆的藏书室在楼上。楼板上挖出一个长方形的洞，从洞里用绳子吊下一个长方形的木盘。借书人开好借书单——管理员把借书单叫做“飞子”，昆明人把一切不大的纸片都叫做“飞子”，买米的发票、包裹单、汽车票，都叫“飞子”——这位管理员看一看，放在木盘里，一拽旁边的铃铛，“当啷啷”，木盘就从洞里吊上去了——上面大概有个滑车。不一会，上面拽一下铃铛，木盘又系了下来，你要的书来了。这种古老而有趣的借书手续我以后再也没有见过。这个小图书馆藏书似不少，而且有些善本。我们想看的书大都能够借到。过了两三个小时，这位干瘦而沉默的有点像陈老莲画出来的古典的图书管理员站起来，把壁上不走的挂钟的时针“咔拉拉”一拨，拨到十二点：下班！我们对他这种以意为之的计时方法完全没有意见。因为我们没有一定要看完的书，到这里来只是享受一点安静。我们的看书，是没有目的的，从《南诏国志》到福尔摩斯，逮什么看什么。

翠湖图书馆现在还有么？这位图书管理员大概早已作古了。不知道为什么，我会常常想起他来，并和我所认识的几个孤独、贫穷而有点怪癖的小知识分子的印象掺和在一起，越来越鲜明。总有一天这个人物的形象会出现在我的小说里的。

翠湖的好处是建筑物少。我最怕风景区挤满了亭台楼阁。除了翠湖图书馆，有一簇洋房，是法国人开的翠湖饭店。这所饭店似乎是终年空着的。大门虽开着，但我从未见过有人进去，不论是中国人还是法国人。此外，大路之东，有几间黑瓦朱栏的平房，狭长的，按形制似应该叫做“轩”。也许里面是有一方题作什么轩的横匾的，但是我记不得了。也许根本没有。轩里有一阵曾有人卖过面点，大概因为生意不好，停歇了。轩内空荡荡的，没有桌椅。只在廊下有一个卖“糠虾”的老婆婆。“糠虾”是只有皮壳没有肉的小虾。晒干了，卖给游人喂鱼。花极少的钱，便可从老婆婆手里买半碗，一把一把撒在水里，一尺多长的红鱼就很兴奋地游过来，抢食水面的糠虾，唼喋有声。糠虾喂完，人鱼俱散，轩中又是空荡荡的，剩下老婆婆一个人寂然地坐在那里。

路东伸进湖水，有一个半岛。半岛上有一个两层的楼阁。阁上是个茶馆。茶馆的地势很好，四面有窗，入目都是湖水。夏天，在阁子上喝茶，很凉快。这家茶馆，夏天，是到了晚上还卖茶的（昆明的茶馆都是这样，收市很晚），我们有时会一直坐到十点多钟。茶馆卖盖碗茶，还卖炒葵花子、南瓜子、花生米，都装在一个白铁敲成的方碟子里，昆明的茶馆计账的方法有点特别：瓜子、花生，都是一个价钱，按碟算。喝完了茶，“收茶钱!”堂倌走过来，数一数碟子，就报出了钱数。我们的同学有时临窗饮茶，嗑完一碟瓜子，随手把铁皮碟往外一扔，“pia——”，碟子就落进了水里。堂倌算账，还是照碟算。这些堂倌们晚上清点时，自然会发现碟子少了，并且也一定会知道这些碟子上哪里去了。但是从来没有一次收茶钱时因此和顾客吵起来过；并且在提着大铜壶用“凤凰三点头”手法为客人续水时也从不拿眼睛“贼”着客人。把瓜子碟扔进水里，自然是不大道德。不过堂倌不那么斤斤计较的风度却是很可佩服的。

除了到翠湖图书馆看书，喝茶，我们更多的时候是到翠湖去“穷遛”。这“穷遛”有两层意思，一是不名一钱地遛，一是无穷无尽地遛。“园日涉以成趣”，我们遛翠湖没有个够的时候。尤其是晚上，踏着斑驳的月光树影，可以在湖里一遛遛好几圈。一面走，一面海阔天空，高谈阔论。我们那时都是二十岁上下的人，似乎有很多话要说，可要说，我们都说了些什么呢？我现在一句都记不得了！

我是一九四六年离开昆明的。一别翠湖，已经三十八年了，时间过得真快！

我是很想念翠湖的。

前几年，听说因为搞什么“建设”，挖断了水脉，翠湖没有水了，我听了，觉得怅然，而且，愤怒了。这是怎么搞的！谁搞的？翠湖会成了什么样子呢？那些树呢？那些水浮莲呢？那些鱼呢？

最近听说，翠湖又有水了，我高兴！我当然会想到这是三中全会带来的好处。这是拨乱反正。

但是我又听说，翠湖现在很热闹，经常举办“蛇展”什么的，我又有点担心。这又会成了什么样子呢？我不反对翠湖游人多，甚至可以有游艇，甚至可以设立摊棚卖破酥包子、焖鸡米线、冰激凌、雪糕，但是最好不要搞“蛇展”。我希望还我一个明爽安静的翠湖。我想这也是很多昆明人的希望。

一九八四年五月九日

【作者简介】

汪曾祺（1920—1997），江苏高邮人。1939 年考入昆明西南联合大学中文系，师从沈从文先生，1940 年开始发表小说。新中国成立后先是在《北京文艺》、《说说唱唱》、《民间文学》等文艺刊物任编辑，后调入北京京剧团任编剧，“文化大革命”期间参与京剧《沙家浜》的改编。粉碎“四人帮”之后，其小说《受戒》、《大淖纪事》等以浓郁的风俗色彩与文化意味为当代小说美学开辟了一方新的天地，从此汪曾祺一发不可收，其作品在小说、散文等领域独树一帜，被译成多种文字介绍到国外。他以散文笔调写小说，写出了家乡五行八作的见闻和风物人情、习俗民风，富于地方特色。作品在疏放中透出凝重，于平淡中显现奇崛，情韵灵动淡远，风致清逸秀丽。

【知识链接】

1. 汪曾祺是活在当代文学体制中的现代作家，他的“复出”标志着“现代”在“当代”的复活。在 1987 年的作品讨论会上，有人说他是中国士大夫文化熏陶出来的最后一位作家。王蒙曾说汪曾祺是遗老式作家。王尧教授指称汪曾祺是“最后一个中国古典抒情诗人”。

2. 在《中国现代文学基础》（朱晓进主编，南京师范大学出版社，2003 年）中，将汪曾祺的散文称为“老年体散文”。认为 20 世纪末“老年体散文”的代表作家主要有孙犁、萧乾、柯灵、汪曾祺、张中行等人，这些老人散文大多具有相似的群体特征，这就是：（1）这些作家由于人生的跨度较长，而且与许多重大的历史事件、历史人物有着千丝万缕的联系，因而他们的散文除了具有文学的价值外，更多地带有一种无法替代的史料价值。读他们的散文，犹如打开一部活的史书，别有风味。（2）他们的散文较多地体现了一种人生的老年的智慧。一个人步入老年，一生的追求、一生的成败都了然于胸，因而对人生的道路应该怎么走，必然有着宝贵的经验，把它们形诸笔墨，创作出的作品无疑是一笔丰厚的人生财富，闪现着人类的智慧之光。（3）他们的散文所流露的恬淡之美，无疑给人一种灵魂的净化。经过一生的奋斗，一生的荣辱毁誉、成败得失都看得多了，也看得淡了，因而不再像中青年那样急功近利，呼天抢地，愤世嫉俗，而是显示出一种过来人的平静，这种平静无疑是一剂良药，让人头脑猛省。（4）他们的散文一方面写得清新优美，但另一方面则锤炼得苍劲刚劲，炉火纯青，在“拈花微笑”里有“怒目金刚”在，显示出一种平淡中的奇崛。不能认为这些老人到了晚年就把一切看淡了，就没有爱憎褒贬，一切都无所谓了，其实不然。只不过经历了一生的动荡，他们都不约而同地对生活中假恶丑的东西表现出一种高度的蔑视，不愿过多地涉及它们，即使谈到它们也犹如“神来之笔”，就像针似的“刺”一下，立即调开了笔头。比如汪曾祺的《人间草木》写他在内蒙古草原从老乡那儿得知山丹丹开花一年增加一朵花，忽然提及“山丹丹花开花又落”，写这歌词的作者未必知道这一知识，而“唱这首歌的流行歌星就更不会知道了”，淡淡一语，却将流行歌坛上学养浅薄、艺德败坏的红男绿女们不动声色地冷冷地刺了一笔，令读者会心一笑。

3. 汪曾祺曾说：“我很重视语言，也许过分重视了。我以为语言具有内容性。语言是小说的本体，不是外部的，不只是形式……语言具有文化性。作品的语言映照出作者的全部文化修养。语言的美不在一个一个句子，而在句与句之间的关系。包世臣论王羲之字，看来参差不齐，但如老翁携带幼孙，顾盼有情，痛痒相关。好的语言正当如此。语言像树，枝干内部液汁流转，一枝摇，百枝摇。语言像水，是不能切割的。一篇作品的语言，是一个有机的整体。”

道士塔①

余秋雨

【阅读提示】

余秋雨散文创作的当代贡献首先是塑造了一个新的复合型创作主体形象：一个承担文化责任的游历者、一个整理历史文化并注重大众传播的学者、一个关注自身心灵诉求的诗人。这三点又构成了余秋雨散文创作的写作策略与写作风格。“枯骨生肉”，生动描述并复原历史陈迹；时空转换，自由再现足迹与心迹的运动；巧妙着色，以诗化语言状景抒情，力显雅洁含蓄。

一

莫高窟大门外，有一条河，过河有一溜空地，高高低低建着几座僧人圆寂塔。塔呈圆形，状近葫芦，外敷白色。从几座坍弛的来看，塔心竖一木桩，四周以黄泥塑成，基座垒以青砖。历来住持莫高窟的僧侣都不富裕，从这里也可找见证明。夕阳西下，朔风凛冽，这个破落的塔群更显得悲凉。

有一座塔，由于修建年代较近，保存得较为完整。塔身有碑文，移步读去，猛然一惊，它的主人，竟然就是那个王圆箓！

历史已有记载，他是敦煌石窟的罪人。

我见过他的照片，穿着土布棉衣，目光呆滞，畏畏缩缩，是那个时代到处可以遇见的一个中国平民。他原是湖北麻城的农民，逃荒到甘肃，做了道士。几经转折，不幸由他当了莫高窟的家，把持着中国古代最灿烂的文化。他从外国冒险家手里接过极少的钱财，让他们把难以计数的敦煌文物一箱箱运走。今天，敦煌研究院的专家们只得一次次屈辱地从外国博物馆买取敦煌文献的微缩胶卷，叹息一声，走到放大机前。

完全可以把愤怒的洪水向他倾泻。但是，他太卑微，太渺小，太愚昧，最大的倾泻也只是对牛弹琴，换得一个漠然的表情。让他这具无知的躯体全然肩起这笔文化重债，连我们也会觉得无聊。

这是一个巨大的民族悲剧。王道士只是这出悲剧中错步上前的小丑。一位年轻诗人写道，那天傍晚，当冒险家斯坦因装满箱子的一队牛车正要启程，他回头看了一眼西天凄艳的晚霞。那里，一个古老民族的伤口在滴血。

二

真不知道一个堂堂佛教圣地，怎么会让一个道士来看管。中国的文官都到哪里去了，他们滔滔的奏折怎么从不提一句敦煌的事由？

其时已是20世纪初年，欧美的艺术家正在酝酿着新世纪的突破。罗丹正在他的工作室里雕塑，雷诺阿、德加、塞尚已处于创作晚期，马奈早就展出过他的《草地上的午餐》。他们中有人已向东方艺术投来歆羡的目光，而敦煌艺术，正在王道士手上。

王道士每天起得很早，喜欢到洞窟里转转，就像一个老农，看看他的宅院。他对洞窟

① 选自余秋雨：《文化苦旅》，上海，东方出版中心，1992。

里的壁画有点不满，暗乎乎的，看着有点眼花。亮堂一点多好呢，他找了两个帮手，拎来一桶石灰。草扎的刷子装上一个长把，在石灰桶里蘸一蘸，开始他的粉刷。第一遍石灰刷得太薄，五颜六色还隐隐显现，农民做事就讲个认真，他再细细刷上第二遍。这儿空气干燥，一会儿石灰已经干透。什么也没有了，唐代的笑容，宋代的衣冠，洞中成了一片净白。道士擦了一把汗憨厚地一笑，顺便打听了一下石灰的市价。他算来算去，觉得暂时没有必要把更多的洞窟刷白，就刷这几个吧，他达观地放下了刷把。

当几面洞壁全都刷白，中座的塑雕就显得过分惹眼。在一个干干净净的农舍里，她们婀娜的体态过于招摇，她们柔美的浅笑有点尴尬。道士想起了自己的身份，一个道士，何不在这里搞上几个天师、灵官菩萨？他吩咐帮手去借几个铁锤，让原先几座塑雕委屈一下。事情干得不赖，才几下，婀娜的体态变成碎片，柔美的浅笑变成了泥巴。听说邻村有几个泥匠，请了来，拌点泥，开始堆塑他的天师和灵官。泥匠说从没干过这种活计，道士安慰道，不妨，有那点意思就成。于是，像顽童堆造雪人，这里是鼻子，这里是手脚，总算也能稳稳坐住。行了，再拿石灰，把它们刷白。画一双眼，还有胡子，像模像样。道士吐了一口气，谢过几个泥匠，再作下一步筹划。

今天我走进这几个洞窟，对着惨白的墙壁、惨白的怪像，脑中也是一片惨白。我几乎不会言动，眼前直晃动着那些刷把和铁锤。“住手！”我在心底痛苦地呼喊，只见王道士转过脸来，满眼困惑不解。是啊，他在整理他的宅院，闲人何必喧哗？我甚至想向他跪下，低声求他：“请等一等，等一等……”但是等什么呢？我脑中依然一片惨白。

三

1900年5月26日清晨，王道士依然早起，辛辛苦苦地清除着一个洞窟中的积沙。没想到墙壁一震，裂开一条缝，里边似乎还有一个隐藏的洞穴。王道士有点奇怪，急忙把洞穴打开，嗬，满满实实一洞的古物！

王道士完全不能明白，这天早晨，他打开了一扇轰动世界的门户。一门永久性的学问，将靠着这个洞穴建立。无数才华横溢的学者，将为这个洞穴耗尽终生。中国的荣耀和耻辱，将由这个洞穴吞吐。

现在，他正衔着旱烟管，扒在洞窟里随手捡翻。他当然看不懂这些东西，只觉得事情有点蹊跷。为何正好我在这儿时墙壁裂缝了呢？或许是神对我的酬劳。趁下次到县城，捡了几个经卷给县长看看，顺便说说这桩奇事。

县长是个文官，稍稍掂出了事情的分量。不久甘肃学台叶炽昌也知道了，他是金石学家，懂得洞窟的价值，建议藩台把这些文物运到省城保管。但是东西很多，运费不低，官僚们又犹豫了。只有王道士一次次随手取一点出来的文物，在官场上送来送去。

中国是穷。但只要看看这些官僚豪华的生活排场，就知道绝不会穷到筹不出这笔运费。中国官员也不是都没有学问，他们也已在窗明几净的书房里翻动出土经卷，推测着书写朝代了。但他们没有那副赤肠，下个决心，把祖国的遗产好好保护一下。他们文雅地摸着胡须，吩咐手下：“什么时候，叫那个道士再送几件来！”已得的几件，包装一下，算是送给哪位京官的生日礼品。

就在这时，欧美的学者、汉学家、考古家、冒险家，却不远万里、风餐露宿，朝敦煌赶来。他们愿意卖掉自己的全部财产，充作偷运一两件文物回去的路费。他们愿意吃苦，愿意冒着葬身沙漠的危险，甚至作好了被打、被杀的准备，朝这个刚刚打开的洞窟赶来。他们在沙漠里燃起了股股炊烟，而中国官员的客厅里，也正茶香袅袅。

没有任何关卡，没有任何手续，外国人直接走到了那个洞窟跟前。洞窟砌了一道砖、上了一把锁，钥匙挂在王道士的裤腰带上。外国人未免有点遗憾，他们万里冲刺的最后一站，没有遇到森严的文物保护官邸，没有碰见冷漠的博物馆馆长，甚至没有遇到看守和门卫，一切的一切，竟是这个肮脏的土道士。他们只得幽默地耸耸肩。

略略交谈几句，就知道了道士的品位。原先设想好的种种方案纯属多余，道士要的只是一笔最轻松的小买卖。就像用两枚针换一只鸡，一颗纽扣换一篮青菜。要详细地复述这笔交换账，也许我的笔会不太沉稳，我只能简略地说：1905 年 10 月，俄国人勃奥鲁切夫用一点点随身带着的俄国商品，换取了一大批文书经卷；1907 年 5 月，匈牙利人斯坦因用一叠子银元换取了 24 大箱经卷、3 箱织绢和绘画；1908 年 7 月，法国人伯希和又用少量银元换去了 10 大车、6 000 多卷写本和画卷；1911 年 10 月，日本人吉川小一郎和橘瑞超用难以想象的低价换取了 300 多卷写本和两尊唐塑；1914 年，斯坦因第二次又来，仍用一点银元换去了 5 大箱、600 多卷经卷……

道士也有过犹豫，怕这样会得罪了神。解除这种犹豫十分简单，那个斯坦因就哄他说，自己十分崇拜唐僧，这次是倒溯着唐僧的脚印，从印度到中国取经来了。好，既然是洋唐僧，那就取走吧，王道士爽快地打开了门。这里不用任何外交辞令，只需要几句现编的童话。

一箱子，又一箱子。一大车，又一大车。都装好了，扎紧了，吁——车队出发了。

没有走向省城，因为老爷早就说过，没有运费。好吧，那就运到伦敦，运到巴黎，运到彼得堡，运到东京。

王道士频频点头，深深鞠躬，还送出一程。他恭敬地称斯坦因为“司大人讳代诺”，称伯希和为“贝大人讳希和”。他的口袋里有了一些沉甸甸的银元，这是平常化缘时很难得到的。他依依惜别，感谢司大人、贝大人的“布施”。车队已经驶远，他还站在路口。沙漠上，两道深深的车辙。

斯坦因他们回到国外，受到了热烈的欢迎。他们的学术报告和探险报告，时时激起如雷的掌声。他们在叙述中常常提到古怪的王道士，让外国听众感到，从这么一个蠢人手中抢救出这笔遗产，是多么重要。他们不断暗示，是他们的长途跋涉，使敦煌文献从黑暗走向光明。

他们都是富有实干精神的学者，在学术上，我可以佩服他们。但是，他们的论述中遗忘了一些极基本的前提。出来辩驳为时已晚，我心头只是浮现出一个当代中国青年的几行诗句，那是他写给火烧圆明园的额尔金勋爵的：

> 我好恨
> 恨我没早生一个世纪
> 使我能与你对视着站立在
> 　　在阴森幽暗的古堡
> 　　晨光微露的旷野
> 要么我拾起你扔下的白手套
> 要么你接住我甩过去的剑
> 要么你我各乘一匹战马
> 远远离开遮天的帅旗
> 　　离开如云的战阵
> 　　决胜负于城下

对于这批学者，这些诗句或许太硬。但我确实想用这种方式，拦住他们的车队。对视着，站立在沙漠里。他们会说，你们无力研究；那么好，先找一个地方，坐下来，比比学问高低。什么都成，就是不能这么悄悄地运走祖先给我们的遗赠。

我不禁又叹息了，要是车队果真被我拦下来了，然后怎么办呢？我只得送缴当时的京城，运费姑且不计。但当时，洞窟文献不是确也有一批送京的吗？其情景是，没装木箱，只用席子乱捆，沿途官员伸手进去就取走一把，在哪儿歇脚又得留下几捆，结果，到京城时已零零落落，不成样子。

偌大的中国，竟存不下几卷经文！比之于被官员大量糟践的情景，我有时甚至想狠心说一句：宁肯存放在伦敦博物馆里！这句话终究说得不太舒心。被我拦住的车队，究竟应该驶向哪里？这里也难，那里也难，我只能让他停驻在沙漠里，然后大哭一场。

我好恨！

四

不止是我在恨。敦煌研究院的专家们，比我恨得还狠。他们不愿意抒发感情，只是铁板着脸，一钻几十年，研究敦煌文献。文献的胶卷可以从外国买来，越是屈辱越是加紧钻研。

我去时，一次敦煌学国际学术讨论会正在莫高窟举行。几天会罢，一位日本学者用沉重的声调作了一个说明："我想纠正一个过去的说法。这几年的成果已经表明，敦煌在中国，敦煌学也在中国！"

中国的专家没有太大的激动，他们默默地离开了会场，走过王道士的圆寂塔前。

【作者简介】

余秋雨（1946— ）浙江余姚桥头镇人。1968 年毕业于上海戏剧学院戏剧文学系。其间被迫赴农场劳动。1983 年之后，出版了一系列学术著作如《戏剧思想史稿》、《中国戏剧史》等。曾任上海戏剧学院副院长、院长，上海市写作学会会长。80 年代后期开始写作《文化苦旅》等文化散文，辞职后更以亲身考察国内外各大文明为人生主业。所写的《山居笔记》、《霜冷长河》、《千年一叹》、《行者无疆》等，开启一代文风，长期位居全球华文书畅销排行榜前列。

【知识链接】

1. 余秋雨在《文化苦旅·序》中说，当他有点不满足"单调厌倦"的做学问的生活方式时，他决定利用讲学的方式开始自己的文化之旅。"就这样，我一路讲去，行行止止，走的地方实在不少。旅途中的经历感受，无法细说，总之到了甘肃的一个旅舍里，我已觉得非写一点文章不可了。""我发现自己特别想去的地方，总是古代文化和文人留下较深脚印的所在，说明我心底的山水并不完全是自然山水而是一种'人文山水'。"

2. 余秋雨语录：

我们对这个世界，知道得还实在太少。无数的未知包围着我们，才使人生保留进发的乐趣。当哪一天，世界上的一切都能明确解释了，这个世界也就变得十分无聊。人生，就会成为一种简单的轨迹，一种沉闷的重复。（《洞庭一角》）

文明的人类总是热衷于考古，就是想把压缩在泥土里的历史爬剔出来，舒展开来，窥探自己先辈的种种真相。那么，考古也就是回乡，也就是探家。探视地面上的家乡往往会有岁月的唏嘘、难言的失落，使无数游子欲往而退；探视地底下的家乡就没有那么多心理障碍了，整个儿洋溢着历史的诗情、想象的愉悦。(《乡关何处》)

自然与人生的一体化，很容易带来诱人的神秘色彩。人类原始艺术的神秘感，大多也出自这种自然与人生的初次遭遇。时代的发展使这种神秘感大为减损，但是，只要让自然与人生真切相对，这种神秘感又会出现。自然的奥秘穷尽不了，人生与自然的复杂关系也穷尽不了，因此，神秘感也荡涤不了。(《艺术创造论》)

就人生而言，应平衡于山、水之间。水边给人喜悦，山地给人安慰。水边让我们感知世界无常，山地让我们领悟天地恒昌。水边让我们享受脱离长辈怀抱的远行刺激，山地让我们体验回归祖先居所的悠悠厚味。水边的哲学是不舍昼夜，山地的哲学是不知日月。(《仁者乐山》)

会唱歌的墙[1]

莫　言

【阅读提示】

2012年莫言喜获诺贝尔文学奖，评委会主席在颁奖词中指出，莫言之所以获此殊荣，乃因为他善于将虚幻与真实、历史与现状、中国古老叙事艺术与西方现代表现手法融合为一体，为幻觉现实主义创作艺术的发展作出了重要贡献。《会唱歌的墙》堪称其作品之典范。在这篇作品中，栖息着青蛙、水蛇、螃蟹、翠鸟以及生长着浮萍、睡莲、芦苇、水荭的大大小小的无数池塘，能够让儿孙金榜题名、光宗耀祖的池塘中的奇大的白莲花，“雪集”上无需通过对话便可以神奇速度进行的各项交易，不靠视觉仅凭嗅觉便能捕捉到野兔的莽撞的狗，以及那堵由几十万只酒瓶子砌成的会唱歌的墙，等等，通过其极为细腻的笔触得以亦幻亦真、似幻还真地展现，字里行间充满了对于故乡的眷恋、对于亲情的归依，以及对于童年的回味。而其中场景的布置、情节的安排、心声的表达、情绪的宣泄，都充分体现了幻觉现实主义的写作特色。

高密东北乡东南边隅上那个小村，是我出生的地方。村子里几十户人家，几十栋土墙草顶的房屋稀疏地摆布在胶河的怀抱里。村庄虽小，村子里却有一条宽阔的黄土大道，道路的两边杂乱无章地生长着槐、柳、柏、楸，还有几棵每到金秋就满树黄叶、无人能叫出名字的怪树。路边的树有的是参天古木，有的却细如麻秆，显然是刚刚长出的幼苗。

沿着这条奇树镶边的黄土大道东行三里，便出了村庄。向东南方向似乎是无限地延伸着的原野扑面而来。景观的突变使人往往精神一振。黄土的大道已经留在身后，脚下的道路不知何时已经变成了黑色的土路，狭窄，弯曲，爬向东南，望不到尽头。人至此总是禁不住回头。回头时你看到了村子中央那完全中国化了的天主教堂上那高高的十字架上蹲着的乌鸦变成了一个模糊的黑点，融在夕阳的余晖或是清晨的乳白色炊烟里。也许你回头时正巧是钟声苍凉，从钟楼上溢出，感动着你的心。黄土大道上树影婆娑，如果是秋天，也许能看到落叶的奇观：没有一丝风，无数金黄的叶片纷纷落地，叶片相撞，索索有声，在街上穿行的鸡犬，仓皇逃窜，仿佛怕被打破头颅。

如果是夏天站在这里，无法不沿着黑土的弯路向东南行走。黑土在夏天总是黏滞的，你脱了鞋子赤脚向前，感觉会很美妙，踩着颤颤悠悠的路面，脚的纹路会清晰地印在那路

① 原载莫言：《会唱歌的墙》，北京，作家出版社，2005。

面上。但你不必担心会陷下去。如果挖一块这样的黑泥，用力一攥，你就会明白了这泥土是多么的珍贵。我每次攥着这泥土，就想起了那些在商店里以很高的价格出售的那种供儿童们捏制小鸡小狗用的橡皮泥。它仿佛是用豆油调和着揉了九十九道的面团。祖先们早就用这里的黑泥，用木榔头敲打它几十遍，使它像黑色的脂油，然后制成陶器，砖瓦，都在出窑时呈现出釉彩，尽管不是釉。这样的陶器和砖瓦是宝贝，敲起来都能发出清脆悦耳的声音。

继续往前走，假如是春天，草甸子里绿草如毡，星星点点、五颜六色的小小花朵，如同这毡上的美丽图案。空中鸟声婉转，天蓝得令人头晕目眩。文背红胸的那种貌似鹌鹑但不是鹌鹑的鸟儿在路上蹒跚行走，后边跟随着几只刚刚出壳的幼鸟。还不时地可以看到草黄色的野兔儿一耸一耸地从你的面前跳过去，追它几步，是有趣的游戏，但要想追上它却是妄想。门老头子养的那匹莽撞的瞎狗能追上野兔子，那要在冬天的原野上，最好是大雪遮盖了原野，让野兔子无法疾跑。

前面有一个池塘，所谓池塘，实际上就是原野上的洼地，至于如何成了洼地，洼地里的泥土去了什么地方，没人知道，大概也没有人想知道。草甸子里有无数的池塘，有大的，有小的。夏天时，池塘里积蓄着发黄的水。这些池塘无论大小，都以极圆的形状存在着，令人猜想不透，猜想不透的结果就是浮想联翩。前年夏天，我带一位朋友来看这些池塘。刚下了一场大雨，草叶子上的雨水把我们的裤子都打湿了。池水有些混浊，水底下一串串的气泡冒到水面上破裂，水中洋溢着一股腥甜的气味。有的池塘里生长着厚厚的浮萍，看不到水面。有的池塘里生长着睡莲，油亮的叶片紧贴着水面，中间高挑起一枝两枝的花苞或是花朵，带着十分人工的痕迹，但我知道它们绝对是自生自灭的，是野的不是家的。朦胧的月夜里，站在这样的池塘边，望着那些闪烁着奇光异彩的玉雕般的花朵，象征和暗示就油然而生了。四周寂静，月光如水，虫声唧唧，格外深刻。使人想起日本的俳句："蝉声渗到岩石中。"声音是一种力呢？还是一种物质？它既然能"渗透"到磁盘上，也必定能"渗透"到岩石里。原野里的声音渗透到我的脑海里，时时地想起来，响起来。

我站在池塘边倾听着唧唧虫鸣，美人的头发闪烁着迷人的光泽，美人的身上散发着蜂蜜的气味。突然，一阵湿漉漉的蛙鸣从不远处的一个池塘传来，月亮的光彩纷纷扬扬，青蛙的气味凉森森地粘在我们的皮肤上。仿佛高密东北乡的全体青蛙都集中在这个约有半亩大的池塘里了，看不到一点点水面，只能看到层层叠叠地在月亮中蠕动鸣叫的青蛙和青蛙们腮边那些白色的气囊。月亮和青蛙们混在一起，声音原本就是一体——自然是人的自然，人是自然的一部分。人在天安门集会，青蛙在池塘里开会。

还是回到路上来吧，那条黄沙的大道早就被我们留在了身后，这条黑色的胶泥小路旁生了若干的枝杈，一条条小径像无数条大蛇盲目爬动时留下的痕迹，复杂地卧在原野上。你没有必要去选择，因为每一条小径都与其他的小径相连，因为每一条小路都通向奇异的风景。池塘是风景。青蛙的池塘。蛇的池塘。螃蟹的池塘。翠鸟的池塘。浮萍的池塘。睡莲的池塘。芦苇的池塘。水荭的池塘。冒泡的池塘和不冒泡的池塘。没有传说的池塘和有传说的池塘。

传说明朝的嘉靖年间，有一个给地主家放牛的孩子，正在池塘边的茅草中蹲着干一件事儿，听到有两个男人的声音在池塘边上响起。谈话的大意是：这个池塘是一穴风水宝地，半夜三更时会有一朵奇大的白莲花苞从池塘中升起。如果趁着这莲花开放时，把祖先的骨灰罐儿投进去，注定了后代儿孙会高中状元。这个放牛娃很灵，知道这是两个会看风水的南方蛮子。他心中琢磨：我给人家放牛，一个大字不识，一辈子不会有什么出息了，但如果我有中了状元的儿子，子贵父荣，也是一件大大的美事。尽管我现在还没有老婆，但老婆总是会有的。放牛娃回去把父母连同爷爷奶奶的尸骨起出来，烧化了，装在一个破罐子里，选一个月明之夜，蹲在池边茅草里，等待着。夜半三更时，果然有一个比牛头还要大的洁白的荷花苞儿从池塘正中冒了出来，紧接着就缓缓地开放，那些巨大的花瓣儿在月光的照耀下像什么只能由您自己去想象。等到花儿全部放开时，有磨盘那般大小，香气浓郁，把池塘边上的野草都熏蔫了。放牛娃头晕眼花地站起来，双手捧住那个祖先的骨灰罐子，瞄得亲切，投向那花心，自然是正中了。香气大放了一阵，接着就收敛了，那些花瓣儿也逐渐地收拢，缩成了初出水时的模样，缓缓地沉下水去。放牛娃在池边干完了这一切，仿佛在梦境中。月亮明晃晃地高挂在天中，池塘中水平如镜，万籁俱寂，远处传来野鹅的叫声，仿佛梦呓。此后放牛娃继续放他的牛，一切如初，他把这事儿也就淡忘了。一天，那两个南方蛮子又出现在池塘边，其中一位，跳足长叹："晚了，被人家抢了先了。"放牛娃看到这两个人痛心疾首的样子，心中暗暗得意，装出无事人的样子，上前问讯："二位先生，来这里干什么？怀里抱着什么东西？"那两个人低头看看怀中的骨灰罐子，抬头看看放牛娃，眼中射出十分锐利的光线。后来，这两个蛮子从南方带来了两个美女，非要送给放牛娃做老婆，所有的人都感到这事情不可思议，只有放牛娃心中明白。但送上门来的美女，不要白不要，于是就接受了，房子也是那两个蛮子帮助盖好。过了几年，两个女人都怀了孕。一天，趁放牛娃不在家，两个南方人把两个女人带走了。放牛娃回来后，发现女人不在了，招呼了乡亲，骑马去追，追上了，不让走，南方人也不相让，相持不下，最终由乡绅出面达成协议，两个女人，南方人带走一个，给放牛娃留下一个。过了半年，两个女人各生了一个儿子。长大后，都聪慧异常，读书如吃方便面，先生们如走马灯般地换。十几年中，都由童生而秀才，由秀才而举人，然后进京考进士。南方的那位，在北上的船头上，竖起了一面狂妄的大旗，旗上绣着："头名状元董梅赞，就怕高密哥哥小蓝田。"进场后，都是下笔千言，满卷锦绣。考试官难分高下，只好用走马观榜、水底摸碑等方式来判定高低。董梅赞在水底摸碑时要了一个心眼，将天下太平的"太"字一点用泥巴糊住，使他的同父异母哥哥摸成了天下大平，于是，董梅赞成了状元，而蓝田屈居榜眼……这个传说还有别样的版本，但故事的框架基本如此。

如果干脆舍弃了道路，不管脚下是草丛还是牛粪，不要怕踩坏那一窝窝鲜亮的鸟蛋和活生生的鸟雏，不要怕被刺猬扎了你娇嫩的脚踝，不要怕花朵染彩了你洁净的衣裳，不要怕酢浆草的气味熏出你的眼泪，我们就笔直地对着东南方向那座秀丽的、孤零零的小山走吧。几个小时后，站在墨水河高高的、长满了香草、开遍了百花的河堤上，我们已经把那个幸运的放牛娃和他的美丽的传说抛在了脑后，而另外一个或是几个在河堤上放羊的娃娃正在睁大了眼睛，好奇地看着你。他们中如果有一个独腿的、满面孤独神情的少年，你千万可别去招惹他啊，他是高密东北乡最著名的土匪许大巴掌一脉单传的重孙子。许大巴掌曾经与在胶东纵横了十六年的八路军司令许世友比试过枪法和武术。"咱俩都姓许，一笔难写两个许字。"这句很有江湖气的话不知道出自哪个许口。至今还在流传着他们在大草甸子里比武的故事，流传的过程也就是传奇的过程。那孤独的独腿少年站在河堤上，挥动着手中的鞭子，抽打着堤岸上的野草，一鞭横扫，高草纷披，开辟出一块天地。那少年的嘴唇薄得如刀刃一样，鼻子高挺，腮上几乎没有肉，双眼里几乎没有白色。几千年前蹲在渭河边上钓鱼的姜子牙，现在就蹲在墨水河边上，头顶着黑斗笠，身披着黑蓑衣，身后放一只黑色的鱼篓子，宛如一块黑石头。他的面前是平静的河水，野鸭子在水边浅草中觅食，高脚的鹭鸶站在野鸭们背后，尖嘴藏在背羽中。明晃晃一道闪电，喀啦啦一声霹雳，头上的黑云团团旋转，顷刻遮没了半边天，青灰色的大雨点子急匆匆地砸下来，使河面千疮百孔。一条犁铧大小的鲫鱼落在了姜子牙的鱼篓里。河里有些什么鱼？黑鱼、鲇鱼、鲤鱼、草鱼、鳝鱼，泥鳅不算鱼，只能喂鸭子，人不吃它。色彩艳丽的“紫瓜皮”也不算鱼，它活蹦乱跳，好像一块花玻璃。鳖是能成精做怪的灵物，尤其是五爪子鳖，无人敢惹。河里最多的是螃蟹，还有一种青色的草虾子。这条河与胶河一样是我们高密东北乡的母亲河。胶河在村子后边，墨水河在村子前面，两条河往东流淌四十里后，在咸水口子那里汇合在一起，然后注入渤海的万顷碧波之中。有河必有桥，桥是民国初年修的，至今已经摇摇欲坠。桥上曾经浸透了血迹。一个红衣少女坐在桥上，两条光滑的小腿垂到水面上。她的眼睛里唱着五百年前的歌谣。她的嘴巴紧紧地闭着。她是孙家这个阴鸷的家族中诸多美貌哑巴中的一个。她是一个彻底的沉默者，永远紧绷着长长的秀丽的嘴巴。那一年九个哑巴姐妹叠成了一个高高的宝塔，塔顶上是她们的夜明珠般的弟弟——一个伶牙俐齿的男孩子。他踩在姐姐们用身体垒起来的高度上，放声歌唱：“桃花儿红，莲花儿白，莲花儿白白如奶奶……”这歌声也照样地渗透在他的姐姐们的眼睛里。每当我注视着孙家姐妹们冷艳的凤眼，便亲切地听到了那白牙红唇的少年的歌唱。这歌唱渗透到他的姐姐们丰满的乳房里，变成青白的乳汁，哺育着面色苍白的青年。

发生在这座老弱的小石桥上的故事多如牛毛。世间的书大多是写在纸上的，也有刻在竹简上的，但有一部关于高密东北乡的大书是渗透在石头里的，是写在桥上的。

过了桥，又上堤，同样的芳草野花杂色烂漫的堤，站上去往南望，土地猛然间改变了颜色：河北是黑色的原野，河南是苍黄的土地。秋天，万亩高粱在河南成熟，像血像火又像豪情。采集高粱米的鸽子们的叫声竟然如女人的悲伤的抽泣。但现在已经是滴水成冰的寒冬，大地沉睡在白雪下，初升的太阳照耀，眼前便展开了万丈金琉璃。许多似曾相识的人在雪地上忙碌着，他们仿佛是从地下冒出来的。这就是高密东北乡的“雪集”了。“雪集”者，雪地上的集市也。雪地上的贸易和雪地上的庆典，是一个将千言万语压在心头，一出声就要遭祸殃的仪式。成千上万的东北乡人一入冬就盼望着第一场雪，雪遮盖了大地，人走出房屋，集中在墨水河南那片大约有三百亩的莫名其妙的高地上。据说这块高地几百年前曾经是老孙家的资产，现在成了村子里的公田。据说高密东北乡的领导人要把这片高地变成所谓的开发区，这愚蠢的念头遭到了村民的坚决抵制。圈地的木橛子被毁坏了几十次，乡长的院子里每天夜里都要落进去一汽车破砖碎瓦。

我多么留恋着跟随着爷爷第一次去赶“雪集”的情景啊。在那里，你只能用眼睛看，用手势比画，用全部的心思去体会，但你绝对不能开口说话。开口说话会带来什么后果？我们心照不宣。“雪集”上卖什么的都有，最多的是用蒲草编织成的草鞋和各种吃食。主宰着“雪集”的是食物的香气：油煎包的香气，炸油条的香气，烧猪肉的香气，烤野兔的香气……女人们都用肥大的袖口捂住嘴巴，看起来是为了防止寒风侵入，其实是要防止话语溢出。我们这里遵循着这古老的约定：不说话。这是人对自己的制约，也是人对自己的挑战。前苏联的著名小说《钢铁是怎样炼成的》中的主人公保尔·柯察金说不抽烟就不抽烟了，高密东北乡人民说不说话就不说话了。会抽烟不抽烟是痛苦，但会说话不说话却是乐趣。难得的是来这里的人都憋着不说话。当年我亲眼目睹着因为不说话使“雪集”上的各项交易以神奇的速度进行着。因为不说话，一切都变得简捷明了，可见人世上的话，百分之九十九都是废话，都可以省略不说。闭住你的嘴巴，省出力量和时间来思想吧。不说话会让你捕捉到更多的信息。关于颜色，关于气味，关于形状。不说话使人处在一种相互理解的和谐气氛中，不说话使人避免了过分的亲昵也避免了争斗，不说话使人与人之间的关系拉上了一层透明的帷幕，由于有了这层帷幕，彼此反倒更深刻地记住了对方的容貌。

不说话你能更多地听到美好的声音。不说话女人的嫣然一笑更加赏心悦目、心领神会。你愿意说话也可以，但只要你一开口，就会有无数的眼睛盯着你，使你感到无地自容。大家都能说话而不说，你为什么偏要说？人民的沉默据说是一个可怕的征兆，当人们七嘴八舌地议论着、詈骂着时，这个社会还有救；当人民都冷眼不语装了哑巴时，这个社会就到了尽头。据说有一个外乡人来到“雪集”，纳闷地说：“你们这里的人都是哑巴吗?”他受到了什么样的惩罚？请你猜猜看。

不要在此流连，关于“雪集”，我会在一部长篇小说里再次对你说起，非常的详细。下面，请你注意那条狗。那条瞎眼的狗，在雪地上追逐野兔。我在本文开篇时为这条狗下了一个定语：莽撞。其所以莽撞，是因为瞎眼；正因为盲目，所以就莽撞。其实它追逐着的，仅仅是野兔的气味和声音。但它最终总是能一口咬住野兔子。使我想起了德国作家聚斯金德的小说《香水》，那里边有一个怪人，通过对气味的了解，比所有的人都更加深刻地了解了这个世界。日本的盲音乐家宫城道雄写道：“失去了光之后，在我的面前却展现出无限复杂的音的世界，充分地弥补了我因为不能接触颜色造成的孤寂。”这位天才还听到了声音的颜色，他说音和色密不可分，有白色的声音，黑色的声音，红色的声音，黄色的声音，等等，也许还有一个天才，能听出声音的气味来。

就不去西南方向的沼泽地了吧？也不去东北方向的大河入海处了吧？那儿的沙滩上有着硕果累累的葡萄园。也不去逐个地游览高密东北乡版图上那些大小村镇了吧？那儿的历史上曾经有过的烧酒大锅、染布的作坊、孵小鸡的暖房、训老鹰的老人、纺线的老妇、熟皮子的工匠、谈鬼的书场等等等等都沉积在历史的岩层中，跑不了的。请看，那条莽撞的狗把野兔子咬住了，叼着，献给它的主人，高寿的门老头儿。他已经九十九岁。他的房屋坐落在高密东北乡最东南的边缘上，孤零零的。出了他的门，往前走两步，便是一道奇怪的墙壁，墙里是我们的家乡，墙外是别人的土地。

门老头儿身材高大，年轻时也许是个了不起的汉子。他的故事至今还在高密东北乡流传。我最亲近他捉鬼的故事。说他赶集回来，遇到一个鬼，是个女鬼，要他背着走。他就背着她走。到了村头时鬼要下来，他不理睬，一直将那个鬼背到了家中。他将那个女鬼背到家中，放下一看，原来是个……这个孤独的老人，曾经给一个大名鼎鼎的人物当过马夫。据说他还是共产党员。从我记事起，他就住在远离我们村子的地方。小时候我经常吃到他托人捎来的兔子肉或是野鸟的肉。他用一种红梗的野草煮野物，肉味于是鲜美无比，宛如动听的音乐，至今还缭绕在我的唇边耳畔。但别人找不到这种草。前几年，听村子里的老人说，门老头儿到处收集酒瓶子，问他收了干什么，他也不说。终于发现他在用废旧的酒瓶子垒一道把高密东北乡和外界分割开来的墙。但这道墙刚刚砌了二十米，老头儿就坐在墙根上，无疾而终了。

这道墙是由几十万只酒瓶子砌成，瓶口一律向着北。只要是刮起北风，几十万只酒瓶子就会发出声音各异的呼啸，这些声音汇合在一起，便成了亘古未有的音乐。在北风呼啸的夜晚，我们躺在被窝里，听着来自东南方向变幻莫测、五彩缤纷、五味杂陈的声音，眼睛里往往饱含着泪水，心中常怀着对祖先的崇拜，对大自然的敬畏，对未来的憧憬，对神的感谢。

你什么都可以忘记，但不要忘记这道墙发出的声音。因为它是大自然的声音，是鬼与神的合唱。

会唱歌的墙昨天倒了，千万只碎的玻璃瓶子，在雨水中闪烁清冷的光芒继续歌唱，但较之以前的高唱，现在已经是雨中的低吟了。值得庆幸的是，那高唱，那低吟，都渗透到了我们高密东北乡人的灵魂里，并且会世代流传着的。

【作者简介】

莫言，原名管谟业，山东高密人，1955 年 2 月 17 日生，是第一个获得诺贝尔文学奖的中国籍作家。1967 年辍学务农。1976 年 2 月入伍，1997 年转业到报社工作。现供职于中国艺术研究院。先后毕业于解放军艺术学院文学系（1984—1986）、北京师范大学鲁迅文学院创作研究生班（1989—1991），获文艺学硕士学位。1981 年开始发表作品，以一系列乡土作品崛起，充满着“怀乡”以及“怨乡”的复杂情感，被归类为“寻根文学”作家。著有长篇小说《红高粱家族》、《酒国》、《檀香刑》、《生死疲劳》、《蛙》等十一部，中篇小说《爆炸》、《透明的红萝卜》等二十余部，短篇小说《白狗秋千架》、《冰雪美人》等八十余篇，还创作了《霸王别姬》、《我们的荆轲》等话剧、电影文学剧本等。曾获国内外多种奖项，作品被翻译成二十多种语言、一百多种版本在多个国家和地区发行。

【知识链接】

1. 2012 年诺贝尔文学奖揭晓后，英国《卫报》称，莫言是诺贝尔文学奖设立 111 年以来第一位获奖的中国籍作家。2000 年获奖的高行健虽出生于中国，但已加入法国国籍。而 1983 年获奖的女作家赛珍珠虽然“对中国农民生活进行了丰富与真实的史诗般描述，且在传记方面有杰出作品”，但她属美国国籍。

2. 诺贝尔文学奖评委会前主席、瑞典学院终身院士谢尔·埃斯普马克在莫言获奖之后来华访问时，对莫言给予了高度评价，他说：“在诺奖颁奖词中，我们用的词是‘hallucinationary realism’（幻觉现实主义），而避免使用‘magic realism’（魔幻现实主义）这个词，因为这个词已经过时了。魔幻现实主义这个词，会让人们错误地将莫言和拉美文学联系在一起。当然，我不否认莫言的写作确实受到了马尔克斯的影响，但莫言的‘幻觉现实主义’（hallucinationary realism）主要是从中国古老的叙事艺术当中来的，比如中国的神话、民间传说，例如蒲松龄的作品。他将中国古老的叙事艺术与现代的现实主义结合在一起。魔幻和幻觉的差别，是把莫言被认为是一个模仿者，变成为一个传承的创新者，同时充分肯定了中国古典文学民间传说的世界文学意义。莫言作品是在继承古典文学的基础上进行创新，才成就了他今天的文学的辉煌。”

3. 2012 年，莫言在瑞典学院的演讲节选：

我获得诺贝尔文学奖后，引发了一些争议。起初，我还以为大家争议的对象是我，渐渐地，我感到这个被争议的对象，是一个与我毫不相关的人。我如同一个看戏人，看着众人的表演。我看到那个得奖人身上落满了花朵，也被掷上了石块，泼上了污水。我生怕他被打垮，但他微笑着从花朵和石块中钻出来，擦干净身上的脏水，坦然地站在一边，对着众人说：对一个作家来说，最好的说话方式是写作，我该说的话都写进了我的作品里。用嘴说出的话随风而散，用笔写出的话永不磨灭。我希望你们能耐心地读一下我的书，当然，我没有资格强迫你们读我的书。即使你们读了我的书，我也不期望你们能改变对我的看法。世界上还没有一个作家，能让所有的读者都喜欢他。在当今这样的时代里，更是如此。

…………

我是一个讲故事的人，我还是要给你们讲故事。

上世纪 60 年代，我上小学三年级的时候，学校里组织我们去参观一个苦难展览，我们在老师的引领下放声大哭。为了能让老师看到我的表现，我舍不得擦去脸上的泪水。我看到有几位同学悄悄地将唾沫抹到脸上冒充泪水。我还看到在一片真哭假哭的同学之间，有一位同学，脸上没有一滴泪，嘴巴里没有一点声音，也没有用手掩面。他睁着大眼看着我们，眼睛里流露出惊讶或者是困惑的神情。事后，我向老师报告了这位同学的行为。为此，学校给了这位同学一个警告处分。多年之后，当我因自己的告密向老师忏悔时，老师说，那天来找他说这件事的，有十几个同学。这位同学十几年前就已去世，每当想起他，我就深感歉疚。这件事让我悟到一个道理，那就是：当众人都哭时，应该允许有的人不哭。当哭成为一种表演时，更应该允许有的人不哭。

我再讲一个故事：三十多年前，我还在部队工作。有一天晚上，我在办公室看书，有一位老长官推门进来，看了一眼我对面的位置，自言自语道："噢，没有人？"我随即站起来，高声说："难道我不是人吗？"那位老长官被我顶得面红耳赤，尴尬而退。为此事，我洋洋得意了许久，以为自己是个英勇的斗士，但事过多年后，我却为此深感内疚。

请允许我讲最后一个故事，这是许多年前我爷爷讲给我听过的：有八个外出打工的泥瓦匠，为避一场暴风雨，躲进了一座破庙。外边的雷声一阵紧似一阵，一个个的火球，在庙门外滚来滚去，空中似乎还有吱吱的龙叫声。众人都胆战心惊，面如土色。有一个人说："我们八个人中，必定一个人干过伤天害理的坏事，谁干过坏事。就自己走出庙接受惩罚吧，免得让好人受到牵连。"自然没有人愿意出去。又有人提议道："既然大家都不想出去，那我们就将自己的草帽往外抛吧，谁的草帽被刮出庙门，就说明谁干了坏事，那就请他出去接受惩罚。"于是大家就将自己的草帽往庙门外抛，七个人的草帽被刮回了庙内，只有一个人的草帽被卷了出去。大家就催这个人出去受罚，他自然不愿出去，众人便将他抬起来扔出了庙门。故事的结局我估计大家都猜到了——那个人刚被扔出庙门，那座破庙轰然坍塌。

我是一个讲故事的人。

因为讲故事我获得了诺贝尔文学奖。

我获奖后发生了很多精彩的故事，这些故事，让我坚信真理和正义是存在的。

今后的岁月里，我将继续讲我的故事。

思考与实践

1. 细读《差不多先生传》，谈谈胡适是如何塑造"差不多先生"这个人物形象的。胡适散文的讽刺有什么特点？

2. 生活中还有"差不多先生"这样的人，试举出若干实例，并加以具体分析。

3. 胡适的成才之路有什么特点，对你的成长有何启示？

4. 关于"鲁迅"的接受与教育在当下一直是一个备受争议的问题，不妨了解这方面的情况，并展开相关交流与探讨。

5. "晦涩"也是一种文章风格，以此为题写一篇自我认识的短文。

6.《野草》的创作与鲁迅当时生活状况与心态有关，要正确把握其思想内涵与形式特点，建议找一本鲁迅的传记看看。"知人论世，以意逆志"是一种应该掌握的读书方法。

7. 查阅资料，了解"鸣沙山""月牙湖""莫高窟"的历史文化与自然人文特征。

8. "偌大的中国，竟存不下几卷经文！比之于被官员大量糟践的情景，我有时甚至想狠心说一句：宁肯存放在伦敦博物馆里！"，这句话怎么理解？

9. 查阅有关资料，了解"圆明园兽首事件"始末，并就此开展讨论。

10. 联系自己所在地实际情况，谈谈如何做好文物保护和文化遗产继承、宣传与普及工作。

11. 以"苦乐"为题，写一篇文章。

12. 如条件许可，做一次关于民间疾苦、弱势群体（农民工、残疾人等）生存状况的调研，并撰写有关调研报告。

13. 莫言的散文多以故乡、童年的乡土生活为主要表现对象。莫言说故乡已成为他借以理解沟通和抒写描摹整个世界的一条必经之路，请阅读更多的莫言的散文，讨论故乡对一个人的意义。

14. 写一篇介绍自己家乡自然人文、历史文化、习俗风貌的文章。如果条件许可，可以进一步做一点这方面的考察与调研工作。

第三编

中华文化

第十三讲　古代思想·儒家和诸子

概述

春秋时期中华文化圈的主旋律是争霸，战国时期则变为扩张。争霸和扩张带来诸侯国对各类人才的需求，贵族教育体制中生产出来的人才已经不能完全满足需求，这就为平民带来从事精神生产的机会。这些人学成以后或周游列国，推销自己；或著书立说，传授门徒。他们之间也相互切磋，竞相争鸣。一时间，大师林立，学派横流，这就是春秋战国时期的“百家争鸣”。学术史上认为这是中国第一次思想大解放时代，为中华文化圈从上古社会向中古社会的转变在思想文化上作了准备。这是一个巨人辈出的时代，对大中华文化圈的影响极其深刻，即使今天，诸子百家的影响仍未消失。学一点诸子百家的作品对我们的生活、学习和工作都是有必要的。

“百家”只是一个泛称。按照学术大师的数量计算，恐怕号称百家也不为夸张，《七略》就记录了189位学术大师的著作。按照学术流派的家数来计算，也是难以数清的。司马谈《论六家要旨》点评了六家；刘歆、班固分别在相关著作中列了十家。虽然大学派只有这十来家，但十来家学派中又有不同的分支，分支中又有更细的分支，因此学派数也是非常可观的。例如“儒分为八”，即在儒家学派中，曾经出现过八大有名的分支派别，而这八派中又分别有支流。本讲中的“儒家”指的是大学派中的儒家，“诸子”则为各学派中的著名代表人物。我们今天想了解诸子百家，阅读他们的著作是比较可靠的途径。

最早的书籍是单篇流行的。到了西汉后期，刘向、刘歆父子奉命整理国家书籍，将同一作者或同一学派师徒们的文章汇集成一部书，又将天下书分为“六艺”、“诸子”、“诗赋”、“兵书”、“术数”、“方技”六大类。儒家奉为经典的“六艺”类著作收在“六艺略”中，儒家学派代表人物的著作以及其他学派的著作则收入“诸子略”中。

“六艺”指的是儒家学派六门主要课程：易、诗、书、礼、乐、春秋。这些课程除了“乐”类外，都有写成文字的典籍，分别是《周易》、《诗经》、《尚书》、《仪礼》和《春秋》，被称为“五经”。历代研究这些经典的学者数不胜数，有关研究成果汗牛充栋，这些著作共同形成一门主宰中国思想界两千多年的学问——儒学。从西汉武帝开始，儒学逐渐成为中国封建社会的主流学问，汉武帝设有五经博士机构，负责研究五经，教育后备官僚，解决国家生活中一些重大问题。自东汉起，五经开始“扩容”，到了宋代，已经形成被称为“十三经”的儒学知识体系。哪十三经呢？将孔子弟子及其再传弟子编辑的《论语》算上，再加入《孝经》、《尔雅》两部书，在礼经中加入《周礼》和《礼记》，将《春秋》分为《春秋左氏传》、《春秋公羊传》、《春秋穀梁传》，将孔子编辑的《春秋》散入“三传”之中，算上本来属于诸子学的《孟子》，正好是13部著作。清代编修的《四库全书》采用经、史、子、集四部分类法，这13部著作以及研究这些著作的历代作品被收入

"经部"，"诸子"著作以及研究它们的作品被收入"子部"。这样，中国封建社会的知识体系就由经、史、子、集四类构成，学者或专攻经部，或专攻史部，或专攻子部、集部。才能高的则可兼通四部，这种人被当时人称为"通人"。

这里特别提一下经部之学。自汉代开始到今天，有关五经的学问被称为"经学"。经学在两汉之际开始有今文经学与古文经学之分。汉代比较通行的文字是汉隶，用隶书、秦篆书字体撰写的著作叫"今文"，用六国或更早的字体书写的著作叫"古文"。这有点类似于今天的简体字与繁体字的关系，本来只是字体的区别。但是有人根据发现的古文文献来解释五经，形成了新的五经阐释学，这种阐释学被后人称为"古文经学"。到东汉时期，古文经学与今文经学并驾齐驱。南北朝以后，古文经学逐渐占了上风。此后经学史上今文经学与古文经学时有斗争。到了近代，随着清朝的灭亡，新的高等教育体制取代了科举体制，经学作为一门与政治紧密联系的学问，它的政治功能基本上被终结了。目前经学在新的学科体系中没有找到自己的地位。为使这门源远流长的学科不至于灭亡，有的高等学校在历史学科的中国思想史方向，或者哲学学科的中国哲学方向设有中国经学史或者经学思想史这样的三级学科。经学应当属于儒学的一个组成部分，我们今天学习儒学，有必要了解一点经学知识。

说到儒家，不能不说儒家的创始人孔子。孔子，名丘，字仲尼，公元前 551 年诞生于春秋时期鲁国陬邑昌平乡，该地相当于今天山东省曲阜市东南的鲁源村。孔子的祖先为宋国贵族，因避难来到鲁国。孔子的父亲叔梁纥（hé）是鲁国的陬邑大夫，因此孔子也可以算得上是贵族子弟。只是孔子出生后不久父亲去世，孔子未能真正享受到一个贵族子弟的待遇。孔子在童年就显示了对知识的渴望，尤其对于礼仪制度勤学好问，17 岁时就成了鲁国有一定名气的学问家，贵族子弟开始上门求学。孔子形成了自己的思想后曾经周游列国，期盼得到别国重用，但除了增加了一些见识之外，并没有机会实现自己的政治理想。于是他回国后潜心于古代典籍的整理和研究，慕名求学的人从四面八方涌来。孔子的名望和影响越来越大，鲁定公终于决心任用孔子。孔子从中都宰做起，一直做到大司寇、代理丞相。由于失去了权臣季氏的支持，孔子不得不主动辞职，再次周游列国。这次周游长达 14 年之久，除了得到列国君臣的尊敬之外，也没有获得实现自己政治理想的机会。当他回国定居时，他已经是当时最有名望的学者，他的学生遍布列国，不少人已经取得相当的政治或学术成就。孔子继续整理典籍，教授学徒，传播自己的思想。公元前 479 年，孔子去世，享年 73 岁。他的许多学生在墓旁守孝 3 年方才离去。子贡守孝 6 年，随子贡求学的人在墓旁建房舍超过百家，形成村落，就是今天的阙里。学者们在此讨论学问，演习乡饮酒礼、大射礼。齐鲁大地逐渐形成学术风气，虽受秦朝打击，但到西汉建国的时候，其儒者学风依然不断。

孔子首先是一位伟大的教育家，他在中国历史上第一个兴办私立学校，将知识传授的对象由贵族子弟扩展到普通百姓，推动了中华文化知识在民间的传播。孔子收徒三千，身通六艺的学问家就有七十二人。这些人被称为"七十子"（同"七十二子"，"七十"系举其成数）。"七十子"及其弟子们以孔子的学术思想为核心，游说诸侯，著书立说，形成一个有鲜明的政治主张和学术立场的学派——儒家学派。

孔子是一位思想家。他的思想以"仁"为核心，通过内"忠恕"而外履礼的手段达到"仁"。什么是"仁"？就是将他人当人对待。能做到这一点的个人就叫"仁人"，能做到这一点的政治就叫"仁政"。孔子的仁政思想对此后中华的思想、文化和政治有深刻的影响。

孔子是一位学问家。在当时的当权者普遍关注如何扩张领土之际，他担当起抢救、整理和阐释夏、商、周文化的责任，奠定了以“六艺”为基本知识体系的中华精英文化的框架。这个知识体系为诸子百家所遵从，构成了以后两千多年中华文化的核心要素，也为当时的百家争鸣做出了贡献。

儒家学派由孔子开创。但儒家也比较复杂，所谓“儒分为八”，指孔子以后，“七十子”及其弟子逐渐形成了八个有影响的学派。这些学派的著作流传下来的很少，有署名的只有《孟子》、《荀子》以及《曾子》、《公孙尼子》的残篇，其他作品大多保存在《礼记》、《大戴礼记》中，在近些年出土的战国楚简中也有一些儒家学派的文章，但我们已经难以辨别其作者了。

在儒家后学中，对中华文化影响最大的是孟子和荀子。孟子属于战国中期人物，他的学术建立在“性善论”的哲学基础上，强调美德的开发，强调保民，反对霸道，在与诸子百家的论战中推进了儒家的心性之学，对宋明理学影响很大。荀子属于战国后期儒学大师，是儒学的集大成者。他主张“性恶论”，强调人的后天修养，强调礼仪制度对人的防范作用。由于他过于强调对人性的防范，导致他的学生韩非、李斯的学术思想走向儒家的反面。韩非成为战国后期法家理论的巨匠，为秦嬴政的政治策略提供了理论依据。荀子的学术和教育活动客观上为保存先秦文化做出了重大贡献。他早年游学稷下，“最为老师”（《史记·孟子荀卿列传》），晚年移居楚国兰陵教授弟子。他的弟子和再传弟子在秦火之后，将《诗经》学、《周易》学等传授下来，为西汉文化复兴做出了贡献。

孔子像

孟子像

荀子像

自孔子开始到今天，儒家学派一直在延续。按照历史阶段划分，则有先秦儒学、汉唐儒学、宋明儒学、清儒学和“新儒家”学派。先秦儒家由于有一个相对自由的政治环境，其学说的负面影响比较少。汉唐及宋儒为了适应封建专制主义的需要，过分强调了封建伦理道德，特别是所谓“三纲五常”在宋儒中被过度发挥，因此近年有人提出重归“原儒”的主张。

诸子百家除了儒家之外还有墨家、阴阳家、名家、法家、道家、纵横家、杂家、农家和小说家等。其中道家的创始人为老子，我们将在第十四讲中介绍。阴阳家主要关心的是自然阴阳消长与人事的关系，以邹衍、邹奭为代表，所谓“谈天衍、雕龙奭”（《史记·孟子荀卿列传》）说的就是他们两个。法家主张以刑法为主要手段来治理社会，代表人物有李悝、商鞅、申不害、慎到、韩非等。名家主要探讨概念与所对应的事物之间的关系问题，代表人物有公孙龙、惠施、邓析等。墨家的代表有墨翟、隋巢子，他们主张节俭、尚贤、兼爱，反对战争。纵横家主要出自战国时代，研究诸侯国之间的政治、军事和外交策略，提出合纵与连横两大主张，代表人物为苏秦与张仪。杂家主张对儒、墨、阴阳、名、法等各家思想兼容并蓄，代表人物有吕不韦、刘安等。农家主张以农耕为国家大事，人人应该耕种土地，代表人物有许行、氾胜之等，他们对农业科学有重要贡献。至于小说家，属于“街谈巷语，道听途说”（《汉书·艺文志》）之类，对中国思想史的影响比不上其余九家。

诸子百家大多有著作。他们的著作往往不是一人所为，而是某一宗师及其弟子甚至再传弟子著作的汇集，以祖师命名，例如庄周学派的著作就叫《庄子》，《墨子》则为以墨翟为首的学派的著作总集。诸子百家大多有自己的政治主张和哲学思想，他们的精神生产活动将中华的思想水平推向一个空前的高度，为以后两千多年封建社会的发展奠定了思想和知识基础。诸子百家不仅是中华文化的瑰宝，也是人类的宝贵遗产，即使在后工业时代的今天，诸子百家的思想对于今天的人们探索人类未来的走向依然有参考价值。

文选

《论语》三则①

【阅读提示】

《论语》是“七十子”及其弟子编撰的一部关于孔子以及孔子弟子们言论的汇编。其中“论”读为 lún，意思为分别条理；“语”，意思为论难答述。“论语”的意思是有关孔了及其弟子言论的分类编排，今人称这种文体为“语录体”。由于孔子没有留下直接阐述自己思想的著作，《论语》就被古今学者当成研究孔子和孔子主要弟子思想最重要的著作。西汉刘向父子已经将《论语》收入“六艺”之中，南宋朱熹编辑“四书”，又将《论语》收入。明清以来，《论语》被纳入公私学校基本教材，凡读书人都学习《论语》，以至有“半部《论语》治天下”的故事。《论语》在西汉有三个传本：鲁论、齐论、古论。鲁论由鲁国人传授，齐论由齐国人传授，古论出自孔子故宅壁中，这三种本子今皆遗失。今本为三国魏国何晏所传，乃以古论为主，兼采齐鲁二论，并结合自己的论断加以改造的本子。

十有五而志于学②

子曰：“吾十有五而志于学，三十而立③，四十而不惑④，五十而知天命⑤，六十而耳顺⑥，七十而从心所欲，不逾矩⑦。”

樊迟问仁⑧

樊迟问仁⑨。子曰：“爱人。”问知⑩。子曰：“知人。”樊迟未达⑪，子曰：“举直错诸

---

① 选自杨伯峻译注：《论语译注》，2 版，北京，中华书局，1980。

② 选自《论语·为政》。题目为编者所加，下同。

③ 立：据杨伯峻理解，“立”的意思同于“不学礼，无以立”（《论语·季氏》）之“立”，指比较全面地掌握了礼，有了立身之本。

④ 不惑：不疑惑，指知识丰富，足以解决绝大多数问题。

⑤ 知天命：指对自然、社会和个人生命的认识达到了自觉水平。

⑥ 耳顺：闻其言而知其微旨也。

⑦ 不逾矩：不会逾越规矩。矩，法也。

⑧ 选自《论语·颜渊》。

⑨ 樊迟：孔子弟子，在“七十子”之列。

⑩ 知：智也。

⑪ 未达：不明白。

枉，能使枉者直。”樊迟退，见子夏曰[①]：“乡也吾见于夫子而问知[②]，子曰，‘举直错诸枉，能使枉者直’，何谓也？”子夏曰：“富哉言乎[③]！舜有天下，选于众，举皋陶[④]，不仁者远矣。汤有天下，选于众，举伊尹[⑤]，不仁者远矣。”

子贡问士[⑥]

子贡问曰：“何如斯可谓之士矣？”子曰：“行己有耻[⑦]，使于四方，不辱君命，可谓士矣。”曰：“敢问其次。”曰：“宗族称孝焉，乡党称弟焉[⑧]。”曰：“敢问其次。”曰：“言必信，行必果，硁硁然小人哉[⑨]！——抑亦可以为次矣。”曰：“今之从政者何如？”子曰：“噫！斗筲之人[⑩]，何足算也！”

【知识链接】

半部《论语》治天下：

杜少陵诗云：“小儿学问止《论语》，大儿结束随商贾。”盖以《论语》为儿童之书也。赵普再相，人言普山东人，所读者止《论语》，盖亦少陵之说也。太宗尝以此语问普，普略不隐，对曰：“臣平生所知，诚不出此。昔以其半辅太祖定天下，今欲以其半辅陛下致太平。”（罗大经《鹤林玉露》乙编卷之一）

梁惠王上（节选）[⑪]

孟　轲

【阅读提示】

孟子师从孔子的孙子子思的门人，是“七十子”之后最有影响的儒家人物。孟子继承了曾子、子思学派并发扬光大。孟子曾经游历齐、梁等国，受到优待，做过齐国之卿，但未能说服齐梁等国接受他的政治理想。他晚年毅然终结自己的政治活动，回乡从事学术研究，与自己的学生万章、公孙丑等一起著书立说。这些作品被汇成集子，称作《孟子》。本文出自《孟子·梁惠王上》，体现了孟子的政治理想：反对“霸道”，施行“王道”，爱护人民，让人民免于饥

---

① 子夏：孔子弟子。

② 乡：通“向”，表示过去的时间名词。

③ 富：盛，丰富。赞叹孔子的话含义丰富。“举直错诸枉，能使枉者直”意思是任用正直的人去做官，影响那些不正直的人，能够让那些不正直的人都变得正直了。樊迟没能理解，子夏就举了舜和成汤的例子说明这个道理。错，同“措”，放置。

④ 皋陶（gāo yáo）：传说为舜掌管刑法的官员。

⑤ 伊尹：传说为商汤的大臣。

⑥ 选自《论语·子路》。

⑦ 有耻：有所不为也。

⑧ 乡党：乡和党都是古代按照人口数量划分的比较小的行政区。弟：悌也，指尊敬比自己年长的同辈人。

⑨ 硁硁（kēng）然：固执的样子。

⑩ 斗筲（shāo）：比较小的器皿，形容人气量狭小，见识短浅。

⑪ 选自《孟子注疏》，见影印清阮元校刻本《十三经注疏》，北京，中华书局，1980。

饿和死亡的威胁。选文充分体现了孟子文章的风格：逻辑严密，气势充沛，记叙妙趣横生。文中孟子从小事谈起，循循善诱，将齐宣王的内心世界一步步揭开，迫使齐宣王向往孟子的“王道”理想。齐宣王心胸狭隘，却野心勃勃，经孟子的层层诱导，他的本来面目终于显露出来。文章诙谐中有庄严，宛如一出喜剧小品。

齐宣王问曰[①]：“齐桓晋文之事，可得闻乎？”

孟子对曰：“仲尼之徒，无道桓文之事者，是以后世无传焉，臣未之闻也。无以则王乎[②]？”

曰：“德何如，则可以王矣？”

曰：“保民而王，莫之能御也[③]。”

曰：“若寡人者，可以保民乎哉？”

曰：“可。”

曰：“何由知吾可也？”

曰：“臣闻之胡龁曰[④]，王坐于堂上，有牵牛而过堂下者，王见之，曰：‘牛何之？’对曰：‘将以衅钟[⑤]。’王曰：‘舍之！吾不忍其觳觫[⑥]，若无罪而就死地。’对曰：‘然则废衅钟与？’曰：‘何可废也，以羊易之！’不识有诸？”

曰：“有之。”

曰：“是心足以王矣，百姓皆以王为爱也[⑦]，臣固知王之不忍也。”

王曰：“然，诚有百姓者。齐国虽褊小，吾何爱一牛？即不忍其觳觫，若无罪而就死地，故以羊易之也。”

曰：“王无异于百姓之以王为爱也[⑧]，以小易大，彼恶知之！王若隐其无罪而就死地[⑨]，则牛羊何择焉[⑩]？”

王笑曰：“是诚何心哉！我非爱其财而易之以羊也，宜乎百姓之谓我爱也！”

曰：“无伤也[⑪]，是乃仁术也[⑫]，见牛未见羊也。君子之于禽兽也，见其生，不忍见其死；闻其声，不忍食其肉。是以君子远庖厨也。”

王说，曰：“《诗》云：‘他人有心，予忖度之。’[⑬] 夫子之谓也！夫我乃行之，反而求之，不得吾心；夫子言之，于我心有戚戚焉[⑭]，此心之所以合于王者，何也？”

---

① 齐宣王（前350—前301），田姓，名辟疆，宣是死后谥号。战国齐国是由来自春秋陈国的田氏篡夺姜姓齐国政权而建立的。

② 无以：无已，不得已。王：以王道统治天下。齐桓公、晋文公在孟子看来属于霸道，因此他要说王道。

③ 保：安。御：止。

④ 胡龁（hé）：齐宣王的近臣。

⑤ 衅（xìn）钟：古人迷信，新钟铸成，要杀牲取血，涂抹钟，祭祀钟神。

⑥ 觳觫（hú sù）：牛被处死时的恐惧貌。

⑦ 爱：吝啬，不舍得。

⑧ 异：怪。

⑨ 隐：痛惜。

⑩ 择：区别。

⑪ 无伤：不要紧。

⑫ 仁术：仁之道。

⑬ 出自《诗经·小雅·巧言》。

⑭ 戚戚焉：内心感动的样子。

曰："有复于王者曰[①]：'吾力足以举百钧，而不足以举一羽；明足以察秋毫之末，而不见舆薪[②]。'则王许之乎[③]？"

曰："否。"

"今恩足以及禽兽而功不至于百姓者，独何与？然则一羽之不举，为不用力焉；舆薪之不见，为不用明焉；百姓之不见保，为不用恩焉。故王之不王，不为也，非不能也。"

曰："不为者与不能者之形，何以异？"

曰："挟太山以超北海，语人曰'我不能'，是诚不能也；为长者折枝，语人曰'我不能'，是不为也，非不能也。故王之不王，非挟太山以超北海之类也。王之不王，是折枝之类也。老吾老，以及人之老；幼吾幼，以及人之幼[④]。天下可运于掌。《诗》云：'刑于寡妻，至于兄弟，以御于家邦。'[⑤]言举斯心加诸彼而已。故推恩足以保四海，不推恩无以保妻子。古之人所以大过人者，无他焉，善推其所为而已矣。今恩足以及禽兽，而功不至于百姓者，独何与？权然后知轻重，度然后知长短[⑥]。物皆然，心为甚，王请度之。抑王兴甲兵[⑦]，危士臣，构怨于诸侯，然后快于心与？"

王曰："否，吾何快于是，将以求吾所大欲也！"

曰："王之所大欲，可得闻与？"

王笑而不言。

曰："为肥甘不足于口与？轻煖不足于体与？抑为采色不足视于目与？声音不足听于耳与？便嬖不足使令于前与？王之诸臣，皆足以供之，而王岂为是哉！"

曰："否！吾不为是也。"

曰："然则王之所大欲，可知已。欲辟土地，朝秦楚，莅中国而抚四夷也[⑧]。以若所为，求若所欲，犹缘木而求鱼也。"

王曰："若是其甚与？"

曰："殆有甚焉，缘木求鱼，虽不得鱼，无后灾。以若所为，求若所欲，尽心力而为之，后必有灾。"

曰："可得闻与？"

曰："邹人与楚人战，则王以为孰胜？"

曰："楚人胜。"

曰："然则小固不可以敌大，寡固不可以敌众，弱固不可以敌强。海内之地，方千里者九，齐集有其一，以一服八，何以异于邹敌楚哉？盖亦反其本矣[⑨]。今王废政施仁，使天下仕者皆欲立于王之朝，耕者皆欲耕于王之野，商贾皆欲藏于王之市，行旅皆欲出于王

---

① 复：告诉。

② 舆薪：一车柴草。

③ 许：信。

④ 老：敬老。幼：爱幼。

⑤ 《诗经·大雅·思齐》诗句。刑：正。本句意思是说周文王治理国家从自己的妻子、兄弟开始，让他们以身作则，行正道。

⑥ 权：秤砣，用以称重量。度：尺子，用以量长度。

⑦ 抑：反问语气词。

⑧ 莅：临，意思为成就霸业。

⑨ 盖：何不。反：返。意思是王应当回到王道之本上来。

之途，天下之欲疾其君者，皆欲赴愬于王[①]，其若是，孰能御之！”

王曰：“吾惛，不能进于是矣，愿夫子辅吾志，明以教我，我虽不敏，请尝试之！”

曰：“无恒产而有恒心者，惟士为能。若民则无恒产，因无恒心。苟无恒心，放辟邪侈，无不为已。及陷于罪，然后从而刑之，是罔民也[②]。焉有仁人在位，罔民而可为也！是故明君制民之产，必使仰足以事父母，俯足以畜妻子，乐岁终身饱，凶年免于死亡，然后驱而之善，故民之从之也轻[③]。今也制民之产，仰不足以事父母，俯不足以畜妻子，乐岁终身苦，凶年不免于死亡，此惟救死而恐不赡[④]，奚暇治礼义哉[⑤]！王欲行之，则盍反其本矣？五亩之宅，树之以桑，五十者可以衣帛矣；鸡豚狗彘之畜，无失其时，七十者可以食肉矣；百亩之田，勿夺其时，八口之家，可以无饥矣。谨庠序之教[⑥]，申之以孝悌之义，颁白者不负戴于道路矣[⑦]。老者衣帛食肉，黎民不饥不寒，然而不王者，未之有也。”

【作者简介】

孟子（约前372—前289），名轲，战国邹国人（今山东邹城），为鲁国贵族孟孙氏后裔。孟子是战国时期杰出的思想家和教育家，他继承并发展了孔子思想，成为战国中期儒家学派最有权威的代表人物。在封建社会中，孟子被推崇为仅次于孔子的第二位圣人，号称“亚圣”。

【知识链接】

孟母三迁：

邹孟轲之母也，号孟母。其舍近墓，孟子之少也，嬉游为墓间之事，踊跃筑埋。孟母曰：“此非吾所以居处子也。”乃去。舍市傍，其嬉戏为贾人衒卖之事。孟母又曰：“此非吾所以居处子也。”复徙舍学宫之傍，其嬉游乃设俎豆，揖让进退。孟母曰：“真可以居吾子矣。”遂居之。及孟子长，学六艺，卒成大儒之名。君子谓孟母善以渐化。（西汉刘向《列女传》卷一）

大学（节选）[⑧]

【阅读提示】

《大学》是“七十子”后学著名文献，作者不详。原本是单篇流传，到西汉戴圣时才编入《礼记》49篇中。南宋朱熹又特意将此篇选出来组成“四书”，成为明清以来读书人必须熟记于胸的文献。《大学》篇主要讲博学的目的、方法、起点和终点。文章第一节使用了顶针衔接，因而段落首尾呼应，环环相扣，显示了作者撰写论说文的高超技巧。

---

① 疾：恨。愬：通“诉”，控告。

② 罔民：用网罗陷害人民。

③ 轻：容易。

④ 不赡：来不及。

⑤ 奚：何，疑问语气词。

⑥ 庠序：学校。

⑦ 颁白：头发花白，指老年人。负戴：肩扛头顶，指老年人从事繁重体力劳动。

⑧ 选自《礼记正义》，见影印清阮元校刻本《十三经注疏》，北京，中华书局，1980。

大学之道，在明明德[①]，在亲民[②]，在止于至善[③]。知止而后有定，定而后能静，静而后能安，安而后能虑，虑而后能得。物有本末，事有终始，知所先后，则近道矣。

古之欲明明德于天下者，先治其国。欲治其国者，先齐其家[④]。欲齐其家者，先修其身。欲修其身者，先正其心。欲正其心者，先诚其意。欲诚其意者，先致其知[⑤]。致知在格物[⑥]。物格而后知至，知至而后意诚，意诚而后心正，心正而后身修，身修而后家齐，家齐而后国治，国治而后天下平。自天子以至于庶人，壹是皆以修身为本[⑦]。其本乱而末治者否矣，其所厚者薄，而其所薄者厚，未之有也。此谓知本，此谓知之至也。

所谓诚其意者，毋自欺也，如恶恶臭，如好好色，此之谓自谦[⑧]。故君子必慎其独也[⑨]。小人闲居为不善[⑩]，无所不至。见君子而后厌然，掩其不善而著其善[⑪]，人之视己，如见其肺肝然[⑫]，则何益矣！此谓诚于中，形于外。故君子必慎其独也。曾子曰："十目所视，十手所指，其严乎[⑬]？"富润屋，德润身，心广体胖[⑭]，故君子必诚其意。

【知识链接】

《大学》八目：

儒家根据《大学》一文的表述，将儒家的内外功夫概括为格物、致知、诚意、正心、修身、齐家、治国、平天下八个步骤。这八个步骤被称作"八目"，是南宋以来知识分子普遍信奉的人生纲领。格物、致知、诚意、正心，探讨获取知识问题和如何正确获取知识，属于认识论；修身以下属于实践论问题。《大学》八目，话不算长，却是一个严密的体系。晚清至民国初年，人们还将物理和化学称为"格致"科。八目包含了许多哲学道理，今天仍然值得我们去思考。

中庸（节选）[⑮]

【阅读提示】

《中庸》也是"七十子"后学的著作，东汉郑玄以为孔子的孙子子思所作。南宋朱熹将它

---

① 明明德：明其至德。第一个"明"是使动词，第二个"明"为形容词。

② 亲民：新民，使民自新。

③ 止：处于……之地。

④ 齐其家：将家族各种关系调整好。

⑤ 致其知：对事物有正确的认知。

⑥ 格物：探究事物。格，穷究。物，事物。

⑦ 壹是：一律。

⑧ 自谦：谦，通"慊"(qiè)，心安理得的样子。这里指做事情都是出自内心的愿望，因而表现出自得的样子。

⑨ 慎其独：个人独处的时候，没有外界约束，也要坚持自己的道德标准，不放纵自己。

⑩ 闲居：公事完毕回家休息。

⑪ 厌然：深藏不露的样子。

⑫ 人之视己，如见其肺肝：比喻别人看得一清二楚。

⑬ 严：敬畏的样子。

⑭ 心广体胖(pán)：内心充实，外在神情体现出安闲舒适的样子。

⑮ 选自《礼记正义》，见影印清阮元校刻本《十三经注疏》，北京，中华书局，1980。

与《大学》、《论语》、《孟子》合编成“四书”。由于《大学》和《中庸》有比较深的思辨性，传说还是圣人之后所作，朱熹正好将它们拿来充实自己的理学，并与当时的佛学相抗衡。“中庸”就是中用，就是用中。这种思想有合理成分，即寻找事物最佳的切入点，具有方法论意义。《中庸》也是儒家著作中比较早谈性命之学的文献，为宋明理学所发挥。《中庸》各段之间没有严密的逻辑关系，还不是成熟的论说文文体，属于某一儒家学派思想的汇编。

天命之谓性，率性之谓道①，修道之谓教。道也者，不可须臾离也。可离非道也。是故君子戒慎乎其所不睹，恐惧乎其所不闻。莫见乎隐，莫显乎微②，故君子慎其独也。喜怒哀乐之未发，谓之中，发而皆中节，谓之和。中也者，天下之大本也；和也者，天下之达道也。致中和，天地位焉③，万物育焉。

仲尼曰：“君子中庸，小人反中庸。君子之中庸也，君子而时中④；小人之中庸也，小人而无忌惮也。”

子曰：“中庸其至矣乎！民鲜能久矣！”子曰：“道之不行也，我知之矣：知者过之，愚者不及也。道之不明也，我知之矣：贤者过之，不肖者不及也⑤。人莫不饮食也，鲜能知味也。”子曰：“道其不行矣夫！”

子曰：“舜其大知也与！舜好问而好察迩言⑥，隐恶而扬善⑦，执其两端，用其中于民⑧，其斯以为舜乎⑨！”

子曰：“人皆曰予知，驱而纳诸罟、擭、陷阱之中而莫之知辟也⑩；人皆曰予知，择乎中庸，而不能期月守也⑪。”

子曰：“回之为人也，择乎中庸，得一善，则拳拳服膺而弗失之矣⑫。”

子曰：“天下国家可均也，爵禄可辞也，白刃可蹈也，中庸不可能也。⑬”

子路问强⑭。子曰：“南方之强与？北方之强与？抑而强与⑮？宽柔以教，不报无道⑯，南方之强也，君子居之。衽金革⑰，死而不厌⑱，北方之强也，而强者居之。故君子和而

---

① 天命：人的自然禀赋、事物的天然本性，不能误解成“命运”。率：循，依据……去行动。

② 莫见乎隐，莫显乎微：见：现，与“显”义同。隐、微义近。意思是说在小事和暗处更能体现一个人的品德。

③ 位：这里指天地间事物的位置和秩序调整到位。

④ 时中：时时保持中庸。

⑤ 贤者过之，不肖者不及也：贤才做过了头，庸才达不到要求。

⑥ 迩言：身边人的言论。

⑦ 隐恶而扬善：隐匿别人短处，褒扬别人长处。

⑧ 执其两端，用其中：将过激和不足两方面的意见进行折中，然后用之。

⑨ 其斯以为舜：这就是舜能成为舜的原因。

⑩ 辟：避。

⑪ 期月：一整月。

⑫ 拳拳：奉持不懈之貌。

⑬ 意思是说治理国家、爵禄得失、脚踏白刃都没有保持中庸难。

⑭ 强：勇，强力。子路好勇，因有此问。

⑮ 而：你，指子路。

⑯ 不报无道：不报复不讲道义的人。

⑰ 衽（rèn）金革：将盔甲当席子睡。衽，动词，据郑玄注，为“席”。

⑱ 死而不厌：死也在所不惜。

不流[①]，强哉矫[②]！中立而不倚[③]，强哉矫！国有道，不变塞焉[④]，强哉矫！国无道，至死不变，强哉矫！”

子曰：“素隐行怪[⑤]，后世有述焉[⑥]，吾弗为之矣。君子遵道而行，半途而废，吾弗能已矣！君子依乎中庸，遁世不见知而不悔[⑦]，唯圣者能之。”

【作者简介】

子思，名孔伋，字子思，孔子的嫡孙。约生于东周敬王三十七年（公元前483年），卒于周威烈王二十四年（公元前402年），终年82岁。子思是春秋战国时期著名的思想家。受教于孔子的弟子曾参，孔子的思想学说由曾参传子思，子思的门人再传孟子。后人把子思、孟子并称为“思孟学派”，因而子思上承曾参，下启孟子，在孔孟“道统”的传承中有重要地位。

【知识链接】

对中庸之道的误解可以休矣。“中庸”在近代变成了贬义词。为人处世的滑头主义、没有是非曲直观的扁平人物、缺少才华的庸人都被视为中庸，中庸甚至还被用来描述性价比较低的商品。这是俗儒和近人对《中庸》有意无意的误读。在《中庸》一文里，找不出滑头主义的影子。“喜怒哀乐之未发，谓之中”是从人的情感角度来说“中”的，即“中”包括了人的天然情感，就是第一节中的“天命之谓性”。

兼爱（节选）[⑧]

墨　翟

【阅读提示】

兼爱是墨子学派的核心思想。他将社会弱肉强食等种种不公平现象的原因归结为人们失去了友爱之心，因而提出通过勉励友爱来重建社会秩序，达到交相利的社会效果。这种医治社会的药方虽然不切实际，但也显示了中华文化中的博大胸怀和人格理想。本文从寻找社会混乱的原因开始，逐条分析兄弟、父子、君臣、盗贼、大夫、诸侯之间的乱象起自自私自利而不相爱，这是反面论证。然后正面论证：一旦兄弟、父子、君臣、大夫、诸侯等交相爱，那么不孝、不慈、盗贼、乱家、攻战都消失了。论证环环相扣，绵绵不断，又一气呵成。

圣人以治天下为事者也，必知乱之所自起，焉能治之[⑨]；不知乱之所自起，则不能治。

---

① 和而不流：和同而不丧失原则。
② 强哉矫：这是真正的强啊。矫，强大的样子。
③ 倚：偏。
④ 不变塞：不改变自己充实的德行。塞，充实。
⑤ 素隐行怪：一向隐居，行为怪僻。
⑥ 后世有述：后人称述他的事迹。
⑦ 遁世：避世隐居。
⑧ 选自《墨子闲诂》，见《新编诸子集成》，北京，中华书局，1998。
⑨ 焉：乃。

譬之如医之攻人之疾者然[①]，必知疾之所自起，焉能攻之；不知疾之所自起，则弗能攻。治乱者何独不然[②]？必知乱之所自起，焉能治之；不知乱之所自起，则弗能治。

圣人以治天下为事者也，不可不察乱之所自起。当察乱何自起？起不相爱。臣子之不孝君父，所谓乱也。子自爱不爱父，故亏父而自利[③]；弟自爱不爱兄，故亏兄而自利；臣自爱不爱君，故亏君而自利。此所谓乱也。虽父之不慈子[④]，兄之不慈弟，君之不慈臣，此亦天下之所谓乱也。父自爱也不爱子，故亏子而自利；兄自爱也不爱弟，故亏弟而自利；君自爱也不爱臣，故亏臣而自利。是何也？皆起不相爱。虽至天下之为盗贼者，亦然。盗爱其室，不爱其异室[⑤]，故窃异室以利其室；贼爱其身[⑥]，不爱人，故贼人以利其身。此何也？皆起不相爱。虽至大夫之相乱家[⑦]、诸侯之相攻国者，亦然。大夫各爱其家，不爱异家，故乱异家以利其家；诸侯各爱其国，不爱异国，故攻异国以利其国。天下之乱物[⑧]，具此而已矣。察此何自起？皆起不相爱。

若使天下兼相爱，爱人若爱其身，犹有不孝者乎？视父兄与君若其身，恶施不孝[⑨]？犹有不慈者乎？视弟子与臣若其身，恶施不慈？故不孝不慈亡有，犹有盗贼乎？故视人之室若其室，谁窃？视人身若其身，谁贼？故盗贼亡有。犹有大夫之相乱家、诸侯之相攻国者乎？视人家若其家，谁乱？视人国若其国，谁攻？故大夫之相乱家、诸侯之相攻国者亡有。若使天下兼相爱，国与国不相攻，家与家不相乱，盗贼无有，君臣父子皆能孝慈，若此则天下治。故圣人以治天下为事者，恶得不禁恶而劝爱[⑩]？故天下兼相爱则治，交相恶则乱。故子墨子曰："不可以不劝爱人者。"此也。

【作者简介】

墨子，生卒年不详，约生活在公元前476年至前390年，名翟。墨子籍贯，前人没有明确记载，有宋人说、楚人说、鲁人说等。其中鲁人说已经为学术界大部分人所认可。墨子是我国战国时期著名的思想家、教育家、军事家，墨家学派的创始人，创立墨家学说，并有《墨子》一书传世。

墨子像

【知识链接】

1. 墨子学说的主要内容有兼爱、非攻、尚贤、尚同、节用、节葬、非乐、天志、明鬼、非命等十项，以兼爱为核心，以尚贤、节用为支点。墨学在当时影响很大，与儒家并称"显

---

① 攻：治。这里指治疗疾病。

② 何独：为什么。独，语气助词。

③ 亏：损害。

④ 虽：即使。

⑤ 盗：偷，隐蔽地窃取他人财物者。异室：别人的家。

⑥ 贼：强盗，强行夺取人财物者。

⑦ 家：大夫的封地。《左传》说："天子建国，诸侯立家，卿置侧室，大夫有贰宗。"诸侯立家，就是给大夫设立封地。

⑧ 乱物：乱事。物，事情。

⑨ 恶：何，为什么。

⑩ 劝爱：勉励互相友爱。劝，勉励。

学"。墨子死后，墨家分为相里氏之墨、相夫氏之墨、邓陵氏之墨三个学派。

2. 墨子名言录：

志不强者智不达，言不信者行不果。（《墨子·修身》）

名不可简而成也，誉不可巧（伪诈）而立也，君子以身戴（载）行者也。（《墨子·修身》）

仁人之所以为事者，必兴天下之利，除去天下之害。（《墨子·兼爱》）

天下之人皆相爱，强不执弱，众不劫寡，富不侮贫，贵不敖贱，诈不欺愚。（《墨子·兼爱》）

染于苍则苍，染于黄则黄。（《墨子·所染》）

节俭则昌，淫佚则亡。（《墨子·辞过》）

有能则举之，无能则下之。（《墨子·尚贤》）

五蠹（节选）[①]

韩　非

【阅读提示】

韩非为战国韩国的公子，曾就学于荀子，但是他的思想却属于法家。他是先秦法家的集大成者，将申不害的"术"、商鞅的"法"、慎到的"势"加以融合，提出了集权任法、弃仁去智的治国思想，成为秦始皇短命王朝的指导思想。韩非思想过于急功近利，甚至在一定程度上有反文化倾向。但是他对人性的分析、对权术的剖析相当深刻。他的文章大多洋洋洒洒，说理细密，目光敏锐，笔锋犀利，往往从平常处生发出神奇。《五蠹》属于长篇大论，先秦论说文到韩非已经完全成熟。本文节选自《五蠹》，前三段利用对比论证，分析人们熟悉的历史典故和生活经验，翻新出奇，说明仁义道德不是治理天下的依据，法才是治理国家必须遵循的手段。最后一段直接斥责人们所乐道的五种人为社会蛀虫，发人深省。

夫古今异俗，新故异备[②]，如欲以宽缓之政治急世之民[③]，犹无辔策而御馯马，此不知之患也。今儒、墨皆称"先王兼爱天下"，则视民如父母。何以明其然也？曰："司寇行刑[④]，君为之不举乐[⑤]；闻死刑之报，君为流涕。"此所举先王也。夫以君臣为如父子则必治，推是言之，是无乱父子也。[⑥] 人之情性莫先于父母[⑦]，父母皆见爱而未必治也，君虽厚爱，奚遽不乱[⑧]！今先王之爱民，不过父母之爱子；子未必不乱也，则民奚遽治哉！且夫以法行刑而君为之流涕，此以效仁，非以为治也。夫垂泣不欲刑者，仁也；然而不可不刑者，法也。先王胜其法不听其泣[⑨]，则仁之不可以为治亦明矣。

---

① 选自《韩非子集解》，见《新编诸子集成》，北京，中华书局，1998。

② 异备，异服。备，通"服"，意为从事。

③ 急世：乱世。

④ 司寇：古代执行刑罚之官。

⑤ 不举乐：不演奏舞蹈音乐，以表示对生命的尊敬。

⑥ 此句是说，将君臣关系调整到像父子关系那么亲密，就没有祸乱了。

⑦ 先：最看重。

⑧ 奚：何。遽：遂。

⑨ 胜：服从，以法为优先。

且民者固服于势，寡能怀于义。仲尼天下圣人也，修行明道以游海内，海内说其仁美其义，而为服役者七十人[①]。盖贵仁者寡，能义者难也。故以天下之大，而为服役者七十人，而仁义者一人[②]。鲁哀公[③]下主也，南面君国，境内之民莫敢不臣，民者固服于势。势诚易以服人，故仲尼反为臣，而哀公顾为君[④]。仲尼非怀其义，服其势也。[⑤]故以义则仲尼不服于哀公，乘势则哀公臣仲尼。今学者之说人主也，不乘必胜之势，而务行仁义，则可以王，是求人主之必及仲尼，而以世之凡民皆如列徒[⑥]，此必不得之数也[⑦]。

今有不才之子，父母怒之弗为改，乡人谯之弗为动[⑧]，师长教之弗为变。夫以父母之爱，乡人之行，师长之智，三美加焉而终不动，其胫毛不改[⑨]；州部之吏，操官兵，推公法而求索奸人，然后恐惧，变其节，易其行矣。故父母之爱不足以教子，必待州部之严刑者，民固骄于爱听于威矣。故十仞之城，楼季弗能逾者[⑩]，峭也。千仞之山，跛牂易牧者[⑪]，夷也。故明王峭其法而严其刑也。布帛寻常，庸人不释；铄金百溢，盗跖不掇[⑫]，不必害则不释寻常，必害手则不掇百溢，故明主必其诛也。是以赏莫如厚而信，使民利；罚莫如重而必[⑬]，使民畏之；法莫如一而固[⑭]，使民知之。故主施赏不迁[⑮]，行诛无赦[⑯]。誉辅其赏，毁随其罚[⑰]，则贤不肖俱尽其力矣。

…………

夫明王治国之政，使其商工游食之民少而名卑，以寡趣本务而趋末作。今世近习之请行则官爵可买，官爵可买则商工不卑也矣；奸财货贾得用于市，则商人不少矣。聚敛倍农而致尊过耕战之士，则耿介之士寡而高价之民多矣。是故乱国之俗，其学者，则称先王之道以籍仁义，盛容服而饰辩说，以疑当世之法而贰人主之心。其言古者，为设诈称，借于外力，以成其私而遗社稷之利。其带剑者，聚徒属，立节操，以显其名而犯五官之禁。其患御者，积于私门，尽货赂而用重人之谒，退汗马之劳。其商工之民，修治苦窳之器，聚弗靡之财，蓄积待时而侔农夫之利。此五者，邦之蠹也。人主不除此五蠹之民，不养耿介之士，则海内虽有破亡之国，削灭之朝，亦勿怪矣。

---

① 为服役者七十人：意思是说，天下之大，只有“七十子”听从孔子仁义的感召。

② 为仁义者一人：指孔子。

③ 鲁哀公：与孔子同时代的鲁国国君。

④ 顾：反而。

⑤ 意思是说孔子作鲁哀公臣子，不是佩服鲁哀公仁义，而是屈从于哀公权势。

⑥ 以世之凡民皆如列徒：将天下人民都看成像“七十子”一样贤能。

⑦ 数：理。

⑧ 谯：斥骂。

⑨ 胫毛不改：丝毫都不改变。

⑩ 楼季：古之擅长跳跃者。

⑪ 牂（zāng）：母羊。

⑫ 布帛寻常，庸人不释；铄金百溢，盗跖不掇：意思是说，如果没有法律，平平常常的一块布掉到地上，连胆小的庸人也会捡起来不放手；如果有峻刑严法，即使有很多黄金掉在地上，胆大如盗跖也不敢去捡。释，放。铄金，熔化的黄金。溢，多。

⑬ 重而必：惩罚重并且不可逃脱。

⑭ 一而固：一致而稳固。

⑮ 不迁：不变更。

⑯ 行诛无赦：执行刑罚不赦免。

⑰ 誉辅其赏，毁随其罚：行赏时辅之以赞誉，惩罚时辅之以诋毁。

【作者简介】

韩非子像

韩非（约前280—前233年），战国晚期韩国（今河南新郑）人，韩王室诸公子之一，战国末期优秀的哲学家，法家思想的集大成者。韩非精于“刑名法术之学”，与秦相李斯都是荀子的学生。韩非口吃，不擅言语，但文章笔锋锐利，文思如涌泉，受到秦嬴政的喜爱，被召至秦国，最终受李斯迫害，死于狱中。韩非的著作主要收集在《韩非子》一书中。

【知识链接】

用第三只眼睛看世界：

韩非文章的名言警句往往出人意料。他剥去了笼罩在父母与子女、臣子与国王、妻子与丈夫之间温情脉脉的面纱，看到面纱背后的利益之争，甚至是刀光剑影。韩非独特的视角使他对人性的理解比同时代人深刻得多，同时也偏激得多。韩非似乎拥有第三只眼睛。这与他作为韩国一个备受冷落的公子的境遇有关系。其思想和境遇与嬴政有些相似，他的思想成了秦朝的指导思想。由于对人性过分悲观，嬴政大搞政治的神秘主义，使国家政治生活不正常，被阴谋家钻了空子。

计　篇[①]

孙　武

【阅读提示】

《孙子兵法》是春秋末年齐人孙武所作，是中外文献史上第一部军事著作，是军事理论领域的“圣经”。即使到当代，还是世界上许多军事院校必读的文献。孙武有实战经验，曾与伍子胥一道，协助吴王攻破楚国郢都。《计篇》是《孙子兵法》的第一篇。该篇将战争现象上升到哲学高度，提出决定战争胜败的五个方面，每个方面又有若干个因素。战争之前应当仔细思考和评估这些因素，然后根据评估结果，采取必要措施，充分发挥将帅的主动性，争取最大利益。文章言简意赅，行文明快流畅，同时包含对军事武装的敬畏之情。

孙子曰：兵者，国之大事，死生之地[②]，存亡之道，不可不察也。

故经之以五事[③]，校之以计[④]，而索其情[⑤]。一曰道[⑥]，二曰天[⑦]，三曰地，四曰将，

---

① 选自《宋本十一家注孙子》，上海，上海古籍出版社，1978。

② 地：场所。

③ 经之以五事：以五事为主干去经度。经，经度，从全局方面去谋划。

④ 校之以计：比较彼此的计谋。

⑤ 索其情：搜索对方军事情报。

⑥ 道：这里指作战双方国家政治经济等治国方针。

⑦ 天：天时。

五曰法。道者，令民与上同意也，故可以与之死，可以与之生，而不畏危。天者，阴、阳、寒、暑、时制也[1]。地者，远、近、险、易、广、狭、死生也[2]。将者，智、信、仁、勇、严也。法者，曲制、官道[3]、主用也[4]。凡此五者，将莫不闻。知之者胜，不知者不胜。故校之以计而索其情，曰主孰有道，将孰有能，天地孰得，法令孰行，兵众孰强，士卒孰练，赏罚孰明。吾以此知胜负矣。

将听吾计，用之必胜，留之[5]。将不听吾计，用之必败，去之。计利以听，乃为之势[6]，以佐其外。势者，因利而制权也[7]。

兵者，诡道也[8]。故能而示之不能，用而示之不用，近而示之远，远而示之近。利而诱之，乱而取之，实而备之[9]，强而避之，怒而挠之[10]，卑而骄之[11]，佚而劳之，亲而离之[12]。攻其无备，出其不意。此兵家之胜，不可先传也。

夫未战而庙算胜者[13]，得算多也[14]。未战而庙算不胜者，得算少也。多算胜，少算不胜，而况于无算乎！吾于此观之，胜负见矣。

【作者简介】

孙武，字长卿，后人尊称其为孙子、孙武子。出生于公元前 545 年左右，齐国乐安（今山东惠民）人，确切的生卒年月不可考。孙子是中国古代最著名的军事思想家，他不但研究军事战术和军事战略，还将军事上升到哲学高度，是我国军事学的真正创立者。其著作收在《孙子兵法》一书中。

【知识链接】

《孙子兵法》在国外：

《孙子兵法》在国外被视为奇书，被公认为“兵学圣典”，享有极高声誉。日、法、英、俄、美、捷克等国均有《孙子兵法》译本，有些国家的军事院校将其列为必读之书。一些将帅学习、运用《孙子兵法》，出现“现代孙子热”。商界人士也运用《孙子兵法》的一些原理原则经营企业。日本的一家建筑公司董事长服部千春，自称其经营得以发展是拜《孙子兵法》所赐，并长期研究《孙子兵法》，还著有《〈孙子兵法〉校解》。

---

① 时制：季节气候。

② 死生：死地、生地。

③ 官道：军官体制方面的因素。

④ 主用：部队后勤保障。

⑤ 留之：留下来协助主帅。下句“去之”与此相反。

⑥ 为之势：得势，即转化为战场优势。

⑦ 因利而制权：根据有利形势来制定措施。权，权变，战场形势多变，应依据形势发展适当变更计划，这叫“权变”。

⑧ 诡道：战争讲究诡秘的战法。

⑨ 实而备之：敌方实力强则采取防守策略。

⑩ 怒而挠之：敌方恼怒了就骚扰他。

⑪ 卑而骄之：敌方轻视我，想办法使他更骄傲。卑，以我方为卑下。

⑫ 亲而离之：敌方团结就离间他。

⑬ 庙算：战前在庙堂预测战争胜负。

⑭ 得算：得到筹码。算，筹码，古人计数所用。

群经概论·导论（节选）[①]

周予同

【阅读提示】

本文选自周予同《群经概论·导论》。这篇《导论》由五个部分组成。第一部分“经的定义”介绍了古文学派、今文学派和骈文派关于“经”的定义，分析了他们的优缺点，最后给出“经是中国儒教书籍的尊称”的定义。第二部分“经的领域”介绍了历史上所谓六经、五经、七经、九经、十二经、十三经、十四经和二十一经所包括的内容，指出“十三经”获得普遍接受。第三部分“经的次第”介绍了古文学派和今文学派关于六经次序的主张，指出今文学派以孔子为教育家，六经排列从易到难，按照内容深浅排列。古文学派以孔子为历史学家，经文排列按照各经出现的时间次序排列。第四部分“六经与孔子”介绍了两种极端的说法：以清人皮锡瑞为代表的六经皆孔子所作说，以及以近人钱玄同为代表的六经与孔子无关说。第五部分“经学的派别：分别介绍了西汉今文经学派、东汉古文经学派、宋学派和现代新史学派。本书选择前三节。以上五个问题是经学的基本问题，了解这五个问题，对于我们今天阅读五经文献大有裨益。周予同是钱玄同的弟子，故文中独称“先生”。

【经的定义】 中国经学，就时间方面说，仅从西汉初年起计算，已经有二千一百余年的历史；就分量方面说，仅据《四库全书总目》经部著录，已经有一千七百七十三部、二万零四百二十七卷；然而，经的定义是什么，到现在还是一个争辩未决的问题。

我们要晓得经的定义，先要晓得经学上的学派。经学的学派，下文拟另节叙说，现在只要先知道大概可分为四派：一、“西汉今文学派”；二、“东汉古文学派”；三、“宋学派”；四、“新史学派”[②]。对于经的定义一问题，“宋学派”及“新史学派”不甚注意，但“西汉今古文学派”（以下简称今文派）与“东汉古文学派”（以下简称古文派）却是各有主张，而且争辩非常激烈。

今文派以为经是孔子著作的专名。孔子以前，不得有经；孔子以后的著作，也不得冒称为经。他们以为经、传、记、说四者的区别，由于著作者身份的不同；就是孔子所作的叫做经，弟了所述的叫做传或叫做记，弟子后学辗转口传的叫做说。一如佛教称佛所说的为经、禅师所说的为律、为论的不同。所以他们以为只有《诗》、《书》、《礼》、《乐》、《易》、《春秋》是孔子手作，可以称为经。而《乐》在《诗》与《礼》中，本没有经文，所以实际上只有“五经”这个名辞可以成立。总之，依今文派说，所谓经，只有《诗》三百零五篇，《书》[③] 今文二十八篇，《礼》十六篇（《丧服传》为子夏作，不计），《易》的《卦辞》、《爻辞》、《象辞》、《彖辞》四种，以及“断烂朝报”似的《春秋经》。对于这主张坚决地提出的，始于清龚自珍的《六经正名》及《六经正名答问》诸文。其后如皮锡瑞的

---

① 选自朱维铮编：《周予同经学史论著选集》（增订版），上海，上海人民出版社，2010。

② “宋学”指两宋经学。两宋经学研究的主题转变为对性理的探讨，有别于汉唐义理与训诂，有时代特征，被称为理学或宋学。

③ 《书》指《尚书》，有今文与古文之分。今文《尚书》以伏生所传二十八篇为源，古文《尚书》以孔子壁中发现的《尚书》为源。

《经学历史》、廖平的《知圣篇》以及康有为的《新学伪经考》诸书，亦时有更明确更系统的解说。

古文学派与今文学派相反，以为经只是一切书籍的通称，不是孔子的六经所能专有。在孔子以前，固然已有所谓经；在孔子以后的群书也不妨称为经。他们以为经、传、论的不同，不是由于著作者的身份的区别，而只是由于书籍版本长短的差异。经的本义是线，就是订书的线，也就是《论语》上所谓"韦编三绝"的"韦编"。古代经书竹简，长短是有一定的。或二尺四寸，或一尺二寸（见郑玄《论语序》）。传是"专"的假借字，专在《说文》释为六寸簿，所以传就是比经短点的书本。论，古仅作"仑"，比次竹简，使有次第，就称为论；《论语》之所以得名，就因为它是将孔子的师弟问答编次成帙的缘故。所以他们以为经是一些群书的通称，如《国语·吴语》"挟经秉枹"，则兵书可以称经；王充《论衡·谢短篇》"至礼与律独经也"，则法律可以称经；《管子》有《经言》、《区言》，则教令可以称经；《汉书·律历志》援引《世经》，则历史可以称经；《隋书·经籍志》著录《畿服经》，则地志可以称经；《墨子》有《经上》、《经下》篇，《韩非子·内外储说篇》另立纲要为经，《老子》到汉代邻氏次为经传，贾谊书又《容经》，则诸子也可以称经。总之，依古文派说，经是一切书籍的通称，不能占为五经、六经、七经、九经、十一经、十三经等经书的专名。对于这主张，坚决地系统地提出的，始于近人章炳麟《国故论衡》、《文学总略》及《原经》诸文。

此外，还有立场于骈文学派的见地，而提出经的定义的。他们以为经是经纬组织的意思。六经中的文章，多是奇偶相生，声韵相协，藻绘成章，好像治丝的经纬一样，所以得称为经；换言之，六经的文章大抵是广义的骈文体，也就是他们所谓"文言"。所以其他群书，只要是"文言"的，也可以称为经。如《老子》称为《道德经》，《离骚》称为《离骚经》等。这派是始于清代反桐城派的骈文学家阮元，到近人刘师培著《经学教科书》，更提出比较有系统的主张。

对于经的定义，以上三派，骈文学家借《易经》的《文言》[①] 以自重，近于附会，固不足取；但古文派过于空乏，今文派过于狭窄，也未见得使我们心服。总之，经是中国儒教书籍的尊称，因历代儒教徒意识形态的不同，所以经的定义逐渐演化，经的领域也逐渐扩张，由相传为孔子所删定的六经扩张到以孔子为中心的其他书籍，如《孟子》、《尔雅》等。

【经的领域】依上节所说，经的领域，因历代儒教徒意识形态的不同而逐渐扩张，所以在前代的记载上，每每有六经、五经、七经、九经、十二经、十三经及十四经、二十一经等等的称号。

六经 以《诗》、《书》、《礼》、《乐》、《易》、《春秋》六者为"六经"，始见于《庄子·天运篇》。称六经为"六艺"，始见于《史记·滑稽列传》。其后班固《汉书·艺文志》袭用刘歆《七略》了，编次儒教经典的书籍，称为"六艺略"；所谓六艺，亦就是六经。

五经 六经去《乐》，成为"五经"。宋徐坚等《初学记》说："古者以《易》、《诗》、《书》、《礼》、《乐》、《春秋》为六经。至秦焚书，《乐经》亡，今以《易》、《诗》、《书》、《礼》、《春秋》为五经。"按《乐经》的有无，今古文学的主张完全不同。依今文学说，《乐》本无经，乐即在《诗》、《礼》之中。依古文学说，《乐》本有经，因秦焚书而亡失。上举的《初学记》，可视为古文学说之一例。今文家对于这主张最说得透彻的，首推清邵

① 《文言》，《十翼》之一，《十翼》是阐释《易经》的著作，今并在《易经》中，传说为孔子所作。

懿辰《礼经通论》。邵氏说："乐本无经也……夫声之铿锵鼓舞，不可以言传也；可以言传，则如制氏等之琴调曲谱而已。……乐之原在《诗》三百篇之中，乐之用在《礼》十七篇之中。……欲知乐之大原，观三百篇而可；欲知乐之大用，观十七篇而可；而初非别有《乐经》也。……先儒惜《乐经》之亡，不知四术有乐，六经无乐，乐亡非经亡也。周、秦间六经、六艺之云，特自四术加《易》、《春秋》耳。"据他的意见，五经而称为六经，完全是习惯的关系；因为古代乐正崇四术（《诗》、《书》、《礼》、《乐》）以教士，后来加以《易》、《春秋》，遂称六经；其实乐本来是没有文字的。（或又主张六经去《春秋》而称五经；班固《白虎通德论·五经篇》："五经何谓也？《易》、《尚书》、《诗》、《礼》、《乐》也。"按这说不甚通行。）

七经　"七经"的名称始见于《后汉书·赵典传》，既见于《三国志·蜀书·秦宓传》。清全祖望《经史问答》解释说："七经者，盖六经之外加《论语》。东汉则加《孝经》而去《乐》。"清柴绍炳《考古类编》解释说："有称'七经'者，五经之外兼《周礼》、《仪礼》也。"据这二说，则七经有三义：一以《诗》、《书》、《礼》、《乐》、《易》、《春秋》、《论语》为七经，二以《诗》、《书》、《礼》、《易》、《春秋》、《论语》、《孝经》为七经。三以《诗》、《书》、《周礼》、《仪礼》、《礼记》、《易》、《春秋》为七经。

九经　"九经"的名称始见于《唐书·儒学传·谷那律传》。柴绍炳《考古类编》说："有称'九经'者，七经之外，兼《论语》、《孝经》也。"清皮锡瑞《经学历史》说："唐分《三礼》、《三传》，合《易》、《书》、《诗》为九。"据这二说，则九经有二义：一以《易》、《书》、《诗》、《仪礼》、《周礼》、《礼记》、《春秋》、《论语》、《孝经》为九经；一以《易》、《书》、《诗》、《仪礼》、《周礼》、《礼记》、《左传》、《公羊传》、《谷梁传》为九经。

十二经　"十二经"的名称始见于《庄子·天道篇》。唐陆德明《经典释文》以为有三义：一以《诗》、《书》、《礼》、《乐》、《易》、《春秋》六经，又加六纬，为十二经。而以为《易》上下经，并孔子《十翼》[①]，为十二经。三以为春秋十二公为十二经。其后宋晁公武《郡斋读书志》说："唐太和中，复刻'十二经'，立石国学。"这十二经是指《易》、《书》、《诗》、《周礼》、《仪礼》、《礼记》、《春秋左传》、《公羊传》、《谷梁传》、《论语》、《孝经》、《尔雅》。

十三经　"十三经"的名称始于宋。皮锡瑞《经学历史》说："唐分《三礼》、《三传》，合《易》、《书》、《诗》为九。宋又增《论语》、《孝经》、《孟子》、《尔雅》为十三经。"明顾炎武《日知录》亦说："唐时立之学官，则云九经者，《三礼》、《三传》，分而习之，故云九也。……宋时程、朱诸大儒出，始取《礼记》中之《大学》、《中庸》，及进《孟子》以配《论语》，谓之四书。本朝因之，而十三经之名始立。"据这说，则以《易》、《书》、《诗》、《周礼》、《仪礼》、《礼记》、《春秋左传》、《公羊传》、《谷梁传》、《论语》、《孝经》、《尔雅》、《孟子》为十三经。

十四经　此外还有"十四经"的名称，盖附《大戴礼记》于十三经。宋史绳祖《学斋占毕》说："先时，尝并《大戴记》于十三经末，称十四经。"

二十一经　又清代段玉裁主张于十三经外，应增《大戴礼记》、《国语》、《史记》、《汉书》、《资治通鉴》、《说文解字》、《周髀算经》、《九章算术》八书，为二十一经，以为这些都是保氏（周官掌教国子的）书数之遗。见章炳麟《检论·清儒篇》。

---

① 《十翼》包括《彖辞》上下篇，《象辞》上下篇，《文言》、《系辞》上下篇，《说卦》，《序卦》，《杂卦》。这十篇著作传说是孔子为阐释《易经》所作，犹如《易经》的羽翼，因而被称为"十翼"。

总之，经的领域逐渐扩大，现在依普通的习惯，以十三经为限。因为十四经的名称不甚普遍，而二十一经不过是清代朴学家个人的主张。

【经的次第】经的定义及经的领域等问题以外，经的次第也是经学上一个素被忽略其实非常重要的问题。对于经的次第，"宋学派"及"新中学派"无甚意见，但今古文学派却仍是争议不决。

六经的次第，今文学派主张（1）《诗》，（2）《书》，（3）《礼》，（4）《乐》，（5）《易》，（6）《春秋》。而古文学派主张（1）《易》，（2）《书》，（3）《诗》，（4）《礼》，（5）《乐》，（6）《春秋》。他们两派除在为行文便利而偶尔颠倒外，决不随便乱写。现先将今古文学派的证据列下，然后加以说明。

今文学说：

（1）《庄子·天运篇》："丘治《诗》、《书》、《礼》、《乐》、《易》、《春秋》。"

（2）《庄子·天下篇》："《诗》以道志，《书》以道事，《礼》以道行，《乐》以道和，《易》以道阴阳，《春秋》以道名分。"

（3）董仲舒《春秋繁露·玉杯篇》[①]："《诗》、《书》序其志，《礼》、《乐》纯其美，《易》、《春秋》明其知。"

（4）司马迁《史记·儒林传》序汉初传经诸儒，说："自是之后，言《诗》于鲁则申培公[②]，于齐则辕固生[③]，于燕则韩太傅[④]。言《尚书》自济南伏生[⑤]。言《礼》自鲁高堂生[⑥]。言《易》自淄川田生[⑦]。言《春秋》，于齐、鲁自胡毋生。于赵自董仲舒。"（按依今文说，乐本无经，故缺。）

（5）《荀子·儒效篇》："《诗》言是其志也，《书》言是其事也，《礼》言是其行也，《乐》言是其和也，《春秋》言是其微也。"（按缺《易》。）

（6）《商君书·农战篇》："《诗》、《书》、《礼》、《乐》、《春秋》。"（按亦缺《易》）

（7）《淮南子·泰族训》："温惠淳良者，《诗》之风也；淳庞敦厚者，《书》之教也；清明条达者，《易》之义也；恭俭尊让者，《礼》之为也；宽裕简易者，《乐》之化也；刺几辩义者，《春秋》之靡也。"（按《易》序偶乱。）

（8）《礼记·经解》："其为人也，温柔敦厚，《诗》教也；疏通知远，《书》教也；广博易良，《乐》教也；洁静精微，《易》教也；恭俭庄敬，《礼》教也；属辞比事，《春秋》教也。"（按《易》及《乐》序偶乱。）

（9）《礼记·王制》："顺先王《诗》、《书》、《礼》、《乐》以造士。"

---

① 董仲舒：汉武帝时期的政治家，今文《春秋公羊》学的开创者之一。

② 申培：秦汉之际鲁国的《诗经》学专家，是今文《鲁诗》学的开创者。《鲁诗》今不存。

③ 辕固：西汉景武之际齐国《诗经》学专家，今文《齐诗》学的创始人。"生"，对学者的尊称。《齐诗》今不存。

④ 韩太傅：韩婴，西汉景武之际《诗经》学专家，今文《韩诗》学创始人，著作仅存《韩诗外传》。

⑤ 伏生：秦汉之际《尚书》学者，曾为秦博士。秦末战乱中将一部《尚书》藏于壁中，战后发掘，仅剩二十八篇，伏生以二十八篇《尚书》教授学徒，是今文《尚书》学的开创者。所传今文《尚书》二十八篇大体上保存在今本伪古文《尚书》中。

⑥ 高堂生：秦汉之际《仪礼》专家，传《仪礼》十七篇，今存。是西汉今文《仪礼》学的创始人。"高堂"为复姓，"生"为尊称。

⑦ 田生：秦汉之际《易经》学者田何，为齐国田氏贵族，汉兴，迁于长安，号称"杜田生"，是西汉今文《易经》学的鼻祖。

(10)《庄子·徐无鬼篇》："横说之则以《诗》、《书》、《礼》、《乐》。"

(11)《荀子·儒效篇》："故《诗》、《书》、《礼》、《乐》之归是矣。"

(12)《论语·泰伯篇》："兴于《诗》，立于《礼》，成于《乐》。"

(13)《论语·述而篇》："《诗》、《书》、执礼，皆雅言也。"

古文学说：

(1) 班固《汉书·艺文志》"六艺略"序六经次第，首《易》，次《书》，次《诗》，次《礼》，次《乐》，次《春秋》。

(2)《汉书·儒林传》："汉兴，言《易》自淄川田生；言《书》自济南伏生；言《诗》，于鲁则申培公，于齐则辕固生，于燕则韩太傅；言《礼》自鲁高堂生；言《春秋》，于齐、鲁自胡母生，于赵自董仲舒。"又下文序汉儒传经的次第，亦是先《易》，次《诗》，次《礼》，次《春秋》，与《史记·儒林传》不同。(按古文说，《乐经》亡佚，故缺。)

(3) 班固《白虎通德论·五经篇》："五经何谓也？《易》、《尚书》、《诗》、《礼》、《乐》也。"(按未及《春秋》。)

(4) 许慎《说文解字序》："其称《易》孟氏、《书》孔氏、《诗》毛氏、《礼》《周官》、《春秋》左氏、《论语》、《孝经》，皆古文也。"(按孟氏当作费氏，说见康有为《新学伪经考·说文序纠谬》及章炳麟《检论·清儒篇》。)

(5) 宋范晔《后汉书·儒林传》："《易》有施、孟、梁丘、京氏；《尚书》，欧阳、大小夏侯；《诗》，齐、鲁、韩、毛；《礼》，大小戴；《春秋》，严、颜，凡十四博士。"又下文序诸儒传经次第，亦是先《易》，次《书》，次《礼》，次《春秋》，与《汉书·儒林传》合，与《史记·儒林传》不同。"(按"毛"字衍文，说见顾炎武《日知录》"史文衍字"及皮锡瑞《经学历史》"经学昌明时代"章。)

(6) 唐陆德明《经典释文》序录："五经六籍，圣人设教，……今以著述早晚，经义总别，以成次第，出之如左。"按下文次第，一、《周易》；二、《古文尚书》；三、《毛诗》；四、《三礼》；五、《春秋》。又说《周易》虽文起周代，而卦肇伏羲，既处名教之初，故《易》为《七经》之首。……《古文尚书》①，既起五帝之末，理后三皇之经，故次于《易》。……《毛诗》既起周文②，又兼商颂，故在尧、舜之后，次于《易》、《书》。……《周》、《仪》二礼，并周公所制，宜次文王。……《春秋》既是孔子所作，理当后于周公，故次于《礼》。"按六经次第，与《汉书·艺文志》相同。

今古文学对于六经次第的排列，是有意义的。所谓意义是什么呢？就是古文学的排列次序是依六经产生时代的早晚，今文学却是按六经内容程度的浅深。古文学家以《易经》的八卦是伏羲画的，所以《易》列在第一。《书经》中最早的篇章是《尧典》，较伏羲为晚，所以列在第二。《诗经》中最早的是《商颂》，较尧、舜又晚，所以列在第三。《礼》、《乐》，他们以为是周公所作，在商之后，所以列在第四、第五。《春秋》是鲁史，经过孔子的删改，所以列在第六。这理由，在上引的《经典释文》序录里，已经说得很明白。至

---

① 《古文尚书》：汉武帝时，鲁恭王为自己扩建宫室，打算拆除孔子旧宅，在壁中发现一大批古书，其中就有《尚书》，比今文《尚书》多出十六篇，这是真的《古文尚书》。东晋元帝时，豫章内史梅赜献五十八篇《古文尚书》，是《伪古文尚书》，传世本《尚书》即此《伪古文尚书》，真《古文尚书》反而不传。但该书与《今文尚书》重合的二十八篇大致上可靠。

② 《毛诗》：是古文《诗经》，为西汉鲁人毛亨所传。在东汉因郑玄作《毛诗笺》而大流行，最终取代今文三家《诗》。今本《诗经》即《毛诗》。

于今文学家对于六经次第的排列，颇含有教育家排列课程的意味。他们以《诗》、《书》、《礼》、《乐》是普通教育或初级教育的课程，所以列在先；《易》、《春秋》是孔子的哲学、社会学及政治学的思想所在，可以说是孔子的专门教育或高级教育的课程，所以列在后。又《诗》、《书》是符号的（文字的）教育，《礼》、《乐》是实践的（道德的）陶冶，所以《诗》、《书》列在最先，《礼》、《乐》列在其次。这理由，就上引的《春秋繁露·玉杯篇》的文句，也可以窥见大概。

但是我们如果进一步的询问，古文学家为什么要以时代的早晚为六经次第的标准，而今文学家为什么又依程度的浅深为标准呢？这就不能不论及这两派对于孔子观念的不同。古文学家视孔子为一史学家。他们以为六经都是前代的史料，所谓“六经皆史”；孔子只是前代文化的保存者，所谓“述而不作，信而好古。”孔子既是将前代的史料加以整理以传授后人，则六经的次第应当按史料产生的早晚而排列。今文学家视孔子为教育家、哲学家、政治家。他们以为六经固有前代的史料。但这只是孔子“托古改制”的工具。孔子所看重的，不在于六经的文字事实，而在于六经的微言大义；这正如孟子赞美《春秋》所说，“其事则齐桓、晋文，其文则史，其义则丘窃取之矣。”孔子既是一位改制的“素王”，则六经的次第当然要按程度的浅深而排列。至于这两派的观察究竟孰优，现因限于篇幅，暂略而不论。（可参考拙著《经今古文学》“经今古文异同示例”章。）

【作者简介】

周予同（1898—1981），浙江瑞安人，复旦大学历史系教授，著名经学史专家、历史学家。

【知识链接】

经学的派别：

《四库全书总目提要·经部总叙》将经学分为汉学与宋学两大流派，这一分派得到当时的普遍认可，是为两派说。康有为的经学以孔子之真与刘歆之伪来分派，将宋学、汉代汉学都视为刘歆之学的支流，实际上也持两派说，而不是周予同先生说的三派说。刘师培在《经学教科书·序例》中，将经学分为两汉、三国至隋唐、宋元明、近儒四派，是为四派说。另外，还有三派说，即分为汉学、宋学、清学三派，章太炎论经学就以汉儒、宋儒、清儒为说。相对而言三派说比较合于经学的实际。周予同在《中国经学史讲义》中提出他的新三派说：汉学、宋学、以梁启超为启蒙者的新史学。（黄开国《经学的派别与分期》）

思考与实践

1. 如果要用外语翻译中国古代经典，哪一部典籍可以取名《七十子译本》?
2. 《孙膑兵法》可以叫《孙子兵法》吗?
3. 孔子为什么不被列国重用?
4. 法家、墨家思想在当今时代有没有积极意义?
5. 列举十个来源于诸子百家的成语。
6. 中国人关于年纪的说法除了《论语》中的“十有五”外，还有哪些说法?
7. 结合当今社会的发展现状，解释“《大学》八目”。
8. 余英时认为中国现代公民精神得力于儒家价值的接引，你赞同吗？为什么?

第十四讲　古代思想·道家和佛教

概 述

一、老庄思想与道家文化

中国传统文化常常被概括为儒释道三家，其中的“道”指道家与道教。道家与道教不同，前者是一个哲学学派，后者是一种宗教。在先秦的百家争鸣中，道家虽没有像儒家和墨家那样有众多徒属，成为显学，但这个学派对宇宙、社会和人生有着独特的领悟和解释，因而在历史的发展中呈现出永恒的价值与生命力。

道家思想肇始于春秋末期的老子，但先秦时期并没有道家这一名称。用“道家”一词来概括由老子开创的这个学派，是从汉代初年开始的。当时，道家也被称作道德家。历史学家司马迁的父亲司马谈《论六家要旨》一文，把先秦的学派概括为道德、儒、墨、名、法、阴阳六家，并阐述了六家的主旨与得失。司马谈生活的时代，正是道家思想流行的时候，加之他又是一个道家的信徒，所以他对道家给予最高的评价。

司马谈所说的道家，实际上主要指黄老学派，是道家的一个派别。先秦各家的内部，一般都可以区分出众多的派别。在东汉班固所作的《汉书·艺文志》中，总共列有道家的著作 37 种，993 篇。它们大部分作于先秦时期。如果对它们进行分类的话，也可以区分出老子学派、庄子学派、黄老学派、杨朱学派、列子学派等。当然这是后人的区分，并非在当时就明确分成这样一些学派。这些不同学派的偏重点有所不同，或偏重治国，或偏重治身，但既然同属于道家，就有其共同点。这些共同点也就是道家思想的一般特点：以“道”为本，自然无为，轻物重生。当然，不同学派对这些共同点的理解和阐述又有很多差别。

《老子》（文徵明）

老子（约前 571—前 471），名耳，战国时人多称他为老聃，是道家思想的奠基者。老子的一生，基本上可分为史官和隐者两大段。史官负责天道、礼法、记录历史等，由此老子拥有关于自然、社会和人生的广博知识。隐士的经历则使老子可以摆脱职业的束缚，以一种较自由的心态去反思现实社会。这样，丰富的知识、自由的思考，再加上动荡的社会，共同造就出体现于《老子》中的深刻的思想。曾经有学者认为《老子》一书可能是战国晚期的作品。但近年湖北荆门战国中期的楚墓出土的竹简有《老子》，这可以证明《老子》一书出于战国晚期的说法是不能成立的。

“道”是老子思想中最重要的概念。“道”有丰富的含义。首先，“道”先天地而存在，是万物的本原，天地万物都从“道”中产生。其次，“道”是一个混成之物，它自身包括“无”和“有”两个方面，是“无”和“有”的统一体。再次，“道”是运动变化的，它运动的形式是“有无相生”，即“有”和“无”的互相转化。最后，“道”具有无为、柔弱等主要性质，这些性质可以被人们效仿。此外，“无为”与“自然”、“柔弱”与“不争”等都是《老子》主要讨论的问题。

庄子（约前369—前286），名周，是老子思想的继承者和发展者，后人常常把他与老子并列，合称老庄。根据《史记》记载，庄子曾做过漆园吏，但他一生基本上过着隐士的生活。庄子厌倦人世的生活，这使得他亲近自然，经常出没于山水之间。“庄子钓于濮水”、“庄子与惠子游于濠梁之上”、“庄子行于山中”……从《庄子》的这些记载中，我们不难看出庄子的生活情趣。在先秦思想家中，庄子的性格和情趣最富于美学的意味。

庄子的思想主要表现在《庄子》这部书中。《庄子》最早有52篇，十多万字。后来经过一些人的陆续删节，到晋代郭象那里确定为33篇，七万多字。这33篇被区分为内、外和杂三个部分，它们并不完全是庄子所作。一般认为，内七篇的作者是庄子，外篇和杂篇则是他的后学所作。整部《庄子》可以看做庄子学派的文献集。

庄子思想的中心是要追求人的精神自由。庄子认为，人类生存最大的困境是丧失精神的自由。除了社会的动乱以外，更重要的是人丧失了自己的本性，而被外物所统治。他称之为“殉”：“天下尽殉也。”（《骈拇》）“殉”，就是为了追求外在的“物”而牺牲自己自然的本性。人创造了财富和文明，反过来为财富和文明所统治，成为物的奴隶，这造成了人与自身的分离以及人与世界的分离。这是人类的困境。《庄子》一书中充满了人生的困苦和烦恼的呼喊。庄子看到了人类的这种困境，他寻求摆脱这种困境，返回人自己的精神家园。人要想摆脱这种困境，最根本的道路是要达到“无己”，也就是超越自我。普通人“有己”。“有己”，就有生死、寿夭、贫富、贵贱、得失、毁誉种种计较。只有“至人”、“神人”、“圣人”才能超越自我：“至人无己，神人无功，圣人无名。”（《逍遥游》）。“无己”、“无功”、“无名”，也就超越了主、客二分，克服了人与世界的分离。这种超越自我的境界，庄子称之为“体道”的境界，或者说“游心于道”的境界。这是一种“天地与我并生，而万物与我为一”（《齐物论》）的“天人合一”的境界。庄子认为，这是一种高度自由的境界。

在先秦的百家争鸣中，道家凭借其深厚的史官文化背景及对现实社会人生的独特理解，发展出独具特色的知识体系，因而在先秦思想史上占有非常重要的地位。道家通过“道”开辟了中国哲学中形而上学的传统，并对其他各家及后来中国哲学的发展产生了重大影响。经历汉武帝“罢黜百家，独尊儒术”的局面之后，道家思想在魏晋时期得到了复兴。魏晋玄学以《老子》、《庄子》和《周易》为主要经典，通过对它们的重新解释，围绕“本末”、“有无”、“自然”、“名教”等问题的争辩和阐释，建立起被后人称为“新道家”的思想体系。在这一体系中，道家的政治哲学和人生哲学都得到了深化与发展。尤为重要的是，魏晋玄学基本上舍弃了此前一直流行的宇宙论模式，而代之以本体论的思考，使中国哲学在思维方式上实现了重要的转变。

在道家的影响下，还产生了中国本土的宗教——道教。道教出现于东汉末年，从一开始就把《老子》作为表达教义的基本经典，并将道家的创始人老子加以神话，视作教主。到唐代，在道家思想的基础上，并吸取佛教教义，道教得到了重大的发展，产生了重玄学的理论体系。此外，在佛教刚传入中国的初期，人们往往通过道家思想来了解和解释佛教的理论，同时，佛教在以后的发展过程中，又不断地吸收道家思想，最明显的是禅宗，它在很多方面都受到庄子的启发。

道家对中国美学、中国文学、中国艺术的发展也产生了巨大的影响。中国美学中意象的理论、意境的理论、审美心胸的理论，以及一系列重要的概念、范畴和命题，都发源于老子和庄子的思想。

二、佛教的传入及其中国化

佛教最初产生于公元前6世纪印度的恒河流域，后来逐渐发展成一种世界性宗教。在与不同地区和民族的文化的交流过程中，佛教不断地发展变化，形成了许多不同的思想体系、宗教组织和信仰形态。这一方面改变了印度佛教原来的面貌，丰富了它的内容；另一方面，佛教也因为和各个民族文化的融合，逐渐渗透到当地社会生活的各个方面，成为这些地区和民族文化传统的有机组成部分，并在这些地区实现本土化。佛教在中国的发展就是这样一个典型。

一般认为，佛教最初是由中亚传入中国的，其确切年代已经很难稽考了。据史料记载，汉哀帝元寿元年（公元前2年），博士弟子景卢受大月氏国王使臣伊存口授《浮屠经》，这是中国佛教初传的标志。中国佛教有一个十分突出的特点，就是非常重视把佛教经典从梵文翻译成汉文。印度佛教之所以能在中国扎下根来，以至于在中国出现全新的佛教传统，这是一个重要的条件。中国早期佛典汉译事业主要由一些从西域地区来华的僧人主持。如东汉时的安世高、西晋时的竺法护、东晋时的鸠摩罗什、南北朝时的菩提流支和真谛等，都是名动一时的高僧。他们克服重重困难，经过几百年不懈的努力，陆续把印度佛教中一些主要经典、论书和戒律比较全面地介绍到中国，为中国佛教的发展打下坚实基础。几乎与此同时，还出现了中国僧人因为不满于当时经典的翻译状况而去西域取经的现象，最杰出的代表就是唐朝的玄奘。在历经千辛万苦到达印度后，玄奘除了巡礼佛教圣迹外，又四处求学，潜心研究各种大小乘经典和论书，以求融会贯通。玄奘学成回国以后，集中精力翻译从印度带回的大量经典，和其弟子共译出《大般若经》、《成唯识论》等经论75部1 335卷。由于他主持的佛经翻译水平高，同时还纠正了许多旧译中的错误，被后世称为“新译”。这些佛教史上的高僧们，为我国的宗教文化事业做出了卓越贡献。从两晋南北朝开始，有的僧徒就着意收集遗闻逸事，为这些高僧树碑立传，借以弘扬佛法，这就是“僧传”。在这些僧传中，释慧皎的《高僧传》14卷、释道宣的《续高僧传》30卷、释赞宁的《宋高僧传》30卷最为著名，成为我们今天研究佛教史的重要资料。

佛教本身在印度曾有过非常复杂的演变和发展，但是对中国佛教产生决定影响的却主要是大乘佛教。中国人在接受印度佛教思想时，从整体上看，重视佛学与中国文化的调和、融合。所以佛教在中国的传播与发展并不仅仅是一种简单移植，它实际上也是一个再创造的过程。这一点充分表现在中国佛教宗派的发展过程中。

中国最早兴起的佛学派别，是在魏晋时期随着玄学成长起来的般若学派。佛教界的思想家通过把中国哲学，尤其是老庄哲学的概念与佛经中的概念相比较的方法来理解印度佛教的思想，逐渐产生了六七种主要思潮，史称般若学的“六家七宗”。隋唐时期，由于社会经济的高度发达，佛教也得到空前的发展。最为重要的是，在政府的大力支持下，中国佛教界以其强大的寺院经济为基础，逐渐形成了三论、天台、法相、华严、律、禅、净土等几个大的宗派，从而使中国佛教达到了鼎盛阶段。它们与印度佛教相比有许多不同的地方，尤其是天台宗、华严宗、净土宗和禅宗最具特色，可以说是中国化的佛教在理论和实践两个方面的代表。

禅宗是中国佛教诸宗派中形成较晚的一个。禅，本来是梵文“禅那”音译的简称，意译则为静虑，也就是宁静安详地沉思的意思。禅宗自菩提达摩至慧能，师资相承，共有六代，所以慧能被尊为六祖。在中国佛教史上，慧能是关键人物。他的弟子法海集记了《六祖坛经》，其敦煌手写本称为《南宗顿教最上大乘摩诃般若波罗蜜经六祖慧能大师于韶州大梵寺施法坛经》。坛，原指土台、祭坛，这里指大师讲经说法的法坛。慧能的门徒视慧能如佛，慧能所说法语，犹如佛经，故称《坛经》。全书内容宣扬的是顿悟见性、一念悟时、众生是佛、从自心中顿见真如本性等。

兴起于唐五代时期的禅宗，与天台、华严、法相等经院化的宗派相比，有着许多突出的特点。其一，禅宗强调个体的内心觉悟，强调个体精神的独立、自由，所以它具有一种反教条、反权威的性质。如慧能所说“万法尽在自心，何不从自心中顿见真如本性”（《六祖坛经》）。其二，禅宗强调个体的直接体验，所以它要破除语言和逻辑的障碍。禅宗的“十六字要诀”就是“不立文字，教外别传，直指人心，见性成佛”。在禅宗那里，个人的当下直接的体验就是一切。其三，禅宗主张在普通的日常生活中，吃饭、走路、担水、砍柴，都可悟道。世上的一草一木，一切生机活泼的东西，都可以体现禅意。所以禅宗强调“平常心是道”。“平常心”就是“无念”。“无念”是不执著于念，也就是不为外物所累，保持人的清静心。一个人一旦开悟，他就会明白最自然、最平常的生活，就是佛性的显现。

在禅宗看来，一个人一旦从普通的、日常的、富有生命的现象中，特别是在大自然的景象中，领悟和体验到那永恒的空寂的本体，就会得到一种喜悦。这种禅悟的境界，形成一种特殊的氛围：幽深清远，空灵澄澈。这是一种特殊的审美境界和审美趣味，也就是禅境和禅趣。王维的许多诗，以及中晚唐一些诗人的诗，就体现了这种禅境和禅趣。禅宗这种思想，还在古代知识分子中演化成了一种人生哲学、生活态度和生活情趣。他们摆脱了向外寻觅的焦灼和惶惑，而在对禅境的当下体验中，得到一种平静、恬淡的喜悦。

总之，禅宗是印度佛教和中国文化相结合的产物。它包含有中国古人的哲学的智慧和艺术的创造，体现了中国文化的精神，同时，又深刻地影响了中国文人和中国文化。

老　子（节选）[①]

老　聃

【阅读提示】

《老子》五千言，为道家学派的经典著作，其哲理深蕴，光照千古。本课选择了三章。十一章，老子强调“有”“无”是相互依存、相互作用的，而老子显然更重视“无”的作用。三十七章，老子指出“道”作为宇宙本体来说是永恒不变的，是“无为”的；“道”作为生长万物的总动力，又是“无不为”的。进而由天道推演到人道。七十六章表达的是老子贵柔处弱的思想，是柔弱胜刚强的光辉思想的体现。

十一章

三十辐共一毂[②]，当其无，有车之用。埏埴以为器[③]，当其无，有器之用。凿户牖以为室[④]，当其无，有室之用。故有之以为利，无之以为用[⑤]。

三十七章

道常无为而无不为[⑥]，侯王若能守之，万物将自化[⑦]。化而欲作，吾将镇之以无名之朴[⑧]。无名之朴，夫亦将无欲。不欲以静，天下将自定。

七十六章

人之生也柔弱，其死也坚强[⑨]。草木之生也柔脆，其死也枯槁[⑩]。故坚强者死之徒，

---

① 选自王弼注，楼宇烈校释：《老子道德经注校释》，见《新编诸子集成》，北京，中华书局，2008。

② 辐：车轮中连接中心和轮圈的木条。古时候的车轮由 30 根辐条所构成，这个数目是取法于月数（每月有 30 日）。毂（gǔ）：车轮中心的圆孔，即插轴的地方。

③ 埏埴（shān zhí）：和陶土做成饮食的器皿。埏：和。埴：土。

④ 户牖：门窗。

⑤ 有之以为利，无之以为用：“有”给人便利，“无”发挥了它的作用。

⑥ 无为而无不为：“无为”是顺其自然，不妄为；“无不为”，是说没有一件事不是它所为的，这是由于“无为”（不妄为）所产生的效果。“无为而无不为”，即不妄为，就没有什么事情做不成。

⑦ 自化：自我化育，自生自长。

⑧ 无名之朴：“无名”指“道”，“朴”形容“道”的素朴无为。

⑨ 柔弱、坚强：分别指人体的柔弱、人体的僵硬。

⑩ 柔脆、枯槁：分别形容草木形质的柔软脆弱、草木的干枯。

柔弱者生之徒[①]。是以兵强则不胜，木强则兵。强大处下，柔弱处上。

【作者简介】

老子（约前571—前471），春秋时思想家，道家创始人。谥曰聃，姓李名耳，字伯阳，楚国苦县（今河南鹿邑县）厉乡曲仁里人，做过周朝“守藏室之史”（管理藏书的史官），孔子曾向他问礼。后退隐，著《老子》（又称《道德经》）。

【知识链接】

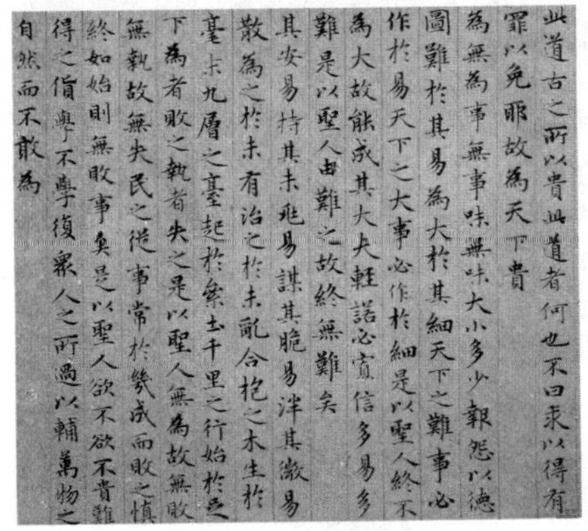

赵孟頫小楷《道德经》

1. 我国著名建筑学家梁思成说：

盖房子是为了满足生产和生活的要求。为此，人们要求一些有掩蔽的适用的空间。二千五百年前老子就懂得这个道理：“当其无，有室之用。”这种内部空间是满足生产和生活要求的一种手段。（《梁思成文集》）

2. 至于老子著《道德经》一事，《史记·老子韩非列传》中有相关记载：

老子修道德，其学以自隐无名为务。居周久之，见周之衰，乃遂去。至关，关令尹喜曰：“子将隐矣，强为我著书。”于是老子乃著书上下篇，言道德之意五千余言而去，莫知其所终。

胠箧（节选）[②]

庄　周

【阅读提示】

《胠箧》写出圣智礼法的创设，本用以防盗制贼，却反被盗贼所窃，沦为护身的名器，张其恣肆之欲，而为害民众。所以文章主张“绝圣弃知”，以免为大盗所利用。

本文深刻批判了虚伪的仁义和黑暗的社会，“窃钩者诛，窃国者为诸侯”，用语凝练，对现实黑暗的批判就先秦诸子而言，无人可及。但文章无法给出恰当的社会出路，于是提倡“绝圣弃知”，试图通过摒弃文明、复归淳朴来完成对社会的改良。

将为胠箧探囊发匮之盗而为守备[③]，则必摄缄縢、固扃鐍[④]；此世俗之所谓知也。然而巨盗至，则负匮揭箧担囊而趋[⑤]，唯恐缄縢扃鐍之不固也。然则乡之所谓知者[⑥]，不乃

---

① 死之徒、生之徒：属于死亡的一类，属于生存的一类。

② 选自郭庆藩撰，王孝重点校：《庄子集释》，北京，中华书局，1961。

③ 胠（qū）：从旁打开。箧（qiè）：箱子。囊：口袋。发：打开。匮（guì）：柜子。句中第一个“为”（wèi），意为“为了”；后一个“为”（wéi），意为“做”。

④ 摄：打结。缄（jiān）、縢（téng）：均为绳索。扃（jiōng）：门窗的插闩。鐍（jué）：锁钥。

⑤ 揭：举，扛着。

⑥ 乡：通“向”，先前的意思。

为大盗积者也？

故尝试论之，世俗之所谓知者，有不为大盗积者乎？所谓圣者，有不为大盗守者乎？何以知其然邪？昔者齐国邻邑相望，鸡狗之音相闻，罔罟之所布[①]，耒耨之所刺[②]，方二千余里。阖四竟之内[③]，所以立宗庙社稷[④]，治邑屋州闾乡曲者[⑤]，曷尝不法圣人哉？然而田成子一旦杀齐君而盗其国[⑥]。所盗者岂独其国邪？并与其圣知之法而盗之。故田成子有乎盗贼之名，而身处尧舜之安；小国不敢非，大国不敢诛，十二世有齐国。则是不乃窃齐国，并与其圣知之法以守其盗贼之身乎？

尝试论之，世俗之所谓至知者，有不为大盗积者乎？所谓至圣者，有不为大盗守者乎？何以知其然邪？昔者龙逢斩[⑦]，比干剖[⑧]，苌弘胣[⑨]，子胥靡[⑩]，故四子之贤而身不免乎戮。故跖之徒问于跖曰："盗亦有道乎？"跖曰："何适而无有道邪！"夫妄意室中之藏[⑪]，圣也；入先，勇也；出后，义也；知可否，知也；分均，仁也。五者不备而能成大盗者，天下未之有也。由是观之，善人不得圣人之道不立，跖不得圣人之道不行；天下之善人少而不善人多，则圣人之利天下也少而害天下也多。故曰，唇竭而齿寒[⑫]，鲁酒薄而邯郸围[⑬]，圣人生而大盗起。掊击圣人[⑭]，纵舍盗贼[⑮]，而天下始治矣。夫川竭而谷虚[⑯]，丘夷而渊实[⑰]。

圣人已死，则大盗不起，天下平而无故矣[⑱]。圣人不死，大盗不止。虽重圣人而治天下[⑲]，则是重利盗跖也[⑳]。为之斗斛以量之[㉑]，则并与斗斛而窃之；为之权衡以称之[㉒]，则

---

① 罔罟之所布：罔罟所及之处。罔，网。罟（gǔ），网的总称。

② 耒（lěi）：犁，翻土农具，形如木叉。耨（nòu）：锄草农具，刃广六寸，柄长六尺。

③ 阖（hé）：同"合"，全部。竟：境。

④ 宗庙：古代天子诸侯祭祀祖先的地方。社稷：本指土神和谷神，这里指祭祀土神和谷神的地方。

⑤ 邑屋州闾乡曲：古代大小不同的行政区划的名称。

⑥ 田成子：即田常，又称陈恒，其先祖田完从陈国来到齐国，成了齐国的大夫，改为田氏。田常于鲁哀公十四年（公元前481年）杀了齐简公而立平公，齐国大权遂落入田氏之手，后来田常的曾孙田和又废康公自立，仍称"齐"。

⑦ 龙逢：姓关，夏桀时贤人，为夏桀杀害。

⑧ 比干：殷纣王的庶出叔叔，力谏纣王，被纣王剖心。

⑨ 苌弘：周灵王时的贤臣。胣（chǐ）：车裂之刑，一说刳肠。

⑩ 子胥：即伍员，为吴王夫差所杀，浮尸于江，后糜烂。靡：同"糜"。

⑪ 妄意：凭空推测。意：同"臆"。

⑫ 竭：揭，举。"唇竭"指嘴唇向外翻开。

⑬ 这一句历来有两种说法。一是指楚宣王大会诸侯，而鲁恭王晚至，所献之酒味道淡薄，楚王怒。鲁王自恃是周公的后代，不告而别。楚王于是带兵攻打鲁国。魏国一直想攻打赵国，担心楚国发兵救赵，楚国和鲁国交兵，魏国于是趁机兵围赵国都城邯郸。另外一种说法见《淮南子集释》注："楚会诸侯，鲁、赵俱献酒于楚王，鲁酒薄而赵酒厚。楚之主酒吏求酒于赵，赵不与，吏怒，乃以赵厚酒易鲁薄酒奏之，楚王以赵酒薄，故围邯郸也。"

⑭ 掊（pǒu）：抨击。

⑮ 纵舍（shě）：释放。

⑯ 竭：干涸。虚：空旷，填没。

⑰ 夷：平。渊：水深之处，深潭。实：满。

⑱ 故：变故。

⑲ 重（zhòng）圣人：重视圣人之法，尊重圣人之法。

⑳ 重利盗跖：使盗跖获得更多的好处。

㉑ 斗斛（hú）：古代的两种量器，十斗为一斛。

㉒ 权：秤锤。衡：秤杆。

并与权衡而窃之；为之符玺以信之①，则并与符玺而窃之；为之仁义以矫之②，则并与仁义而窃之。何以知其然邪？彼窃钩者诛③，窃国者为诸侯。诸侯之门而仁义存焉，则是非窃仁义圣知邪？故逐于大盗、揭诸侯、窃仁义并斗斛权衡符玺之利者④，虽有轩冕之赏弗能劝⑤，斧钺之威弗能禁⑥。此重利盗跖而使不可禁者，是乃圣人之过也。

故曰：鱼不可脱于渊，国之利器不可以示人⑦。“彼圣人者，天下之利器也，非所以明天下也⑧。”故绝圣弃知，大盗乃止；擿玉毁珠⑨，小盗不起；焚符破玺，而民朴鄙⑩；掊斗折衡⑪，而民不争；殚残天下之圣法⑫，而民始可与论议。擢乱六律⑬，铄绝竽瑟⑭，塞瞽旷之耳⑮，而天下始人含其聪矣⑯；灭文章，散五采⑰，胶离朱之目⑱，而天下始人含其明矣；毁绝钩绳而弃规矩，攦工倕之指⑲，而天下始人有其巧矣⑳。故曰：“大巧若拙。”削曾史之行㉑，钳杨墨之口㉒，攘弃仁义㉓，而天下之德始玄同矣㉔。彼人含其明，则天下不铄矣㉕；人含其聪，则天下不累矣㉖；人含其知，则天下不惑矣；人含其德，则天下不僻矣。彼曾、史、杨、墨、师旷、工倕、离朱，皆外立其德而以爚乱天下者也㉗，法之所无用也㉘。

---

① 符玺（xǐ）：古代用作凭证的信物。“符”由两半组成，由两方各执其一，合在一起以验真伪。“玺”就是印。信：取信。

② 矫：纠正。

③ 钩：原指腰带钩，这里泛指各种不值钱的东西。

④ 逐：竞逐，追随。揭：举，引申为居于其上。

⑤ 轩：高车，古代大夫以上的人所乘坐的车子。冕：大冠，古代大夫或诸侯所戴的礼帽。“轩冕”连用，这里代指官爵。劝：劝勉，鼓励。

⑥ 钺（yuè）：大斧。“斧”和“钺”常作刑具，这里代指刑罚。

⑦ 示：显露。

⑧ 明：宣示。

⑨ 擿（zhì）：同“掷”，投掷。

⑩ 朴：敦厚朴实。鄙：朴野、固陋。

⑪ 掊：打碎。

⑫ 殚（dān）：耗尽。残：毁坏。

⑬ 擢（zhuó）：疑为“搅”的假借字。

⑭ 铄（shuò）：销毁。绝：折断。竽瑟：两种古乐器之名，这里泛指乐器。

⑮ 瞽旷：即师旷，古代著名的音乐家，因其眼瞎，所以又叫他“瞽旷”。

⑯ 含：怀藏，此指保全。聪：听觉。

⑰ 文章：纹彩，花纹。五采：五色。

⑱ 离朱：古代视力极强的人，又名离娄。

⑲ 攦（lì）：折断。工倕（chuí）：传说中尧时的能工巧匠。

⑳ 有：保有。此处“有”疑为“含”字之误。

㉑ 曾：曾参，孔子弟子，以孝著称。史：史鱼，卫灵公时直臣，曾以尸谏灵公。

㉒ 杨：杨朱。墨：墨翟，先秦大思想家，善辩论。

㉓ 攘：推开，排除。

㉔ 玄：黑，幽暗。“玄同”即混同为一。

㉕ 铄（shuò）：耗损，削弱。

㉖ 累：忧患。

㉗ 爚（yuè）：消散，此指炫耀。“爚乱”意为自我炫耀以迷乱他人。

㉘ 法：这里指圣智之法，一说“法”即“大道”。

【作者简介】

庄子（约前369—前286），名周，字子休，后人称之为“南华真人”，战国时宋国蒙（今河南商丘东北）人，道家学派的主要代表人物之一。

【知识链接】

魏晋时人注重玄谈《老子》、《庄子》、《周易》，称之“三玄”。《世说新语·文学》载有魏晋名士聚会，谈论《庄子》事：

支道林、许、谢盛德共集王家，谢顾谓诸人：“今日可谓彦会，时既不可留，此集固亦难常，当共言咏，以写其怀。”许便问主人：“有《庄子》不？”正得《渔父》一篇。谢看题，便各使四坐通。支道林先通，作七百许语，叙致精丽，才藻奇拔，众咸称善。于是四坐各言怀毕，谢问曰：“卿等尽不？”皆曰：“今日之言，少不自竭。”谢后粗难，因自叙其意，作万余语，才峰秀逸，既自难干，加意气拟托，萧然自得，四坐莫不厌心。支谓谢曰：“君一往奔诣，故复自佳耳。”

百喻经（节选）[①]

僧伽斯那

【阅读提示】

《百喻经》，全称《百句譬喻经》，古天竺高僧伽斯那撰，南朝萧齐天竺三藏法师求那毗地译。《百喻经》称“百喻”，就是指有一百篇譬喻故事，但原经真正的譬喻故事只有98篇。《百喻经》全文两万余字，结构形式单一，该书每篇都由“喻”和“法”两部分合成。“喻”是一篇简短的寓言，“法”是本篇寓言所包含的教诫。第47篇是规劝世俗人应及时修习心行。

47　贫人能作鸳鸯鸣喻

昔外国节法庆之日[②]。一切妇女尽持优钵罗花[③]，以为发饰[④]。有一贫人，其妇语言：“尔若能得优钵罗花，来用与我，为尔作妻；若不能得，我舍尔去。”其夫先来常善作鸳鸯之鸣，即入王池，作鸳鸯鸣，偷优钵罗花。时守池者而作是问：“池中者谁？”而此贫人失口，答言：“我是鸳鸯。”守者捉得，将诣王所，而于中道复更和声作鸳鸯鸣。守池者言：“尔先不作，今作何益！”

世间愚人，亦复如是。终身残害，作众恶业[⑤]，不习心行[⑥]，使令调善。临命终时，

---

① 选自周绍良译注：《百喻经译注》，北京，中华书局，2008。

② 法庆：法定的庆祝日子。

③ 优钵罗花：莲花。

④ 发饰：头发上的装饰品。

⑤ 恶业：佛教名词。违背佛理称之恶，身、口、意三者称为业。恶业指在行为、语言、意识上违背佛理的事情。

⑥ 心行：佛教名词。善恶的发源称为心，意念称为行。心行，指心中念念不忘教义。

方言："今我欲得修善。"狱卒将去付阎罗王①。虽欲修善，亦无所及已。如彼愚人欲到王所作鸳鸯鸣。

【作者简介】

僧伽斯那，公元5世纪印度的大乘法师，早年出家学道，一生研究佛学。

【知识链接】

《百喻经》的由来：

据说佛说法时，有500个不信佛教的人向佛提出种种问难，佛便举了98个譬喻质疑解答，后来这些回答便成了《百喻经》。其实这些故事可能原来流传于民间，作者只是加以收集，借题发挥，用以譬解宗教道理而已。

般若波罗蜜多心经②

【阅读提示】

略称《般若心经》或《心经》。全经只有一卷，260字，属于《大品般若经》600卷中的一节，被认为是般若经类的提要。该经曾有过7种汉译本。较为有名的是后秦鸠摩罗什所译的《摩诃般若波罗蜜大明咒经》和唐朝玄奘所译的《般若波罗蜜多心经》。

观自在菩萨③，行深般若波罗蜜多时④，照见五蕴皆空⑤，度一切苦厄⑥。舍利子⑦，色不异空⑧，空不异色⑨，色即是空，空即是色⑩，受、想、行、识⑪，亦复如是。舍利子，

---

① 阎罗王：古印度神话里治理冥府阴间的统治者。佛教借用，称为管理地狱之王，手下有十八判官，分司十八地狱，终年"决断善恶，更无休息"（《一切经音义》卷五）。中国民间广泛传说的阎王即源出于此。

② 选自陈秋平、尚荣译注：《金刚经·心经·坛经》，北京，中华书局，2007。般（bō）若：为梵语Prajna音译，本义为"智慧"，指佛教的"妙智妙慧"。它是一切众生本心所具有的。有色能见，无色也能见；有声能闻，无声也能闻。它能产生一切善法。至于凡夫的"智慧"，则由外物所引生，必须先有色与声，才会有能见和能闻。若无色与声，即不能见不能闻，它不能直接生出善法。因而凡夫的"智慧"在佛家看来也就成了愚痴，成了妄想。"般若"如灯，能照亮一切，能达一切。波罗蜜多：梵文为Paramita，意为"度"、"到彼岸"，意在说明"度生死苦海，到涅槃彼岸"。心经：心，核心、纲要、精华，意指此经集合了600卷般若大经的"精要"而成。经：通"名"。

③ 观自在句：指观世音菩萨。观：观照、审视、审察。自：自己。在：存在。

④ 行：依照用智慧到彼岸的方法。深：是说修的功夫很深了。

⑤ 照：光明所到。五蕴：亦称为"五众"、"五阴"，实指色蕴、受蕴、想蕴、行蕴、识蕴五者。

⑥ 度：救度。厄：灾难。

⑦ 舍利子：即舍利弗，释迦牟尼佛的十大弟子之一，因其持戒多闻、敏捷智慧、善解佛法，被称为"智慧第一"。此处称呼他的名字。

⑧ 色不异空：形色与真空一样，没有什么区别。色，形色、色身等。也可以说是一切有形有相有质碍的东西，简言之，一切物质形态。空：虚空，真空。

⑨ 空不异色：真空与形色并没有什么区别。

⑩ 色即是空，空即是色：此处菩萨又反复申说了形色即是真空，真空即是形色的道理。

⑪ 受、想、行、识：指受、想、行、识四蕴。

是诸法空相①，不生不灭，不垢不净②，不增不减③。是故，空中无色，无受、想、行、识④，无眼、耳、鼻、舌、身、意⑤，无色、声、香、味、触、法⑥；无眼界⑦，乃至无意识界⑧；无无明⑨，亦无无明尽，乃至无老死，亦无老死尽；无苦、集、灭、道⑩，无智亦无得⑪。以无所得故⑫，菩提萨埵⑬，依般若波罗蜜多故⑭，心无挂碍⑮。无挂碍故，无有恐怖⑯。远离颠倒梦想⑰，究竟涅槃⑱。三世诸佛⑲，依般若波罗蜜多故，得阿耨多罗三藐三菩提⑳。故知般若波罗蜜多，是大神咒㉑，是大明咒㉒，是无上咒㉓，是无等等咒㉔，能除一切苦，真实不虚㉕。故说般若波罗蜜多咒，即说咒曰：揭谛，揭谛，波罗揭谛，波罗僧揭谛㉖，菩提萨婆诃㉗。

---

① 诸法：指五蕴诸法。空相：指真空实相。是诸法空相：五蕴真空，便无法可生，若法不生，自无可灭。

② 垢：污秽，不洁净。

③ 增：加添。

④ 是故二句：是这个缘故（因为一切的法都是空的），真空实相中本来没有色法，也就没有受想行识诸法。

⑤ 眼、耳、鼻、舌、身、意：指“六根”。

⑥ 色、声、香、味、触、法：指“六境”。

⑦ 眼界：指“六根”中的眼。界，法。

⑧ 乃至：一直到。

⑨ 无明：不明白真是道理。

⑩ 苦、集、灭、道：即苦集灭道谛。苦谛，指生死果报。大凡世间上一切烦恼和身心不安的事，都可以叫做苦。集谛，指造成世间人的痛苦的原因。灭谛，指断灭产生世间诸苦的一切原因。道谛，指脱离“苦”、“集”的世间因果关系而超入无苦有常无我清净地的理论说教和修行方法。

⑪ 智：般若，亦即智慧、能知的妙智。得：为所证的佛果或者所求的境界。

⑫ 以：因为。

⑬ 菩提萨埵（duǒ）：梵语，现简称为“菩萨”。

⑭ 依：依靠。此句意思是：其解脱智慧从所依持的修行法门中生出。

⑮ 挂碍：牵挂，妨碍。

⑯ 恐怖：即惊恐怖畏的意思。心中惊慌，当然不得安乐。

⑰ 颠倒：不平顺，不安定。梦想：不符合真实的妄想，错乱之想。

⑱ 究竟：达到至极地位。涅槃：梵文音译，译为“灭度”、“寂灭”、“解脱”，也译为“圆寂”。

⑲ 三世：指过去、现在、未来（就是“没有来”、“将来”的意思）三者，是佛教所看待的时空宇宙。佛：即佛陀，意为觉者或妙觉，这是出世的圣人的极果。

⑳ 阿耨（nòu）多罗三藐三菩提：梵文音译，意为无上正等正觉，意思是只有佛才能够有的能力，即成佛。此句说的是三世诸佛，依照修行般若波罗蜜多的法门，所以都能够成佛了。

㉑ 咒：也称为“总持”，梵文音译为“陀罗尼”，意为“有力量的语言”、“能成就除恶生善的事实”。佛教认为，不断地念咒，就会受到这语言的熏习，便是一种熏修，不知不觉中就受到了教化。

㉒ 大明咒：谓其能破长夜痴暗，照彻一切皆空，无所遮蔽，如同日光照世。

㉓ 无上咒：指世出世间无有一处超过此法门，若依此法门修行，便能证得“无上”的佛果。

㉔ 无等等咒：意为没有一法能与般若相等，般若法是佛的修行心要，是圣中之圣，依此修行是无等等的途径。

㉕ 此句意为，修般若法，能破色法心法，无牵无挂，不但明心见性，并可以经此证佛果，尽除一切众生所受的苦厄灾难。所以说，般若法门“真实不虚”。

㉖ 波罗：彼岸。僧：总、普。揭谛：去、度，是深般若的本有功能，度众生于彼岸。波罗僧揭谛：普度自我及他人都到彼岸。

㉗ 菩提：觉。萨婆诃（hē）：速疾，意为依此心咒，速疾得成大觉。只要默诵此咒，就在不知不觉的状态下超凡入圣，所以才说，此咒即般若，而般若即是咒。

【知识链接】

《心经》在佛教民众中占有重要地位。作为广大信徒供养敬奉的对象，此经被认为具有一种神秘的力量，敬信奉持读此经就可以得到莫大的功德，消除一切苦难，因而此经在社会上广为流传。敦煌遗书3019号《般若波罗蜜多心经还源述》言："若人清心澡浴，着鲜洁衣，端身正坐，一诵五百遍者，除九十五种邪道，善愿从心，度一切苦厄。"此外，历史上还出现了刺血书写《心经》的事情，都说明了广大信徒对此经的重视。

菜根谭（节选）[①]

洪应明

【阅读提示】

《菜根谭》一书，是明代万历年间洪应明写的一本语录体著作。"谭者，谈也。性定菜根香。"菜根越嚼越香，需要细细品味。此书作者糅合了儒家的中庸、道家的无为、释家的出世，形成了一套简明至上的法则，表现了中国人对人生、人际、人性的独到见解。本课选择了四则。上卷第三七则谈修身，指出要保持淳朴自然的本性。第八七则谈养性，"宁静以致远，淡泊以明志"。下卷第一一六则谈处世之道，即不仅要不露锋芒，韬光养晦，还应洁身自好。下卷第一一四则谈闲适，说人的心灵往往能够体验到与高山一样的高峻、与流水一样的深远、与雨雪之夜一样的清爽。

上卷

三七、正气清白，留于乾坤

宁守浑噩而黜聪明[②]，留些正气还天地；宁谢纷华而甘淡泊[③]，遗个清白在乾坤[④]。

八七、静闲淡泊，观心证道

静中念虑澄澈[⑤]，见心之真体[⑥]；闲中气象从容，识心之真机；淡中意趣冲夷[⑦]，得心之真味。观心证道，无如此三者。

---

① 选自（明）洪应明：《菜根谭》，北京，燕山出版社，2009。

② 浑噩：同浑浑噩噩，指人类天真朴实的本性。扬雄《法言·问神》："虞夏之书浑浑尔，商书灏灏尔，周书噩噩尔。"浑浑，深大的样子。噩噩，严肃的样子。黜：摒除。

③ 纷华：繁华富丽。

④ 乾坤：象征天地、阴阳等。《易·说卦》："乾，天也，故称乎父；坤，地也，故称乎母。"

⑤ 澄澈：河水清澈见底。

⑥ 真体：人性的真正本源。

⑦ 冲夷：冲是谦虚、淡泊，夷是夷通、和顺、和乐。

一一六、藏巧于拙，寓清于浊

藏巧于拙，用晦而明，寓清于浊，以屈为伸，真涉世之一壶①，藏身之三窟也②。

下卷

一一四、雪夜读书，登山眺望

登高使人心旷③，临流使人意远④；读书于雨雪之夜，使人神清⑤；舒啸于丘阜之巅⑥，使人兴迈⑦。

【作者简介】

洪应明，字自诚，号还初道人，江苏金坛人。生卒年不详，大约活动于明代万历年前后。

【知识链接】

1. 清乾隆五十九年（公元 1794 年），遂初堂主人游古刹时，在残卷弃书中拾到一本洪应明的《菜根谭》。通读之后，他深感此书关乎性命之学，令人警醒，于是校正付印，公之于世。

2. 毛泽东曾说，咬得菜根，百事可做。读懂一部《菜根谭》，体味人生的百种滋味，就能做到“风斜雨急处，要立得脚定；花浓柳艳处，要着得眼高；路危径险处，要回得头早”（《菜根谭》）。

思考与实践

1. 阅读《老子》三章，探究《老子》三章所涉及的辩证思想。
2. 以《般若波罗蜜多心经》为例，选取一些佛教歌曲诵唱。
3. 收集历史资料，了解儒释道“三教合一”思想的产生和发展。
4. 通读《菜根谭》，组织小型读书会，讨论交流《菜根谭》的现代价值。

---

① 一壶：壶是指匏（páo），体轻能浮于水。《鹖（hé）冠子·学问》篇中有“中河失船，一壶千金”。此处的一壶就是指平时并不值钱的东西，到紧要关头就成为救命的法宝。

② 三窟：通常都说成“狡兔三窟”，比喻安身救命之处很多。出自战国时代孟尝君的故事，据《战国策·齐策》：“狡兔有三窟，仅得免其死耳。今君有一窟，未得高枕而卧也，请为君复凿二窟。”

③ 心旷：心境开阔。

④ 意远：意趣超逸，想得很远。

⑤ 神清：心神清朗。

⑥ 舒啸：长啸，放声歌啸。

⑦ 兴迈：兴致豪迈。

第十五讲　古代科技与商业

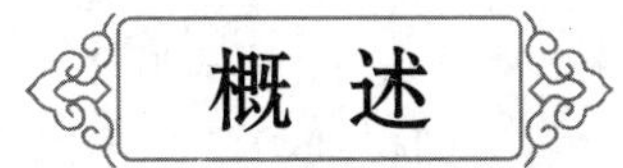

概述

一、中国古代科技

中国拥有悠久的历史文明，这也表现于辉煌灿烂的科技文化的创造方面。英国著名中国科技史家李约瑟在其所著《中国科学技术史》中指出，中国人“在 3 到 13 世纪之间保持一个西方所望尘莫及的科学知识水平”①。较之于古代其他国家民族，中国古代科学技术表现出全面先进发达的状态。综观我国古代科技，我们的先人在天文、地理、数学、医学、冶铸、建筑、纺织、造纸等诸多方面都表现出他们卓越的智慧。所谓的“四大发明”(造纸、印刷、火药、指南针)，尤为后人所称道。

《天工开物》中制作竹纸的第二个步骤

我国古代先民很早就开始了对宇宙的探索。古代的盘古开天、后羿射日等神话故事就反映出上古先民们对天地形成、宇宙奥秘的浪漫想象，屈原的长诗《天问》，对天地进行质疑追问，也激发了后人对宇宙人生的深入思考。战国的石申、东汉的张衡、南北朝时的何承天与祖冲之、元代的郭守敬、明代的徐光启等都是古代天文学家的杰出代表。从部分甲骨卜辞及《尚书》、《春秋》、《诗经》等古代典籍文献的记载来看，古代先民们已经能够对天象变化作出精细的观察。根据日月的运转规律，先民们制定了古代的阴阳历法。大概在商代，我国就已经开始实行阴阳历了。根据长期的观察与经验积累，古代已经能对云雨雷电等气象的变化作出科学的解释。二十四节气（立春、雨水、惊蛰、春分、清明、谷雨、立夏、小满、芒种、夏至、小暑、大暑、立秋、处暑、白露、秋分、寒露、霜降、立冬、小雪、大雪、冬至、小寒、大寒）的制定和使用，对古代的农业生产更是具有深远的影响。

古代人们在长期的生活实践中也不断积累出丰富的地理学知识。《尚书》中的《禹贡》就是一篇关于地理知识的著述，古代的中国被划分为九州（冀州、兖州、青州、徐州、扬

① 李约瑟著，王玲协助：《中国科学技术史》第一卷《导论》，3 页，北京，科学出版社，上海，上海古籍出版社，1990。

州、荆州、豫州、梁州、雍州）一说，就较早见于《禹贡》的记载。《山海经》也是一部极有价值的早期地理著作，其中的《五藏山经》（《南山经》、《西山经》、《北山经》、《东山经》、《中山经》）地理价值最高。该书不仅记载了早期的山川分布，还包含有各地历史风俗、动植物矿藏等方面的内容，为我们认识古代早期的地理情况提供了珍贵的资料。中国古代的一些重大水利工程如都江堰、郑国渠等更反映出当时在水利科技方面所达到的高度。中国古代的地理知识及地理意识还突出地体现在历代正史的写作之中，以记录历代行政区划、各地物产风俗等内容为主的“地理志”是官修史书的一个重要方面，于此也可看出历代王朝对地理的重视。

“六艺”（礼、乐、射、御、书、数）之说最早见于《周礼》，被认为是古代读书人需要掌握的六种基本技能，其中的“数”即包括数学。中国古代的数学较为发达，早在远古之时，我们的祖先就在生产劳动与物质分配中逐渐形成了一定的数理知识。唐代所推行的供专业学生学习的《算经十书》，可以说是中国在唐以前数学成就的集中代表。《周髀算经》是我国现存最早的数学及天文学著述，其成书年代有公元前4世纪与公元前1世纪等说法。书中已有关于分数的运算、等差级数及勾股定理等方面知识，而且在该书中最早使用了“算术”这一名称。多被认为成书于两汉之际的《九章算术》是对东汉以前数学成就的系统总结，其中的正负数、分数、几何图形面积的计算、联立一次方程的解法等，都是具有世界意义的成就，是中国古代数学著述中最具影响的一部名著，李约瑟评价它是“数学知识的光辉集成，支配着中国计算人员一千多年的实践”（《中国科学技术史》）。算盘的使用更是中国人的独特发明。关于算盘起源于何时，目前仍有不同的说法，但一般认为，它与产生于先秦时期的筹算有很大的渊源关系。在宋代，算盘已经成为比较流行的运算工具了。

中国古代的医学不仅高度发达，而且医学家还把对宇宙生命的哲学思考渗透到医学的创造之中，从而使古代医学显示出一个独具特色、有别于西方的医学体系——中医。可以说，自从中国进入文明时代以来，古代的医学就相伴而生。追溯中医源远流长的发展历程，会发现其历程真可谓典籍浩繁、群星璀璨。《黄帝内经》（简称《内经》）是我国现存较早的医学文献，一般认为成书年代在战国时期。该书包括《素问》和《灵枢》两大部分，运用天人合一的整体思维，对人的生理、病理、治疗、预防及阴阳五行学说等做了全面的阐释，奠定了中医理论体系的基础。华佗、张仲景、孙思邈、李时珍等著名医学家都对中医的发展具有重要影响。疾病诊断中的望、闻、问、切方法，治疗中的针灸技术，药草的采集与配制等，都是中医对世界医学科技的巨大贡献。

我国古代的制造技术也在世界上具有领先的地位。例如，考古发现表明，我国在夏末商初就已开始了青铜文明。20世纪30年代在河南安阳出土的后母戊大方鼎，证明了商代时期中国的青铜冶炼技术已居于世界高峰。有关学者认为，中国人工冶铁技术的产生不晚于春秋中期，而在西汉时期逐渐发展成熟的“百炼钢”技术，也远远领先于同时的其他国家。瓷器更是我们祖先的伟大创造。早在新石器时代，就已经出现陶器。东汉时期，在原始青瓷技术的基础上，人们已经能够烧制真正的瓷器。此后，我国古代的陶瓷技术逐渐发展丰富，唐宋时期达到了繁荣的状态。唐代窑厂众多，越窑、邢窑以其产品的精美而最为知名，瓷器也开始在唐朝广泛的对外交流中销往国外。唐三彩代表了当时彩陶工艺的成就。宋代，瓷器制造已成为宋代文化的一个重要部分，五大名窑（汝窑、官窑、哥窑、钧窑、定窑）更是享誉古今。明清时期的制瓷技术在前代的基础上，也各自具有新的超越。

中国古代的纺织技术也具有悠久的历史，《诗经》、《左传》等先秦典籍中有着关于采桑养蚕的记载。浙江河姆渡新石器遗址出土的纺轮、绕纱棒、骨针等纺织工具使我们可以想见早期先民纺织的情景。近百年来考古发掘出土的诸类纺织品，显示出中国古代在纺织技术方面所达到的成就。例如，据报道，在2007年对江西靖安春秋大墓的考古发掘中，出土纺织品300多件，其中大部分为真丝织品，制作工艺十分精湛。中国古代的纺织包括了丝纺、棉纺、麻纺、毛纺等领域。西汉时期的“丝绸之路”，使得中国的丝织品在很早的时候就享誉并惠及西方国家，同样，“丝绸之路”也见证了中国古代丝织技术的辉煌。根据有关典籍文献的记载和考古发现，中国古代的印染技术也源远流长，不仅原料、工序等较为先进，而且在图案设计、色彩搭配等方面也包含有浓厚的中国传统文化的内涵。

另外，中国古代在生物、化学、建筑、造纸及饮食等方面也具有辉煌的成就。总体看来，中国古代科技是中国传统文化的一个重要组成部分，它与中国人的生活方式、哲学思维密切相关，显示了中国传统文化的博大精深和中华民族生生不息、代代相继的巨大创造力。但是，我们也应清醒地看到，社会制度、生产方式、文化传统及思维方法等也在一定程度上制约了中国古代科技的发展，使得我国科技在近几个世纪以来与西方国家的交流中呈现出一定的滞后状态。

二、中国古代商业

商人是专门组织、从事商品买卖交易活动的人群，商人所从事的行业也相应地被称为商业。商人和商业实际上是一个问题的两个方面。恩格斯把不从事生产而只从事产品交换的商人阶层的出现看做人类社会的第三次社会大分工，而这次特殊的社会分工，是在前两次社会大分工——农业与畜牧业分离，手工业与农业分离——已经实现，产品归不同的所有者所有的基础上发生的。因此，商人和商业虽然已有几千年的历史，但其历史和人类漫长的形成和发展的历史相比，并不算很长。

一般认为，中国商业在夏商时期开始形成。到了西周，商业成了不可缺少的社会经济部门。商代和西周的商业主要控制在官府手中，也就是所谓的“工商食官”。到了春秋战国时代，随着私营工商业的发展，“工商食官”制度开始衰退或解体，官府垄断工商业的格局被打破，商业获得较大的发展，出现了许多著名的大商人，如有勇有谋的郑国弦高、功成身退变姓易名做商人的范蠡、被称为天下“治生”之祖的白圭、孔子的弟子子贡等。其中子贡、范蠡对后世商人影响巨大，“端木生涯，陶朱事业”是后世商人们津津乐道的话题。

秦并六国以后，秦始皇为巩固统一成果，采取了一系列有针对性的措施，尽可能地对全国政治、经济、文化各方面进行整齐划一的规范，如统一币制，统一度量衡，拆除战国时各国所修的城防壁垒，积极从事全国水陆交通建设等，这些措施客观上都为商业发展提供了有利条件。但由于实行重农抑商政策，秦始皇颁布条例，命令商贾和商贾的后代到边区服苦役，这限制了商业的发展与活跃。

汉代进一步强化抑商政策，制定和颁布了一系列的弱商措施，如实行禁榷制度、土贡制度，推行官办工业制度，限制商人的衣着，规定商人的子弟不得仕宦为吏等，这不能不对商业的发展造成很大的限制。但由于汉代的农业和手工业有了较大的发展，各地的物质交流相当活跃，商业也有了一定的发展。当时的都城长安和洛阳，以及邯郸、临淄、成都等大城市都发展成为著名的商业中心。与以往不同的是，两汉又开通了陆上和海上两条丝绸之路，中外贸易也逐渐发展起来。

魏晋南北朝时期，由于封建割据，战争频仍，商业的发展受到了很大的影响。但由于长江流域的逐渐开发，南方地区的商业有了较大的发展。

隋唐是我国封建社会的繁荣时期，也是我国商业发展的黄金时代。由于农业经济的发展、手工业的进步，特别是隋朝时开凿的贯通南北的大运河，促进了商品流通范围的扩大。隋唐时期，有许多商业发达的城市，如唐代长安城在开元初人口超百万，据《长安志》记载，城内有专门的商业区东市和西市，各有220行。东市肆邸千余，货物山积，商贾云集；西市有西域、波斯、大食商人，“胡风”、“胡俗”流行。这表明当时的对外贸易比较发达。唐代还出现了柜坊和类似于后世的汇票飞钱，它们的出现是商品经济发展的结果，又促进了商业的便利与发展。

宋代商业在唐代的基础上有了进一步发展。城市商业繁荣——这在《清明上河图》中可见一斑，商品种类增多，各种类型的集市出现，边境贸易活跃，海外贸易发达。宋代的商业出现繁荣景况，主要有以下几个方面的原因：首先，农业、手工业的高度发展，为商业的兴盛提供了坚实的物质基础；其次，政府逐渐放松对商品交易的限制，市坊严格分开的制度逐渐被打破；再次，世界上最早的纸币交子在北宋应运而生，南宋时，纸币使用地区广，发行量也大大增加，纸币的发行使用便利了商业活动的进行；最后，两宋时水陆交通便利，特别是海上丝绸之路畅通，有利于对外贸易的发展。

元代实现了国家的空前统一，为经济的进一步发展奠定了基础。元代的统治者十分重视商业，与中国传统的“重农抑商”的治国方针不同。终元之世，商人活动十分活跃。从《马可·波罗行纪》的记载中可以看到当时各城市物资交流的频繁。特别是江南地区，城市商业非常繁荣，“富可敌国”的大商人众多，朱清、倪瓒、顾瑛等皆是著名的人物。在元代，对外贸易往来异常频繁，元代的大都是繁华的国际商业大都会，泉州是元代对外贸易的重要港口，被誉为世界第一大港。

明清时期，商业的规模、商人的活动范围和商业资本的累积，都大大超越了前一阶段的水平。小农经济与市场的联系日益密切，农产品商品化得到了发展；城镇经济空前地繁荣和发展，许多大城市和农村市场都很繁华。其中北京和南京是全国性的商贸城市，汇集了四面八方的特产。在全国各地，涌现出许多地域性的商人群体，有的学者称之为商帮，其中人数最多、实力最强的是徽商和晋商。

徽商即徽州的商人。明人谢肇淛在《五杂俎》中曾说：“富室之称雄者，江南则推新安，江北则推山右。”新安乃徽州的古名。徽人经商，在东晋时已有记载，而徽州商帮的形成，一般认为在明朝的成化、弘治年间，到清朝乾隆、嘉庆时达到鼎盛，称雄商界长达300多年，清末时走向衰落。徽商经营的范围很多，主要包括盐、布、茶、木、粮、典当等；活动的范围很广，遍及全国各地，民间俗谚有“无徽不成镇”的说法。在海外诸国也留下了徽商的足迹，有“遍地徽商”之说。徽州商帮中出现了许多拥有资产百万乃至千万以上的大富商，吴天行、江春、胡雪岩等就是其中的代表。

胡雪岩像

晋商即山西商人。前引谢肇淛《五杂俎》中所说的“山右”乃山西的别称。晋商是和徽商齐名的明清时期我国又一大商帮。晋商在明初利用地接北部边防之便，为官府运送军粮，获取贩盐的权利，经营盐业致富，成为富有的大盐商。他们积累起巨额商业资本之后，逐渐扩大经营范围，贩卖丝绸、铁器、茶叶、棉花、木材等。到清代乾隆年间，晋商开始兴办金融机构票号，经营存款、放贷、汇兑，也为官府代理钱粮。晋商勤俭，耐吃苦，守信不欺，比较普遍的经营方式是“合伙经营”。经过长期的经营和积累，晋商的财力不断壮大，到清代时，资产达百万者不可胜数。

综上所述，中国的商业是不断向前发展的。当然，发展的过程并不一帆风顺，而是多有曲折，这与社会经济状况有关，也与官方的商业政策有关。在中国历史上，“重农抑商”的政策长期占据着主导地位，不仅上文提到的秦汉时期如此，而且直至清代雍正时，皇帝仍下诏说“朕观四民之业，士之外，农为最贵。凡士工商贾，皆赖食于农，以故农为天下之本务，而工贾皆其末也”。不过，“重农抑商”只是一种笼统的说法，对这一概念的内涵尚有不同的理解。有的学者认为目前在评论中国古代的“重农抑商”政策时，对其内涵与外延，或有误解，或有混淆之处，应该把“抑商”作为单独的一个历史范畴进行政治的、社会的和经济的不同分析，评论其不同的影响。

文选

货殖列传（节选）[1]

司马迁

【阅读提示】

《司马迁》（王西京）

历代文献典籍中对商人的记载和描述很多，但在《史记》之前，只是偶尔涉及。《史记》专列《货殖列传》，为汉代及其以前的商人留下了难得的一笔记录。范蠡一开始并不从商，而是在帮助勾践“雪会稽之耻”后，审时度势，果断弃政从商，并取得了很大成功。《史记》的《越王勾践世家》后附有范蠡传，也是把范蠡作为一个成功的商人来写，与《货殖列传》中的相关内容差别不大。司马迁对范蠡经商致富的事迹如此感兴趣，显示了他重视商人和商业的立场。而“富好行其德”看法的提出，表明司马迁对“富贾无仁义之行”流行观念的否定。《汉书·货殖传》把“此所谓富好行其德者也”一语删去，显示出班固在对待商人的态度上与司马迁存在很大差异。范蠡在后代商人中影响很大，在明清小说、明清商人传记中经常可以看到他朦胧的身影。

昔者越王句践困于会稽之上，乃用范蠡、计然[2]。计然曰：“知斗则修备，时用则知物，二者形则万货之情可得而观已。故岁在金，穰；水，毁；木，饥；火，旱。旱则资舟，水则资车，物之理也。六岁穰，六岁旱，十二岁一大饥。夫粜，二十病农，九十病末[3]。末病则财不出，农病则草不辟矣。上不过八十，下不减三十，则农末俱利，平粜齐物，关市不乏，治国之道也。积著之理[4]，务完物，无息币。以物相贸易，腐败而食之货勿留，无敢居贵。论其有余不足，则知贵贱。贵上极则反贱，贱下极则反贵。贵出如粪土，贱取如珠玉。财币欲其行如流水。”修之十年，国富，厚赂战士，士赴矢石[5]，如渴得

① 选自《史记》（百衲本），杭州，浙江古籍出版社，1998。司马迁撰写的《史记》代表了中国古代历史散文的最高成就，鲁迅《汉文学史纲要》称它是“史家之绝唱，无韵之《离骚》”。司马迁在《史记》中除按惯例为帝王将相立传外，也把许多下层人物写入书中，其中包括刺客、游侠、方士、商人等。《货殖列传》主要是为商人树碑立传。

② 计然：姓辛氏，字文子，其先为晋国的公子。范蠡曾师事之。

③ 病：损害。末：谓“逐末”，指商贾。

④ 积著：积贮，指囤积货物。

⑤ 赴矢石：指赴战场。

饮，遂报强吴，观兵中国，称号“五霸”[①]。

范蠡既雪会稽之耻，乃喟然而叹曰：“计然之策七，越用其五而得意。既已施于国，吾欲用之家。”乃乘扁舟，浮于江湖，变名易姓，适齐为鸱夷子皮，之陶，为朱公。朱公以为陶天下之中，诸侯四通，货物所交易也。乃治产积居，与时逐，而不责于人。故善治生者，能择人而任时。十九年之中三致千金，再分散与贫交疏昆弟。此所谓富好行其德者也。后年衰老而听子孙，子孙修业而息之，遂至巨万。故言富者皆称陶朱公。

【作者简介】

参见第二讲《刺客列传》关于司马迁的介绍。

【知识链接】

《越绝书》记载：西施亡吴国后，“复归范蠡，同泛五湖而去”。此后，范蠡与西施相携归湖的故事流传广泛，古代戏曲作家不断以此为题材进行创作。元代赵明道创作有《陶朱公范蠡归湖》杂剧，结尾范蠡唱道：“西施，你如今岁数有，灭尽风流。人老花羞，叶落归秋。往常吃衣食在裙带头，今日你分破俺帝王忧。我可甚为国愁？失泼水再难收。我心去意难留，你有国再难投。俺轻拨转钓鱼舟，趁风波荡中流。”明代梁辰鱼《浣纱记》传奇则写范蠡游春到苎萝，在溪边遇浣纱女西施，一见钟情，对他们的爱情有更细致的描写。与梁辰鱼同时期的徽州文士汪道昆也以此为题材创作了《五湖游》杂剧。

借　景[②]

计　成

【阅读提示】

中国古代的园林建筑较能体现出中国人的审美趣味。计成所作《园冶》中的《借景》一篇对此就有着鲜明的反映。借景，即因借所造建筑以外之景。园林建造中，不把所造某一景观看做一个孤立的个体，而要考虑到对周边环境的巧妙利用，使所造之景与周围景观相互呼应，浑然一体，从而获得丰富多变的景观效果。作者从多个方面总结阐发了关于借景造园的艺术理念，这些理念亦反映出中国古代园林艺术家独到的审美眼光。《园冶》一书行文基本上采用骈体，措辞优美，具有较高的文学成就。

借景

---

① 五霸：春秋时先后称霸的五个诸侯。一说指齐桓公、晋文公、楚庄王、吴王阖闾、越王勾践。一说指齐桓公、宋襄公、晋文公、秦穆公、楚庄王。

② 选自计成著，陈植注释，杨伯超校订，陈从周校阅：《园冶注释》，北京，中国建筑工业出版社，1981。

构园无格[①]，借景有因[②]。切要四时[③]，何关八宅[④]。林皋延竚[⑤]，相缘竹树萧森[⑥]；城市喧卑[⑦]，必择居邻闲逸。高原极望，远岫环屏[⑧]，堂开淑气侵人[⑨]，门引春流到泽。嫣红艳紫[⑩]，欣逢花里神仙；乐圣称贤，足并山中宰相[⑪]。《闲居》曾赋[⑫]，芳草应怜；扫径护兰芽，分香幽室；卷帘邀燕子，闲剪轻风[⑬]。片片飞花，丝丝眠柳[⑭]。寒生料峭[⑮]，高架秋千。兴适清偏[⑯]，怡情丘壑。顿开尘外想，拟入画中行。林阴初出莺歌，山曲忽闻樵唱[⑰]。风生林樾[⑱]，境入羲皇[⑲]。幽人即韵于松寮[⑳]，逸士弹琴于篁里[㉑]。红衣新浴[㉒]，碧玉轻敲[㉓]。看竹溪湾，观鱼濠上[㉔]。山容蔼蔼[㉕]，行云故落凭栏[㉖]；水面鳞鳞，爽气觉来欹枕[㉗]。南轩寄傲[㉘]，北牖虚阴[㉙]。半窗碧隐蕉桐，环堵翠延萝薜[㉚]。俯流玩月，坐石品泉。苎衣不耐凉新[㉛]，池荷香绾[㉜]；梧叶忽惊秋落，虫草鸣幽。湖平无际之浮光，山媚可餐之秀色。寓

---

① 格：格局，格调。

② 借景有因：对外景的借用应有所依凭。

③ 四时：春、夏、秋、冬四季。

④ 八宅：根据八卦方位确定宅居。宅，《释名》中说“宅，择也，择吉处而营之也”。

⑤ 林皋（gāo）：林中高地。延竚（zhù）：久立。竚，同“伫”。

⑥ 萧森：竹木茂密。

⑦ 喧卑：喧闹低下。

⑧ 远岫环屏：远处山峦如同环绕的屏障。岫（xiù），峰峦。

⑨ 淑气：温和之气。

⑩ 嫣红：鲜艳的红色，与“艳紫”皆形容花色。

⑪ 山中宰相：典见《南史》。南朝梁时，陶弘景隐居茅山，屡聘不出，梁武帝常向他请教国家大事，人们称他为“山中宰相”。

⑫ 《闲居》：西晋潘岳曾作《闲居赋》，以述自己尘外之志。

⑬ 闲剪轻风：燕子在风中飞舞，尾巴好似剪刀，剪着轻风。

⑭ 丝丝眠柳：弱柳低垂貌。

⑮ 料峭：微寒。

⑯ 兴适清偏：景色清幽偏静之处能引发兴致。

⑰ 山曲：山势弯曲隐蔽处。

⑱ 林樾（yuè）：幽林。樾，树荫。

⑲ 境入羲皇：进入遥远的太古时代。羲皇，即伏羲氏，传说中人类的始祖。

⑳ 幽人：指幽居之士。松寮：犹松窗。

㉑ 篁里：竹林。

㉒ 红衣：荷花瓣的别称。唐许浑《秋晚云阳驿西亭莲池》诗：“烟开翠扇清风晓，水泛红衣白露秋。”

㉓ 碧玉轻敲：雨着莲叶如轻敲碧玉。

㉔ 濠上：濠水之上。典出《庄子·秋水》所载庄子与惠子濠梁观鱼的故事。“濠上”常被喻为别有会心、自得其乐之地。

㉕ 蔼蔼：昏暗貌。

㉖ 行云故落凭栏：凭栏远望，行云好似故意落下。

㉗ 欹（qī）：斜靠。

㉘ 典出陶渊明《归去来兮辞》：“倚南窗以寄傲，审容膝之易安。”

㉙ 典出陶渊明《与子俨等疏》：“北窗下卧，遇凉风暂至，自谓是羲皇上人。”

㉚ 环堵：围在房屋四周的土墙。萝薜（luó bì）：指女萝和薜荔，皆属藤本植物。

㉛ 苎（zhù）：苎麻。

㉜ 绾（wǎn）：系在一起。

目一行白鹭，醉颜几阵丹枫[1]。眺远高台，搔首青天那可问；凭虚敞阁[2]，举杯明月自相邀。冉冉天香[3]，悠悠桂子。但觉篱残菊晚，应探岭暖梅先[4]。少系杖头[5]，招携邻曲[6]。恍来林月美人，却卧雪庐高士。[7] 云冥黯黯，木叶萧萧。风鸦几树夕阳，寒雁数声残月。书窗梦醒，孤影遥吟；锦幛偎红，六花呈瑞[8]。棹兴若过剡曲[9]，扫烹果胜党家[10]。冷韵堪赓[11]，清名可并；花殊不谢，景摘偏新[12]。因借无由，触情俱是。

夫借景，林园之最要者也。如远借[13]，邻借[14]，仰借[15]，俯借[16]，应时而借[17]。然物情所逗[18]，目寄心期[19]，似意在笔先，庶几描写之尽哉[20]！

【作者简介】

计成（1582—?），字无否，号否道人，江苏苏州吴江县人。明末著名的园林艺术家。擅长山水画，早年多在外游历风景名胜，中年以后定居镇江，致力于园林的建造与研究。为他人建有五亩园、寤园、影园等著名园林。所著《园冶》，就是凭自己多年的造园经验而写成的中国第一部关于造园技艺的理论专著。

【知识链接】

1. 中国园林运用借景手法创造了许多著名的美的画面，如江苏无锡寄畅园借景锡山宝塔，北京颐和园画中游、鱼藻轩借玉泉山和西山之景色，河北承德避暑山庄锤峰落照借景磬锤峰

---

① 醉颜：指枫叶红艳如醉。

② 凭虚：犹言凌空。

③ 冉冉：与下句的“悠悠”皆形容桂花香气之飘忽。

④ 岭暖梅先：岭上的梅花因向阳而最先开放。

⑤ 杖头：“杖头钱”的省称，指买酒钱。《世说新语·任诞》：“阮宣子常步行，以百钱挂杖头，至酒店，便独酣畅。”宋陆游《闲游》其二：“好事湖边卖酒家，杖头钱尽惯曾赊。”

⑥ 邻曲：即邻居。陶渊明《游斜川》序：“与二三邻曲，同游斜川。”

⑦ “恍来”、“却卧”句：此二句是就梅花而言，然其意境实物我浑一。明高启《梅花九首》其一：“雪满山中高士卧，月明林下美人来。”

⑧ 六花：指雪花。雪花呈六瓣形状，故名。

⑨ 此句用王子猷拜访戴安道典故，以示人生之率性洒脱。《世说新语·任诞》：“王子猷居山阴，夜大雪……忽忆戴安道，时戴在剡，即便夜乘小船就之。经宿方至，造门不前而返。人问其故，王曰：‘吾本乘兴而行，兴尽而返，何必见戴？’”

⑩ 扫烹果胜党家：此用宋陶谷家姬（私家歌伎舞女或侍妾）雪水烹茶的典故。张岱《夜航船》卷一：“宋陶谷得党家姬，遇雪，取雪水烹茶，请姬曰：‘党家亦知此味否？’姬曰：‘彼武夫安有此？但知于锦帐中饮羊羔酒耳。’公为一笑。”

⑪ 冷韵：清幽的韵味或情趣。赓（gēng）：连续。此谓作歌唱和。

⑫ 此句是说，选景倾向于追求新奇。

⑬ 远借：借用远景。

⑭ 邻借：借用近景。

⑮ 仰借：借用高处景观。

⑯ 俯借：借用低处景观。

⑰ 应时而借：因时令不同而借用周围不断变化的景观。

⑱ 逗：诱引。

⑲ 目寄心期：目之所见，心之所想。

⑳ 此句是说，下笔之先，设想出诸种图景，这样才能做到精致的描绘。

等。苏州古典园林中建园历史最早的沧浪亭，也采用了借景的手法，园门外有一泓清水绕园而过，该园就在这一面不建界墙，而以有漏窗的复廊对外，巧妙地把河水之景“借”入园内。

2. 中国古代四大园林均用了“借景”的手法，它们是：北京的颐和园、承德的避暑山庄、苏州的拙政园和留园。

中国文化的独创性[①]

李约瑟

【阅读提示】

本文围绕中国人的思想和实践是否来源于西方的问题进行考辨。通过对诸多具体案例的分析考察，文章反驳了有关中国文化来源于西方的观点。作者认为，中国文化与西方文化有相同或相通之处，二者的产生，具有完全独立而相似的思路，古代中国与西方隔绝，它的文化模式具有自己的独创性。文章最后指出，中国的思想和文化模式的基本格调保持着明显的、持续的自发性，这是中国“与世隔绝”的真正涵义。这种“与世隔绝”，使得中国在与外界的接触中，仍保持它的文明和科学的特有风格。

尽管有大量的文献讨论到中国和欧洲之间的交往（下面即将简要地概述这些文献），可是我们还是没有足够的事实来作出总结，而且愈是深入追溯历史细节，情形当然便变得愈加复杂。已经编写出来的文献中，有许多东西只不过是猜想而已。在关于文字那一节中，我们提到过 18 世纪时的“体系”，当时人们根据早先的认识，了解到中国文字是象形性质的，因而认为中国人是“古代埃及人的移民”。到 19 世纪，有些人在讨论中曾固执地坚持这一观点，可是现在象特里恩·德·拉库佩里（Terrien de Lacouperie）或鲍尔（Ball）的理论早已被驳倒了，因此主张中国文明主要是独立发展的人们，再也用不着与他们争辩了。

可是，认为在中国人的思想和实践中，有一大部分特殊的发展来源于西方，这种成见是很难消除的。让我们举几个例子。马伯乐起先认为，《山海经》中所叙述的中国古代地理学是受到公元前 5 世纪外来（印度和伊朗）潮流的刺激，并且大部分中国天文学也是由于西方的启发。他认为二十八宿、岁星纪年、圭表和漏壶是在大流士时代传入的；而在亚历山大时代的第二次潮流中，又传入了几何学、十二循环法、星表体系等等。我们将要看到，所有这些说法都是根据不足的，并且，马伯乐在他自己后来关于中国天文学的优秀专著中，也放弃了这些观点，不再谈交流和刺激的问题了。中国的“宿”和印度的“纳沙特拉”（*nakshatra*，意为月站）的关系，至今还是一个难题，人们尚无法决定其孰先孰后。它们都可能来源于巴比伦。

另有一些作者则任意地假设中国科学中的几乎每种有价值的东西都来自西方。例如，瓦卡曾不加思索地得出结论说，汉代的记里鼓车来自亚历山大里亚的赫伦（Heron，著称于公元 60 年）。可是在中国文献中最早提到记里鼓车，是和燕太子丹（公元前 240—前 226 年）及韩延寿（公元前 140—前 70 年之间）的名字连在一起的。汉代早期的这些记载

① 选自李约瑟著，王玲协助：《中国科学技术史》第一卷《导论》，154～160 页，北京，科学出版社，上海，上海古籍出版社，1990。

并没有把记里鼓车当作很新鲜的事物；人们即使对当时所记述的记里鼓车究竟是什么车子还有点怀疑，那末，在汉代后期便有了关于记里鼓车的确切描述，这些记述出现得如此之快，以致很难认为它是从亚历山大里亚城传入的。瓦卡还认为，《周髀算经》中的几何学也来自西方，中国早期对 π 值的计算也是从西方得到启发，而 1300 年朱世杰的二项式系数表则是从欧麦尔·海亚姆（'Umar al-Khaiyam）来的等等。他在论文结束时有一段确实令人惊奇的说法，他说，中国第一位重要的天文学家是唐代的僧一行，而一行晚于依巴谷（Hipparchus）及其同时代的人整整一千年，因而这些人确实领先于他。

另外一个有趣的例子是奥地利工程师霍维茨的研究，我们将在工程学那一章中详细讨论。他和其他技术史家一样，认为 1726 年的大型类书《古今图书集成》中有些机械图显然是临摹的，而且临摹得很糟，他能认出那些图出自 16 世纪的欧洲书籍。以后，人们又通过 17 世纪初期耶稣会士有关工程学的首批著作，查考出这些图流传到中国的线索。可是，这种论断有一些缺欠：（1）它假定了不相符合之处都是后来中国临摹人员造成的，（2）既然这些图样是来自欧洲的，那末，当耶稣会士把这些机器引进中国之初，中国人总不会对它们毫无新奇之感的表示。

在哲学理论和实践的领域内，有人曾挖空心思地想证明，早期的道家学说在很大程度上受到印度《奥义书》（*Upanishad*）的影响，并从印度瑜伽的教理中获得苦修法；不仅如此，他们还进一步认为，中国的禅宗佛教也是从印度传入的。可是正如顾立雅所说，这些论点从来没有真正使人信服过。《奥义书》是婆罗门经典《吠陀》的形而上学的释义，这些文献形成的时期是在公元前 8 世纪到前 4 世纪，因而它们比道家的初期理论著作略早一点。它们非常显著的形而上学观念论及其对"梵"（*brahman*）和"我"（*ātman*）即绝对和自身一致的观点完全不是道家的特征，尽管（我们以后将看到）道家非常强调自然界的统一性以及个人与自然的合一。关于瑜伽的各种修行，特别是练气法（这在印度确是很古的），对早期道教有所影响的说法，可能有些道理。道教有些教派确实以专心于呼吸来进行自我催眠；可是，这种方法并不普遍，庄子就有一段文章说它不适用。不管怎样，道家的这种类似"定"（*samādhi*）或"禅"（*dhyānā*）的目的和印度人的"利雪斯"（*rishis*）是完全不相同的。他们二者都想控制有机的生命并获得"超自然"的能力，可是印度人寻求的是足以使他们能够支配诸神的一种苦行感化力，而道家寻求的却是宇宙中物质的永生，因为在道家的宇宙中并没有需要他们去征服的神，修行只是道家用以达到目的的方法之一。除了在入静的自我催眠中默思宇宙外，道家对房中术也感到兴趣，他们认为应用这种方术可以长寿；而他们最大的兴趣在于炼丹，认为丹药可以使服者永生不死。大家承认，在古代印度人和波斯人的思想中都有同后面这两种因素相似的东西。两性关系在印度的一切神话和宗教中一直是非常重要的，特别是在"萨克蒂思"（*śaktis*）的经文中，并且正如德效骞所指出的，古代的使人狂醉的圣饮［印度的"苏摩酒"（*soma*），波斯的"赫劳马"（*hraoma*）］在某种意义上是被当作长生不老的灵丹妙药的。可是总的说来，应该说所能举出的相似之处终究还是空洞的、不可靠的，而中国思想的整个气氛和知识环境都和印度的或波斯的截然不同。最后，禅宗佛教的入定来源于印度的吠陀哲学之说以及由菩提达摩（Bodhidharma）祖师传入的典故，早经伯希和指出的是后出的传说，只是为了使禅宗布道具有权威性而编造出来的。

还有一种常见的看法，认为中国思想中的阴阳二元论是从波斯传入的。这两个字原来的含义是山坡或房屋的荫蔽面和向阳面，约在公元前 4 世纪它们突然成了哲学名词。阴代表黑暗、软弱、女性、夜晚、月亮等等，阳代表光明、强壮、男性、白天、太阳等等，从这些范畴中滋长出一种关于自然界的微妙理论。这种理论在表面上好象和祆教很相似，可是我完全同意韦利的说法，他否认后者对前者有任何直接的影响。他说："在祆教中，黑暗主要是邪恶，而光明的实质主要是善良。可是阴和阳的基本概念却与此完全不同；它们是事物存在的既独立而又相辅相成的两个方面。哲学家们主张阴阳学说的目的不是为了光明的胜利，而是企图在人生中获得两者之间的完美的和谐。"韦利从中国固有的占卜活动去找寻阴阳理论的起源，无疑是正确的。他也曾毫无困难地反驳了关于五行说来自希腊四元素说的观点。事实上，中国五行说的基本概念是论相生相胜的过程，而静止的四元素说却只是内在性的或衍生性的。最后，他讨论了惠施的悖论和埃利亚学派的悖论之间的关系，但没有得到任何肯定两者有关系的结论。事实上，两者的这种相似性又可以作为一个实例来说明，我们有时可以在旧大陆相距遥远的两地，发现一些类似现象的异乎寻常的同时性。惠施是公元前 4 世纪中期的人，而埃利亚的芝诺（Eleatic Zeno）的盛名期是公元前 460 年前后。这里出现的同时性，至少和本章开始时所说的海生无脊椎动物的生殖与月亮的周期性有关的情形同样明显，或者象最早同时出现水磨的情形那样。关于水磨，我们将放在后面和其他机械的例子一同讨论。

尽管我们往往倾向于认为每一件事物只有一个来源，可是我们不能排除在不同地方出现完全独立而相似的思路的可能性，特别是在有关科学理论、发现和观察等方面。

我们可以用原子论作为一个实例。在西方的古典文明中，原子论的历史始于公元前 5 世纪的留基伯（Leucippus）和阿夫季拉的德谟克利特（Democritus of Abdera）等人，而在公元前 3 世纪后期和公元前 1 世纪早期的伊壁鸠鲁（Epicurus）和卢克莱修（Lucretius）时代达到高峰。这段历史我们都很熟悉。印度的原子论似乎较晚些，乌摩斯伐底（Umāsvāti）的耆那（Jaina）体系在公元 50 年前后最为盛行，而迦那陀（Kanāda）的胜论（Vaiśćshika *darśana*）在公元 2 世纪下半叶才流传开来。可是如雷伊所认为的，有理由相信，在印度思想史中，原子论的根源还要早得多。在中国物理学中，我们将看到，原子论从未出现过，可是在《墨经》的几何学中（该书可能是在公元前 370 年左右编集成的），似乎把点定义为将线分割到无可再分割的程度。因此确实没有理由认为，不可分割性的概念不会在这三大文明的每一个区域内独立地产生。在每一文明区内，人们都砍伐木材，并把木材和其他材料锯成各种长度，因此，某些好深思的人们便不难想象，如果把这些东西继续分割下去，直到剩下的东西已小到不能再分割成两半的时候，该会出现什么情形。这时，哲学的思考就会推想到，用这些小物体的排列和运动便能解释一切事物了。

另外一种情况，我觉得与上述情况相似，那是亚里士多德的"灵魂阶梯"学说。根据这种学说，植物被认为具有生长的灵魂，动物具有生长和感觉的灵魂，而人则具有生长、感觉和理性的灵魂。我将在后面说明，荀子（荀卿）曾宣讲过很相似的学说。亚里士多德生活在公元前 384—前 322 年，荀卿则在公元前 298—前 238 年。假若这种概念是经过传播的，那就必须传播得十分迅速。从当时的旅行条件来看，进行如此迅速的传播是极不可能的。我们宁可相信这种概念是各自独立产生的，因为它终究明显地反映了自然界的阶梯性，并且或多或少直觉地认识到了有些生物比另外一些要简单得多的事实，因此，它实际上成为进化概念的先声，因为阶梯说一旦出现，进化概念很快就跟着出现了。

翟林奈曾指出，希腊的一些著作和《列子》一书之间有两处出现相似的事例，这使人们增加了对子这类相似事例的兴趣。《列子》一书的部分内容很可能早于公元前 400 年，可是列御寇这位哲学家是否真有其人，还很可怀疑。第一个例子是，有人因感到有福气而感谢上苍，列举的理由是：（1）他生而为人，而非动物；（2）生为男子，而非女子；（3）生为希腊人（或中国人），而非野蛮人；等等。《列子》一书在讲到孔子和泰山叟荣启期时有上面的这个故事。非常类似的故事可见于普卢塔克（Plutarch）的著作《马里乌斯生平》（因此在公元46—122年之间），该书认为这是柏拉图的话；也见于狄奥根尼·拉尔修（Diogcncs Laertius）的著作（因此约在公元220年），该书又认为这是泰勒斯（Thales）或苏格拉底（Socratcs）所说。如果这种类型的故事不是由于灵魂阶梯概念的存在而自然地产生出来，人们便会感到奇怪了，因为在这种情况下，这种明显的相似性并不能作为概念传播的证据。翟林奈的另一个故事是有关痛悼孩子的，在《列子》中所载的是魏东门吴的事，在普卢塔克的《道德论》一书中同样有这段故事，由于这个故事记述简略，或者仅属偶然巧合面已。阿伦特在很久以前也曾指出过一些使人半信半疑的类似事例，其中最有趣的是批评一个人想做官却又不学无术，然而不学无术也不能经商或习艺。《墨子》中有这样的故事，希腊的色诺芬（Xenophon）所编苏格拉底和欧西德莫斯（Euthydcmus）的《言行录》中，也有这类故事。墨翟和色诺芬是同时代的人。

上面所举的绝不是奇特相似性的仅有的例子。费尔普斯（Phclps）曾经谈论过孔子和柏拉图关于音乐在教育中的地位的论述的相似性。丁韪良也曾使人们注意这样的争论：假若父亲犯了罪，儿子是否有义务告发或作证?《孝经》里曾隐约地提到过，但这无关紧要，因为人们普遍认为《孝经》是后来在公元前1世纪（或甚至在公元1世纪）伪托孔子弟子的名义所作。可是这个争论本身早在公元前6世纪就有了，这从《论语》和《孟子》中可以看到。孔子在柏拉图诞生之前的半个世纪时去世，而孟子的讲学活动是在柏拉图去世后仅约二十年时达到最高峰。因此，丁韪良所讲的中国的争论方式和同一问题在柏拉图的对话集《欧西弗洛》中的讨论方式之间存在着相似性，这的确是饶有兴味的。两者处理的方法当然很不相同，可是丁韪良又注意到，柏拉图用作论题的名称的含义却和中国人在同一问题上所用的“直人”一词极其相似。

我们现在可以回到上面几段文字所提出的一般性的问题上来。虽然这里还不是下最后结论的地方，可是毫无疑问，中国在旧大陆的古代文明中是与别处最隔绝的，因此它所特有的文化模式的独创性较大。这并不意味着它不曾受到从新月沃地辐射出的文化技术的影响；不仅如此，经过延续三千年的长时期，中国在不同的程度上处传并接受了一些文化和技术的要素。有些人——例如普赖斯和克雷西——企图证明中国文明的传播过程只限于“小范围内”，这是白费气力的，因为没有人能否认中西文化交流的事实。当然，同样必须估计到思想和技术的并行发展、发明的独立性以及其他等等。在所有这些方面，重复一般性的概述是没有用的。我们需要知道的是更多的事实，是更多像本书所力求阐明的那些事实。我们最后的结论大概是这样：中国和它的西方邻国以及南方邻国之间的交往和反应，要比一向所认为的多得多，尽管如此，中国的思想和文化模式的基本格调，却保持着明显的、持续的自发性。这是中国“与世隔绝”的真正涵义。过去，中国是和外界有接触的，但是，这种接触从来没有多到足以影响它的文明和科学的特有风格。

【作者简介】

李约瑟（Joseph Needham，1900—1995），英国近代生物化学家和科学技术史专家。1924年获英国剑桥大学博士学位。早年从事生物化学研究，1937年开始学习中文，1942年来华，任英国驻华使馆科学参赞。出于对中国古老文明的敬慕，他全身心投入到中国科学技术史的研究之中。1954年开始，陆续出版了他所著的《中国科学技术史》的各个分卷。李约瑟“不仅在自然科学方面造诣很深，而且熟悉哲学、历史、文学和多种语言。他有很高的西方文化素养，又对东方文化有相当深刻的体验和理解。因而他能充分认识到，世界上各个国家和民族之间在科学技术方面是通过交流而互相渗透、互相促进的，整个科学技术的进步又是汇合了各个国家与民族科学技术精华而加以发展和创新的结果。他令人信服地证明，在近代科学技术兴起之前，中国的科学技术不仅自成体系，而且对其他国家的影响也是巨大的”（《中国科学技术史》第一卷《导论》“中译本序”）。

【知识链接】

1. 我几乎走遍了整个中国，并曾到达遥远的东南。一个炎热的夜晚，在粤北坪石河旁的阳台上，我和王亚南在烛光下谈到了中古时期中国封建官僚社会的实质。除此以外，还和吴大琨在曲江的书店和茶馆中讨论了其他社会学问题。后来，大战结束了，我在远方四年的漫游达到了高潮，终于有机会短期停留在富有传奇意味的北京城。在那里，在张子高、曾昭抡、李乔苹等人热情的带动下，化学史再次成为我们进行学术讨论的主题。此外，在这个中国文献出版中心，我有可能买到许多在以后工作中必不可少的珍本，如《太平御览》和许多丛书。（李约瑟《中国科学技术史》第一卷《导论》）

2. 中国是一个文化发展很早的国家，他与埃及、巴比仑、印度，在世界史上上古部分里，同应占到很重要的篇幅。但中国因其环境关系，他的文化，自始即走上独自发展的路径。在有史以前，更渺茫的时代里，中国是否与西方文化有所接触，及其相互间影响何如，现在尚无从深论。但就大体言，中国文化开始，较之埃及、巴比仑、印度诸国，特别见为是一种孤立的，则已成为一种明显的事实。（钱穆《中国文化史导论》）

致梅贻琦信[①]

梁思成

【阅读提示】

这封信写于 1945 年，抗战胜利即将到来之际，梁思成深深忧虑时人对建筑学认识不足，建筑设计人才匮乏，无法满足战后重建和未来社会发展的需要，因此上书时任清华大学校长的梅贻琦，建议战后在清华设立建筑学院。梁先生是个既有预见性又极为认真的人，信中不仅言辞恳切地说明了建筑设计的重要性和培养建筑设计人才的迫切性，而且细致地设想了培养人才的方式：设计与实施并重。为了尽快发展建筑教育，梁先生提出先在工学院利用现有条件成立建筑系。其拳拳之心、殷殷之意溢于言表。整封书信情意深厚，语言干净而又准确，虽是用白话书写，却用了旧式书信体的格式，显得典雅庄重。

月涵[②]我师：

母校工学院成立以来，已十余载，而建筑学始终未列于教程。国内大学之有建筑系

① 选自梁思成：《梁思成谈建筑》，北京，当代世界出版社，2006。

② 梅贻琦（1889—1962），字月涵，从 1931 年起任清华大学校长，西南联大期间任校常务委员会委员，主持校务工作。

者，现仅中大[①]、重大[②]两校而已。然而居室为人类生活中最基本需要之一，其创始与人类文化同古远，无论在任何环境之下，人类不可无居室。居室与民生息息相关，小之影响个人身心之健康，大之关系作业之效率，社会之安宁与安全。数千年来，人类生活程度随文化之进展而逐渐提高，营造技术亦随之演变。最近十年间，欧美生活方式又臻更高度之专门化、组织化、机械化。今后之居室将成为一种居住用之机械，整个城市将成为一个有组织之 Working mechanism，此将来营建方面不可避免之趋向也。我国虽为落后国家，一般人民生活方式虽尚在中古阶段，然而战后之迅速工业化，殆为必由之径，生活程度随之提高，亦为必然之结果，不可不预为准备，以适应此新时代之需要也。

然而我国社会，虽所谓智识阶级，对于居室之重要性且素乏认识，甚至不知建筑与土木工程之别者。殊不知建筑与土木工程虽均以相类似之物料为其工作之 medium，但其所解决问题之本身则相去甚远。建筑所解决者为居住者生活方式所发生之问题，自个人私生活之习惯，家庭之组织，以至团体或机关组织办事之方式，以至一工厂生产之程序，皆需要不同之建筑部署，以适应各个不同之用途。而土木工程所解决者，则较为间接，如公路、铁路、水利等等问题是也。

抑近代生活方式所影响者非仅一个，或数个一组之建筑物而已，由万千个建筑物合组而成之近代都市已成为一个有机性之大组织。都市设计已非如昔日之为开辟街道问题或清除贫民窟问题（社会主义之苏联认为都市设计之目的在促成最高之生产量；英美学者则以为在使市民得到身心上最高度之愉乐与安适）。其目的乃在求此大组织中每部分每项工作之各得其所，实为一社会经济政治问题之全盘合理部署，而都市中一切建置之合理部署，实为使近代生活可能之物体基础。在原则上，一座建筑物之设计与多数建筑物之设计并无区别。故都市设计，实即建筑设计之扩大，实二而一者也。

抗战军兴以还，各地城市摧毁已甚，将来盟军登陆，国军反攻之时，且将有更猛烈之破坏，战区城市将尽成废墟，及失地收复之后，立即有复兴焦土之艰巨工作随之而至；由光明方面着眼，此实改善我国都市之绝好机会。举凡住宅，分区，交通，防空，等等问题，皆可予以通盘筹划，预为百年大计，其影响于国计民生者巨，而工作亦非短期所能完成者。英苏等国，战争初发，战争破坏方始，即已着手战后复兴计划。反观我国，不惟计划全无、且人才尤为缺少。而我国情形，更因正在工业化之程序中，社会经济环境变动剧烈，乃至在技术及建筑教材方面，亦均具有其所独有之问题。工作艰巨，倍蓰英苏，所需人才，当以万计。古谚虽诫“毋临渴而掘井”，but it’s better late than never。为适应此急需计，我国各大学实宜早日添授建筑课程，为国家造就建设人才，今后数十年间，全国人民居室及都市之改进，生活水准之提高，实有待于此辈人才之养成也。即是之故，受业认为母校有立即添设建筑系之必要。

在课程方面，生以为国内数大学现在所用教学方式（即英美曾沿用数十年之法国 Ecole des Beaux-Arts 式之教学法）颇嫌陈旧，遇于着重派别形式，不近实际。今后课程宜参照德国 Prof. Walter Gropius 所创之 Bauhaus 方法，着重于实际方面，以工程地为实习场，设计与实施并重，以养成富有创造力之实用人才。德国自纳粹专政以还，Gropius 教授即避居美国，任教于哈佛，哈佛建筑学院课程，即按 G. 教授 Bauhaus 方法改编者，为现代美国建筑学教育之最前进者，良足供我借鉴。

---

① 中大，系中央大学。

② 重大，系重庆大学。

在组织方面，哈佛，麻工，哥仑比亚等均有独立之建筑学院，内分建筑，建筑工程，都市计划，庭园，户内装饰，等系。为适应将来广大之需求，建筑学院之设立固有其必要。然在目前情形之下，不如先在工学院添设建筑系之为妥。建筑系设备简单，创立较易，其中若干课门，如基本理化及数学力学等，因无须另行添设课程，即关于土木工程方面者，亦可与土木系共同上课；其须另行添聘者仅建筑设计及绘塑艺术史等课教员；在设备方面，目前仅须购置书籍及少数绘画用石膏模型即可，在工学院中，实最轻而易举。为此建议母校于最近之可能期间，筹设建筑学系，其建筑设计学教授则宜延聘现在执业富于创造力之建筑师充任，以期校中课程与实际建筑情形经常保持接触。一俟战事结束，即宜酌量情形，成立建筑学院，逐渐分添建筑工程，都市计划，庭园计划，户内装饰等系。营国筑室，古代尚设专官；使民安居，然后可以乐业，为解决将来之营国筑室问题计，专门建筑人才之养成实目前亟须注意之一大问题。此项责任，我母校实应挺出负担，责无旁贷。受业忝受校恩，爱护母校，今既有感于中，敢不冒昧直陈，敬乞予以考虑，幸甚！幸甚！耑肃敬请

道安

受业

梁思成　谨肃

三十四年三月九日

【作者简介】

梁思成（1901—1972），广东新会人，梁启超之子，我国著名的建筑历史学家、建筑教育家和建筑师，毕生致力于研究和保护中国古代建筑。1946 年，担任清华大学建筑系主任。1948 年任中央研究院院士。1949 年之后，曾任中国科学院哲学社会科学学部委员，参与了人民英雄纪念碑、中华人民共和国国徽等作品的设计。

【知识链接】

美国宾夕法尼亚大学亚洲研究中心教授夏南悉："梁思成作出了许多贡献，其中一个毫无疑问是，他把一种传统的匠造之术放到了一个国际上能够理解的平台上，把设计的理念带到了房屋建造上。同时梁思成意识到让中国建筑语汇进入世界建筑体系的重要性。梁思成对于本国的建筑历史肩负使命，这也许是他所有贡献里面最重要的一个，就是让整个民族能够意识到，去通过建筑了解自己的历史。"（纪录片《梁思成和林徽因》第六集）

思考与实践

1. 试述司马迁《史记》为商人树碑立传的意义。
2. 园林建造中的借景手法，体现出怎样的美学思想？
3. 比较一下中国古典园林与山水诗、山水画，思考它们之间的美学关联。
4. 留意有关园林建筑，了解其建筑设计中对借景手法的运用。
5. 中国的一些传统技艺濒于失传，你认为应如何加以拯救传承？
6. 利用课外时间或假日，调查自己家乡有关传统技艺的保存情况，并选择一二作出介绍。
7. 阅读李约瑟的巨著《中国科学技术史》，了解中国古代科学技术的辉煌成就及其对世界

文明的伟大贡献，讨论中国近代以来科技发展落后的原因。

8. 游览古代木构架建筑，了解斗栱的构成部件及其在中国古建筑中的作用。

9. 调查中国古建筑保护状况，了解目前中国古建筑保护与地方经济发展存在的矛盾和冲突，讨论解决方法。

10. 举行一次以“诚信”为主题的演讲比赛。

11. 谈谈你对“无商不奸”这一看法的理解。

第十六讲　古代教育与科举

概　述

教育是培养人的一种社会活动，它广泛存在于人类社会发展之中。在中国古代文献中，“教育”一词最早见于《孟子·尽心上》：“得天下英才而教育之，三乐也。”对于教育的解释，有许多不同说法。如荀子在《荀子·修身》中说：“以善先人者谓之教。”《礼记·学记》中说：“教也者，长善而救其失者也。”东汉许慎在其所著《说文解字》中说：“教，上所施，下所效也。”“育，养子使作善也。”教育就是教诲培育的意思。故广义地说，凡是有目的地增进人的知识技能、影响人的思想品德、增强人的体质的活动，不论是有组织的还是无组织的，系统的还是零碎的，都是教育。狭义的教育是根据一定社会的现实和未来的需要，遵循年轻一代身心发展的规律，有目的、有计划、有组织地引导受教育者获得知识技能，陶冶思想品德，发展智力和体力的一种活动，以便把受教育者培养成为适应一定社会的需要和促进社会发展的人。①

一、古代教育机构

中国古代的教育主要有官学、私学两种形式，与之相应的教学机构主要有中央朝廷及地方行政区划的地方官府所直接创办和管辖的、旨在培养各种统治人才的历代学校教育体系和私人授徒讲学的非官方的形式。

（一）官学教育

由朝廷设立的中央官学正式创始于汉朝。魏晋南北朝时期政局纷乱，官学时兴时废。及至唐朝，中央官学繁盛，制度完备，发展到顶峰。南宋以后官学逐渐衰败，中央官学实际上成了科举制的附庸，名存实亡。清末，中国古代官学完全被西方的学堂和学校教育所取代。

西周时期，学在官府，享有教育权力的只是贵族阶层的子弟，文化为贵族所垄断。学校的教师亦是官吏，教育机构与行政机关合而为一，政教不分。

汉代特别重视发展中央官学，汉武帝于元朔五年（公元前 124 年）在都城设立太学。太学为全国最高学府和教育行政机构，隶属于太常，后大学制度被历代沿用。《汉书·董仲舒传》中曰：“太学者，贤士之所关也，教化之本原也。”魏晋南北朝时，太学的办学体制进行了改革，先设国子学，后设文、史等科，官学的学科范围扩大，从而打破了汉代以来儒学在太学中的垄断地位。此后太学与国子学并存，明以后不设太学，只有国子监。

国子学始创于西晋咸宁二年（公元 276 年），设国子祭酒和博士各一员，与太学并立。

① 参见王道俊、郭文安主编：《教育学》，北京，人民教育出版社，1999。

北齐时改名国子寺。隋文帝时，改国子寺为国子学。不久，废国子学，唯立太学一所，置太学博士，总知学事。炀帝时改国子寺为国子监，复置祭酒。唐沿此制，国子监下设国子、太学、四门、律学、算学、书学等，各学皆立博士，设祭酒一员，掌监学之政，并为皇太子讲经。宋代国子监与唐代相同。元代设国子学、蒙古国子学、回回国子学等。明代国子学与国子监合一，有"北雍"（北京）和"南雍"（南京）之分。清代国子监与明代相同，到光绪三十一年（公元1905年）废除国子监。国子监是中国设立专门教育管理机构之始，是中国隋代以后的中央官学，为中国古代教育体系中的教育管理机构和最高学府。

太学和国子监是封建王朝培养人才的主要场所，在办学育人、繁荣学术、发展科举取士等方面，都积累了许多宝贵的经验，在中国和世界教育史上占有重要的地位。

中国古代的地方官学自西汉景帝时文翁在蜀郡设学宫开始。至武帝时，乃诏令"天下郡国皆立学校官"（《汉书·循吏列传》）。从此以后，有些郡开设学宫，至汉平帝元始三年（公元3年）始建立地方官学制度。按制度规定，郡曰"学"，县道邑侯国曰"校"，乡曰"庠"，聚曰"序"。"学校"名称由此而来。东汉出现了"学校如林，庠序盈门"（班固《两都赋》）的局面。魏晋南北朝地方官学衰废，"空有建学之名，而无弘道之实"（《隋书·儒林列传》）。

唐代地方官学较为繁盛。地方官学除由长史管辖的"儒学"外，还有直属太医署的"医学"、直辖于中央礼部下的祠部的府州"崇玄学"，府州县学的学生一般系下级官吏及庶民子弟，以"九经"（"三礼"、"三传"、《易》、《书》、《诗》）作为教学内容。宋辽金时期，在地方设置主管地方教育的行政官员，各路置提举学事司，掌管路州县学政。教学内容以"经术衍义训导诸生，掌其课试之事，而纠正其不如规者"，与汉唐以来的地方儒学别无二致。元代地方官学制度比较完备，在各路府州县内，均有相应学校，但是事实上有名无实，并未普遍设立。明代早在明太祖朱元璋立国之初，既在全国诸府州县设立府州县学，又在乡村设立"社学"。朝廷委任不受地方政府管辖的提学官专门负责地方教育，最盛时期，全国学校达1 700余所。清代基本上沿袭明代学校的规模。

（二）私学教育

春秋战国时期，随着王权失坠，官学衰落，私学兴盛，于是出现了"天子失官，学在四夷"（《左传·昭公十七年》）的局面。孔子最先开办私学，广收学徒，打破了"学在官府"的传统局面，使得更多的平民有了接受教育的机会。

秦禁私学，否定教育的作用，私学处于低谷。秦亡汉兴，私学如雨后春笋般发展起来，各种类型的私学几乎遍布全国各地。汉代私学在组织形式上可分为"蒙学"和"精舍"（精庐）两种。前者是小学文化程度的书馆、学馆，属启蒙教育；后者为专攻经学的经馆精舍、精庐等，属提高教育。魏晋南北朝时期，战乱迭起，统治者无暇顾及学校教育，官学的发展时兴时废，私学却相沿不衰，呈现繁荣局面，名儒聚徒讲学仍占重要地位，学生人数达上百人或上千人的屡见不鲜。

到了唐代，在国家完备的官学教育体制下，私学暂时出现了衰微，但却兴起了一种新的私学形式——书院。书院鼎盛于宋元，普及于明清，经历了千年之久的办学历史，形成了一整套独特的办学形式、管理制度、教授方法，使源远流长的传统私学趋于成熟和完善。书院是我国封建社会中后期集教育、学术、藏书为一体的文化教育机构，是中国古代教育史、学术史上具有重要地位的教育组织形式。

唐玄宗时创立的书院仅为收藏、校勘、整理典籍的处所，不是学子习业的地方。至五代时，书院始具有学校的性质。两宋时期书院蓬勃发展起来，其中著名的有岳麓书院、白鹿洞书院、应天书院、嵩阳书院。至南宋，书院的发展进入一个新的阶段，其作为一种制度化的私学终于成熟和完善起来。元统一后，很多儒者退居山林，建立书院，自由讲学，私办书院增多。元朝政府为了达到控制书院的目的，采取了一系列措施，使得大量官办书院成为官学体制中的一个组成部分，亦使得大量私办书院朝着官学化方向转化。

明代虽然重视文化教育，但却将重点放在发展完善各级官学上。明初书院处于沉寂状态。直至明成化年间以后，不仅那些具有久远讲学传统的著名书院相继复兴，还出现了大批新的书院，更重要的是书院恢复了自由讲学的精神，成为最重要的学术基地。

清初，统治者虽然采取崇儒重教的政策，但是对书院则持严厉的抑制态度，阻碍了书院的发展。至康熙、雍正后，朝廷对书院的政策逐渐由消极抑制转变为在其严格控制下的积极发展，书院逐步恢复起来，其数目超过了以往任何朝代，其建设规模发展到历史上的高峰，书院教育得到全面普及。同时，书院官学化问题更为严重和突出，书院完全沦为科举的附庸。清末，书院改制，其发展结束。

二、古代教育思想

（一）教育内容

夏商时期，武备教育和礼治教育是重要内容。西周有比较完备的学校制度，当时官学的内容，据《周礼·保氏》记载有六艺："一曰五礼，二曰六乐，三曰五射，四曰五御，五曰六书，六曰九数。"

春秋战国时期，私学的发展是我国教育史、文化史上的一个重要里程碑。诸子百家著书立说，宣传各自的思想学说，儒、墨两家的私学成为当时的显学。关于儒家教育的内容，《论语》有载："子以四教：文、行、忠、信。"儒家以《诗经》、《尚书》、《礼记》、《乐经》、《周易》、《春秋》（《乐经》已失传）作为教材，主要对学生进行伦理道德教育。同时，也注意用教材中的历史文化知识和科学知识来教育弟子。墨家主张通过"兼爱"、"非攻"造福全社会，同时重视自然科学、生产技术、军事知识等应用技能的训练。

汉武帝采纳董仲舒"罢黜百家，独尊儒术"的主张，实行思想专制主义的文化教育政策和选士制度。儒家经典成为学校教育的主要内容。

隋唐以后盛行科举制度，为广大读书人进官为吏开辟了道路，但也加强了对知识分子思想和人格的限制。考试的内容和方法，因科目种类不同而不同。宋代以后程朱理学成为国学，四书五经被作为教学的基本教材和科举考试的依据。

中国古代教育，从教育内容看，有着鲜明的伦理本位化特色。注重伦理道德教育的做法促进了我国社会文化艺术的高度繁荣。但是，把教育作为维护政权统治的手段，忽视自然科学的教育与发展，是其不足。

（二）古代教育思想的特点

中国古代教育形成了比较系统的教育体系，积累了比较丰富的教育经验，凝聚了比较丰富的教育思想，具有鲜明特色。

其一，整体性。辩证唯物论告诉我们，世界上一切事物都是互相联系的。教育作为整个复杂社会发展中的一种社会现象，它的存在必然会与社会其他活动发生联系。从孔子开始，历代教育家都不同程度地认识到了教育发展与政治、经济、文化、社会进步等的对应关系，把教育作为一项系统的工程来进行。在教育活动中，注重根据教育规律及其变化情况，协调好教育活动与其他社会活动之间的关系，建立起纵有系列、横有联系、纵横交织、互为交叉的立体教育体系，实现教育过程的整体优化。

其二，和谐性。古代的教育思想以“天人合一”为最高境界，强调人与人、人与物之间的和谐。“天人合一”是中国哲学史上的一个非常重要的命题。《周易》中说“天行健，君子以自强不息”，这里的“天”是宇宙最高的抽象本体，强调君子应该像运动不止的“天”一样，奋发自强，永不停步，表达了“天”与“人”的内在关联。从天与人的关系到人与教育的关系，《礼记·中庸》作了最概括的阐明：“天命之谓性，率性之谓道，修道之谓教。”这几句非常清晰地勾勒出传统教育哲学思想的基本脉络。由此可见，传统教育注重从外在的规范向人的内心深处探寻意义，重视人的生命价值和存在价值。故《礼记·礼运》曰：“人者，天地之心也。”人只有做到“尽心”与“知性”，才能达到天人浑然一体的人生最高境界。

其三，重道德培养。传统教育的最终目的是培养既能克己复礼、独善其身，又能推己及人、兼济天下的圣贤。中国古代的思想家和道德家们大多以“圣人”的后继者自许，道德培养因此成为古代教育的核心和宗旨。因此，中国古代教育注重自我修养，追求道德自律，强调启发主体内在道德功能的自觉性。《大学》里说：“大学之道，在明明德，在亲民，在止于至善。”古代教育重在强调儒者伦理道德、气节操守的培养，主张发奋立志与自我节制的结合，以达到“为天地立心，为生民立命，为往圣继绝学，为万世开太平”（张载《张子语录》）的人生目标。这其中展现了儒者的宏大抱负，也包含着儒家知识分子强烈的道德责任感和历史使命感，从而实现了德教与政教的相互促进融合。

三、科举制度

科举制度是在汉魏以来察举制度基础上经漫长演变发展而来的，是在以德取人、以能取人基础上突出以文取人的一种全新的选官制度，是一种公开考试、公平竞争、择优录取的人才选拔制度。它创始于隋，确立于唐，完备于宋，鼎盛于明，随后走向衰落，至清光绪三十一年被废除，经历了1 300年之久。

隋炀帝大业年间，下令开设进士科的考试，用定期考试的方法选取进士，通过考试选优进用。史学界一般以此作为科举制正式确立的标志。不过隋朝的这种科举取士的选才方式，是通过州郡地方官员推举，再由朝廷策试的方式进行选拔人才的，主要有“孝廉”、“秀才”、“进士”之分。由于隋朝时的科举制度尚处于起始阶段，所以选才制度尚不完善，在不同程度上仍存在着注重门第的观念，但它毕竟开创了在后世延续了1 000多年的科举制，在一定程度上打破了前代重门第、不重实学的选才制度，为一些有才能的下层士人进入历史舞台开辟了道路，对中国古代教育的发展起到了促进作用。

至唐朝，科举制度逐渐完备起来。唐朝的科举取士方式主要有“常科”和“制科”两种。“常科”的生员主要来自由州县推荐的“乡贡”和由学校推荐的“生徒”。“常科”开设的科目主要有12种，即秀才、明经、俊士、进士、明法、明字、明算、一史、三史、开元礼、道举、童子。其中明经、进士两科是唐代常科的主要科目。“制科”主要是为选拔“非常之人”而设置的，是朝廷为选拔有特殊才能之士而采取的一种措施，官民均可应选。唐代的科举考试较之隋代，考试科目、门类数量大大增加，分类更趋完备，选拔面广，招生数额也随之有所增加。考生的积极性很高，大量的下层士子通过科举考试进入统治者阶层。正如唐赵嘏诗云：“太宗皇帝真长策，赚得英雄尽白头。”

宋代的科举考试，大体沿袭唐制，主要有常科、制科和武举科。但宋代的科举制度更趋完善，无论在考试科目上，还是在考试内容和方法上，都有许多变化。常科主要有进士科，有诸科，尤以进士科为重。进士科实行州试、省试和殿试三级考试制度。诸科主要有九经、五经、开元礼、三史、三礼、三传、学究、明经、明法等诸科，其后又有不同的变化。制科的考试方式与进士科大体相同。武举科创始于唐武则天长安二年（公元 702 年），五代时曾废止，宋仁宗天圣七年（公元 1029 年）恢复武举，主要考策问和骑射，但由于宋代重文轻武，所以武举不为时人所看重。宋代的科举考试十分严格，杜绝弄虚作假的舞弊行为，推行“别试”制度，试卷实行糊名和誊录制度，禁止考生与主考官结成座主、恩师、门生之类的关系，禁止及第进士与知贡举官结为派系。较之唐代，宋代的科举考试更为严格，招生规模扩大，文人的待遇也空前地提高。

元朝不重科举，科举考试时行时废，每次录取名额亦很少。

明清时期恢复唐宋时的科举制度，其体制比唐宋元诸朝更为严密，分乡试、会试和殿试三级，考生只有考试合格，才能取得下一级考试的参加资格。考生入场要经过严格的搜身检查，试卷要经过弥封、誊录、对读等程序，送交主考官、同考官评阅。至于明清的科举考试内容，由于明清时期均以程朱理学为官方哲学，程朱理学占据了主导地位，所以明清两代的考试命题主要出自四书五经，格式较为固定，这也是后人所说的“八股取士”，另外皇朝的法令条律也是必修内容。元明两代，制科被废止，清代则恢复制科，并增设博学鸿词科、孝廉方正科、经学科、翻译科、巡幸召试等皇帝特诏举行的考试，召试的次数和时间不一。光绪三十一年科举被废止，从此延续 1 000 多年的科举制度结束了其历程。

科举制度打破了门第、地域、民族的界限，通过考试选用人才，具有公开、公平竞争的精神，扩大了选才用人的范围，在防止任人唯亲等方面具有积极作用。但是，科举也造成了恶劣影响，这主要表现为考核内容与考试形式的固定化、程式化。由明代开始，科举考试内容陷入僵化，大部分读书人为应科考，思想渐被狭隘的四书五经、迂腐的八股文所束缚，其眼界、创造能力、独立思考能力都被大大限制，至此，科举成为桎梏知识分子思想的枷锁与牢笼。

文选

颜氏家训（节选）①

颜之推

【阅读提示】

《颜氏家训》是南北朝时期颜之推撰写的一部系统完整的家庭教育著作。全书共20篇，涉及内容相当广泛，包括修身、养性、治家、为学、处世、历史、文学、训诂、音韵、民俗等诸多方面。此书不仅在家庭伦理、道德修养方面对我们今天有着重要的借鉴作用，而且对研究古文献学，研究南北朝历史、文化也有着很高的学术价值。

本文所选的《教子》是《颜氏家训》的第二篇，主要阐述了有关子女教育的问题。颜之推提出应重视儿童的早期教育，强调在对子女的教育过程中要处理好严教和慈爱的关系，并强调说明父母对孩子过分溺爱的害处。认为对孩子要一视同仁，不可有所偏爱，要重视子女的品德教育。这些观点对我们目前的家庭教育与学校教育仍有着很重要的启示。

教子第二

上智不教而成，下愚虽教无益，中庸之人②，不教不知也。古者，圣王有胎教之法：怀子三月，出居别宫，目不邪视，耳不妄听，音声滋味，以礼节之。书之玉版，藏诸金匮③。生子咳嗁④，师保固明⑤，孝仁礼义，导习之矣。凡庶纵不能尔⑥，当及婴稚，识人颜色，知人喜怒，便加教诲，使为则为，使止则止。比及数岁，可省笞罚。父母威严而有慈，则子女畏慎而生孝矣。吾见世间，无教而有爱，每不能然；饮食运为⑦，恣其所欲，宜诫翻奖，应诃反笑⑧，至有识知，谓法当尔。骄慢已习，方复制之，捶挞至死而无威，忿怒日隆而增怨，逮于成长，终为败德。孔子云："少成若天性，习惯如自然。"是也。俗谚曰："教妇初来，教儿婴孩。"诚哉斯语！

---

① 选自颜之推撰，王利器集解：《颜氏家训集解》，上海，上海古籍出版社，1980。

② 中庸之人：智力平常的人。

③ 金匮（guì）：铜制的柜，古时用以收藏文献或文物。引文语出汉代贾谊《新书·胎教》："胎教之道，书之玉版，藏之金匮，置之宗庙，以为后世戒。"

④ 咳嗁：指小儿啼哭、笑闹。《说文解字》："咳，小儿笑也。从口，亥声。"嗁，号也。

⑤ 师保：古代教导皇室贵族子弟的官员，有师有保，统称"师保"。

⑥ 凡庶：平民百姓。

⑦ 运为：犹言所为。

⑧ 诃（hē）：大言而怒也，呵责。《说文解字》："诃，大言而怒也。从言，可声，虎何切。"

凡人不能教子女者，亦非欲陷其罪恶；但重于呵怒①，伤其颜色，不忍楚挞惨其肌肤耳②。当以疾病为谕，安得不用汤药针艾救之哉③？又宜思勤督训者，可愿苛虐于骨肉乎？诚不得已也。

王大司马母魏夫人④，性甚严正；王在湓城时⑤，为三千人将，年逾四十，少不如意，犹捶挞之，故能成其勋业。梁元帝时，有一学士，聪敏有才，为父所宠，失于教义；一言之是，遍于行路⑥，终年誉之；一行之非，掩藏文饰⑦，冀其自改。年登婚宦⑧，暴慢日滋，竟以言语不择，为周逖抽肠衅鼓云⑨。

父子之严，不可以狎⑩；骨肉之爱，不可以简。简则慈孝不接，狎则怠慢生焉。由命士以上⑪，父子异宫⑫，此不狎之道也；抑搔痒痛，悬衾箧枕⑬，此不简之教也。或问曰："陈亢喜闻君子之远其子⑭，何谓也？"对曰："有是也。盖君子之不亲教其子也。《诗》有讽刺之辞，《礼》有嫌疑之诫⑮，《书》有悖乱之事，《春秋》有邪僻之讥，《易》有备物之象⑯：皆非父子之可通言，故不亲授耳。"

齐武成帝子琅邪王⑰，太子母弟也，生而聪慧，帝及后并笃爱之，衣服饮食，与东宫相准⑱。帝每面称之曰："此黠儿也⑲，当有所成。"及太子即位，王居别宫，礼数优僭⑳，

---

① 重：难。唐李善《文选》注："重，难也；不欲召聚之。"

② 楚挞（tà）：楚，荆条，古时用作刑杖；挞，用鞭棍等打人。这里是用刑杖打人、杖打的意思。

③ 艾：草本植物，叶制成艾绒，可供针灸用。

④ 王大司马：即梁王僧辩。《梁书·王僧辩传》：王僧辩，字君才，右卫将军神念之子也。世祖以僧辩为征东将军、开府仪同三司、江州刺史，封长宁县公，承圣三年（公元 554 年），加太尉、车骑大将军；顷之，丁母太夫人忧，策谥曰贞敬太夫人。夫人姓魏氏，性甚安和，善于绥接，家门内外，莫不怀之。及僧辩克复旧京，功盖天下，夫人恒自谦损，不以富贵骄物，朝野咸共称之，谓为明哲妇人也。

⑤ 湓（pén）城：也称"湓口"、"湓浦"，是湓水汇入长江之处，即今江西九江。

⑥ 行路：路上的行人，汉魏南北朝人习惯用语，犹言陌生人。

⑦ 掩（yǎn）：遮蔽，掩盖。

⑧ 婚宦：即《颜氏家训·后娶》中所谓"宦学婚嫁"，为六朝人习惯用语，指结婚和为官。这里指成年。

⑨ 周逖（tì）：清代卢文弨曰：周逖"无考，唯《陈书》有《周迪传》，梁元帝授迪持节通直散骑常侍、壮武将军、高州刺史，封临汝县侯。始与周敷相结，后给敷害之。其人强暴无信义，宜有斯事。但未知此学士何人耳"。衅：以牲血涂抹器物（鼓）进行祭祀。

⑩ 狎：亲近而不庄重。

⑪ 命士：古代称读书做官者为士，命士指受朝廷爵命的士。

⑫ 宫：房屋，住宅。

⑬ 悬衾箧枕：把被子捆好悬挂起来，把枕头放进箱子里。

⑭ 陈亢：字子禽，孔子弟子。《论语·季氏》：陈亢问于伯鱼曰："子亦有异闻乎？"对曰："未也。尝独立，鲤趋而过庭。曰：'学诗乎？'对曰：'未也。''不学诗，无以言。'鲤退而学诗。他日，又独立，鲤趋而过庭。曰：'学礼乎？'对曰：'未也。''不学礼，无以立。'鲤退而学礼。闻斯二者。"陈亢退而喜曰："问一得三，闻诗，闻礼，又闻君子之远其子也。"

⑮ 诫：训诫。

⑯ 象：卦象。

⑰ 琅邪王：《北史·琅邪王俨传》："俨字仁威，武成第三子也，初封东平王……武成崩，改封琅邪。"

⑱ 东宫：太子所居之处，代指太子。准：比照。

⑲ 黠（xiá）：聪明。《北史·琅邪王俨传》："帝每称曰：'此黠儿也，当有所成。'"

⑳ 礼数：古代按名位而分的礼仪等级制度。优僭：言礼数优待，不嫌其僭越过分。

不与诸王等；太后犹谓不足，常以为言。年十许岁，骄恣无节，器服玩好，必拟乘舆①；尝朝南殿，见典御进新冰②，钩盾献早李③，还索不得，遂大怒，诟曰④："至尊已有，我何意无⑤？"不知分齐⑥，率皆如此。识者多有叔段、州吁之讥⑦。后嫌宰相，遂矫诏斩之⑧，又惧有救，乃勒麾下军士，防守殿门；既无反心，受劳而罢⑨，后竟坐此幽薨⑩。

人之爱子，罕亦能均；自古及今，此弊多矣。贤俊者自可赏爱，顽鲁者亦当矜怜，有偏宠者，虽欲以厚之，更所以祸之。共叔之死，母实为之。赵王之戮，父实使之⑪。刘表之倾宗覆族⑫，袁绍之地裂兵亡，可为灵龟明鉴也⑬。

齐朝有一士大夫，尝谓吾曰："我有一儿，年已十七，颇晓书疏⑭，教其鲜卑语及弹琵琶，稍欲通解，以此伏事公卿⑮，无不宠爱，亦要事也。"吾时俯而不答。异哉，此人之教子也！若由此业，自致卿相，亦不愿汝曹为之。

---

① 乘舆：皇帝的车子，后用以代指皇帝。

② 典御：古代主管帝王饮食的官员。

③ 钩盾：古代官署名，主管皇家园林等事项。

④ 诟：詈骂。

⑤ 何意：犹言孰料。《北史·琅邪王俨传》："俨器服玩饰，皆与后主同，所须悉官给于南宫，尝见新冰早李，还怒曰：'尊兄已有，我何意无？'从是，后主先得新奇，属官及工匠必获罪，太上、胡后犹以为不足。"

⑥ 分齐：本分定限的意思。《诗经·小雅·楚茨》："或肆或将。"《正义》："将，齐。《释言》文，郭璞曰：'谓分齐也。'"义近。

⑦ 叔段：春秋时期郑庄公的弟弟，因为从小受到母亲的溺爱，行事不守礼制，起兵谋反，被击败，逃亡至共地，因此称为"共叔段"。州吁：春秋时期卫庄公的儿子，受到庄公的宠爱。庄公的另一个儿子桓公即位后，州吁作乱，自立为君，被大臣除掉。

⑧ 矫诏：假托皇帝之命。《北史·琅邪王俨传》：俨以和士开、骆提婆等奢恣，盛修第宅，意甚不平，谓侍中冯子琮曰："士开罪重，儿欲杀之。"子琮赞成其事。俨乃令王子宜表弹士开罪，请付禁推；子琮杂以他文书奏之，后主不审省而可之。俨诳领军库狄伏连曰："奉敕令领军收士开。"伏连信之，伏五十人于神兽门外，（唐避"虎"字讳，改"虎"为"兽"，抑或称"神武门"）诘旦，执士开，送御史，俨使冯永洛就台斩之。

⑨ 劳：慰劳、安抚。

⑩ 坐：获罪。薨（hōng）：古代称侯王死为"薨"。《北史·琅邪王俨传》：帝率宿卫者授甲，将出战，斛律光曰："至尊宜自至千秋门，琅邪必不敢动。"从之。光强引俨手以前，请帝曰："琅邪王年少，长大自不复然，愿宽其罪。"良久，乃释之。何洪珍与和士开素善，陆令萱、祖珽，并请杀之。九月下旬，帝启太后，欲与出猎。是夜四更，帝召俨，至永巷，刘桃枝反接其手，出至大明宫，立杀之。时年十四。"

⑪ 赵王：即赵隐王刘如意。《史记·吕太后本纪》：高祖得戚姬，生赵隐王如意。戚姬日夜啼泣，欲其子代太子，赖大臣及留侯计得毋废。高祖崩，吕后乃令永巷囚戚夫人，而召赵王鸩之。赵王死，断戚夫人手足，去眼辉耳，饮喑药，使居厕中，曰"人彘"。

⑫ 刘表之倾宗覆族：《后汉书·刘表传》记载：表字景升，山阳高平人，为镇南将军、荆州牧。二子琦、琮。表初以琦貌类己，甚爱之。后为琮娶后妻蔡氏之侄，蔡氏遂爱琮而恶琦，毁誉日闻，表每信受。妻弟蔡瑁，及外甥张允，并得幸于表，又睦于琮，琦不自宁，求出为江夏太守，表病，琦归省疾，允等遏于户外，不使得见。琦流涕而去。遂以琮为嗣，琮以印授琦，琦怒投之地，将因丧作乱，会曹操军至新野，琦走江南，琮后举州降操。

⑬ 灵龟明鉴：古人以龟壳占卜，以铜镜照形，故以此二物比喻可资借鉴的事物。

⑭ 书疏：此指文书信函等的书写工作。疏，记也。

⑮ 伏事：服侍，侍奉。伏，通"服"。

【作者简介】

颜之推（531—约590后），字介，祖籍琅琊临沂（今山东临沂），是我国魏晋南北朝时期著名的文学家和教育家。生活上好饮酒，多任纵，不修边幅。其一生曾仕梁、北齐、周、隋等数朝，多次险遭杀身之祸，因此深怀忐忑之虑。但为学勤勉，博览群书，著述甚丰，有《颜世家训》《还冤志》等。

【知识链接】

1. 宋代晁公武《郡斋读书志》谓《颜氏家训》："述立身治家之法，辨正时俗之谬，以训诸子孙"。

2. 宋代陈振孙《直斋书录解题》："古今家训，以此为祖。"

3. 清代王钺在《读书丛残》中说："北齐黄门颜之推《家训》二十篇，篇篇药石，言言龟鉴，凡为人子弟者，当家置一册，奉为明训，不独颜氏。"

4. "三为亡国之人"：颜之推一生曾仕多朝，初仕南朝梁元帝萧绎，为散骑侍郎。承圣三年（公元554年），西魏破江陵，之推被俘西去。他为回江南，趁黄河水涨，从弘农（今河南三门峡西南）偷渡，经砥柱之险，先逃奔北齐。但南方陈朝代替了梁朝，之推南归之愿未遂，即留居北齐，官至黄门侍郎。577年齐亡入周。隋代周后，又仕于隋。

岳麓书院学规

王文清

【阅读提示】

此学规是乾隆年间王文清在担任岳麓书院山长（即校长）时，继承并发展了数百年来前人的教育教学经验而制定的。其嵌于讲堂左壁上，共十八条规章。其拓本流传海内外，为学者所重。

此学规文字不多，但寓意深刻。文笔通俗质朴，且富含哲理，条条切中时弊，针对性极强。学规采用六字排比句，基本上分为两部分：一部分强调道德修养，另一部分阐明学习态度和学习方法。既以传统美德作为书院教育的宗旨，又要求以儒家道德规范来塑造学子的品格，进行道德修养，把传统道德教育与治学教育融合在一起。

岳麓书院正门

（一）时常省问父母[①]；（二）朔望恭谒圣贤[②]；（三）气习各矫偏处[③]；

---

① 省：看望父母、尊亲。告诫学子们要孝敬父母，善待父母。

② 朔望：每月的朔日和望日，也就是农历的每月初一和十五。谒：拜见。教育学子们要尊敬圣贤，爱戴师长，慎重对待圣人之道。

③ 气习：气质，习性。矫：纠正，把弯曲的弄直。偏：偏执狭隘。第三条至第六条，重在警示学子们纠正自身存在的褊狭和缺漏，培养好习惯。

（四）举止整齐严肃[①]；（五）服食宜从俭素[②]；（六）外事毫不可干；
（七）行坐必依齿序[③]；（八）痛戒讦短毁长[④]；（九）损友必须拒绝；
（十）不可闲谈废时；（十一）日讲经书三起；（十二）日看纲目数页[⑤]；
（十三）通晓时务物理[⑥]；（十四）参读古文诗赋；（十五）读书必须过笔；
（十六）会课按刻早完[⑦]；（十七）夜读仍戒晏起[⑧]；（十八）疑误定要力争[⑨]。

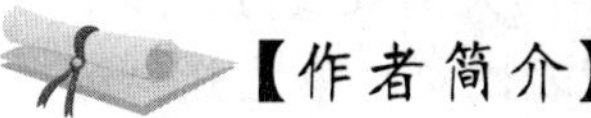

【作者简介】

王文清（1688—1779），字廷鉴，号九溪，清代宁乡人。雍正二年（公元 1724 年）进士，曾两次出任岳麓书院山长。一生专治朴学，学术界称其“独治朴学，淹贯群籍，卓然一代鸿儒”，与王夫之、王闿运、王先谦等合称“湖南四王”。著述甚多，所著有《考古源流》、《典制大义考》、《历代诗汇》、《周礼会要》、《周易中旨》等。

【知识链接】

王文清赠贺联：

清乾隆年间，湖南省有一位百岁老翁寿辰，王文清赠送他一副寿联致贺：“人生不满公今满；世上难逢我竟逢。”上联化自汉乐府《西门行》“人生不满百，常怀千岁忧”句。下联化自俚语“山中自有千年树，世上难逢百岁人”句。联语明明是题百岁老人，却偏偏巧妙地隐去了最关键的“百”字，实为妙手天成，无愧为大家手笔。

中国历史上之考试制度[⑩]

钱　穆

【阅读提示】

钱穆先生以自己深厚的国学知识和历史功底，融古今、贯诸端，对中国从汉到明清的选举考试制度的演变、特质、症结及对当今社会现实的巨大影响，都作了高屋建瓴、深入浅出的精彩剖析，为读者梳理了一个连贯简明的中国古代考试制度变更发展的体系。叙述因革演变，指陈利害得失。既总括了中国考选制度历史与政治的精要大义，又点明了近现代国人对传统文化

---

① 举止：动作，姿态。

② 服食：衣服装饰、穿着打扮与饮食起居。

③ 齿序：一指按照年龄长幼所定的礼节，一指按照年龄大小排列次序。第七条至第十条，启示学子们与朋友或同学应该互敬互爱，有礼有节。

④ 讦（jié）：揭发别人的隐私或攻击别人的短处。

⑤ 纲目：概要或细则。

⑥ 时务：时事要务。物理：事物的道理。

⑦ 会课：文人结社，定期集会，研习功课，传观所作文字，谓之“会课”。此指研习功课。

⑧ 晏：迟，晚。

⑨ 疑误：迷惑之处。第十一条至第十八条，重在勉励学子们刻苦学习，发奋读书，掌握科学方法，培养博学精神。

⑩ 选自钱穆：《国史新论》，北京，生活·读书·新知三联书店，2005。

和精神的种种误解。在中国历史和文化所固有的语境中，探究古代考选制度的价值，体现了着作者对于中国历史的意义取向和价值评判。

一

孙中山先生的五权宪法里①，特设考试一权，其用意在如何选拔贤能，以补选举之不足。西方选举制度，只在选举人方面加以限制。在美国，曾有一博学的大学教授与一汽车夫竞选，而失败了。选举原意，在如何获取理想人才，俾可充分代表民意。单凭群众选举，未必果能尽得贤能。故中山先生主张，被选举人亦该有一限制，遂以考试补选举制度之不足。他说："一切公职候选人，都该先受国家公开考试，获取其竞选之资格。"此层用意，却正与中国历史传统恰相吻合。中国历史上之考试制度，本从选举制度演变而来，其用意本在弥补选举制度之不足。故唐杜佑《通典》②，考试制度即归选举项下叙述。今天我们要讲中国历史上之考试制度，仍该从选举制度说起。

中国史上很早便有选举制，远从西汉时起，那时的选举，大概可分为三类：（一）定期选举，（二）不定期选举，（三）临时选举。选举用意，即在希望全国各地人才，都能有机会参加政府。中国传统政治理论，重责任，不重主权。在理论上，主要的不是政府主权之谁属，而是政府究该负何种责任。既望政府负责，自该选贤与能，需要全国各地人才参加，才能切实负起理想上政府的重大职责。故汉代选举第一项目是贤良，以近代话说，即是杰出人才。此项选举，并无定期，每逢新天子接位，或遇天变，或逢大庆典，随时由政府下诏，嘱政府各部内外长官，各就所知，列名推荐。被选人不论已仕未仕，膺举后，政府就政治大节目发问，被举贤良，各就所问，直抒己见，是谓贤良对策。政府就其对策，甄拔录用。其次举孝廉，孝子廉吏，重德行，不重才能。政府用人德才并重，然贤良乃政府所需求，孝廉则寓有提倡奖励之意。当时社会风气，重视贤良，竞愿膺选。对孝廉，则颇加鄙薄。武帝时下诏切责，谓郡国长吏，在其治区，乃竟无孝子廉吏，可应国家选举，可证其职责之未尽，遂下令议不举者罪。自后郡国遂按年察举孝廉，成为故事。于是贤良为不定期选，而孝廉则成为一种定期选举。此外复因政府临时需要特殊人才，如出使绝域，通习水利，能治水灾等。大体西汉选举，主要不出此三类。

汉代仕途，大体都从郎署转出。郎署是皇宫中侍卫集团，郡国举人，多半先进郎署，自后再转入仕途。汉代郡国一百余，若按年察举一孝子，一廉吏，即每年有被选人二百以上进入郎署。那时郎署无定员，总数大约不会超出三千人，如是则不到二十年，郎署充斥，即已无余额。政府用人既先从郎署选拔，郎署人多，即不再须外求，于是贤良及奇才异能各项不定期选与临时选，自会逐渐稀疏，只有按年定期选举，即孝廉一项，遂成为汉代入仕惟一之途径。此项演变，则须到东汉时始确立。

汉武帝时，又新定太学制度，设立五经博士，郡国俊才，年在十八岁以上，均得送太

---

① 五权宪法：孙中山将外国有过的立法、行政和司法三权分立加上中国历史上存在过的考试、监察二权而创立的新式政治体制，即主张采用五权分立的原则来组织中央政府，其实质是政权的均衡和相互制约，是孙中山民权主义思想的主要组成部分。

② 杜佑（735—812）：字君卿。京兆万年（今陕西西安）人。以世袭入仕，及至宰相，精于吏治，政绩颇丰。又博涉古今，集36年精力，广征资料，考溯源流，撰成史学巨著《通典》。《通典》是我国第一部亦是成就最高的一部典章制度专史。全书200卷，分为食货、选举、职官、礼、乐、兵、刑、州郡、边防等九类，其内在逻辑严密，为人们研究了解典章制度提供了系统的知识和材料。

学为博士弟子。一年以上，即得考试。甲科为郎，乙科仍回原郡国为吏。吏治有成绩，仍得按年有被举希望，以孝廉名义，再入郎署。故汉代仕途，首先当受国家教育，毕业后，转入地方政府服务，凭其实际成绩之表现，乃始得被选举资格。

惟汉代选举，与今日西方选举制度不同者，在西方为民选，而在汉代则为官选。地方长官固须采酌社会舆论，乡土物望，然选举实权则掌握在地方长官手中，此一节为中西选举重要之不同点。然在中国传统政治理论下，亦自有其立场。政府既在为民众负责，而实际参加政府之人员，又全为国内各地所选拔之人才，则政府与民众早成一体，政府即由社会民众所组成，政民一体，而非政民对立。在理论上言，不能谓一行作吏，其人便不可靠。官选民选，手续不同，其用意在获取贤才，并无异致。中国乃一广大之农村国，直接由民众选举，在当时有种种不便。授其权于各地之长官，由其参酌舆情，推荐贤才。若选举徇私不称职，政府自有纠劾。政府既由民众组成，政府与民众同属一体。如何谓民众决然是，政府决然非；民选则一定可靠，官选则一定不可靠；在野者便可信任，在朝的便不可信任。故就中国传统政治理论言，汉代之官选，也自有其未可厚非处。

惟汉代郡国选举，到东汉时究已成为惟一入仕之正途，奔竞者多，流弊自不免，于是政府乃不得不逐步加上了限制。最先是限额，每一郡国户口满二十万以上者得察举孝廉一名，四十万以上者二名，百万以上者五名，不满二十万者两年一名。稍后又有限年之制，非到规定年龄者，不得膺选。又后复加以一度之考试，以检核被选举人之相当学养。如是，则孝廉二字，遂完全成为当时一种获得参政资格之名号，与原来奖励孝子廉吏之意义，不复相应。

以上是汉代选举制度之大概，而考试制度亦相随成立，如贤良对策，如太学生考试，如孝廉膺选后之吏部考试皆是。惟此种考试，皆仅为选举制度中一种附带之项目。关于孝廉被选人，应受政府考试一节，乃当时尚书左雄所创定①。先后反对者甚众。然左雄终因坚持此项新制，而见称为录得真才，此制遂终于沿袭，不受反对而废弃。

二

汉末之乱，地方与中央，失却联系，交通既不方便，而许多地方，亦并无施政之实际权力，选举制度，遂告崩溃。政府用人，漫无标准。陈群为曹操吏部尚书②，遂定“九品中正”制，以为两汉乡举里选制之代替。此制备受后代人责备，然就创立此制之原意言，则亦有苦心，并亦有相当之实效。所谓九品中正制，实际是一种人才之调查与评核。先就中央政府官长中有德望者，分区任命一中正。又在大中正下分设小中正。中正之责，即在就其所知本乡人才，登列簿册，册分九等，上上、上中、上下、中上、中中、中下、下上、下中、下下，不论已仕未仕人，都可列入，送吏部凭册任用。此制与汉代选举不同之点：第一是汉代选举，其权操于郡国之长官，九品中正则由中央官兼任。此因当时四方荒乱，人才都流亡集中于中央政府之附近，地方长官，不克行使选举职权，故暂以中央官代替。第二则汉代选举，只举未入仕者，而九品中正之名册，则不论已仕未仕，全部列入。

---

① 左雄（？—138）：字伯豪。南阳郡涅阳（今河南镇平）人。东汉政论家。安帝时举孝廉，任冀州刺史。顺帝时任议郎、尚书、司隶校尉等职。为官清正刚烈，屡拒豪门请托，严惩奸猾刁吏，无所畏忌。其事见《后汉书·左雄传》。

② 陈群（？—237）：字长文，颍川许昌（今河南长葛）人，三国时魏国名臣，东汉名士陈寔之孙。为人机敏有谋略，敢言善谏，爱贤荐贤，清正廉洁。他创立的选任官吏的“九品中正制”，在中国历史上的作用和影响深远。

此亦别有用心。因当时用人无标准，尤其是军队中，各长官都任用亲私。此刻吏部只凭中正人才簿，名列下等者，就其本乡舆论，可以按名淘汰，改授新人。曹魏因此制度，而用人渐上轨道。

惟此制本为一种乱世变通权宜的办法，一到西晋，全国统一，各地方政权，均已恢复，而九品中正制依然推行，则流弊自所难免。第一、全国各地人才，多必奔凑中央，广事交游，博取名誉，希望得中正好评。如此则失却汉代安心在地方政府下恳切服务之笃实精神。第二、九品簿不论已仕未仕，一概登列，亦有未经实际政治磨炼之名士，品第在上中高级，彼即存心一跃便登高位，不愿再从下级实际政治上历练，如此更易长其浮竞虚华之风气。第三、汉代用人选举与铨叙分别，选举仅为入仕之途，必待其正式入仕后，再凭实际政绩，由政府铨叙升黜。九品制则全凭中正名册。此项册籍，每三年改换一次，名誉佳者升，名誉劣者降，吏部凭之迁黜。如此则人人都惊于外面虚誉，在其职位上服务成绩实际甚差，而转得美名，品题升迁。而埋首服务，实际政绩虽佳，因不为中正所知，而反成降黜。如此之类，在所不免。因此魏晋以下人，全务清谈虚名，不能像汉代吏治风尚厚重笃实，此制实大有关系。至于中正而不中正，此乃人事，不关制度，可不详论。

就上所述，可见每一制度，断不能十全十美，可以长久推行而无弊。每一制度，亦必与其他制度相配合，始能发挥出此制度本身之功效。九品中正制之创始，用意并不差。而其时门第势力已成，六朝以来，此制遂转成为门第势力之护符。虽多经反对，终未能彻底改革。其时人才政风之不如西汉，此制实有影响。

三

隋、唐统一，将此制完全废弃。当时亦有主张恢复汉代乡举里选，仍将察举权交付于各地行政首长者。然在汉代，此制已有流弊。地方长官选举不实，权门请托，营私滥举，因而选举之后，不得不再加以政府一番考试检核。则何如径废长官察举一手续，完全公开，由各地人民自量智能，自由呈报，径由政府考试录用？此为中国史上正式由选举制转入考试制之由来。我们若认汉代为中国历史上考试制度之先行时期，则隋、唐是中国历史上考试制度之确立时期。汉代是选举而附带以考试，隋、唐则完全由考试来代替了选举。

但唐代用人，亦并不全凭考试，仍有学校出身一项。然学校按年受业，年满即无不毕业而去。考试是公开竞选，亦可有永远应考而不获中选者。因此社会重视考试，不重视学校。人才竞求于考试中露头角，于是学校制度渐渐不为人才所趋向。唐代考试，又分两步，先由礼部主考，录取后未能即登仕途，须再经吏部试，才始正式录用。考试既在获取人才，则自难专凭一日之短长，因此唐代考试，极为宽放。应试人到中央，往往各带其平日诗文著作，先期晋谒中央长官中之负有学术文章大名，为当时所重者，如韩昌黎之流①。此项著作，名为公卷，若果才华出众，中央长官中之学术名流，先为揄扬，则到考试发榜定可录取。

唐代考试，主取知名之士。亦有主考人自守谦抑，认为对此届考试，应考人平日学问文章造诣所知不详，可以托人代为拟榜，唐代名此为“通榜”。最有名的，如袁枢应举，主考人杜黄裳恳拟榜第②，袁枢即自列为第一名状元，一时推服，传为佳话。当知国家考

---

① 韩昌黎：韩愈（768—824），字退之。唐代著名文学家、思想家。因自谓“郡望昌黎”，后世称之韩昌黎。

② 杜黄裳（738—808）：字遵素，唐京兆万年杜陵（今陕西省长安县杜陵镇）人。代宗宝应二年（公元763年）进士，历仕代、德、顺、宪四朝。吏事明敏，能谋善断。元和初为相，力佐宪宗削弱藩镇势力，整顿朝纲，为后世史学家称赏。

试，本为求取人才。服务政府之官长，如确知应考人中有杰出之士，先为延誉，并非即是营私通关节。主考官苟自问对学术界新进人士，所知不熟，托人代定榜第，亦并非即是颟顸不负责[①]。中国传统政治，另有一番道德精神为之维系主持，种种制度，全从其背后之某种精神而出发，而成立。政府因有求取人才之一段真精神，才始有选举制度与考试制度之出现与确立。若政府根本无此精神，则何从有此制度？

西方近代民主政治之起源，正因当时政府并不注意民情，一意征敛，民众遂要求政府许纳税人推举代表，审查预算，通过税额，可覆核其决算，如是推演而成今日彼方之所谓政党政治。中国政府，则自汉以来，即注意在全国各地求取人才，共同参政。而且整个政府，即由此辈求取的人才所组织。除却皇帝外，政府中人，自宰相以下，全由各地选举考试而来。所以唐代有人说，礼部侍郎权重于宰相。因宰相亦必经国家公开考试录取，然后得历级迁升，做成宰相。而考试权则掌在礼部侍郎手里，非经礼部侍郎之手，绝进不得仕途，做不成宰相。这岂不是礼部侍郎权重过了宰相吗？若不明白中国这一番传统精神，而空论其制度，则断不能明白得此各项制度之真相真意义所在。同样道理，我们若没有西方人那番精神，而凭空抄袭他们的制度，亦决不能同样获得他们那种制度之成效。

唐代考试主要偏重诗赋，此层亦有种种因缘。最先亦如汉代对策般，就现实政治上大纲大节发问。但政治问题有范围，按年考试，应举人可以揣摩准备，说来说去，那几句话，不易辨优劣高下。诗赋出题无尽，工拙易见，虽则风花雪月，不仅可窥其吐属之深浅，亦可测其胸襟之高卑。朱庆馀《上张水部》诗[②]：“洞房昨夜停红烛，待晓堂前拜舅姑，妆罢低声问夫婿，画眉深浅入时无？”此是当时谒举送公卷，乞人评定附上的一首小诗。但设想何其风流，措辞何其高洁。诗赋在当时不失为一项最好的智力测验与心理测验的标准。

唐代科举最要者有两科：一是进士科，以诗赋为主。一是明经科，则考经义。但所考只是贴经墨义。贴经是把经文贴去几字，令其填补。墨义是就经文上下句，或注疏中语出题，令其回答。此亦是测验之一种。但专习一经，字数有限，几年即可成诵，亦不易辨高下，定人才。大抵唐代考进士，旨在求取真才。考明经，则旨在奖励人读经书。进士如汉代之贤良，明经如汉代之孝廉。唐代社会重视进士，进士科遂为人才所趋，明经则为人卑视。人才既群趋进士科，自然政府也只有重用进士。因于此项制度之继续推行，而社会好尚，都集中到诗赋声律，所谓：“文选熟[③]，秀才足。文选烂，秀才半。”此系事势所趋，并非政府有意用此无用之诗赋文艺来浪费人精力，埋没人才。后人不解，自生曲说。此与当时推行此制度之原意，并不相干。

但唐代的考试制度，也不免有流弊。在汉代先经国立大学一番教育，再经地方服务之练习成绩，经察举后再加以考试，求取人才，凡分三项步骤。唐代则专凭考试一项，自不

---

① 颟顸（mān hān）：糊涂而马虎。

② 朱庆馀：中唐后期诗人，生卒年不详。名可久，字庆馀，以字行。越州（今浙江省绍兴市）人。以诗受知于张籍，于宝历二年（公元826年）登进士第，官秘书省校书郎。张水部（约767—830）：张籍，字文昌，原籍吴郡（今江苏省苏州市）人。贞元十五年（公元799年）进士，历任太常寺太祝、水部员外郎、国子司业等官，世称张水部或张司业。

③ 文选：即《昭明文选》，中国现存最早的诗文总集，由南朝梁武帝的长子萧统主持编选。因萧统死后谥“昭明”而得名。选录先秦至梁的诗文辞赋，不选经、子，史书中也只略选“综辑辞采”、“错比文华”的论赞。唐代进士科以诗赋测试应考者的胸襟气度与才识修养，士人皆以《文选》所辑作品为观摩师法的范例。

如汉人之精详。惟唐代初期，大门第势力方盛，子弟在大门第中养育成长，既经家庭严肃之礼教，如柳氏家训之类[①]，又有政治上之常识，如南朝所传王氏青箱之例[②]，由此辈青年参加考试，易于成材。考试制度仅是一种选拔人才之制度，而非培养人才之制度。自经此项制度推行日久，平民社会，穷苦子弟，栖身僧寺，十年寒窗，也可跃登上第。渐渐门第衰落，整个政府转移到平民社会手里。但此等平民，在先并未有家庭传统之礼教，亦更无政治上之常识，一旦仅凭诗赋声律，崛起从政，第一是政事不谙练，第二是品德无根柢，于是进士轻薄，遂成为当时所诟病。当知在门第教育下，附加以一种考试，故见考试之利。现在门第衰落，更无教育培养，仅凭考试选拔，则何从选拔得真才？可见仅凭某一项制度，少却其他制度之配合联系，该项制度亦难有大效。

又该项制度推行日久，报名竞选的愈来愈多，而录取名额有限，授官得禄的更有限。造成应试的百倍于录取的，录取的又十倍于入仕的。于是奔竞之风，愈演愈烈，结党分朋，各树门户，遂有唐代牛、李之党争[③]。当时党争背景，便因于政治公开，引起了社会的政治热，于是转向人事派系上求出路。李德裕是代表门第势力之一人，他竭力反对应举，又主张政府该用门第子弟，不该专取轻薄无根柢的进士。在他当时此项议论，亦不能说他不针对着时弊。但考试制度，究竟是开放政权，为群情所向，门第势力终于要经此制度之打击而崩溃。李德裕自己是贵胄子弟，他个人虽才力出众，在政治上确有建树，但哪能因制度之流弊，而就把此制度，根本推翻呢？

唐代与考试制度相辅而行的，尚有一种官吏的考绩法，此在汉代谓之考课，到唐代谓之考功，此即以后之所谓铨叙。唐代由门第来培养人才，由考试来选拔人才，再有考功制度来登用人才。凡经考试及格录用的人才，均有一种客观的考功制度来凭其功绩升迁降黜。此项制度，由汉至唐，发展到极精详，运用到极高明，这是唐代政治上一大美迹。迨及门第衰落，人才无培养之地，而士人充斥，分朋立党，考课亦难严格推行，于是单凭考试，既选拔不到真才，又不能好好安排运用，在外是军阀割据，在内是朋党争权，人才是进士轻薄，担当不了实际大责任，唐代终于如此形势下没落。

四

五代十国，是中国史上最黑暗的时期，那时则几乎只有骄兵悍卒，跋扈的将帅。连轻薄的进士，也如凤毛麟角。天地闭，贤人隐。那时急得在和尚寺里出家的高僧们，也回头推崇韩昌黎，改心翻读修身、齐家、治国、平天下的儒家经典，社会私家书院也在唐末五代时兴起。宋初开国，一面是杯酒释兵权[④]，解除军人干政恶习。一面极端奖励考试制度，重用文臣，提倡学风。那时进士登第，即便释褐，立得美仕。状元及第，荣极一时。经由

---

① 柳氏家训：柳玭，唐末人，以明经科补秘书正字。又历任右补阙、刑部员外郎、御史中丞。文德元年（888），以吏部侍郎拜御史大夫，后被贬为泸州刺史。祖公绰，父仲郢，皆以理家严谨闻名，有“言家法者，世称柳氏”之誉。

② 王氏青箱：语出南北朝沈约《宋书·王准之传》：“王准之，字元曾，琅邪临沂人。高祖彬，尚书仆射。曾祖彪之，尚书令。……彪之博闻多识，练悉朝仪，自是家世相传，并谙江左旧事，缄之青箱，世人谓之‘王氏青箱学’。”人们用“青箱”、“青箱家学”形容世传家学。

③ 牛、李之党争：中晚唐时，以牛僧孺（779—847）为首的牛党和以李德裕（787—850）为首的李党，为争夺权力，结成朋党，互相倾轧，史称“牛李党争”。

④ 杯酒释兵权：北宋初期，宋太祖赵匡胤为了防止出现分裂割据的局面，加强中央集权统治，以高官厚禄为条件，解除将领们的兵权。因为是在酒宴时做出的决策，所以史称“杯酒释兵权”。

国家之提倡，五六十年之后，社会学术重兴，才始有像胡安定[①]、范文正[②]一辈人出世。范文正、胡安定都是在和尚寺道士院中苦学出身。范从事政治，胡专心教育，苏州湖州的讲学制度，后来由政府采纳，变成太学规制。范文正为副宰相，颇想彻底改革时政。一面是提倡兴建学校，从基本上培植人才。一面是严厉革除任荫法，好重新建立铨叙升黜之客观标准。一到王荆公当政[③]，遂又进一步计划考试制度之改进。

科举规制之日趋严密，其事始于宋代。公卷风气已不复见，又有糊名法，杜绝请托，严防舞弊。于是尚法的意义，胜于求贤，此亦风气所趋，不得不然。然考试制度之主要目的，本在求贤。究竟政府该如何从考试制度中获取真才呢？王荆公对此问题，主张改革考试内容，废去明经，专考进士。而进士科则废去诗赋，改考经义。在荆公之意，政治取人当重经术，不重文艺，自是正论。然当时反对派意见，亦有立场。大致谓诗赋经义，均是以言取人，贤否邪正，同难遽辨，而诗赋工拙易见，经义难判高下。况以经术应举，反教天下以为，欲尊经而转卑之。王荆公又自造《三经新义》为取士标准[④]，此层更受人反对，谓其不当以一家私学掩盖先儒。大体中国传统意见，只能由在野的学术界来指导政治，不当由在朝的政府来支配学术。经术虽当尊，然定为官学，反滋流弊。汉代五经博士，渐成章句利禄之途，此乃前车之鉴。南北朝、隋、唐学术分裂，社会尊信的是佛学，门第传袭的是礼教与政事。一到宋代，门第已衰，佛学亦转微，私家讲学代之而兴，王荆公主张复古制，兴学校，此似最为正见。然当时依然是私学盛，官学微。学校由政府主持，总之利不胜害。王安石当政，人人言经学。司马光当政[⑤]，又人人言史学。学术可以与政治相合，却不当与利禄相合。政府当为学校之护法，却不当为学校之教主。荆公自信太深，昧于人情。至后蔡京当国[⑥]，太学分舍，显然以利禄牢笼，于是范仲淹、王安石兴学精神，到此终于一败涂地。幸有私人讲学，在社会下层主持正气，然朝廷则视之为伪学，加以抑制驱散。教育制度不能确立，则考试制度终是单枪匹马，功效有限。何况经义取士，亦未见必较诗赋为胜。即荆公亦自悔，谓："本欲变学究为秀才，却不料转使秀才成学究。"学术败

---

① 胡安定：胡瑗（993—1059），字翼之。泰州海陵（今江苏省泰州市）人。北宋学者、教育家。宋仁宗景祐初，以范仲淹荐入朝较定乐律，庆历间以殿中丞致仕。皇祐中，复起典乐，主太学，晚年以太常博士致仕。世称安定先生，创安定学派，开北宋理学先河。

② 范文正：范仲淹（989—1052），字希文，江苏吴县（今江苏省苏州市）人。北宋著名政治家、思想家、军事家、文学家。为官清廉，体察民情，极言敢谏，官至参知政事。卒后谥"文正"。工于诗词散文，有《范文正公集》传世。

③ 王荆公：王安石（1021—1086），字介甫，晚号半山，封荆国公，故人称"王荆公"。抚州临川（今江西省抚州市临川区）人。北宋政治家、文学家、思想家。神宗时为宰相，创新法以改革弊政。文学成就颇高，著有《临川先生文集》等。

④《三经新义》：由王安石等奉敕所撰。神宗熙宁六年（1073），朝廷命设经义局，由王安石提举，修撰《周礼》、《尚书》、《诗经》等，熙宁八年（1075）书成，颁行天下传习，为取士之标准本。

⑤ 司马光当政：司马光（1019—1086），字君实，号迂叟。陕州夏县涑水乡（今山西省运城市安邑镇）人，世称涑水先生。北宋政治家、文学家、史学家，历仕仁宗、英宗、神宗、哲宗四朝。王安石实行新政，他竭力反对，退居洛阳。元丰七年（1084）主持编成中国历史上第一部编年体通史《资治通鉴》。元丰八年（1085）哲宗即位，被召入京主国政，次年任尚书左仆射、兼门下侍郎，尽废新法，罢黜新党。数月后病死，追封温国公。

⑥ 蔡京当国：蔡京（1047—1126），字元长。兴化仙游（今福建省仙游）人。北宋时的政治家、书法家，宋徽宗（1082—1135）时把持朝政，严厉打击反对王安石变法者，把司马光、文彦博、苏轼、黄庭坚、秦观等309人列为奸党，刻入"元祐党籍碑"。

坏，人才衰竭，而北宋亦终于覆亡。

到南宋，考试制度，一仍旧贯。朱子曾慨言[①]："朝廷若要恢复中原，须罢科举三十年。"然科举乃中国自唐以来政治制度中一条主要骨干，若无科举，政府用人凭何标准？朱子理论终难见之实际。却不料到元代，遂专以朱子《四书》义取士，此下明、清两代，相沿不改。直到清末，前后七百年，朱子《四书集注》[②]，遂为中国家诵户习人人必读之书。其实朱子《四书》义，亦如王荆公《三经新义》，不外要重明经术。只荆公是当朝宰相，悬其学说为取士标准，遂为学术界所反对。朱子是一家私学，元、明以来，只是崇敬先儒，此与荆公亲以宰相颁其手著之《三经新义》情势不同。此刻姑不论王朱两家经义内容，只就政治学术分合利弊而言，则荆公《三经新义》，势不可久。而朱子《四书》义则悬为政府功令垂七百年，此亦治国史者，所当注意之一大节目。一制度之确立，亦必体察人情。以学术与利禄相合，在人情上易于有弊。荆公本人亦是一大贤，只为不察此层，遂招当时之反对，并滋后世人之遗议。至考试内容，不当以经义为准，此层亦到明代而大著。

五

明、清两代考试内容，均重经义，而又以朱子一家言为准。因诗赋只论工拙，较近客观，经义要讲是非，是非转无标准，不得不择定一家言，以为是非之准则。既择定了一家言，则是者是，非者非，既是人人能讲，则录取标准又难定。于是于《四书》义中，演变出八股文。其实八股文犹如唐人之律诗。文字必有一定格律，乃可见技巧，乃可评工拙，乃可有客观取舍之标准，此亦一种不得已。至于八股流害，晚明人早已痛切论之。顾亭林至谓[③]："八股之害，等于焚书，其败坏人才有甚于咸阳之坑。"然清代仍沿袭不改。但若谓政府有意用八股文来斲丧人才[④]，此则系属晚清衰世如龚定庵等之过激偏言[⑤]。治史贵能平心持论，深文周纳，于古人无所伤，而于当世学术人心，则流弊实大。若论经义祸始，应追溯到王荆公。然荆公用意实甚正大，即此一端，可见评论一项制度之利弊得失，求能公允，其事极难。而创制立法，更须谨慎。又贵后人随时纠补。制度既难十全十美，更不当长期泥守。此非有一番精力，不能贯注。否则三千年前出一周公，制礼作乐，后人尽可墨守，何须再有新的政治家？

明初开国，亦颇曾注意整顿学校，然终是官学衰，私学盛。私家讲学，自不免有时与

---

① 朱子：朱熹（1130—1200），字元晦，号晦庵，别号紫阳。徽州婺源（今江西省婺源县）人，后迁徙建阳（今福建省建阳市）。南宋儒学大师，世称朱子。宋高宗绍兴十八年（1148）进士，曾任秘阁修撰、焕章阁待制等职。卒后谥"文"，世称朱文公。著述甚丰，有《四书章句集注》、《诗集传》、《周易本义》、《楚辞集注》等。

② 《四书集注》：全称《四书章句集注》，南宋朱熹编注。包括《大学章句》1卷、《中庸章句》1卷、《论语章句》10卷、《孟子集注》14卷，较系统地反映了朱熹作为理学集大成者的思想。明清时被定为必读注本。

③ 顾亭林：顾炎武（1613—1682），名绛，字忠清。明亡后，改名炎武，字宁人，号亭林，尝自署蒋山佣。江南昆山（今江苏省昆山市）人。学识渊博，于经史百家、音韵训诂、历朝典制、郡邑掌故等都颇有研究。著有《亭林诗文集》、《日知录》等。

④ 斲丧（zhuó sàng）：伤害。

⑤ 龚定庵：龚自珍（1792—1841），字璱人，号定庵。仁和（今浙江省杭州市）人。道光九年（1829）进士，官礼部主事。诗文多表现不满现实、要求改革的理想，对晚清"诗界革命"及近代南社诗人均有影响。有《定庵文集》存世。

政府相冲突。张居正为相[①]，严刻压制，此乃张居正不识大体。此后东林讲学，激成党祸[②]，人才凋落，国运亦尽。政府专仗考试取士，而与学校书院为敌，安得不败。然明代亦尚有较好之新制度，可与考试制度配合，即为进士入翰林制，明、清两代都从此制下培养出不少人才。学校培养人才，在应考之前。翰林院培养人才，则在应考及第之后。此制值得一追溯。

在中国历史上，政府常有一派学官，（此学官二字，并非指如后代之教谕训导而言。）专掌学术图籍，不问实际行政，而政府对此项学官，亦能尊重其自由之地位，仅从旁扶植，不直接干预。此在春秋时有史官。战国以下，私家讲学大兴，政府网罗在野学者，设博士官。秦代博士官，其实略如唐初之翰林院，杂流并汇，政府普加供养，并不搀入政府之态度与意见，来抑此而伸彼。李斯焚书[③]，始对博士官加以一番澄清淘汰。及汉武帝设立五经博士，政府对学术界之态度与意见，更趋鲜明。

然中国政府本身与西方传统大有不同。西方近代一面有宗教超然于政治之外，其社会意识，又常抱一种不信任政府时时欲加以监督之意态，此可谓之契约性的政权。中国则自来并无与政治对立之宗教，社会对政府又常抱一种尊崇心理，圣君贤相，常为中国社会上一种普遍希望，因此中国政权，乃是信托式的，而非契约式的。与西方社会传统意态大异。政府既接受了社会此种好意，亦必常站在自己谦抑地位，尊师重道，看重社会学术自由。政府所主持者乃制度，非学术。制度必尊重学术意见，而非学术随制度迁转。若政府掌握了学术是非之最高权衡，则在中国社会中，更无一项可与政府职权相抗衡之力量，此种趋势，必滋甚大之流弊。因此政府对学术界，最好能常抱一种中立之态度，一任民间自由发展，否则必遭社会之反抗。此种反抗，实有其维系世道最重要之作用。

汉武帝时代之五经博士，即是政府对学术表示非中立态度之措施。不久即生反动，汉儒经学有所谓今古文之争。今文即是政府官学，古文则为民间私学。其实今文经学未必全不是，古文经学未必全是。然而东汉末年朝廷所设十四博士之今文经学，几乎全部失传，而郑康成遂以民间私学[④]，古文学派，成为孔子以后之第一大儒。魏、晋、南北朝，佛学入中国，宗教与政府相对立，政府所主持者仍是制度，学术最高权威，则落入僧寺。唐人考试尚诗赋，诗赋仅论声律工拙，在学术上依然是一种中立性的，并不表示政府对学术是非之从违。宋代王荆公改以经义取士，则显然又要由政府来主持学术，走上中国历史卑政尊学趋向之大逆流，而翕然为社会推敬者，依然是程、朱私学，朱子遂成为郑康成以下之

---

① 张居正（1525—1582）：字叔大，号太岳，谥号“文忠”。湖广江陵（今湖北省荆州市）人。明代著名政治家。隆庆元年（1567）入内阁，隆庆六年（1572）为内阁首辅，先后执政十年，实行各种政治改革。

② 东林讲学，激成党祸：指明朝末期东林党人与阉党之间的斗争。东林党是明朝后期由江南士人组成的政治集团。代表人物是顾宪成、高攀龙、史孟麟等人。他们讲学于无锡东林书院。主张广开言路，实行改革。但遭到以魏忠贤为首的宦官集团的强烈反对，被血腥镇压。东林党与阉党的斗争一直持续到南明时期。

③ 李斯（约前284—前208）：秦代著名的政治家、文学家和书法家。楚国上蔡（今河南省上蔡县）人。秦始皇统一天下后，任丞相。参与制定了法律，统一车轨、文字、度量衡制度。秦始皇采取他的主张，焚烧民间收藏的《诗》、《书》等百家语，禁止私学，以加强中央集权的统治，史称“焚书”。

④ 郑康成：郑玄（127—200），字康成。北海高密（今山东省高密县）人。东汉经学家、教育家。作为“遍注群经”的通儒，郑氏对于沟通汉代经学今、古文，打破师法和家法的界限，促进儒学发展，做出了重要贡献。

第一大儒。及元、明以朱子《四书》义取士，阳明讲《大学》[1]，根据古本，即与朱义对立。此后清代两百六十年考据之学，无非与朝廷功令尊宋尊朱相抗。然《四书》义演成八股，则经术其名，时艺其实，朝廷取士标准，依然在文艺，不在义理，仍不失为是一种中立性的。此就考试项目言。

至论学官，则魏、晋、南北朝、隋、唐皆有。大体如文学编纂图籍校理之类。政府只设立闲职，对学人加以供养，恣其优游，不限以涂辙，不绳其趣诣。唐代有翰林院，最先只是艺能杂流，内廷供奉。此后遂变成专掌内命，一时有内相之号。宋代翰林学士掌制诰，侍从备顾问。又有经筵官，则为帝王师傅。又有所谓馆阁清选，亦称馆职。此皆在我所称之为学官之列。大抵集古今图书，优其廪，不责以吏事，政府藉此储才养望，为培植后起政治人才打算。明代之翰林院，连史官经筵官均并入，又有詹事府主教导太子，与翰林院侍讲侍读同为王室之导师。翰林责任，大体如修书视草，议礼制乐，备顾问，论荐人才，都是清职，并不有实权负实责。明代始规定进士一甲及第入翰林，二甲三甲为庶吉士，亦隶翰林院，须受翰林前辈之教习。学成，再正式转入翰林院。其他亦得美擢。清代沿袭此制，用意在使进士及第者，得一回翔蓄势之余地。使之接近政府，而不实际负政治责任。使之从容问学，而亦无一定之绳尺与规律。明、清两代，在此制度下出了许多名臣大儒，或为国家重用，或偏向学术上努力。即如曾国藩[2]，初成进士，其时殆仅通时艺。看其家书报道，可以想见其为进士在京师时，一段如何进修成学之经过。此种环境与空气，皆由翰林院与庶吉士制度中酿出。

汉代是先经地方政府历练，再加以察举。唐代是礼部试及第后，颇多就地方官辟署，必待吏部试再及第，始获正式入仕。大抵汉、唐两代，都有实际政事历练，与考试制度相副。宋代以下进士，在先未有政治历练，一及第即释褐，失却汉、唐美意。故明、清两代有此补救。若使明、清两代仅仗科举，更无翰詹为养才之地，则八股时艺，如何能得真才？而更须注意者，明、清两代之翰林院，仍系中立性的，并不似汉代博士，限于学术功令。考试只是遴才，翰林进士只在养才，政府职权仍在制度一边，并未侵犯学术之内容。此层为查考中国历史上考试制度演变中一绝应注意之节目，故在此稍详申说。

考试制度演变到清代，愈趋严密。自宋以来，秋试在八月，春试在二月，元明沿袭未改。万历时，曾有人主张，春试改三月，原因是二月重裘，易于怀挟。当时经人驳斥，终未改期。但到清代，真改春试在三月了。一说是天暖不须呵冻，但另一因，却是人穿单夹，可无怀挟。其他如截角、登蓝榜、弥封、编号、硃卷、誊录、锁院、出题、阅卷，种种关防，全像在防奸，不像在求贤。清初几次科场案，大批骈戮，大批充军，更是史所未有。而到中叶以后，进士入翰林，专重小楷，更属无聊。道光以下，提倡废八股废考试的呼声，屡起不绝，此一制度绝对须变，自无疑问。然此一制度，究竟自唐以下一千年来，成为中国政治社会一条主要骨干。其主要意义可分三项陈述：

（一）是用客观标准，挑选人才，使之参预政治。中国因此制度，政府乃经由全国各

---

① 王阳明（1472—1529）：明代著名哲学家、教育家、军事家。名守仁，字伯安。余姚（今浙江省余姚市）人。晚年隐居在绍兴阳明洞，又办过阳明书院，故世称阳明先生。谥“文成”。后世收集《王文成公全书》38卷，以论学理论为多，其中以《传习录》为其思想的结晶。

② 曾国藩（1811—1872）：字伯涵，号涤生，谥“文正”。长沙府湘乡（今湖南省湘乡市）人。近代政治家、理学家、文学家，湘军的创立者和统帅。清道光十八年（1838）进士，官至两江总督、直隶总督、武英殿大学士，封一等毅勇侯。后为洋务运动主将。其作品有《曾文正公全集》、《曾国藩家书》等。

地所选拔之贤才共同组织，此乃一种直接民权，乃一种由社会直接参加政府之权。与近代西方由政党操政，方法不同，其为开放政权则一。

（二）是消融社会阶级。因考试乃一种公开竞选，公平无偏滥。考试内容单纯，可不受私家经济限制。寒苦子弟，皆得有应考之可能。又考试内容，全国统一，有助于全国各地文化之融结。按年开科，不断新陈代谢。此一千年来，中国社会上再无固定之特殊阶级出现，此制度预有大效。

（三）是促进政治统一。自汉以来直到清末，无论选举考试，永远采取分区定额制度，使全国各地优秀人才，永远得平均参加政府。自宋代规定三岁一贡以来，直到清末，每历三年，必有大批应举人，远从全国各地，一度集向中央，全国各地人才，都得有一次之大集合。不仅政府与社会常得声气相通，即全国各区域，东北至西南，西北至东南，皆得有一种相接触相融洽之机会，不仅于政治上增添其向心力，更于文化上增添其调协力。而边区远陬，更易有观摩，有刺激，促进其文化学术追随向上之新活力。

即举此三端荦荦大者，已可见此制度之重要性。至其实施方面，因有种种缺点，种种流弊，自该随时变通。但清末却一意想变法，把此制度也连根拔去。民国以来，政府用人，便全无标准。人事奔竞，派系倾轧，结党营私，偏枯偏荣，种种病象，指不胜屈。不可说不是我们把历史看轻了，认为以前一切要不得，才聚九州铁铸成大错。考试制度之废弃，仅其一例。

六

西方人在十八世纪时，却看重中国考试制度。但他们自有他们的历史渊源，不可能把中国制度彻底抄袭。英国最先模仿中国考试制度，但只事务官须经考试，各部门行政首长，则仍由政党提名。照理论言，海军应用海军人才，外交应用外交专长，都该经政府客观考试录用。但西方却只采用了中国考试制度之下半截，海军外交各部之事务官，须经考试，其主持海军外交各部行政首长，却不须考试，仍由政党提名，岂非在理论上像似讲不过。此正为政党政治，乃西方历史渊源中自生自长的东西，若连此废了，势必发生政治上大摇动。此是政治元气，不可遏塞。任何一种外国制度，纵其法精意良，也只可在本国体制中酌量运用。西方人懂得此层，采取中国考试制度之一枝半截，成为他们今天的文官制。中国何尝不可也采取西方制度的一枝半截，把皇帝废了，再加上国会代表民意，而考试制度则依然保留。政府一切用人，仍该凭考试，只在内容上方法上再酌量改进。

但当时中国人意见不同，学西方便得全部学。其实如日本，又何尝是全部学了西方？他们依然还有一个万世一统尊严无上的皇帝，反而日本维新，早有富强实效。中国赶不上，回过头来主张，不仅政治制度要全改，连文化学术也该全改，甚至连文字最好也全改。日本还未废绝汉学，中国则主张改用罗马拼音。一面又盛赞西方，如英国之善用习惯法，却不许自己尊重自己习惯法。只有海关、邮政、电报各机关因经由外国人主持，仍用考试制度，不致大扰乱。其他中国近代各机关一切用人，连像曹操、陈群时的九品中正制也没有，政治安得上轨道？而反肆意抨击中国传统政治之专制黑暗。于已往一切制度，漫不经心。政治无出路，回头来再打击历史学术文化。认为整个社会，均得从头彻底改造始得。结果造成今日对历史文化一笔抹杀，社会礼教一体推翻之狂妄风潮。

于此我们不得不推尊孙中山先生，只有他能高瞻远瞩，他的五权宪法，正也恰合于西方人采用中国制度半截的办法，他也想在中国自己传统制度下采用西方近代民主政治之一枝半截。但他的理论之精深博大，至今未为国人所注意，所了解。此层并不专限在考试制度之一项目上。若不明了孙先生五权宪法之精意所在，单单再来添进一考试制度，依然是要有名无实，难生大效。

中西考试制度，在方法上，复有一至要之歧点。西方考试只重专家，只如汉代辟召奇才异能之例。至于政治人才，则贵有通识，尤胜于其专长。此等人才，西方则在国会中培养。中国传统考试着重在通识，不在专长。中国科学不发达，考试制度亦预有关系。如在金、元统治时期，异族君临，政权不开放，考试制度松弛，有名无实。但中国社会其他各专门学术技能，如医药、天算、水利、工程、艺术、制造诸项，反而有起色。此后中国考试制度，自应在录取专长方面，积极注意。然如何培植政治通才，此事依然重要。即如明、清两代之翰林院制度，即在此方面颇著绩效。可见每一制度，其背后必有一段精神贯注，必有极深微的用心所在，哪里是随便抄袭，即能发生作用？

这里更有一种重要关键。我常说西方民主政治重选举，是偏于人治精神的，一切政制均可随大众意见而转移，政府须常常受民众监督，这非人治精神而何？中国传统政治，重考试制度，是偏于法治精神的，政府一切用人，全凭客观标准，公开竞选，再凭客观标准，按例铨叙，中国人想把整个政府，纳入一种法度规范之内，如是则便可减轻人治分量。中山先生之五权宪法，及其权能分职之理论，正是无意中走上了中国政治传统精神之老路。其实人治法治，亦各有长短，各有得失。大抵小国宜人治，大国宜法治。即以英、美两国言，英国制度偏多人治意味，美国则偏多法治意味。今天中国人论政制，只高喊法治空口号，又心上终觉考试是中国土货，选举才是舶来新货，因此不免过分看轻了考试，过分看重了选举。政府虽有考试院，却尚未能深切发挥中山先生五权宪法中重视考试一权之内在精神。此等处，决非一枝一节，单凭一项制度来讨论，而不贯通到全部政制之整体精神者所能解决。

创制立法，应该通观全局，我们今天实有对政治理论再行细加探究讨论之必要。否则总是多方面采摭几许条法规章，临时拼凑，临时粉饰，将永远建不起一个规模，永远创不成一种制度。中国的考试制度，在历史上已绵历了一千年。若论其最早渊源，则已有两千年的演变，这自然应该遭受研究讨论将来中国新政治制度发展趋向的人的绝大注意了。

以上叙述考试制度之用意及其成效所在。但有不尽然者，每一制度则无不皆然。考试制度特其一例而已。中国古人言："士先器识，而后才艺。"场屋取士，才艺则较易认取，器识则甚难判定，此其一。抑且考试与教育，事业大不同。果使孔子复生于后世，主持一场考试，岂能得德行、言语、政事、文学之七十群贤？又岂能得惟我与尔有是夫之贤哉回也其人？[①] 此皆孔子毕生教育之所成，而岂场屋考试之可获？抑且刘先主三顾诸葛于草庐之中[②]，以此较之场屋取士，所胜何啻千万倍。然而刘先主亦未能于诸葛终身大用。八十三万大军沿江东征，诸葛默尔未敢发一辞，乃终招致白帝城托孤之悲剧。会合此三例观之，则考试制度在政治方面之应用，宜亦可得其为用之限度矣。

考试制度乃中国传统政治中重要一项目，其为效乃如此，其他可以类推。然则为政究何当重？曰："为政以德"，岂外在制度之可尽。西方政治则又惟知重视几项外在的制度，故曰"法治"。此又与中国传统政治大不相同。

---

① 语出自《论语·述而》："子谓颜渊曰：'用之则行，舍之则藏，惟我与尔有是夫！'"《论语·雍也》："子曰：'贤哉，回也！一箪食，一瓢饮，在陋巷，人不堪其忧，回也不改其乐。贤哉回也！'"

② 刘先主三顾诸葛于草庐：东汉末年，先主刘备三次至隆中（今属湖北省襄阳市）拜请诸葛亮出山辅佐自己。诸葛亮《出师表》云："三顾臣于草庐之中，咨臣以当世之事，由是感激。"

【作者简介】

钱穆（1895—1990），字宾四，晚号素书老人。江苏无锡人。著名历史学家、国学大师。先后任燕京大学、北京大学、清华大学、西南联合大学等校教授。1949 年迁居香港，后创办新亚书院。1967 年，定居台湾。

【知识链接】

1. 耶鲁大学授予钱穆名誉人文学博士学位的中文颂词：钱穆先生，你是一个古老文化的代表者和监护人，你把东方的智慧带出了樊笼，来充实自由世界。你是新亚书院的创办人和校长，在教育中国青年的事业上，耶鲁是你的同志和拥护者。

2. 顾颉刚（历史学家、民俗学家）：钱宾四先生，在北大任历史讲席已越 10 年，学识渊博，议论宏通，极得学生欢迎。其著作亦均缜密谨严，蜚声学圃，实为今日国史界之第一人，刚敬之重之。

3. 马悦然（瑞典文学院院士、诺贝尔文学奖评委）：钱穆在本世纪（20 世纪）中国史学家之中是最具有中国情怀的一位。他对中国的光辉的过去怀有极大的敬意，同时也对中国的光辉的未来抱有极大的信心。在钱穆看来，只有做到以下两件事才能保证中国的未来，即中国人不但具有民族认同的胸襟，并且具有为之奋斗的意愿。

4. 季羡林（著名学者、作家）：钱宾四先生活到将近百岁才去世。他一生勤勤恳恳，笔耕不辍，他真正不折不扣地做到了“著作等身”，对国学研究做出了极其重要的贡献。

思考与实践

1. 查阅资料，了解中国哲学史上诸多学派对于人性问题的看法。
2. 以“如何看待当今社会儿童读经热现象”为主题展开一次讨论，并撰写一篇个人心得。
3. 比较《颜氏家训》与《礼记·学记》中的教育思想有何相同之处。
4. 家训是我国古代家庭教育的基本文献形式，请你谈谈它对我国现代家庭教育有何意义。
5. 《岳麓书院学规》中是如何体现“孝、忠、廉、节”等道德规范的。
6. 针对《岳麓书院学规》中的规定，进行自身比对，并撰写一篇个人心得。
7. 以“教育与惩罚”为题，撰写一篇小论文，谈谈个人看法。
8. 以“八股科举与文学创作”为题开展一次讨论，谈谈你对八股文的认识。
9. “朝为田舍郎，暮登天子堂”，科举被古人视为最公平的制度，但也有人认为科举是扼杀人才的制度，《聊斋志异》、《儒林外史》都描写了科举取士对文士的毒害和摧残。你认为应该如何评价科举制度？

第十七讲　中国人的生活

概　述

和其他民族、国家一样，中国人的生活是丰富多彩的。因为阶层的不同，中国人的生活还呈现出不同的面貌，例如寻常百姓的生活、文人士大夫的生活、宫廷生活，各有不同。但一个民族有一个民族的生活方式和生活习惯，各民族之间又必然地存在着明显的差异。需要指出的是，这里所说的中国人的生活，主要是古代汉民族人的生活。

一、中国人的日常生活

中国素称“礼仪之邦”，早在周朝，就确定了一套礼仪制度。在儒家经典中，就有《周礼》、《仪礼》、《礼记》，合称“三礼”。春秋时代“礼坏乐崩”，孔子不遗余力地倡导“克己复礼”，并且将“礼”融入以血缘关系为核心的人世生活之中。此后，“礼”作为儒家经典的观念，一直对中国人的日常生活起着支配作用，并转变为中国人的生活方式。

中国人从出生以后，就生活在“礼”的世界里。在长幼关系上，讲究长幼有序，“稍有知，则教之以恭敬尊长。有不识尊卑长幼者，则严诃禁之”（朱熹《家礼》）。男子 20 岁时，要行冠礼，表示已经成人；女子 15 岁许嫁时，要举行笄（jī）礼，改变幼年时的发式，将头发绾成一个髻，用一块黑布包住，再插上笄，也表示已经成年。

成年以后当然要结婚，其过程也有许多仪式。首先是纳采，就是男方家长在得到女方家长允许后，派人向女方家长纳“采择之礼”。其次是问名，就是询问女子的名字，然后到男方宗庙问卜，推测婚姻的吉凶。再次是纳吉，就是男方卜得吉兆，派人告知女方家长。接着是纳徵，即男女双方宣告正式订婚。纳徵，又叫“纳币”，就是男方家向女方家送聘礼，其厚薄视等级不同确定。再是请期，就是男方家把迎娶的吉日告诉女方家，征得同意。最后是迎亲，新郎要亲自到女方家迎娶新娘。婚娶又有一整套的仪式。当然，这些仪式在平民百姓那里有些被简化了，比如纳采和问名往往就合二为一。此外，男女双方家长在婚娶过程中还需要一个传递信息的人，那就是媒人。在中国古代社会，为了防止青年男女自行恋爱，就要求他们遵守“父母之命，媒妁之言”。

结婚以后，男女就进入了家庭生活。一般来说，男性要承担家庭经济的责任，而女性则要孝敬公婆，抚养孩子，操持家务。在封建社会制度下，女性受到的限制和压迫远多于男性，她们要遵守“三从四德”：“三从”是指“未嫁从父，既嫁从夫，夫死从子”，“四德”是要求出嫁之前教以“妇德、妇言、妇容、妇功”。有所谓“七出”，即丈夫休弃妻子的七个理由：不顺父母，无子，淫僻，嫉妒，恶疾，多口舌，窃盗。“不顺父母去，为其逆德也；无子，为其绝世也；淫，为其乱族也；妒，为其乱家也；有恶疾，为其不可与共粢盛（操办祭品）也；口多言，为其离亲也；窃盗，为其反义也。”（《孔子家语疏证·本命解》）但有三种情况丈夫不能休弃妻子：一是妻子曾经为公婆持三年之丧；二是婚娶时男方贫贱，后来富贵；三是娘家无人，无所归依。

古人去世，也遵从诸多的礼仪。男子未冠、女子未笄就去世叫“殇”，根据年龄的不同又有“长殇”、“中殇”、“下殇”。由于等级制度，对于去世的称谓也不同，《礼记·曲礼下》规定：“天子死曰崩，诸侯曰薨，大夫曰卒，士曰不禄，庶人曰死。”丧葬也有详细的礼仪；父母去世后，儿女还要守丧三年。对于祖先和去世的长辈们，每年都要进行祭祀活动，以追本思源，寄托思念。祭祀分四时祭，《礼记·王制》：“春曰礿，夏曰禘，秋曰尝，冬曰烝”。

中国人生活在宗法社会里，每个人都联结着以血缘为纽带的各种社会关系。在家庭里，往往三代同堂、四代同堂，不仅与父母亲生活在一起，还和祖父母、曾祖父母同处。兄弟姐妹则有排行，唐宋时期，盛行以排行称呼人，如李白称李十二，白居易称白二十二，欧阳修称欧九等。同辈兄弟以伯、仲、叔、季区分长幼，下辈则称伯父、仲父、叔父、季父。家庭之外，则是宗族，在宗法制度里，宗族分大宗、小宗，同一始祖的嫡系长房为大宗，其他为小宗。大宗的嫡长子为宗子，对于大宗他是家长，对于小宗他是族长。由于封建社会实行一夫多妻制度，男子除了妻子之外，还可以娶妾（或叫侧室、偏房、如夫人等）。因此，对于她们的孩子而言，称谓上就有不同，庶出子女称父亲的正妻为“嫡母”，嫡出子女称父亲的妾为“庶母”。妾死，其子由别妾抚育，则其子称别妾为“慈母”。

人的日常生活无非是衣、食、住、行。中国从奴隶社会到封建社会，一直都有严格的等级制。在中国人的日常生活中，也就必然有着等级制度带来的差别。例如，明王朝建立后，朱元璋就规定：庶民“男女衣服，不得僭用金绣、锦绮、纻丝、绫罗，止许绸、绢、素、纱”。为了重农抑商，他于洪武十四年（公元1381年）下令：“农民许衣绸、纱、绢、布，商贾止衣绢、布。农家有一人为商贾者，亦不得衣绸、纱。”（《明会要》卷二十四）在建筑上，也有明确的等级规定，如明初就规定“官民房屋不许雕刻古帝后、圣贤、人物及日月、龙凤、狮子、麒麟、犀象之形”。洪武二十六年（公元1393年），规定“官员营造房屋，不许歇山、转角、重檐、重栱及绘藻井”。又下诏：“品官房舍门牖不得用丹漆。庶民庐舍不过三间五架，不许用斗拱，饰彩色。”（《明会要》卷七十二）但在明代中叶以后，这些等级差异和限制随着社会经济的发展和封建统治的衰落，逐渐被打破。

二、中国文人的生活情趣

在中国人的生活中，文人是一个特殊的阶层和群体，其生活情趣、生活追求、生活状态，与上至宫廷贵族，下至平民百姓有很大不同。

汉代以后的中国文人，因为受儒家入世思想的熏陶，也由于选士制度逐渐确立，从儿童到青年时期，过的主要是读书应试的生活。他们和书相伴为友，浸染着书香，吸收着前人留在书中的思想和智慧，成为中国的知识阶层。一方面，他们追求儒家所倡导的“兼济天下”的理想；另一方面，他们在生活情趣上更具有自己的特色。

文人饱读诗书，善于表达、有能力表达是他们区别于没有文化知识的人的特点。无论是入仕为官的，还是未能改变平民身份的文人，都能够运用前代形成的各种文体，表达自己的思想、感情和生活感受，历代的文人用自己的这种表达，构成了一部中国文学史。除此以外，与文人生活情趣相关的还有琴、棋、书、画。

中国的琴起源很早，《诗经·小雅·鹿鸣》就有“我有嘉宾，鼓瑟鼓琴”的诗句。在先秦以后的文献中，多有关于琴的记载，如齐桓公有琴名“号钟”，楚庄王之琴名“绕梁”，司马相如琴挑卓文君。蔡邕的“焦尾琴”尤有传奇色彩，范晔《后汉书·蔡邕传》记载：“吴人有烧桐以爨者，邕闻火烈之声，知其良木，因请而裁为琴。果有美音，而其尾犹焦，故时人名曰‘焦尾琴’焉。”孔子既是思想家、教育家，也精通琴道，《淮南子·主术训》载：“孔子学鼓琴于师襄，而谕文王之志，见微以知明矣。”《史记·孔子世家》中载，他能“弦歌不衰”、“闻《韶》音，学之，三月不知肉味”，曾作琴曲《陬操》，又“以诗书礼乐教弟子盖三千焉，身通六艺者七十有二人”。魏末时的嵇康作《琴赋》，他阐述写此“赋”之缘由说：“（古琴）丽则丽矣，然未尽其理也。推其所由，似元不解音声；览其旨趣，亦未达礼乐之情也。众器之中，琴德最优。故缀叙所怀，以为之赋。”李白有《听蜀僧濬弹琴》诗：“蜀僧抱绿绮，西下峨眉峰。为我一挥手，如听万壑松。客心洗流水，余响入霜钟。不觉碧山暮，秋云暗几重。”在中国文人们看来，琴不仅仅是用来弹奏音乐的，它传递的是弹奏者的心声和情感，它和主人的生命气息是相通的，因此，文人们喜爱琴，与琴为友为伴。

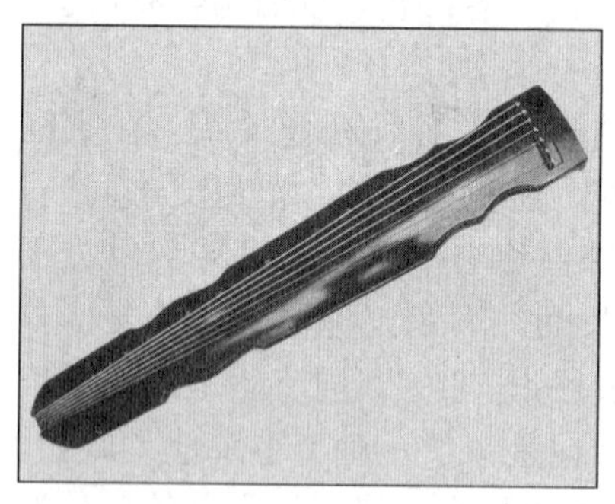

蔡邕制“焦尾琴”

中国的围棋起源也很早。《孟子·告子上》云：“弈秋，通国之善弈者也。”东汉班固所著《弈旨》是现存关于围棋的最早系统性论述。他对围棋的认识是：“局必方正，象地则也。道必正直，神明德也。棋有白黑，阴阳分也。骈罗列布，效天文也。四象既陈，行之在人，盖王政也。成败臧否，为仁由己，道之正也。”正因为围棋包含着天地、阴阳、社会、人生的道理，所以历代文人乐于下棋，棋中悟社会，棋中品人生。唐太宗李世民有五言《咏棋》诗两首，其一写道：“手谈标昔美，坐隐逸前良。参差分两势，玄素引双行。舍生非假命，带死不关伤。方知仙岭侧，烂斧几寒芳。”欧阳修酷爱围棋，其《新开棋轩呈元珍表臣》诗吟道：“竹树日已滋，轩窗渐幽兴。人间与世远，鸟语知境静。春光蔼欲布，山色寒尚映。独收万籁心，于此一枰竞。”王安石也曾作《棋》诗：“莫将戏事扰真情，且可随缘道我赢。战罢两奁分白黑，一枰何处有亏成。”明代中叶后，对弈之风更炽，谢肇淛《五杂俎》一书记载：“近代名手……以余耳目所见，新安有方生、吕生、汪生，闽中有蔡生，一时俱称国手，而方于诸子，有白眉之誉。其后六合有王生，足迹遍天下，几无横敌。时方已入赀为大官丞，谈诗书，不复与角。而汪、吕诸生，皆为王所困，名震华夏。”

书，当然是指书法。它的形成和发展与文字的发展演变相联系，特别是汉代隶书的成熟，使得文字不仅是记忆的工具，而且成为审美性书写的作品。留存到今天的一百多种汉碑，充分显示了汉代书法艺术的成就。魏晋时期，思想激荡，文人既产生了强烈的生命意识，也焕发出无限的才华，书法也体现了这个时期的思潮和“魏晋风度”。字体上，真书、行书、草书各体尽美，书家则有钟繇、王羲之，合称“钟王”，还有王献之、王珣等，均有作品流传后世。唐代疆域阔大，气象盛大，文人既吟诵着诗歌，也在书法上展示着才华和修养，虞世南、欧阳询、褚遂良、颜真卿、柳公权、释怀素等人的书法作品令后人称赏。大诗人李白现存的唯一一份书法作品《上阳台帖》，气势恢弘，笔同天纵，不同凡响。宋代以后，书家辈出，风格多样，像苏轼、黄庭坚、赵孟頫、文徵明、唐寅、傅山、郑板桥等人，既是文学家，又是书法家。清代书论大家刘熙载在《艺概·书概》中说：“书，如也。如其学，如其才，如其志。总之曰：如其人而已。”因此，书法越来越成为文人生活中不可分离的组成部分。

绘画无疑也是文人生活的情趣。但因为绘画的技法意味更重，所以它走进文人的生活也相对晚一些。和专门从事绘画的画家不同，文人绘画更多地将自己的生活情趣寄托在尺素之间，在艺术效果上追求“神似”而非“形似”，手法上侧重水墨写意，例如王维隐居于山水田园，他的画就以水墨山水而著名。元、明、清时期文人更是将绘画与自己的生活结合起来，题材上山水、花鸟占有绝大比重，他们借绘画以自鸣高雅，表现闲情逸趣，或者表达对黑暗腐败势力的不满，因此这个时期涌现出难以数计的文人画家和作品。他们在艺术上也从自己的艺术观出发，注意师法自然，勇于创造革新。他们往往还将笔墨情趣与诗文书法相结合，追求“画中有诗”的效果。这一时期具有代表性的画家中，既有被奉为典范的赵孟頫、元四家（黄公望、吴镇、倪瓒、王蒙）、沈周、文徵明、唐寅、董其昌等人，又有个性鲜明的徐渭、陈洪绶、朱耷、石涛及“扬州八怪”中的郑燮、金农等人。他们既书写了中国绘画史新的一页，也充分呈现了文人的灵思和生活的丰富性。

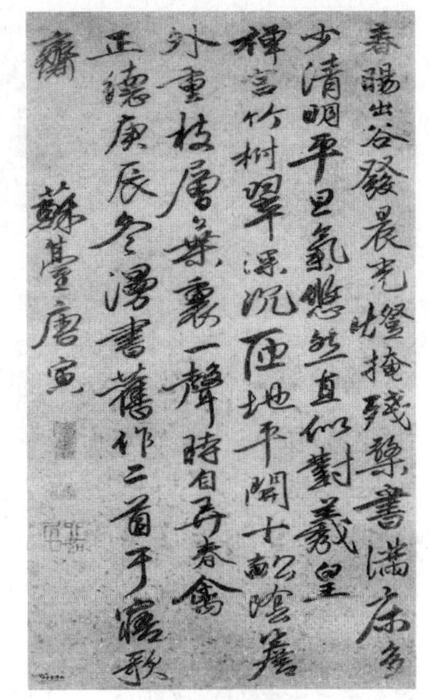

唐寅书法

蔡邕听琴[1]

范　晔

【阅读提示】

蔡邕像

本篇记述蔡邕的两个故事：止火制琴与闻曲知心，两者均着力表现传主蔡邕在音乐方面的精深造诣。特别是将琴声转换为具体形象的描述，揭示出音乐欣赏中的一般心理活动，为艺术欣赏研究提供了实例。

吴人有烧桐以爨者[2]，邕闻火烈之声[3]，知其良木，因请而裁为琴。果有美音，而其尾犹焦，故时人名曰“焦尾琴”焉。初，邕在陈留也[4]，其邻人有以酒食召邕者，比往而酒以酣焉[5]，客有弹琴于屏[6]，邕至门试潜听之[7]。曰：“憘！以乐召我而有杀心，何也？”遂反。将命者告主人曰[8]：“蔡君向来[9]，至门而去。”邕素为邦乡所宗[10]，主人遽自追而问其故[11]，邕具以告，莫不怃然[12]。弹琴者曰：“我向鼓弦，见螳螂方向鸣蝉，蝉将去而未飞，螳螂为之一前一却[13]。吾心耸然[14]，惟恐螳螂之失之也。此岂为杀心而形于声者乎？”邕莞然而笑[15]曰：“此足以当之矣。”

---

① 选自《后汉书·蔡邕传》（标点本），北京，中华书局，1983。题目为编者所加。

② 爨（cuàn）：烧火做饭。

③ 火烈之声：烧火发出的声音。

④ 陈留：汉郡名，治所在今河南开封。

⑤ 比：等到。以：通“已”，已经。

⑥ 屏：当门小墙，后称“照壁”。

⑦ 潜听：偷听。

⑧ 将命者：奉命召请蔡邕的人。

⑨ 向来：刚才来过。

⑩ 宗：宗仰，崇敬。

⑪ 遽：急速，快。

⑫ 怃（wǔ）然：惊愕貌。

⑬ 一前一却：或进或退，犹豫不决。

⑭ 耸然：警惕貌。

⑮ 莞然：微笑貌。

【作者简介】

范晔（398—445），南朝宋史学家，字蔚宗，顺阳（今河南淅川东）人，累官至左卫将军、太子詹事，掌管禁旅，参与机密，后因谋立彭城王刘义康被杀。范晔删取诸家后汉史料而成《后汉书》纪传90卷，该书后与司马彪《续汉书》八志合为《后汉书》，列名“前四史”。

【知识链接】

1. 蔡邕其人。蔡邕（133—192），东汉著名学者，字伯喈，陈留圉（今河南杞县南）人。灵帝中为议郎，以上书言论时政得失获罪，流放朔方。遇赦后，避谮吴会12年。董卓为司空，闻其高名，征辟至京，官职三日三迁，甚相敬重，后拜左中郎将。王允诛董卓，株连蔡邕，下狱死，时人叹息。蔡邕博学多能，好辞赋，善书法，通数术，妙操音律，博识汉家故事。早年曾以善鼓琴征，称疾不就；后校书东观，以经籍文字多谬，俗儒穿凿，与马日磾等上书求正六经文字，并自书丹，使工镌刻，立于太学，是为“熹平石经”；又撰集汉事，以继前史，书未成而身先死。所作辞章，明人张溥辑为《蔡中郎集》。

2. 蔡邕的女儿蔡文姬名琰（yǎn），字昭姬，为避司马昭的讳，改为文姬。蔡文姬自小受父亲濡染，博学能文，善诗赋与音律。东汉末年，社会动荡，蔡文姬被掳到了南匈奴，《后汉书》中有“文姬为胡骑所获，没于南匈奴左贤王，在胡中十二年，生二子”的记载。曹操统一北方后，因为“素与邕善，痛其无嗣”，用重金赎回了蔡文姬，并让她嫁给了董祀。文姬归汉后，创作了《胡笳十八拍》和《悲愤诗》。郭沫若先生专门为北京人民艺术剧院创作了话剧《蔡文姬》。

题《笔阵图》后①

王羲之

【阅读提示】

书法是纯形式艺术，本文作者特别强调其点画之间表现出的意象之美，提出大小、偃仰、缓急、起伏、曲直、藏掩等辩证的审美范畴。为达书法最高境界，作者认为必须做到两点：一是意在笔先，作书犹如沙场征战，“心意者，将军也”，成竹在胸，得于心而应于手，方能取胜；二是转益多师，师通人而不为其所囿，师前作以“发人意气”。

本文为羲之教导子弟所作，话语亲切，绝无矫饰。

夫纸者，战阵也②；笔者，刀矟也③；墨者，鍪甲也④；水砚者，城池也；心意者，将军也；本领者，副将也；结构者，谋略也；扬笔者⑤，吉凶也⑥；出入者⑦，号令也；屈

① 选自（唐）张彦远：《法书要录》，北京，人民美术出版社，1984。

② 战阵：战场。

③ 刀矟（shuò）：泛指兵器。矟，长矛，即“槊”。

④ 鍪（móu）甲：头盔和铠甲。

⑤ 扬笔：执笔运行。

⑥ 吉凶：犹言优劣好坏。

⑦ 出入：起笔与收笔。

折者[①]，杀戮也。

夫欲书者，先乾研墨，凝神静思，预想字形大小偃仰、平直振动，令筋脉相连，意在笔前，然后作字。若平直相似，状如算子[②]，上下方整，前后齐平，此不是书，但得其点画尔。昔宋翼常作此书[③]，翼是钟繇弟子，繇乃叱之。翼三年不敢见繇，即潜心改迹。每作一波[④]，常三过折笔[⑤]；每作一点，常隐锋而为之[⑥]；每作一横画，如列阵之排云；每作一戈[⑦]，如百钧之弩发；每作一点，如高峰坠石，屈折如钢钩；每作一牵[⑧]，如万岁枯藤；每作一放纵[⑨]，如足行之趣骤[⑩]。翼先来书恶[⑪]，晋太康中有人于许下破钟繇墓[⑫]，遂得《笔势论》，翼乃读之，依此法学，名遂大振。

欲真书及行书[⑬]，皆依此法；若欲学草书，又有别法。须缓前急后[⑭]，字体形势，状等龙蛇，相钩连不断，仍须棱侧起伏[⑮]。用笔亦不得使齐平，大小一等。每作一字须有点处，且作余字总竟[⑯]，然后安点，其点须空中遥掷笔作之。其草书，亦复须篆势、八分、古隶相杂[⑰]。亦不得急，令墨不入纸。若急作，意思浅薄而笔即直过。惟有章草及章程、行狎等[⑱]，不用此势，但用击石波而已。其击石波者，缺波也[⑲]。又八分更有一波，谓之隼尾波[⑳]，即钟公《泰山铭》及《魏文帝受禅碑》中已有此体。

夫书，先须引八分、章草入隶字中[㉑]，发人意气。若直取俗字[㉒]，不能先发。羲之少学卫夫人书[㉓]，将谓大能[㉔]，及渡江北游名山，比见李斯、曹喜等书[㉕]，又之许下见钟繇、

---

① 屈折：笔画转折。

② 算子：算筹。

③ 宋翼：传为钟繇外甥，三国魏书法家。

④ 波：捺尾。

⑤ 三过折笔：运笔起伏三次。过，犹言“次”，动量词。

⑥ 隐锋：藏锋。

⑦ 戈：戈钩，笔画“㇂”。

⑧ 牵：向下牵引，指竖画。

⑨ 放纵：指长撇笔画。

⑩ 趣骤：小步快走。

⑪ 先来：先前。

⑫ 太康：晋武帝年号（280—289）。许下：即许昌，今属河南省。

⑬ 真书：楷书。

⑭ 缓前急后：起笔缓，收笔急。

⑮ 仍：即“乃”，且、又。棱侧：运笔转折倾斜。

⑯ 余字：字的其他部分。总竟：都尽。

⑰ 篆势：篆书笔意，指笔画圆转均匀。八分：隶书。古隶：秦汉间隶书，篆隶演变中的过渡性书体。

⑱ 章草：由隶书演化而成的草书。行狎：行书。

⑲ 缺波：短捺。

⑳ 隼尾波：隼，鹰类，尾短秃，形容不舒张的短促捺笔。

㉑ 隶字：此指楷隶书，楷书的前身。

㉒ 俗字：当时通行书体。

㉓ 卫夫人：西晋书法家，名铄，字茂猗，秘书丞卫恒从女，汝阴太守李矩妻。卫氏家传习书，夫人又师事钟繇，兼容并蓄，自创新体，时称“今隶”，有《名姬帖》、《卫氏和南帖》传世，相传《笔阵图》亦为其所作。

㉔ 谓：以为。

㉕ 曹喜：东汉书法家，字仲则，善篆、隶。

梁鹄书[①]，又之洛下见蔡邕《石经》三体书[②]，又于从兄洽处见张昶《华岳碑》[③]，始知学卫夫人书，徒费年月耳。羲之遂改本师，仍于众碑学习焉，遂成书尔。时年五十有三，或恐风烛奄及[④]，聊遗教于子孙耳。可藏之，千金勿传。

【作者简介】

王羲之（321—379 或 303—361），东晋书法家。字逸少，琅琊临沂（今属山东临沂）人，后迁居会稽山阴（今浙江绍兴），官至右军将军、会稽内史，人称“王右军”。羲之自幼爱习书法，早年师从卫夫人，而后又兼采众长，草书师张芝，真书师钟繇，变端庄而为妍美流动，被后世尊为“书圣”。今传书迹《兰亭序》，虽为唐人摹本，但其书风神韵依然可见，被誉为“天下第一行书”。

【知识链接】

1.《法书要录・晋卫夫人〈笔阵图〉》论笔画：

夫三端之妙，莫先乎用笔；六艺之奥，莫匪乎银钩。……今删李斯《笔妙》，更加润色，总七条，并作其形容，列事如左，贻诸子孙，永为模范，庶将来君子，时复览焉。……“一”如千里阵云，隐隐然其实有形；“、”如高峰坠石，磕磕然实如崩也；“丿”陆断犀角；“乚”百钧弩发；“丨”万岁枯藤；“乀”崩浪雷奔；“𠃍”劲弩筋节。

2. 王羲之自视颇高，其自论书云：“我书比钟繇，当抗行；比张芝草，犹当雁行也。”又云：“张芝临池学书，池水尽黑，使人耽之若是，未必后之也。”

《茶经》一则[⑤]

陆　羽

【阅读提示】

我国是世界上最早的饮茶国家，茶叶在中国人特别是古代文人生活中不可或缺，因此对于茶叶高下的品鉴就自然成为一种雅事，此即本篇主旨。作者从采茶入手，列举茶叶的八种品相，逐一描述，并指出前六种为“精腴者”，后两种为“瘠老者”。继而又指出茶叶优劣最终“存于口诀”，不可固执于品相。

凡采茶，在二月三月四月之间。茶之笋者[⑥]，生烂石沃土[⑦]，长四五寸，若薇蕨

---

① 梁鹄：汉末书法家，字孟皇，善八分书。魏武帝爱其书，常悬帐中，又以钉壁。

② 洛下：即洛阳。蔡邕《石经》三体书：东汉熹平四年（公元 175 年），灵帝据蔡邕、马日磾等人之请，“诏诸儒正定五经，刊于石碑，为古文、篆、隶三体书法，以相参检，树之学门”，碑字即蔡邕所书。见《后汉书・儒林传序》及《蔡邕传》。

③ 洽：东晋书法家王洽，字敬和，丞相王导第三子，善隶、行、草书，草书尤工。张昶：汉末书法家，字文舒，张芝弟，善章草、八分，时人誉为“亚圣”。

④ 风烛奄及：灯烛突然遭风吹灭，谓死。奄：突然。

⑤ 选自（宋）左圭辑：《百川学海》（影印本），北京，中国书店，1990。

⑥ 笋：指茶的笋状嫩芽。

⑦ 烂石：碎石。

《玉川先生烹茶图》（张大千）

始抽[1]，凌露采焉[2]。茶之牙者，发于藂薄之上[3]，有三枝四枝五枝者，选其中枝颖拔者采焉[4]。其日有雨不采，晴有云不采，晴采之。蒸之，捣之，拍之，焙之，穿之，封之，茶之干矣。

茶有千万状，卤莽而言[5]：如胡人靴者蹙缩然[6]，犎牛臆者廉襜然[7]，浮云出山者轮囷然[8]，轻飙拂水者涵澹然[9]。有如陶家之子[10]，罗膏土以水澄泚之[11]，又如新治地者，遇暴雨流潦之所经，此皆茶之精腴[12]。有如竹箨者[13]，枝干坚实，艰于蒸捣，故其形簏簁然[14]；有如霜荷者，至叶凋沮[15]，易其状貌，故厥状委萃然[16]，此皆茶之瘠老者也[17]。

自采至于封，七经目，自胡靴至于霜荷，八等。或以光黑平正言嘉者，斯鉴之下也；以皱黄坳垤言佳者[18]，鉴之次也。若皆言嘉及皆言不嘉者，鉴之上也。何者？出膏者光，含膏者皱，宿制者则黑，日成者则黄，蒸压则平正，纵之则坳垤，此茶与草木叶一也。茶之否臧[19]，存于口诀[20]。

【作者简介】

陆羽（733—804），唐代复州竟陵（今湖北天门）人。一名疾，字鸿渐，自称桑苎翁，又号东冈子。性淡泊好学，不愿仕宦，安史之乱以后，致力于茶的研究，撰成《茶经》一书，被

---

① 薇蕨：两种野菜，可食用。抽：抽芽，发芽。

② 凌露：冒着露水。

③ 藂薄：灌木丛，茶树多丛生，故云。藂，同“丛”。

④ 颖拔：突出。

⑤ 卤莽：大致，粗略。

⑥ 蹙缩：收缩，形容叶片包裹紧聚。

⑦ 犎牛：一种野牛，体格壮大。臆：胸部。廉襜（chān）：帘幕与车帷，形容叶片平展且有褶皱。廉，通“簾”。

⑧ 轮囷：蘑菇，以其状如车轮，故云。

⑨ 轻飙：轻风。涵澹：水波荡漾貌。

⑩ 陶家之子：制陶者。

⑪ 澄泚（cǐ）：原注：“谓澄泥也。”

⑫ 精腴：精好丰腴。

⑬ 竹箨（tuò）：竹笋皮。

⑭ 簏簁（lù shāi）：簏，竹制圆筐。簁，竹筛。二物皆圆，用以形容叶片状貌。

⑮ 凋沮：凋残破败。

⑯ 委萃：枯萎。萃，通“悴”。

⑰ 瘠老：瘦瘠枯老。

⑱ 坳垤（ào dié）：地面高低不平，形容叶片表面状貌。

⑲ 否臧（pǐ zāng）：优劣。

⑳ 口诀：决于口。诀，通“决”。

尊为“茶圣”。

【知识链接】

1.《茶经》是世界上第一部茶叶研究专著，分为上、中、下三卷，共十章。上卷三章：“一之源”、“二之具”、“三之造”；中卷一章：“四之器”；下卷六章：“五之煮”、“六之饮”、“七之事”、“八之出”、“九之略”、“十之图”。所论涉及茶叶起源与功用、种茶制茶工具、制茶饮茶方法、茶叶产区分布、饮茶器具与水质要求，以及相关的茶事掌故、名人轶事。各章内容虽有交叉，但大体畛域分明。除技艺内容外，《茶经》还赋予茶事活动以文化内涵，如指出“茶之……为饮，最宜精行俭德之人”之类，所辑录的神农氏到唐中叶的掌故逸事，亦可视为“茶史”。

2. 明许次纾《茶疏》云：“茶不移本，植必子生。古人结婚，必以茶为礼，取其不移植子之意也。今人犹名其礼曰下茶。”其实茶不仅用于婚嫁礼聘，而且在拜师、入会等严肃场合亦以茶为礼，凡此皆不以酒代。

冬心先生画竹题记（节选）①

金　农

【阅读提示】

清代书画家金农号冬心先生，喜竹，亦擅画竹，此题记多见于其写竹的画幅上，少数为观他人画作后，因画而抒发的感想，未题于画上。内容涉及多个方面，可大致归纳出两大范围：一是自我人生的写照，包括随性不随俗的人生态度的表达、无人知遇的感慨和对友人与故乡的怀念；二是绘画创作与鉴赏的相关论点，包括师法自然、学习古人、率性独创和追求画外之趣的创作观以及注重笔墨运用、以人品论画的鉴赏观等。本篇在写作艺术技巧上也是精彩纷呈，多用譬喻、夸饰、拟人、象征、映衬等修辞手法，将作品之意趣自文字延伸出去，亦使得所题之画作画意更深更广。

冬心画竹题记序

冬心先生年逾六十，始学画竹，前贤竹派，不知有人，宅东西种修篁约千万计，先生即以为师。去春先生病起，目蒙耳聩之状，辄自爱惜，名山老疾，时时动念。今夏四月，轻轮短棹，别剡中诸胜，过吴兴，揽苍弁，阚大雷，下浸太湖，狎洞庭，揖林屋，品第茶经慧泉泉上，蹑良常，憩招隐，复渡江，访焦先瓜牛庐，又至广陵，客榭司空寺，无日不为此君写照也。画竹之多，不在彭城，而在广陵矣。每画毕，必有题记，一摅枨触之感②。秋雨兀坐，编次成集。江君鹤亭，见而叹赏不置，命傔人抄录付剞劂氏③。江君早岁能文，交道矜慎，独取乎韦布寂寞之言，其贤谁得而测之耶？

乾隆上章敦牂九月九日钱塘金农自序。

① 选自（清）金农等：《扬州八怪诗文集》，第3卷，南京，江苏美术出版社，1996。

② 摅（shū）：表示，发表。枨（chéng）：触动。

③ 傔（qiàn）：侍从。剞劂（jī jué）：雕刻用的弯刀。

老而无能。诗亦懒作，五七字句，谀人而已，可勿录也。然平生高岸之气尚在，尝于画竹满幅时，一寓己意。林下清风，惠贶不浅[①]，观之者不从尘坌中求我[②]，则得之矣。

画竹宜瘦，瘦多寿，自然饱风霜耳，蒙庄十围臃肿之木，予觉懒对图绘，恐客愁宾戏，以我为肉食相也。

予家书堂前后皆植竹，每于雨洗烟开时，辄为此君写照。一枝一叶，盖不假何郎之粉、萧娘之黛作入时面目也。

虚心高节，久而不改其操，竹之美德也。若戕伐之，煎茶缚彗之厄，非爱护弗能免之耳。予画此数竿，如见所生。设百年后纸渝墨敝，煎茶缚彗之厄可免也。

居无竹，食无肉，居无竹长俗也，食无肉长瘦也。是日西廊分种修篁七竿，适有客饷豚蹄者，予得饱肉坐竹中，居然不俗不瘦之人矣。因磨王仲卿墨画此纸幅，萧萧秋声如贯两耳，砌下甘蕉丛棘，毋妬长身君子挺立不屈也。

野蒲出水，雏鸭唼萍，如夏新篁，已解粉箨[③]，窥人作微笑矣。南朝官纸，滑如女儿肤，晨起写此一竿，世无文殊，谁能见赏？香温茶熟时，只好自看也。

金农自画像

竹有祖，竹有孙，艺竹者，善于养蓄也。《齐民要术》所载："东家种植，西家收利。"又非人力之能施矣。予江上旧庐多竹，阅数世不改青瑶华，今转徙居何氏妹聟书屋[④]，瓦松梁苔薄见曦景，而苍筤一竿无有也[⑤]。养蓄收利之说，则托之墨卿，画此长卷，将欲授高枕石头之人也。

嶰谷风秋[⑥]，柯亭人古，信手写来，便是竹谱。

兴化进士郑板桥，风流雅谑，极有书名，狂草古籀，一字一笔，兼众妙之长。十年前予与先后游广陵，相亲相洽，若鸥鹭之在汀渚也。又善画竹，雨梢风箨，不学而能。广陵故多明童，巧而黠，俟板桥所欲，每逢酒天花地间，各持砑笺、纨扇，求其笑写一竿，板桥不敢不应其索也。若少不称陈蛮子、田顺

① 贶（kuàng）：赠，赐。
② 坌（bèn）：尘埃。
③ 箨（tuò）：竹笋上一片一片的皮。
④ 聟（xù）：古同"婿"。
⑤ 苍筤（láng）：青色。
⑥ 嶰（xiè）：两山间的涧谷。

郎意，则更画，醉墨渍污上襟袖不惜也。今试吏于齐东潍县矣，便娟之径[①]，可添伎席否[②]，翠娥红魇之围，讵少涤砚按纸之人耶[③]？君素性爱竹，近颇画此，亦不学而能，恨桥板不见我也。

昔贤画竹，有画于成都笮桥观音院中[④]，又画于中峰乾明寺僧堂壁间，俨然如生，墨色淋漓，寒奰四出[⑤]，令睹者虽执热，亟思挟纩也[⑥]。今人目不接古，干云直上之状，何能得其万一耶？乾隆庚午六月朔日，游石塔寺，访吴兴寄舟开士，遂在禅室写此长幅，以充供养，眼尘心垢，都为蠲去[⑦]。予之所得，盖有宿因默契于先哲也。

磨墨五升，画此狂竹，查查牙牙不肯屈伏，天上天下，吾愿斸取一竿[⑧]，赠之不钓阳鲚而钓诸侯也。世人中有眼大如车轮者，定知此意。

竹之生也，绿坡穿径，绝无行次，葳蕤擅栾[⑨]，若君子之在野焉。当其抽萌换箨，元功造化，谁维司之。予画竹，一月之中麝煤狐柱破费几许。此幅寄赠丁隐君敬身，龙泓不远展看于风篁岭下，车马尘是何物也。

予入夏来，不巾不袜，逭暑无方[⑩]，雪车冰柱安可得哉！画竹一幅，以当休憩，纯甲焦墨，长竿大叶。叶叶皆乱。有客过而诧曰："此嬴秦战场中折刀头也，得毋鬼国铁为硬笔耶。吾为先生聚鬼国铁，于九州铸万古愁何如?"

秋声中，惟竹声为妙，雨声苦，落叶声愁，松声寒，野鸟声喧，溪流之声泄。予今年客广陵，绕舍皆竹，萧萧骚骚，历历屑屑，非苦愁寒喧之声，而若空山绝粒人幽吟不辍也。晨起清盥毕，画此满幅，恍闻竹声出纸上。世有太拙薛先生，自能知之，耳塞豆者，乌辨听其妙者耳。

【作者简介】

金农（1687—1763），清书画家。字寿门，又字司农、吉金，号冬心先生、稽留山民、曲江外史、昔耶居士等，浙江钱塘（今杭州）人。少受业于何焯，与丁敬等相交。曾被荐举博学鸿词科，入京未试而返。好游历，客扬州鬻诗文、卖书画最久。写隶书古朴，楷书自创一格，号称"漆书"。亦能篆刻，得秦汉法。50岁后始作画，画竹、梅、鞍马、佛像、人物、山水，格调拙厚淳朴。居当时画坛首席，为"扬州八怪"之一。但有些作品由其门生罗聘代笔。著有

---

① 便（pián）娟：轻盈美好的样子。

② 伎（jì）：技巧，才能。

③ 讵（jù）：岂，怎。

④ 笮桥：竹索桥。笮（zuó），用竹篾拧成的索。

⑤ 奰（bì）：怒。

⑥ 纩（kuàng）：絮衣服的新丝棉。

⑦ 蠲（juān）：除去，免除。

⑧ 斸（zhú）：古同"斸"，砍。

⑨ 葳蕤（wēi ruí）：草木茂盛的样子。栾：通"孪"，双生子。

⑩ 逭暑：避暑。逭（huàn），逃避。

《冬心先生集》、《冬心先生杂著》等。

【知识链接】

1.《冬心先生画竹题记》属题画文学范畴，所谓“题画文学”，是指以画为命意的诗、词、歌、赋和散文等不同体裁的文学作品。在我国，“题画文学”源远流长，至扬州八怪，更以创意与用心，为题画文学注入新的生命，不仅在内容上因贴近世态人情而饶富新意，而且在题画诗文与画作的呼应与衬托方面，更是变化多端、交相辉映。本篇作者金农博学能诗，于画中展现精湛文思，借题款形式与位置的变化，使其题画诗文在内容与形式上，与画作相互契合，故虽然诗书画三绝为“扬州八怪”之共同特色，但有学者认为就诗、书、画三者在画面上的完美结合而言，金农算是相当成功的一位。

2.“扬州八怪”是清代中期活动于扬州地区的一批风格相近的书画家总称，八人的名字，据李玉棻《瓯钵罗室书画过目考》为罗聘、李方膺、李鱓、金农、黄慎、郑燮、高翔和汪士慎。他们既以卖画为生，同时又锐意创新，将诗、书、画、印融为一体，崇尚恣肆雄强的磅礴气势和朴茂奇崛之美，在艺术风貌上开一代新风，对“海派”及近现代绘画产生了直接和深远的影响。

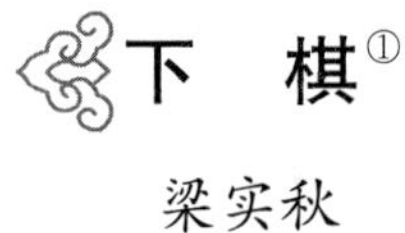

下　棋[①]

梁实秋

【阅读提示】

下棋是中国人的娱乐生活之一。在下棋的游戏中，能够见出一个人的性格和性情。梁实秋的《下棋》描绘了现代人下棋、观棋的种种神态，并且表达了这样一种态度：“人总是要斗的，总是要钩心斗角地和人争逐的。与其和人争权夺利……还不如在棋盘上抽上一车。”文章笔触细腻，言语诙谐，代表了梁氏散文的基本特色。

有一种人我最不喜欢和他下棋，那便是太有涵养的人。杀死他一大块，或是抽了他一个车，他神色自若，不动火，不生气，好像是无关痛痒，使你觉得索然寡味。君子无所争，下棋却是要争的。当你给对方一个严重威胁的时候，对方的头上青筋暴露，黄豆般的汗珠一颗颗地在额上陈列出来，或哭丧着脸作惨笑，或咕嘟着嘴做吃屎状，或抓耳挠腮，或大叫一声，或长吁短叹，或自怨自艾口中念念有词，或一串串地噎嗝打个不休，或红头涨脸如关公，种种现象，不一而足，这时节你“行有余力”，便可以点起一支烟，或啜一碗茶，静静地欣赏对方的苦闷的象征。我想猎人追逐一只野兔的时候，其愉快大概略相仿佛。因此我悟出一点道理，和人下棋的时候，如果有机会使对方受窘，当然无所不用其极。如果被对方所窘，便努力作出不介意状，因为既然不能积极地给对方以苦痛，只好消极地减少对方的乐趣。

自古博弈并称，全是属于赌的一类，而且只是比“饱食终日无所用心”略胜一筹而已。不过弈虽小术，亦可以观人。相传有慢性人，见对方走当头炮，便左思右想，不知是

① 选自四正选编：《梁实秋作品精选》，武汉，长江文艺出版社，2004。

跳左边的马好，还是跳右边的马好，想了半个钟头而迟迟不决，急得对方只好拱手认输。是有这样的慢性人，每一着都要考虑，而且是加慢的考虑，我常想这种人如加入龟兔竞赛，也必定可以获胜。也有性急的人，下棋如赛跑，劈劈拍拍，草草了事，这仍旧是饱食终日无所用心的一贯作风。下棋不能无争，争的范围有大有小，有斤斤计较而因小失大者，有不拘小节而眼观全局者，有短兵相接，作生死斗者，有各自为战而旗鼓相当者，有赶尽杀绝一步不让者，有好勇斗狠同归于尽者，有一面下棋一面诮骂者，但最不幸的是争的范围超出棋盘，而拳足交加。

有下象棋者，久而无声音，排闼视之[①]，阒不见人[②]，原来他们是在门后角里扭做一团，一个骑在另一个的身上，在他的口里挖车呢。被挖者不敢出声，出声则口张，口张则车被挖回，挖回则必悔棋，悔棋则不得胜，这种认真的态度憨得可爱。我曾见过二人手谈[③]，起先是坐着，神情潇洒，望之如神仙中人，俄而棋势吃紧，两人都站起来了，剑拔弩张，如斗鹌鹑，最后到了生死关头，两个人跳到桌子上去了！

笠翁《闲情偶寄》说弈棋不如观棋，因观者无得失心，观棋是有趣的事，如看斗牛、斗鸡、斗蟋蟀一般，但是观棋也有难过处，观棋不语是一种痛苦。喉间硬是痒得出奇，思一吐为快。看见一个人要入陷阱而不做声是几乎不可能的事，如果说得中肯，其中一个人要厌恨你，暗暗地骂一声："多嘴驴！"另一个人也不感激你，心想："难道我还不晓得这样走！"如果说得不中肯，两个人要一齐嗤之以鼻："无见识奴！"如果根本不说，憋在心里，受病。所以有人于挨了一个耳光之后还要抚着热辣辣的嘴巴大呼："要抽车，要抽车！"

下棋只是为了消遣，其所以能使这样多人嗜此不疲者，是因为它颇合人类好斗的本能，这是一种"斗智不斗力"的游戏。所以瓜棚豆架之下，与世无争的村夫野老不免一枰相对[④]，消此永昼；闹市茶寮之中[⑤]，常有有闲阶级的人士下棋消遣，"不为无益之事，何以遣此有涯之生"？宦海里翻过身最后退隐东山的大人先生们，髀肉复生[⑥]，而英雄无用武之地，也只好闲来对弈，了此残生，下棋全是"剩余精力"的发泄。人总是要斗的，总是要钩心斗角地和人争逐的。与其和人争权夺利，还不如棋盘上多占几个官；与其招摇撞骗，还不如在棋盘上抽上一车。宋人笔记曾载有一段故事："李讷仆射，性卞急，酷好弈棋，每下子安详，极于宽缓，往往躁怒作，家人辈则密以弈具陈于前，讷睹，便忻然改容，以取其子布弄，都忘其恚矣。"（《南部新书》[⑦]）。下棋，有没有这样陶冶性情之功，我不敢说，不过有人下起棋来确实是把性命都可置诸度外。我有两个朋友下棋，警报作，不动声色，俄而弹落，棋子被震得盘上跳荡，屋瓦乱飞，其中一位棋瘾较小者变色而起，被对方一把拉住："你走！那就算是你输了。"此公深得棋中之趣。

---

① 排闼（tà）：推门。闼，内门。

② 阒（qù）：寂静。

③ 手谈：即下棋。

④ 枰：棋盘。

⑤ 茶寮：茶室。

⑥ 髀肉复生：谓光阴虚掷，无所作为。《三国志·蜀书·先主传》裴松之注引《九州春秋》："（刘）备住荆州数年，尝于（刘）表坐起至厕，见髀里生肉，慨然流涕……曰：'吾常身不离鞍，髀肉皆消，今不复骑，髀里肉生。日月若驰，老将至矣，而功业不建，是以悲耳。'"

⑦ 《南部新书》：北宋钱易所作笔记，共十卷。

【作者简介】

梁实秋（1903—1987），现代著名散文家、翻译家、学者，浙江杭县（今杭州）人。原名梁治华，字实秋，号均默。代表作有《雅舍小品》、《雅舍谈吃》、《看云集》、《偏见集》、《秋室杂文》等，并译有《莎士比亚全集》等。

【知识链接】

1. 梁实秋原计划用20年时间把《莎士比亚全集》译成中文，结果却耗用了38年的时间。在朋友们为他举行的"庆功会"上，他发表演讲。"要翻译《莎士比亚全集》必须具备三个条件，"大家洗耳恭听，他停了一下，又说，"第一，他必须没有学问。如果有学问，他就去做研究、考证的工作了。第二，他必须没有天才。如果有天才，他就去从事写小说、诗和戏剧等创作性工作了。第三，他必须能活得相当久，否则就无法译完。很侥幸，这三个条件我都具备，所以我才完成了这部巨著的翻译工作。"一席幽默语，赢得一片笑声和掌声。

2. 晚年梁实秋曾说过一生中的四个遗憾：第一，有太多的书没有读；第二，与许多鸿儒没有深交，转眼那些人已成为古人；第三，亏欠那些帮助过他的人的情谊；第四，陆放翁"但悲不见九州同"，现在也有同感。

3. 冰心："一个人应当像一朵花，不论男人或女人。花有色、香、味，人有才、情、趣，三者缺一，便不能做人家的一个好朋友。我的朋友之中，男人中只有梁实秋最像一朵花。"（冰心给梁实秋的题词）

更衣记[1]

张爱玲

【阅读提示】

女性作家张爱玲可以说是服饰方面的专家，她不仅在生活中以"奇服炫人"，且在众多文学作品中通过对人物服饰的细致描绘，表达审美意象，观照世态人心。散文《更衣记》是作者对辛亥革命前后中国百年服饰演变的独特心得。全篇5 000余字，在细腻描述服饰变革的同时，穿插对服饰本身的理解和关于服饰与人的关系、服饰与时代的关系的看法，是一篇从具象入手进行说理的典范文章。可以从以下几方面理解文意：一是从清朝300年女装的具体情状看服装潮流与社会、朝政、文化等的密切关系；二是从服装面料、配色和款式的变化中理解人性与民意；三是从男女服饰和中西服饰的对比中透视中国文化的独特面貌。本篇语言从容淡然，幽默机智。多用奇特新颖的比喻、拟人和通感等修辞手法，创造了陌生化的审美效果。

如果当初世代相传的衣服没有大批卖给收旧货的，一年一度六月里晒衣裳，该是一件辉煌热闹的事罢。你在竹竿与竹竿之间走过，两边拦着绫罗绸缎的墙——那是埋在地底下的古代宫室里发掘出来的甬道。你把额角贴在织金的花绣上。太阳在这边的时候，将金线晒得滚烫，然而现在已经冷了。

① 选自金宏达、于青编：《张爱玲文集》，合肥，安徽文艺出版社，1992。

从前的人吃力地过了一辈子，所作所为，渐渐蒙上了灰尘；子孙晾衣裳的时候又把灰尘给抖了下来，在黄色的太阳里飞舞着。回忆这东西若是有气味的话，那就是樟脑的香，甜而稳妥，像记得分明的快乐，甜而怅惘，像忘却了的忧愁。

我们不大能够想象过去的世界，这么迂缓，安静，齐整——在满清三百年的统治下，女人竟没有什么时装可言！一代又一代的人穿着同样的衣服而不觉得厌烦。开国的时候，因为“男降女不降”，女子的服装还保留着显著的明代遗风。从十七世纪中叶直到十九世纪末，流行着极度宽大的衫裤，有一种四平八稳的沉着气象。领圈很低，有等于无。穿在外面的是“大袄”。在非正式的场合，宽了衣，便露出“中袄”。“中袄”里面有紧窄合身的“小袄”，上床也不脱去，多半是妖媚的桃红或水红。三件袄子之上又加着“云肩背心”，黑缎宽镶，盘着大云头。

削肩，细腰，平胸，薄而小的标准美女在这一层层衣衫的重压下失踪了。她的本身是不存在的，不过是一个衣架子罢了。中国人不赞成太触目的女人。历史上记载的耸人听闻的美德——譬如说，一只胳膊被陌生男子拉了一把，便将它砍掉——虽然博得普遍的赞叹，知识阶级对之总隐隐地觉得有点遗憾，因为一个女人不该吸引过度的注意；任是铁铮铮的名字，挂在千万人的嘴唇上，也在呼吸的水蒸气里生了锈。女人要想出众一点，连这样堂而皇之的途径都有人反对，何况奇装异服，自然那更是伤风败俗了。

出门时裤子上罩的裙子，其规律化更为彻底。通常都是黑色，逢着喜庆年节，太太穿红的，姨太太穿粉红。寡妇系黑裙，可是丈夫过世多年之后，如有公婆在堂，她可以穿湖色或雪青。裙上的细褶是女人的仪态最严格的试验。家教好的姑娘，莲步姗姗，百褶裙虽不至于纹丝不动，也只限于最轻微的摇颤。不惯穿裙的小家碧玉走起路来便予人以惊风骇浪的印象。更为苛刻的是新娘的红裙，裙腰垂下一条条半寸来宽的飘带，带端系着铃。行动时只许有一点隐约的叮当，像远山上宝塔上的风铃。晚至一九二〇年左右，比较潇洒自由的宽褶裙入时了，这一类的裙子方才完全废除。

穿皮子，更是禁不起一些出入，便被目为暴发户。皮衣有一定的季节，分门别类，至为详尽。十月里若是冷得出奇，穿三层皮是可以的，至于穿什么皮，那却要顾到季节而不曾顾到天气了。初冬穿“小毛”，如青种羊，紫羔，珠羔；然后穿“中毛”，如银鼠，灰鼠，灰脊，狐腿，甘肩，倭刀；隆冬穿“大毛”，——白狐，青狐，西狐，玄狐，紫貂。“有功名”的人方能穿貂。中下等阶级的人以前比现在富裕得多，大都有一件金银嵌或羊皮袍子。

姑娘们的“昭君套”为阴森的冬月添上点色彩。根据历代的图画，昭君出塞所戴的风兜是爱斯基摩氏的，简单大方，好莱坞明星仿制者颇多。中国十九世纪的“昭君套”却是癫狂冶艳的，——一顶瓜皮帽，帽沿围上一圈皮，帽顶缀着极大的红绒球，脑后垂着两根粉红缎带，带端缀着一对金印，动辄相击作声。

对于细节的过分的注意，为这一时期的服装的要点。现代西方的时装，不必要的点缀品未尝不花样多端，但是都有个目的——把眼睛的蓝色发扬光大起来，补助不发达的胸部，使人看上去高些或矮些，集中注意力在腰肢上，消灭臀部过度的曲线……古中国衣衫上的点缀品却是完全无意义的，若说它是纯粹装饰性质的罢，为什么连鞋底上也满布着繁缛的图案呢？鞋的本身就很少在人前露脸的机会，别说鞋底了。高底的边缘也充塞着密密的花纹。

袄子有“三镶三滚”，“五镶五滚”，“七镶七滚”之别，镶滚之外，下摆与大襟上还闪烁着水银盘的梅花，菊花。袖上另钉着名唤“阑干”的丝质花边，宽约七寸，挖空镂出福寿字样。

这里聚集了无数小小的有趣之点，这样不停地另生枝节，放恣，不讲理，在不相干的事物上浪费了精力，正是中国有闲阶级一贯的态度。惟有世上最清闲的国家里最闲的人，方才能够领略到这些细节的妙处。制造一百种相仿而不犯重的图案，固然需要艺术与时间；欣赏它，也同样地烦难。

古中国的时装设计家似乎不知道，一个女人到底不是大观园。太多的堆砌使兴趣不能集中。我们的时装的历史，一言以蔽之，就是这些点缀品的逐渐减去。

当然事情不是这么简单。还有腰身大小的交替盈蚀。第一个严重的变化发生在光绪三十二三年。铁路已经不这么稀罕了，火车开始在中国人的生活里占一重要位置。诸大商港的时新款式迅速地传入内地。衣裤渐渐缩小，"阑干"与阔滚条过了时，单剩下一条极窄的。扁的是"韭菜边"，圆的是"灯果边"，又称"线香滚"。在政治动乱与社会不靖的时期——譬如欧洲的文艺复兴时代——时髦的衣服永远是紧匝在身上，轻捷利落，容许剧烈的活动。在十五世纪的意大利，因为衣裤过于紧小，肘弯膝盖，筋骨接榫处非得开缝不可。中国衣服在革命酝酿期间差一点就胀裂开来了。"小皇帝"登基的时候，袄子套在人身上像刀鞘。中国女人的紧身背心的功用实在奇妙——衣服再紧些，衣服底下的肉体也还不是写实派的作风，看上去不大像个女人而像一缕诗魂。长袄的直线延至膝盖为止，下面虚飘飘垂下两条窄窄的裤管，似脚非脚的金莲抱歉地轻轻踏在地上。铅笔一般瘦的裤脚妙在给人一种伶仃无告的感觉。在中国诗里，"可怜"是"可爱"的代名词。男子向有保护异性的嗜好，而在青黄不接的过渡时代，颠连困苦的生活情形更激动了这种倾向。宽袍大袖的，端凝的妇女现在发现太福相了是不行的，做个薄命人反倒于她们有利。

那又是一个各趋极端的时代。政治与家庭制度的缺点突然被揭穿。年轻的知识阶级仇视着传统的一切，甚至于中国的一切。保守性的方面也因为惊恐的缘故而增强了压力。神经质的论争无日不进行着，在家庭里，在报纸上，在娱乐场所。连涂脂抹粉的文明戏演员，姨太太们的理想恋人，也在戏台上向他的未婚妻借题发挥，讨论时事，声泪俱下。

一向心平气和的古国从来没有如此骚动过。在那歇斯底里的气氛里，"元宝领"这东西产生了——高得与鼻尖平行的硬领，像缅甸的一层层叠至尺来高的金属项圈一般，逼迫女人们伸长了脖子。这吓人的衣领与下面的一捻柳腰完全不相称，头重脚轻，无均衡的性质正象征了那个时代。

民国初建立，有一时期似乎各方面都有浮面的清明气象。大家都认真相信卢骚的理想化的人权主义。学生们热诚拥护投票制度，非孝，自由恋爱。甚至于纯粹的精神恋爱也有人实验过，但似乎不会成功。

时装上也显出空前的天真，轻快，愉悦。"喇叭管袖子"飘飘欲仙，露出一大截玉腕。短袄腰部极为紧小。上层阶级的女人出门系裙，在家里只穿一条齐膝的短裤，丝袜也只到膝为止，裤与袜的交界处偶然也大胆地暴露了膝盖，存心不良的女人往往从袄底垂下挑拨性的长而宽的淡色丝质的裤带，带端飘着排穗。

民国初年的时装，大部分的灵感是得自西方的。衣领减低了不算，甚至被蠲免了的时候也有。领口挖成圆形，方形，鸡心形，金刚钻形。白色丝质围巾四季都能用。白丝袜脚跟上的黑绣花，像虫的行列，蠕蠕爬到腿肚子上。交际花与妓女常常有戴平光眼镜以为美的。舶来品不分皂白地被接受，可见一斑。

军阀来来去去，马蹄后飞沙走石，跟着他们自己的官员，政府，法律，跌跌绊绊赶上去的时装，也同样的千变万化。短袄的下摆忽而圆，忽而尖，忽而六角形。女人的衣服往常是和珠宝一般，没有年纪的，随时可以变卖，然而在民国的当铺里不复受欢迎了，因为过了时就一文不值。

时装的日新月异并不一定表现活泼的精神与新颖的思想。恰巧相反。它可以代表呆滞；由于其他活动范围内的失败，所有的创造力都流入衣服的区域里去。在政治混乱期间，人们没有能力改良他们的生活情形。他们只能够创造他们贴身的环境——那就是衣服。我们各人住在各人的衣服里。

一九二一年，女人穿上了长袍。发源于满洲的旗装自从旗人入关之后一直是与中土的服装并行着的，各不相犯，旗下的妇女嫌她们的旗袍缺乏女性美，也想改穿较妩媚的袄裤，然而皇帝下诏，严厉禁止了。五族共和之后，全国妇女突然一致采用旗袍，倒不是为了效忠于满清，提倡复辟运动，而是因为女子蓄意要模仿男子。在中国，自古以来女人的代名词是“三绺梳头，两截穿衣”。一截穿衣与两截穿衣是很细微的区别，似乎没有什么不公平之处，可是一九二〇年的女人很容易地就多了心。她们初受西方文化的熏陶，醉心于男女平权之说，可是四周的实际情形与理想相差太远了，羞愤之下，她们排斥女性化的一切，恨不得将女人的根性斩尽杀绝。因此初兴的旗袍是严冷方正的，具有清教徒的风格。

政治上，对内对外陆续发生的不幸事件使民众灰了心。青年人的理想总有支持不了的一天。时装开始紧缩。喇叭管袖子收小了。一九三〇年，袖长及肘，衣领又高了起来，往年的元宝领的优点在它的适宜的角度，斜斜地切过两腮，不是瓜子脸也变了瓜子脸，这一次的高领却是圆筒式的，紧抵着下颌，肌肉尚未松弛的姑娘们也生了双下巴。这种衣领根本不可恕。可是它象征了十年前那种理智化的淫逸的空气——直挺挺的衣领远远隔开了女神似的头与下面的丰柔的肉身。这儿有讽刺，有绝望后的狂笑。

当时欧美流行着的双排钮扣的军人式的外套正和中国人凄厉的心情一拍即合。然而恪守中庸之道的中国女人在那雄赳赳的大衣底下穿着拂地的丝绒长袍，袍叉开到大腿上，露出同样质料的长裤子，裤脚上闪着银色花边。衣服的主人翁也是这样的奇异的配搭，表面上无不激烈地唱高调。骨子里还是唯物主义者。

近年来最重要的变化是衣袖的废除。（那似乎是极其艰难危险的工作，小心翼翼地，费了二十年的工夫方才完全剪去。）同时衣领矮了，袍身短了，装饰性质的镶滚也免了，改用盘花钮扣来代替，不久连钮扣也被捐弃了，改用嵌钮。总之，这笔账完全是减法——所有的点缀品，无论有用没用，一概剔去。剩下的只有一件紧身背心，露出颈项、两臂与小腿。

现在要紧的是人，旗袍的作用不外乎烘云托月忠实地将人体轮廓曲曲勾出。革命前的装束却反之，人属次要，单只注重诗意的线条，于是女人的体格公式化，不脱衣服，不知道她与她有什么不同。

我们的时装不是一种有计划有组织的实业，不比在巴黎，几个规模宏大的时装公司如Lelong's Schiaparellis，垄断一切，影响及整个白种人的世界。我们的裁缝却是没主张的。公众的幻想往往不谋而合，产生一种不可思议的洪流。裁缝只有追随的份儿。因为这缘故，中国的时装更可以作民意的代表。

究竟谁是时装的首创者，很难证明，因为中国人素不尊重版权，而且作者也不甚介意，既然抄袭是最隆重的赞美。最近入时的半长不短的袖子，又称“四分之三袖”，上海人便说是香港发起的，而香港人又说是上海传来的，互相推诿，不敢负责。

一双袖子翩翩归来，预兆形式主义的复兴。最新的发展是向传统的一方面走，细节虽不能恢复，轮廓却可尽量引用，用得活泛，一样能够适应现代环境的需要。旗袍的大襟采取围裙式，就是个好例子，很有点“三日入厨下”的风情，耐人寻味。

男装的近代史较为平淡。只有一个极短的时期，民国四年至八九年，男人的衣服也讲究花哨，滚上多道的如意头，而且男女的衣料可以通用，然而生当其时的人都认为是天下大乱的怪现状之一。目前中国人的西装，固然是谨严而黯淡，遵守西洋绅士的成规，即是中装也长年地在灰色、咖啡色、深青里面打滚，质地与图案也极单调。男子的生活比女子自由得多，然而单凭这一件不自由，我就不愿意做一个男子。

衣服似乎是不足挂齿的小事。刘备说过这样的话：“兄弟如手足，妻子如衣服。”可是如果女人能够做到“丈夫如衣服”的地步，就很不容易。有个西方作家（是萧伯纳么?）曾经抱怨过，多数女人选择丈夫远不及选择帽子一般的聚精会神，慎重考虑。再没有心肝的女子说起她“去年那件织锦缎夹袍”的时候，也是一往情深的。

直到十八世纪为止，中外的男子尚有穿红着绿的权利。男子服色的限制是现代文明的特征。不论这在心理上有没有不健康的影响，至少这是不必要的压抑。文明社会的集团生活里，必要的压抑有许多种，似乎小节上应当放纵些，作为补偿。有这么一种议论，说男性如果对于衣着感到兴趣些，也许他们会安分一些，不至于千方百计争取社会的注意与赞美，为了造就一己的声望，不惜祸国殃民。若说只消将男人打扮得花红柳绿的，天下就太平了，那当然是笑话。大红蟒衣里面戴着绣花肚兜的官员，照样会淆乱朝纲。但是预言家威尔斯的合理化的乌托邦里面的男女公民一律穿着最鲜艳的薄膜质的衣裤，斗篷，这倒也值得做我们参考的资料。

因为习惯上的关系，男子打扮得略略不中程式，的确看着不顺眼，中装上加大衣，就是一个例子，不如另加上一件棉袍或皮袍来得妥当，便臃肿些也不妨。有一次我在电车上看见一个年青人，也许是学生，也许是店伙，用米色绿方格的兔子呢制了太紧的袍，脚上穿着女式红绿条纹短袜，嘴里衔着别致的描花假象牙烟斗，烟斗里并没有烟。他吮了一会，拿下来把它一截截拆开了，又装上去，再送到嘴里吮，面上颇有得色。乍看觉得可笑，然而为什么不呢，如果他喜欢？……秋凉的薄暮，小菜场上收了摊子，满地的鱼腥和青白色的芦粟的皮与渣。一个小孩骑了自行车冲过来，卖弄本领，大叫一声，放松了扶手，摇摆着，轻倩地掠过。在这一刹那，满街的人都充满了不可理喻的景仰之心。人生最可爱的当儿便在那一撒手罢？

【作者简介】

张爱玲

张爱玲（1920—1995），本名张煐，河北丰润人，生于上海。7 岁开始尝试写作，就读圣玛利亚女校时开始发表小说。1939 年入香港大学读书。1942 年回到上海，以写作为生。1952 年再赴香港，1955 年移居美国。除继续写作小说和散文之外，主要致力于学术研究和文学翻译。主要作品有：小说集《传奇》，散文集《流言》，长篇小说《秧歌》、《倾城之恋》，文学评论《红楼梦魇》等。

【知识链接】

张爱玲出身名门，爷爷张佩纶是晚清翰林院学士，奶奶是晚清重臣李鸿章的女儿。张爱玲家学渊博且多才多艺，其父张志沂熟悉中国古典诗文，对她的中文学习进行了严格的督促。母亲黄逸梵曾留学法国学习绘画，希望将女儿培养成西洋式的淑女，教授她画画、钢琴和英文。张爱玲生活在其家族由盛转衰的特殊时期，加之父母早年失睦，终至离异。父亲终日以鸦片为伴，母亲远走异国他乡，留给她一颗敏感的心。中西文化的底蕴和对世事的洞察力，培养了张爱玲早熟的文学才情。她7岁开始写小说，中学时就有散文和小说作品在校刊发表。

思考与实践

1. 结合“高山流水”的典故，说明艺术欣赏中无形的声音如何转化为有形的形象。

2. 你能举出类似“蔡邕听琴”的事例吗？中西方均可。

3. 书法是中国独有的艺术形式，通过作者的论述，你能体察出这一艺术形式的特殊性吗？

4. 把作者描绘的茶叶八种品相翻译为现代文。

5. 邀请兴趣相同的同学，了解一下茶道，学习如何识茶、泡茶、品茶、鉴茶，组织一次品茶活动。

6. 梁实秋认为下棋符合人类好斗本能，是这样吗？你在对弈和观棋时是否有这样的体会？

7. 观察身边的书画作品，尝试写一篇题画文章。

8. 课余时间练习书画，体会中国书画的精髓。

9. 阅读《更衣记》，体会作者如何通过服饰写出世态人生，领略作者的语言特色。

10. 了解中国服饰史，分析改革开放30多年来我国人民服饰变化背后的时代因素。

附录一

古体诗词写作常识

阅读与欣赏诗歌可以丰富生活，增加生活情趣。诗歌是人类文化的精华，不论中外，不论古今，它们有着共同的艺术规律和美好品质，比如语言简练、讲究形象美、重视抒情等。我国是诗的国度，古体诗词更是中华文化的精粹，源远流长，在内容和形式上形成了鲜明的民族特色。如果今天要从事古体诗歌创作，汲取古代诗词精华，那么了解诗词的写作要点，特别是掌握形式方面的规则就非常必要。以下分别从诗的格律、词的格律和诗词的表现手法三个方面来重点介绍古体诗词写作的基本知识。

诗的格律

唐代以前的诗大多不讲究声律。齐梁时期，随着四声的发现，诗歌创作中开始讲究声律。到了唐代就正式形成了一种讲究平仄和对仗的格律诗，称为“今体诗”或“近体诗”；而自《诗经》、楚辞以来盛行于汉魏六朝，格式比较自由的诗体，被称为“古诗”，唐代以后也仍然有按照古诗的作法写成的诗，被称为“古体诗”。近体诗和古体诗（包括古诗）的区别主要有四个方面：（1）字数和句数较为固定；（2）押韵严格；（3）讲究平仄；（4）讲究对仗。

一、字数和句数

近体诗都是五言诗或七言诗，包括律诗、绝句和排律三类。一般律诗限定八句，有五言律诗和七言律诗。绝句限定四句，有五言绝句和七言绝句。排律也叫“长律”，是十句或十句以上的律诗。与近体诗相对的古体诗，除了有五言、七言体之外，还有四言、六言、杂言体，每首诗的句数不固定。

二、押　韵

诗歌都要押韵。古体诗押韵比较自由，有的隔句押韵，有的句句押韵。近体诗除有的句首押韵外，都是隔句押韵。此外，近体诗还有以下两条限制：

第一，近体诗一般只能用平声韵。我国古代将汉字的读音区分为平、上、去、入四个声调，这四个声调又分为平、仄两大类。“平”就是平声，平声没有升降而较长；“仄”就是上、去、入三个声调，发音短促而急，一发即收。在诗句里，这两类声调彼此交错着，就能使声调多样化，而不至于单调，这是诗词声律中最基本的因素。近体诗在押韵方面比古体诗严格，一般押平声韵；而古体诗既可押平声韵，也可押仄声韵。入声在现代汉语普通话中已消失了，古代的入声字分化在现代汉语其他声调之中，查阅古代韵书可以了解词语读音的平仄情况。

第二，近体诗不能“出韵”。近体诗各联对句（即偶数句）的最后一个字叫韵脚，近体诗押韵就是要使该诗韵脚必须用同一韵部中的字，不能用邻韵的字。而古体诗用韵较宽，可以用邻韵的字。

三、平　仄

近体诗很讲究平仄，它是形成近体诗的最重要的因素。平仄看起来很复杂，但它有两条基本的规律：(1) 平仄相间；(2)“粘”、“对”规律。

1. 平仄相间

根据平仄相间原则，五言近体诗的四种句式可以看做是在“平平—仄仄”或“仄仄—平平”的基础上再加上一个音节构成的：

(1) 仄仄—平平—仄　　(2) 平平—仄仄—平

(3) 平平—平—仄仄　　(4) 仄仄—仄—平平

七言近体诗只是在上面五言近体诗四种句式的前面分别加上相反的平仄：

(1) 平平仄仄平平仄　　(2) 仄仄平平仄仄平

(3) 仄仄平平平仄仄　　(4) 平平仄仄仄平平

上面五言和七言基本句式的交错，就构成不同格式的诗。例如，以上面五言第 (1) 种句式开头的五律格式是：

(1) 仄仄—平平—仄　　(2) 平平—仄仄—平

(3) 平平—平—仄仄　　(4) 仄仄—仄—平平

(1) 仄仄—平平—仄　　(2) 平平—仄仄—平

(3) 平平—平—仄仄　　(4) 仄仄—仄—平平

符合这种五律格式的诗如杜甫《旅夜书怀》：

细草微风岸，危樯独夜舟。
星垂平野阔，月涌大江流。
名岂文章著？官应老病休。
飘飘何所似？天地一沙鸥。

又如以五言第 (3) 种句式开头的五律格式是：

(3) 平平—平—仄仄　　(4) 仄仄—仄—平平

(1) 仄仄—平平—仄　　(2) 平平—仄仄—平

(3) 平平—平—仄仄　　(4) 仄仄—仄—平平

(1) 仄仄—平平—仄　　(2) 平平—仄仄—平

符合这种五律格式的诗如王维《山居秋暝》：

空山新雨后，天气晚来秋。
明月松间照，清泉石上流。
竹喧归浣女，莲动下渔舟。
随意春芳歇，王孙自可留。

2.“粘”、“对”规律

近体诗每两句组成一联，一联中的上句叫“出句”，下句叫“对句”。所谓“粘”、“对”规律之“对”，就是同一联中出句和对句第二个字的平仄必须相反。所谓“粘”、“对”规律之“粘”，就是上一联对句和下一联出句第二个字的平仄必须相同。不合乎“粘”的规则叫“失粘”，不合乎“对”的规则叫“失对”。在唐诗中有少数失粘的，失对的很少见。宋代以后，失粘和失对的情况更是稀少了。

掌握平仄规律，除上述两条基本规律之外，还要注意两点：

第一，近体诗中有的地方是可平可仄的，有的地方平仄必须分明。过去有一句口诀叫“一、三、五不论，二、四、六分明”，说的就是这种情况，意思是七言近体诗的第一、三、五个字（五言则为第一、三个字）平仄可以不论，第二、四、六个字（五言则为第二、四个字）平仄必须分明。这句口诀大体是对的，但又不完全正确。因为“一、三、五”有时不能不论，如七言第（2）种句式“仄仄平平仄仄平”的第三个字必须是平，如改成仄，全句成了“仄仄仄平仄仄平”，除了韵脚以外，只有一个平声字，就“犯孤平”；第（4）种句式“平平仄仄仄平平”中若把第五个字改成“平”，全句就成了“平平仄仄平平平”，句末连用三个平声字，这叫“三平调”，在近体诗中是不允许的。又因为“二、四、六”有时可以不分明，如第（1）和第（3）种句式的第六个字可以改变平仄（拗），然后第五字改变平仄（救）。

第二，近体诗中有的地方平仄不能随意改变，若违反了平仄规律，就叫“拗”。但“拗”以后可以“救”，也就是补偿。如某诗句该用平声字的地方却用了仄声字，这叫“拗”，于是在本句或对句适当的位置补偿一个平声字来“救”。

古体诗的平仄没有严格规定，但在近体诗产生以后，古体诗也受其影响，用了一些律句，产生了一种“入律”的古风。和“入律”的古风相对，还有一种古风有意和近体诗区别，尽量少用律句，多用拗句，以显得古拙。

四、对　仗

近体诗讲究对仗。对仗也叫“对偶”，要求一联中上下两句（即出句和对句）中对应的字在词组结构和词性上要相同，两两相对。如果对仗句中字字都符合要求，就称为“工对”；如果只是大致符合要求，就称为“宽对”。律诗的四联分别叫首联、颔联、颈联、尾联，一般要求中间两联用对仗，如王维的《山居秋暝》。还可以在首联或尾联用对仗，如杜甫《旅夜书怀》首联用对仗，其《闻官军收河南河北》尾联用了对仗。还有四联都用对仗的，如杜甫《登高》，不过这种情况很少见。绝句的对仗比较自由，可用对仗，也可不用对仗。排律除首尾两联外，一律用对仗。

要掌握工对，需注意以下几点：

第一，同类对。选取同门类（或邻近门类）字词，用在出句和对句的各个相应位置上。出句用了某一门类的词（类书是古代的一种词典，将门类一致或相近的词语归属一类，以方便诗词写作时查阅），对句如果也能找到这一门类的词与之相对，就可形成工对。例如杜甫的诗句“两个黄鹂鸣翠柳，一行白鹭上青天”（《绝句》），其中出句用了“两”字，是数字，对句也用数字类的字（“一”）与之相对；出句用了“黄”字、“翠”字，属于颜色类，对句也用颜色类的字（“白”、“青”）与之相对；出句用了“鹂”，对句用了“鹭”，都是鸟类。所以说，这是一联很好的工对。

第二，借对。有些字词，虽然在分类表上并不属于同一类的字词，按其在诗中的意思，与另一句中相应的字词是不算工对的，但因它是多义字词，在另一含义上，却是对得很工的，这就是借对。如杜甫诗句：“酒债寻常行处有，人生七十古来稀。”（《曲江》其二）诗中的“寻常”是从“平常”这个意义上来用的，与对句中的“七十”这个数字本来是不能算工对的。但因为“寻常”在别的意义上也可作数字解（古时八尺为一寻，两寻为一常），所以在此处可形成工整的借对。

第三，句中自对。出句和对句，本身内部如有对仗意味，既自对又互对，就显得特别工整。即使两句之间其他字对得较宽，亦堪称工对。例如“草木尽能酬雨露，荣枯安敢问乾坤”（王维《重酬苑郎中》），“草”与“木”对，“雨”与“露”对；“荣”与“枯”对，“乾”与“坤”对。

第四，流水对。一般对仗，出句和对句的内容是并列的，在含义上并无先后之序。流水对，则是把一件事、一个意思如同流水般地连续说下来，出句和对句之间有着时空上或因果上的连贯性，前后句如果颠倒过来就讲不通了。例如：

山中一夜雨，树杪百重泉。（王维《送梓州李使君》）

即从巴峡穿巫峡，便下襄阳向洛阳。（杜甫《闻官军收河南河北》）

山重水复疑无路，柳暗花明又一村。（陆游《游山西村》）

另外，还要注意对仗之忌：一首诗中相邻的两联对仗，句子的结构要避免完全一样。第一联对仗的结构，如果和第二联对仗的结构完全一样，这种毛病叫做“合掌”。例如：

高昌玉蕊会，崇敬牡丹期。

短李芬芳酒，迂辛寂寞诗。

前一联中的“高昌”、“崇敬”是地名，后一联的“短李”、“迂辛”是人名，都是名词，而且都是专用名词。两联都以专用名词开头，句子后三个字的结构也一样，这就是“合掌”，是对仗句之忌讳。

词的格律

词最初是为“曲子”填写的歌词，是“由乐以定词”，歌词要适应乐曲的变化。填词时所依据的乐谱叫词调，词牌是各种词调的名称，它表示词的句式、平仄和用韵。词的平仄、押韵和句子的长短与近体诗不同。

一、用　韵

词韵和诗韵不同，具体有以下三个方面的区别：

第一，词的用韵比诗韵宽。近体诗常用的“平水韵”有106个韵部，而清代戈载编的词韵书《词林正韵》将韵目简化为19个。就这点来说，填词用韵比写近体诗用韵有更大的自由度。

第二，词的平仄韵可以通押。例如《摸鱼儿》，上、去可以通押，何处用上声，何处用去声是任意的，而近体诗一般只能押平声韵。

第三，词可以平仄换韵。例如温庭筠的《菩萨蛮》（小山重叠金明灭）用韵是灭、雪（第十八部，仄韵），眉、迟（第三部，平韵），镜、映（第十一部，仄韵），襦、鸪（第四部，平韵）。而律诗、绝句是不能换韵的。

二、平　仄

词的平仄和诗的平仄不同，其区别主要有两点：

第一，词的平仄比诗的平仄严格。诗在某些地方可平可仄，而词必须按照规定用平声或仄声，而且仄声有时还要分上、去、入。

第二，律诗以平仄相间的律句为主，词除用平仄相间的律句之外，还有相当多叠平叠仄的拗句，如“平仄平仄”、“仄平平平仄”等。

另外，因为词的句子字数从一字句到十一字句都有，不同字数句的格式不相同，其平仄也不相同。

三、对　仗

词的对仗与近体诗的对仗有很大的不同：

第一，词句对仗的位置多不固定。词中哪几句用对仗，不像近体诗那样严格，那样固定。有的词谱有要求，例如《西江月》，词谱提示前后阕头两句可以用对仗；有的词谱没有硬性规定，但习惯上用对仗，例如《念奴娇》上阕第五、六句习惯上用对仗。只要上下两句字数相同，就有用对仗的可能，至于是否用，全由作者自己决定。

第二，词的对仗不要求平仄相对。如岳飞的《满江红》第五字“尘”与“云”是平对平，第七字“土”与“月”是仄对仄。而律诗的对仗则是平仄相对，即平对仄，仄对平。

第三，词的对仗不避同字相对。例如苏轼的《水调歌头》“人有悲欢离合，月有阴晴圆缺”，就用了同字“有”相对。而律诗的对仗则避免同字相对。

诗词的表现手法

一、句　法

诗词句数有限制，讲究押韵、平仄、对仗，有时为了表达作者的情感或感受，增强表现效果，就产生了与散文、与自然语言很不相同的句法，具体有以下四种：

1. 词类活用

词类活用的现象在诗词中很常见。例如：

夜宿月近人，朝行云满车。（岑参《酬成少尹骆谷行见呈》）

当年鏖战急，弹洞前村壁。（毛泽东《菩萨蛮·大柏地》）

前一个例子中“近”和“满”本是形容词，此处用作动词。第二例中“洞”是名词，此处活用作动词，是“穿孔”的意思。

2. 词序错位

在诗词中，主语、宾语、定语、状语的位置都允许与通常的语序有所不同。例如：

柳色春山映，梨花夕鸟藏。（王维《春日上方即事》）

缺月挂疏桐，漏断人初静。（苏轼《卜算子》）

第一个例子中按通常的语序应是“春山映柳色，夕鸟藏梨花”。第二个例子中“缺月”是宾语，“疏桐”是主语，如按通常的语序则应是“疏桐挂缺月”。

3. 省略

诗词中的省略，大体有以下几种情况：

（1）省略比喻句中的“如”、“同”等。如：

山河破碎风飘絮，身世浮沉雨打萍。（文天祥《过零丁洋》）

（2）省略副词后面的动词。如：

映阶碧草自春色，隔叶黄鹂空好音。（杜甫《蜀相》）

“自”、“空”后面省去了动词。

（3）省略谓语，只剩下一个名词或名词性词组。如：

鸡声茅店月，人迹板桥霜。（温庭筠《商山早行》）

4. 紧缩

诗词中的句子可以看做是由一个复句紧缩而成的。如：

浦干（因）潮未应，堤湿（因）冻初销。（白居易《新春江次》）

芳径（上），芹泥（被）雨润（过了）。（史达祖《双双燕》）

二、修辞手法

诗词的修辞手法是复杂而多样的，以下只介绍最常见的几种情况。

1. 赋、比、兴

诗词中常用的手法是“赋”、“比”、“兴”。用宋代朱熹《诗集传》的话来说，“赋”就是“敷陈其事而直言之”，即直接地叙事言情，如《诗经》中《豳风・七月》叙述农夫一年十二个月中的生活，用的就是赋法。“比”就是“以彼物比此物”，也就是打比方，如贺知章《咏柳》整首诗用的都是比喻手法。“兴”就是“先言他物以引起所咏之词”，也就是起兴，渲染一种气氛，如《诗经》中《周南・桃夭》以“桃之夭夭，灼灼其华”起兴，和新娘青春美貌相互映衬。

2. 想象和夸张

恰当的想象和夸张有时能带来意想不到的艺术效果，这在我国古代诗词中是屡见不鲜的。诗人李白生性洒脱，他最擅长运用想象和夸张手法，例如“白发三千丈”（李白《秋浦歌》），突出愁之深重。又如“飞流直下三千尺，疑是银河落九天”（李白《望庐山瀑布》），渲染了庐山瀑布雄奇壮观的景象。

3. 用典

诗词写作中使用一些包含传统故事的词句称为“用典”。诗词中用典的目的，一是为了可以用极其简练的语言来概括比较丰富的内容，二是可以借用典故来发议论或含蓄地抒发作者自己的感情。所以，典故在咏史抒怀的题材中用得较多。杜甫《蜀相》用了刘备三顾茅庐和白帝城托孤的典故，“三顾频烦天下计，两朝开济老臣心”，一下子就成功地再现了诸葛亮渊博的见识才能和两世忠贞的高贵品质，表现了君贤臣忠的和谐关系。而杜甫如此使用，显然是含蓄地批判唐代安史之乱以来君不君、臣不臣的政治现实。刘禹锡《酬乐天扬州初逢席上见赠》诗中“怀旧空吟闻笛赋，到乡翻似烂柯人”，“闻笛赋”和“烂柯人”分别借用了晋代的两个典故：前者是指晋人向秀因闻笛而怀念亡友嵇康，写出《思旧赋》的故事，常用来譬喻怀旧之情；后者则指传说中的晋人王质进山砍柴观棋，待棋终而手中的斧柄（古称“柯”）已经烂掉，回乡才知道已经过了100年。用这两个故事比喻世态和人事的巨大变迁，表现了作者的无限感慨，言简意赅。

了解掌握诗词格律和表现手法，是阅读写作古体诗词必须具备的最基础知识。如果要进一步提高，则必须了解诗歌的审美规律和诗词的章法、意象、风格，以及以小见大、化动为静等技法。具体可以参考以下几种书籍：王力《汉语诗律学》、启功《诗文声律论稿》、傅庚生《中国文学欣赏举隅》、周振甫《诗词例话》、林东海《诗法举隅》、吴战垒《中国诗学》和古远清《留得枯荷听雨声》。当然，提高古体诗歌创作能力，根本的途径是在了解基本形式和写作规律的基础上多阅读古体诗词，注意积累生活感受，勤写多练。

附录二

现代汉语中标点符号的用法

标点符号是辅助文字记录语言的符号，是书面语的有机组成部分，用来表示语句的停顿、语气以及标示某些成分（主要是词语）的特定性质和作用。

标点符号分为点号和标号两大类。

点号的作用是点断，主要表示句子的停顿和语气，又分为句末点号和句内点号。句末点号用在句末，表示句末停顿和句子的语气，包括句号、问号、叹号。句内点号用在句内，表示句内各种不同性质的停顿，有逗号、顿号、分号、冒号。

标号的作用是标明，主要标示某些成分（主要是词语）的特定性质和作用，包括引号、括号、破折号、省略号、着重号、连接号、间隔号、书名号、专名号、分隔号，其中破折号和省略号有时还兼有点号的作用。

关于现代汉语中标点符号的基本用法，在《中华人民共和国国家标准·标点符号用法（GB/T 15834—2011）》中有详细规定。但在实际运用中，依然存在着不少疑难问题，有待进一步分析。因此，本篇选取 16 种现代汉语书面语中常用的标点符号，一方面简要介绍其性质及基本用法，另一方面也对常见的疑难问题给予解析并举例说明。

一、句号

性质及基本用法

句末点号，主要用来表示陈述语气。

疑难辨析

1. 语气缓和的祈使句、感叹句，句末也可用句号。

示例 1：请把菜单递给我。

示例 2：西双版纳的景色真是美不胜收。

2. 一些成对使用的关联词语，如“不但……而且”“如果……就”“只有……才”“不是……而是”“虽然……但是”等，它们连接的是前后呼应的分句，中间不可使用句号，以防割裂语意。

示例 1：如果中国的文化产品不能大量进入海外市场。国外的消费者就只能依靠想象建立起模糊的“中国印象”。（误）

不过，如果关联词语是单独而非成对出现的，它的前面也可以用句号，表示句子之间的停顿。

示例 2：国产手机，一直以较高的性价比占据着不小的海内外市场份额。但是近年来，随着用户对产品创新性的要求不断提高，制造商们面临着新的挑战。

二、问号

性质及基本用法

句末点号，主要用来表示句子的疑问语气（包括反问、设问等疑问类型）。

疑难辨析

1. 使用问号应以句子表示疑问语气为依据，而并不根据句子中是否包含有疑问词。当含有疑问词的语段充当某种句子成分，而句子并不表示疑问语气时，句末不用问号。

示例 1：康德的作息十分规律。每天什么时间起床、什么时间散步、什么时间写作，都有固定的时刻，几十年如一日。

另一方面，没有疑问词的句子也可以表示疑问，句末需用问号。

示例 2：这部电影是悲剧是喜剧？

2. 选择问句中，通常只在最后一个选项的末尾用问号，各个选项之间用逗号隔开。当选项较短且选项之间几乎没有停顿时，选项之间可不用逗号。当选项较多或较长，或有意突出每个选项的独立性时，也可每个选项之后都用问号。

示例 1：《红楼梦》中的大观园，其原型究竟是南京的随园，还是北京的恭王府呢？

示例 2：八大菜系中哪种最受欢迎：川菜？鲁菜？粤菜？徽菜？

3. 多个问句连用或表达疑问语气加重时，可叠用问号。通常应先单用，再叠用，最多叠用三个问号。在没有异常强烈的情感表达需要时不宜叠用问号。

示例：这就是你的做法吗？你这个总经理是怎么当的？？你怎么敢这样欺骗消费者？？？

4. 问号也可用于句内，作为标号，表示存疑或不详。

示例 1：出现这样的文字错误，说明作者（编者？校者？）很不认真。

示例 2：苏武（？—公元前 60 年），西汉名臣。

5. 在有称呼语的句子里，问号不能紧跟问话置于句中，而应该放在句末。

示例 1：电脑出故障了吗？小陈。（误）

示例 2：姐姐，你今天去看医生吗？

三、叹号

性质及基本用法

句末点号，主要表示句子的感叹语气，也可表示强烈的祈使语气、反问语气，有时亦可用于拟声词后，表示声音短促或突然。

疑难辨析

1. 叹号是表示强烈语气和感情的点号，一般的陈述句末尾不宜使用。

示例：古琴已经被联合国教科文组织列入人类非物质文化遗产名录！（误）

2. 表示声音巨大或声音不断加大时，可叠用叹号；表达强烈语气时，也可叠用叹号，最多叠用三个叹号。在没有异常强烈的情感表达需要时不宜叠用叹号。

示例 1：轰！！在这天崩地塌的声音中，女娲猛然醒来。

示例 2：我要揭露！我要控诉！！我要以死抗争！！！

3. 当句子包含疑问、感叹两种语气，且都比较强烈时（如带有强烈感情的反问句和带有惊愕语气的疑问句），可在问号后再加叹号（问号、叹号各一）。

示例：世态炎凉，已经到了这种地步了吗？！

4. 叹号是句末点号，不能在句内使用，包括叹词和语气词后面。

示例：

哇！这个房间真大！（误）

哇，这个房间真大！（正）

5. 叹号外加括号“（!）”，放在某些词句后面，表示它们的意义让人感到惊讶，有时带有否定意味。

示例：见人受难，而不出手相助，被看作是可理解的（!）举动，这个社会真的生病了。

四、逗号

性质及基本用法

句内点号，表示句子或语段内部的一般性停顿。

疑难辨析

1. 逗号可以用在一些特殊的句子结构中。

a. 较长的主语之后。

示例 1：苏州园林中各种门窗的精美设计和雕镂功夫，都令人叹为观止。

b. 句首的状语之后。

示例 2：在苍茫的大海上，狂风卷集着乌云。

c. 较长的宾语之前。

示例 3：有的考古工作者认为，南方古猿生存于上新世至更新世的初期和中期。

d. 带句内语气词的主语（或其他成分）之后，或带句内语气词的并列成分之间。

示例 4：他呢，倒是很乐意地、全神贯注地干起来了。

示例 5：月光皎洁，整个村子——白房顶啦，白树木啦，雪堆啦，全看得见。

e. 较长的主语中间、谓语中间或宾语中间。

示例 6：母亲沉痛的诉说，以及亲眼见到的事实，都启发了我幼年时期追求真理的思想。

示例 7：必须懂得，对于文化传统，既不能不分青红皂白统统抛弃，也不能不管精华糟粕全盘继承。

f. 前置的谓语之后或后置的状语、定语之前。

示例 8：真美啊，这条蜿蜒的林间小路。

示例 9：她吃力地站了起来，慢慢地。

示例 10：我只是一个人，孤孤单单的。

2. 逗号可置于某些序次语（“第”字头、“其”字头及“首先”类序次语）之后。

示例 1：为什么许多人都有长不大的感觉呢？原因有三：第一，父母总认为自己比孩子成熟；第二，父母总要以自己的标准来衡量孩子；第三，父母出于爱心而总不想让孩子在成长的过程中走弯路。

示例 2：下面从三个方面讲讲语言的污染问题：首先，是特殊语言环境中的语言污染问题；其次，是滥用缩略语引起的语言污染问题；再次，是空话和废话引起的语言污染问题。

3. 逗号是句内点号，表示句子内部的一般性停顿。当一句话结束时，应换用句号、感叹号等句末点号。但常见的一种误用是，语意已完，仍继续用逗号，甚至出现一段话“一逗到底”的现象。为避免出现这种逗号滥用的情况，在写作中应学会分析句子结构和语脉，当断则断。

产品质量法规定，进口产品在国内市场销售时必须有中文标志，包装上要用中文标明其产品名称、厂名和厂址，因为如果只用外文名称，甚至以外文介绍商品，无疑剥夺了顾客的知情权，但现在很多商家为了让自己的商品看起来“洋气”，扩大销路，并不遵循法律规定。（误）

产品质量法规定，进口产品在国内市场销售时必须有中文标志，包装上要用中文标明其产品名称、厂名和厂址。因为如果只用外文名称，甚至以外文介绍商品，无疑剥夺了顾客的知情权。但现在很多商家为了让自己的商品看起来“洋气”，扩大销路，并不遵循法律规定。（正）

五、顿号

性质及基本用法

句内点号，表示语段中并列词语之间或某些序次语之后的停顿。用于并列词语、需要停顿的重复词语之间，以及某些序次语（不带括号的汉字数字或“天干地支”类序次语）之后。

示例 1：她身上体现了传统女性的美德：心地善良、性情随和、勤劳简朴。

示例 2：他几次三番、几次三番地辩解着。

示例 3：我准备讲两个问题：一、逻辑学是什么？二、怎样学好逻辑学？

疑难辨析

1. 相邻或相近两数字连用，若表示概数通常不用顿号；若表示缩略形式，则宜用顿号。

示例 1：（车）再往前开八九公里，就有加油站。

示例 2：这次运动会，高三的四、五两班取得了总分并列第一的好成绩。

2. 标有引号的并列成分之间、标有书名号的并列成分之间通常不用顿号。若有其他成分插在并列的引号之间或并列的书名号之间（如引语或书名号之后还有括注），宜用顿号。

示例 1：“日”“月”构成“明”字。

示例 2：《红楼梦》《三国演义》《西游记》《水浒传》，是我国古代长篇小说的四大名著。

示例 3：李白的“白发三千丈”（《秋浦歌》）、“朝如青丝暮成雪”（《将进酒》）都是脍炙人口的诗句。

3. 顿号可用来表示含有顺序关系的并列各项间的停顿，也可用在层层递升或层层递降的数量之间，表示渐增或递减。

示例 1：八零后、九零后、零零后，他们的思想是不是越来越开放呢？

示例 2：

这些优秀的文学作品，在几年、十几年、几十年之后都会被人们反复诵读。（递升）

这些新闻热点，在几年、几个月、几个星期后，是否还会被津津乐道呢？（递降）

4. 没有停顿的并列词语间不宜用顿号。

示例：他们过着牛、马不如的生活。（误）

六、分号

性质及基本用法

句内点号，表示复句内部并列关系分句之间（尤其当分句内部还有逗号时）的停顿，以及非并列关系的多重复句中第一层分句（主要是选择、转折等关系）之间的停顿。

示例 1：人还没看见，已经先听见歌声了；或者人已经转过山头望不见了，歌声还余音袅袅。（选择）

另外，也可用于分项列举的各项之间。

示例 2：特聘教授的岗位职责为：一、讲授本学科的主干基础课程；二、主持本学科的重大科研项目；三、领导本学科的学术队伍建设；四、带领本学科赶超或保持世界先进水平。

疑难辨析

1. 分项列举的各项有一项或多项已包含句号时，各项的末尾不能再用分号。

示例：本市先后建立起三大农业生产体系：一是建立甘蔗生产服务体系。成立糖业服务公

司，主要给农民提供机耕等服务；二是建立蚕桑生产服务体系。……；三是建立热作服务体系。（误）

七、冒号

性质及基本用法

句内点号，基本用法有：

1. 用于总说性或提示性词语（如“说”“例如”“证明”等）之后，表示提示下文。

示例1：她高兴地说：“没想到老朋友见面还是这么亲热！”

示例2：这一事实证明：人能创造环境，环境同样也能创造人。

也可以表示总结上文。

示例3：九斤老太自从庆祝了五十大寿以后，便渐渐的变了不平家，常说伊年青的时候，天气没有现在这般热，豆子也没有现在这般硬：总之现在的时世是不对了。

2. 用在需要说明的词语之后，表示注释和说明。

示例1：（本市将举办首届大型书市。）主办单位：市文化局；承办单位：市图书进出口公司；时间：8月15日—20日；地点：市体育馆观众休息厅。

示例2：（做阅读理解题有两个办法。）办法之一：先读题干，再读原文，带着问题有针对性地读课文。办法之二：直接读原文，读完再做题，减少先入为主的干扰。

3. 用于书信、讲话稿中及采访、辩论、座谈、审讯等场合的称谓语或称呼语之后。

示例1：广平先生：……

示例2：女士们、先生们：……

疑难辨析

1. 冒号提示范围无论大小（一句话、几句话甚至几段话），都应与提示性话语保持一致（即在该范围的末尾要用句号点断）。应避免冒号涵盖范围过窄或过宽。

示例：

艾滋病有三个传播途径：血液传播，性传播和母婴传播，日常接触是不会传播艾滋病的。（误）

艾滋病有三个传播途径：血液传播，性传播和母婴传播。日常接触是不会传播艾滋病的。（正）

2. 冒号用在提示性话语之后引起下文。表面上类似但实际不是提示性话语的，其后用逗号。

示例1：郦道元《水经注》记载：“沼西际山枕水，有唐叔虞祠。”（提示性话语）

示例2：据《苏州府志》载，苏州城内大小园林有150多座，可算是名副其实的园林之城。（非提示性话语）

3. 一个句子内部一般不应套用冒号。在列举式或条文式表述中，如不得不套用冒号时，宜另起段落来显示各个层次。

示例1：

第十条　遗产按照下列顺序继承：

第一顺序：配偶、子女、父母。

第二顺序：兄弟姐妹、祖父母、外祖父母。

不过，引文中的冒号，可以与提示语后面的冒号同时出现，因为这两个冒号不处于同一语言层次中。

示例2：《汉书·王嘉传》：“里谚云：‘千人所指，无病而死。’”

4. 句子中，无停顿处不应用冒号。

示例 1：他头也不抬，冷冷地问："你叫什么名字?"（有停顿）

示例 2：这事你得拿主意，光说"不知道"怎么行?（无停顿）

5. 提示的内容过于简短时，一般不用冒号。

示例：

大家都认为：这样好，只有你不同意。（误）

大家都认为这样好，只有你不同意。（正）

八、引号

性质及基本用法

标号，有双引号"""" 和单引号"''"两种，标示语段中直接引用的内容或具有特殊含义而需要特别指出的成分（如别称、简称、反语等）。

示例 1：李白诗中就有"白发三千丈"这样极尽夸张的语句。

示例 2：兰花形态舒朗、香气清冽，被文人墨客们呼为"空谷佳人"。

示例 3：人类学上常把古人化石统称为尼安德特人，简称"尼人"。

示例 4：有几个"慈祥"的老板把捡来的菜叶用盐浸浸就算作工友的菜肴。

疑难辨析

1. 直接引语（原封不动地引用别人的话或文章内容）一般需要用引号标出，而间接引语（用自己的话转述别人的意思或文章内容）则不必。

示例 1：古诗云："涉江采芙蓉，兰泽多芳草。"

示例 2：杨教授介绍说，天才数学家约翰·纳什最重要的贡献是提出了博弈理论。

2. 整句引文，句末标点当置于引号内。局部引文，引文末尾的标点当置于引号外。

示例 1：胡适的名言是："多研究些问题，少谈些主义!"

示例 2："多研究些问题"，体现了胡适对社会改良过程中具体环节的关注，"少谈些主义"则体现了他对激进的社会改革思想的排斥。

3. 双层引用，外面一层用双引号，里面一层用单引号。第三层引用，最里面一层当用双引号，不过这种情况很少出现。

示例：他问："老师，'七月流火'是什么意思?"

4. 标有引号的并列成分之间通常不用顿号。若有其他分插在并列的引号之间（如括注），宜用顿号。

示例 1：这段话使用了"大、小""高、低""远、近""粗、细""正、反"等一系列反义词，从各个不同的方面描写了竹子的特点，语言简练而又鲜明。

示例 2：歌咏春天的美丽景色的诗句很多，比较著名的如"池塘生春草，园柳变鸣禽"（南朝·宋·谢灵运《登池上楼》）、"天街小雨润如酥，草色遥看近却无"（唐·韩愈《早春呈水部张十八员外》）等。

5. 独立成段的引文如果只有一段，段首和段尾都用引号；不止一段时，每段开头用前引号，最后一段末尾用后引号。

示例：我曾在报纸上看到有人这样谈幸福：

"幸福是知道自己喜欢什么和不喜欢什么。……

"幸福是知道自己擅长什么和不擅长什么。……

"幸福是在正确的时间做了正确的选择。……"

6. 在书写带月、日的事件、节日或其他特定意义的短语（含简称）时，通常只标引其中的月和日；需要突出和强调该事件或节日本身时，也可连同事件或节日一起标引。

示例 1：“5·12”汶川大地震

示例 2：“五四”以来的话剧，是我国戏剧中的新形式。

示例 3：纪念“五四运动”90 周年

7. “丛刊”“文库”“系列”“书系”等作为系列著作的选题名，宜用引号标引。当“丛刊”等为选题名的一部分时，放在引号之内，反之则放在引号之外。

示例 1：“汉译世界学术名著丛书”

示例 2：“中国哲学典籍文库”

示例 3：“20 世纪心理学通览”丛书

8. 当引文完整且独立使用，或虽不独立使用但带有问号或叹号时，引号内句末点号应保留。除此之外，引号内不用句末点号。

示例 1：《老子》开篇便对天地至理的特性进行了阐释：“道可道，非常道。”

示例 2：“学而时习之，不亦说乎？”流露了孔子对于学中之趣的体悟。

当引文处于句子停顿处（包括句子末尾），且引号内未使用点号时，引号外应使用点号；当引文位于非停顿处时，引号外不用点号。

示例 3：“道可道，非常道”，体现了老子对于天地至理的深邃思考。

示例 4：“道法自然”是老子思想的精髓。

九、括号

性质及基本用法

标号，标示语段中的注释内容、补充说明或其他特定意义的语句。主要形式是圆括号“（）”。此外还有方括号“［］”、六角括号“〔〕”和方头括号“【】”等。各种形式的括号，有不同的用途。

1. 圆括号主要用于以下情况：

a. 标示注释内容或补充说明。

示例 1：标号的作用是标明，主要标示某些成分（主要是词语）的特定性质和作用。

示例 2：我校拥有特级教师（含已退休的）17 人。

b. 标示订正或补加的文字。

示例 3：信纸上用稚嫩的字体写着：“阿夷（姨），您好！”。

示例 4：该建筑公司负责的建筑工程全部达到优良工程（的标准）。

c. 标示序次语。

示例 5：语言有三个要素：（1）声音；（2）结构；（3）意义。

示例 6：思想有三个条件：（一）事理；（二）心理；（三）伦理。

d. 标示引语的出处。

示例 7：他说得好：“未画之前，不立一格；既画之后，不留一格。”（《板桥集·题画》）

e. 标示汉语拼音注音。

示例 8：“的（de）”这个字在现代汉语中最常用。

2. 标示作者国籍或所属朝代时，可用方括号或六角括号。

示例 1：［英］赫胥黎《进化论与伦理学》

示例 2：〔唐〕杜甫撰

3. 标示字典、词典里要解释的词条，报刊上电讯、报道开头的消息来源，可用方头括号。

示例1：【冉冉】1. 柔弱下垂貌。2. 渐进貌。

示例2：【新华社南京消息】

4. 标示被注释的词语时，可用六角括号或方头括号。

示例1：〔奇观〕奇伟的景象。

示例2：【爱因斯坦】物理学家。生于德国，1933年因受纳粹政权迫害，移居美国。

5. 标示公文发文字号中的发文年份时，可用六角括号。

示例：国发〔2011〕3号文件

疑难解析

1. 除科技书刊中的数学、逻辑公式外，所有括号（特别是同一形式的括号）应尽量避免套用。必须套用时，宜采用不同的括号形式配合使用。

示例：〔茸（róng）毛〕很细很细的毛。

2. 根据括号在句中所处的位置，又可分为句内括号与句外括号。

句内括号用于注释句子里的某些词语，本身就是句子的一部分，应紧跟在被注释的词语之后。句外括号则用于注释句子、句群或段落，本身结构独立，不属于前面的句子、句群或段落，应位于所注释语段的句末点号之后。

示例：标点符号用来表示语句的停顿、语气以及标示某些成分（主要是词语）的特定性质和作用。（数学符号、货币符号……不属于标点符号。）

3. 句内括号的行文末尾通常不用标点符号，有需要时，也可用问号、叹号和省略号。

示例1：DHA，俗称"脑黄金"，是一种对人体非常重要的不饱和脂肪酸（什么是不饱和脂肪酸?），对神经系统细胞生长及维持有着重要作用。

示例2：地震持续的时间为32秒（仅仅32秒!），造成的经济损失不计其数。

示例3：书法史上的诸多名作（如王羲之《兰亭集序》、颜真卿《祭侄稿》、苏轼《黄州寒食帖》……）影响着一代代中国人的审美趣味。

句内括号外面是否用点号，取决于括号所处位置：若处于句子停顿处，应用点号，否则不用。

示例4：已故著名汉学家傅汉思在一本诗歌集的致谢辞里写道："我妻子（安徽籍才女张充和）体现着中国文化中那最美好精致的部分。"

句外括号行文末尾是否用句号，由括号内的语段结构决定：若语段较长、内容复杂，应用句号。

示例5：在腕表装饰方面，马赛克拼图工艺近年来备受推崇。（注：马赛克拼图工艺起源于早期基督教艺术，即用小块彩色玻璃片拼接成大型墙面，这种技术在希腊人与罗马人手中得以完善。）

句外括号外通常不用点号。

示例6：

问：你对不喜欢的上司是什么态度?

答：感情上疏远，组织上服从。（掌声，笑声）

十、破折号

性质及基本用法

标号，其基本用法主要有：

1. 标示语段中某些成分的注释、补充说明或语音、意义的变化。

示例1：一个矮小而结实的日本中年人——内山老板走了过来。

示例 2：我一直坚持读书，想借此唤起弟妹对生活的希望——无论环境多么困难。

2. 标示插入语。

示例 1：这简直就是——说得不客气点——无耻的勾当！

3. 标示总结上文或提示下文。

示例 1：坚强，纯洁，严于律己，客观公正——这一切都难得地集中在一个人身上。

示例 2：画家开始娓娓道来——

数年前的一个寒冬……

4. 标示话题的转换。

示例："好香的干菜，——听到风声了吗？"赵七爷低声说道。

5. 标示声音的延长，多用在拟声词后面。

示例："嘎——"传过来一声水禽被惊动的鸣叫。

6. 标示话语的中断或间隔。

示例 1："班长他牺——"小马话没说完就大哭起来。

示例 2："亲爱的妈妈，你不知道我多爱您。——还有你，我的孩子！"

7. 标示引出对话。

示例：——你长大后想成为科学家吗？

——当然想了！

8. 标示事项列举分承。

示例：

根据研究对象的不同，环境物理学分为以下五个分支学科：

——环境声学；

——环境光学；

——环境热学；

——环境电磁学；

——环境空气动力学。

9. 用于副标题之前。

示例：飞向太平洋

——我国新型号运载火箭发射目击记

10. 用于引文、注文后，标示作者、出处或注释者。

示例 1：先天下之忧而忧，后天下之乐而乐。——范仲淹

示例 2：乐浪海中有倭人，分为百余国。——《汉书》

示例 3：很多人写好信后把信笺折成方胜形，我看大可不必。（方胜，指古代妇女戴的方形首饰，用彩绸等制作，由两个斜方部分叠合而成。——编者注）

疑难辨析

1. 在用破折号引出解释说明的语句时，破折号前后所指应相当。

示例：

他的家乡在秀美的长江下游沿岸——南京市。（误。"长江下游沿岸"的区域比"南京市"大得多，两者不对等）

他的家乡在长江下游的六朝古都——南京市。（正。"长江下游的六朝古都"一般即指南京市）

2. 在如下情况中，可以用双破折号，即插入语的前后各有一个破折号：

一是破折号标示插入语时。这时插入语是对前面语句的补充说明，在语法结构上不和前后语句发生关系，插入语删去，破折号前后可以连成一个完整的句子。因此，当在一个完整的句

子中添加插入语时，句中应使用双破折号。双破折号的这种用法与句内括号类似。

示例 1：我那时并不知道这所谓猹的是怎么一件东西——便是现在也没有知道——只是无端地觉得状如小狗而很凶猛。

二是破折号标示注释内容时，当注释内容在句中，其界限不清或者在语法上不能与下文直接衔接时，可以用双破折号，也可以在注释之后加逗号。

示例 2：你的生日——四月十八日——每年我都记得。

3. 标示注释时，破折号前不再使用“是”“即”“就是”等词，以免意思重复。

示例：

他整整花了二十七年，终于编写了一部著名的药物书——即本草纲目。（误）

他整整花了二十七年，终于编写了一部著名的药物书——本草纲目。（正）

4. 破折号是一条直线，占两个汉字的位置，中间不能断开。在书写及电脑输入时，都应该注意形式的规范，避免与一字线（—）、两个一字线（— —）或下划线（__）混淆。

十一、省略号

性质及基本用法

标号，基本用法有：

1. 标示引文的省略。

示例：我们齐声朗诵起来：“……俱往矣，数风流人物，还看今朝。”

2. 标示列举或重复词语的省略。

示例 1：对政治的敏感，对生活的敏感，对性格的敏感……这都是作家必须要有的素质。

示例 2：他气得连声说：“好，好……算我没说。”

3. 标示语意未尽。

示例：我倚枕百般回肠凝想，忽然一念回转，黯然神伤……

4. 标示说话时断断续续。

示例：她磕磕巴巴地说：“可是……太太……我不知道……你一定是认错了。”

5. 标示对话中的沉默不语。

示例：

“还没结婚吧?”

“……”他飞红了脸，更加忸怩起来。

6. 标示特定的成分虚缺。

示例：只要……就……

7. 在标示诗行、段落的省略时，可连用两个省略号（即十二连点）。

示例：

从隔壁房间传来缓缓而抑扬顿挫的吟咏声——

床前明月光，疑是地上霜。

…………

疑难辨析

1. 文章中引用别人的著作或讲话只引用需要的部分，如果没有特殊的需要，省略的部分不必用省略号标明。

示例：在采访中，MZ 公司的董事长告诉我们：“……手机品牌在不停地减少，意味着少数品牌将统治市场。MZ 必须利用最后的机会把自己做成国产品牌的前 5 甚至前 3，才能生存

下去。……”（引文前后的省略号皆可删去）

2. 在书写或电脑输入省略号时，应注意规范，用占两个汉字位的 6 个居中连点来表示，一般不用其他数目（如 3 个、12 个）的连点来表示。同时，还要注意与连珠号（用于表示目录中标题或作者姓名与页码相对应的专门符号）、下脚点（.....）相区别。

3. 省略号和“等”“等等”“什么的”等词语不能同时使用。在需要读出来的地方用“等”“等等”“什么的”等词语，不用省略号。

示例：

含有铁质的食物有猪肝、大豆、油菜、菠菜……等。（误）

含有铁质的食物有猪肝、大豆、油菜、菠菜等。（正）

十二、着重号

性质及基本用法

标号，标注在相应文字的下方，标示语段中某些重要的或需要指明的文字。

1. 标示语段中重要的文字。

示例 1：诗人需要表现，而不是证明。

示例 2：下面对本文的理解，不正确的一项是：……

2. 标示语段中需要指明的文字。

示例：

下边加点的字，除了在词中的读法外，还有哪些读法？

着急　子弹　强调

疑难辨析

着重号的形式应统一为相应项目下加小圆点，而不应加直线或浪纹线。加直线或浪纹线的用法常出现于古籍标点中，前者为专名号，后者为书名号。

示例：

下面对本文的理解，不正确的一项是（误）

下面对本文的理解，不正确的一项是（正）

十三、连接号

性质及基本用法

标号，标示某些相关联成分之间的连接。形式有短横线“-”、一字线“—”和浪纹线“～”三种。

1. 标示下列各种情况，均用短横线。

a. 化合物的名称或表格、插图的编号。

示例 1：3-戊酮为无色液体，对眼及皮肤有强烈刺激性。

示例 2：表 2-8、表 2-9。

b. 连接号码，包括门牌号码、电话号码，以及用阿拉伯数字表示年月日等。

示例 3：2015-05-24

c. 在复合名词中起连接作用。

示例 4：吐鲁番-哈密盆地

d. 某些产品的名称和型号。

示例 5：WZ-10 直升机具有复杂天气和夜间作战的能力。

e. 汉语拼音、外来语内部的分合。

示例 6：shuōshuō-xiàoxiào（说说笑笑）

示例 7：盎格鲁-撒克逊人

示例 8：让-雅克·卢梭（“让-雅克”为双名）

示例 9：皮埃尔·孟戴斯-弗朗斯（“孟戴斯-弗朗斯”为复姓）

2. 标示下列各种情况，一般用一字线，有时也可用浪纹线：

a. 相关项目（如时间、地域等）的起止。

示例 1：沈括（1031—1095），宋朝人。

示例 2：2015 年 5 月 24 日—30 日

示例 3：武汉—上海动车组

b. 数值范围（由阿拉伯数字或汉字数字构成）的起止。

示例 4：25～30g

示例 5：第五～八课

疑难辨析

1. 浪纹线连接号用于标示数值范围时，在不引起歧义的情况下，前一数值附加符号或计量单位可省略。

示例：

5 公斤～100 公斤（误）

5～100 公斤（正）

2. 表示数值范围的汉字数字之间，不应使用连接号，而应用汉字“至”。

示例：

四一八人（误）　　四至八人（正）

十四、间隔号

性质及基本用法

标号，标示某些相关联成分之间的分界。基本用法有：

1. 标示外国人名或少数民族人名内部的分界。

示例 1：弗吉尼亚·伍尔芙

示例 2：赛德克·巴莱

2. 标示书名与篇（章、卷）名之间的分界。

示例：《庄子·人间世》

3. 标示词牌、曲牌、诗体名等和题名之间的分界。

示例 1：《扬州慢·淮左名都》

示例 2：《天净沙·秋思》

示例 3：《七律·登金陵凤凰台》

4. 标示朝代与作家姓名之间的分界

示例：唐·韩愈

5. 用在构成标题或栏目名称的并列词语之间。

示例：《天·地·人》

6. 以月、日为标志的事件或节日，用汉字数字表示时，只在一、十一和十二月后用间隔号；当直接用阿拉伯数字表示时，月、日之间均用间隔号（半角字符）。

示例 1：“九一八”事变　　示例 2：五四运动

示例 3："一·二八"事变　　示例 4："一二·九"运动

示例 5："3·15"消费者权益日　　示例 6："9·11"恐怖袭击事件

疑难辨析

当并列短语构成的标题中已用间隔号隔开时，不应再用"和"类连词。

示例：

《水星·火星和金星》（误）

《水星·火星·金星》（正）

十五、书名号

性质及基本用法

标号，形式有双书名号"《》"和单书名号"〈〉"两种，用来标示语段中出现的各种作品的名称。基本用法有：

1. 标示书名、卷名、篇名、刊物名、报纸名、文件名等。

示例 1：《红楼梦》（书名）

示例 2：《史记·项羽本纪》（卷名）

示例 3：《干杯吧，托玛斯曼》（篇名）

示例 4：《南都人物周刊》（刊物名）

示例 5：《环球时报》（报纸名）

示例 6：《全国农村工作会议纪要》（文件名）

2. 标示电影、电视、音乐、诗歌、雕塑等各类用文字、声音、图像等表现的作品的名称。

示例 1：《星际穿越》（电影名）

示例 2：《康熙王朝》（电视剧名）

示例 3：《隐形的翅膀》（歌曲名）

示例 4：《兰陵王·柳》（诗词名）

示例 5：《东方欲晓》（雕塑名）

示例 6：《东方时空》（电视节目名）

示例 7：《庄子研究文献数据库》（光盘名）

示例 8：《植物生理学系列挂图》（图片名）

疑难辨析

1. 不能视为作品的课程、课题、奖状、商标、证照、机构、会议、活动、展览等名称，均不应用书名号，下面均为误用的示例。

示例 1：开设《市场营销》课程。

示例 2：明天将召开《关于"两保两挂"的多视觉理论思考》课题立项会。

示例 3：本市将向 70 岁以上（含 70 岁）老年人颁发《敬老证》。

示例 4：该影片获得了 2002 年奥斯卡《最佳影片》《最佳导演》《最佳女配角》等多项大奖。

示例 5：《双鹿》牌电池经久耐用。

示例 6：《文史杂志社》编辑力量比较雄厚。

示例 7：本市将召开《全国食用天然色素应用研讨会》。

示例 8：本报将于今年暑假举行《墨宝杯》书法大赛。

2. 有的名称应根据指称意义的不同确定是否用书名号。如文艺晚会指一项活动时，不用书名号；而特指一种节目名称时，可用书名号。再如展览作为一种文化传播的组织形式时，不用书名号；特定情况下将某项展览作为一种创作的作品时，可用书名号。

示例 1：2014 年中央电视台春节联欢晚会获得了观众们的普遍好评。

示例 2：本台将重播《2014 年中央电视台春节联欢晚会》。

示例 3："雪域明珠——中国西藏文化展"今天隆重开幕。

示例 4：《大地飞歌艺术展》是一部大型现代艺术作品。

3. 双层书名号套用时，里面一层用单书名号，外面一层用双书名号。

示例：《教育部关于提请审议〈高等教育自学考试试行办法〉的报告》

4. 书名后面表示该作品所属类别的普通名词不标在书名号内。

示例：《十月》杂志

5. 书名有时带有括注。如果括注是书名、篇名等的一部分，应放在书名号之内，反之则应放在书名号之外。

示例 1：《琵琶行（并序）》

示例 2：《中华人民共和国民事诉讼法（试行）》

示例 3：《新闻小百科》（彩图本）

示例 4：《读者》（海外版）

6. 书名、篇名末尾如有叹号或问号，应放在书名号之内。

示例 1：《日记何罪!》

示例 2：《如何做到同工又同酬?》

十六、分隔号

性质及基本用法

标号，基本用法有：

1. 诗歌接排时分隔诗行。

示例：春眠不觉晓/处处闻啼鸟/夜来风雨声/花落知多少。

2. 标示诗文中的音节节拍。

示例：横眉/冷对/千夫指，俯首/甘为/孺子牛。

3. 分隔供选择或可转换的两项，表示"或"。

示例：动词短语中除了作为主体成分的述语动词之外，还包括述语动词所带的宾语和/或补语。

4. 分隔组成一对的两项，表示"和"。

示例 1：13/14 次特别快车

示例 2：羽毛球女双决赛中国组合杜婧/于洋两局完胜韩国名将李孝贞/李敬元。

5. 分隔层级或类别。

示例：我国的行政区划分为：省（直辖市、自治区）/省辖市（地级市）/县（县级市、区、自治州）/乡（镇）/村（居委会）

疑难辨析

1. 分隔号又称正斜线号，须与反斜线号"\"相区别（后者主要是用于编写计算机程序的专门符号）。

2. 使用分隔号时，紧贴着分隔号的前后通常不用点号。

附：标点符号中常见交叉用法辨析

一、顿号、逗号与分号

三者皆为表示停顿的句内点号，但表达的程度和层次不同：

顿号表示的停顿最短、层次最低，通常只能表示并列词语之间的停顿；分号表示的停顿最长、层次最高，可以用来表示复句的第一层分句之间的停顿；逗号介于两者之间，既可表示并列词语之间的停顿，也可表示复句中分句之间的停顿。

在具体使用中，还有一些值得注意的情况：

1. 如果并列词语较长，或其后有语气词，便用逗号取代顿号，表示稍长一点的停顿。

示例 1：对真理的追求，对自由的渴望，对美好事物的向往，都是年轻人的显著特性。

示例 2：每到秋来，苹果啊，柿子啊，甘蔗啊，大枣啊，这些水果都纷纷新鲜上市。

2. 并列成分之间有关联词或其他起联接作用的词时，联结词前不用顿号，而用逗号。此类联结词常见的有“或（者）”“并（且）”“甚至”“以及”“还有”“尤其是”“特别是”等。

示例：商品供求往往随着不同区域、不同季节，甚至不同客流成分的变化而变化。

3. 并列成分中又有另一层次的并列成分时，不能都用顿号，而应该适当运用逗号，使句子的结构层次更加明晰。

示例：沈从文一生经历丰富：他先后在湖南、四川、云南等地当过兵，在青岛大学、西南联大、北京大学任过教，还在中国历史博物馆、中国社会科学院做过研究员。

4. 当复句的表述不复杂、层次不多，相连的分句语气比较紧凑、分句内部也没有使用逗号表示停顿时，分句间的停顿多用逗号。当用逗号不易分清多重复句内部的层次（如分句内部已有逗号），而用分句又可能割裂前后关系的地方，应用分号表示停顿。

示例 1：她上了公交车，刷了公交卡，找了座位坐下，又拿出手机听音乐。

示例 2：理论，来源于实践；实践，要靠理论来指导。

二、逗号与冒号

提示性话语之后的停顿，应当用冒号，而非逗号。

示例 1：他提出了一个带有哲理色彩的问题：雪花是天地灵气的结晶吗?

但引文中的插入语（通常为“××说”）后面用逗号，而不用冒号。

示例 2：“看到前面的那座山峰了吗?”导游说，“那就是天都峰。”

三、破折号与括号

破折号用于表示比较重要的解释说明，所补充的内容是正文的一部分，可与前后文连读；而括号表示比较一般的解释说明，只是注释而非正文，可不与前后文连读。

示例 1：集团的主导产品——安馨家纺，远销欧美、日本及东南亚地区。

示例 2：该集团的主导产品（如安馨家纺），远销欧美、日本及东南亚地区。

四、书名号与引号

1. 书名号与引号的使用范围不同。书名号是用来标示著作、篇章、报刊、歌曲及戏剧等精神产品的名称；而引号则用来标示课程、展览会、研讨会、竞赛这些活动的名称。（具体例

证在介绍二者各自用法时已经罗列，此不赘述）

2. “题为……”“以……为题”中的“题”，要根据其具体性质，来决定是用书名号还是引号。如果该“题”是诗文、图书、报告或者其他可以作为篇名、书名看待的作品时，表示“题”的文字应该用书名号；如果是写作、科研、辩论、谈话等内容，或非特定作品的标题，则表示“题”的文字应该用引号。

示例：她将自己的书题名为《我和奶奶》，书中描写了很多催人泪下的故事。这是我所看过的“我和××”类题目的诗文、著作中印象最为深刻的一本。

五、着重号与引号

二者都可以标示对词语的强调。但是，引号只适用于标示着重论述的对象，要强调的只是个别字词。而着重号标明的字、词、句本身就是论述的一部分，如果需要强调的内容较多，适宜于用着重号。

示例：

我想，希望是本无所谓有，无所谓无的。这也“正如地上的路”；“其实地上本没有路，走的人多了，也便成了路。”（误）

我想，希望是本无所谓有，无所谓无的。这也**正如地上的路**；**其实地上本没有路**，**走的人多了**，**也便成了路**。（正）

后记

2007年秋季，因安徽大学将“大学语文”作为全校非中文专业的公共必修课开设，我们匆忙编写了一本教材，由安徽大学出版社出版，为慎重起见，我们特别标明为“试用本”。当时确立的“汉语言文字”、“文学审美”、“中华文化”三大版块的框架，较之同类教材有其特色，因此被安徽省教育厅列入“十一五”规划教材。在2008年11月举行的全省高校文学院长、中文系主任联席会上，该教材的编写理念和框架结构也得到了充分的肯定。

两年以来，承担该课程教学的老师积累了不少关于教材的心得，大学生们既欢迎这门课程，也提出了很多关于课程和教材的好建议。据此，我们于2009年上半年开始酝酿修订教材。鉴于“试用本”教材的缺陷和教学实践，本次修订幅度很大，在结构、体例、文选三方面均作了调整。一是结构的完善，既保持“汉语言文字”、“文学审美”、“中华文化”三大版块的框架，又根据教学实践，在各个版块下设若干讲，全书共分为17讲。每讲之前加一个“概述”，以方便同学比较系统地掌握一门知识。就教学而言，这样的结构可拆可分，可以由一位教师从头到尾讲授，也可以由不同专业的老师分别承担各讲。二是选文的更新，淘汰了与中学语文教材重复的篇目，增加了不少贴近人生、有趣味性的篇目，以使学生从中得到审美的、文化的愉悦感。三是体例的优化，旧版只有总体概述和选文，此次修订则按照体类分别进行概述，还增加了“阅读提示”、“作者简介”、“知识链接”、“思考与实践”等内容，意在扩展学生的知识面，引导学生思维的发散，同时也增强趣味性。

本教材先由主编拟出修订大纲，编委会进行了认真讨论，然后分工到各位参与编写的老师；初稿完成后，由主编、副主编统稿、修改。各讲的概述和选文承担者如下：

第一讲：郝士宏、程燕；第二讲：曹小云、樊彩萍、陆学莉；第三讲：岳方遂、邓春、徐福坤；第四讲：鲍红、张丽；第五讲：吴怀东、张洪海；第六讲：鲍恒、李睿；第七讲：吴怀东、王泽庆、纪念；第八讲：魏世民、王柯、张琼；第九讲：杨小红、王夔；第十讲：朱万曙、耿传友；第十一讲：汪杨；第十二讲：方习文；第十三讲：黄鸣；第十四讲：王莉；第十五讲：刘飞、耿传友；第十六讲：孔现红；第十七讲：朱万曙、王柯、毛丽蓉。附录：应用写作知识，张洪海、凌晨；古体诗词写作常识，方孝玲。

本教材以安徽大学中文系教师为主，同时联合中央民族大学、合肥师范学院、淮南师范学院、安庆师范学院、巢湖学院等兄弟院校的教师共同编写。

我们认为，大学语文课是在校大学生提高人文素养、增强能力的重要课程，不断提高课程的质量，使大学生愉快地受到陶冶，是我们的庄重追求，而教材建设无疑是提高课程质量的重要环节。因此，我们乐于接受来自授课教师和听课同学的任何批评和建议。为使本教材具有时代性，我们精选了部分当代名家的作品，在此表示诚挚的谢意。

编者

2009年8月

再版后记

本教材2009年由中国人民大学出版社出版以来，获得了使用师生比较好的评价。因此，我们和出版社以及使用学校商议后，决定予以再版。同时，根据各校教学的意见，对部分篇目作了调换，新增篇目的选文、注释等内容由邱瑰华、张秋婵、余英华三位老师负责。

由于“大学语文”目前还没有教育部组织编写的教材，校校联合编写就成为一种编写模式。此次再版，淮北师范大学、淮南师范学院和安徽广播电视大学的老师都加盟其中，在这里，我作为主编，向三个学校的参编老师和以往参编的各校老师表示诚挚的感谢。

本教材是我在安徽大学工作期间因为面向全校学生开设“大学语文”必修课而动议编写的，从2007年出版“试用版”开始，就不断修订完善，其间凝聚了诸多朋友的心血和智慧。吴怀东、徐强、杨小红出力甚多，在此谨志存念。

教学是一个动态的过程，“教学相长”的规律不仅体现在个体教师和学生之间，也应该体现在教材编写者和学生之间。期望使用本教材的师生能够及时反馈建议，以帮助我们下一次的修订。

朱万曙

2012年7月

第三版后记

2006年，我们启动“大学语文”教材的编写工作，2007年夏出了试用版，中间经过两次修订，这是第三次修订出版。

这个过程也是文学院（中文系）所承担的安徽大学“大学语文”这门全校必修课程建设经历的缩影。安徽大学开设“大学语文”课程始于20世纪80年代，但是，作为一门必修课程是新千年以后才开始实施的，2006年，由时任安徽大学校长的黄德宽教授、分管教学的副校长杜先能教授倡导并大力推动，安徽大学在省内高校首开先河，将“大学语文”课程与政治、体育、外语、计算机并列为必修课，作为实现安徽大学综合性大学人才培养目标的主要抓手。我们深入研讨了课程理念，在调研数百种大学语文教材的基础上，明确了我们教材的指导思想和体例，设计了我们课程的教学大纲、授课方式和教学安排。经过两年多的建设，我们的课程申报国家级精品课程，仅仅因为技术性失误而功亏一篑，不过，我们的教材还是顺利获批为安徽省高等教育“十一五”规划教材，我们的课程也顺利获批为省级精品课程，这些也是对我们第一阶段辛苦工作的充分肯定。近年来，我们以“大学语文”课程为平台，在传统的课堂讲授之外，组织经典诗文诵读、专题创作、知识竞赛等，出版了学生作品集，拓展了教学内容，进一步激发了学生的学习热情。同时，我们积极开展教学研究活动，2009年、2011年先后两次修订教材，去年出版了省内第一本教学研究论文集，还组织部分教师亲赴南开大学文学院学习、交流，组织高层次教学研讨会，如2014年12月20日主办了第三届安徽省高校“大学语文”建设与教学研讨会，省内四十多所高校的一百多名教师代表参会并交流了各自的教学经验，南开大学文学院副院长冯大建博士介绍了南开大学的先进经验，杭州师范大学何二元副教授、湖北省大学语文研究会副会长彭书雄教授介绍了他们对“大学语文”课程的理论思考，安徽省教育厅高教处处长储常连从人才培养高度对我省高校“大学语文”教育提出了要求。我们向南开大学学习，将“大学语文”教育学科化，正在组织申报“大学语文教育”为中国语言文学一级学科下的二级学科硕士学位点。这本教材的第三次修订，也正是我们加强“大学语文”课程建设的最新努力。

教材的修订只是我们教学改革的一个部分，是教育思想、教学理念革新的现实化。我们所推动的“大学语文”课程改革，是对当代教育改革和中国文化建设的积极回应。时代在改变，环境在改变，人才培养和文化建设任务也在同步发生变化。20世纪80年代，著名教育家、南京大学校长匡亚明先生，华东师范大学中文系教授徐中玉先生等，倡导在高校开展“大学语文”教育，主要目的是为了解决当时经过十年“文化大革命”的大学生接触中外优秀文学作品少所导致的文字表达水平较弱的问题。如今近30年过去了，伴随着基础教育水平的整体提升以及大众传播的发达，在当代中外文化交流、融合和各种亚文化兴起的多元文化背景下，除了基本写作能力教育任务之外，母语教育、审美教育、优秀传统文化教育、民族文化认同教育等已经成为当代“大学语文”教育的重要使命，“大学语文”教育必须兼顾工具性、思想性与审美性、文化性。现在，回头省思我们当初设计的语言（文字）—文学（审美）—文化融合，道技并重，快乐学语文以及培养学生母语口头表达与书面表达能力、崇尚优雅、具有人文关怀的课程理念，其还是比较精准地把握到了我们这个时代教育与文化发展的大趋势的。

2014年，我们申报的“传统文化教育与‘大学语文’课程改革”获批为安徽省高等教育振兴计划项目，我们教材的修订也获得了安徽大学教育提升计划资助。著名学者，教育部高等学校中文类专业教学指导委员会副主任委员，安徽大学前校长、党委书记黄德宽教授一直高度关注国内及我校的“大学语文”课程建设问题，对我们的课程建设、教材修订工作进行指导。现任安徽大学党委书记、中国哲学博士李仁群先生也对我们的“大学语文”课程建设提出了明确要求。安徽大学教务处的领导薛照明教授、李晓辉教授、张洪教授，对这门课程的建设以及教材的修订给予了大力的支持。应该说，本次教材修订，确实贯彻了最新的教育教学思想，是我们的课程建设与时俱进的体现。这次修订，也让我们想到了民国时期“大学国文”课程的教育思想，看来世上的新与旧只是相对的，文化不能像物质产品那样一味求新。作为一门课程，为了取得最佳的教学效果，教师的努力、学生的配合都相当重要，但是，教材无疑是教学之本，一本好的教材是完成教育目标的基础，对学生的影响更为直接而深刻。这本教材已通过教育部的评审并被批准为“十二五”普通高等教育本科国家级规划教材，表明本教材受到教育部领导和专家的高度认可。近十年的使用证明，这本教材不仅符合安徽大学强调文理互渗、全面提高学生综合素质的人才培养定位，也符合目前大学生素质教育的要求。据出版社反馈的信息，本书出版后，除了安徽大学之外，省内淮北师大、安徽财大等高校及省外不少高校选作教材，这是对我们教学理念的肯定，是对我们已有工作的认可与支持，在此对这些院校的师生表示感谢！

一本教育理念先进、内容丰富的教材是一门课程教学成功的基础，与此同时，我们还高度关注与之配套的教学大纲的修订和教学方法的革新、教学组织的调整、课外活动的开展以及课件制作、考试命题、网站建设、网络资源开发等环节。正因为如此，从学生的反馈以及有关高校的调查来看，以此教材为基础的“大学语文”课程教学效果很好，学生们通过这门课程的学习，确实提高了语言表达能力，提高了审美感受力，增强了对母语的感情。不少修过此课程的理工科学生甚至因此爱上了写作，个别学生还公开出版了小说。

我们根据新的高等教育发展形势的要求，组织了这次教材修订工作。这项工作去年夏天就已启动。这次修订，涉及的面比较广，除了第十四讲，其他各讲内容均有调整。修订保持了教材独具特色的“汉语言文字”、“文学审美”、“中华文化”三大版块结构，对一些主题重复或者属同一作者的篇目进行了精简，同时，秉承强化中华优秀传统文化教育的原则，增添了相关篇目。具体分工是：第一讲：夏大兆负责；第二讲：吴怀东负责；第三讲：吴早生、王敏负责；第四讲：吴早生、王敏负责；第五讲：张洪海、张秋婵负责；第六讲：李睿负责；第七讲：杨小红负责；第八讲：郝敬、聂桂菊、刘刚负责；第九讲：杨小红负责；第十讲：徐强负责；第十一讲：毛丽蓉负责；第十二讲：王卫兵负责；第十三讲：丁进负责；第十五讲：刘飞负责；第十六讲：邱瑰华负责；第十七讲：王泽庆负责。附录：束莉负责。

如何使用这本教材，我们还在做后续的思考与开发，比如我们准备采用专题讲座的形式讲授课程等。在文化生产繁荣的今天，一本教材历经十年还能保持其鲜活性和生命力，不仅证明编写者具有先进的教学理念，更证明在开展这个工作的过程中有一批关注教学、关注人才培养的学者。众所周知，大学不同于研究所，应该以育人为本，但是，现实中，在现有高校评价体系中，发表科研论文受到高度重视，教学则不太受重视甚至很受轻视。所以，我们这门课程能够建设成今天这个模样，这本教材能做成今天这个模样，我们应对在这门课程建设以及教材编写、修订中曾经和正在付出很多心血却不求回报的老师们表达我们深深的敬意！

实践是最生动的检验。我们期待使用这本教材的老师、同学，对这本教材的教学理念、体例乃至印刷版式等继续提出宝贵意见，我们会继续努力。语文本质上具有审美性，语文知识的分享也应当是快乐的，希望学习这本教材能够带给同学们快乐乃至幸福感！

编者

2015年7月11日

图书在版编目（CIP）数据

大学语文/朱万曙，吴怀东主编. —3 版. —北京：中国人民大学出版社，2015.8
高校公共课精品教材
ISBN 978-7-300-21698-0

Ⅰ.①大… Ⅱ.①朱… ②吴… Ⅲ.①大学语文课-高等学校-教材 Ⅳ.①H19

中国版本图书馆 CIP 数据核字（2015）第 167264 号

"十二五"普通高等教育本科国家级规划教材
高校公共课精品教材
语文馆 005
大学语文（第三版）
顾　问　黄德宽
主　编　朱万曙　吴怀东
副主编　杨小红　邱瑰华　王泽庆　丁　进　张秋婵
Daxue Yuwen

出版发行	中国人民大学出版社			
社　址	北京中关村大街 31 号	**邮政编码**		100080
电　话	010－62511242（总编室）			010－62511770（质管部）
	010－82501766（邮购部）			010－62514148（门市部）
	010－62515195（发行公司）			010－62515275（盗版举报）
网　址	http：//www.crup.com.cn			
	http：//www.ttrnet.com（人大教研网）			
经　销	新华书店			
印　刷	北京东君印刷有限公司	**版**	**次**	2009 年 9 月第 1 版
规　格	185 mm×260 mm　16 开本			2015 年 8 月第 3 版
印　张	25.25 插页 1	**印**	**次**	2019 年 2 月第 7 次印刷
字　数	631 000	**定**	**价**	55.00 元